LE LIVRE DE L'AMITIÉ

Michèle Sarde

Le Désir fou, roman, Éditions Stock, 1976.

Colette, libre et entravée, biographie, Éditions Stock, 1978.
Réédition, Éditions du Seuil, Collection Point, 1984.
Prix Jouvenel de l'Académie française, 1979.

Regard sur les Françaises, essai, Éditions Stock, 1984.
Réédition, Éditions du Seuil, Collection Points, 1985.
Prix Biguet de l'Académie française, 1984 et prix Marcelle Blum de l'Académie des sciences morales et politiques, 1984.

Histoire d'Eurydice pendant la remontée, roman,
Éditions du Seuil, 1991.

Lettres à ses amis et quelques autres, correspondance de Marguerite Yourcenar, édition établie, présentée et annotée par Michèle Sarde et Joseph Brami, Éditions Gallimard, 1995.

Vous, Marguerite Yourcenar, Éditions Laffont, 1995.

Le Salon de conversation, Éditions Lattès, en collaboration avec Catherine Hermary-Vieille, 1997.

Arnaud Blin

Dictionnaire de la stratégie, Éditions Perrin, en collaboration avec Gérard Chaliand, à paraître.

MICHÈLE SARDE
ARNAUD BLIN

LE LIVRE DE L'AMITIÉ
d'Homère à Georges Brassens

Parce que c'était lui...

SEGHERS

ISBN 2-232-10467-2

Si, en l'amitié de quoi je parle, l'un pouvait donner à l'autre, ce serait celui qui recevrait le bienfait, qui obligerait son compagnon.

MONTAIGNE

Pour ....

De la part de..........

À Jenny

AU LECTEUR

Ce *Livre de l'amitié* s'adresse à nos amis et aux amis de nos amis. Son inspiration est d'abord privée. Sa prétention est universelle car l'amitié appartient à tous et chaque être humain l'a rencontrée sur son chemin.

Sur ce chemin-là, c'est à un voyage que nous convions le lecteur. Rien d'étonnant à ce que ce tour du monde commence avec l'auteur de l'*Odyssée.* Achille et Patrocle sont les figures de proue d'un bateau, dans lequel nous sommes tous embarqués.

L'histoire de Damon et Phintias, qui revient chez beaucoup de penseurs de l'amitié, est moins connue de nos contemporains : l'un des deux amis, condamné à mort par Denys de Syracuse, obtint un délai pour régler ses affaires avant de mourir. Son ami se propose comme caution pendant son absence. Au jour dit, le condamné reparaît et libère son ami. En considération d'une amitié aussi exemplaire, le tyran de Syracuse fit grâce au condamné.

D'Homère à Georges Brassens, la traversée comprend donc beaucoup d'escales. Nous avons dû néanmoins en tracer l'itinéraire et accepter à chaque carrefour d'écarter bien des haltes ou bien des détours. En conséquence, l'orientation générale de ce voyage s'est limitée à l'Occident.

Née dans la cité grecque antique, une certaine idée de l'amitié, qui a imprégné toute l'Europe et l'Amérique du Nord, s'est transmise jusqu'à nous à travers les Romains, les chrétiens, la Renaissance et l'Ancien Régime. Cet héritage-là a entraîné ce parcours-là, jalonné par des textes qui composent la tradition occidentale.

Cette orientation de lecture n'en repousse pas moins les frontières. Pas question de perdre de vue la destination humaine et universelle du voyage. À toutes les vertus que suppose l'amitié s'ajoute plus que jamais aujourd'hui la tolérance. Un ami peut avoir une autre couleur de peau, une autre culture, une autre religion.

La célèbre formule de Montaigne qui sert de titre à ce livre insiste sur l'énigme de la rencontre et de la sympathie. Lui-même ne la résout pas, impliquant sobrement que ce qui vient du cœur se passe de commentaire : parce que c'était lui... parce que c'était moi. Mais le nombre de prises de parole et d'écrits sur le sujet témoigne d'une volonté tenace et séculaire de percer le mystère par le raisonnement.

Le discours sur l'amitié ouvre sur le monde de la *sophia*, de la philosophie. La plupart des grands penseurs ont laissé leur trace dans l'examen d'un lien considéré dans l'Antiquité comme une vertu et situé au carrefour de l'éthique et de l'affectivité. Cette histoire de l'amitié par les textes est une manière d'aborder l'histoire de la philosophie par un angle original porteur d'une cohérence autre. Beaucoup de ces écrits sur l'amitié peuvent être envisagés comme des condensés du système philosophique et de la pensée globale de penseurs comme Kierkegaard ou Simone Weil.

Cette anthologie peut être pénétrée par diverses portes. La lecture sur le vif et systématique des textes en est la voie royale, mais le lecteur pressé peut aussi sauter certaines périodes ou certains textes et les pallier par les introductions historiques et textuelles. Et parce que au commencement était le verbe, et que dans ces commencements la philosophie et la poésie étaient une seule et même chose, le premier discours sur l'amitié a été tenu par des philosophes et des poètes. L'ami Brassens, dernier de notre liste, était encore l'un et l'autre. Le poème tout comme le dialogue, le traité, la maxime ou l'essai ont été les canaux que nous avons privilégiés sur la littérature de fiction d'inspiration romanesque ou personnelle apparue plus tard.

À l'héritage de la tradition, l'homme d'aujourd'hui doit ses idéaux aussi bien que ses chimères et ses déceptions. Chaque fois que l'un d'entre nous perd un ami, chaque fois qu'il s'accuse d'en être responsable, il doit probablement ses désillusions et ses frustrations à cette parole sur l'« amitié pure », la « véritable amitié » qui coule dans l'inconscient collectif depuis des siècles. De la lettre de cet héritage, des textes originaux, la plupart d'entre nous ne connaissent que quelques fragments, échappés aux manuels scolaires et à quelques lectures isolées.

L'objectif de ce livre est de leur livrer la face immergée de l'iceberg. Il est bon de connaître la source de ses rêves.

En même temps, ils y découvriront que la déception est de tous les temps : « Ô mes amis, il n'y a plus d'amis ! » s'exclamait déjà Aristote. Après lui, la plainte — le grief, comme l'appelle notre contemporain Jacques Derrida — est reprise à chaque époque. Depuis trois mille ans qu'il y a des hommes et qu'ils parlent d'amitié, il est plutôt rassurant d'assister, autour de quelques lieux — littéralement — communs, au retour des mêmes motifs, des mêmes métaphores. « L'ami est un autre soi-même », « les amis sont deux âmes en deux corps », « les amis mettent tout en commun », « l'amitié fondée sur la vertu doit être préférée aux amitiés de plaisir et d'intérêt », « aimons pour être aimés ».

Et de douter, devant la table bien garnie qui attend chaque penseur de l'amitié, de la possibilité même d'une *tabula rasa* qui permettrait de ne proférer que du neuf sur un sujet éternel. La découverte des plagiats ne fait qu'ajouter à cette prise de conscience. Charron ne recopie-t-il pas des pages entières de Montaigne, et l'article de l'*Encyclopédie* ne reproduit-il pas mot pour mot, sans le citer, des lignes de Vauvenargues ?

L'interrogation : comment aimons-nous ? n'est pas différente d'interrogations comme : d'où venons-nous ? où allons-nous ? et de toutes les grandes questions philosophiques, posées et reposées depuis la nuit des temps. Pour celle-ci comme pour celles-là, les réponses sont à l'infini et nous impliquent toutes. Car, à y regarder de près, rien n'est pareil et le sens des mêmes expressions varie, non seulement d'une époque à l'autre, d'un auteur à l'autre, d'un système philosophique à l'autre mais à l'intérieur d'une même œuvre.

Dans les limites même de l'Antiquité, par exemple, le lien au politique diffère suivant les régimes. Pour Aristote, l'amitié est le modèle de toutes les relations sociales à l'intérieur de la cité, l'objectif et le moyen du politique, alors qu'Épicure, confronté à un pouvoir centralisé, trouve dans l'amitié un refuge contre le politique. Le Socrate de Xénophon est infiniment plus réaliste et plus fruste que celui de Platon. Dans une époque de discorde civile, Cicéron insiste sur le soulagement privé qu'une amitié exceptionnelle apporte aux tensions politiques de l'homme public. Plutarque, lui, écrit en plein autocratisme impérial : sa préoccupation essentielle est de mettre en garde contre les pièges de la fausse amitié et de distinguer le flatteur de l'ami.

De même, si l'idée qu'entre les amis tout est commun est interprétée littéralement par les pythagoriciens entendant mettre en commun leurs biens matériels, pour Aristote, l'expression renvoie à une communauté de sentiments, pour Épicure à un partage de convictions, pour les stoïciens à une conformité d'idées. L'idée que l'ami est un autre soi-même n'a pas la même connotation pour le maire de Bordeaux au temps des guerres de Religion, pour un courtisan de Louis XIV, ou pour le citoyen d'une Amérique nouvellement indépendante.

Il reste donc que ce voyage à travers les réflexions les plus diverses, sur un sujet unique et qui concerne tous les hommes, à toutes les époques, est une passionnante aventure. Et si les auteurs se répètent parfois sur l'amitié comme sur les éternelles questions de la philosophie, chacun rend un son différent, chacun apporte sa pierre, chacun trouve un angle différent, une autre manière, un style, une anecdote, une sensibilité, une expérience.

Pas un texte qui ressemble complètement à l'autre, et qui ne nous renseigne, autrement, sur ce qui fait la trame de notre existence : nos affections les plus privées, nos relations les plus fortes, les conditions dont dépend notre communication avec le monde. Pas un texte qui ne nous aide à comprendre un peu mieux comment placer notre confiance, comment choisir et conserver nos amis, comment rompre ou comment survivre au deuil. En trois millénaires, nous prenons conscience à quel point le monde est resté le même, à quel point il a changé.

La chute des idéologies, l'inadaptation de la vieille morale, la volonté d'en finir avec des conventions et des préjugés qui ne rendent plus compte de l'ouverture au monde nous laissent, au seuil du XXIe siècle, comme orphelins. Nous avons perdu nos repères, nos guides, nos références pour conduire nos vies. Les prêtres se font rares, les psys sont chers, les intellectuels ont fait la preuve qu'ils n'étaient pas toujours fiables, nous n'avons plus de sages ni de grands marabouts. Il est temps de retourner aux sources, il est temps, comme à la Renaissance, de revenir aux originaux, aux purs, aux classiques, à ceux que le temps a filtrés et qui nous parlent encore, et qui se répondent l'un à l'autre dans une éternité de bon aloi, permettant d'estimer à leur juste valeur le poids des mots.

Ce livre de l'amitié, composé par les philosophes et les penseurs les plus distingués de leurs temps, offre en florilège la quintessence de leur sagesse et de leur expérience. Répertoire de ce qui a été pensé, dit et senti sur l'amitié, ces textes proposent une sagesse et des conseils pratiques, à travers une histoire de la sensibilité, prolégomène à une science du cœur.

La biographie des auteurs aide à éclairer leurs contradictions qui sont aussi les nôtres. Il y a parfois loin du discours à la pratique : un Rousseau rêvant d'amitiés absolues qui le laisseraient comblé et libre se révèle incapable de garder un seul ami. Une Germaine de Staël, faisant à la passion une part trop belle pour que l'amitié joue d'autres rôles que les seconds, demeure pour Juliette Récamier une amie regrettée.

La plupart des penseurs de l'amitié sont entrés dans ce livre avec leur ombre la plus chère, Cicéron et Atticus, Montaigne et La Boétie, Chamfort et Mirabeau, Emerson et Thoreau. Leurs écrits, à la gloire de l'ami comme à la gloire de l'amitié, montrent que la littérature n'est pas seulement témoignage mais gage d'amitié. Dans le deuil de l'ami, le « discours sur » devient tombeau. En ce sens, les *Essais* sont un modèle du genre, réflexion sur l'amitié mais aussi caution donnée par la mémoire à l'ami et dépôt de son œuvre.

Si on a fait la part belle aux auteurs français, ce n'est pas seulement pour des raisons de langue, mais aussi parce que le terrain, entre Renaissance et Révolution, soit entre Montaigne et Helvétius, avait été amplement balisé par eux. La tradition anglo-saxonne, très riche elle aussi dans le champ amical, permet de dégager quelques tendances culturelles. Généralement plus pragmatiques, moins idéalistes, les auteurs anglais ou américains se montrent par là même moins sujets au désenchantement, donc au cynisme.

Si l'ami de La Boétie a le sentiment, après la mort de ce dernier, de ne plus vivre qu'à moitié, Francis Bacon a celui de vivre deux vies. L'un méprise la simple allusion aux services ou bienfaits et recommande de chasser du vocabulaire de l'amitié les mots d'obligation, de reconnaissance, de prière ou de remerciement. L'autre insiste sur l'importance des soulagements et petits secours qu'on reçoit d'un ami au quotidien. Pour le Français La Mothe Le Vayer, ce trésor qui ne paraît nulle part, est introuvable. Mais l'Anglais Jeremy Taylor dénonce l'illusion lyrique de l'amitié qui, à force de se vouloir divine, perd sa dimension humaine ; et il préfère édicter les règles qui la rendent accessible.

Samuel Johnson insiste sur la stricte réciprocité de l'échange de services. Les obligations dont on ne peut pas s'acquitter ne contribuent pas à ses yeux à accroître l'affection. Contrairement à un Vauvenargues qui renonce à l'exigence de réciprocité et n'exige pas de l'ami ce que ce dernier est incapable de donner, Johnson affirme que l'excès de générosité, en introduisant un déséquilibre, nuit à l'amitié. Et il doute que deux amis aux idées ou aux convictions opposées puissent longtemps conserver leur amitié.

La lignée de Montaigne insiste sur le caractère fusionnel de l'amitié. En revanche, beaucoup d'auteurs se focalisent sur la nécessité d'indépendance d'un lien librement choisi à partir de l'estime autant que de l'amour. Désir de proximité et volonté d'éloignement sont les deux axes du dilemme spirituel. Emerson, Kant, Simone Weil, Maurice Blanchot insistent chacun à leur manière sur la nécessité de la distance.

À partir de la typologie établie par Aristote, reprise par Cicéron, christianisée par Aelred de Rievaux, qui distingue entre amitiés de plaisir, d'intérêt et de vertu, le débat sur les différents dosages à attribuer à ces composantes traverse les siècles. La distinction entre liens de parenté, de citoyenneté, de pouvoir, de proximité, de profession se fait, elle aussi, très tôt, de même que des questions comme : est-ce que ce sont les contraires ou les semblables qui s'attirent ? par quel processus choisit-on le mieux ses amis ? quelles sont les qualités nécessaires à un véritable ami ? doit-on aimer et estimer ses amis comme soi-même ou mieux que soi-même ? est-il nécessaire de s'aimer soi-même pour se faire aimer ?

Les penseurs de l'amitié reviendront sur la meilleure façon de gérer les différentes phases de l'amitié — rencontre, choix, mise à l'épreuve, engagement, contrat, rupture —, sur la question de savoir si on peut avoir plus d'un véritable ami ou si la rupture avec un ami suppose la rupture avec l'amitié. D'autres interrogations porteront sur la gestion du quotidien de l'amitié : faut-il être direct et franc avec un ami, faut-il le ménager ? est-il acceptable de lui dissimuler une vérité ou ses vérités ?

Doit-on suivre un ami jusqu'à la mort ou jusqu'à la mauvaise action ? Les vieux amis sont-ils supérieurs aux nouveaux ? Est-ce dans la prospérité ou dans le malheur qu'on a le plus besoin de ses amis ? Qui, d'entre les humbles et les puissants, a les meilleurs amis ? Qui, des êtres sociables ou des êtres solitaires, est le plus apte à l'amitié ? Pratiquement toutes les questions théoriques ou pratiques sur un sentiment qui, à certaines époques, recouvrait le champ des affections humaines auront été posées sinon résolues par les soixante-huit auteurs dont les écrits composent ce *Livre de l'amitié*. Tout, jusqu'au cliché, jusqu'au mot de la fin qui est aussi celui des commencements : « Que serait la vie sans l'amitié ? »

Ces questions nous concernent dans nos existences particulières ; elles concernent parfois aussi les figures publiques placées par le pouvoir et l'histoire en situation d'exemplarité et que l'actualité et les médias soumettent à notre réflexion. Le discours de ces auteurs de l'amitié peut nous aider à y voir plus clair dans des dilemmes où des allégeances contradictoires obscurcissent des repères de plus en plus évanescents.

La question de savoir si les femmes sont aussi, moins ou plus capables d'amitié que les hommes est un débat qui se profile dès l'Antiquité où Plutarque leur en reconnaît l'aptitude. Leur capacité à tenir elles-mêmes un discours sur le sujet est en soi une réponse. Marie de Gournay au XVIe siècle emboîte le pas à Montaigne, son illustre père d'alliance et ami, et démontre par sa réflexion personnelle sur l'amitié qu'on a eu bien tort d'en juger les dames incapables. Mme de Lambert, Mme Thiroux d'Arconville, Mme d'Épinay et d'autres femmes du XVIIIe siècle, en publiant des traités, alimentent et relancent la controverse sur l'amitié entre hommes et femmes d'abord, puis entre femmes. Et elles réussissent à faire entendre leur voix particulière en attendant le relais des siècles ultérieurs.

Cette affection, cette force qui attire entre eux les êtres humains et dont ils ont besoin pour vivre et s'épanouir, on a dès l'Antiquité cherché à la nommer. Trois termes différents sont utilisés par les Grecs pour couvrir l'espace du champ affectif : *éros*, l'amour, se passe de commentaire, *philia* se rapproche de ce que nous appelons amitié et se limite à une personne ou à un petit nombre, *agapê*, plus altruiste, s'adresse à tous et implique l'amour de l'humanité. Durant les trois derniers millénaires, ces trois conceptions se sont affrontées, éloignées ou rapprochées. Le champ de la joute, toujours élégante, ressemble plus au tournoi qu'à la guerre classique. Exempts de violence, ces affrontements d'amour n'ont jamais tué personne.

La *philia* triomphe dans l'Antiquité où elle sert de modèle aux autres affections. Sur le vaste territoire de la *philia*, l'amour n'est qu'une province secondaire, elle n'est, pour Sénèque, que « la folie de l'amitié ». La sexualité, pratiquée surtout entre hommes pour le plaisir, entre hommes et femmes pour la reproduction, va de soi. Elle est à peine mentionnée dans les textes sur l'amitié qui insistent avant tout sur la dimension morale et intellectuelle, éthique et spirituelle de la *philia*. Cette affection élitiste écarte de son champ les intouchables, notamment les femmes et les esclaves. Quelques rares voix s'élèvent çà et là pour leur accorder un rôle dans un sentiment qui est considéré avant tout comme une vertu et réservé aux *happy few*.

Avec le christianisme, *agapê*, amour de l'autre, amour du prochain, devient l'idéal. L'amour de Dieu induit l'amour de toutes ses créatures sans exception. Le Christ, ami parfait, n'a-t-il pas invité les hommes à s'aimer les uns les autres ? Mais le Christ a lui-même rencontré Judas. La tradition amicale, issue de la *philia* antique, implique des liens libres, réciproques, protégés de la trahison et de la déception, dont le chrétien ne pourra jouir qu'en paradis. La notion de charité s'affine avec la multiplication des monastères. En même temps, la lente revalorisation de la femme, qui s'exprime dans le culte de Marie et les premières abbesses, donne progressivement à l'amour ses lettres de noblesse. *Éros* se manifeste dans le Moyen Âge chrétien à travers le mythe de Tristan et Iseult et l'émergence poétique de l'amour courtois.

En renouant avec la tradition antique, la Renaissance redécouvre la *philia*. Montaigne l'affirme avec force : « L'unique et principale amitié découd de toutes les obligations. » Il distingue soigneusement l'amitié de l'amour, du mariage et de l'homosexualité. Mais les conditions politiques et socio-économiques, mais les mentalités ont changé depuis la cité antique. Entre le siècle d'Érasme et celui de Saint-Just, *philia* et *éros* s'affrontent et se combattent, à fleurets mouchetés mais à armes égales, dans les salons et les discours, aussi bien peut-être que dans les pratiques.

Agapê a lâché du terrain depuis Bernard de Clairvaux, Thomas d'Aquin ou Aelred de Rievaux ; elle occupe plus faiblement le discours chrétien d'un François de Sales. Le Grand Siècle est peut-être celui où la confrontation entre l'amitié et l'amour atteint son point d'équilibre, mais l'équilibre commence à vaciller : « Il est plus ordinaire de voir un amour extrême qu'une parfaite amitié », écrit déjà La Bruyère.

À la fin du XVIIIe siècle, même si les textes proclament officiellement l'égalité et la complémentarité de l'amour et de l'amitié, on sent que cette dernière a reculé devant *éros* qui de plus en plus souvent la traite en pis-aller. Voltaire vieillissant se lamente que l'amour lui échappe ; l'amitié vient-elle à son secours ? Il l'escorte tout en pleurant « de ne pouvoir suivre qu'elle ». L'amitié, talonnée par l'amour, ne le tient plus en respect qu'au prix de quelques acrobaties intellectuelles et verbales.

Le débat croissant sur l'amitié entre hommes et femmes et l'émergence de ces dernières comme auteurs de discours autant que comme inspiratrices font souvent pencher la balance vers *éros*, en dépit des mises en garde d'une Mme de Lambert contre la transformation d'une amitié en amour, d'une vertu en passion. Diderot, grand praticien de l'amitié dans sa vie, reste quant à lui équitable et égalitaire. L'amitié comme l'amour nous font accompagner ceux que nous aimons jusqu'au dernier supplice. L'amant de Sophie Volland et l'ami de Grimm ne fait pas, dans son discours, de différence entre les deux objets préférés de ses affections.

À partir de la Révolution, le discours sur la *philia* devient minoritaire. Avec le romantisme, le brûlant amour a gagné la guerre contre l'amitié jugée trop tiède. La mode va aux excès, non à la modération. Germaine de Staël est une des premières à écrire tout haut ce que chacun pense et fait tout bas. L'amitié n'est pas une passion puisqu'elle ne nous ôte pas l'empire de nous-même ; elle fait ressentir plusieurs des peines de l'amour, sans promettre des plaisirs aussi vifs. Ainsi la cause est entendue. Non seulement l'amitié est dévalorisée au profit de l'amour mais elle est aussi dépassée par le rôle d'*agapê*, que Mme de Staël nomme la *bonté* et qu'elle peint comme « une ressource plus assurée que l'amitié, et meilleure pour le repos des âmes passionnément sensibles ».

Le XIXe et le XXe siècle confirmeront ce verdict. *Éros* et *agapê* annexent le territoire de la *philia*. La passion, de plus en plus associée à la sexualité et à la chair, devient sujet exclusif du discours sur les pulsions et les affections humaines. À un autre niveau, les traités d'inspiration pédagogique vantent l'amour conjugal, forme d'amicalité du couple. L'amitié amoureuse qui consacre l'ambivalence des relations homme-femme débouche plus souvent sur *éros* que sur *philia*. Refoulée par le XIXe siècle bien pensant, ou défoulée par les théories freudiennes, la sexualité devient hantise.

L'ambivalence s'empare des sentiments humains, tous entachés de soupçon. La revendication homosexuelle annexe souvent à son profit cette ambiguïté. Pour un sentiment comme l'amitié qui se distingue des autres affections par la parenthèse de la sexualité, le terrain est miné. Les lois d'airain qui canalisent l'énergie individuelle au service du travail et de la famille nucléaire dégagent peu de disponibilité pour un sentiment longtemps associé à des types de sociabilité dévoreuse de temps comme la conversation.

Les grandes idéologies, les mouvements en isme — marxisme, existentialisme, surréalisme —, le retour du spirituel, le développement du militantisme humanitaire redonnent un sens à *agapê*. Qu'on la nomme bonté, amour du prochain, charité, philanthropie, amour universel, droits de l'homme, c'est aussi d'elle qu'il s'agit pour les camarades du parti, de la Résistance ou du groupe surréaliste naguère, pour les copains, les copines et les potes d'aujourd'hui. « L'Auvergnat » de Georges Brassens est une chanson qui doit autant à *agapê* qu'à *philia*. La mondialisation et les organisations humanitaires offrent un cadre éthique ou idéologique à cette continuité-là.

Mais l'amour de l'humanité a dans le quotidien ses limites. *Éros*, propulsé par la révolution sexuelle sous les feux de la rampe, trouve progressivement dans nos sociétés libérées la juste place qui lui revient. Dans des univers hantés par le spectre de la solitude et du chômage, par la déshumanisation entraînée par la mécanisation ou le démantèlement des réseaux familiaux et par les rivalités professionnelles, l'amitié reste une valeur adaptée à la démocratie, aux exigences grandissantes de liberté individuelle, à la volonté des femmes de devenir des êtres humains et des citoyennes à part entière et à la mondialisation. On imagine donc un retour en force de la *philia* qui a de beaux jours devant elle, grâce aux modes de communication actuels, débouchant de plus en plus sur les amitiés intraplanétaires. Dans la séculaire surenchère entre *éros*, *agapê* et *philia*, l'amitié n'est pas aujourd'hui, au seuil du XXIe siècle, la plus mal placée.

CHOIX ET ÉTABLISSEMENT DU TEXTE

Comme dans tout ouvrage de ce genre, des choix, parfois difficiles, ont été nécessaires et ont entraîné des contraintes. Conscients de l'universalité du discours sur l'amitié, nous avons dû néanmoins nous limiter, par souci de cohérence, à la tradition occidentale et, pour des raisons éditoriales, à des œuvres en français — originaux ou traductions —, à l'exception de quelques textes anglais ou américains que nous avons traduits nous-mêmes.

Pour des raisons éditoriales non moins évidentes, nous avons eu recours à des versions anciennes des textes ou des traductions, que nous avons dû parfois moderniser, surtout en ce qui concerne la graphie ou la ponctuation. Nous n'avons pour la plupart retenu les notes de bas de page que lorsqu'elles faisaient partie des textes originaux. En général, nous avons respecté les graphies, la ponctuation et l'orthographe d'origine. Nous ne les avons modifiées que dans le souci d'une meilleure intelligibilité du texte.

Afin d'assurer la cohérence de l'ensemble et d'éviter les répétitions, nous avons placé, après le nom de chaque auteur et avant l'extrait, un titre de notre cru, correspondant au texte ou à l'extrait. En revanche, le titre de l'ouvrage ou du chapitre est indiqué, avant le texte si celui-ci est complet ou forme un ensemble, ou après dans la référence bibliographique s'il s'agit d'un extrait.

Le choix de nous en tenir au *discours sur* nous a fait écarter les textes de fiction et la littérature personnelle. En revanche, la philosophie étant à l'origine associée avec la poésie, nous avons, sans prétendre épuiser la veine poétique de l'amitié, aéré notre choix de textes par quelques poèmes. Nous avons donc privilégié le dialogue, l'essai, la maxime, l'encyclopédie, le traité, à l'exception d'un échange épistolaire semi-fictif entre Rousseau et Mme d'Épinay, où le philosophe se livre à une véritable codification de sa conception de l'amitié, et d'une lettre de Voltaire à Cideville parce qu'elle est accompagnée d'un poème sur l'amitié.

L'objectif du *Livre de l'amitié* est de dégager à la fois la continuité et les diversités de ce séculaire discours sur l'affection humaine. Les présentations historiques et les notices d'accompagnement des textes et des auteurs ont pour objet de préciser le contexte et la toile de fond derrière chacun de ces textes et de ces auteurs. Il est difficile d'apprécier exactement le décalage entre les pratiques et les discours. Chaque fois qu'on l'a pu, on a donné quelques éclaircissements biographiques sur les comportements amicaux des hommes et des femmes qui ont théorisé dans leurs écrits cette complexe science du cœur dont parle Emerson.

L'éclairage donné aux textes fondateurs explique que certains d'entre eux soient reproduits intégralement (Montaigne, Emerson) ou abondamment (Platon, Aristote, Aelred de Rievaux). Les autres critères ont été la qualité et l'originalité des textes, la notoriété de leurs auteurs, et aussi le lien entre ces textes et certaines particularités de leur histoire ou de leur époque.

La problématique de l'amitié entre hommes et femmes, l'évolution de la place accordée aux femmes et à leur aptitude à l'amitié, l'émergence enfin de leur discours propre sur l'amitié justifient l'importance relative accordée aux textes féminins que nous avons pu découvrir.

REMERCIEMENTS

Sans l'amitié de nos amis, cet ouvrage ne serait pas ce qu'il est.

Nous sommes particulièrement reconnaissants à Hugo Moreno.

Nous remercions Shari Benstock, Joseph Brami, Elyane Dezon-Jones, Élisabeth Dognin, Marie-Hélène Forget, Madeleine Hage, Alain Mangin, Bernard Mangin, Pauline Reychman, Béatrice Toureille et, pour la qualité de son travail de transcription et de déchiffrage, Émilie Cornu-Thénard.

Au temps des académies :
Éphèbes et philosophes

La *philia*, nom que les Grecs donnent à l'amitié, naît dans un monde dont la femme est absente. La notion d'amour hétérosexuel, d'amour de l'autre, telle qu'elle se dégagera peu à peu du christianisme primitif, est donc secondaire, voire pratiquement inexistante chez la plupart des auteurs de l'Antiquité. Les Grecs néanmoins n'ignorent pas la distinction entre amour et amitié, qu'Aristote dissocie nettement. Mais l'objet d'amour peut être, est, le plus souvent, le même que celui d'amitié, d'où une certaine confusion dans les premiers textes entre l'ami et l'amant.

Dans ce contexte, la *philia*, l'amitié, constitue le modèle, le « patron » de toutes les affections humaines, tout comme l'est aujourd'hui l'amour. Nous parlons d'amour conjugal, filial ou maternel là où les Grecs parlaient d'amitié filiale, paternelle ou conjugale. La *philia* est chantée par les poètes. Elle occupe dans les essais, les théories et les grands débats la place qu'aurait aujourd'hui l'amour.

À l'origine, le terme *philos*, le mien, est un possessif qui traduit à la fois l'appartenance et la proximité. Il désigne les membres de la famille ou du clan *(philoi)*, et par extension les hôtes étrangers qu'on traite comme des proches, il désigne l'épouse *(philé)*, propriété de son mari. C'est ainsi, avec une acception quasi juridique, que le terme est employé dans l'épopée homérique et les *philoi* d'Ulysse sont littéralement *les siens*. Mais le terme se charge de connotations morales et affectives qui font que les relations avec les proches deviennent le plus souvent des attachements chers et précieux. C'est ainsi que la *philia* apparaît comme le lien par excellence à l'être ou aux êtres aimés[1].

Le penseur grec a l'expérience d'une société démocratique, où cependant les droits de citoyen sont déniés à des groupes majoritaires d'êtres humains, comme les esclaves ou les femmes. Sa vision de l'amitié reflète cette dualité. Cette vision est égalitaire puisque l'ami ne peut être que l'égal, mais elle est aristocratique puisqu'elle exclut qu'un Grec soit ami d'un non-Grec ou un homme libre d'un esclave.

À cette condition s'en joint une autre, morale, qui concerne la qualité de l'ami et qui en conditionne le choix. L'ami n'est pas le premier venu mais un être digne de l'amitié qu'on lui porte. Beaucoup de ces philosophes réservent l'amitié aux sages, c'est-à-dire à eux-mêmes. Et ils fondent l'amitié sur ce qu'ils appellent la *vertu*, terme aujourd'hui obsolète qu'on pourrait culturellement « traduire » par la *valeur*, ensemble de qualités humaines et morales, qui varie dans le détail en fonction des époques et des sociétés. Cet élitisme est d'autant plus vital en amitié que cette dernière suppose une relation de totale réciprocité entre les deux amis. L'image de l'ami perçu comme un autre soi-même, supposant qu'on se porte à soi-même amour et respect, avant de prétendre le donner et le recevoir de l'autre, est dans l'esprit du monde antique, comme elle le sera dans les époques ultérieures. La thématique universelle, archétypale — égalitarisme, élitisme, réciprocité et plénitude, de l'amitié — se met donc en place très tôt. Sous des formes diverses, elle traversera les siècles.

Comment rompre avec un ami qui vous a trahi ? comment survivre à l'ami mort ? est-ce dans la prospérité ou dans le malheur que l'amitié a le plus de poids ? aime-t-on de préférence son semblable ou son contraire ? seront des questions inlassablement reposées. L'idée que l'ami de longue date est préférable au nouveau est aussi ancienne que ces textes millénaires qui rappellent qu'on ne saurait être amis « avant d'avoir mangé ensemble des boisseaux de sel ».

Le Grec fait la distinction entre la sphère du public et celle du privé. Si l'amitié occupe pareille place, c'est parce qu'elle se situe à l'articulation des deux. Elle est d'abord individuelle

1. Nous empruntons ces analyses à Ludovic Dugas, *L'Amitié antique*, Paris, Félix Alcan, 1894, et à P. Macherey, « Le *Lysis* de Platon : dilemme de l'amitié et de l'amour », in *Autrement*, n° 17, février 1995, p. 58-75.

puisqu'elle procède d'un choix personnel de l'ami et de sa fréquentation intime, et exprime ainsi la singularité et la différence de chacun. Mais elle permet aussi de relier et d'unir les membres d'une communauté et d'y développer les sentiments d'appartenance. À ce titre, elle fonde et équilibre les pratiques de la vie sociale. Sans amis, pas de plaisir dans la vie privée, pas d'harmonie dans la vie sociale. L'académie, cette école de philosophie où maîtres et disciples mènent une vie en commun, constitue un terreau où germent les sympathies. La forme du dialogue qu'ont adoptée la plupart de ces penseurs pour exprimer leurs idées nous livre la trace des échanges intellectuels et affectifs épanouis dans un tel milieu. Le lien amical permet la communication entre deux êtres qui sont eux-mêmes membres d'un groupe, communication que les Grecs se représentaient sous la forme d'un *daïmon* ailé qui circulait de l'un à l'autre[1].

On aurait tort cependant de voir dans le corpus de textes concernant l'amitié dans l'Antiquité une vision monolithique. La diversité, voire l'opposition, entre les différentes approches et même entre les différentes sensibilités y prédomine. Ne négligeons pas non plus la dimension historique. Entre Homère (IXe siècle av. J.-C.) et Lucien de Samosate (IIe siècle apr. J.-C.), onze siècles se sont écoulés, plus que l'écart qui nous sépare de l'an 1000. Les mentalités ont eu le temps d'évoluer, de s'affiner, les individus d'affirmer leur singularité. Entre Platon et Aristote même, qui furent maître et disciple, il y a un décalage et même des contradictions plus profondes qu'entre des penseurs éloignés par le temps ou par le cadre mental et religieux.

Les écoles et les mouvements de pensée qui imprègnent l'histoire intellectuelle de l'Antiquité expliquent aussi en coulisse ces différences ou ces divergences. L'aristotélisme, l'épicurisme et le stoïcisme véhiculent, chacun à leur manière, des théories de l'amitié. En amont ou en aval opèrent les présocratiques, les platoniciens, les cyniques et les cyrénaïques.

Les aléas de la survie des textes causent d'inévitables dérives. Certains philosophes, comme Panétius, qui ont écrit sur l'amitié, n'ont laissé de traces qu'à travers l'œuvre d'autres penseurs. Il ne reste d'Épicure que quelques maximes, bien qu'il ait placé, plus que tout autre, l'amitié au sommet de son échelle de

1. Voir l'article de Jean-Pierre Vernant, « Tisser l'amitié », in *Autrement, op. cit.*, p. 188-202.

valeurs. De nombreux écrits des stoïciens, chez qui l'amitié occupe une place moins importante que chez les épicuriens, se sont en revanche préservés et exerceront une influence considérable ultérieurement. Une lecture superficielle ne doit pas faire oublier que, derrière des thèmes communs, opèrent des systèmes de pensée et des visions du monde distincts qui pèsent sur la définition des rapports de l'homme avec son semblable.

Deux périodes se dégagent dans l'évolution de l'amitié antique [1]. La première période, d'Homère à Pythagore, est celle où l'amitié s'identifie avec la justice et permet de corriger les iniquités sociales, dans une société qui se définit avant tout par rapport à une volonté divine. La deuxième période, celle au cours de laquelle naît véritablement la notion de *philia*, commence approximativement au début du ve siècle. C'est à ce moment que l'homme prend conscience de sa liberté et de sa place dans l'univers et que l'amitié se dessine au sein de la communauté et de l'État où elle sert de modèle politique tout en demeurant garante de la qualité des rapports avec autrui dans la vie privée.

Sur l'amitié, comme sur bien d'autre sujets, les poètes ont précédé les philosophes. Achille et Patrocle, Euryale et Nisus, Thésée et Pirithoos, Thésée et Héraclès, Oreste et Pylade vivent dans les épopées ou chez les tragiques, et enflamment les imaginations avant de servir de modèles mythiques aux philosophes. Homère, Euripide ou Ésope précèdent Platon et Aristote. L'évocation d'amis exemplaires précède le discours sur l'amitié. L'élan du cœur devance sa rationalisation.

Il ne reste aucun écrit de Pythagore. Ses découvertes sont sans doute à attribuer à l'ensemble de son école. Il aurait enseigné l'amitié de tout à l'égard de tout, celle des dieux à l'égard des hommes, celle des connaissances les unes à l'égard des autres, celle des hommes les uns à l'égard des autres, celle des hommes à l'égard de certains animaux au nom de la métempsycose. Pythagore systématise l'analyse de la *philia* telle qu'on la trouve chez Homère et les poètes en fonction d'un principe d'harmonie naturelle.

Au début de la deuxième phase, où les penseurs prennent la relève des poètes, se dégage la figure vedette de Socrate dont

1. Nous suivons ici la distinction que fait Jean-Claude Fraisse dans l'ouvrage qu'il consacre à l'amitié antique, *Philia : La notion d'amitié dans la philosophie antique*, Paris, Vrin, 1974, p. 32.

l'intervention est toujours indirecte puisque provoquée par un intermédiaire et un interprète. Socrate, qui apparaît dans deux dialogues sur l'amitié, chez Xénophon et chez Platon, pratiquait avec efficacité un art qu'il présente, à travers les dialogues, comme indéfinissable. En effet, pour Socrate, l'amitié est inséparable de la pédagogie : ses élèves sont aussi et surtout ses amis. Ce sont ses amis, non sa famille qu'il voudra auprès de lui lorsqu'il boira la ciguë mortelle. Ce lien si fort entre maître et disciple a été magistralement illustré par la pratique, l'enseignement et la vie de Socrate qui sont inséparables.

Quel est le secret de Socrate ? se demande Ludovic Dugas. Récolter l'amitié en semant les bienfaits [1]. Socrate pratique avec talent et avec méthode cet art qui consiste à choisir ses amis et à tenter de s'en faire aimer. Mais cet art-là est-il bien différent de l'art de séduire ? La distinction est d'autant moins évidente que la vertu morale des jeunes gens lui semble déterminée en partie par leur beauté physique. Socrate aime ses élèves et il aime la sagesse qu'il leur enseigne, deux piliers de la vocation de pédagogue. Dans les *Entretiens mémorables* de Xénophon, Socrate insiste sur l'importance de l'amitié en général et celle du choix des amis en particulier. L'intelligence de ces deux vérités permet à une amitié de se développer et de perdurer. L'amitié n'a-t-elle pas une valeur qu'on pourrait estimer à l'aune de l'argent qui mesure tout, et chacun ne devrait-il pas s'efforcer de donner à l'amitié qu'il offre le plus grand prix, afin d'être payé de retour ?

Mais le personnage ambivalent et caméléonesque de Socrate varie en fonction du philosophe qui l'invoque. Le Socrate de Platon, qui manie si bien l'ironie, est une figure à la fois plus corrosive et plus floue que celui de Xénophon. Elle est aussi plus exigeante. L'approche utilitaire de Xénophon n'est plus reconnaissable dans le *Lysis* de Platon, dialogue consacré théoriquement à l'amitié mais qui pose surtout le problème de la fin de nos actions sans analyser la nature des liens d'amitié [2]. Ce qui l'emporte plutôt, dans ce texte qui refuse de conclure, c'est le scepticisme sur la valeur de l'amitié, soupçonnée, sans que Socrate prenne jamais clairement position, d'être un leurre et

1. Ludovic Dugas, *L'Amitié antique, op. cit.*, p. 40.
2. André-Jean Vœlke, *Les Rapports avec autrui dans la philosophie grecque, d'Aristote à Panétius,* Paris, Vrin, 1961, p. 23.

une déception, puisque la réciprocité et la plénitude nécessaires à l'amitié y sont considérées comme illusoires.

Platon rompt avec le consensus grec sur la *philia* qu'il est le seul à subordonner à l'*éros,* seule vérité des attachements humains, sur fond de transcendance et de manque. L'éternel dilemme de l'amitié et de l'amour commence peut-être dans ce petit texte ambigu où choisir et garder ses amis intéresse moins Platon que comprendre à travers l'amitié l'essence de notre attachement à autrui. Et c'est déjà le dilemme du plaisir de l'amitié et du désir de l'amour, de l'amitié présence et plénitude face à l'amour absence et confrontation du vide, de l'équilibre et de la symétrie amicale qu'un lien mutuel inscrit dans des limites humaines, face au déséquilibre que crée la quête d'un absolu, qu'il se nomme Dieu ou le bien-aimé. C'est dans ce contexte, qui préfigure les approches du christianisme et qui expliquera l'impact de Platon sur la pensée chrétienne, que ce dernier définit l'acte d'aimer comme une quête d'un bien qui se dérobe [1].

Aristote, lui, bien qu'élève de Platon, choisit autrement. Il se prononce pour le lien entre partenaires équivalents. Il se prononce pour la présence partagée à l'intérieur de la communauté. Il se prononce pour l'intimité et la proximité comme formes concrètes d'une existence commune. Il se prononce pour l'amitié humaine. Aristote est donc le premier à définir la nature de l'amitié tout en établissant les critères et les conditions de l'amitié véritable. Il est aussi le premier à énoncer la dissociation entre le désir amoureux et la pratique amicale que le texte équivoque du *Lysis* ne dégageait pas avec la même clarté.

D'entrée de jeu, Aristote prend ses distances par rapport aux philosophes qui l'ont précédé sur le sujet de l'amitié. Il rejette les notions réductrices d'Empédocle et d'Héraclite qui percevaient l'amitié selon des lois physiques comme l'attirance entre des êtres opposés ou des êtres semblables. Il affine la pensée de son maître Platon dont il va se démarquer progressivement. Les idées qu'il développe dans l'*Éthique à Nicomaque,* traité de morale en partie consacré à l'amitié, auront un impact considérable sur les penseurs de l'amitié au cours des siècles.

Pour Aristote, l'amitié s'est une fois pour toutes dégagée de l'amour qui n'est pour lui qu'un excès d'affection ; l'acte d'ai-

1. Voir Pierre Macherey dans *Autrement, op. cit.*

mer remplace le désir d'aimer et de se faire aimer[1]. L'amitié contribue au bonheur qui n'est autre que l'objectif de la morale et qui s'accomplit à travers la pleine réalisation de nous-même et de nos actes. L'amitié est donc nécessaire et même indispensable à la vie.

Si Aristote restreint quelque peu le champ de l'amitié par rapport aux philosophes qui l'ont précédé, il lui accorde cependant un territoire considérable. Le domaine de l'amitié couvre les relations avec autrui et s'inscrit dans le cadre social et politique tout autant que dans la vie privée. Aimer d'amitié est une pratique qui enrichit et exalte l'individu. Aristote établit une typologie des amitiés dont l'amitié véritable représente la forme la plus élevée. Dans sa forme la plus parfaite, cette amitié véritable est inséparable de la vertu.

L'amitié véritable se suffit à elle-même car elle est une fin et non un moyen comme le sont les amitiés plus incertaines fondées sur l'intérêt ou le plaisir. L'objet de l'amitié, l'ami, est un autre soi-même. Celui-là seul est capable d'aimer l'autre comme il s'aime lui-même, ce qui suppose qu'on soit capable et digne de s'aimer soi-même en même temps que son ami. Un ami recherche donc à la fois son propre bien et celui de l'autre puisque ces biens s'identifient. La relation qui s'établit avec l'ami est entièrement désintéressée car chacun recherche le bien de l'autre pour lui-même et réciproquement.

Dans la sphère de la vie collective qui s'articule intimement sur celle de la vie privée, l'amitié semble se confondre avec la justice. Dans le sens plus étroit que lui donne parfois Aristote, l'amitié complète la justice et même la transcende en la rendant superflue : « Quand les hommes s'aiment entre eux, il n'est plus besoin de justice. Mais ils ont beau être justes, ils ont encore besoin de l'amitié. » C'est pourquoi Aristote consacre une part plus importante de l'*Éthique* à l'amitié qu'aux autres vertus, y compris la justice. Car l'amitié n'accompagne pas seulement la vertu, elle en prend la forme. Et, dans cette forme idéale, l'amitié est la vertu la plus haute, celle à travers laquelle la vie morale se réalise de manière parfaite.

L'Éthique à Nicomaque constitue dans l'histoire de l'amitié un texte fondateur pour les raisons ci-dessus évoquées et aussi parce que l'analyse d'Aristote est multidimensionnelle, à la fois morale et psychologique, empirique et normative. Certes, ses

1. Voir Ludovic Dugas, *op. cit.*, p. 215.

fondements théoriques sont solides au regard de la philosophie, mais surtout le lecteur contemporain y trouvera une expérience, des exemples et des conseils auxquels il peut s'identifier encore aujourd'hui. Dans l'histoire de l'amitié, il y a un avant Aristote et un après.

Le IVe siècle grec voit émerger plusieurs écoles philosophiques rivales dont les plus célèbres sont celles du Jardin et du Portique. Leurs doctrines opposées, l'épicurisme et le stoïcisme, se définissent l'une par rapport à l'autre. Chaque école envisage l'amitié en fonction de sa représentation du monde physique d'abord, puis du monde social et politique. Épicure perçoit l'humanité à partir de la physique atomiste et rejette l'idée que l'homme est prédisposé par nature à vivre en société. À l'inverse, les stoïciens conçoivent un monde physique et humain dont les parties solidaires forment un tout interdépendant.

Épicure pratique l'amitié autant qu'il la théorise. Il privilégie le bonheur et la tranquillité. Dans sa vie privée, il s'éloigne de la politique et de la famille pour vivre en marge de la société, entouré de ses amis et de ses disciples. Le bonheur naît pour lui d'une vie sans excès, conforme aux lois de la nature, où l'un des plaisirs réside dans l'échange d'idées entre sages partageant les mêmes goûts. Le Jardin d'Épicure est donc avant tout une société d'amis. L'amitié y est considérée comme le bien suprême et comme la vertu la plus élevée.

L'amitié telle que l'entend Épicure n'est pas sans rappeler la conception aristotélicienne, mais il lui confère un sens à la fois plus étroit et plus pratique, proche de la définition moderne. L'épicurien est un ami dévoué qui éprouve beaucoup de joie à participer au bonheur d'autrui, en particulier celui des gens qu'il aime. L'amitié épicurienne trouve son origine dans l'intérêt qu'il y a à avoir des amis. En ce sens, c'est une amitié utilitaire, critique que n'ont pas manqué de lui faire ses détracteurs. Mais l'intérêt bien compris n'est qu'une dimension de l'amitié épicurienne. Dans la mesure où elle constitue avec la sagesse une fin en soi et possède sa propre valeur [1], l'amitié épicurienne ne constitue pas seulement l'une des voies du bonheur, elle participe directement de ce bonheur.

Les quelques maximes d'Épicure sur l'amitié, qui nous restent, ne reflètent pas l'importance que lui accordaient le maître et ses disciples. En revanche, les stoïciens ont laissé un *corpus*

1. Voir André-Jean Vœlke, *op. cit.*, p. 95.

important de textes sur l'amitié bien qu'elle ait joué, dans leur philosophie comme dans leurs pratiques, un rôle moins central. Le stoïcisme a évolué au cours des siècles et avec lui sa doctrine de l'amitié. Les témoignages les plus intéressants qui nous soient parvenus sont tardifs et nous viennent des Romains plutôt que des Grecs. Le penseur clé dans cette évolution est Cicéron dont le *De amicitia* est en langue latine ce que l'essai d'Aristote avait été en grec : un texte fondateur.

Comme chez Aristote et Épicure, l'amitié des stoïciens est, dès le départ, inséparable de la vertu. Cette vertu est accessible à tous : hommes, femmes, maîtres, esclaves. Les barrières sociales, économiques et sexuelles sont éliminées ; n'importe quel être humain, quelle que soit son origine, peut avoir accès à la sagesse et connaître l'amitié véritable. Cette dernière sert l'intérêt de la communauté universelle en renforçant les liens entre les hommes. Car là où les épicuriens préconisaient le retrait de la société, les stoïciens encouragent au contraire un engagement actif dans la vie politique et sociale.

Si, pour les stoïciens, seul un sage est capable d'amitié véritable, il est, en théorie, l'ami de tous les autres sages. Il n'est donc plus question de restreindre le nombre d'amis, comme chez Aristote. Mais si l'amitié est déterminée par la vertu qui la conditionne et qu'elle sert, elle n'est pas, comme elle l'était chez Épicure, une vertu en elle-même. L'amitié n'est pas placée au même rang que dans les autres écoles philosophiques ; surtout, elle est subordonnée à la justice, qui est la première vertu sociale dans le système stoïcien.

Mais le stoïcisme va évoluer. De théorique, la réflexion stoïcienne sur l'amitié va se faire de plus en plus pratique et accordera aux relations amicales un champ plus vaste que celui dont elles étaient investies dans les premiers temps.

Dans sa phase romaine, cette réflexion est marquée par l'œuvre et la figure de Cicéron qui va contribuer à ce renouveau. Cicéron reprend en grande partie les doctrines de Panétius, qui introduisit le stoïcisme à Rome, et dont les écrits ne nous sont pas parvenus. Mais il subit aussi l'influence d'Aristote et de son disciple Théophraste. Dans le *De officiis* et surtout dans le *Lælius (De amicitia)*, Cicéron établit les bases d'une doctrine de l'amitié qui intègre des éléments des écoles stoïcienne et aristotélicienne.

Si Cicéron prend ses distances par rapport à l'épicurisme auquel adhérait Atticus, à qui le *Lælius* est dédié, il n'en apparaît pas moins comme le grand rassembleur, le synthétiseur de génie des différentes doctrines de l'amitié. Avec le *De amicitia*, il fait œuvre, une œuvre qui traverse les siècles. Son petit traité figure aujourd'hui sur les étalages des libraires dans des collections d'universels, accessibles à tous. Il y définit la nature de l'amitié et en souligne la valeur.

À la base de sa doctrine, Cicéron reprend l'idée, commune aux philosophes dont il s'inspire, que l'amitié véritable n'est possible qu'entre « gens de bien ». Mais le *De amicitia*, écrit peu avant la mort paradoxalement violente de Cicéron, et dont le succès littéraire sera considérable, est aussi un guide pratique de l'amitié pour le commun des mortels.

Cicéron est, avec Aristote, le philosophe de l'amitié le plus important de l'Antiquité. Son impact sera immédiat. D'autres philosophes de l'Antiquité, à commencer par Sénèque, subiront son influence alors que les penseurs de l'amitié chrétienne, comme Aelred de Rievaux, adopteront les grandes lignes théoriques de l'essai pour élaborer une doctrine de l'amitié spirituelle. Montaigne sera d'abord un lecteur de Cicéron — et de Sénèque —, comme la plupart de ceux qui écriront sur l'amitié après lui.

Les philosophes de l'Antiquité romaine qui penseront l'amitié après Cicéron s'inscrivent dans la tradition stoïcienne, comme Sénèque et Épictète, ou par rapport à celle-ci, comme Plutarque. Mais Sénèque subit aussi, contrairement à Cicéron, l'influence des idées épicuriennes. Il ne perçoit guère de contradiction entre l'autosuffisance du sage stoïcien et son désir d'avoir des amis. Surtout, Sénèque met en relief le caractère actif de l'amitié qui se renforce dans l'obstacle ; il pense, comme Aristote, que l'amour n'est qu'un excès d'amitié ; et il note que le charme de l'amitié consiste tout autant dans la naissance et le développement d'amitiés nouvelles que dans la continuité d'amitiés anciennes.

Pour Épictète, une amitié doit avoir pour fondement l'identification de nos intérêts avec ceux de nos amis. Quant à Plutarque, contemporain d'Épictète, il opère une synthèse de plusieurs doctrines. Rejetant l'analyse stoïcienne de l'amitié en particulier, et la philosophie du Portique en général, Plutarque s'appuie sur les doctrines d'Aristote et d'Épicure mais préfère analyser la pratique de l'amitié plutôt que sa nature. Sa conception des trois facteurs de l'amitié, vertu, assiduité (ou intimité) et utilité, rappelle les théories d'Aristote. L'idée que l'amitié conduit à une joie partagée est dans Épicure.

Un peu en marge des courants, l'écrivain satirique du IIe siècle Lucien de Samosate, dans son dialogue *Toxaris* (ou *Tozaris*), mettra en compétition un Grec et un Scythe, qui feront chacun le panégyrique de l'amitié en vantant les mérites de leurs peuples respectifs dans ce domaine. Nous n'agissons pas autrement aujourd'hui lorsque nous mettons en question la capacité des autres peuples, celle des Américains par exemple, à connaître comme nous des amitiés profondes et durables. Nous trouverons dans ces lignes les premières notes de l'éternelle chanson du chauvinisme culturel.

Philia chez les Grecs, *amicitia* chez les Latins, amitié spirituelle chez les chrétiens, amitié dans le monde moderne et contemporain. L'évolution des conceptions occidentales de l'amitié n'est pas nécessairement une progression. La plupart des thèmes attachés à l'amitié auront été développés par les Grecs et les Romains. Et l'on verra à quel point les auteurs chrétiens et modernes leur emprunteront. Mais les temps changent. Les mœurs aussi. Un nouveau lien au divin et à la charité, un nouveau lien à la femme et à la passion, un nouveau lien aux étrangers se profilent. Aelred de Rievaux ne parlera pas de l'amitié comme Cicéron, non plus que Montaigne comme Sénèque ou comme saint Augustin. Non plus qu'Emerson comme Montaigne ou La Boétie, non plus que Simone Weil et Saint-Exupéry comme Emerson ou Germaine de Staël.

HOMÈRE (IXe siècle av. J.-C.)

Deux amis mythiques : Achille et Patrocle

Patrocle, fils de Ménœtios, était un Locrien d'Oponte, qui de bonne heure vint vivre en Thessalie, à la cour de Pélée, père d'Achille. Élevés ensemble, formés ensemble à l'art de la médecine et compagnons d'armes, Achille et Patrocle incarnent dans l'*Iliade* homérique (IXe siècle av. J.-C.) le modèle de l'amitié exemplaire. Il est probable que le lien qui les unissait ait été plus intime encore.

La mort de Patrocle, tué par Hector après de nombreux exploits guerriers contre les Troyens, fut annoncée à Achille par Antiloque, fils de Nestor. Submergé par la douleur, Achille, sans armes et au plus fort de la mêlée, poussa un tel cri que les Troyens épouvantés s'enfuirent, laissant derrière eux le cadavre du bien-aimé. Dès lors Achille ne songea plus qu'à pleurer et venger son ami mort...

Achille apprend la mort de Patrocle

[...] Celui-ci [Achille] lourdement sanglote. Mais voici sa digne mère à ses côtés. Elle pousse une plainte aiguë, prend la tête de son fils et, gémissante, lui dit ces mots ailés :

« Mon enfant, pourquoi pleures-tu ? quel deuil est venu à ton cœur ? Parle, ne me cache rien. Tout est arrivé, grâce à Zeus, ainsi que tu le voulais, quand tu demandais, mains tendues au ciel, que tous les fils des Achéens, en se repliant près des poupes, sentissent le besoin de toi et souffrissent un sort outrageux. »

Avec un lourd sanglot, Achille aux pieds légers répond :

« Ma mère, tout cela, le dieu de l'Olympe l'a bien achevé pour moi. Mais quel plaisir en ai-je, maintenant qu'est mort mon ami Patrocle, celui de mes amis que je prisais le plus, mon autre moi-même ? Je l'ai perdu : Hector l'a immolé, puis l'a dépouillé de ses belles armes — armes prodigieuses, une merveille à voir ! splendides présents des dieux à Pélée, le jour qu'ils te faisaient entrer au lit d'un mortel. Ah ! que n'es-tu restée où tu étais, au milieu des déesses marines, tandis que Pélée eût conduit chez lui une épouse mortelle ! Mais il fallait que tu eusses, en ton cœur, à subir un deuil immense, en voyant ton fils abattu. Tu ne dois plus désormais le revoir ni l'accueillir rentrant chez lui. Aussi bien mon cœur lui-même m'engage-t-il à ne plus vivre, à ne plus rester chez les hommes, si Hector, frappé par ma lance, n'a pas d'abord perdu la vie et payé ainsi le crime d'avoir fait sa proie de Patrocle, fils de Ménœtios. »

Et Thétis, pleurante, à son tour lui dit :

« Ta fin est proche, mon enfant, si j'en crois ce que tu me dis ; car tout de suite après Hector, la mort est préparée pour toi. »

Achille aux pieds rapides violemment s'irrite et dit :

« Que je meure donc tout de suite, puisque je vois qu'il était dit que je ne pourrais porter aide à mon ami devant la mort ! Il a péri loin de sa terre, et il ne m'a pas trouvé là pour le préserver du malheur. Aujourd'hui donc — car il est clair que je ne reverrai pas les rives de ma patrie, pas plus que je n'ai su être la lumière du salut ni pour Patrocle ni pour aucun de ceux des miens qui, par centaines, sont tombés sous les coups du divin Hector, tandis que je restais ainsi, inactif, près des nefs, vain fardeau de la terre, moi, qu'aucun Achéen à la cotte de bronze n'égale à la bataille, s'il en est de meilleurs au Conseil. Ah ! qu'il périsse donc, chez les dieux comme chez les hommes, cet esprit de querelle, ce courroux, qui induit l'homme en fureur, pour raisonnable qu'il puisse être, et qui semble plus doux que le miel sur la langue, quand, dans une poitrine humaine, il monte comme une fumée ! et c'est de la sorte qu'ici j'ai été mis en courroux par le protecteur de son peuple, Agamemnon. Mais laissons le passé être le passé, quoi qu'il nous en coûte, et maîtrisons, puisqu'il le faut, notre cœur en notre poitrine. — Aujourd'hui donc, j'irai, je rejoindrai celui qui a détruit la tête que j'aimais, Hector ; puis la mort, je la recevrai le jour où Zeus et les autres dieux immortels voudront bien me la donner. Le puissant Héraclès lui-même n'a pas échappé à la mort ; il était cher entre tous cependant à sire Zeus, fils de Cronos ; mais le destin l'a vaincu, et le courroux cruel d'Héré. Eh bien donc ! si même destin m'est fixé, on me verra gisant sur le sol, à mon tour, quand la mort m'aura atteint. Mais aujourd'hui j'entends conquérir une noble gloire, et que, grâce à moi, plus d'une Troyenne et d'une Dardanide à ceinture profonde, essuyant à deux mains les larmes coulant sur ses tendres joues, commence de longs sanglots, et qu'alors toutes comprennent qu'elle a assez longtemps duré, mon absence de la bataille. Ne cherche pas, quelle que soit ta tendresse, à me tenir loin du combat ; aussi bien ne t'écouterai-je pas. » [...]

Achille, d'un cri, sème la panique parmi les Troyens

Achille cher à Zeus se lève donc. Sur ses fières épaules, Athéné vient jeter l'égide frangée ; puis la toute divine orne son front d'un nimbe d'or, tandis qu'elle fait jaillir de son corps une flamme resplendissante. On voit parfois une fumée s'élever d'une ville et monter jusqu'à l'éther, au loin, dans une île qu'assiège l'ennemi. Tout le jour, les gens, du haut de leur ville, ont pris pour arbitre le cruel Arès ; mais, sitôt le soleil couché, ils allument des signaux de feu, qui se succèdent, rapides, et dont la lueur jaillit assez haut pour être aperçue des peuples voisins : ceux-ci peuvent-ils venir sur des nefs les préserver d'un désastre ? C'est ainsi que du front d'Achille une clarté monte jusqu'à l'éther. Passant le mur, le héros s'arrête au fossé, sans se mêler aux Achéens : il a trop de respect pour le sage avis de sa mère. Il s'arrête donc et, de là, pousse un cri — et Pallas Athéné fait, de son côté, entendre sa voix. Il suscite aussitôt dans les rangs des Troyens un tumulte indicible. On dirait qu'il s'agit de la voix éclatante que fait entendre la trompette, le jour où des ennemis, destructeurs de vies humaines, enveloppent une cité. Ainsi, éclatante, sonne la voix de l'Éacide. Et à peine ont-ils entendu la voix d'airain de l'Éacide, que leur cœur à tous s'émeut. Les chevaux aux belles crinières vite à leurs chars font faire demi-tour : leur cœur pressent trop de souffrances ! Les cochers perdent la tête, à voir le feu vivace qui flamboie, terrible, au front du magnanime Péléide et dont le flamboiement est dû à la déesse aux yeux pers, Athéné. Trois fois, par-dessus le fossé, le divin Achille jette un immense cri ; trois fois il bouleverse les Troyens et leurs illustres alliés. Là encore périssent douze des meilleurs preux, sous leurs propres chars ou par leurs propres piques. Les Achéens, eux, avec joie, s'empressent alors de tirer Patrocle hors des traits et de le placer sur un lit. Ses compagnons l'entourent et se lamentent. Derrière, avec eux, marche Achille aux pieds rapides, versant des larmes brûlantes : il a vu son loyal ami, étendu sur une civière, déchiré par le bronze aigu, ce Patrocle qu'il faisait encore tout à l'heure partir pour la bataille avec ses chevaux et son char, et qu'il n'aura pas eu à accueillir à son retour ! [...]

Achille pleure sur le corps de Patrocle

Les Achéens, eux, toute la nuit gémissent et pleurent sur Patrocle ; et le fils de Pélée entonne une longue plainte, en posant ses mains meurtrières sur le sein de son ami. Il sanglote sans répit. Tel un lion à crinière, à qui un chasseur de biches a enlevé ses petits, au fond d'une épaisse forêt, et qui se désespère d'être arrivé trop tard. Il parcourt tous les vallons, cherchant la piste de l'homme : ah ! s'il pouvait le trouver ! une âpre colère le possède tout entier. Tel, avec de lourds sanglots, Achille parle aux Myrmidons :

« Las ! ce sont des mots bien vains que j'ai laissé échapper, le jour où, dans sa demeure, pour rassurer le héros Ménœtios, je lui promettais de lui ramener à Oponte un fils couvert de gloire, ayant détruit Ilion et reçu sa part de butin. Mais Zeus n'achève pas tous les desseins des hommes. Le destin veut que, tous les deux, nous rougissions le même sol, ici, à Troie. Moi non plus, le vieux meneur de chars Pélée ne m'accueillera pas de retour dans son palais, ni ma mère Thétis, et cette terre ici même me retiendra. Mais, en attendant, Patrocle, puisque je n'irai qu'après toi sous la terre, je ne veux pas t'ensevelir, avant de t'avoir ici apporté les armes et la tête d'Hector, ton magnanime meurtrier, et, devant ton bûcher, je trancherai la gorge à douze brillants fils de Troie, dans le courroux qui me tient de ta mort. Jusqu'à ce jour-là tu resteras gisant, comme tu es, près des nefs recourbées, et, autour de toi, jour et nuit, se lamenteront en pleurant, les Troyennes, les Dardaniennes au sein profond que nous avons péniblement conquises par notre force et notre longue pique, en ravageant les riches cités des mortels. »

Ainsi parle Achille, et il donne à ses compagnons l'ordre de mettre un grand trépied au feu : il faut au plus vite laver Patrocle du sang qui le couvre. Sur la flamme brûlante ils placent donc le trépied chauffe-bain ; ils le remplissent d'eau, et ils mettent dessous des bûches à flamber. La flamme enveloppe la panse du trépied, l'eau peu à peu s'échauffe. Lorsque enfin elle bout dans le bronze éclatant, ils lavent le corps, ils le frottent d'huile luisante, ils remplissent ses plaies d'un onguent de neuf ans ; ils le déposent sur un lit ; de la tête aux pieds, ils le couvrent d'un souple tissu, et ensuite, par-dessus, d'un carré d'étoffe blanche. Puis, toute la nuit, autour d'Achille aux pieds rapides, les Myrmidons gémissent et pleurent sur Patrocle. [...]

Le deuil d'Achille

Seul, le Péléide, étendu sur la rive où bruit la mer, sanglote lourdement, au milieu de nombreux Myrmidons, dans un endroit découvert, où le flot déferle au rivage. Enfin le sommeil le prend, donnant congé aux soucis de son cœur, épandant sa douceur sur lui : il a tant peiné dans ses membres illustres, quand il poussait Hector vers Ilion battue des vents ! Et voici que vient à lui l'âme du malheureux Patrocle, en tout pareille au héros pour la taille, les beaux yeux, la voix, et son corps est vêtu des mêmes vêtements. Il se dresse au-dessus de son front, et il dit à Achille :

« Tu dors, et moi, tu m'as oublié, Achille ! Tu avais souci du vivant, tu n'as nul souci du mort. Ensevelis-moi au plus vite, afin que je passe les portes d'Hadès. Des âmes sont là, qui m'écartent, m'éloignent, ombres de défunts. Elles m'interdisent de franchir le fleuve et de les rejoindre, et je suis là, à errer vainement à travers la demeure d'Hadès aux larges portes. Va, donne-moi ta main, je te le demande en pleurant. Je ne sortirai plus désormais de l'Hadès, quand vous m'aurez donné ma part de feu. Nous ne tiendrons plus conseil tous les deux, vivants, assis loin des nôtres : l'odieux trépas m'a englouti. Aussi bien était-ce mon lot dès le jour où je suis né. Et ton destin, à toi-même, Achille, pareil aux dieux, n'est-il donc pas aussi de périr sous les murs des Troyens opulents ? — Mais j'ai encore quelque chose à te dire, à te recommander : m'écouteras-tu ? Ne place pas mes cendres loin des tiennes, Achille ; mets-les ensemble au contraire : nous avons ensemble grandi dans votre maison, quand, tout jeune encore, Ménœtios m'amena chez vous d'Oponte, à la suite d'un homicide déplorable, le jour où j'avais tué le fils d'Amphidamas, pauvre sot ! sans le vouloir, en colère pour des osselets. Pélée, le bon meneur de chars, alors me reçut chez lui, m'éleva avec de grands soins, et me nomma ton écuyer. Tout de même, qu'un seul cercueil enferme nos cendres à tous deux : l'urne d'or que t'a donnée ta digne mère ! »

Achille aux pieds rapides en réponse lui dit :

« Pourquoi, dis-moi, tête chérie, es-tu donc venu ici ? Et pourquoi tant d'injonctions ? Va, sois-en sûr, je te veux obéir et faire tout comme tu le demandes. Mais viens plus près de moi : qu'un instant au moins, aux bras l'un de l'autre, nous jouissions de nos tristes sanglots ! »

Il dit et tend les bras, mais sans rien saisir : l'âme, comme une vapeur, est partie sous terre, dans un petit cri. Achille, surpris, d'un bond, est debout. Il frappe ses mains l'une contre l'autre et dit ces mots pitoyables :

« Ah ! point de doute, un je ne sais quoi vit encore chez Hadès, une âme, une ombre, mais où n'habite plus l'esprit. Toute la nuit, l'âme du malheureux Patrocle s'est tenue devant moi, se lamentant, se désolant, multipliant les injonctions. Elle lui ressemblait prodigieusement. »

Il dit, et il fait chez tous naître le désir des sanglots. Quand apparaît l'Aurore aux doigts de rose, ils sont encore là, à se lamenter autour du mort pitoyable. [...]

Homère, *Iliade*, traduit par Paul Mazon, Paris, Les Belles Lettres, 1981 (1938).

EURIPIDE (480-406 av. J.-C.)

À la vie, à la mort : Oreste et Pylade

Pylade est l'ami d'Oreste, comme Patrocle celui d'Achille. Cousins germains, ils furent eux aussi élevés ensemble par Strophios, père de Pylade. C'est chez Strophios qu'on avait envoyé le jeune Oreste, pendant que sa mère Clytemnestre vivait avec Égisthe en l'absence de son père Agamemnon. Plus tard, il échut à Oreste de venger la mort de son père en tuant sa mère et l'amant de celle-ci. Un tribunal présidé par Athéna acquitta Oreste de son matricide. C'est avec les tragiques, notamment Eschyle et Euripide, que le personnage d'Oreste et son amitié avec Pylade se développèrent. Pylade avait épousé Électre, sœur d'Oreste. Il accompagna Oreste dans les principaux épisodes de sa geste. Il le conseilla dans sa terrible mission de vengeance. Dans *Iphigénie en Tauride* (414 av. J.-C.), Euripide met en scène le voyage d'Oreste en Tauride et ses retrouvailles avec son autre sœur, Iphigénie, que tous croyaient avoir été immolée par Agamemnon mais qui avait été sauvée *in extremis* par la déesse Diane Artémis.

Il est honteux pour moi, quand tu meurs, de voir la lumière

Oreste se prépare à mourir et Pylade à le suivre dans la mort...

PYLADE. Il est honteux pour moi, quand tu meurs, de voir la lumière. Avec toi j'ai fait cette traversée de la vie, avec toi je dois mourir. Je passerais pour lâche et pusillanime à Argos et dans les vallées de la Phocide. Beaucoup diraient (car il y a beaucoup de méchants) que je t'ai livré pour acheter à ce prix le salut et le retour ; ou même qu'à l'affût des désastres de ta maison, j'ai tramé ta mort pour m'emparer de ton sceptre en épousant ta sœur, devenue ton héritière. Voilà ce que je redoute et ce qui me fait rougir. Rien ne me persuadera que je ne doive pas expirer avec toi, avec toi être égorgé sur l'autel et brûlé sur le bûcher : car je suis ton ami, et je crains le blâme.

ORESTE. Parle mieux. Il faut que je subisse ma destinée. Mais, quand je puis ne porter qu'une infortune, je ne me chargerai pas du poids de deux. La douleur et la honte dont tu parles, c'est sur moi qu'elles tomberaient, si je te faisais périr, toi qui as voulu partager mes épreuves. Pour moi, ce n'est pas un bien grand malheur, dans l'état où m'ont mis les dieux, si je dois quitter la vie. Toi, tu es heureux ; ta maison est pure, exempte de tout fléau ; la mienne est souillée et misérable. Sauvé de la mort, tu auras des enfants de ma sœur, que je t'ai donnée pour femme ; tu pourras perpétuer mon nom, et la maison paternelle ne s'éteindra pas sans postérité. Pars donc, vis, et habite le palais de mon père. Quand tu seras de retour en Grèce et dans Argos aux vaillants coursiers, je t'en conjure par cette main que je presse, élève-moi un tertre funéraire et un tombeau qui rappelle mon souvenir ; que ma sœur y vienne offrir à mes mânes sa chevelure et ses larmes. Raconte comment j'ai été égorgé sur l'autel après avoir été consacré pour le sacrifice par une femme d'Argos. N'abandonne jamais ma sœur ; car tu vois combien est dévastée notre famille et la maison de mon père. Et maintenant, adieu, ô le plus cher de mes amis, mon compagnon de chasse, mon camarade d'enfance, toi qui as porté une si lourde part de mes malheurs ! Apollon, tout prophète qu'il est, nous a trompés : il a usé d'artifice pour nous exiler le plus loin possible de la Grèce, tant il avait honte de ses précédents oracles ! Je me suis entièrement confié à lui ; pour obéir à ses ordres, j'ai tué ma mère : et maintenant je péris à mon tour.

PYLADE. Oui, je t'élèverai un tombeau, et jamais je n'abandonnerai la couche de ta sœur, ô malheureux ! car, mort, tu ne me seras pas moins cher que vivant. Cependant l'oracle du dieu n'a pas encore consommé ta perte, quoique tu sois bien près de la mort. Il arrive, oui, il arrive que l'extrême infortune se change tout à coup en extrême bonheur, quand tel est l'arrêt du sort.

Théâtre d'Euripide et fragments, tome II, traduit par G. Hinstin, Paris, Librairie Hachette et Cie, 1905.

ÉSOPE (prob. VIe siècle av. J.-C.)

Fables d'amitié

L'ours, le cerf et le lion, les chèvres sauvages, l'aigle et le renard, tous ces animaux qui incarnent des caractères humains font partie des fables d'Ésope, père des fabulistes, de Phèdre à La Fontaine.

La figure légendaire d'Ésope et la rédaction en prose grecque des fables qu'on lui attribue nous sont parvenues à travers Planude et sa *Vie d'Ésope* (XIVe siècle) ; elles avaient antérieurement été recueillies par Démétrios de Phalère (IVe siècle av. J.-C.) et mises en vers par Babrias (Ier siècle av. J.-C.). D'après la légende, cet esclave affranchi, difforme et bègue, aurait été phrygien ou thrace, et aurait voyagé au Moyen-Orient. Crésus l'aurait envoyé à Athènes, Corinthe et Delphes où il aurait été tué par les prêtres phrygiens.

Brefs récits suivis d'une morale, ces anciennes fables sur l'amitié expriment une sagesse qui a traversé les temps : les amis véritables se reconnaissent dans l'épreuve et dans le danger, où l'on doit privilégier les vieux amis sur les nouveaux, où une trahison d'amitié est immanquablement punie.

L'Aigle et le Renard

L'Aigle et le Renard s'étant liés d'amitié résolurent d'habiter l'un près de l'autre, estimant qu'une fréquentation habituelle ne pouvait qu'affermir leur intimité. L'Aigle monta au haut d'un grand arbre, et y fit son nid ; au-dessous, le Renard se glissa dans un fourré où il mit bas. Un jour que celui-ci était sorti pour aller à la provende, l'Aigle s'abattit à tire d'aile sur le fourré, enleva les petits renards, et s'en régala avec ses propres petits. Dès qu'à son retour le Renard s'aperçut du forfait, il en conçut un vif chagrin, moins encore à cause de la mort de sa progéniture que parce qu'il ne voyait pas le moyen d'assouvir sa vengeance : n'ayant que des pieds, il ne pouvait lutter contre des ailes. Il se tint donc à l'écart, et, seule ressource des faibles et des impuissants, il maudissait son ennemi. Or, il advint que l'Aigle, qui avait violé les droits sacrés de l'amitié, subit son châtiment, et cela peu de temps après. Dans un sacrifice célébré en pleine campagne, on offrait une chèvre en holocauste ; l'oiseau s'abattit sur l'autel, enleva des entrailles tout enflammées et les porta dans son nid fait de brindilles et de paille sèche. Le vent qui soufflait avec violence y mit le feu, en fit jaillir une flamme éclatante ; les aiglons, qui n'avaient pas encore d'ailes, furent rôtis et tombèrent à terre. Alors le Renard accourut vers eux, et, sous les yeux de l'Aigle, les dévora tous.

Cette fable nous fait voir que les amis qui trahissent la foi jurée, échapperaient-ils à leurs dupes trop faibles pour les punir, n'éludent pas pour cela le châtiment que leur réservent les dieux.

Le Chevrier et les Chèvres

Un Chevrier, ayant conduit son troupeau au pâturage, s'aperçut que des Chèvres sauvages s'étaient mêlées aux siennes, et, le soir venu, il les emmena toutes dans sa grotte. Le lendemain, il fit mauvais temps ; et, ne pouvant les mener paître à l'endroit accoutumé, le Chevrier les tint enfermées chez lui. Or, à ses propres chèvres il donna peu de chose à manger, seulement de quoi les empêcher de mourir de faim, tandis que, pour les étrangères, il entassa fourrage sur fourrage, afin de se les concilier. Le mauvais temps ayant cessé, il les emmena paître encore toutes ensemble ; mais, une fois dans les montagnes, les chèvres sauvages prirent la fuite. Le Chevrier les accusait d'ingratitude : Eh quoi ! elles l'abandonnaient de la sorte, après avoir été l'objet de soins tout particuliers ! Alors elles se retournèrent vers lui : « Oui, lui dirent-elles, et c'est précisément cette faveur qui nous met en garde : nouvelles venues hier chez toi, nous avons été mieux traitées que les anciennes : donc, il saute aux yeux que, si plus tard d'autres viennent te trouver, tu les préféreras aussi à nous. »

Cette fable nous fait voir qu'il ne faut pas rechercher l'amitié de ces personnes qui ont plus de froideur pour leurs vieux amis que pour les nouveaux. Remarquons bien que si, notre amitié devenue vieille, ces personnes s'attachent de nouveaux amis, ceux-ci auront leur préférence.

Le Cerf et le Lion

Un Cerf tourmenté par la soif arriva au bord d'une source, se désaltéra, et se mit à contempler son image dans l'eau. Il était fier de ses cornes, voyant leur grandeur et leur parure ; mais ses jambes le chagrinaient beaucoup ; il les trouvait grêles et trop délicates. Pendant qu'il se livrait à ses réflexions, un Lion survint à l'improviste et courut sur lui. Le Cerf prit la fuite et gagna les devants. Tant qu'il fut en rase campagne, il se sauva à toutes jambes ; mais il eut à traverser certain endroit couvert de bois ; alors ses cornes s'embarrassèrent entre les branches des arbres ; et, ne pouvant plus courir, il fut pris par le Lion. Au moment de périr, il se dit à lui-même : « Malheureux que je suis, je craignais d'être trahi par mes jambes, et, grâce à elles, je me sauvais ; j'avais pleine confiance dans mes cornes, et voilà qu'elles font ma perte. »

C'est ainsi que bien souvent, dans les dangers, on a été sauvé par les amis suspects, et trahi par ceux que l'on croyait sincèrement fidèles.

Les Voyageurs et l'Ours

Deux amis faisaient route ensemble : un Ours s'étant présenté à leur vue, l'un d'eux monta sur un arbre et s'y tint caché ; l'autre, voyant qu'il allait être pris, se laissa tomber à terre, et fit le mort. L'Ours vint promener sur lui son museau, et le flaira, mais l'homme retenait sa respiration, car on prétend que cet animal ne touche pas aux morts. Enfin le fauve s'éloigna. Celui des deux amis qui était monté dans l'arbre descendit alors, et demanda à l'autre ce que l'Ours lui avait dit à l'oreille : « Ce qu'il m'a dit ? répondit-il, c'est de ne plus voyager désormais avec des amis qui s'esquivent au moment du danger. »

Cette fable fait observer que c'est dans les circonstances critiques que l'on reconnaît les vrais amis.

Ésope, *Fables*, traduit par P. Commelin, 1918, Classiques Garnier, librairie Garnier Frères.

XÉNOPHON (426-355 av. J.-C.)

Entretiens mémorables : l'amitié selon Socrate

La personnalité de Socrate inspire ce dialogue de Xénophon comme elle inspirera le dialogue de Platon. Xénophon fut son élève et livre dans ses *Entretiens mémorables* sa lecture de la pensée du maître sur l'amitié. « Je vois, fait-il dire à Socrate, qu'on met tous ses soins à acquérir des maisons, des terres, des esclaves, des troupeaux, des meubles, qu'on fait tout pour garder ceux qu'on possède ; mais un ami, que l'on dit être le plus précieux de tous les biens, on songe peu aux moyens de l'acquérir, et, lorsqu'on l'a, de le conserver. » Le philosophe va donc s'employer à explorer ce champ trop négligé.

Historien, essayiste et homme de guerre grec, Xénophon quitta Athènes peu après la victoire de Sparte (404) au terme de la guerre du Péloponnèse et s'engagea dans l'armée de mercenaires réunie par Cyrus le Jeune qui briguait le trône de son frère. Après la mort de Cyrus, ses troupes durent battre en retraite. Xénophon prit la tête de l'expédition qu'il dirigea vaillamment pendant huit mois et dont il relatera les péripéties dans *L'Anabase.* Il entra ensuite au service de Sparte puis se retira à Scillonte, près d'Olympie, où il composa la plupart de ses ouvrages.

Xénophon s'employa à préserver la pensée de Socrate aussi bien que la mémoire de ses entretiens familiers et des principaux événements de sa vie. Une partie de l'œuvre de celui qu'on a surnommé l'« Abeille attique » est consacrée à faire revivre la philosophie de son ancien maître.

« Y a-t-il un tarif pour les amis, comme il y en a pour les esclaves ? » demande Socrate à Antisthène. La question, provocatrice, permet de mesurer la distance historique et sociologique avec notre époque. Mais ne nous y trompons pas ! L'ironie et la concision de la réponse sont de tous les temps : « [...] il serait bien que chacun examinât à quel taux il doit être estimé par ses amis et s'efforçât de devenir du plus grand prix possible, afin d'avoir moins de risque d'être abandonné par eux. »

Bien que le thème soit moins développé chez Xénophon que chez ses successeurs Platon et surtout Aristote, ces quelques pages des *Entretiens mémorables* préfigurent les débats ultérieurs sur l'amitié qui traverseront les siècles : le rôle central de l'amitié dans la vie sociale et politique, le choix des amis, les obstacles à l'amitié, la relation étroite entre qualités morales et amitié.

Un bon ami est le plus précieux de tous les biens

Un jour, j'ai entendu Socrate dire, en parlant de l'amitié, des choses dont on pourrait profiter beaucoup pour apprendre à acquérir des amis et à vivre avec eux. Il disait qu'il entendait répéter à beaucoup de personnes que le plus précieux de tous les biens est un ami sûr et vertueux, mais qu'on ne s'occupait en général de rien moins que de se faire des amis. « Je vois, continuait-il, qu'on met tous ses soins à acquérir des maisons, des terres, des esclaves, des troupeaux, des meubles, qu'on fait tout pour garder ceux qu'on possède ; mais un ami, que l'on dit être le plus précieux de tous les biens, on songe peu aux moyens de l'acquérir, et, lorsqu'on l'a, de le conserver. Que des amis et des esclaves soient malades, il est des hommes qui font venir le médecin près de leurs esclaves, qui n'oublient rien de ce qui peut leur rendre la santé, tandis qu'ils négligent leurs amis ; si leurs esclaves et leurs amis viennent à mourir, ils pleurent les premiers et regardent leur mort comme une perte ; mais en perdant les autres, ils pensent n'avoir rien perdu ; ils soignent, ils surveillent tout ce qu'ils possèdent, mais ils ne prennent pas garde à l'ami qui réclame leurs soins. De plus, ajoutait-il, *la plupart des hommes savent fort bien le nombre de tous les objets qui leur appartiennent, si considérable qu'il soit ; mais pour leurs amis, bien qu'ils soient peu nombreux, non seulement ils en ignorent le nombre, mais si on leur demande combien ils en ont, et qu'ils essayent de les nommer, ils retranchent de la liste ceux qu'ils y avaient placés une première fois* ; tant ils s'occupent de ces amis ! Et pourtant, à quel bien peut-on comparer un ami vertueux, sans qu'il paraisse préférable ? Quel cheval, quel attelage est aussi utile qu'un bon ami ? quel esclave est aussi attaché, aussi fidèle ? quel objet peut être sous tous les rapports aussi avantageux ? Un bon ami est toujours prêt à se substituer à son ami dans tout ce qui lui manque, soit dans les soins de sa maison, soit dans les affaires de l'Etat ; il l'aide à faire du bien à ceux qu'il veut servir ; si quelque crainte le trouble, il vient à son secours, partageant ses dépenses et ses démarches, employant de concert avec lui la persuasion ou la force, le réjouissant dans le bonheur, le relevant dans l'adversité. Les avantages que l'on retire des mains, des yeux, des oreilles, des pieds, un ami dévoué les offre tous ; et souvent, ce que l'on n'a pas fait pour soi-même, ce que l'on n'a ni vu, ni entendu, ni parcouru, un ami le fait, le voit, l'entend, le parcourt pour son ami. Cependant, il est des hommes qui mettent tous leurs soins à cultiver des arbres pour en recueillir les fruits, et qui ne s'occupent qu'avec paresse et insouciance de ce bien le plus productif de tous, qu'on appelle un ami. »

On doit tout faire pour obtenir l'estime de ses amis

Un autre jour encore, je recueillis de lui des paroles bien capables de faire rentrer en lui-même celui qui les entendait, et de lui faire examiner quel degré d'estime il méritait auprès de ses amis. Ayant vu qu'un de ceux qui le fréquentaient négligeait son ami accablé par la pauvreté, en présence de cet indigne ami et de beaucoup d'autres personnes, il fit à Antisthène la question suivante : « Dis-moi, Antisthène, *y a-t-il un tarif pour les amis, comme il y en a pour les esclaves ?* car, parmi les esclaves, l'un vaut deux mines, l'autre n'en vaut pas la moitié d'une, tel autre en vaut cinq, tel autre jusqu'à dix ; on dit même que Nicas, le fils de Nicérate, a acheté un talent un esclave pour surveiller ses mines d'argent : j'examine donc si, de même qu'il y a un tarif d'esclaves, il y a aussi un tarif d'amis. — Oui, sans doute, répondit Antisthène ; il est tel homme que j'aimerais mieux avoir pour ami que de posséder cinq mines, tel autre que je ne préférerais pas à la moitié d'une, tel dont je donnerais jusqu'à dix mines, tel autre enfin dont j'achèterais l'amitié au prix de toute ma fortune et de tous mes revenus. — Donc, reprit Socrate, s'il en est ainsi, il serait bien que chacun examinât à quel taux il doit être estimé par ses amis, et s'efforçât de devenir du plus grand prix possible, afin d'avoir moins de risque d'être abandonné par eux. Souvent j'entends dire à l'un que son ami l'a trahi, à l'autre, qu'un homme qu'il croyait dévoué à sa personne a préféré une mine à son amitié. Je me demande donc en voyant tout cela si, de même qu'on s'empresse de se défaire d'un mauvais esclave et de le vendre pour le prix qu'on en trouve, il ne serait pas également avantageux de se défaire d'un mauvais ami lorsqu'on en trouve plus qu'il ne vaut ; mais je vois qu'on ne vend jamais les bons esclaves, qu'on n'abandonne jamais les bons amis. »

Xénophon, *Les Entretiens mémorables*, traduit par E. Sommer, Paris, Hachette, 1910, livre II.

PLATON (428-348 av. J.-C.)
Lysis : un dialogue ouvert

Comme dans *Les Entretiens mémorables* de Xénophon, Socrate est la figure centrale de ce dialogue de Platon qui fut son disciple. La pédagogie ouverte et directe de Socrate est en soi une pratique de l'amitié. Après la mort du maître et ami (399), Platon a quitté Athènes et a voyagé. De retour chez lui en 387, il fonda l'Académie et se mit à écrire ses dialogues. Il mourut octogénaire et célibataire.

Avec *Phèdre* et le *Banquet*, le *Lysis* fait partie des textes que Platon consacre à la vie affective. Le *Lysis* est le seul dialogue de Platon qui traite exclusivement de l'amitié, mais ce qui intéresse le philosophe est moins l'amitié que la faculté d'aimer. Contrairement à la tradition grecque qui voit dans l'amitié le modèle des affections humaines, Platon ne lui accorde qu'une place secondaire par rapport à l'amour. L'être humain aime ce qu'il n'a pas ; il aime ce qui lui manque. L'amour, quête douloureuse d'un être absent, relation fondamentale de désir et de manque, est la vérité des passions humaines. L'amitié n'est que l'illusion d'un échange égal dans la réciprocité et la plénitude. Cette pensée dissidente qui s'oppose notamment à celle d'Aristote préfigure les évolutions ultérieures qui privilégieront l'amour sur l'amitié.

Dans le *Lysis*, l'amitié est appréhendée à travers les entretiens de Socrate avec deux très jeunes amis : Lysis et Ménexène. Le Socrate de Platon, au sommet de l'ironie provocatrice et de la dérision, propose néanmoins une approche moins utilitaire de l'amitié que celle de Xénophon. Mais son ambiguïté nous laisse sur notre faim. Socrate ne pose la problématique de l'amitié qu'en termes négatifs, ce que l'ami n'est pas : ni simplement celui qui aime ni simplement celui qui est aimé, ni le semblable ni le contraire, ni le bien relatif ni le bien absolu. Et il n'apporte aucune réponse. L'objectif du *Lysis* est de faire réfléchir le lecteur qui ne manquera pas de sortir troublé, tout comme Socrate lui-même et ses jeunes amis, d'un dialogue qui se termine en queue de poisson.

Je ne sais rien de plus désirable au monde que d'avoir des amis

« Ménexène, dis-je alors[1], réponds, je te prie, à la question que je vais te faire. Il y a une chose que je désire depuis mon enfance, comme tout homme a son désir à lui : l'un veut avoir des chevaux, un autre des chiens, un autre de l'or, un autre encore des honneurs. Pour moi, je suis indifférent à tout cela, mais je ne sais rien de plus désirable au monde que d'avoir des amis ; et j'aimerais mieux posséder un bon ami que la meilleure caille, le meilleur coq ou même encore, par Jupiter, que le plus beau cheval et le plus beau chien du monde ; oui, par le Chien, je préférerais un ami à tout l'or de Darius, et à Darius lui-même, tant l'amitié me semble un bien digne d'envie ! Et une chose me frappe, c'est qu'étant si jeunes tous les deux, Lysis et toi, vous ayez le bonheur de posséder si vite un tel bien, toi, Ménexène, qui as déjà inspiré à Lysis un attachement si vif et si précoce, et Lysis à son tour qui a fait ta conquête. Pour moi, je suis si loin de là, que je ne sais pas même comment un homme devient l'ami d'un autre. Voilà pourquoi je tiens à te le demander, à toi qui sais ce qu'il en est.

« Dis-moi donc, Ménexène, lorsqu'un homme en aime un autre, lequel des deux devient l'ami de l'autre ? Celui qui aime le devient-il de celui qui est aimé, ou l'homme qui est aimé le devient-il de celui qui aime, ou bien n'y a-t-il entre eux aucune différence ? — Aucune, à mes yeux, répondit-il. — Que veux-tu dire ? Tous les deux sont amis, quand l'un des deux seulement aime l'autre ? — Oui, ce me semble. — Mais ne peut-il pas arriver que l'homme qui en aime un autre ne soit pas payé de retour ? — Si vraiment. — Et même qu'il soit haï, comme ces amants qui s'imaginent, dit-on, être en horreur à leurs amours ? Combien parmi les plus tendres appréhendent de n'être pas aimés, combien d'être haïs ! n'est-il pas vrai, dis-moi ? — Très-vrai, dit-il. — Or, en pareil cas, l'un aime et l'autre est aimé ? — Oui. — Eh bien ! lequel des deux est l'ami ? Est-ce l'homme qui en aime un autre, qu'il soit ou non payé de retour, et même haï ? Est-ce l'homme qui est aimé ? ou bien n'est-ce ni l'un ni l'autre, lorsque tous deux ne s'aiment pas réciproquement ? — Ni l'un ni l'autre, ce me semble. — Mais alors nous avançons

---

1. C'est Socrate qui parle.

une opinion diamétralement opposée à la précédente ; car après avoir soutenu que si l'un des deux aimait l'autre, tous les deux étaient amis, nous disons maintenant qu'il n'y a point d'amis là où l'amitié n'est pas réciproque. — Nous courons le risque de nous contredire, en effet. — Ainsi il n'est pas l'ami de quiconque l'aime, celui qui ne rend pas amitié pour amitié ? — Il ne paraît pas. — Et ils ne sont pas les amis des chevaux, ceux que les chevaux n'aiment pas en retour, pas plus qu'ils ne le sont des cailles, ou des chiens, ou du vin, ou du gymnase, ou même de la sagesse, à moins que la sagesse ne les aime à son tour. Sans cela, quoique chacun les aime, il n'est pas leur ami. Mais alors il a menti, le poète qui a dit : "Heureux celui qui a pour amis ses enfants, avec des chevaux rapides à la course, des chiens pour la chasse, et un hôte en pays étranger." — Il ne me semble pas s'être trompé. — C'est-à-dire que tu tiens pour vrai ce qu'il a dit ? — Oui. — Dans ce cas, Ménexène, c'est celui qui est aimé qui est l'ami de quiconque l'aime, soit qu'il le paye de retour, soit même qu'il le haïsse, comme les enfants nouveau-nés qui ne ressentent aucune espèce d'affection, qui même haïssent leur père et leur mère quand on les corrige, et qui ne sont jamais plus mal disposés pour leurs parents qu'au moment où ils leur sont le plus chers, et plus chers que tout au monde ? — C'est bien là mon sentiment. — Donc, l'ami n'est pas celui qui aime, mais celui qui est aimé ? — Il me semble. — Par la même raison, l'ennemi n'est pas celui qui hait, mais celui qui est haï ? — Il paraît bien. — A ce compte, bien des gens sont aimés de leurs ennemis et haïs de leurs amis, puisque l'ami est celui qui est aimé et non celui qui aime. C'est pourtant une chose incroyable, mon cher Ménexène, ou plutôt une chose impossible, qu'on soit l'ami de son ennemi et l'ennemi de son ami. — Ce que tu dis là est vrai, Socrate. — Si la chose est impossible, celui qui aime est naturellement l'ami de celui qui est aimé ? — Apparemment. — Et celui qui hait, l'ennemi de celui qui est haï ? — Nécessairement. — Mais nous voilà ramenés à notre sentiment de tout à l'heure, que bien des gens sont amis de ceux qui ne sont pas leurs amis, et souvent de leurs ennemis, quand ils aiment quiconque ne les aime pas ou quiconque les hait. Souvent, en outre, nous sommes les ennemis de gens qui ne nous sont pas ennemis, et même de nos amis, quand nous haïssons qui ne nous hait pas, ou même qui nous aime. — Cela est probable. — Comment conclure alors, si l'ami n'est ni celui qui aime, ni celui qui est aimé, ni l'homme qui tout ensemble aime et est aimé ? Y a-t-il entre les hommes d'autres rapports d'où l'amitié puisse sortir ? — Pour moi, Socrate, je n'en vois point du tout. — Peut-être, Ménexène, nous y sommes-nous mal pris en commençant notre recherche ? — C'est cela, Socrate », s'écria Lysis. Et il rougit beaucoup sur ce mot, qui me parut lui être échappé par suite de l'attention extrême qu'il nous avait prêtée, et qui se trahissait sur son visage pendant qu'il nous écoutait.

Voulant donc laisser un peu de relâche à Ménexène, charmé que j'étais d'ailleurs de ce beau désir de s'instruire chez Lysis, je repris avec lui la conversation : « Lysis, lui dis-je, je crois que tu as raison, et que si nous avions mieux cherché, nous ne nous serions pas égarés de la sorte. Laissons donc cette route ; car pour moi notre recherche ressemble à une sorte de route. Il vaut mieux revenir à celle où nous ont déjà conduits les poètes, qui sont en quelque façon nos pères et nos guides en fait de sagesse. Peut-être n'ont-ils pas parlé à la légère, lorsqu'ils ont prétendu, à propos de l'amitié, que c'est Dieu lui-même qui fait les amis et qui les conduit les uns vers les autres. Voici à peu près, je crois, comme ils s'expriment :

Un dieu conduit le semblable vers le semblable

et le lui fait connaître. N'as-tu jamais rencontré cet adage ? — Non, dit-il. — Mais tu n'ignores pas l'opinion de ces sages qui ont dit à peu près dans les mêmes termes qu'il est de toute nécessité que le semblable soit l'ami du semblable ? Ce sont les mêmes apparemment qui ont écrit et raisonné sur la nature et sur l'univers. — Tu as raison, répondit-il. — Mais, dis-moi, ont-ils dit la vérité ? — Peut-être. — Peut-être la moitié de la vérité, et peut-être la vérité tout entière, répondis-je à mon tour ; mais nous ne les entendons pas. Le méchant, en effet, nous semble être, à nous autres, l'ennemi du méchant, et cela d'autant plus qu'il l'approche et le fréquente de plus près ; car il cherche à lui nuire. Or il est impossible que les êtres nuisibles et ceux qui ont à en souffrir deviennent jamais amis. N'est-ce pas ton avis ? — Si vraiment. — Voilà déjà la moitié de ce qu'ils disent convaincue de fausseté ; car le méchant est semblable au méchant. — Cela est vrai. — Mais peut-être ont-ils voulu dire que les bons seulement sont semblables aux bons et amis entre eux, tandis que les méchants, comme on l'a prétendu aussi, ne se ressemblent jamais ni entre eux ni à eux-mêmes, parce qu'ils sont changeants et variables. Rien d'étonnant alors que ce qui est différent de soi-même ne ressemble jamais à rien, et ne soit l'ami de rien. Voilà ce que je crois ; et toi ? — Moi de même. — Ainsi, mon cher, voici probablement ce que signifient ces expressions que le semblable est l'ami du semblable : c'est que le bon seul est l'ami du bon, et que le méchant est incapable d'une amitié vraie, soit envers l'homme de bien, soit envers le méchant. M'accordes-tu cela ? » Il l'accorda. « A présent donc nous savons qui sont les vrais amis, car il ressort de ce raisonnement que les vrais amis, ce sont les gens de bien. — C'est tout à fait mon avis, répondit-il. — Et le mien, repris-je ; mais j'y trouve pourtant quelque difficulté. Voyons donc, par Jupiter, et vérifions mes soupçons. Le semblable est-il l'ami du semblable, en tant que semblable, et à ce titre même lui est-il utile ? Ou plutôt, regardons la chose autrement : le semblable peut-il offrir à son semblable quelque avantage qu'il ne puisse tirer de lui-même, ou lui causer un dommage qu'il ne puisse éprouver de soi ? Ou encore le semblable peut-il attendre de son semblable quelque chose qu'il ne puisse attendre aussi bien de soi-même ? S'il en est ainsi, comment des êtres semblables se rapprocheront-ils l'un de l'autre, n'en devant retirer aucune utilité ? Cela est-il possible ? — Non, cela est impossible. — Et l'homme que personne ne recherchera sera-t-il jamais un ami ? — En aucune façon. — Mais si le semblable ne peut être l'ami du semblable, peut-être le bon sera-t-il l'ami du bon, non pas en tant que semblable, mais en tant que bon ? — Peut-être. — Oui, mais le bon ne se suffit-il pas à soi-même, en tant que bon ? — Sans doute. — Et quiconque se suffit n'a besoin de personne ? — Assurément. — N'ayant besoin de personne, il ne recherchera personne. — En effet. — S'il ne recherche personne, il n'aimera personne. — Non certes. — Et s'il n'aime pas, lui-même ne sera pas aimé ? — Je ne le crois pas. — Comment donc les bons seraient-ils les amis des bons, eux qui, loin les uns des autres, ne se désirent pas mutuellement, puisqu'ils se suffisent à eux seuls, et qui près les uns des autres ne se servent à rien réciproquement ? Le moyen que de telles gens se puissent estimer entre eux ? — Impossible, dit-il. — Mais s'ils ne s'estiment pas, ils ne seront pas amis ? — Tu dis vrai.

« — Regarde, Lysis, comme nous avons pris le change. Ne vois-tu pas maintenant que nous nous sommes trompés du tout au tout ? — Comment cela ? — C'est que j'ai ouï dire un jour à quelqu'un ce mot dont je viens de me souvenir à l'instant, que le semblable est ce qu'il y a au monde de plus hostile au semblable, et les gens de bien ce qu'il y a de plus hostile aux gens de bien. Mon homme prenait Hésiode à témoin, et citait ce vers :

Le potier est par envie l'ennemi du potier,
le chanteur du chanteur,
et le pauvre du pauvre.

Et il ajoutait qu'en toutes choses, les êtres qui se ressemblent le plus sont naturellement remplis les uns vis-à-vis des autres de cette envie, de cette haine et de cette hostilité réciproques, tandis que ceux qui diffèrent le plus sont nécessairement amis. Le pauvre l'est du riche et le faible du fort, à cause des secours qu'il en tire, comme le malade du médecin. L'ignorant pour la même raison recherche et aime le savant. Il insistait même sur sa thèse avec plus d'abondance, soutenant qu'il s'en faut tellement que le semblable soit l'ami du semblable qu'il en va tout autrement, et que c'est le contraire qui est l'ami de son contraire, puisque tout être désire, non pas l'être qui lui ressemble, mais bien ce qui lui est opposé par nature. Ainsi le sec est ami de l'humide, le froid du chaud, l'amer du doux, l'aigu de l'obtus, le vide du plein, le plein du vide, et ainsi de tout le reste, parce que le contraire offre un aliment à son contraire, tandis que le semblable ne peut en rien profiter du semblable. Et même il soutenait tout cela avec beaucoup d'aisance, et dans un langage agréable. Qu'en pensez-vous tous deux ? — Pour moi, dit Ménexène, la thèse m'a l'air assez juste. — Nous dirons donc absolument que le contraire est l'ami du contraire ? — Oui. — Je le veux bien, Ménexène ; mais n'est-ce pas une opinion singulière ? Et ne vois-tu pas s'élever contre nous tout aussitôt ces adversaires ardents et habiles, qui vont nous demander si l'amitié n'est pas ce qu'il y a au monde de plus contraire à la haine ? Que leur répondrons-nous ? Ne sommes-nous pas forcés d'avouer qu'ils ont raison là-dessus ? — Nécessairement. — Ils nous diront alors : Est-ce que vraiment la haine est amie de l'amitié, ou l'amitié amie de la haine ? — Ni l'un ni l'autre, dit-il. — Et le juste est-il ami de l'injuste, le modéré du tempérant, le bon du mauvais ? — Je ne le crois pas. — Il me semble pourtant que si la dissemblance engendrait l'amitié, ce sont là des contraires qui devraient être amis. — Nécessairement. — Ainsi donc le semblable n'est pas l'ami du semblable, ni le contraire l'ami du contraire. — Il ne paraît pas. [...]

« — Mais, en vérité, le désir serait-il la cause de l'amitié ? Ce qui désire aime-t-il l'objet de ses désirs, pendant le temps même qu'il le désire ? En ce cas tout ce que nous avons déjà dit sur l'amitié n'est qu'un discours de fantaisie, comme serait un long poème ? — Il se pourrait bien. — En effet, ce qui désire ne désire-t-il pas, dis-moi, ce dont il a besoin ? — Sans doute. — Ce qui a besoin aime-t-il ce dont il a besoin ? — Oui. — Et chacun n'a-t-il pas besoin de ce qui lui manque ? — Oui. — Il me semble dès lors que c'est le convenable qui doit être l'objet de l'amour, de l'amitié et du désir ; qu'en dites-vous, Ménexène et Lysis ? » Ils en convinrent tous les deux. « Et si vous êtes tous deux amis l'un de l'autre, c'est qu'il existe entre vous une convenance naturelle. — Oui, très-grande, dirent-ils ensemble. — Ainsi, mes enfants, si quelqu'un en désire ou en aime un autre, jamais il ne pourrait ni le désirer, ni l'aimer, ni le rechercher s'il ne se rencontrait entre lui et l'objet de son amour quelque convenance d'âme, de caractère ou d'extérieur. — Certainement », dit Ménexène. Mais Lysis garda le silence. « Aimer ce qui nous convient naturellement nous paraît donc nécessaire ? — Oui. — Et c'est aussi une nécessité d'être aimé de celui qu'on aime véritablement et sincèrement ? » Lysis et Ménexène firent à peine un signe d'assentiment ; mais Hippothalès, ivre de joie, changeait à chaque instant de couleur.

Pour moi, voulant éclaircir cette opinion, je dis alors : « Si le convenable diffère du semblable, nous aurions, ce me semble, Lysis et Ménexène, trouvé le dernier mot de l'amitié. Mais si le convenable et le semblable se trouvent être la même chose, il ne nous sera pas aisé de nous soustraire à l'objection déjà posée que le semblable est inutile au semblable, à cause de leur identité même ; et d'autre part, soutenir que l'ami n'est pas utile, c'est une absurdité. Voulez-vous donc, pour ne pas nous enivrer en quelque sorte de nos propres discours, que nous prenions pour accordé que le convenable et le semblable sont différents l'un de l'autre ? — Nous le voulons. — Dirons-nous aussi que le bon convient à tout et que le mauvais ne convient à rien ? Ou bien faut-il dire que le bon convient au bon, le mauvais au mauvais, et ce qui n'est ni bon ni mauvais en soi à ce qui n'est ni bon ni mauvais ? » Ils accordèrent que chacun de ces genres convenait ainsi au même genre. « Nous voilà alors revenus, mes enfants, à ces premières opinions sur l'amitié que nous avons déjà repoussées ; car l'injuste devient l'ami de l'injuste, comme le mauvais du mauvais et le bon du bon. — En effet. — Mais quoi ! si nous disons que le bon est la même chose que le convenable, rien autre chose que le bon ne pourra être ami du bon ? — Assurément. — Nous pensions cependant avoir déjà réfuté cela, ne vous en souvient-il plus ? — Nous nous le rappelons. — A quoi bon raisonner alors ? N'est-il pas évident que cela ne nous mène à rien ? Je me bornerai donc, comme les habiles avocats dans leurs plaidoyers, à résumer tout ce que nous avons dit. Si l'ami n'est pas celui qui aime, ni celui qui est aimé, ni le semblable, ni le contraire, ni le bon, ni le mauvais, ni aucune des autres choses que nous avons passées en revue, car pour moi je n'en ai plus souvenir à cause de leur nombre, si, dis-je, aucune de ces choses n'est l'ami, je n'ai plus rien à dire. »

Là-dessus il me vint à l'idée de provoquer quelqu'un de plus âgé ; mais à l'instant les gouverneurs de Lysis et de Ménexène, courant à nous comme des démons, avec les frères des deux jeunes gens, les appelèrent et leur crièrent de revenir à la maison, car il était déjà tard. D'abord, nous et ceux qui nous entouraient nous les renvoyâmes ; mais bientôt, s'embarrassant peu de nous, ils entrèrent en fureur et continuèrent d'appeler les enfants dans leur langage à demi barbare ; et comme ils nous semblaient avoir un peu bu à cause des fêtes, et tout à fait incapables de nous écouter, nous cédâmes enfin et rompîmes l'entretien.

Comme ils s'en allaient : « Lysis et Ménexène, leur dis-je, nous venons peut-être de nous rendre ridicules, vous et moi, qui suis déjà vieux ; car ceux qui nous quittent s'en vont dire que nous pensions bien être amis, car pour moi je me mets des vôtres, tandis que nous ne sommes pas encore capables de découvrir ce que c'est que l'ami. »

Platon, *Dialogues de Platon : Lysis*, Paris, Charpentier, 1861.

ARISTOTE (384-322 av. J.-C.)

L'amitié est le lien des États

« La concorde des citoyens n'est pas sans ressemblance avec l'amitié ; et c'est la concorde avant tout que les lois veulent établir, comme elles veulent avant tout bannir la discorde, qui est la plus fatale ennemie de la cité. Quand les hommes s'aiment entre eux, il n'est plus besoin de justice. Mais ils ont beau être justes, ils ont encore besoin de l'amitié... »

À son tour, Aristote prend dans la pédagogie de l'amitié le relais de son maître Platon. Ce dernier posait dans le mince *Lysis* les questions que le « prince des philosophes » tente de résoudre dans deux livres, sur les dix qui composent l'*Éthique à Nicomaque.* Si, pour Platon, la forme idéale de l'amour est l'amour impersonnel dont l'objet est l'absolu, Aristote, lui, traite de l'amitié personnelle. Le corpus aristotélicien peut être considéré comme le texte fondateur à partir duquel se définissent les normes de l'« amitié antique ». Sur ce fondement, les épicuriens et les stoïciens affineront leurs propres visions de l'amitié.

Né en Macédoine, Aristote, à dix-sept ans, vint à Athènes où il suivit les cours d'Isocrate et s'inscrivit à l'école de Platon. Sans renier l'enseignement de ce dernier, il adopta une position philosophique qui ira souvent à l'encontre de celle de son maître. Plus tard, il servira de précepteur au jeune Alexandre de Macédoine, puis, de retour à Athènes, dispensera ses cours à l'école qu'il a lui-même fondée, le Lycée.

Une cinquantaine d'ouvrages, sur les quatre cents qu'il aurait écrits, nous sont parvenus intégralement. Quatre d'entre eux sont consacrés à la morale, notamment l'*Éthique à Eudème,* dont l'authenticité a été contestée par certains, et l'*Éthique à Nicomaque,* dans lesquels Aristote accorde une large place au thème de l'amitié. De plus Aristote traite brièvement du sujet dans la *Rhétorique.*

Aristote situe l'amitié à l'échelon le plus élevé de la vie sociale et l'ami constitue à ses yeux le bien le plus précieux. Il inscrit l'amitié dans le contexte des relations humaines, en particulier politiques et sociales, où elle joue un rôle comparable à celui de la justice dans les diverses formes de gouvernement et constitue le « lien des États ». Ainsi conçue, l'amitié, la *philia,* prend un sens beaucoup plus large que celui que nous lui donnons aujourd'hui. Loin de se borner à un lien personnel et intime entre individus, l'amitié aristotélicienne est l'expression la plus parfaite du lien qui unit les membres de la cité. À l'inverse de Platon, Aristote l'aborde de manière rationnelle, et la distingue de l'amour, forme excessive d'affection qui ne s'adresse qu'à un seul être, alors qu'on peut avoir plus d'un ami.

« On n'aime que l'objet aimable, c'est-à-dire ou le bien, ou l'agréable ou l'utile. » Aristote envisage donc trois sortes d'amitiés, fondées respectivement sur l'utilité, le plaisir, et la vertu. La dichotomie égalité/inégalité se reproduit à travers ces trois modèles, dont le plus recherché est celui de l'amitié entre individus vertueux et égaux. Dans les relations d'amitié véritable et durable, on ne négligera pas non plus le plaisir.

La réflexion est si claire, si concise et si concrète qu'elle pourrait avoir été écrite aujourd'hui. Ainsi sur le problème de la dette entre amis intéressés : « Le profit de celui qui reçoit le service est la vraie mesure de ce qu'il doit rendre », alors qu'entre vrais amis : « L'intention de celui qui oblige est ici la seule mesure, puisqu'en fait de vertu et de choses du cœur, c'est l'intention qui est toujours le principal. »

L'amitié, fondée sur une réciprocité naturelle, trouve son origine dans l'amour de soi, amour qui n'existe que chez l'homme de bien. Seul le juste est capable de recevoir et de dispenser cet amour d'autrui qui fait de l'ami un autre soi-même.

Dans le contexte antique, ce texte dense aborde presque toutes les questions posées ultérieurement par la définition et les conditions d'existence de l'amitié humaine. Il est piquant, par ailleurs, que le débat sur la limitation nécessaire du nombre d'amis renvoie aux propos de Socrate qui justifiait les proportions modestes de sa maison par le fait qu'elle était assez grande pour y contenir tous ses amis. D'une génération à l'autre, les philosophes font rebondir le thème comme au jeu de ballon.

Personne n'accepterait de vivre sans amis

Livre VIII, chapitre premier

§ 1. La suite de tout ce qui précède, c'est une théorie de l'amitié, parce que l'amitié est une sorte de vertu, ou du moins, qu'elle est toujours escortée de la vertu. Elle est en outre un des besoins les plus nécessaires de la vie : personne n'accepterait de vivre sans amis, eût-il d'ailleurs tous les autres biens. Plus on est riche et plus on possède de pouvoir et d'autorité, plus on éprouve, ce semble, le besoin d'avoir des amis autour de soi. A quoi bon en effet toute cette prospérité, si l'on ne peut y joindre la bienfaisance, qui s'exerce surtout et d'une si louable manière à l'égard de ceux qu'on aime ? Puis, comment entretenir, comment conserver tant de biens sans amis qui vous y aident ? Plus la fortune est considérable, plus elle est exposée.

§ 2. Les amis, tout le monde en convient, sont le seul asile où nous puissions nous réfugier dans la misère et dans les revers de tous genres. Quand nous sommes jeunes, nous demandons à l'amitié de nous éviter des fautes par ses conseils ; quand nous sommes devenus vieux, nous lui demandons ses soins et son secours pour suppléer à notre activité, où la faiblesse de l'âge amène tant de défaillances ; enfin, quand nous sommes dans toute notre force, nous recourons à elle pour accomplir des actions d'éclat.

> « Deux braves compagnons, quand ils marchent ensemble »
> sont bien autrement capables de penser et d'agir.

§ 3. J'ajoute, que par une loi de la nature, l'amour paraît être un sentiment inné dans le cœur de l'être qui engendre à l'égard de l'être qu'il a engendré ; et ce sentiment existe non seulement parmi les hommes ; il existe aussi dans les oiseaux et dans la plupart des animaux, qui s'aiment mutuellement, quand ils sont de même espèce. Mais il se manifeste principalement entre les hommes, et nous accordons nos louanges à ceux qu'on appelle philanthropes, ou amis des hommes. Quiconque a fait de grands voyages a pu voir combien l'homme est partout à l'homme un être sympathique et ami.

§ 4. On pourrait même aller jusqu'à dire que c'est l'amitié qui est le lien des Etats, et que les législateurs s'en occupent avec plus de sollicitude encore que de la justice. La concorde des citoyens n'est pas sans ressemblance avec l'amitié ; et c'est la concorde avant tout que les lois veulent établir, comme elles veulent avant tout bannir la discorde, qui est la plus fatale ennemie de la cité. Quand les hommes s'aiment entr'eux, il n'est plus besoin de justice. Mais ils ont beau être justes, ils ont encore besoin de l'amitié ; et ce qu'il y a sans contredit de plus juste au monde, c'est la justice qui s'inspire de la bienveillance et de l'affection.

§ 5. Non seulement l'amitié est nécessaire ; mais de plus elle est belle et honorable. Nous louons ceux qui aiment leurs amis, parce que l'affection qu'on rend à ses amis nous paraît un des plus nobles sentiments que notre cœur puisse ressentir. Il y a même bien des gens qui pensent qu'on peut confondre le titre d'homme vertueux avec le titre d'homme aimant.

§ 6. On a élevé bien des questions sur l'amitié. Les uns ont prétendu qu'elle consiste en une certaine ressemblance, et que les êtres qui se ressemblent sont amis, et de là sont venus ces proverbes : « Le semblable cherche le semblable. Le geai cherche les geais » ; et tant d'autres qui ont le même sens. Dans une opinion tout opposée, on soutient au contraire que les gens qui se ressemblent sont opposés entr'eux, comme de vrais potiers, qui se détestent toujours mutuellement. Il y a même des théories qui veulent donner à l'amitié une origine plus haute et plus rapprochée des phénomènes naturels. Ainsi, Euripide nous dit que « la terre desséchée aime la pluie, et que le ciel éclatant aime, quand il est plein de pluie, à se précipiter sur la terre ». De son côté, Héraclite prétend que « le rebelle, l'opposé est seul utile, que la plus belle harmonie ne sort que des contrastes et des différences, et que tout dans l'univers est né de la discorde ». Il en est d'autres, parmi lesquels on peut citer Empédocle, qui se placent à un point de vue tout contraire, et qui soutiennent, comme nous le disions tout à l'heure, que le semblable recherche le semblable.

§ 7. Laissons de côté, parmi ces diverses questions, celles qui sont toutes physiques ; car elles sont étrangères au sujet que nous étudions ici. Mais examinons toutes celles qui se rapportent directement à l'homme, et qui tendent à rendre compte de son moral et de ses passions. Voici, par exemple, des questions que nous pourrons discuter : l'amitié peut-elle exister chez tous les hommes sans exception ? Ou bien, quand les hommes sont vicieux, ne sont-ils pas incapables de pratiquer l'amitié ? N'y a-t-il qu'une seule espèce d'amitié ? En peut-on distinguer plusieurs ? A notre avis, quand on soutient qu'il n'y en a qu'une seule, qui varie simplement du plus au moins, on ne s'appuie pas sur une preuve très solide, puisque même les choses qui sont d'un genre différent sont susceptibles aussi de plus et de moins. Mais c'est là un sujet dont nous avons antérieurement traité.

Chapitre II

§ 1. Toutes les questions que nous venons de poser seront bien vite éclaircies pour nous, du moment que nous connaîtrons ce qu'est l'objet propre de l'amitié, l'objet digne d'être aimé. Evidemment tout ne peut pas être aimé ; on n'aime que l'objet aimable, c'est-à-dire, ou le bien, ou l'agréable, ou l'utile. Mais comme l'utile n'est guère que ce qui procure ou un bien ou un plaisir, il en résulte que le bon et l'agréable, en tant que buts derniers que l'on se propose en aimant, peuvent passer pour les deux seules choses auxquelles s'adresse l'amour.

§ 2. Mais ici se présente une question : est-ce le bien absolu, le vrai bien qu'aiment les hommes ? Ou aiment-ils seulement ce qui est bien pour eux ? Ces deux choses en effet peuvent n'être pas toujours d'accord. Même question aussi pour l'agréable, pour le plaisir. De plus, chacun de nous semble aimer ce qui est bien pour lui ; et l'on pourrait dire d'une manière absolue, à ce qu'il semble, que le bien étant l'objet aimable, l'objet qui est aimé, chacun n'aime que ce qui est bon pour chacun. J'ajoute que l'homme n'aime pas même ce qui est réellement bon pour lui, mais ce qui lui paraît être bon. Ceci du reste ne ferait aucune différence sérieuse ; et nous dirions volontiers que l'objet aimable est celui qui nous paraît être bon pour nous.

§ 3. Il y a donc trois causes qui font qu'on aime. Mais on n'appliquera jamais le nom d'amitié à l'amour ou au goût qu'on a parfois pour les choses inanimées ; car il est trop clair qu'il ne peut y avoir en elles un retour d'affection, pas plus qu'on ne peut leur vouloir du bien. Quelle plaisanterie, par exemple, que de vouloir du bien à du vin qu'on boit ! Tout ce qu'on peut dire, c'est qu'on souhaite que le vin se conserve, afin qu'on puisse le boire quand on veut. Pour un ami au contraire, on dit qu'il faut lui vouloir du bien uniquement pour lui-même : et l'on appelle bienveillants les cœurs qui veulent ainsi le bien d'un autre, quand même ils ne seraient pas payés de retour par celui qu'ils aiment. La bienveillance, quand elle est réciproque, doit être regardée comme de l'amitié.

§ 4. Mais ne faut-il pas ajouter que, pour être vraiment de l'amitié, cette bienveillance ne doit pas rester ignorée de ceux qui en sont l'objet ? Ainsi, il arrive souvent qu'on est bienveillant pour des gens qu'on n'a jamais vus ; mais on suppose qu'ils sont honnêtes, ou qu'ils peuvent nous être utiles ; et alors le sentiment est à peu près le même que si déjà un de ces inconnus vous rendait l'affection que vous éprouvez pour lui. Voilà donc des gens qui certainement sont bienveillants les uns envers les autres. Mais comment pourrait-on donner le titre d'amis à des gens qui ne connaissent pas leurs dispositions réciproques ? Il faut donc, pour que ce soient de véritables amis, qu'ils aient les uns pour les autres des sentiments de bienveillance, qu'ils se veuillent du bien, et qu'ils n'ignorent pas le bien qu'ils se veulent mutuellement, à l'un des titres dont nous venons de parler.

Chapitre III

§ 1. Les motifs d'affection sont de différentes espèces, je le répète ; et par conséquent, les amours et les amitiés qu'ils causent doivent différer également. Ainsi, il y a trois espèces d'amitié qui répondent en nombre égal aux trois motifs d'affection ; et pour chacune d'elles, il doit y avoir réciprocité d'un amour qui ne reste caché ni à l'un ni à l'autre de ceux qui l'éprouvent. Les gens qui s'aiment se veulent mutuellement du bien, dans le sens même du motif par lequel ils s'aiment. Par exemple, les gens qui s'aiment pour l'intérêt, pour l'utilité dont ils sont l'un à l'autre, s'aiment non pas précisément pour eux-mêmes, mais seulement en tant qu'ils tirent quelque bien et quelque profit de leurs rapports mutuels. Il en est de même encore de ceux qui ne s'aiment que pour le plaisir. S'ils aiment les gens de mœurs aussi faciles, ce n'est pas à cause du caractère même de ces gens ; mais c'est uniquement à cause des plaisirs que ces personnes leur procurent.

§ 2. Par conséquent, quand on aime par intérêt, et pour l'utilité, on ne recherche au fond que son bien personnel. Quand on aime par le motif du plaisir, on ne recherche réellement que ce plaisir même. Des deux sens, on n'aime pas celui qu'on aime pour ce qu'il est réellement ; on l'aime simplement en tant qu'il est utile et agréable. Ces amitiés-là ne sont donc que des amitiés indirectes et accidentelles : car ce n'est pas parce que l'homme aimé est doué de telles qualités qu'on l'aime, quelles que soient d'ailleurs ces qualités ; on ne l'aime que pour le profit qu'il procure, ici, de quelque bien que l'on convoite, et là, du plaisir qu'on veut goûter.

§ 3. Les amitiés de ce genre se rompent très aisément, parce que ces amis prétendus ne demeurent pas longtemps semblables à eux-mêmes. Du moment que ces amis-là ne sont plus ni utiles ni agréables, on cesse bien vite de les aimer. L'utile, l'intérêt n'a rien de fixe ; et il varie d'un moment à l'autre de la façon la plus complète. Le motif qui les rendait amis venant à disparaître, l'amitié disparaît aussi rapidement, avec la seule cause qui l'avait formée.

§ 4. L'amitié ainsi entendue semble se rencontrer surtout dans les gens âgés ; la vieillesse ne recherche plus ce qui est agréable, elle recherche exclusivement ce qui est utile. C'est là aussi le défaut de ces hommes dans toute la force de l'âge, et de ces jeunes gens qui ne poursuivent déjà que leur intérêt personnel. Les amis de cette sorte ne sont pas du tout d'humeur à vivre habituellement ensemble. Loin de là, ils ne se sont même pas toujours agréables l'un à l'autre, et ils n'éprouvent aucun besoin de commerce hors des instants où ils doivent réciproquement satisfaire leur intérêt. Ils ne se plaisent que tout juste autant qu'ils ont l'espérance de tirer mutuellement l'un de l'autre quelque avantage. C'est dans cette classe de liaison qu'on peut ranger aussi l'hospitalité.

§ 5. Le plaisir seul semble inspirer les amitiés des jeunes gens ; ils ne vivent que dans la passion, et ils poursuivent surtout le plaisir, et même le plaisir du moment. Avec le progrès des années, les plaisirs changent et deviennent tout autres. Aussi, les jeunes gens forment-ils très vite et cessent-ils non moins vite leurs liaisons. L'amitié tombe avec le plaisir qui l'avait fait naître ; et le changement de ce plaisir est bien rapide. Les jeunes gens sont portés à l'amour ; et l'amour le plus souvent ne se produit que sous l'empire de la passion et du plaisir. Voilà pourquoi ils aiment si vite, et cessent également si vite d'aimer ; ils changent vingt fois de goûts dans un même jour. Mais ils n'en veulent pas moins passer tous les jours et vivre à jamais avec ce qu'ils aiment ; car c'est ainsi que se produit et se comprend l'amitié dans la jeunesse.

§ 6. L'amitié parfaite est celle des gens qui sont vertueux, et qui se ressemblent par leur vertu ; car ceux-là se veulent mutuellement du bien en tant qu'ils sont bons ; et j'ajoute qu'ils sont bons par eux-mêmes. Ceux qui ne veulent du bien à leurs amis que pour ces nobles motifs sont les amis par excellence. C'est par eux-mêmes, par leur propre nature, et non pas accidentellement, qu'ils sont dans cette heureuse disposition. De là vient que l'amitié de ces cœurs généreux subsiste aussi longtemps qu'ils restent bons et vertueux eux-mêmes ; or, la vertu est une chose solide et durable. Chacun des deux amis est bon absolument en soi, et il est bon également pour son ami ; car les bons sont à la fois et absolument bons et utiles en outre les uns aux autres. On peut ajouter de même qu'ils se sont mutuellement agréables, et cela se comprend sans peine. Si les bons sont agréables absolument, et s'ils sont agréables aussi les uns aux autres, c'est que les actes qui nous sont propres, ainsi que les actes qui ressemblent aux nôtres, nous causent toujours du plaisir, et que les actions des gens vertueux ou sont vertueuses aussi, ou du moins sont pareilles entr'elles.

§ 7. Une amitié de cet ordre est durable, comme on peut aisément le concevoir, puisqu'elle réunit, toutes les conditions qui doivent se trouver entre les vrais amis. Ainsi, toute amitié se forme en vue de quelque avantage ou en vue du plaisir, soit absolument, soit du moins pour celui qui aime ; et de plus, elle ne se forme qu'à la condition d'une certaine ressemblance. Or, toutes ces circonstances se rencontrent essentiellement pour le cas que nous indiquons ici : dans cette amitié-là, il y a la ressemblance en même temps que le reste, c'est-à-dire que, de part et d'autre, on est absolument bon et de plus absolument agréable. Il n'est donc rien au monde de plus aimable ; et c'est dans les personnes de ce mérite que se trouve le plus souvent l'amitié, et qu'elle y est la plus parfaite.

§ 8. Il est tout simple d'ailleurs que des amitiés aussi nobles soient fort rares, parce qu'il y a bien peu de gens de ce caractère. Pour former ces liens, il faut de plus du temps et de l'habitude. Le proverbe a raison, et l'on ne peut guère se connaître mutuellement, « avant d'avoir mangé ensemble les boisseaux de sel » dont il parle. On ne peut non plus s'accepter, on ne peut être amis, avant de s'être montrés dignes d'affection l'un à l'autre, et avant qu'une confiance réciproque ne se soit établie.

§ 9. Quand on se fait mutuellement de si rapides amitiés, on veut bien sans doute être amis ; mais on ne l'est pas, et on ne le devient véritablement qu'à la condition d'être dignes d'amitié et de le bien savoir de part et d'autre. La volonté d'être amis peut être rapide ; mais l'amitié ne l'est point. Quant à elle, elle n'est complète que par le concours du temps et de toutes les autres circonstances que nous avons indiquées ; et c'est aussi grâce à tous ces rapports qu'elle devient égale et semblable des deux parts, condition qui doit encore se rencontrer entre de vrais amis. [...]

Chapitre VI

§ 1. Il n'est pas possible qu'on soit aimé de beaucoup de gens d'une amitié parfaite, pas plus qu'il n'est possible d'aimer beaucoup de gens à la fois. La véritable amitié est une sorte d'excès en son genre. C'est une affection qui l'emporte sur toutes les autres, et ne s'adresse par sa nature même qu'à un seul individu ; or, il n'est pas très facile que plusieurs personnes plaisent à la fois si vivement à la même, pas plus peut-être que ce n'est bon.

§ 2. Il faut aussi s'être éprouvé mutuellement et avoir un parfait accord de caractère, ce qui est toujours fort difficile. Mais on peut bien plaire à une foule de personnes, quand il ne s'agit que d'intérêt ou de plaisir : car il y a toujours beaucoup de gens disposés à ces liaisons, et les services qu'on échange ainsi peuvent ne durer qu'un instant.

§ 3. De ces deux espèces d'amitié, celle qui se produit par le plaisir ressemble davantage à l'amitié véritable, quand les conditions qui la font naître sont les mêmes de part et d'autre, et que les deux amis se plaisent l'un à l'autre ou se plaisent aux mêmes amusements. C'est là ce qui forme les amitiés des jeunes gens ; car c'est surtout dans celles-là qu'il y a de la libéralité et de la générosité de cœur. Au contraire, l'amitié par intérêt n'est guère digne que de l'âme des marchands.

§ 4. Les gens fortunés n'ont pas besoin de relations utiles ; mais il leur faut des relations agréables ; et c'est là ce qui fait qu'ils veulent vivre habituellement avec quelques personnes. Comme on ne supporte l'ennui que le moins qu'on peut, et que personne en effet ne supporterait continuellement même le bien, si le bien lui était pénible, les gens riches recherchent des amis agréables. Peut-être pour eux-mêmes vaudrait-il mieux encore qu'ils recherchassent dans leurs amis la vertu à côté de l'agrément : car alors ils réuniraient tout ce qu'il faut à de véritables amis.

§ 5. Mais quand on est dans une haute position, on a d'ordinaire les amis les plus divers. Les uns sont des amis utiles ; les autres, des amis agréables ; et comme il est fort rare que les mêmes personnes aient les deux avantages à la fois, les gens opulents ne recherchent guère des amis agréables qui soient en même temps doués de vertu, ni des amis utiles pour faire uniquement de grandes et belles choses. En songeant à leur plaisir, ils ne veulent que des gens aimables et faciles, ou bien des gens habiles toujours prêts à exécuter ce qu'on leur commande.

§ 6. Mais ces qualités d'agrément et de vertu ne se réunissent pas fréquemment dans le même individu. On a bien dit, il est vrai, que l'homme vertueux est à la fois agréable et utile. Mais jamais un si parfait ami ne se lie avec un homme qui le surpasse par sa position, à moins qu'il ne surpasse aussi en vertu cet homme opulent. Autrement, il ne rachète pas son infériorité par une égalité proportionnelle. Mais il n'y a pas souvent d'hommes qui deviennent amis dans ces conditions.

§ 7. Les amitiés dont nous venons de parler sont donc fondées aussi sur l'égalité. Les deux amis se rendent les mêmes services, et ils sont l'un envers l'autre animés des mêmes intentions ; ou du moins, ils échangent entr'eux un avantage contre un autre, et, par exemple, le plaisir pour l'utilité. Mais nous avons dû remarquer aussi que ces amitiés-là sont moins réelles et moins durables. Comme elles ont de la ressemblance et de la dissemblance tout à la fois avec une seule et même chose, c'est-à-dire avec l'amitié par vertu, elles paraissent tour à tour être et ne pas être des amitiés. Par leur ressemblance avec l'amitié de vertu, elles semblent être des amitiés véritables ; l'une a l'agréable, l'autre a l'utile, double avantage qui se trouve aussi dans l'amitié vertueuse. Mais d'autre part, comme celle-ci est inébranlable à la calomnie et durable, tandis que ces deux amitiés inférieures passent vite et qu'elles diffèrent encore sur bien d'autres points, on peut trouver que ce ne sont plus des amitiés, tant elles ont de dissemblance avec l'amitié véritable. [...]

Chapitre IX

§ 1. Il semble, comme on l'a dit au début, que l'amitié et la justice concernent les mêmes objets et s'appliquent aux mêmes êtres. Dans toute association, quelle qu'elle soit, on trouve à la fois la justice et l'amitié dans un certain degré. Ainsi, l'on traite comme des amis ceux qui naviguent avec vous, ceux qui combattent près de vous à la guerre, en un mot, tous ceux qui sont avec vous dans des associations d'un genre quelconque. Aussi loin que s'étend l'association, aussi loin s'étend la mesure de l'amitié, parce que ce sont là aussi les limites de la justice elle-même. Le proverbe : « Tout est commun entre amis » est bien vrai, puisque l'amitié consiste surtout dans l'association et la communauté.

§ 2. Tout est commun également entre frères, et même entre camarades. Dans les autres relations, la propriété de chacun est séparée, et elle se restreint d'ailleurs un peu plus pour ceux-ci, un peu moins pour ceux-là ; car les amitiés sont, elles aussi, plus ou moins vives.

§ 3. Les rapports de justice et les droits ne diffèrent pas moins non plus ; et ces rapports ne sont pas les mêmes des parents aux enfants, et des frères les uns envers les autres, ni des camarades à leurs compagnons, ni des citoyens à leurs concitoyens. Et l'on peut appliquer aussi bien ces réflexions à toutes les autres espèces d'amitié.

§ 4. Les injustices sont également différentes envers chacun d'eux, et elles prennent d'autant plus d'importance qu'elles s'adressent à des amis plus intimes. Par exemple, il est plus grave de dépouiller un camarade de sa fortune qu'un simple concitoyen ; il est plus grave d'abandonner un frère qu'un étranger, et de frapper son père que toute autre personne. Le devoir de la justice s'accroît naturellement avec l'amitié, parce que l'une et l'autre s'appliquent aux mêmes êtres et tendent à être égales. [...]

Chapitre XIV

§ 1. Il peut donc encore s'élever des dissentiments dans les liaisons où l'un des deux est supérieur à l'autre. Chacun de son côté peut croire qu'il mérite plus qu'on ne lui donne ; et quand cette dissidence se produit, l'amitié se rompt bientôt. Celui qui est vraiment au-dessus de l'autre, croit qu'il lui appartient d'avoir davantage, puisqu'il faut que la part la plus forte aille toujours au mérite et à la vertu. De son côté, celui qui est le plus utile des deux fait la même réflexion ; car on soutient avec raison que l'homme qui ne rend aucun service utile, ne peut obtenir une part égale. C'est alors une charge et une servitude ; ce n'est plus une réelle amitié, quand les avantages qui viennent de cette amitié, ne sont pas proportionnés à la valeur des services rendus. De même que dans une association de capitaux, ceux qui apportent davantage doivent avoir aussi une plus forte part dans les bénéfices ; de même, à ce qu'ils supposent, il doit en être ainsi dans l'amitié. Mais celui qui est dans le besoin et la gêne et qui est inférieur, fait un raisonnement contraire : à ses yeux, rendre service à qui se trouve dans le besoin, c'est le devoir d'un bon et véritable ami. Le beau profit, disent-ils, d'être l'ami d'un homme vertueux et puissant, si l'on n'en doit rien retirer !

§ 2. L'un et l'autre, chacun de leur côté, semblent avoir raison ; et il faut en effet que chacun d'eux tire de sa liaison une part plus forte. Seulement, ce n'est point une part de la même chose ; le supérieur aura plus d'honneur ; celui qui est dans le besoin aura plus de profit ; car l'honneur est le prix de la vertu et de la bienfaisance ; et le profit est le secours qu'on donne au besoin.

§ 3. C'est là aussi ce qu'on peut remarquer dans l'administration des Etats. Il n'y a point d'honneur pour celui qui ne rend aucun service au public. Le bien du public n'est accordé qu'à l'homme de qui le public a reçu des services ; et ici le bien du public, c'est l'honneur, la considération. On ne peut tout à la fois tirer profit et honneur de la chose publique ; personne ne supporte longtemps d'avoir moins qu'il ne lui revient sous tous les rapports. Mais on donne honneur et respect à celui qui ne peut recevoir d'argent, et qui, à cet égard, est toujours moins bien traité que les autres. On donne de l'argent au contraire à celui qui peut recevoir de tels présents ; car c'est en traitant toujours chacun en proportion de son mérite que l'on égalise et qu'on entretient l'amitié, ainsi que je l'ai déjà dit.

§ 4. Tels sont aussi les rapports qui doivent exister entre des gens inégaux : on rend en respect et en déférence les services d'argent et de vertu qu'on a reçus ; et l'on s'acquitte quand on le peut, parce que l'amitié demande encore plus ce qu'on peut que ce qu'elle mérite.

§ 5. Il y a bien des cas, en effet, où il est impossible de s'acquitter pleinement de ce qu'on doit : par exemple, dans la vénération que nous devons avoir envers les Dieux et envers nos parents. Or, personne ne peut jamais leur donner tout ce qui leur est dû ; mais celui qui les adore et les vénère autant qu'il le peut, a rempli tout son devoir. Aussi, semble-t-il qu'il n'est pas permis à un fils de renier son père, tandis qu'un père peut renier son fils. Quand on doit, il faut s'acquitter ; mais comme un fils n'a jamais pu rien faire d'équivalent à ce qu'il a reçu, il reste toujours le débiteur de son père. Ceux, au contraire, à qui l'on doit, sont toujours maîtres de libérer leur débiteur ; et c'est là le droit dont use le père à l'égard de son fils. D'ailleurs, il n'est pas un père qui de son côté voulût se séparer de son fils, si ce n'est quand ce fils est d'une incurable perversité ; car, outre l'affection naturelle qu'un père a toujours pour son enfant, il n'est pas dans le cœur humain de repousser l'appui dont on peut avoir besoin. Quant au fils, il faut qu'il soit bien corrompu pour s'affranchir du soin de soutenir son père, ou pour ne le soutenir qu'avec une insuffisante sollicitude. C'est que la plupart des hommes ne demandent pas mieux que de recevoir du bien. Mais en faire à d'autres leur semble une chose à fuir comme trop peu profitable.

Je ne veux pas du reste pousser plus loin ce que j'avais à dire sur ce point.

Livre IX, chapitre premier

§ 1. Dans toutes les amitiés où les deux amis ne sont pas semblables, c'est la proportion qui égalise et qui conserve l'amitié, ainsi que je l'ai déjà dit. Il en est ici absolument comme dans l'association civile. Un échange suivant la valeur a lieu, par exemple, entre le cordonnier pour les chaussures qu'il fabrique et le tisserand pour sa toile. Mêmes échanges entre tous les autres membres de l'association.

§ 2. Mais là, du moins, il y a une mesure commune, qui est la monnaie consacrée par la loi. C'est à elle qu'on rapporte tout le reste ; et c'est par elle qu'on peut tout mesurer. Comme il n'y a rien de pareil dans les rapports d'affection, celui qui aime se plaint quelquefois qu'on ne répond pas à l'excès de sa tendresse, bien qu'il n'ait lui-même rien du tout d'aimable, cas qui peut fort bien se rencontrer ; et souvent aussi, celui qui est aimé peut se plaindre que son ami, après lui avoir jadis tout promis, ne tient plus rien de tant de promesses magnifiques.

§ 3. Si ces plaintes réciproques se produisent, c'est que, l'un n'aimant qu'en vue du plaisir celui qu'il aime et celui-ci n'aimant l'autre que par intérêt, tous les deux se trouvent déçus dans leur attente. Leur amitié ne s'étant formée que par ces motifs, la rupture a lieu, parce qu'on n'a point obtenu de part ni d'autre ce qui avait fait naître la liaison. Ils ne s'aimaient pas pour eux-mêmes ; ils n'aimaient en eux que des avantages qui ne sont pas durables ; et les amitiés que ces avantages provoquent ne le sont pas plus qu'eux. La seule amitié qui dure, je le répète, c'est celle qui, ne tirant rien que d'elle-même, subsiste par la conformité des caractères et de la vertu.

§ 4. Une autre cause de mésintelligence, c'est quand, au lieu de trouver ce qu'on désirait, on rencontre quelque chose de tout différent ; car alors c'est bien à peu près ne rien avoir que de n'avoir point ce qu'on désire. C'est l'histoire de ce personnage qui avait fait de belles promesses à un chanteur, et qui lui avait dit, que mieux il chanterait, plus il lui donnerait. Quand, le matin, le virtuose vint réclamer l'exécution des promesses, l'autre lui répondit qu'il lui avait rendu plaisir pour plaisir. Si l'un et l'autre n'avaient voulu que cela, c'eût été fort bien. Mais si l'un voulait de l'amusement, et l'autre du profit, et que l'un eût ce qu'il voulait et que l'autre ne l'eût pas, l'objet de l'association n'avait pas été bien rempli. Car du moment qu'on a besoin d'une chose, on s'y attache avec passion ; et l'on serait prêt à donner tout le reste pour celle-là.

§ 5. Mais ici à qui des deux appartient de fixer le prix du service ? Est-ce à celui qui a commencé par le rendre, ou à celui qui a commencé par le recevoir ? Celui qui l'a rendu le premier, semble s'en être rapporté avec confiance à la générosité de l'autre. C'est ainsi que faisait, dit-on, Protagore, quand il avait préalablement enseigné quelque chose. Il disait au disciple d'estimer lui-même le prix de ce qu'il savait, et Protagore recevait le prix fixé par son élève.

§ 6. Dans les cas de ce genre, on s'en tient bien souvent au proverbe :

Fixez à vos amis un profit équitable.

Ceux qui d'abord se font donner de l'argent, et qui plus tard, à cause de l'exagération même de leurs promesses, ne tiennent rien de ce qu'ils ont dit, s'exposent à des reproches légitimes ; car ils ne remplissent pas leurs engagements.

§ 7. C'est là une précaution que peut-être les Sophistes sont forcés de prendre, parce qu'ils ne trouveraient personne qui donnât de l'argent pour la science qu'ils prétendent enseigner ; et comme après avoir reçu leur argent, ils ne faisaient rien pour le gagner, on avait toute raison de se plaindre d'eux.

§ 8. Mais dans tous les cas où il n'y a pas de convention préalable pour le service qu'on rend, ceux qui l'offrent spontanément et d'eux-mêmes, ne peuvent jamais être exposés à des reproches, ainsi qu'on l'a déjà dit. Il n'y a pas lieu à ces récriminations dans l'amitié fondée sur la vertu. C'est donc sur l'intention seule qu'on doit ici se régler pour payer de retour ; car c'est elle qui constitue, à proprement parler, l'amitié et la vertu. C'est là aussi le sentiment réciproque qui doit inspirer ceux qui ont étudié ensemble les enseignements de la philosophie. L'argent ne saurait mesurer la valeur de ce service ; la vénération qu'on témoigne même à son maître ne saurait jamais être un complet équivalent ; et il faut se borner, comme pour les Dieux et les parents, à faire tout ce qu'on peut.

§ 9. Mais quand le service n'est pas aussi désintéressé et qu'il a été rendu en vue de quelque profit, il faut que le service qu'on rend en échange, paraisse aux deux parties également digne et convenable. Dans le cas où l'on n'est pas satisfait, il serait non seulement nécessaire, mais parfaitement juste, que celui qui a pris les devants fixât lui-même la rémunération ; car si ce qu'il reçoit équivaut à l'utilité qu'a gagnée l'autre, ou au plaisir que l'autre a goûté, la rémunération reçue de ce dernier sera tout ce qu'elle doit être. C'est du reste ainsi que se passent les choses dans les marchés de toute espèce.

§ 10. Il y a des Etats où les lois interdisent de porter en justice la discussion des contrats volontaires, sur ce principe sans doute, que le plaideur doit s'arranger avec celui en qui il a eu confiance, sur le même pied qu'il a d'abord contracté avec lui. Celui en effet qui a obtenu cette marque spontanée de confiance, paraît plus capable de trancher justement le litige que celui même qui s'était confié à lui. C'est que le plus souvent ceux qui possèdent les choses, et ceux qui veulent les acquérir, ne les apprécient pas du tout à un taux égal. Ce que l'on a en propre et ce que l'on donne aux autres paraît toujours du plus grand prix ; et cependant, l'échange se fait aux conditions même de valeur que détermine celui qui reçoit. Peut-être que la vraie mesure des choses, c'est de les estimer non point aussi haut que le fait celui qui les possède, mais aussi haut qu'il les estimait lui-même avant de les posséder. [...]

Chapitre III

§ 1. Une autre question assez épineuse, c'est de savoir si les liaisons d'amitié doivent être rompues ou conservées quand les gens ne restent pas ce qu'ils étaient les uns envers les autres. Ou bien n'y a-t-il rien de mal dans une rupture, du moment que des gens qui ne s'étaient aimés que par intérêt ou plaisir, n'ont plus rien à se donner ? Comme c'était là l'objet unique de leur amitié, quand cet objet disparaît, il est tout simple qu'on cesse de s'aimer. Tout ce dont on pourrait se plaindre, c'est que quelqu'un qui n'aimait que par intérêt ou par plaisir, ait feint pourtant d'aimer de cœur. En effet, comme nous l'avons dit au début, la cause la plus ordinaire de désunion entre les amis, c'est qu'ils ne se lient pas dans les mêmes intentions, et qu'ils ne sont pas amis les uns des autres au même titre.

§ 2. Quand donc l'un des deux s'est trompé et qu'il suppose être aimé de cœur, tandis que l'autre n'a rien fait pour le lui donner à penser, il ne doit s'en prendre qu'à lui seul. Mais s'il a été dupe de la dissimulation de son ami prétendu, il a tout droit de se plaindre du trompeur ; et il peut le faire avec plus de justice encore qu'on ne blâme ceux qui font de la fausse monnaie, parce qu'ici le délit s'adresse à quelque chose de bien autrement précieux.

§ 3. Mais supposons le cas où l'on s'est lié avec un homme parce qu'on le croyait honnête, et qu'ensuite il devienne vicieux, ou même paraisse seulement le devenir ; peut-on continuer à l'aimer ? Ou bien, n'est-il plus possible de l'aimer encore, puisque l'on n'aime pas tout indifféremment, mais qu'on aime exclusivement ce qui est bon ? Car ce n'est pas un méchant qu'on voulait aimer, ni que l'on doit aimer. Il ne faut pas plus aimer les méchants qu'il ne faut leur ressembler ; et l'on sait de reste que ce qui se ressemble s'assemble. Voici donc la question : Faut-il rompre sur-le-champ ? Ou bien doit-on distinguer, et rompre non pas avec tous, mais seulement avec ceux dont la perversité est désormais incurable ? Tant qu'il y a chance de les corriger, il faut les aider à sauver leur vertu avec plus de soin encore qu'à réparer leur fortune, en proportion même que c'est un service à la fois plus noble et plus digne de la véritable amitié. Dans ce cas, on n'a pas tort de rompre ; car ce n'était pas de cet homme qu'on s'était fait l'ami ; et du moment qu'il est si complètement changé, et qu'on est hors d'état de le sauver en le ramenant, on n'a plus rien à faire qu'à s'éloigner de lui.

§ 4. Supposez encore un autre cas. L'un des deux amis demeure ce qu'il était, et l'autre, devenant plus distingué moralement, en arrive à l'emporter de beaucoup en vertu. Celui-ci doit-il continuer son amitié ? Ou bien, est-ce une chose impossible ? La difficulté devient parfaitement évidente, quand la distance entre les deux amis est fort grande, comme il arrive dans les amitiés contractées dès l'enfance. Si l'un demeure enfant par la raison, quand l'autre devient un homme plein de force et de capacité, comment pourraient-ils rester amis, puisqu'ils ne se plaisent plus aux mêmes objets, et qu'ils n'ont plus ni les mêmes joies ni les mêmes peines ? Ils n'auront plus entr'eux cet échange de sentiments sans lesquels il n'y a pas d'amitié possible, puisqu'il n'y a plus moyen alors de vivre ensemble intimement, ainsi que nous l'avons déjà plus d'une fois expliqué.

§ 5. Mais ne serait-ce pas le traiter un peu trop rudement que d'être avec lui comme s'il n'avait jamais été votre ami ? Ou bien faut-il plutôt garder souvenir de l'amitié qu'on a jadis ressentie ? De même qu'on croit devoir se montrer plus obligeant pour des amis que pour des étrangers, de même aussi il faut encore accorder quelque chose à ce passé qui a vu votre liaison, à moins toutefois que la rupture ne soit venue d'un excès d'impardonnable perversité.

Chapitre IV

§ 1. Les sentiments d'affection qu'on a pour ses amis et qui constituent les vraies amitiés, semblent tirer leur origine de ceux qu'on a pour soi-même. Ainsi, l'on regarde comme ami celui qui vous veut et qui vous fait du bien, apparent ou réel, uniquement pour vous-même ; ou encore celui qui ne désire la vie et le bonheur de son ami qu'en vue de ce même ami. C'est là tout à fait l'affection désintéressée que les mères ressentent pour leurs enfants, et qu'éprouvent des amis qui se réconcilient après quelque brouille. On dit aussi quelquefois que l'ami est celui qui vit avec vous, qui a les mêmes goûts, qui se réjouit de vos joies, et qui s'afflige de vos chagrins, sympathie qui est encore surtout remarquable dans les mères. Voilà quelques-uns des caractères par lesquels on définit l'amitié véritable.

§ 2. Or, ce sont là précisément tous les sentiments que l'honnête homme éprouve pour lui-même, et qu'éprouvent aussi les autres hommes en tant qu'ils se croient honnêtes ; car il semble, ainsi que je l'ai déjà dit, que la vertu et l'homme vertueux peuvent être pris pour mesure de tout le reste. Un tel homme est toujours d'accord avec lui-même, et il ne désire dans toutes les parties de son âme que les mêmes choses. Il ne voit, et il ne fait pour lui que le bien, ou ce qui lui paraît l'être. Et c'est le propre de l'honnête homme de faire le bien exclusivement ; il le fait pour lui-même ; car il le fait pour la raison qui est en lui, et qui constitue l'essence même de l'homme en chacun de nous. Sans doute il veut vivre et se conserver lui-même ; mais avant tout il veut faire vivre et sauver le principe par lequel il pense ; car pour l'honnête homme la vie est un véritable bien.

§ 3. Ainsi, chacun de nous se veut du bien à lui-même. Mais si l'on devenait autre et qu'on changeât de nature, on ne désirerait plus alors à cette personne nouvelle tous les biens qu'on souhaitait à l'autre. Car si Dieu lui-même possède actuellement le bien, c'est en restant ce qu'il est par son essence ; et c'est le principe intelligent qui, dans l'homme, est le fond même de l'individu, ou qui du moins paraît l'être plus que tout autre principe en nous.

§ 4. Quand donc l'homme est doué vraiment de vertu, il veut continuer de vivre avec lui-même ; car il y trouve un réel plaisir. Les souvenirs de ses actions passées sont pleins de douceur, et ses espérances pour ses actions futures sont également honnêtes. Or, ce ne sont là que des sentiments agréables. Cette foule de pensées remplissent son esprit des plus nobles émotions ; et il se plaît à sympathiser surtout avec lui-même, avec ses propres joies, avec ses propres douleurs ; car pour lui le plaisir et la peine s'attachent toujours aux mêmes objets et ne varient pas sans cesse d'un objet à un autre. Son cœur n'a jamais à se repentir, si l'on peut ainsi parler. Comme l'homme de bien est toujours envers lui-même dans ces dispositions, et qu'on est à l'égard d'un ami comme on est envers soi personnellement, l'ami étant un autre nous-même, il s'en suit que l'amitié semble se rapprocher beaucoup de ce que nous venons de dire, et qu'on doit appeler amis ceux qui sont dans ces relations réciproques.

§ 5. Quant à la question de savoir s'il y a ou s'il n'y a pas réellement amour de soi envers soi-même, pour le moment nous la laisserons de côté. Nous nous bornerons à dire qu'il y a certainement amitié toutes les fois que se rencontrent deux ou plusieurs des conditions que nous avons indiquées ; et que, quand l'amitié est extrême, elle ressemble beaucoup à l'affection qu'on éprouve pour soi-même.

§ 6. Ces conditions, du reste, peuvent se montrer chez le vulgaire des hommes, et même parmi les méchants. Mais n'est-ce pas qu'alors ils ne réunissent encore ces conditions qu'autant qu'ils se plaisent à eux-mêmes, et qu'ils se croient honnêtes ? Car jamais ces affections ne se produisent et ne paraissent même se produire chez les gens absolument pervers et criminels.

§ 7. On peut même dire qu'elles se rencontrent à peine chez les malhonnêtes gens. Ils sont toujours en querelle avec eux-mêmes ; ils désirent une chose, et ils en veulent une autre, absolument comme les libertins, qui ne se dominent pas. Au lieu des choses qui leur semblent à eux-mêmes être bonnes, ils s'en vont préférer des choses qui leur sont agréables, mais qui leur sont funestes.

§ 8. D'autres, au contraire, s'abstiennent de faire ce qui leur semble le meilleur dans leur propre intérêt, soit par lâcheté, soit par paresse. Il en est d'autres encore qui, après avoir commis une foule de méfaits, en viennent à se détester eux-mêmes à cause de leur propre corruption ; ils fuient la vie avec horreur, et finissent par le suicide.

§ 9. Les méchants peuvent bien rechercher des gens avec qui ils passent leurs journées ; mais avant tout, ils se fuient eux-mêmes. Quand ils sont seuls, leur mémoire ne leur fournit que des souvenirs douloureux ; et pour l'avenir, ils rêvent des projets non moins blâmables, tandis qu'au contraire, dans la compagnie d'autrui, ils oublient ces odieuses idées. N'ayant donc en eux rien d'aimable, ils n'éprouvent pour eux-mêmes aucun sentiment d'amour. De tels êtres ne peuvent sympathiser ni avec leurs propres plaisirs ni avec leurs propres peines. Leur âme est constamment en discorde ; et tandis que, par perversité, telle partie s'afflige des privations qu'elle est forcée d'endurer, telle autre se réjouit de les subir. L'un de ces sentiments tirant l'être d'un côté, et l'autre le tirant de l'autre, il en est, on peut dire, mis en pièces.

§ 10. Mais comme il n'est pas possible d'avoir tout à la fois et du plaisir et de la peine, on ne tarde guère à s'affliger de s'être réjoui ; et l'on voudrait n'avoir pas goûté ces plaisirs ; car les méchants sont toujours pleins de regrets de tout ce qu'ils font. Ainsi donc le méchant ne paraît jamais, je le répète, en disposition de s'aimer lui-même, parce qu'en effet il n'a rien non plus d'aimable en lui. Mais si cet état de l'âme est profondément triste et misérable, il faut fuir le vice de toutes ses forces, et s'appliquer avec ardeur à se rendre vertueux ; car c'est seulement ainsi qu'on sera porté à s'aimer soi-même, et qu'on deviendra l'ami des autres. [...]

Chapitre IX

§ 1. On élève encore une autre question, et l'on demande si, quand on est heureux, on a besoin, ou si l'on n'a pas besoin d'amis. En effet, dit-on, les gens absolument fortunés et indépendants n'ont que faire de l'amitié, puisqu'ils ont tous les biens ; et que, se suffisant comme ils font, ils n'ont plus de besoins à satisfaire, tandis que l'ami, qui est un autre nous-même, doit nous procurer ce que nous ne pourrions nous procurer à nous seuls. C'est ce que pensait le poète, quand il a dit :

« Quand le ciel vous soutient, qu'a-t-on besoin d'amis ? »

D'autre part, quand on accorde tous les biens à l'homme heureux, il est absurde évidemment de ne pas lui accorder des amis ; car c'est, à ce qu'il semble, le plus précieux des biens extérieurs. J'ajoute que, si l'amitié consiste plutôt à rendre des services qu'à en recevoir ; que, si faire du bien autour de soi est le propre de la vertu et de l'homme vertueux, et qu'il vaille mieux obliger ses amis que des étrangers ; il s'en suit que l'homme de bien aura besoin de gens qui puissent recevoir ses bienfaits. Voilà comment on demande encore si c'est dans le malheur ou dans la fortune qu'on a le plus besoin d'amis, parce que si l'homme dans le malheur a besoin de gens qui le secourent, l'homme heureux n'a pas moins besoin de gens à qui il puisse faire du bien.

§ 2. Il est par trop absurde, à mon sens, de faire de l'homme heureux un solitaire séparé du reste des hommes. Qui voudrait posséder tous les biens du monde à la condition d'en user pour soi tout seul ? L'homme est un être sociable ; la nature l'a fait pour vivre avec ses semblables ; et cette loi s'applique également à l'homme heureux. Car il a tous les biens que peut produire la nature ; et comme évidemment, il vaut mieux vivre avec des amis et des gens distingués, qu'avec des étrangers ou avec le vulgaire, l'homme heureux a nécessairement besoin d'amis.

§ 3. Que signifie donc la première opinion que nous avons indiquée ? Et comment a-t-elle quelque chose de vrai ? Est-ce parce qu'on pense vulgairement que les amis sont les gens qui sont utiles ? Et que par suite l'homme heureux n'aura pas besoin de tous ces secours, puisqu'on suppose qu'il possède tous les biens ? Il n'aura même que faire d'amis et de compagnons de plaisir ; ou du moins, il n'en aura qu'un bien faible besoin, puisque sa vie, étant parfaitement agréable, peut se passer de tous les plaisirs que les autres nous apportent. Or, s'il n'a pas besoin d'amis de ce genre, c'est qu'il n'a vraiment besoin d'amis d'aucun genre.

§ 4. Mais ce raisonnement n'est peut-être pas très juste. Au début de ce traité, on a dit que le bonheur est une espèce d'acte : et l'on comprend sans peine que l'acte arrive et se produit successivement, mais qu'il n'existe pas à l'état, en quelque sorte, de propriété qu'on possède. Or, si le bonheur consiste à vivre et à agir, l'acte d'un homme de bien est bon et agréable en soi, ainsi que je l'ai fait voir précédemment.

§ 5. De plus, ce qui nous est propre et familier nous procure toujours les sentiments les plus doux ; et nous pouvons bien mieux voir les autres et observer leurs actions, que nous ne pouvons observer les nôtres et nous voir nous-mêmes. Par conséquent, les actions des hommes vertueux, quand ce sont des amis, doivent être vivement agréables aux cœurs honnêtes, puisqu'alors les deux amis goûtent la jouissance qui leur est la plus naturelle. Voilà donc les amis dont l'homme heureux aura besoin, puisqu'il désire contempler des actions belles, et familières à sa propre nature ; et telles sont les actions de l'homme vertueux, quand il est notre ami. [...]

Chapitre X

§ 1. Faut-il donc se faire le plus grand nombre d'amis qu'on peut ? Ou bien, comme on semble l'avoir dit avec tant de bon sens pour l'hospitalité :

Ni d'hôtes trop nombreux, ni l'absence des hôtes,

est-il convenable également, en fait d'amitié, de n'être pas sans amis et de ne point s'en faire un nombre exagéré ?

§ 2. Le mot du poète semblerait s'appliquer parfaitement bien aux relations d'amitié qui ne tiennent qu'à l'intérêt. Il est bien difficile de payer de retour et de reconnaître tous les services, quand on en reçoit beaucoup ; et l'existence entière n'y suffirait pas. Des amis plus nombreux qu'il n'en faut pour les besoins ordinaires de la vie, sont fort inutiles ; ils deviennent même un embarras au bonheur. Il n'y a donc pas besoin de tant d'amis de ce genre. Quant à ceux qu'on se fait en vue du plaisir, il suffit de quelques-uns ; et c'est comme l'assaisonnement dans les mets.

§ 3. Reste donc les amis par vertu. Faut-il en avoir le plus grand nombre possible ? Ou bien y a-t-il aussi une limite à cette foule d'amis, comme pour le nombre de citoyens dans l'Etat ? On ne saurait faire un Etat avec dix citoyens, pas plus qu'on n'en ferait un de cent mille. Sans doute, je ne veux pas dire qu'on peut préciser absolument un nombre fixe de citoyens ; mais c'est un total qui se maintient entre certaines limites déterminées. L'approximation est analogue pour le nombre des amis ; il est également déterminé ; et c'est, si l'on veut, le plus grand nombre de personnes avec qui l'on puisse avoir une vie commune ; car la vie commune est la marque la plus certaine de l'amitié.

§ 4. Mais on voit sans peine qu'il n'est pas possible de vivre avec une foule de personnes, et de se partager ainsi soi-même.

Ajoutez que toutes ces personnes-là doivent être amies entr'elles, puisqu'il faut que toutes passent leurs jours les unes avec les autres ; et ce n'est pas un petit embarras, quand il y en a beaucoup.

§ 5. Il devient aussi fort difficile avec des gens si nombreux de pouvoir, pour son compte personnel, ressentir les mêmes joies ou les mêmes chagrins qu'eux. On peut s'attendre à plus d'une coïncidence fâcheuse ; et tout à la fois on devra se réjouir avec l'un et se désoler avec l'autre. Ainsi donc, il peut être bien de ne pas rechercher à se faire le plus d'amis possible, mais seulement le nombre d'amis avec lesquels il soit possible de vivre intimement. On ne peut pas être l'ami dévoué d'un grand nombre de personnes ; et c'est là ce qui fait aussi que l'amour ne peut s'attacher à plusieurs à la fois. L'amour est comme le degré supérieur et l'excès de l'affection, et il ne s'adresse jamais qu'à un seul être. Ainsi les sentiments très vifs se concentrent sur quelques objets en petit nombre.

§ 6. La réalité démontre bien évidemment qu'il en est ainsi. Ce n'est jamais avec plusieurs qu'on se lie d'une véritable et ardente amitié ; et toutes les amitiés qu'on vante et qu'on admire, n'ont jamais existé qu'entre deux personnes. Les gens qui ont beaucoup d'amis, et qui sont si intimes avec tous, passent pour n'être les amis de qui que ce soit, si ce n'est dans les relations de la société purement civile ; et l'on dit en parlant d'eux que ce sont des gens qui cherchent à plaire civilement et politiquement. On peut être l'ami d'un grand nombre de gens, sans même rechercher à leur plaire, et en étant seulement un honnête homme dans toute la force du mot. Mais être l'ami des gens, parce qu'ils sont vertueux et les aimer pour eux-mêmes, c'est un sentiment qui ne peut jamais s'adresser à beaucoup de personnes ; et il est même préférable de n'en rencontrer que bien peu de ce genre.

Chapitre XI

§ 1. Autre question : A-t-on plutôt besoin d'amis dans la prospérité que dans l'infortune ? On les recherche dans les deux cas : les gens malheureux ont besoin qu'on les aide ; les gens heureux ont besoin qu'on partage leur bonheur et qu'on reçoive leurs bienfaits ; car ils veulent faire du bien autour d'eux. Les amis sont certainement plus nécessaires dans le malheur ; et c'est alors qu'il faut avoir des amis utiles. Mais il est plus noble d'en avoir dans la fortune ; on ne recherche dans ce cas que des gens de mérite et de vertu ; et il vaut mieux, à choisir, faire du bien à des personnes de cet ordre et passer sa vie avec elles.

§ 2. La présence seule des amis est un plaisir dans la mauvaise fortune ; les peines sont plus légères quand des cœurs dévoués y prennent part. Aussi pourrait-on se demander si notre soulagement vient de ce qu'ils nous ôtent en quelque sorte une partie du fardeau ; ou bien, si, sans diminuer en rien le poids qui nous accable, leur présence qui nous charme et la pensée qu'ils partagent nos douleurs, atténuent notre peine. Mais que ce soit pour ces motifs, ou pour tout autre, que nos chagrins soient soulagés, peu importe ; ce qu'il y a de sûr, c'est que l'effet heureux que je viens de dire, se produit pour nous.

§ 3. Leur présence a sans doute un résultat mélangé. Rien que de voir ses amis est déjà un vrai plaisir ; c'en est un surtout, quand on est malheureux. De plus, c'est comme un secours qu'ils nous donnent contre l'affliction ; l'ami est une consolation et par sa vue et par ses paroles, pour peu qu'il soit adroit ; car il connaît le cœur de son ami, et il sait précisément ce qui lui plaît et ce qui l'afflige.

§ 4. Mais, peut-on dire, il est dur de sentir qu'un ami s'afflige de vos propres chagrins ; et tout le monde fuit la pensée d'être un sujet de peine pour ses amis. Aussi, les gens d'un courage vraiment viril ont grand soin de ne pas faire partager leurs douleurs à ceux qu'ils aiment ; et à moins qu'on ne soit complètement insensible soi-même, on ne supporte pas aisément la pensée de leur faire du chagrin. Un homme de cœur ne souffre jamais que ses amis pleurent avec lui, parce que lui-même n'est pas disposé à pleurer. Il n'y a que les femmelettes et les hommes de leur caractère qui se plaisent à voir mêler des larmes aux leurs, et qui aiment les gens à la fois, et parce qu'ils sont leurs amis, et parce qu'ils gémissent avec eux. Or, il est évident qu'en toutes circonstances, c'est le plus noble exemple qu'il nous faut imiter.

§ 5. Mais quand on est dans la prospérité, la présence des amis nous plaît doublement. Leur commerce d'abord nous est agréable, et il nous donne cette pensée, non moins douce, qu'ils jouissent avec nous des biens que nous possédons. Il semble donc que c'est surtout dans le bonheur que notre cœur devrait se plaire à convier nos amis, parce qu'il est beau de faire du bien. Au contraire, on hésite et l'on tarde à les faire venir dans le malheur ; car il faut leur faire partager ses peines le moins qu'on peut ; et de là cette maxime :

C'est assez que moi seul je sois infortuné.

Il ne faut vraiment les appeler que, quand avec fort peu d'embarras pour eux-mêmes, ils peuvent nous rendre un grand service.

§ 6. C'est par des motifs tout contraires qu'il faut se rendre auprès d'amis malheureux sans être appelé, et en ne suivant que le mouvement de son cœur ; car c'est le devoir d'un ami de rendre service à ses amis, surtout quand ils en ont besoin et qu'ils ne le demandent pas. C'est à la fois pour les deux amis et plus beau et plus doux. Quand on peut coopérer en quelque chose à la fortune de ses amis, il faut s'y mettre de tout cœur ; car ils peuvent là aussi avoir besoin que des amis les aident. Mais il ne faut point être empressé à prendre une part personnelle aux avantages qu'ils obtiennent, parce qu'il n'est pas très beau d'aller avec tant d'ardeur réclamer un profit pour soi-même. D'un autre côté, il faut bien prendre garde aussi de déplaire à ses amis par un refus et de leur montrer, quand ils offrent, trop peu de condescendance ; ce qui arrive quelquefois.

Ainsi donc, en résumé, la présence des amis paraît une chose désirable dans toutes les circonstances de la vie, quelles qu'elles soient.

Chapitre XII

§ 1. Peut-on dire qu'il en est de l'amitié comme de l'amour ? Et de même que les amants se plaisent passionnément à voir l'objet aimé, et qu'ils préfèrent cette sensation à toutes les autres, parce que c'est en elle surtout que consiste et se produit l'amour, de même aussi les amis ne recherchent-ils par-dessus toutes choses à vivre ensemble ? L'amitié est une association ; et ce qu'on est pour soi-même, on l'est pour son ami. Or, ce qu'on aime en soi personnellement, c'est de sentir qu'on est ; et l'on se plaît à la même idée pour son ami. Mais ce sentiment n'agit et ne se réalise que dans la vie commune ; et voilà comment les amis ont si fort raison de la désirer. L'occupation dont on fait sa propre vie, ou dans laquelle on trouve le plus de charmes, est celle aussi que chacun veut faire partager à ses amis en vivant avec eux. Ainsi, les uns boivent et mangent ensemble ; d'autres jouent ensemble : d'autres chassent ensemble ; d'autres se livrent ensemble aux exercices du gymnase ; d'autres s'appliquent ensemble aux études de la philosophie : tous en un mot passent leurs journées à faire ensemble ce qui les charme le plus dans la vie. Comme ils veulent vivre toujours avec des amis, ils recherchent et ils partagent toutes les occupations qui leur paraissent pouvoir augmenter cette intimité et cette vie commune.

§ 2. C'est là ce qui rend aussi l'amitié des méchants si vicieuse. Tout instables qu'ils sont dans leurs affections, ils ne se communiquent que de mauvais sentiments ; et ils se pervertissent d'autant plus qu'ils s'imitent mutuellement. Au contraire l'amitié des honnêtes gens, étant honnête comme elle l'est, ne fait que s'accroître par l'intimité. Ils semblent même s'améliorer encore en la continuant, et en se corrigeant réciproquement. On se modèle aisément les uns sur les autres, quand on se plaît ; et de là le proverbe :

Toujours des bons, on retire du bien.

Aristote, *Morale d'Aristote : morale à Nicomaque*, traduit par Barthélemy Saint-Hilaire, Librairie philosophique de Ladrange, Paris, 1856, livres VIII et IX.

ÉPICURE (341-270 av. J.-C.)

Une ronde joyeuse autour du monde

« L'amitié mène joyeusement sa ronde autour du monde. Comme un héraut, elle nous lance tous à l'appel : réveillez-vous pour chanter la vie bienheureuse ! » L'amitié chez Épicure est, avec la sagesse, le bien le plus précieux de la vie. Proche de la vision moderne de l'amitié, sa réflexion assigne à l'amitié des limites plus étroites que chez Aristote. Épicure partage avec ce dernier certains points de vue malgré des divergences philosophiques fondamentales : à l'image d'Aristote, Épicure fait de l'amitié une priorité pour l'homme de bien ; il ne rejette pas l'idée d'un certain intérêt lié à l'amitié mais il souligne surtout que cet intérêt est plus symbolique que matériel et qu'il fonde la nécessaire confiance en l'ami. Il insiste par ailleurs sur la différence entre l'amour et l'amitié et célèbre cette dernière comme liée indestructiblement au bonheur.

Bien qu'Épicure, fondateur de la doctrine philosophique qui porte son nom, ait été un écrivain prolifique, la plupart de ses ouvrages, pas moins de trois cents volumes, ont disparu et nous ne possédons de ses œuvres que des lettres, comme *La Lettre à Ménécée* sur le bonheur, qui ont été conservées grâce à la compilation de Diogène Laërce. Né à Samos, Épicure était le fils d'un grammairien, fondateur d'une petite école, et d'une mère bigote. Son irréligion fut peut-être d'abord une réaction contre cette dernière, tandis que l'enseignement de son père le prépara à la pédagogie et à la philosophie.

Jeune homme, il suivit les leçons de Xénocrate, disciple et ami de Platon, et de Nausiphanès, disciple de Démocrite. Il enseigna la philosophie à Mytilène avant de fonder une école à Athènes (306) où se rassemblaient ses amis et ses disciples. « Hôte, ici tu seras heureux : le souverain bien y est le plaisir » était ce que, d'après Sénèque, on pouvait lire sur le fronton en entrant.

Épicure mit sa vie en adéquation totale avec sa doctrine en général et sa doctrine de l'amitié en particulier. Loin de la politique et de la famille, il vécut dans son école — le Jardin — entouré de ses amis et de ses disciples, en se consacrant à l'étude et à la méditation, dans la sobriété, l'ascétisme et l'équilibre constitutifs de son idéal. De faible santé *o Sophos*, le sage, comme il s'était lui-même surnommé, sut endurer les souffrances physiques tout en continuant à se satisfaire des plaisirs simples de la vie, et en manifestant par son exemple même la subordination de la sensibilité à la volonté et à l'intelligence.

L'épicurisme tire de la cosmologie atomiste sa conception de l'humanité. À l'inverse de la plupart des doctrines de l'époque, l'épicurisme rejette l'idée selon laquelle l'être humain est naturellement prédisposé à vivre en société. Sa doctrine morale repose sur l'idée que les dieux sont indifférents au sort de l'homme et que celui-ci peut choisir de vivre sa vie le plus agréablement possible, en refusant les excès destructeurs. Cette conception, inacceptable pour quelque religion que ce soit, explique peut-être que la mémoire humaine ait laissé perdre cette œuvre énorme.

L'amitié occupe dans cette vision une place de choix par rapport aux passions déséquilibrantes. L'idéal d'indépendance et d'autosuffisance d'Épicure s'accommode parfaitement des rapports amicaux dès lors qu'ils cessent d'être des liens pour devenir des joies.

L'amitié naît des nécessités de la vie

L'amitié naît des nécessités de la vie. Il faut bien, à coup sûr, poser d'abord les fondations, de même que nous ensemençons d'abord la terre. Néanmoins, ce qui maintient l'amitié, c'est la communauté de vie de ceux qui ont atteint la plénitude du plaisir.

Toute amitié doit être recherchée pour elle-même, bien qu'elle tire son origine du besoin d'une aide.

De tous les biens que la sagesse procure pour la félicité de la vie tout entière, le plus grand de beaucoup est la possession de l'amitié.

Nous n'avons pas tant besoin de l'aide de nos amis que de la confiance en cette aide.

Le même jugement nous donne l'assurance qu'aucun mal n'est éternel ni même de longue durée, et perçoit que l'amitié nous procure au plus haut degré la sécurité compatible avec nos maux limités.

Ni celui qui recherche continuellement son intérêt n'est un véritable ami, ni celui qui jamais n'associe l'intérêt à l'amitié : car l'un trafique de ses faveurs pour en tirer bénéfice, l'autre coupe à la racine tout bon espoir pour l'avenir.

Trop de précipitation ou trop de lenteur à se lier d'amitié est également blâmable : on doit aussi savoir risquer quelque chose pour l'amitié.

L'homme bien né s'adonne principalement à la sagesse et à l'amitié : deux biens dont l'un est mortel, l'autre immortel.

L'amitié mène joyeusement sa ronde autour du monde. Comme un héraut, elle nous lance à tous l'appel : réveillez-vous pour chanter la vie bienheureuse !

André-Jean Vœlke, *Les Rapports avec autrui dans la philosophie grecque, d'Aristote à Panétius*, Paris, Vrin, 1961, p. 92.

CICÉRON, MARCUS TULLIUS (106-43 av. J.-C.)

Lélius : l'amitié est le soleil du monde

« Bannir du commerce de la vie l'amitié [...], c'est vouloir ôter au monde le soleil. » L'auteur de ces lignes fut avocat, orateur, philosophe et homme politique. Sa vie fut remplie : amis et ennemis, succès et honneurs, mariage, divorce et remariage, deuil d'une fille adorée, il a tout connu, y compris une longue amitié, qui inspira son traité sur le même sujet. Rien n'est plus difficile que de faire durer une amitié jusqu'au dernier jour, y avait-il déclaré. C'est pourtant ce que lui-même réussit à faire, à travers les bouleversements d'une existence tourmentée. Titus Pomponius Atticus demeura son ami depuis leur jeunesse jusqu'à la fin tragique de Cicéron.

Atticus suggéra à son ami, qui venait de finir son ouvrage sur la vieillesse, de rédiger le *Lélius* (rebaptisé de son vivant *De amicitia,* « De l'amitié ») qui lui sera dédié. Ils échangèrent une longue correspondance de quelque quatre cents lettres, fidèlement conservées par Atticus. Ces lettres témoignent que le plus célèbre traité jamais écrit sur l'amitié prenait sa source dans une vie, une sensibilité, une amitié particulières. Ainsi de ces quelques lignes : « [...] lorsqu'au matin, écrit Cicéron à son ami, ma demeure est bondée de clients, lorsque je descends vers le forum escorté de bandes d'amis, je ne puis trouver dans toute cette foule un seul être avec qui plaisanter à cœur ouvert ou soupirer sans façon. Voilà pourquoi je t'attends, je te désire et même je t'appelle. J'ai tant de sujets de préoccupation et d'angoisse... Et il me semble que, si je pouvais me faire entendre de toi, tout serait dissipé au cours d'une seule promenade[1]. »

Né à Arpinum, Marcus Tullius Cicero appartenait à l'ordre équestre des Chevaliers. Avocat à partir de 80 av. J.-C., il séjourna à Athènes avec son ami Atticus pour y étudier la philosophie. Il voyagea par la suite en Asie Mineure et à Rhodes où il écouta les rhéteurs et les philosophes. De retour à Rome, il gagna le procès du comédien Roscius, fut élu questeur,

1. Cicéron, *Lettres à Atticus,* traduit par Édouard Bailly, Paris, Garnier, 1937, tome I, p. 63.

édile puis préteur. Élu consul par acclamations en 63 av. J.-C., il prononça les *Catilinaires*, contre Catilina et ses complices, et devint le Père de la patrie.

À la suite de la détérioration de ses rapports avec Pompée, César et Crassus, il fut exilé en Grèce, à Thessalonique, en 58 av. J.-C., puis revint à Rome afin d'obtenir le pardon de César. Après le meurtre de ce dernier, Cicéron prit le parti d'Octave et prononça contre Antoine les *Philippiques*, qui lui valurent d'être assassiné à son tour par ce dernier, sa tête exposée à Rome sur la tribune aux Harangues. Jusqu'au bout, Cicéron avait rêvé de jouer un rôle politique de premier plan mais il passa à la postérité pour son génie d'écrivain.

L'orateur est connu pour la qualité de ses harangues politiques, de ses plaidoyers, et de ses ouvrages sur la rhétorique. Le philosophe concilie dans sa pensée diverses écoles et s'inspire notamment de Platon et surtout d'Aristote.

Parmi les ouvrages du penseur politique et moral, *La République, Les Lois, Les Académiques, Les Tusculanes, Le Traité du destin* et *Le Traité des devoirs* précèdent *De l'amitié,* l'un des derniers textes, rédigé avant sa mort brutale. Déjà, dans *Le Traité des devoirs,* Cicéron avait abordé, brièvement, le thème de l'amitié.

On reconnaît aisément dans le *De amicitia* l'influence aristotélicienne, notamment sur le chapitre de l'amitié entre gens de bien. La morale stoïcienne constitue l'autre fondement philosophique de l'essai, le personnage principal du dialogue, Lélius (186-115 av. J.-C.), ayant été formé à l'école stoïcienne de Diogène et de Panétius. En revanche, Cicéron émet certaines réserves à l'égard de la morale épicurienne, à laquelle adhérait Atticus.

Mais la pensée reste souple et le penseur s'affirme libre de toute allégeance dogmatique : « Il ne faut pas écouter les philosophes qui veulent que la vertu soit de fer. Elle est au contraire tendre et traitable en beaucoup de choses, et surtout dans l'amitié où le cœur se resserre ou s'épanouit, suivant les bons ou les mauvais succès de nos amis. »

De l'amitié, également connu sous le nom de *Lélius,* est écrit sous la forme d'un dialogue entre personnages du passé. « J'ai cru devoir choisir l'ami célèbre de Scipion, pour exprimer sur l'amitié ce que Scévola se souvenait de lui avoir entendu dire », précise l'auteur dans son premier chapitre.

L'argument principal du dialogue est que l'amitié est un sentiment généré par la nature plutôt que par le besoin. « Nous aimons sans espérance intéressée, et nous trouvons le prix de l'amitié dans l'amitié même » car « les services d'un ami nous sont moins chers que son amitié même. Ce qui vient de lui nous flatte, parce que tout part du cœur ». Chez Cicéron, l'amitié véritable entre gens de bien semble plus accessible au commun des mortels que chez beaucoup d'autres penseurs, ce qui explique en partie pourquoi cet ouvrage a pu connaître un tel succès populaire à travers les siècles. L'influence du *De amicitia* s'exerça sur des stoïciens, comme Sénèque, aussi bien que sur la pensée chrétienne, comme celle d'Aelred de Rievaux et celle des philosophes des XVIe , XVIIe et XVIIIe siècles.

Cicéron construit son dialogue à partir d'une élaboration théorique de l'amitié et l'oriente vers une pratique. Les deux premières parties du texte sont consacrées à l'essence et à la finalité de l'amitié. Dans la troisième partie, Cicéron s'attache à analyser les problèmes concrets posés par l'amitié pour appliquer les principes énoncés à des situations particulières.

La nécessité de mettre ses amis à l'épreuve et de cultiver la confiance réciproque, le dilemme posé par l'inégalité de condition entre les amis ou encore le rapport entre amour d'autrui et amour de soi sont abordés avec une précision dont le détail n'a rien d'anachronique. « Rien de plus difficile à trouver que la véritable amitié dans les hommes d'État. » Le dialogue se termine par une critique de la flatterie et le rappel que, sans vertu, nulle amitié n'est possible. « L'amitié n'excuse pas les crimes qu'elle fait commettre. »

Surtout, il rappelle que toutes les merveilles du monde seraient insipides pour l'homme qui n'aurait pas d'ami avec qui les partager.

Dans l'amitié véritable, tout est sincère, tout part du cœur

I. 1. L'augure Quintus Mucius Scévola nous racontait, de mémoire et avec esprit, mille choses de son beau-père Lélius qu'il n'appelait jamais que le sage. Or mon père, en me donnant la robe virile, m'avait aussi comme donné à Scévola, en sorte que j'étais toujours à ses côtés, autant qu'il était possible. Les raisonnements solides qu'il faisait, ses sentences laconiques et sensées, je les gravais dans ma mémoire, et je me remplissais de sa sagesse. Après sa mort, je m'attachai au pontife Scévola, que j'ose appeler l'homme le plus juste, et le plus beau génie de son siècle. Il en sera fait mention ailleurs. Je reviens maintenant à l'augure.

2. Je me souviens, entre autres choses, qu'assis, à son ordinaire, au milieu d'un petit cercle de bons amis, avec lesquels je me trouvais, il vint à parler d'une nouvelle qui faisait beaucoup de bruit. Comme vous fréquentiez beaucoup Publius Sulpicius, vous devez vous souvenir mieux que personne de l'étonnement ou des murmures de Rome, lorsqu'on le vit, pendant son tribunat, aux prises avec un ancien ami, Quintus Pompeius, qui était alors consul.

3. Le hasard ayant fait tomber la conversation sur cette rupture, Scévola nous exposa ce que Lélius avait dit de l'amitié, devant lui et devant Caius Fannius son autre gendre, peu de jours après la mort de Scipion l'Africain. Je recueillis la substance de ce discours, et je l'ai exposée ici à ma manière. Je vais faire dialoguer les personnages, tant pour éviter les fréquents retours de *dis-je, dit-il,* que pour rendre le discours vivant, en mettant, pour ainsi dire, les personnes sous les yeux. [...]

VII. 26. LELIUS. [...] Lorsque je réfléchis sur l'amitié, ce qui m'arrive assez souvent, j'insiste sur le principe, et j'examine si elle ne doit son origine qu'à la faiblesse et au besoin ; si les hommes n'y ont cherché qu'un commerce réciproque de services, afin de trouver en autrui, à charge de revanche, ce qu'on ne pourrait avoir par soi-même. Et si c'était là tout le nœud de l'amitié ? Non, sans doute. Elle a une autre cause plus belle, plus noble et plus naturelle. C'est le sentiment d'aimer — d'où vient le mot amitié — qui est le principe de la bienveillance. On trouve aussi des avantages dans l'amitié simulée, dans ces empressements de circonstance. Mais dans l'amitié véritable, tout est sincère, tout part du cœur.

27. De là je conclus que l'amitié a son principe dans la nature, plutôt que dans le besoin, que c'est un attrait et une affaire de sentiment, bien plus que de calcul. Les bêtes même peuvent nous en donner une idée. Pendant un temps elles aiment leurs petits, et elles en sont aimées ; par là le sentiment se fait voir en elles. Il se montre encore plus clairement chez l'être humain. Tout d'abord, par cette tendresse qui unit les parents et les enfants, et dont les nœuds ne peuvent se rompre que dans un crime horrible ; ensuite, par le sentiment semblable que nous éprouvons à la vue d'une personne dont le caractère et les mœurs nous plaisent parce que nous croyons y voir briller la vertu et la probité.

28. Car il n'y a rien de plus aimable que la vertu ; rien qui attire les cœurs avec plus de force ; elle nous fait aimer ceux même que nous n'avons jamais vus. Pouvons-nous, sans être attendris, songer à Caius Fabricius et à Manius Curius que nous n'avons pourtant pas connus ? Au contraire qui ne hait Tarquin le Superbe, Spurius Cassius ou Spurius Mélius ? Deux généraux, Pyrrhus et Hannibal, nous ont disputé l'empire dans le sein de l'Italie : nous pardonnons volontiers au premier, à cause de sa probité, et la cruauté de l'autre nous le fera toujours détester.

IX. 29. Que si la probité a le pouvoir de se faire aimer dans ceux mêmes qu'on n'a jamais connus et, ce qui est encore plus fort, dans la personne d'un ennemi, est-il étonnant que nos cœurs y soient sensibles, lorsque nous croyons la reconnaître dans ceux avec qui on peut se lier ? Il est vrai que le sentiment se fortifie par les services reçus, le zèle manifesté, le commerce et l'habitude ; et que tous ces accessoires joints à la première impression enflamment merveilleusement l'affection. Ceux qui pensent que l'amitié doit sa naissance à notre faiblesse, et au désir de trouver dans un ami les ressources qui nous manquent, lui donnent une origine basse, et, pour ainsi dire, ignoble, puisqu'ils la font venir de l'indigence et de la misère. Si c'était ainsi, plus un homme serait démuni, plus il serait capable d'amitié, ce qui n'est pas vrai.

30. Au contraire, ceux qui sentent le mieux leur force, ceux qui par leur sagesse et leur vertu sont parvenus à n'avoir besoin de personne, et à trouver en eux-mêmes toutes leurs ressources, excellent dans l'art de contracter des amitiés, et de les faire durer. Quel besoin avait de moi Scipion l'Africain ? Aucun sans doute. De mon côté, je pouvais me passer de lui. Mais j'avais pour lui de l'affection parce que j'admirais sa vertu, et lui, en retour, appréciait mon caractère et ma façon de vivre. Ensuite l'habitude resserra ces nœuds. Tous les deux nous y avons trouvé de grands avantages. Mais ils ne furent pas à l'origine de notre amitié.

31. La bienfaisance et la générosité ne s'exercent point à charge de retour, car faire du bien n'est pas spéculer, c'est suivre le mouvement de la nature. De même nous aimons sans espérance intéressée, et nous trouvons le prix de l'amitié dans l'amitié même.

32. Mais ceux qui, comme les animaux, rapportent tout à la volupté, pensent bien différemment. Je n'en suis pas étonné. Des hommes qui évoluent à ce niveau ne sauraient concevoir rien de grand, rien de divin. Oublions-les donc ici, et comprenons que l'amitié et la bienveillance réciproques sont des sentiments que la nature fait naître au signal de la probité : elle rapproche, elle rallie ses amis. Ils veulent jouir de la présence et de la personnalité de celui qu'ils commencent à affectionner, afin d'être appréciés pour les services qu'ils rendent plutôt que pour ceux qu'ils exigent, alors que s'établit entre eux une noble rivalité. Ainsi l'amitié sera infiniment avantageuse, et elle aura une origine plus noble et plus véritable que le besoin. Si l'inté-

rêt en était le lien, elle se romprait quand il change : mais parce que la nature est invariable, les véritables amitiés ne finissent jamais.

Voilà comment naît l'amitié. Avez-vous quelque chose à y ajouter ?

FANNIUS. Non, continuez, Lélius. La supériorité de l'âge m'autorise à répondre pour Scévola.

33. SCEVOLA. Vous faites bien. Nous vous écoutons.

X. LELIUS. Je vais maintenant vous faire partager les réflexions que Scipion et moi faisions ensemble sur l'amitié. Il disait qu'il était bien difficile qu'elle se maintienne jusqu'à la mort, parce qu'il arrive parfois que les intérêts se contrarient, que les affaires publiques nous divisent, que tantôt l'âge, tantôt l'infortune change les mœurs et le caractère. Il citait pour exemple les enfants qui souvent abandonnent leurs amitiés d'enfance en même temps que la toge prétexte.

34. Que si elles se soutiennent jusqu'à l'adolescence, il ne faut alors pour rompre l'union qu'une concurrence pour un mariage ou tout autre bien qui ne peut échoir qu'à un seul ; que quand elles vont plus loin, la poursuite d'une même dignité en est souvent l'écueil, qu'il n'y a point de poison plus mortel pour l'amitié que la passion de l'argent chez les uns, et, dans les âmes nobles, la rivalité de gloire ou la prétention au même honneur ; d'où il arrive qu'une haine déclarée succède à l'amitié la plus intime.

35. Il survient, ajoutait-il, des ruptures éclatantes qui ont souvent une cause juste, comme quand notre ami nous demande des choses illicites, par exemple de servir ses passions ou d'être complice de son injustice. Quoiqu'il soit raisonnable de ne pas l'écouter, il nous accuse cependant de trahir les devoirs de l'amitié. Quiconque a l'audace de demander à son ami toutes sortes de services, déclare par là qu'il est capable de tout faire pour lui. Il se plaint donc d'être refusé, et ses cris non seulement étouffent les plus anciennes amitiés, mais enfantent encore une haine qui ne meurt jamais. Enfin il concluait que l'amitié était entourée de tant d'écueils qu'il fallait autant de bonheur que de sagesse, pour les éviter tous.

XI. 36. Voyons donc d'abord, si vous le voulez bien, jusqu'où doit aller le zèle dans l'amitié. Si Coriolan avait des amis, fallait-il aussi qu'ils prennent les armes contre leur patrie ? Lorsque Vécellinus ou Mélius aspiraient à la royauté, leurs amis devaient-ils les seconder ?

37. Dès que Tibérius Gracchus s'attaqua à la République, il fut abandonné par Quintus Tubéron, et par tous les amis de sa génération. Mais Caius Blosius de Cumes, hôte de votre famille, Scévola, ne pensait pas de même. Comme j'aidais les consuls Lénas et Rupilius à instruire cette affaire, il vint me solliciter, alléguant pour excuse qu'il était trop attaché à Gracchus pour croire qu'il pût lui rien refuser. Et s'il vous avait dit, repris-je, de mettre le feu au Capitole ? Il n'en était pas capable, répondit-il. Mais s'il l'avait voulu ? Je l'aurais fait. Quelle horreur ! Cependant il agit en conséquence. Il alla même plus loin. Non content de suivre l'impulsion, il la donna. Il fut l'âme autant que le complice de l'audace. Au milieu de ces idées extravagantes, effrayé des nouvelles informations qu'on faisait, il se sauva en Asie ; il chercha un asile chez nos ennemis, où sa fin malheureuse vengea la République. L'amitié n'excuse donc pas les crimes qu'elle fait commettre. Car l'idée de la vertu étant le principe de l'amitié, si l'une est trahie, il est difficile que l'autre subsiste.

38. En établissant donc comme règle que nous ne devons rien refuser à nos amis, et qu'ils nous doivent accorder tout, il faudrait que nous soyons d'une sagesse irréprochable. Mais nous parlons de ces amis qui sont sous nos yeux, que nous voyons, dont nous avons ouï parler, qui sont connus dans le commerce de la vie. C'est là qu'il faut chercher nos modèles, et imiter surtout ceux qui approchent le plus de la sagesse. [...]

43. Il faut donc réprimer par des sanctions cet accord des méchants, et non l'affubler du nom d'amitié, afin que personne ne se croie autorisé à suivre un ami, lors même qu'il fait la guerre à sa patrie. A voir la tournure que prennent les choses, ce malheur pourrait bien arriver. Or l'évolution de la République après ma mort ne me donne pas moins de souci que son état actuel.

XIII. 44. Etablissons donc pour première loi de l'amitié de ne demander à nos amis et de ne faire pour nos amis que des choses honnêtes. Cela posé, prévenons leurs demandes, faisons preuve d'enthousiasme, évitons de créer des difficultés. Appliquons-nous à leur dire librement notre avis. Quand ils sont de bon conseil, donnons-leur de l'autorité sur nous, et qu'ils en fassent usage non seulement pour nous parler avec franchise, mais encore avec force, si la chose l'exige, et rendons-nous à leur raison.

45. Je trouve bien étranges les opinions de certains philosophes que la Grèce a honorés du nom de sages : mais il n'est point de système qu'ils n'étayent par leurs sophismes. Les uns disent qu'il faut fuir les amitiés excessives, de peur de multiplier nos peines ; que chacun a assez de ses affaires ; qu'on se surcharge en se mêlant trop de celles d'autrui ; qu'il est bon que les nœuds de l'amitié soient lâches, afin de pouvoir, à son gré, les serrer ou les relâcher davantage ; que le bonheur dépend de la tranquillité dont l'esprit ne peut jouir lorsque, seul, il doit agir pour plusieurs.

46. D'autres dont j'ai déjà indiqué le système, dégradant encore plus l'humanité, disent qu'on doit rechercher dans l'amitié soutien et protection, et non pas sympathie et affection. Ainsi, disent-ils, moins un homme peut par lui-même, plus il désire avoir des amis ; de là vient que c'est un besoin que les femmes sentent plus que les hommes, les pauvres plus que les riches, les malheureux plus que les hommes fortunés.

47. La belle philosophie ! Car vouloir bannir du commerce de la vie l'amitié, ce présent des dieux qui a tant d'avantages et de douceurs, c'est vouloir ôter au monde le soleil. Quelle est cette tranquillité dont on parle ? Un état commode en apparence, mais dangereux à beaucoup d'égards. Il n'est pas raisonnable que, pour être tranquille, l'homme se refuse à toute bonne action ou qu'il y renonce après avoir commencé. Si les soucis nous effrayent, renonçons à la vertu qui ne peut, sans agitation, haïr ou combattre les vices. Ainsi la bonté lutte contre la malice, la tempérance contre la passion, le courage contre la lâcheté. Aussi voit-on les hommes justes s'attrister de l'injustice, les braves des actions pusillanimes, les gens honnêtes de l'infamie. Le propre d'une belle âme est de se réjouir du bien et de s'affliger du mal.

48. Si la souffrance morale n'épargne pas le sage même — ce qui est certain, à moins que l'on ne suppose que la sagesse déracine de son cœur l'humanité — pourquoi proscrire l'amitié, afin de s'en épargner les soucis ? Quelle différence y a-t-il entre un homme qui ne sent rien, et — je ne dis pas entre un homme et un animal — entre un homme et un tronc d'arbre, un rocher, ou toute autre chose inanimée ? Car il ne faut pas écouter ces philosophes qui veulent que la vertu soit de fer. Elle est au contraire tendre et accommodante en beaucoup de choses, et surtout dans l'amitié où le cœur se resserre ou s'épanouit, suivant les bons ou les mauvais succès de nos amis. Ainsi le chagrin

que nous cause souvent le sort d'un ami n'a pas plus de force pour faire proscrire l'amitié que les difficultés et les peines de la vertu pour nous y faire renoncer.

XIV. Puisque l'amitié se forme, comme j'ai dit, lorsque les signes sensibles de la vertu attirent et concentrent des âmes analogues, toutes les fois que cette cause agit, l'affection en est l'effet nécessaire.

49. Car quelle inconséquence de s'amuser de choses frivoles, telles que les dignités, la gloire, un bâtiment, un habit, une parure, et de ne pas s'échauffer pour une âme amie de la vertu, capable d'aimer, et d'aimer encore, si je puis ainsi parler. Rien de plus doux qu'un retour de bienveillance, qu'une réciprocité d'attachement et de services.

50. Si nous ajoutons, comme on le peut, que la ressemblance est la plus puissante des forces de séduction, il faudra nous accorder que les gens de bien doivent s'aimer et se lier, comme s'ils étaient unis par le sang et par la nature. Car dans la nature les semblables se cherchent, se pénètrent et se confondent. Il s'ensuit donc, chers Fannius et Scévola, c'est évident, que la bienveillance entre les bons est presque nécessaire. Tel est le principe naturel de l'amitié. Mais cette même bonté a tous les hommes pour objet. Car la vertu est humaine, sans exclusion et sans orgueil : c'est elle qui protège les nations entières et qui s'occupe de leur bien, ce qui ne serait pas si elle se refusait au vulgaire.

51. Quant à ceux qui envisagent l'amitié de manière utilitaire, ils en rompent, à mon avis, le nœud le plus aimable. Les services d'un ami nous sont moins chers que son amitié même. Ce qui vient de lui nous flatte, parce que tout part du cœur. Il s'en faut de beaucoup que l'amitié soit cultivée à proportion du besoin si l'on songe que ce sont les hommes qui possèdent des biens, de la fortune, et surtout de la vertu, qui est la plus grande richesse — choses leur permettant de se passer de tout le monde — qui sont les plus généreux et les plus portés à faire du bien. Ce n'est pas cependant que je croie qu'il faille que nos amis puissent toujours se suffire. Comment mon amitié se serait-elle montrée si Scipion n'avait jamais eu besoin de recourir à moi, que ce soit à Rome ou dans les camps militaires ? Mais l'utilité n'a pas prévenu notre amitié, elle l'a suivie.

XV. 52. Il ne faut donc pas écouter les hommes noyés dans les délices, lorsqu'ils parlent de l'amitié, qu'ils ne connaissent ni par expérience, ni par principes. Car, quel homme, grands dieux, que celui qui consentirait à acquérir les richesses et les délices au prix du plaisir d'aimer et d'être aimé ! C'est la vie des tyrans d'où sont bannies la foi, l'affection, la véritable confiance ; où tout est suspect, où tout inquiète, où l'amitié n'a pas sa place.

53. En effet peut-on aimer l'homme que l'on craint, ou de qui l'on croit être redouté ? Ces tyrans ont cependant des flatteurs, au moins pour un temps. Mais qu'ils succombent, ce qui arrive presque toujours, et l'on verra combien ils étaient pauvres d'amis. Tarquin, dans son exil, dit qu'il n'avait distingué ses vrais amis d'avec les faux que lorsqu'il n'avait plus été en état de récompenser et de punir.

54. Je doute cependant qu'avec tant d'orgueil et de dureté, il ait pu avoir un seul véritable ami. De même que le caractère de cet homme excluait l'amitié fidèle, la fortune de la plupart des grands est incompatible avec elle. Car non seulement la fortune est aveugle, mais encore elle aveugle presque toujours ses favoris. Ils sont bouffis d'orgueil et d'insolence. Rien n'est plus insupportable qu'un riche imbécile. On voit même des hommes, auparavant faciles et accessibles, changés tout à coup par la fortune et les honneurs, méconnaître leurs anciennes amitiés pour en cultiver de nouvelles.

55. Mais quelle folie prend un homme qui, par ses richesses, ses biens, sa fortune, ne songe qu'à acquérir des choses vénales, des chevaux, des esclaves, de riches habits, des vases précieux, mais nullement des amis, qui sont dans la vie l'ornement, si je puis m'exprimer ainsi, le meilleur et le plus beau ? Dans l'acquisition de tous les autres biens, on ne sait pour qui l'on travaille, ni à qui ils profitent. Et ces biens matériels deviennent souvent la proie du plus fort. Mais la possession des amis est fixe et inaliénable. En supposant même que ces présents de la fortune nous restent, sans les douceurs de l'amitié, notre vie ne saurait avoir de véritables agréments. Mais en voilà assez sur ce sujet.

XVI. 56. Il faut maintenant fixer les bornes et assigner les limites de l'amitié. Je ne connais là-dessus que trois opinions dont aucune ne me satisfait. Les uns disent que nous devrions éprouver les mêmes sentiments pour nos amis que pour nous-même ; d'autres, que notre affection pour eux doit être exactement égale à leur affection pour nous ; les derniers enfin, qu'il faut estimer un ami comme il s'estime lui-même.

57. Je n'adopte aucun de ces trois sentiments. Le premier, déjà, est faux : on doit être disposé pour son ami comme pour

soi-même. Que de choses en effet ne ferions-nous pas pour nous-même que nous faisons pour nos amis ? Comme de demander des grâces à un homme que nous avons le droit de mépriser ; de nous emporter, d'éclater contre un autre. Ces procédés, indécents pour notre propre cause, deviennent très honnêtes pour celle d'un ami. Quant à l'intérêt, tous les jours les gens de bien se dépouillent ou se laissent dépouiller pour leurs amis.

58. La seconde opinion, qui borne l'amitié à un rapport mesuré de sentiments et de services, la dépouille de toute sa dignité, la rend basse, et, en exigeant cette juste proportion entre ce que l'on donne et ce que l'on reçoit, en fait une affaire de calcul. La véritable amitié est plus magnifique, plus généreuse, et ne fait point de comptes rigoureux. Car il ne faut pas craindre de perdre quelque chose, ou d'en faire trop pour un ami.

59. Mais l'erreur la plus grossière est dans cette troisième règle, qu'il faut estimer ses amis comme ils s'estiment eux-mêmes. Car il y a des hommes dont l'âme découragée n'ose concevoir des espérances. Loin de penser comme eux à leur égard, un ami doit au contraire songer et travailler à relever leur courage abattu, à leur donner d'autres idées et plus de confiance. Cherchons donc ailleurs les bornes de la véritable amitié ; mais disons auparavant ce que Scipion y trouvait de plus répréhensible. Point de maxime, disait-il, plus destructive de l'amitié que celle qui recommande d'aimer, comme si l'on devait haïr un jour. Quoiqu'on attribue ce mot à Bias, qui fut l'un des sept sages de la Grèce, il ne pouvait en croire l'auteur et aimait mieux l'imputer à quelque homme corrompu, ou à quelque ambitieux qui rapportait tout à son élévation. Car comment aimer celui qu'on croit pouvoir haïr ? Ne faudra-t-il pas aussi désirer que nos amis tombent dans des erreurs fréquentes, pour avoir plus d'occasions de les reprendre ? Ne faudra-t-il pas s'affliger et être jaloux de leurs vertus et de leurs succès ?

60. Quelle que soit l'origine de cette morale, elle n'est bonne qu'à détruire l'amitié. Il eût mieux valu prescrire aux hommes d'être circonspects dans leurs engagements, pour ne pas s'exposer à aimer celui qui pourra mériter d'être haï. Scipion allait plus loin, il disait que si, par malheur, on avait fait un mauvais choix, il fallait prendre patience, et ne pas songer qu'on pouvait devenir ennemi.

XVII. 61. Voici donc, selon moi, les limites à respecter : pour que l'amitié soit irréprochable, tout, sans exception, doit être commun, mêmes vues, mêmes volontés. Si, par malheur, notre ami a besoin d'être secondé dans quelques démarches équivoques, d'où dépend son bonheur ou sa vie, il faut se relâcher de ses principes, pourvu que l'infamie ne s'ensuive pas car l'amitié n'excuse que jusqu'à un certain point. Cependant, il faut ménager sa réputation, et croire que, pour réussir dans les affaires, la bienveillance publique n'est pas une arme à négliger. Il est honteux de la gagner par des flatteries, mais la vertu qui l'entraîne ne doit pas pour autant être rejetée.

62. Je reviens à Scipion qui parlait presque toujours de l'amitié. Il gémissait de l'inconséquence des hommes, qui, soigneux dans tout le reste, jusqu'à savoir le compte de leurs brebis et de leurs chèvres, ignoraient celui de leurs amis et qui, achetant leurs troupeaux avec grand soin, contractaient des amitiés aveuglément, faute d'indices leur permettant de discerner ceux qui étaient propres à devenir des amis. Il faut qu'ils soient solides, stables, constants, espèce rare qui ne se connaît qu'à l'épreuve, et cette épreuve ne s'opère que dans l'amitié même. Ainsi elle devance le jugement, et ne nous laisse pas libres d'essayer.

63. Il est donc prudent d'arrêter les premières saillies du cœur, comme on enraye un char, afin d'avoir des amis, comme on a des chevaux, après en avoir fait quelque épreuve. Une modique somme d'argent suffit pour découvrir le faible des uns ; avec d'autres il faut une somme plus forte. S'il s'en trouve qui regardent comme une infamie de préférer l'argent à l'amitié, où en trouverons-nous qui soient moins attachés aux honneurs, aux charges, au commandement, aux emplois, à l'autorité, et qui, dans la concurrence, ne sacrifient pas les droits de l'amitié aux objets de l'ambition ? La nature lutte faiblement contre elle, et quand on parvient aux honneurs au préjudice de l'amitié, on croit que le motif pallie la faute.

64. Aussi rien n'est plus difficile à découvrir que la véritable amitié chez les hommes d'Etat. Car en est-il qui préfèrent à leur avancement celui de leur ami ? D'un autre côté, qui ne répugne à s'associer au malheur d'autrui ? Presque tout le monde s'y refuse. Ce mot d'Ennius est pourtant vrai :

C'est quand la fortune varie,
Que se montre à coup sûr l'invariable ami.

Deux choses cependant prouvent tous les jours le vide et l'inconstance des hommes ; l'un, dans la prospérité, méconnaît ses amis ; l'autre les abandonne dans leurs disgrâces. Il faut donc regarder comme un homme d'une espèce rare, comme un homme presque divin, l'ami solide qui ne varie point avec la fortune.

XVIII. 65. Or cette confiance à toute épreuve que nous désirons dans l'amitié a pour fondement la fidélité. Car rien n'est stable dans l'infidélité. De surcroît, il faut choisir pour ami un homme simple, affable, qui pense comme nous et qui réagit de la même façon. Tout cela tient à la fidélité. Une âme repliée et tortueuse ne saurait être fidèle ; et celui qui ne réagit pas comme nous, qui diffère par le caractère, n'est point un ami sûr et constant. Observons encore si l'homme que nous avons choisi pour ami n'est point de ceux qui aiment à se plaindre, ou qui prêtent l'oreille aux mauvais propos. La confiance sur laquelle j'insiste en souffre nécessairement. Il est donc vrai, comme j'ai dit au commencement, qu'il ne peut y avoir d'amitié qu'entre les gens de bien. Car il est dans le caractère de l'homme de bien, du sage autrement dit, d'observer ces deux règles dans l'amitié : la première, de ne jamais feindre ou dissimuler, car il est plus noble de haïr à découvert que de masquer ses sentiments ; la seconde, de combattre ce qu'on dit contre nos amis et surtout de n'être pas soi-même soupçonneux, et de ne pas leur trouver éternellement des torts.

66. Il faut joindre à tout cela de la douceur dans la conversation et dans les manières ; c'est le sel de l'amitié. L'air grave et sérieux a plus de dignité mais l'amitié doit être plus ouverte, plus libre, plus douce, plus prévenante, d'un commerce plus facile.

XIX. 67. Ici se présente une question difficile : faut-il quelquefois préférer à ses anciens amis des amis nouveaux qui sont propres à l'amitié, comme l'on préfère les jeunes coursiers aux vieux chevaux ? Doute indigne de l'homme ! L'amitié ne doit pas être comme les choses susceptibles de satiété. Semblable au vin qui se bonifie avec les années, la plus vieille amitié est la meilleure. Et le proverbe est vrai qui dit que, pour la consommer, il faut avoir mangé ensemble plusieurs boisseaux de sel.

68. Ce n'est pas qu'il faille se refuser à la nouveauté, quand elle donne des espérances et si, semblable aux plantes qui ne manquent jamais de mûrir, elle promet des fruits pour l'avenir. Mais que l'ancienneté garde son rang ; l'habitude et le long

usage ont leurs droits et leur empire. Dans le cheval même, puisque c'était l'objet de la comparaison, on se sert plus volontiers, si aucune raison ne s'y oppose, de celui qu'on monte d'ordinaire, que d'un autre qu'on n'a jamais essayé. L'habitude nous attache non seulement aux animaux, mais encore aux choses inanimées. Nous aimons les lieux sauvages et montueux dans lesquels nous avons longtemps vécu.

69. L'essentiel dans l'amitié est que toute distinction sociale disparaisse. Il y a quelquefois des personnages éminents, tels qu'était Scipion dans notre petit cercle. Mais jamais ce grand homme n'a fait sentir sa supériorité à Philus, à Rupilus ou à Mummius, ni à d'autres qui étaient encore au-dessous. Il traitait en supérieur son frère aîné Quintus Maximus, homme assurément respectable, mais qui ne le valait pas. Et il voulait que toute sa famille participât à sa grandeur.

70. Tel est l'exemple qu'il faut suivre ; ceux qui s'élèvent par leur vertu, leur génie, leur fortune, en doivent partager les avantages avec leurs amis ; les communiquer à leurs proches ; illustrer de leur gloire, et enrichir de leur fortune leurs parents, s'ils ont moins de talents ou de bonheur. Les enfants des rois ou des dieux, dont les tragédies nous rapportent les aventures, après avoir longtemps vécu dans la servitude, parce qu'on ignorait de quel sang ils étaient nés, conservaient de la tendresse pour les bergers dont ils s'étaient crus les fils, lors même que leur origine était éclaircie. A plus forte raison devons-nous toujours aimer nos pères véritables et naturels. On jouit mieux des fruits de la gloire, du génie et de la vertu, lorsqu'on les partage avec son entourage.

XX. 71. Si, dans le commerce de l'amitié, les personnes supérieures doivent se mettre au niveau de leurs inférieurs, ces derniers ne doivent pas se plaindre d'être au-dessous, d'avoir moins de génie, de fortune, de titres. Cependant, la plupart d'entre eux se répandent en plaintes et souvent en reproches, surtout lorsque les services qu'ils ont rendus et les marques d'amitié qu'ils ont manifestées leur ont coûté des peines et des soins. C'est une odieuse espèce que celle de ces gens qui reprochent les services, que l'un doit oublier, et l'autre graver dans son cœur.

72. Ce n'est pas assez, dans l'amitié, que les grands se rapprochent des petits ; il faut encore qu'ils les élèvent. Il y a des gens dont l'amitié est inquiète : ils croient toujours qu'on les méprise. Le mal vient de ce qu'ils ont en effet mauvaise opinion

d'eux-mêmes. Il faut les guérir plus par des actes que par des paroles.

73. Vous devez agir pour votre ami, d'abord selon l'étendue de votre pouvoir, et ensuite selon celle de ses talents. Malgré tout votre crédit, vous ne pourrez pas porter tous vos amis aux premières places. Scipion put obtenir le consulat pour Publius Rutilius, mais il n'y parvint pas pour son frère Lucius. Quand vous pourriez tout pour votre ami, encore faudrait-il consulter ses forces.

74. L'amitié n'est solide et décidée que quand le caractère est formé et que l'homme est fait. Ne regardez pas comme des amis ceux que vous avez aimés dans la jeunesse parce qu'ils aimaient comme vous la chasse ou le jeu de balle. Si telle était la force de l'ancienneté, nous devrions aimer plus que personne nos nourrices et nos précepteurs. Il faut bien ne pas les oublier mais ce qu'on leur doit est autre chose. Sans ressemblance, point de solidité. La différence des mœurs fait celle des goûts, ce qui dissout les amitiés. L'unique raison pour laquelle les bons et les méchants ne peuvent être amis est que leurs tempéraments et leurs goûts sont aussi différents que possible.

75. Autre règle à prescrire dans l'amitié : ne point nuire à la fortune de nos amis par un attachement déraisonnable, comme cela arrive trop souvent. Car, pour emprunter encore un exemple du théâtre, jamais Néoptolème n'aurait eu la gloire de prendre Troie, s'il eût cédé aux larmes de Lycomède qui l'avait élevé. Souvent de grandes affaires nous forcent à nous éloigner de nos amis. Vouloir s'y opposer, sous prétexte qu'on ne pourrait supporter notre absence, c'est faiblesse, et par là même injustice dans l'amitié.

76. En toutes choses, examinez ce que vous pouvez demander à votre ami et ce que vous pouvez faire pour lui.

XXI. C'est quelquefois un malheur nécessaire de renoncer à certains amis — je passe maintenant de l'intimité des sages aux amitiés ordinaires. Il arrive parfois que, chez certains amis, des défauts graves se manifestent qui touchent leurs amis ou d'autres gens, et malheureusement le discrédit rejaillit sur les premiers. Il faut alors s'éloigner insensiblement et, comme disait Caton, découdre plutôt que déchirer ; à moins que le fait ne soit à ce point intolérable que la justice et l'honneur nous prescrivent de rompre brusquement.

77. Si le caractère et les goûts viennent à changer, ce qui peut arriver, ou si les intérêts de la République nous divisent — car,

je le répète, il ne s'agit plus des sages, mais des amis ordinaires — il faudra user de ménagement, pour faire voir qu'on a renoncé à l'amitié, sans devenir ennemi. Une amitié qui se transforme en une guerre déclarée est une chose honteuse. Vous savez qu'à cause de moi Scipion rompit avec Pompée. Des différends survenus au sujet des affaires publiques le brouillèrent avec notre collègue Métellus. Mais, dans ces deux occasions, il agit avec dignité, sans colère et sans aigreur.

78. C'est pourquoi il faut d'abord écarter tout sujet de rupture. Et si ce malheur arrive, il faut faire en sorte que l'amitié paraisse éteinte plutôt qu'étouffée. Surtout gardons-nous bien de la laisser dégénérer en haine envenimée, qui éclate par des querelles, des injures, des outrages. Encore, au pis-aller, faut-il supporter ces attaques, si toutefois elles sont supportables, et par respect pour l'ancienne amitié, laisser tous les torts à l'agresseur. La prudence n'a qu'une voie pour prévenir tous ces inconvénients, c'est de ne pas donner son affection trop vite, et de ne pas faire d'indignes choix.

79. Etre digne d'amitié, c'est avoir en soi-même une raison d'être aimé. C'est une chose rare, comme tout ce qui est excellent : rien n'est plus difficile que de trouver quelque chose de parfait dans son genre. Mais la plupart ne connaissent dans la vie d'autre bien que l'intérêt. Ils aiment leurs amis comme leurs troupeaux, à raison du profit qu'ils en espèrent.

80. Ainsi cette amitié si noble, si naturelle, si attrayante par elle-même, ils ne la connaissent pas. Pour en sentir la nature et l'excellence, ils ne se servent pas de l'exemple d'eux-mêmes : l'homme s'aime pour s'aimer, et non pour bénéficier de son affection. Si ce désintéressement ne passe pas dans nos amitiés, jamais nous n'aurons un véritable ami : car notre ami est un autre nous-même.

81. Nous voyons les bêtes, les oiseaux, les poissons, les animaux domestiques, sauvages, féroces, premièrement s'aimer eux-mêmes, car c'est un instinct qui naît avec l'animal, ensuite courir après les animaux de même espèce, pour vivre avec eux, et cela en donnant, comme nous, des signes d'amour et de désir. A plus forte raison ce penchant est-il dans la nature de l'homme, qui, s'aimant lui-même, cherche un autre lui-même, pour confondre son âme avec la sienne, et des deux n'en faire qu'une.

XXII. 82. Mais il y a des hommes assez injustes, je pourrais dire assez impudents, pour vouloir que leurs amis soient ce qu'ils ne sont pas eux-mêmes, et pour exiger plus qu'ils ne veulent rendre. Commençons par être hommes de bien, et ensuite cherchons un ami qui nous ressemble. Tels sont les hommes avec qui l'on peut fonder dans l'amitié cette stabilité dont nous parlons. Unis par la bienveillance, maîtres des passions qui tyrannisent les autres hommes, amis de la justice et de l'équité, prêts à tout faire l'un pour l'autre, et ne se demandant jamais que des choses honnêtes et justes, non seulement ils s'aimeront et ils se fréquenteront, mais encore ils se respecteront. Car bannir le respect de l'amitié, c'est la dépouiller de son plus bel ornement.

83. C'est donc une erreur pernicieuse de croire que l'amitié favorise les vices et les passions. La nature nous l'a donnée pour être l'auxiliaire des vertus et non la complice du crime, afin que la vertu, qui seule ne peut s'élever à la perfection, y parvienne par les forces et le concours de la vertu d'un autre. Si une telle communauté a existé, existe, ou doit exister, elle doit être regardée comme une alliance souverainement honnête et comme la voie la meilleure pour arriver à la perfection de la nature.

84. C'est, dis-je, dans une telle communauté que se trouve tout ce que l'homme désire, gloire, honnêteté, tranquillité, satisfaction, biens dont l'assemblage fait le bonheur, et sans lesquels on ne peut être heureux. Puisque c'est là le souverain bien, attachons-nous à la vertu, pour le trouver. Il n'y a point d'amitié, ni rien de désirable, sans la vertu. Celui qui la néglige et croit avoir des amis reconnaît son erreur, lorsqu'un malheur l'oblige de les éprouver.

85. Il faut donc, on ne saurait trop le dire, aimer après avoir jugé, et non pas juger après avoir aimé. En tout, la négligence est suivie du repentir mais surtout dans le choix de nos amis et dans le commerce de l'amitié. La réflexion ne vient qu'après coup et malgré l'ancien proverbe, nous mettons le commencement à la fin. Car, entravés de part et d'autre par un long commerce et des services réciproques, s'il nous survient quelque démêlé, nous rompons aussitôt l'amitié au milieu de son cours.

XXIII. 86. La légèreté dans une affaire si sérieuse est donc bien répréhensible. Car il n'y a dans la vie que l'amitié dont l'utilité soit généralement reconnue. Plusieurs méprisent la vertu et soutiennent qu'elle n'est qu'ostentation et parade. D'autres se contentent du simple nécessaire et ne font nul cas des richesses. Les honneurs, qui excitent l'ambition de quelques-uns, sont regardés par beaucoup d'autres comme des choses vaines et frivoles. Il en est de même de tout le reste : ce qui est admiré des uns est méprisable aux yeux des autres. Sur l'amitié, il n'y a qu'une voix et qu'un sentiment. Hommes d'Etat, hommes d'étude, hommes bornés au soin de leurs affaires, hommes même de plaisir, s'il leur reste quelque principe honnête, tous conviennent que la vie n'est rien sans l'amitié.

87. Car l'amitié se répand, je ne sais comment, dans toutes les existences, et elle étend son empire sur toutes les conditions. Je ne vois qu'un homme assez farouche, assez sauvage, comme Timon l'Athénien pour haïr et pour fuir le commerce des autres hommes. Il faudra, malgré tout, qu'il cherche un autre misanthrope comme lui, pour vomir auprès de lui son humeur et sa bile. Nous en serions bien convaincus, s'il pouvait se faire que quelque Dieu nous séquestrât du commerce des hommes, et nous mît dans un désert où, nous fournissant en abondance tout ce que la nature peut désirer par ailleurs, il nous refuserait la vue de tout être humain. Quelle âme de fer pourrait supporter cette vie, et goûter le moindre plaisir dans cette solitude ?

88. Ce que disait Archytas de Tarente est bien vrai. Je le sais de quelques vieillards à qui d'autres l'avaient raconté. « Si quelqu'un, disait-il, montait au ciel, et que de là il contemple la nature du monde et la beauté des astres, ces merveilles dont la vue le rendait heureux s'il pouvait les raconter à un autre homme, lui seraient insipides étant seul. » Ainsi la nature ennemie de la solitude cherche toujours un appui. Et l'appui le plus doux qu'elle puisse trouver est celui de l'amitié.

XXIV. Mais quoique la nature se montre, se déclare et s'exprime par mille signes, nous sommes malheureusement sourds, et ses avertissements sont perdus. L'amitié est variée et multiple : on a souvent sujet de se plaindre ou de soupçonner. Ce sont des choses que le sage doit savoir éviter, apaiser ou supporter. Il ne faut risquer de déplaire que pour être fidèle et pour dire la vérité. Car nos amis ont souvent besoin d'être avertis et même repris ; et ils doivent le prendre en bonne part lorsque c'est l'amitié qui parle.

89. Cependant, ce que dit notre ami dans *L'Andrienne* n'est que trop vrai :

La complaisance flatte et la vérité blesse.

Oui, elle blesse, puisqu'il en résulte la haine qui est le poison de l'amitié. Mais la complaisance est bien plus cruelle, parce qu'en flattant nos travers, elle nous laisse courir au précipice. On est donc bien coupable de repousser la vérité et de se laisser duper par la flatterie. C'est un point délicat, où il faut procéder sagement ; d'abord, en faisant en sorte que l'avertissement ne soit pas trop rude ni les reproches offensants ; ensuite, puisque nous parlons comme Térence, que cette complaisance repose sur la courtoisie et bannisse la flatterie qui nourrit les vices. Elle est indigne non seulement d'un ami, mais encore d'un homme libre. Car on ne vit pas avec son ami comme avec un tyran.

90. Celui dont les oreilles se ferment à la vérité, et qui refuse de l'entendre de la bouche d'un ami, est un homme perdu sans ressource. Entre autres réflexions de Caton, en voici une bien belle : « Nos plus cruels ennemis nous servent mieux que certains amis complaisants : les uns disent souvent la vérité ; les autres ne la disent jamais. » C'est un travers, dans ceux que l'on reprend de n'être pas mortifiés de ce qui est mortifiant, et de l'être de ce qui ne doit pas mortifier. Ils sont fâchés non d'avoir mal fait, mais d'avoir été repris. Il faudrait au contraire se repentir de la faute, et être bien aise de la réprimande.

XXV. 91. Puisque donner et recevoir des avertissements, s'exprimer librement, mais sans dureté, et écouter volontiers et sans humeur sont les droits et les devoirs de l'amitié, il s'ensuit qu'elle n'a point de plus cruelles ennemies que la flatterie, l'adulation, la basse complaisance. Car on peut désigner sous plusieurs noms ce vice des hommes vains et trompeurs dont la bouche ne s'ouvre que pour plaire à autrui, et jamais pour dire la vérité.

92. Partout la dissimulation est un grand mal, car elle efface et corrompt les caractères du vrai ; mais elle répugne surtout à l'amitié, puisqu'elle en bannit la sincérité, sans laquelle l'amitié n'est qu'un mot vide. Puisque la force consiste à ne faire qu'une âme de plusieurs, comment aura-t-elle son effet, si, dans le même homme, l'âme n'est pas une et toujours la même, si elle est variable, incertaine et changeante ? [...]

XXVII. 100. C'est la vertu, je dis bien la vertu, Caius Fannius, et vous aussi, Quintus Mucius, qui concilie et conserve les amitiés. Harmonie, stabilité, confiance, tout se trouve en elle. Dès qu'elle se montre, dès qu'elle présente la lumière d'un côté, et qu'elle la voit de l'autre, ce sont deux feux qui s'attirent et se reçoivent, et deux cœurs qui s'échauffent d'amour ou d'amitié. Ces deux mots, en effet, viennent du verbe « aimer ». Or aimer signifie s'attacher à un objet par un sentiment gratuit dont le besoin n'est pas le principe, ni l'utilité la fin. Elle s'y trouve cependant, mais comme effet, et non comme motif.

101. C'est ainsi que j'avais de l'affection dans ma jeunesse pour quelques vieillards, tels que Lucius Paulus, Marcus Caton, Caius Galus, Publius Nasica, Tibérius Gracchus, beau-père de mon cher Scipion. Quoique l'amitié soit plus marquée entre personnes de même âge, tels que nous étions, Scipion, Lucius Furius, Publius Rupilius, Spurius Mummius et moi, un vieillard se complaît encore dans celle des jeunes gens. C'est ce que j'éprouve avec vous, avec Quintus Tubéron, et aussi avec Publius Rutilius et Aulus Virginius, dont le commerce familier me plaît infiniment, malgré leur grande jeunesse. Mais puisque la succession des âges est dans l'ordre de la nature et de la vie, il faut souhaiter, comme on dit, franchir la ligne d'arrivée avec ceux qui ont pris le départ en même temps que nous.

102. Puisque la fortune est incertaine et légère, faisons-nous des amis durables, qui nous aiment et que nous aimerons : sans affection et bienveillance, point de douceur dans la vie. Quoique Scipion m'ait été subitement enlevé ; il vit et il vivra toujours dans mon cœur : c'était sa vertu que j'aimais, et sa vertu n'a pas péri. Non seulement elle se montre à moi qui en ai joui, mais elle passera à la postérité avec tout son éclat. Elle servira de modèle à quiconque formera de grands projets, ou concevra de grandes espérances.

103. Aussi de tous les biens que j'ai reçus de la fortune ou de la nature, il n'en est point que je puisse comparer à l'amitié de Scipion. Elle a réuni nos sentiments, dans les affaires publiques et privées. Elle a fait mon bonheur et ma joie. Jamais, que je sache, je ne l'ai offensé dans la moindre chose. Jamais il ne m'a rien dit qui pût me blesser. Nous avions une même maison, une même table. Nous étions ensemble, jamais séparés, ni à la guerre, ni en voyage, ni à la campagne.

104. Que dire de notre amour pour l'étude, à laquelle, tranquilles et retirés, nous consacrions nos moments de loisir. Si ce souvenir s'était éteint avec lui, je ne saurais supporter la perte d'un ami si cher. Mais loin d'être effacé de mon esprit, il s'y fortifie tous les jours et je le fais revivre à chaque instant. Enfin, quand j'aurais tout perdu, mon âge serait pour moi une grande

consolation. Car mes regrets ne sauraient être longs. Or le mal qui dure peu, quelque violent qu'il soit, doit nous paraître supportable. Voilà ce que j'avais à vous dire de l'amitié. Pour vous, je vous exhorte à regarder la vertu, qui est la base de l'amitié, comme le premier des biens, et l'amitié comme le second.

Cicéron, *Lélius ou dialogue sur l'amitié*, traduit par M. de Barrett, Paris, Barbou, An III de la République française. Traduction remise à jour.

VALÈRE MAXIME
(Ier siècle av. J.-C.-Ier siècle)

Anecdotes sur l'amitié chez les Romains et les étrangers

« C'est dans l'adversité surtout que l'on reconnaît les amis sincères. [...] Aussi la postérité garde-t-elle bien plus fidèlement le souvenir de ceux qui n'ont point abandonné leurs amis dans la disgrâce, que de ceux qui les ont accompagnés dans le cours d'une vie prospère. Personne ne parle des amis de Sardanapale, tandis qu'Oreste est presque plus connu comme ami de Pylade que comme fils d'Agamemnon. » Dans l'histoire et la mythologie de l'amitié, ce sont les épisodes les plus héroïques que Valère Maxime a choisi de raconter à travers de brefs récits consacrés à honorer l'amitié à la fois chez ses compatriotes et chez les « étrangers ». En vertu de la conviction que « la vie humaine, sans l'amitié pour compagne et pour appui, serait une affreuse solitude » et que ses liens sont plus solides encore que ceux de la parenté même, le Romain Valère Maxime préfère évoquer les amis les plus exemplaires plutôt que de démonter les mécanismes de l'amitié.

De la vie de Valère Maxime, l'histoire a retenu peu de chose si ce n'est qu'il suivit son ami Pompée, consul et protégé de l'empereur Tibère, dans un voyage en Asie. Cet épisode est l'unique allusion faite à sa propre vie dans son ouvrage *Les Faits et Paroles mémorables,* dédié à l'empereur Tibère. Valère Maxime profite de son chapitre sur l'amitié pour y rendre hommage à son ami Pompée et pour évoquer leur amitié : « Certes, je serais bien coupable si, parmi les exemples d'une fidèle et bienveillante amitié, j'oubliais de nommer celui qui eut pour moi toute l'affection d'un tendre père, qui fit ma force dans la prospérité, mon repos et ma consolation dans le malheur. »

Les Faits et Paroles mémorables, qui comprend neuf livres d'une dizaine de chapitres chacun, est un ouvrage pédagogique destiné aux écoles de rhétorique, dont le but est d'illustrer les vertus et les vices de l'humanité. Valère Maxime y aborde toutes sortes de sujets, selon la ligne de partage Romains/étrangers, qui lui permet de concilier le patriotisme romain avec l'universalité du propos moral. Cette méthode rappelle celle que

Lucien de Samosate appliquera aux Grecs et aux Scythes. Par ailleurs l'influence de Cicéron est omniprésente.

À travers de multiples anecdotes, l'amitié est envisagée comme l'une des vertus morales les plus efficaces, proposée en exemple et accessible aux meilleurs : « Tel est donc le pouvoir de l'amitié : inspirer le mépris de la mort, faire oublier le charme de la vie, désarmer la cruauté, changer la haine en amour, substituer les bienfaits à l'horreur des supplices. Voilà des merveilles presque aussi dignes de notre vénération que le culte sacré des dieux immortels : car si la religion fait le salut des États, l'amitié est la sauvegarde des particuliers. » L'exemple de Damon et Phintias, quoique non romain, est l'un des plus « mémorables » et a été souvent repris par les penseurs de l'amitié. L'œuvre de Valère Maxime fut populaire lors de sa parution (vers l'an 30 apr. J.-C.) et encore au Moyen Âge. Aujourd'hui, Valère Maxime est peu connu du grand public. Bien qu'il ait été considéré comme un écrivain inférieur à Sénèque ou à d'autres de ses contemporains, ses historiettes édifiantes et ses anecdotes d'amitiés célèbres sont rapportées dans de nombreux textes.

Ce lien si ferme et si puissant...

De l'Amitié chez les Romains

Contemplons maintenant l'amitié, ce lien si ferme et si puissant, dont la force ne cède en rien à celle de la parenté, lien d'autant plus sûr et plus éprouvé, qu'il n'est pas, comme l'autre, l'œuvre de la naissance et du hasard, mais le fruit d'une mûre réflexion, d'un choix volontaire. On vous pardonnera plutôt de prendre en aversion un parent qu'un ami ; car si la rupture avec le premier peut être accusée d'injustice, l'autre mérite, de plus, le reproche de légèreté. La vie humaine, sans l'amitié pour compagne et pour appui, serait une affreuse solitude. On ne doit donc pas prendre au hasard un secours si nécessaire ; mais le choix une fois fait avec sagesse, il ne convient pas d'y renoncer.

C'est dans l'adversité surtout que l'on reconnaît les amis sincères ; car tous les services rendus en pareille circonstance, sont autant de témoignages d'une bienveillance inaltérable. L'hommage rendu à la prospérité est plus souvent un tribut de la flatterie, que l'expression de l'amitié ; on a lieu du moins de le soupçonner, et de présumer toujours en lui plus d'ambition que de dévouement. Ajoutons que dans le malheur, les hommes réclament bien davantage le zèle de l'amitié, soit comme appui, soit comme consolation ; au lieu que le bonheur et la prospérité, naturellement fiers de la protection du ciel, ressentent moins le besoin de celle des hommes. Aussi la postérité garde-t-elle bien plus fidèlement le souvenir de ceux qui n'ont point abandonné leurs amis dans la disgrâce, que de ceux qui les ont accompagnés dans le cours d'une vie prospère. Personne ne parle des amis de Sardanapale, tandis qu'Oreste est presque plus connu comme ami de Pylade que comme fils d'Agamemnon. L'amitié des premiers ne fit que vieillir au sein des délices et des débauches qu'ils partageaient ; celle d'Oreste et de Pylade fut leur consolation mutuelle dans les moments les plus pénibles, les plus douloureux, et ne sortit que plus brillante de l'épreuve même des infortunes. Mais pourquoi toucher aux exemples étrangers, quand je puis faire valoir les nôtres ?

I. Tiberius Gracchus passa pour ennemi de la patrie, et non sans raison, parce qu'il aima mieux s'élever lui-même que la servir. Néanmoins, il ne laissa pas d'avoir, même dans une entreprise aussi coupable, un ami sincère : ce fut C. Blosius de Cumes. Il est touchant de voir jusqu'où il poussa la constance de sa fidélité. Gracchus, déclaré ennemi de la république, puni du dernier supplice, privé des honneurs de la sépulture, ne perdit pas son affection. Le sénat avait chargé les consuls Rupilius et Lænas de poursuivre conformément aux anciens usages, tous les complices de Gracchus. Blosius, sachant que les consuls prenaient surtout conseil de Lælius, alla le trouver pour le supplier de s'intéresser à lui. Il faisait valoir pour excuse les droits d'une intime amitié : « Eh quoi ! lui dit Lælius, s'il vous eût commandé de mettre le feu au temple du dieu tout-puissant, de Jupiter, auriez-vous cédé à ses désirs, en vertu de cette intime amitié que vous alléguez en votre faveur ? Jamais, répondit-il, Gracchus n'aurait donné un ordre pareil. » C'était assez, c'était trop même, puisqu'il osait prendre la défense d'un citoyen unanimement condamné par le sénat. Mais ce qui suit est bien plus hardi, bien plus périlleux. Pressé par les questions persévérantes de Lælius, il ne fléchit point ; il répondit avec la même fermeté, que pour cela même, au moindre signe de Gracchus, il aurait obéi. Qui l'aurait soupçonné de scélératesse, s'il eût gardé le silence ? qui ne l'aurait même trouvé sage, s'il eût plié ses réponses à la nécessité des conjonctures ?

De l'Amitié chez les étrangers

1. L'inclination me retient dans mon pays ; mais la franchise romaine m'invite à citer aussi les traits qui honorent les étrangers. Damon et Phintias, initiés aux mystères de la philosophie pythagoricienne, s'étaient unis d'une amitié si fidèle que l'un d'eux condamné à mort par Denys de Syracuse, et obtenant un délai pour aller dans sa famille mettre ordre à ses affaires avant de mourir, l'autre n'hésita pas à se livrer au tyran comme caution de son retour. Ainsi se trouvait dégagé du péril celui qui tout à l'heure avait eu le glaive suspendu sur sa tête, laissant sous le coup fatal celui qui pouvait vivre en pleine sécurité. Tout le monde et principalement Denys attendaient avec curiosité l'issue d'un drame si étrange, si incertain dans son dénouement. Le délai allait expirer sans qu'on vît le condamné reparaître. Alors chacun qualifiait de folie une caution si imprudente ; mais le philosophe affirmait hautement qu'il était sans inquiétude sur la constance de son ami. En effet, au jour et à l'heure fixés par Denys, celui-ci se présenta. Plein d'admiration pour le caractère des deux amis, le tyran fit grâce au condamné, en considération de sa fidélité : il leur demanda même de vouloir bien l'associer comme un tiers dans une amitié si touchante, promettant de s'en rendre digne par un attachement sincère. Tel est donc le pouvoir de l'amitié : inspirer le mépris de la mort, faire oublier le charme de la vie, désarmer la cruauté, changer la haine en amour, substituer les bienfaits à l'horreur des supplices. Voilà des merveilles presque aussi dignes de notre vénération que le culte sacré des dieux immortels : car si la religion fait le salut des Etats, l'amitié est la sauvegarde des particuliers ; et comme la première a pour demeure les temples augustes, celle-ci trouve dans les cœurs fidèles autant de sanctuaires tout remplis d'une sainte flamme.

2. Tels étaient les sentiments d'Alexandre. Quand il fut maître du camp de Darius, où était réunie toute la maison de ce prince, il vint, accompagné de son cher Héphestion, rendre visite à cette famille désolée. Ranimée par sa présence, la mère de Darius, qui se trouvait tristement étendue par terre, leva la tête, et, remarquant Héphestion dont la stature et le visage avaient quelque chose de plus imposant, elle le prit pour Alexandre et le salua en se prosternant à la manière des Perses. Avertie de sa méprise, et toute tremblante, elle cherchait des paroles pour s'excuser. « Il n'y a rien là, dit Alexandre, dont vous ayez à vous

excuser : Héphestion est un autre Alexandre. » A qui ce mot fait-il le plus d'honneur ? à celui qui le prononça, ou à celui qui eut le bonheur de l'entendre ? Ce roi magnanime qui avait embrassé ou de ses armes ou de son espoir l'univers entier, faisait en ce peu de mots le partage de son empire avec son confident. O glorieuse parole ! présent honorable et à son auteur et à celui qui le recevait !

C'est avec un sentiment de vénération que je rappelle un pareil souvenir ; j'en ai un motif personnel dans la généreuse bienveillance dont m'honora l'un des plus illustres et des plus éloquents personnages de notre siècle. Je ne crains pas qu'il y ait de l'inconvenance à déclarer que mon cher Pompée était pour moi comme un Alexandre, puisque son Héphestion fut pour lui un autre lui-même. Certes, je serais bien coupable, si, parmi les exemples d'une fidèle et bienveillante amitié, j'oubliais de nommer celui qui eut pour moi toute l'affection d'un tendre père, qui fit ma force dans la prospérité, mon repos et ma consolation dans le malheur ; celui dont je reçus progressivement, sans avoir rien demandé, toute ma fortune, par qui je vécus en sûreté contre les coups du sort, qui daigna éclairer et encourager mes travaux littéraires, en les prenant sous sa direction, sous ses auspices. En perdant le meilleur des amis, j'ai fait la joie de quelques envieux, sans doute parce que la vue de mon bonheur avait fait leur supplice.

Valère Maxime, *Faits et Paroles mémorables,* traduit par C.A.F. Frémion, tome II, Paris, Panckoucke, 1827, livre IV, chapitre VII.

SÉNÈQUE (4-65)

Un appel de la nature

Le sage étant celui qui se suffit à lui-même, a-t-il besoin d'amis ? Sénèque tente dans ses *Lettres à Lucilius* de résoudre cette question soulevée avant lui par Épicure.

Et tout d'abord, pour être autosuffisant, le sage n'en est pas moins homme et comme tel vit avec autrui : « [...] il prend femme ; il se suffit, et il assume la paternité ; il se suffit. » Pourquoi n'aurait-il pas des amis tout en se suffisant à lui-même ? Car l'amitié n'est pas fondée sur l'intérêt personnel ; elle est un « appel de la nature ». L'amitié née de l'intérêt à court terme meurt avec lui. Au contraire, l'amitié véritable permet le sacrifice de soi dans la mise en œuvre d'une vertu qui ne cherche qu'à s'employer. Avoir un ami, c'est donc « afin d'avoir quelqu'un pour qui mourir, d'avoir qui suivre en exil, de qui sauver les jours, s'il le faut, aux dépens des miens ». Le sage se suffit : il *peut* vivre sans ami mais il ne le veut pas.

Originaire d'Espagne, Sénèque vint à Rome où il étudia la philosophie stoïcienne. Exilé en Corse de 41 à 49, il fut rappelé à Rome où il occupa la fonction de précepteur de Néron. Ce dernier finit par lui ordonner de se suicider. Sénèque est l'auteur de nombreuses tragédies, comme *Médée, Phèdre* et *Agamemnon,* et aussi de traités philosophiques dont *De la constance du sage, De la brièveté de la vie, De la vie heureuse* et *De la providence.* Moraliste, il appartient à la lignée des directeurs de conscience qui, comme Épictète et Marc Aurèle, appellent à la maîtrise de soi. S'il est mort en conformité avec ses principes, il a souvent été critiqué pour le décalage entre ses idées et sa vie fastueuse.

À la question de savoir comment on peut se faire un ami, Sénèque répond sans fard et sans détour : « Aimez, on vous aimera. » Entre l'amitié et l'amour, il choisit clairement : l'amour n'est pour lui que caricature ou « folie de l'amitié ». Tout comme l'amour, l'amitié qui meurt avec l'homme, pour qui l'homme consent à mourir, ne peut être affectée par les revers de fortune. Elle repose sur un choix posé et judicieux de ses amis. Il faut se garder des erreurs, des confusions et nombreux sont ceux « qui n'ont pas manqué d'amis mais à qui l'amitié a manqué ». Une fois les amis choisis et éprouvés, il convient de leur faire une confiance absolue car si c'est un tort de se confier à tout le monde, c'est aussi un tort de ne se confier à personne.

Le nombre de ces amis n'est cependant pas limitatif pour Sénèque, et le sage peut avoir plusieurs amis à la fois, aussi bien que se faire des amis durant toute sa vie, car il y a bien du charme à conquérir un nouvel ami. Dans cet esprit, Sénèque pousse à l'extrême le paradoxe de la lettre 63, qui est une consolation écrite à l'occasion de la mort de Flaccus : critiquant la trop forte douleur ressentie à la mort d'un ami, il exhorte à le remplacer, à en réparer la perte par une autre amitié. Parce que « la mémoire de mes amis morts m'est douce et attrayante. Car je les ai possédés comme devant les perdre ; je les ai perdus comme les possédant encore ». L'exhortation à renoncer à la douleur et même au deuil serait choquante si Sénèque ne la nuançait pas d'une confidence personnelle qui l'humanise : « Voilà ce que j'ose t'écrire, moi qui ai pleuré si immodérément mon cher Annéus Sérénus qu'à mon grand déplaisir, je suis un exemple de ceux que la douleur a vaincus. »

Après l'amitié formée, confions-nous, avant que de la former, jugeons...

Lettre 3

Tu as chargé de lettres pour moi, à ce que tu m'écris, un de tes amis. Puis tu me préviens de ne pas lui communiquer tout ce qui te touche, attendu que toi-même n'es point dans l'habitude de le faire. Ainsi, dans la même lettre, tu le reconnais pour ami et tu le désavoues. Ainsi ce mot, par où tu débutes, était une formule banale : tu disais mon ami, comme on dit *l'honorable homme* de tout candidat possible, comme le passant, dont le nom ne nous revient pas, est salué par nous du titre de *maître.* Pour cela passe. Mais si tu tiens pour ami l'homme en qui tu n'as pas autant de foi qu'en toi-même, ton erreur est grave et tu connais peu le grand caractère de la véritable amitié. Délibère sur tout avec l'homme de ton choix, mais sur lui-même au moment de choisir. Ami, sois confiant ; avant d'être ami, sois juge. Or ils prennent au rebours et intervertissent leurs devoirs ceux qui, contrairement aux préceptes de Théophraste, n'examinent qu'après s'être attachés et se détachent après l'examen. Réfléchis longtemps sur l'adoption d'un ami ; une fois décidé, ouvre toute ton âme pour le recevoir ; parle aussi hardiment devant lui qu'à toi-même. Vis en sorte que tu n'aies rien à t'avouer qui ne puisse l'être même à ton ennemi ; mais comme il survient de ces choses que l'usage est de tenir cachées, avec ton ami du moins que tous tes soucis, toutes tes pensées soient en commun. Le juger discret sera l'obliger à l'être. Certaines gens ont enseigné à les tromper en craignant qu'on ne les trompât, et donné par leurs soupçons le droit de les trahir. Eh ! pourquoi donc des réticences devant un ami ? Pourquoi près de lui ne me croirai-je pas seul ?

Ce qui ne doit se confier qu'à l'amitié, certains hommes le content à tout venant ; toute oreille leur est bonne pour y décharger le secret qui les brûle ; d'autres en revanche redouteraient pour confidents jusqu'à ceux qu'ils chérissent le plus, et, s'il se pouvait, ne se fieraient pas à eux-mêmes : ils refoulent au plus profond de leur âme leurs moindres secrets. Fuyons ces deux excès ; car c'en est un de se livrer à tous, comme de ne se livrer à personne : seulement le premier me paraît plus honorable, le second plus sûr.

De même il faut blâmer tout ensemble et une mobilité toujours inquiète et une continuelle inaction. L'amour du tracas n'est point de l'activité, c'est une fièvre, un vagabondage d'esprit ; comme le repos n'est point cet état qui juge tout mouvement un supplice : il y a là énervement et marasme. Voici là-dessus ce que j'ai lu dans Pomponius, je le livre à tes réflexions : « Il y a des gens qui se sont tellement réfugiés dans les ténèbres que tout leur paraît trouble au grand jour. » Il faut entremêler les deux choses : l'homme oisif doit aussi agir et l'homme agissant se reposer. Consulte la nature, elle te dira qu'elle a créé le jour et la nuit.

Lettre 9

Epicure a-t-il raison de blâmer, dans une de ses lettres, ceux qui disent que le sage se suffit à lui-même et partant n'a pas besoin d'amis ? voilà ce que tu veux savoir. Epicure s'attaquait à Stilpon et à ceux qui voient le bien suprême dans une âme *qui ne souffre de rien.* L'ambiguïté est inévitable, si nous voulons rendre *apatheia* par un seul mot précis et mettre *impatientiam :* car on pourra comprendre le contraire de ce que nous donnons à entendre. Nous voulons désigner l'homme qui repousse tout sentiment du mal, et on l'entendrait de celui pour qui tout mal est insupportable : vois donc s'il n'est pas mieux de dire *une âme invulnérable*, ou une âme *placée en dehors de toute souffrance*. Voici en quoi nous différons des Mégariques : notre sage est invincible à toutes les disgrâces, mais il n'y est pas insensible ; le leur ne les sent même pas. Le point commun entre eux et nous, c'est que le sage se suffit : toutefois il désire en outre les douceurs de l'amitié, du voisinage, du même toit, bien qu'il trouve en soi assez de ressources. Il se suffit si bien à lui-même, que souvent une partie de lui-même lui suffit, s'il perd une main par la maladie ou sous le fer de l'ennemi. Qu'un accident le prive d'un œil, il est satisfait de ce qui lui reste : mutilez, retranchez ses membres, il demeurera aussi serein que quand il les avait intacts. Les choses qui lui manquent, il ne les regrette pas ; mais il préfère n'en pas être privé. Si le sage se suffit, ce n'est pas qu'il ne veuille point d'ami ; c'est qu'il peut s'en passer ; et quand je dis qu'il le peut, j'entends qu'il en souffre patiemment la perte. Il ne sera jamais sans un ami ; il est maître de le remplacer sitôt qu'il le veut. Comme Phidias, s'il perd une statue, en aura bientôt fait une autre ; ainsi le sage, ce grand artiste en amitié, trouve à remplir la place vacante. Comment, dis-tu, peut-il faire si vite un ami ? Je te le dirai si tu veux bien que dès à présent je te paye ma dette, et que pour cette lettre nous soyons quittes. Hécaton a dit : « Voici une recette pour se faire aimer sans drogues, ni herbe, ni paroles magiques de sorcière. Aimez, on vous aimera. » Ce qu'il y a de différence pour l'agriculteur entre moissonner et semer existe entre tel qui s'est fait un ami et tel qui s'en fait un. Le philosophe Attale disait souvent : « Il est plus doux de faire que d'avoir un ami, comme l'artiste jouit plus à peindre son tableau qu'à l'avoir peint. » Occupé qu'il est à son œuvre avec tant de sollicitude, que d'attraits pour lui dans cette occupation même ! L'enchantement n'est plus si vif quand, l'œuvre finie, sa main a quitté la toile ; alors il jouit du fruit de son art : il jouissait de l'art même lorsqu'il tenait le pinceau. Dans nos enfants l'adolescence porte plus de fruits ; mais leurs premiers ans charment davantage.

Revenons à notre propos. Le sage, bien qu'il se suffise, n'en désire pas moins un ami, ne fût-ce que pour exercer l'amitié, pour qu'une si belle vertu ne reste pas sans culture, et non, comme Epicure le dit dans sa lettre, pour avoir qui veille à son lit de douleur, qui le secoure dans les fers ou dans le besoin, mais un homme qui malade soit assisté par lui, et qui enveloppé d'ennemis soit sauvé par lui de leurs fers. Ne voir que soi, n'embrasser l'amitié que pour soi, méchant calcul : elle finira comme elle a commencé. On a voulu s'assurer d'un auxiliaire contre la captivité ; mais au premier bruit de chaînes plus d'ami. Ce sont amitiés du moment, comme dit le peuple. Choisi dans votre intérêt, je vous plais, tant que je vous sers. De là cette foule d'amis autour des fortunes florissantes ; abattues, quelle solitude ! les amis fuient les lieux d'épreuve. De là tant de ces déloyaux exemples, de ces lâchetés qui vous abandonnent, de ces lâchetés qui vous trahissent. Il faut bien que le début et le dénoûment se répondent. Qui s'est fait ami par intérêt sera séduit par quelque avantage contraire à cette amitié, si, en elle, une autre chose qu'elle l'attirait. Pourquoi est-ce que je prends un ami ? afin d'avoir pour qui mourir, d'avoir qui suivre en exil, de qui sauver les jours, s'il le faut, aux dépens des miens. Cette autre union que tu me dépeins est un trafic, ce n'est pas l'amitié : où son profit l'appelle, il y va ; le gain à faire, voilà son but. Nul doute qu'il y n'ait quelque ressemblance entre cette vertu et l'affection des amants : l'amour peut se définir la folie de l'amitié. Eh bien ! éprouve-t-on jamais cette folie dans un but de lucre, par ambition, par vanité ? C'est par son propre feu que l'amour, insoucieux de tout le reste, embrase les âmes pour la beauté physique, non sans espoir d'une mutuelle tendresse. Eh quoi ! un principe plus noble produirait-il une affection honteuse ? « Il ne s'agit pas ici, dis-tu, de savoir si l'amitié est à rechercher pour elle-même ou dans quelque autre vue ; si c'est pour elle-même, celui-là peut s'approcher d'elle qui trouve son contentement en soi. » Et de quelle manière s'en approche-t-il ? comme de la plus belle des vertus, sans que le lucre le séduise, ou que les vicissitudes de fortune l'épouvantent. On dégrade cette majestueuse amitié quand on ne veut d'elle que ses bonnes chances. [...]

Lettre 63

Tu es chagrin de la mort de Flaccus ton ami ; mais je ne voudrais pas t'en voir affecté plus qu'il ne convient. Ne pas l'être du tout, j'aurais peine à te le demander, tout sûr que je suis que ce serait le mieux. Mais à qui cette fermeté d'âme serait-elle donnée, sinon à l'homme qui s'est déjà mis fort au-dessus de la Fortune ? Cet homme même éprouverait alors un commencement d'émotion, mais rien qu'un commencement. Pour nous, on peut nous excuser de nous laisser aller aux larmes, si elles ne coulent pas avec excès, et si nous-mêmes savons les arrêter.

Nos yeux ne doivent ni demeurer secs à la perte d'un ami, ni s'épuiser de larmes ; il faut pleurer, mais non se fondre de douleur. Tu trouves dure la loi que je t'impose ; et pourtant le prince des poètes grecs n'accorde le droit de pleurer que pour un seul jour ; et il a dit que Niobé même songea à prendre de la nourriture. Veux-tu savoir d'où viennent les lamentations, les pleurs immodérés ? On veut afficher par là ses regrets : on ne cède pas à son affliction, on en fait parade. Ce n'est point pour ce qu'on souffre qu'on est triste. Déplorable folie ! De la prétention jusque dans les larmes ! « Eh quoi ! oublierai-je mon ami ? » Il est bien court, le souvenir que tu lui promets, s'il ne dure pas plus que ta douleur. Ce front si rembruni va s'éclaircir au moindre sujet de rire qu'offrira le hasard : je ne te renvoie pas même à cette longueur de temps qui adoucit tous les regrets et calme les plus violents désespoirs. Dès que tu cesseras de t'observer, ce fantôme de tristesse s'évanouira. A présent tu choies ta douleur, tu la choies, et encore t'échappe-t-elle ; plus elle est vive, plus elle cesse vite. Appliquons-nous à trouver des charmes au souvenir de nos amis perdus ; car on n'aime pas à revenir sur une pensée constamment douloureuse. Toutefois si c'est pour l'homme une loi nécessaire qu'il ne puisse sans un serrement de cœur se rappeler ces noms chéris ; cette émotion non plus n'est pas sans jouissance. En effet, suivant le mot de notre Attalus, « le souvenir d'un ami qui n'est plus a pour nous cette douceur un peu âpre qui plaît dans certains fruits ; comme en un vin trop vieux son amertume même nous flatte ; mais après quelque temps toute âpreté s'émousse, et le plaisir nous arrive sans mélange ».

Si nous l'en croyons, « penser à nos amis vivants, c'est savourer le miel et les gâteaux les plus exquis ; se ressouvenir de ceux qui ont cessé d'être est une satisfaction quelque peu acerbe. Or on ne contestera pas que l'acidité aussi et toutes les saveurs d'un genre sévère stimulent l'estomac ». Moi, je pense autrement : la mémoire de mes amis morts m'est douce et attrayante. Car je les ai possédés comme devant les perdre ; je les ai perdus comme les possédant encore. [...]

A-t-on d'autres amis ? c'est mal mériter d'eux, c'est peu les estimer, comme incapables à eux tous de nous consoler d'une seule perte. N'en a-t-on point d'autres ? on s'est fait soi-même plus de tort qu'on n'en a reçu de la Fortune. Elle ne nous a pris qu'un ami : nous n'avions pas su en faire un second. Et puis, dans son amitié unique, il n'a pas mis d'excès l'homme qui n'a pu en acquérir plus d'une. Celui qui, dépouillé par un vol de son seul vêtement, aimerait mieux déplorer son sort que d'aviser aux moyens de se parer du froid, de trouver à couvrir ses épaules, ne te semblerait-il pas un grand fou ? L'être que tu aimais est dans la tombe : cherche un cœur à aimer. Mieux vaut réparer ta perte que de pleurer. [...]

Voilà ce que j'ose t'écrire, moi qui ai pleuré si immodérément mon cher Annæus Sérénus qu'à mon grand déplaisir je suis un exemple de ceux que la douleur a vaincus. Mais je condamne aujourd'hui ce que j'ai fait alors, et je vois que la plus grande cause de ma vive affliction venait de n'avoir jamais pensé qu'il pouvait mourir avant moi. Je ne me représentais qu'une chose, que j'étais son aîné, et son aîné de beaucoup ; comme si le Destin suivait l'ordre des âges ! Souvenons-nous donc à chaque instant que nous et tous ceux que nous aimons, sommes mortels. Je devais me dire : « Mon frère Sérénus est plus jeune que moi : mais que fait cela ? Il devrait mourir après moi, comme il peut mourir avant. » Je n'y songeai point, je n'étais pas prêt ; et tout d'un coup la Fortune m'a frappé. Maintenant je me répète que tout est mortel, et que la mort n'a point de règle fixe. Dès aujourd'hui peut arriver ce qui peut arriver un jour quelconque. Pensons donc, cher Lucilius, que nous serons bientôt nous-mêmes où nous sommes si fâchés qu'il soit. Et peut-être, si, comme l'ont publié les sages, il est un lieu qui reçoive nos âmes, l'ami que nous croyons perdu n'a fait que nous devancer.

Sénèque, *Œuvres complètes,* traduit par J. Baillard, Paris, Librairie Hachette et Cie.

PLUTARQUE (46-125)

Sur la pluralité des amis

« À voir dans les palais des riches et des puissants cette foule pressée qui les salue, qui leur prend les mains, qui les escorte, on les estime heureux de compter tant d'amis. Eh bien ! on trouvera encore plus de mouches dans leur cuisine ; et pas plus la mouche quand lui fait défaut ce qui était bon à manger, les amis ne restent quand ils n'y trouvent plus leur profit. » Dans sa réflexion sur la « pluralité des amis », Plutarque est plus proche d'Aristote que de directeurs de conscience tels que Sénèque, ou d'Épictète, son contemporain. Ainsi reprend-il la définition aristotélicienne fondée sur la vertu « comme gage de l'honnêteté » et sur l'intimité de la relation « pour garantie de la douceur qu'on y trouve », tout en légitimant l'utilité des relations amicales « comme preuve que cette amitié est nécessaire ».

Né non loin de Corinthe où il fut élu député, Plutarque étudia à Athènes avant de voyager à Rome et en Égypte. Il aima sa femme Timoxena, qu'il initia à la philosophie, et leur petite fille, morte prématurément. Ce contemporain des apôtres, biographe et moraliste, fut exhumé par la Renaissance pour la justesse de ses études de caractères, il fut un écrivain prolifique. Ses œuvres sont regroupées sous deux titres, *Vies parallèles* et *Œuvres morales*. Plutarque se réclame de Platon bien qu'il ait été influencé par diverses écoles philosophiques. Critiques à l'égard des stoïciens, ses écrits ont néanmoins contribué à éclairer la pensée de ces derniers.

Dans l'*Eroticos*, ou dialogue sur l'amour, Plutarque prend la défense des femmes ; contrairement à la plupart des penseurs de l'amitié dans l'Antiquité, il leur accorde la capacité d'amitié : « C'est une absurdité de dénier aux femmes toute participation à la vertu en général... D'autre part, prétendre que leur nature, bonne et irréprochable à tous les autres égards, ne serait incompatible qu'avec l'amitié, voilà une assertion bien étrange[1]. »

---

1. Plutarque, *Eroticos*, traduit par Robert Flacellière, Paris, Les Belles Lettres, 1952.

En amitié, il s'attarde sur la nécessité d'être franc avec ses amis tout en évitant de les blesser : « Il est permis de chagriner son ami si l'on doit à cette condition lui être utile, mais il ne faut pas en le chagrinant que l'on brise l'amitié. » Le plus important reste à ses yeux le processus du choix des amis qui détermine la qualité et la permanence des relations entretenues : « Il ne s'agit pas d'aimer ceux qui courent après nous, mais de courir après ceux qui sont dignes d'être aimés. »

Ne nous contentons pas d'un seul ami, mais gardons-nous d'accueillir les premiers venus

Nous ne croyons pas que l'on doive s'en tenir à un seul ami. Mais dans le nombre de ceux que l'on aura il en faut un

Qui soit ce tard-venu, cet enfant de vieillesse,

un qui ait eu le temps de manger avec nous le boisseau de sel dont parle le proverbe. N'imitons pas ces gens, aujourd'hui trop nombreux, qui se disent amis parce qu'ils ont bu une fois ensemble, ensemble fait une partie de paume ou de dés, ensemble descendu dans une hôtellerie : c'est dans une auberge, dans un gymnase, sur la place publique, que se sont contractées leurs amitiés. A voir dans les palais des riches et des puissants cette foule pressée qui les salue, qui leur prend les mains, qui les escorte, on les estime heureux de compter tant d'amis. Eh bien ! on trouvera encore plus de mouches dans leur cuisine ; et pas plus que la mouche quand lui fait défaut ce qui était bon à manger, les amis ne restent quand ils n'y trouvent plus leur profit. La véritable amitié exige trois choses avant tout : la vertu pour gage de l'honnêteté, l'assiduité du commerce pour garantie de la douceur que l'on y trouve, et l'utilité comme preuve que cette amitié est nécessaire. Cela revient à dire, qu'il faut n'accueillir un ami qu'après mûr examen, qu'il faut se trouver heureux de son commerce, et que l'on doit user de lui dans le besoin. Or toutes ces conditions, et principalement celle du choix, qui est la plus importante, s'opposent à ce que l'on ait beaucoup d'amis. Il est donc une première vérité à reconnaître : c'est que, s'il est impossible de dresser avec succès en peu de temps des musiciens à former des chœurs, des rameurs à manœuvrer ensemble, des esclaves à administrer les biens d'un maître, des précepteurs à diriger ses enfants, la chose ne saurait être plus facile quand il s'agit de trouver beaucoup d'amis disposés à subir avec nous l'épreuve de toute fortune, beaucoup d'amis tels, que chacun d'eux

Consente à partager avec nous sa richesse,
Comme à nous exposer sans honte sa détresse.

Non : les tempêtes qui entraînent un navire en pleine mer, les invasions desquelles on garantit soit un champ au moyen de clôtures, soit un port au moyen de digues, ne sont pas des dangers aussi nombreux, aussi redoutables que ceux contre lesquels l'amitié s'engage à nous fournir aide et protection lorsqu'elle a été sûrement, solidement éprouvée. Quant à ces nouveaux venus dont on n'a pas fait l'essai, c'est une monnaie de mauvais aloi dont on reconnaît la fausseté.

N'en a-t-on pas ; on est bien aise.
Si l'on en possède, elle pèse :
On voudrait s'en débarrasser.

Mais c'est chose pénible et qui n'est pas sans difficulté, que de se débarrasser d'une amitié qui est à charge. Que vous preniez des aliments dangereux et nuisibles, vous ne pourrez ni les garder sans qu'ils vous incommodent et vous rendent malade, ni les rejeter non plus tels qu'ils sont entrés dans votre corps, parce qu'ils seront devenus un odieux et détestable mélange. De même, un ami pervers s'attache à vous en vous fatiguant et en se fatiguant lui-même ; ou bien, c'est comme une bile dont on ne se purge que violemment, avec haine et dégoût.

Il ne faut donc pas accueillir les premiers venus ni s'attacher à eux. Il ne s'agit pas d'aimer ceux qui courent après nous, mais de courir après ceux qui sont dignes d'être aimés. Ce qui est le plus facile à prendre n'est pas toujours ce qui mérite d'être préféré. Nous foulons à nos pieds ou bien nous écartons le chardon et la ronce qui nous accrochent, et nous allons vers l'olivier et la vigne. De même il est toujours convenable de ne pas nous lier avec celui qui s'attache trop facilement à nous, et il faut nous attacher, au contraire, à ceux que nous reconnaissons être dignes de notre recherche et de qui la société peut nous être utile.

Ménagements que l'on doit apporter dans les remontrances adressées à des amis. Il ne faut pas s'éloigner brusquement d'eux, lorsqu'on vient de les blâmer d'une manière sérieuse.

Il est permis de chagriner son ami si l'on doit à cette condition lui être utile, mais il ne faut pas en le chagrinant que l'on brise l'amitié. Le reproche mordant ne doit être qu'un remède destiné à sauver et à garantir celui que l'on soigne. C'est pour cela que, semblable à un musicien, l'ami sait, en vue du beau et de l'utile, modifier le ton de son instrument : tantôt il relâche les cordes, tantôt il les resserre ; il est souvent agréable, toujours il est utile. Aussi, de même qu'Agésilas, au rapport de Xénophon, était bien aise d'être loué par ceux qui ne demandent pas mieux que de critiquer, de même il faut estimer que celui-là réjouit et complaît en ami, qui peut aussi quelquefois déplaire et résister ; et le commerce d'un homme qui veut être continuellement agréable, qui vise uniquement à ce but, qui ne dit jamais une seule parole sévère, doit inspirer de la défiance. Et, en vérité, il faut avoir présent à l'esprit ce mot d'un Lacédémonien devant qui l'on faisait l'éloge du roi Charillus : « Comment serait-il vertueux, lui qui n'est pas même âpre contre les méchants ? »

Puisque la franchise est souvent pénible à celui que l'on veut guérir, il faut imiter les médecins. Quand ils ont pratiqué une incision, ils n'abandonnent pas à sa douleur et à sa souffrance la partie malade : ils emploient avec douceur les irrigations et les lotions. De même ceux qui savent reprendre avec habileté n'iront pas s'enfuir après avoir lancé un reproche sévère et mordant ; mais par des conversations d'un autre genre, par des paroles aimables, ils voudront adoucir et délayer l'amertume de leur parole. Ainsi font les artistes qui travaillent la pierre : quand à force de coups de ciseau ils en ont fait une statue, ils lui donnent ensuite le poli et le brillant. Mais si avec le fouet de la franchise on frappe jusqu'à laisser des stigmates, si, quand le patient est exaspéré, on ne le lâche qu'après l'avoir couvert de tumeurs et de meurtrissures, la colère l'empêchera de revenir jamais, et les paroles n'agiront plus sur lui. Aussi est-ce encore là une faute que l'on doit principalement éviter. Lorsqu'on a adressé des réprimandes à ses amis il ne faut pas s'éloigner d'eux, comme si l'on croyait que le commerce et l'office de l'amitié se bornent exclusivement à chagriner et à irriter ceux avec qui l'on se trouve en relations habituelles.

Plutarque, *Œuvres morales et œuvres diverses*, traduit par V. Bétolaud, Paris, Librairie L. Hachette, 1870.

ÉPICTÈTE (50-125 ou 130)

Le sage et l'amitié

« Aimer n'appartient qu'au sage. » La conception de l'amitié qu'a laissée Épictète est élitiste ; en amitié, il y a beaucoup d'appelés et peu d'élus. Sa réflexion sur l'amitié figure dans le deuxième livre des *Entretiens*. Épictète y met en garde celui qui placerait son intérêt en dehors de sa propre faculté de juger et de vouloir ; il affirme que seul l'être qui identifie son intérêt avec ses amis sera capable d'amitié véritable. Mais il ne voit pas de différence de nature entre l'amitié et l'amour entre époux ou entre parents et enfants. Comme les autres stoïciens, Épictète rejette radicalement la notion d'une amitié utilitaire.

Celui qui prône la liberté absolue de l'individu sait de quoi il parle. Il est né esclave et fils d'esclave, à Hiérapolis, en Phrygie. On raconte qu'il aurait dit à son maître qui lui tordait la jambe : « Tu vas la casser. » Puis, une fois la jambe brisée, avec le même calme : « Ne te l'avais-je pas dit ? » C'est à Rome où il avait été emmené qu'il fut sans doute affranchi. Épictète suivit alors les cours du philosophe stoïcien Musonius Rufus avant d'enseigner lui-même la morale stoïcienne. Banni ensuite de Rome par Domitien avec d'autres philosophes de la cité, Épictète émigra à Nicopolis, en Épire. Là, il ouvrit une école où il enseignait le savoir-vivre tout autant que le savoir.

Sa pensée nous est parvenue grâce à l'un de ses disciples, Arrien. Ce dernier rédigea les huit livres, dont quatre seulement nous sont parvenus, des *Entretiens* ; Arrien écrivit également le *Manuel d'Épictète*.

Avec Sénèque et Marc Aurèle, Épictète est l'un des principaux représentants d'un nouveau stoïcisme qui connut une grande popularité à Rome à partir du Ier siècle apr. J.-C.

Celui qui se connaîtra bien est aussi celui qui s'entend à aimer

On aime vraisemblablement ce à quoi on s'attache. Or, les hommes s'attachent-ils à ce qu'ils croient mauvais ? Jamais. A ce qui leur semble indifférent ? Jamais non plus. Reste donc qu'ils ne s'attachent qu'à ce qu'ils croient bon, et, puisqu'ils ne s'attachent qu'à cela, qu'ils n'aiment que cela. Celui donc qui se connaît au bien est aussi celui qui s'entend à aimer ; mais quant à celui qui ne peut pas distinguer le bien du mal, et tous les deux de ce qui est indifférent, comment s'entendrait-il à aimer ? Aimer n'appartient donc qu'au Sage.

— Comment cela ? dit-on. Moi, qui ne suis pas un Sage, j'aime pourtant mon enfant. — Je m'étonne par tous les dieux ! que tu commences par avouer que tu n'es pas un Sage. Que te manque-t-il en effet ? N'as-tu pas des sens ? N'apprécies-tu pas les *idées* qui te viennent d'eux ? Ne fais-tu pas usage des aliments qui conviennent le mieux à ton corps ? N'as-tu pas des habits ? une maison ? Pourquoi donc conviens-tu que tu n'es pas un Sage ? N'est-ce point, par Jupiter ! parce que bien souvent les *idées* qui viennent de tes sens te mettent hors de toi et te bouleversent ; parce que bien souvent leurs apparences trompeuses triomphent de toi ; parce que tu dis d'une chose tantôt qu'elle est bonne, tantôt qu'elle est mauvaise, tantôt qu'elle n'est ni l'un ni l'autre ; en un mot, parce que tu te chagrines, t'épouvantes, prends de la jalousie, te déconcertes et changes. N'est-ce point pour tout cela que tu conviens que tu n'es pas un Sage ? Eh bien ! en amitié, ne changes-tu donc jamais ? Toi qui dis de la richesse, de la volupté, et de toutes les choses en général, tantôt qu'elles sont des biens, tantôt qu'elles sont des maux, ne dis-tu pas aussi du même individu tantôt qu'il est bon, tantôt qu'il est mauvais ? N'as-tu pas pour lui tantôt de l'affection, tantôt de la haine, tantôt des louanges, tantôt du blâme ? — Oui, c'est ce qui m'arrive. — Eh bien ! quand on se trompe sur quelqu'un, crois-tu qu'on l'aime réellement ? — Non pas. — Et celui qui n'a pris quelqu'un que pour le quitter bientôt, crois-tu qu'il lui appartienne de cœur ? — Pas davantage. — Et celui qui tantôt vous accable d'injures, tantôt est en extase devant vous ? — Pas davantage. — Eh bien ! n'as-tu jamais vu de petits chiens jouer ensemble, et se caresser si bien que tu disais : « Il n'y a pas d'amitié plus vive ! » Si tu veux pourtant savoir ce qu'est cette amitié, mets un morceau de viande entre eux, et tu verras. De même, mets entre ton fils et toi un lopin de terre, et tu verras que ton fils désirera vite t'enterrer et que toi tu souhaiteras vite sa mort. Et tu diras alors : « Quel fils j'ai élevé ! Il y a longtemps qu'il voudrait me porter en terre ! » Mets entre vous une belle jeune fille : le vieillard l'aimera et le jeune homme aussi. Même division pour une question de vanité. Et, s'il y a un péril à courir, tu tiendras le langage du père d'Admète :

« Tu es heureux de voir la lumière ; crois-tu que ton père n'en soit pas heureux aussi ? Tu veux voir la lumière ; crois-tu que ton père ne le veuille pas aussi ? »

Crois-tu que le père d'Admète n'aimait pas son enfant, quand il était petit ? Crois-tu qu'il n'était pas inquiet, lorsque son fils avait la fièvre ? Crois-tu qu'il n'avait pas dit bien des fois : « Plût aux dieux que ce fût moi qui eusse la fièvre ? » Puis, quand le moment est arrivé, quand il est venu, tu vois ce que disent ces gens-là !

Etéocle et Polynice n'étaient-ils pas nés de la même mère et du même père ? N'avaient-ils pas été nourris ensemble ? N'avaient-ils pas vécu ensemble ? N'avaient-ils pas eu même table et même lit ? Ne s'étaient-ils pas embrassés plus d'une fois, si bien que celui qui les aurait vus, se serait moqué des paradoxes des philosophes sur l'amitié ? Et pourtant, quand la couronne se trouve entre eux deux, à la façon d'un morceau de viande, vois ce qu'ils disent :

POLYNICE. Où seras-tu, en avant des tours ?

ETEOCLE. Pourquoi me le demandes-tu ?

POLYNICE. J'y serai en face de toi, pour te tuer.

ETEOCLE. Moi aussi, je suis possédé du même désir.

Et ils adressent aux dieux des prières en harmonie avec leurs paroles.

Règle générale (ne vous y trompez pas), tout être doué de la vie n'a rien qui lui soit plus cher que son intérêt propre. Aussi, qu'une chose quelconque lui semble y faire obstacle, fût-ce son frère, son père, son enfant, l'être qu'il aime ou celui dont il est aimé, le voilà qui le hait, le repousse et le maudit. Il n'y a rien, en effet, qu'il soit né pour aimer autant que son intérêt. Père, frère, parent, patrie, Dieu même, son intérêt est tout pour lui. Lors donc que les dieux nous paraissent faire obstacle à notre intérêt, nous les insultons eux aussi, nous renversons leurs statues, nous brûlons leurs temples. Ainsi Alexandre fit brûler le temple d'Esculape, à la mort de celui qu'il aimait. De là suit que notre sainteté, notre honnêteté, notre patrie, nos parents, nos amis, sont sauvés, si nous identifions notre intérêt avec eux ; mais que, si nous mettons d'un côté notre intérêt, et de l'autre nos amis, notre patrie, nos parents, avec nos devoirs eux-mêmes, c'en est fait d'eux, notre intérêt emportant la balance. L'être vivant se porte infailliblement du côté où sont pour lui le *moi* et le *mien* : s'ils sont dans le corps, c'est lui qui est la chose importante ; s'ils sont dans la faculté de juger et de vouloir, c'est elle ; s'ils sont dans les objets extérieurs, ce sont eux. Ce n'est que si mon *moi* est dans ma faculté de juger et de vouloir, que je puis être, comme il faut, ami, fils, ou père. Car mon intérêt alors sera de rester loyal, honnête, patient, tempérant, bienfaisant, et de m'acquitter de tous mes devoirs. Mais, si je place mon *moi* d'un côté et l'honnêteté de l'autre, c'est alors que se confirme le mot d'Epicure, qui prétend que l'honnête n'est rien, ou n'est, s'il existe, que ce qu'estime le vulgaire.

C'est de cette ignorance qu'est venu le désaccord des Athéniens avec les Lacédémoniens, des Thébains avec ces deux peuples, du Grand roi avec la Grèce, des Macédoniens avec tous deux ; c'est d'elle que vient aujourd'hui celui des Romains avec les Gètes ; c'est d'elle qu'est venu bien auparavant tout ce qui s'est passé dans Ilion. Pâris était l'hôte de Ménélas, et, en voyant leur bon accord, on n'aurait pas cru celui qui aurait dit qu'ils n'étaient pas amis. Mais une part de gâteau fut jetée entre eux, sous la forme d'une jolie femme, et la guerre naquit pour elle. Aujourd'hui donc, quand tu vois des amis, des frères, qui semblent n'avoir qu'un même cœur, ne te hâte pas de parler de leur amitié, alors même qu'ils affirmeraient avec serment que rien ne saurait les détacher les uns des autres. On ne peut se fier à la *partie maîtresse* d'un homme corrompu ; elle n'a ni constance, ni discernement, emportée qu'elle est par ses idées tantôt dans un sens, tantôt dans un autre.

N'examine donc pas, comme les autres hommes, si les gens sont nés du même père et de la même mère, s'ils ont été élevés ensemble, et par le même précepteur ; cherche seulement où ils placent leur bien : dans les choses extérieures, ou dans les façons de juger et de vouloir. S'ils le placent dans les choses extérieures, dis qu'ils ne sont pas plus amis qu'ils ne sont sûrs, constants, courageux et libres ; dis même qu'ils ne sont pas des hommes, si tu es dans ton bon sens. Car ce ne sont pas des opinions d'homme que celles qui nous font nous attaquer et nous insulter les uns les autres, nous embusquer dans les endroits écartés, ou dans les places publiques, comme si c'étaient des montagnes, et mettre à nu devant les tribunaux des actions qui sont celles de brigands. Ce ne sont pas des opinions d'homme que celles qui font de nous des débauchés, des adultères, des agents de corruption, et qui nous rendent coupables les uns envers les autres de tous ces torts qui naissent de cette seule et unique pensée, que notre *moi* et notre *bien* se trouvent dans les choses qui ne relèvent pas de notre libre arbitre. Mais, si tu entends dire que ces hommes croient réellement que leur bien n'est que dans la faculté de juger et de vouloir, et dans le bon usage des *idées*, ne t'inquiète plus de savoir si c'est un fils et un père, si ce sont des frères, ni si ce sont des camarades qui vivent ensemble depuis longtemps ; tu en sais assez pour déclarer hardiment que ce sont des amis, comme tu peux déclarer qu'ils sont loyaux et justes. Où l'amitié se trouvera-t-elle, en effet, si elle ne se trouve où sont la loyauté, l'honnêteté, et le don de tout ce qui est beau, sans mélange d'aucune autre chose ?

« Mais voilà si longtemps qu'il me rend des soins, et il ne m'aimerait pas ! » Esclave ! que sais-tu s'il ne te rend pas ces soins comme on nettoie sa chaussure ou sa bête de somme ? Que sais-tu s'il ne te jettera pas comme un plat fêlé, lorsque tu seras devenu un meuble inutile ? « Mais elle est ma femme, et il y a si longtemps que nous vivons ensemble ! » Combien de temps Eriphyle n'avait-elle pas vécu avec Amphiaraüs ? Et ne lui avait-elle pas donné de nombreux enfants ? Mais un collier vint se mettre entre eux deux. Est-ce bien le collier qui vint s'y mettre ? Non ; mais l'opinion qu'elle avait des choses de cette espèce. Cette opinion fut la bête sauvage qui mit en pièces leur affection. Ce fut elle qui ne permit pas à l'épouse d'être épouse, à la mère d'être mère. Que celui de vous à son tour qui veut être l'ami de quelqu'un, ou se faire de quelqu'un un ami, déracine donc en lui les opinions de cette espèce ; qu'il les prenne en haine, qu'il les chasse de son âme. Il y gagnera d'abord de ne plus se dire d'injures à lui-même, de ne plus être en lutte avec lui-même, de ne plus se repentir, de ne plus se mettre à la torture. Puis, pour ce qui est des autres, il se donnera tout entier à ceux qui lui ressembleront ; il sera patient avec ceux qui ne lui ressembleront pas : il sera doux pour eux, bon, indulgent, comme avec des ignorants, qui s'égarent dans les questions les plus importantes. Il ne sera sévère pour personne, parce qu'il sera pénétré de cette parole de Platon : « C'est toujours malgré elle qu'une âme est sevrée de la vérité. » Autrement, vous pourrez vivre sur tous les autres points comme vivent les amis, vous pourrez avoir la même table, coucher sous la même tente, monter le même navire, être nés des mêmes parents (les serpents aussi ont tout cela) : vous ne serez pas plus amis, qu'ils ne le sont, tant que vous aurez ces opinions sauvages et impures.

Les Entretiens d'Épictète, recueillis par Arrien, traduit par V. Courdaveaux, Paris, Librairie académique Perrin, 1908.

LUCIEN DE SAMOSATE (130-200)

Les Grecs, les Scythes et l'amitié

Les Grecs ne s'intéressaient pas seulement à la théorie de l'amitié mais en appréciaient les applications pratiques et mythiques. Voilà pourquoi Achille et Patrocle, Thésée et Pirithoos et d'autres ont enflammé les imaginations et les sensibilités. Dans la geste de l'amitié exemplaire, Oreste et Pylade représentent pour Lucien de Samosate les « génies tutélaires », les héros. Au sein de la communauté de périls que constitue le monde épique, leur amitié idéale développe les vertus de confiance, de tendresse et de sincérité que la guerre ôte trop souvent aux hommes.

Né à Samosate en Assyrie, l'écrivain Lucien parcourut l'Europe et l'Asie Mineure en donnant des conférences qui lui valurent un grand succès ainsi qu'une coquette fortune. Il rédigea un nombre impressionnant d'ouvrages — près de quatre-vingt-dix — parmi lesquels : *Hérodote, Le Scythe, Le Tyrannicide, Bacchus, Toxaris* (ou *Tozaris*), *L'Éloge de la mouche.* Puis sa carrière évolua et il se spécialisa dans la satire sociale. Il excelle dans ce genre littéraire *(Dialogues des dieux, La Mort de Pérégrinos, Prométhée)* où on a pu le comparer à Voltaire, sa cible favorite étant la religion. Cet ancien sophiste qui avait le goût du nomadisme termina son existence et sa carrière en Égypte dans la peau d'un fonctionnaire de Rome.

Le *Toxaris* est un dialogue sur l'amitié qui oppose un Scythe, Toxaris, à un Grec, Mnésippe. Les deux hommes cherchent à démontrer la supériorité respective de leur peuple dans le domaine de l'amitié. Dans ce contexte, Lucien désigne le décalage entre les discours sur l'amitié, qui relèvent du mythe, et les actes réels, les faits d'amitié. Cette approche anticipe les analyses socio-historiques modernes qui montrent que le discours ne reflète pas toujours la pratique.

Ils n'étaient que deux, ils ont osé l'entreprise la plus hardie

1. MNESIPPE. Que dis-tu, Toxaris ? Vous sacrifiez à Oreste et à Pylade, vous autres Scythes ? Vous les regardez comme des dieux ?

TOXARIS. Oui, Mnésippe, nous leur sacrifions, sans cependant les regarder comme des dieux, mais comme des hommes de bien.

MNESIPPE. Est-ce donc chez vous un usage de sacrifier aux gens de bien, après leur mort, comme à des dieux ?

TOXARIS. Certainement, et de plus nous les honorons dans nos fêtes et dans nos réunions solennelles.

MNESIPPE. Et quel est votre but ? Ce n'est pas, sans doute, pour vous les rendre favorables que vous leur sacrifiez, puisqu'ils sont morts.

TOXARIS. C'est toujours un avantage de se rendre les morts favorables ; mais nous croyons, en outre, faire une chose très utile aux vivants, en leur rappelant le souvenir des grands hommes et en les honorant quand ils ne sont plus. Nous espérons qu'un grand nombre de nos concitoyens voudront les imiter.

2. MNESIPPE. C'est une pensée fort judicieuse. Toutefois, d'où vient pour Oreste et Pylade une admiration qui vous a fait mettre au rang des dieux non seulement des étrangers, mais, qui plus est, des ennemis ? Jetés sur vos côtes par un naufrage, ils furent pris par les Scythes de ce temps-là, et emmenés pour être immolés à Diane ; mais eux, rompant leurs fers, renversèrent la garde du roi et le tuèrent, puis, saisissant la prêtresse et arrachant Diane elle-même de son sanctuaire, ils s'enfuirent sur leur vaisseau, en se moquant de la nation des Scythes. Si c'est pour cela que vous les honorez, vous ne manquerez pas de gens qui feront comme eux ; et voyez maintenant, d'après ces anciens traits d'histoire, s'il vous est avantageux que beaucoup d'Orestes et de Pylades abordent en Scythie. Il me semble que vous ne tarderez pas à n'avoir ni religion ni dieux, si ceux qui vous restent sont enlevés de la même manière. Il est vrai qu'à la place de tous vos dieux vous honorerez leurs ravisseurs, et que vous offrirez des sacrifices divins à ces sacrilèges.

3. Mais si ce n'est pas pour de pareilles actions que vous honorez Oreste et Pylade, dis-moi, Toxaris, quel autre bien vous ont-

ils donc fait pour que, sans les avoir d'abord regardés comme des dieux, vous leur sacrifiiez maintenant, en les mettant au rang de vos divinités, et en immolant des victimes à des hommes qui ont manqué eux-mêmes d'en servir ? Cela paraît ridicule et contraire à vos anciens usages.

TOXARIS. Tout ce que tu viens de nous raconter de ces deux hommes n'est-il donc pas, Mnésippe, le fait de cœurs généreux ? Ils n'étaient que deux, et ils ont osé l'entreprise la plus hardie. Quittant leur patrie pour naviguer jusqu'au Pont-Euxin, voyage qu'aucun Grec n'avait entrepris depuis l'expédition des Argonautes en Colchide, ils ne furent effrayés ni des récits qui circulaient au sujet de cette mer, ni du surnom d'inhospitalière qu'elle a reçu, sans doute à cause des peuples barbares répandus sur ses rivages. Une fois prisonniers, ils se conduisirent avec tant de bravoure, qu'après avoir brisé leurs fers ils crurent que c'était peu de s'échapper ; aussi vengèrent-ils leur outrage sur le roi et s'emparèrent-ils de Diane, avant de remettre à la voile. Comment ne pas admirer de semblables exploits ? Comment ne recevraient-ils pas les honneurs divins de la part de tous ceux qui respectent la vertu ? Et cependant ce n'est pas là ce que nous considérons dans Oreste et dans Pylade, ni ce qui nous les fait regarder comme des héros.

4. MNESIPPE. Dis-moi donc ce qu'ils ont fait de si grand et de si divin. Si c'est leur navigation et leur voyage que tu admires, je pourrais te montrer des marchands qui mériteraient mieux vos autels ; les Phéniciens, entre autres, qui ne naviguent pas seulement sur l'Euxin, jusqu'aux Méotides et au Bosphore, mais qui parcourent toutes les mers grecques et barbares, visitent, durant l'été, tout rivage, toute plage, pour ainsi dire, et ne retournent chez eux que vers la fin de l'automne. A ton compte, il faut aussi les regarder comme des dieux, et ce ne sont tout bonnement pour la plupart que des trafiquants et des marchands de poisson salé.

5. TOXARIS. Apprends, mon cher, que les Scythes, traités par vous de barbares, ont conçu des hommes de bien une plus haute idée que les Grecs. On ne pourrait pas trouver dans Argos ou à Mycènes un tombeau remarquable d'Oreste et de Pylade, et chez nous ils ont un temple consacré à tous les deux à la fois, en leur qualité d'amis. Nous leur offrons des victimes, nous leur rendons toutes sortes d'honneurs ; et rien n'empêche, parce qu'ils sont étrangers, et non pas scythes, que nous les estimions hommes de bien. Nous ne nous informons pas de quel pays sont

les gens vertueux, et nous ne sommes pas jaloux, fussent-ils nos ennemis, des belles actions qu'ils ont faites. En louant leur conduite, nous leur accordons pour leurs œuvres le droit de cité. Mais ce que nous estimons surtout dans ces hommes éminents, c'est qu'ils sont, à nos yeux, les plus parfaits de tous les amis : on peut les proposer aux autres comme des législateurs qui leur apprennent comment il faut partager la bonne et la mauvaise fortune, et mériter ainsi le respect des Scythes les plus vertueux.

6. L'histoire de ce qu'ils ont souffert ensemble, ou l'un pour l'autre, a été gravée par nos ancêtres sur une colonne d'airain, placée dans le temple d'Oreste, et il a été ordonné par une loi que l'inscription de cette colonne servirait au premier enseignement, à l'éducation élémentaire des enfants, tenus d'apprendre par cœur le récit qui s'y trouve gravé. Aussi un enfant oublierait plutôt le nom de son père, qu'il n'ignorerait les actions d'Oreste et de Pylade. Outre cela, tout ce qui est inscrit sur la colonne est représenté sur le pourtour du temple dans des peintures qu'ont fait faire nos aïeux. On y voit Oreste naviguant avec son ami : bientôt leur vaisseau est brisé contre les écueils. Oreste est pris : il est tout prêt à être immolé, déjà même Iphigénie va frapper les victimes. Vis-à-vis, sur le mur parallèle, Oreste est figuré délivré de ses chaînes et tuant Thoas avec une foule d'autres Scythes. Enfin les deux amis se rembarquent, emmenant avec eux Iphigénie et la déesse. Les Scythes veulent en vain arrêter le vaisseau, qui fend déjà les vagues ; ils se suspendent au gouvernail, ils essayent de monter ; mais leurs efforts sont inutiles ; les uns blessés, les autres craignant de l'être, regagnent en nageant le rivage. C'est ici surtout qu'on voit éclater la tendresse des deux amis l'un pour l'autre dans ce combat contre les Scythes. Le peintre les a représentés tous deux, négligeant le soin de leur propre vie pour repousser les ennemis qui attaquent l'autre. Chacun essaye de s'avancer au-devant des flèches dirigées contre son ami ; il compte la mort pour rien, s'il le sauve, et lui dérobe les coups en le couvrant de son corps.

7. C'est cette amitié, cette communauté de périls, cette foi, cette confiance, cette sincérité, cette solidité de tendresse réciproque, que nous avons regardées comme n'étant pas de l'homme, mais d'une intelligence supérieure à celle de l'humanité. La plupart des hommes, en effet, tant que souffle une brise favorable, se fâchent contre leurs amis s'ils ne partagent pas avec eux tous leurs plaisirs. Mais si le vent devient contraire, ils fuient

et les laissent seuls au milieu du danger. Apprends donc par là qu'il n'y a rien de plus grand que l'amitié aux yeux des Scythes ; qu'un Scythe n'estime rien tant que de partager les travaux et les périls d'un ami, et qu'il n'y a pas chez nous de plus grande honte que de se montrer traître à l'amitié. Voilà pourquoi nous honorons Oreste et Pylade, qui ont surpassé tous les autres dans les vertus pratiquées par les Scythes, et qui se sont distingués dans l'amitié, le premier objet de notre admiration ; voilà pourquoi nous leur avons donné le nom de *Coraques,* qui signifie dans notre langue *génies tutélaires de l'amitié.*

8. MNESIPPE. Ainsi, Toxaris, les Scythes ne sont pas seulement un peuple habile à lancer des flèches et plus belliqueux que les autres, mais ils excellent encore à parler le langage de la persuasion. Pour moi, qui, jusqu'ici, avais une tout autre opinion, je commence à croire que vous n'avez pas eu tort de diviniser Oreste et Pylade. Je ne savais pas non plus, mon cher, que tu fusses un si bon peintre. Il m'a semblé, pendant ton récit, que je voyais les tableaux du temple d'Oreste, et le combat, et les blessures des guerriers. En outre, j'ignorais que les Scythes professaient un pareil culte pour l'amitié. Je les croyais inhospitaliers, sauvages, toujours en hostilités, irascibles et colères, sans affection même pour leurs proches, les jugeant ainsi et sur les récits que j'avais entendu faire et sur le bruit qu'ils ont de manger leurs pères après leur mort.

9. TOXARIS. Valons-nous mieux que les Grecs sous les autres rapports, sommes-nous plus justes, plus respectueux qu'ils ne le sont envers nos parents ? Je ne prétends pas entrer en contestation avec toi sur cette question. Toujours est-il que les Scythes sont, plus que les Grecs, amis tendres et fidèles, et que l'amitié est chez nous plus honorée que chez vous : ce serait un point facile à démontrer. Mais, au nom des dieux de la Grèce, ne te fâche pas, si tu m'entends dire ce que j'ai observé pendant le long séjour que j'ai fait chez vous. Vous me paraissez capables de faire sur l'amitié les plus beaux discours du monde ; mais, loin que vos actions répondent à vos paroles, vous vous contentez de la louer et de montrer quel grand bien elle est pour les hommes ; puis, au moment d'agir, traîtres à votre langage, vous fuyez, je ne sais comment, devant la pratique de vos théories. Lorsque vos poètes tragiques exposent sur la scène des exemples d'une amitié parfaite, vous les louez, vous applaudissez, vous partagez les dangers des héros, presque tous vous versez des larmes. Cependant vous n'avez pas le courage de faire pour vos

amis des actions dignes de louanges, et, si quelqu'un d'eux a besoin de votre aide, aussitôt, comme un songe, tous ces beaux sentiments de tragédie s'envolent à tire-d'aile, et vous laissent semblables à ces masques vides et muets, dont la bouche, prodigieusement ouverte, ne profère pas une seule parole. Nous, au contraire, autant nous vous sommes inférieurs en discours sur l'amitié, autant nous l'emportons sur vous dans la conduite.

10. Si tu le veux bien, faisons une chose ; laissons reposer les anciennes amitiés de votre pays et du nôtre, dont nous pourrions dresser l'inventaire. Vous auriez trop d'avantage à citer, comme des témoins dignes de foi, les nombreux poètes qui, dans leurs beaux vers et leurs harmonieuses rhapsodies, ont chanté l'amitié d'Achille et de Patrocle, de Thésée et de Pirithoos et de tant d'autres. Prenons seulement un petit nombre de faits arrivés de notre temps, et racontons, moi les actions des amis scythes, toi, celles des amis grecs. Celui qui l'emportera en produisant les exemples les plus généreux, sera réputé vainqueur et proclamera le triomphe de son pays dans ce bel et glorieux combat. Pour moi, j'aimerais mieux, si j'essuyais une défaite dans ce duel, avoir la main droite coupée, ce qui est une peine infamante chez nous, que d'être jugé inférieur à un autre en amitié, et cela, quand cet autre est un Grec et que je suis un Scythe.

Lucien de Samosate, *Œuvres complètes*, tome second, traduit par Eugène Talbot, Paris, Librairie Hachette, 1882.

Au temps des cloîtres :
Moines et bienheureux

Avec le christianisme, l'amitié, tout au moins le discours sur l'amitié, marque le pas. Plus jamais, dans l'Occident chrétien, l'amitié n'occupera la place, au sommet de la hiérarchie des affections humaines, qu'elle avait connue dans l'Antiquité. « Le christianisme a beaucoup parlé de l'amour, dira le philosophe Michel Foucault, mais il n'a rien compris à l'amitié[1]. » Et, à sa suite, nous ne pouvons que constater l'affaiblissement d'un lien affectif, moral et intellectuel qui a représenté, en un temps de la conscience humaine, un idéal double : à la fois attachement libre, réciproque et intime, et fibre relationnelle tissant, entre les entités sociales, familiales et politiques, la trame de l'harmonie et de la concorde.

Désormais cet idéal est à renvoyer ou à reporter dans un autre monde, meilleur, un monde qui n'est pas guetté par la trahison, la déception, la haine et la mort. Dans ce monde-ci, le chrétien a mieux à faire qu'à courir après de chimériques amitiés. Un attachement d'un tout autre enjeu occupe à présent l'espace amical avec ses dimensions intellectuelles, morales, et affectives, auxquelles il convient à présent d'ajouter la dimension spirituelle. L'amour de Dieu a balayé les autres affections. L'amitié humaine, trop humaine, va être reléguée dans les strates subalternes, éliminée par certains penseurs ou limitée par d'autres. Ce qui n'empêchera sans doute pas les individus de nouer des amitiés et d'en jouir. Mais le chœur, si ce n'est le cœur, n'y est plus.

1. Propos cité par Stanislas Breton, *De Rome à Paris*, Paris, Desclée de Brouwer, 1992, p. 183.

L'amitié était célébrée dans l'Ancien Testament, notamment dans l'histoire de Jonathan et de David, qui vient s'ajouter à la galerie des amis mythiques finissant, comme Pylade, par épouser la sœur de l'ami. Les écrits deutérocanoniques, dont fait partie le *Siracide* (ou l'*Ecclésiastique)*, prodiguent divers conseils sur la nature de l'amitié, le choix des amis ou le danger des fausses amitiés. Mais le Nouveau Testament est quasiment muet sur ce chapitre, en dehors de ce passage de l'Évangile selon saint Jean : « C'est ici mon commandement : aimez-vous les uns les autres, comme je vous ai aimés. Il n'y a pas de plus grand amour que de donner sa vie pour ses amis. Vous êtes mes amis, si vous faites ce que je vous commande. Je ne vous appelle plus serviteurs, parce que le serviteur ne sait pas ce que fait son maître ; mais je vous ai appelés amis, parce que je vous ai fait connaître tout ce que j'ai appris de mon Père. Ce n'est pas vous qui m'avez choisi ; mais moi, je vous ai choisis, et je vous ai établis, afin que vous alliez, et que vous portiez du fruit, et que votre fruit demeure, afin que ce que vous demanderez au Père en mon nom, il le donne. Ce que je vous commande, c'est de vous aimer les uns les autres. »

Progressivement la vertu de charité se substitue à l'amitié. « Quand tu donnes à déjeuner ou à dîner, ne convie ni tes amis, ni tes frères, ni tes parents, ni de riches voisins, de peur qu'eux aussi ne t'invitent à leur tour... Invite au contraire des pauvres, des estropiés... Heureux seras-tu alors de ce qu'ils ne sont pas en état de te le rendre ! Car cela te sera rendu lors de la résurrection des justes » (Luc 14, 12-14).

Non que la tradition antique soit complètement oubliée. Au IVe siècle, saint Ambroise, évêque de Milan, qui baptisa saint Augustin, s'inspira de Cicéron, dans son traité moral *Sur les devoirs des clercs*, incluant un passage sur l'amitié. Surtout, le moine cistercien anglais Aelred de Rievaux a pris pour modèle direct le *De amicitia* quand il écrivit son important traité *L'Amitié spirituelle.* L'impact de la philosophie antique, notamment le stoïcisme, infiltre souterrainement la pensée médiévale mais reste difficile à cerner. Ce qui est clair, c'est que nous sommes dans un autre univers mental et que les conduites et les références se sont transformées.

Dans le monde gréco-romain, l'individu — tout au moins celui qui appartenait à l'élite intellectuelle — trouvait dans l'amitié le moyen de se connaître. Ses amis, qui étaient en quelque sorte un reflet de lui-même, le guidaient vers cette connaissance de soi. Cette intelligence lui permettait de déterminer avec sagesse et en toute liberté le genre d'existence qu'il entendait mener. Avec le christianisme, le problème de la connaissance de soi, de la vocation et du rôle de l'amitié est envisagé tout autrement, puisque les orientations de vie et d'activité ne relèvent plus de la seule volonté humaine.

C'est Dieu qui choisit, désigne et appelle l'homme à accomplir la tâche qu'Il lui a assignée et à occuper la place qui lui revient dans le monde qu'Il a dessiné et dont Lui seul connaît la nature et le sens. Les chrétiens acceptent cet appel de Dieu et accomplissent leur tâche, quelle qu'elle soit, dans l'espoir de jouir de la béatitude éternelle dans l'autre monde. Le christianisme reporte l'amitié à l'étage supérieur : c'est au paradis que le chrétien jouira de l'amitié parfaite. En attendant, dans ce monde-ci, d'autres impératifs prennent le pas sur l'amitié ; il y a toujours un devoir à remplir, une vocation à satisfaire, un ordre supérieur à respecter.

Le contexte judéo-chrétien de la chute et du péché transforme radicalement l'approche de la nature humaine, partant celle de ses rapports avec autrui. Souillé par la faute, l'homme est travaillé par le doute à l'égard de ses propres motivations dès lors qu'elles s'exercent dans un cadre trop humain et échappent au territoire du sacré. Tout effort de sincérité et de vertu, au sens antique du terme, est entaché par le soupçon d'intérêt caché ou de dessein secret et l'image que projette l'amitié strictement humaine en est affectée. Dieu seul sait qui nous sommes et ce qui nous adviendra. Désormais le modèle idéal d'une nouvelle humanité à laquelle doit aspirer tout être humain s'incarne en Jésus-Christ. C'est lui l'ami par excellence, celui-là seul dont l'amitié réunit toutes les qualités de plénitude, de réciprocité et d'élitisme que les Grecs souhaitaient trouver en leurs amis.

Ce n'est pas un hasard si le terme employé pour désigner le lien au Christ relève de l'amour et correspond mieux à l'*agapê* qu'à la *philia* antiques. La *philia* était un lien choisi, fondé sur l'attraction ; dans l'*agapê*, aucune préférence ne prévaut. La *philia* était un lien mutuel ; l'*agapê* se manifeste même à un ennemi dont on n'attend pas de réciprocité. La *philia* pouvait se transformer au cours d'une vie ; l'*agapê* se caractérise par la fidélité sans faille que Dieu Lui-même conserve à sa créature. La *philia* constituait la vertu la plus haute dans une société consensuelle où l'amitié participait du civisme et même constituait le lien des États ; l'*agapê* anime l'approche de l'amour dans un monde où la sphère politique est désacralisée par la quête d'une divinité suprahistorique. La *philia* constituait le modèle idéal de relation interpersonnelle dans un monde où le travail était secondaire ; l'*agapê* donne un sens à un monde où l'action au service du prochain est saisie comme un devoir du chrétien et de l'individu [1].

Avec le culte de Marie et l'émergence d'abbesses de premier plan, avec le mariage-sacrement et son indissolubilité, la femme existe dans le christianisme médiéval, même si son statut est variable et incertain. Et l'amour pour la femme est revalorisé. À condition d'en expurger la sexualité qui n'est acceptable que dans les strictes limites de la reproduction. Si le monde grec était ouvert à toutes les formes de sexualité, homosexuelles ou non, le monde chrétien, lui, considère la virginité et la chasteté volontaires, y compris à l'intérieur de la conjugalité, comme les parangons de toutes les vertus. Le plaisir est ravalé à ses aspects physiques les plus élémentaires et disqualifié. Au contraire, réévalué, le désir se sublime dans la quête de l'absolu, la nostalgie de la transcendance, la conscience du manque, l'aspiration à l'absent ou à l'absente. Dans la dynamique passionnelle, l'amour de la femme est intercesseur de l'amour de Dieu.

L'amitié païenne, qui n'est pas tourmentée par la sexualité, se contente de ses propres limites humaines. Mais le chrétien a besoin pour son Dieu d'un modèle plus exigeant. Celui de l'amour exclusif fondé sur un idéal de renoncement aux possessions Lui convient mieux. La passion humaine, quand elle existe, mène sûrement à Dieu. Les grands mystiques en témoignent, ainsi que les fortes histoires d'amour, servant à l'édification, comme celle d'Héloïse et Abélard, contemporains de saint Bernard, qui finissent tous deux exemplairement au couvent. *Éros* mène immanquablement à *agapê*.

Une fois de plus, il ne faut pas oublier que la vision chrétienne ne saurait être monolithique. Le christianisme couvre deux millénaires. Le christianisme médiéval s'étend sur une longue période multicentenaire, au cours de laquelle les conceptions s'affinent, révèlent des contradictions et des écarts. À l'intérieur d'une même époque, les sensibilités et les préoccupations divergent. Saint Augustin et Jean Cassien en sont des exemples. Ces contemporains du Ve siècle conçoivent l'amitié

1. Voir Gilbert C. Meilander, *Friendship, A Study in Theological Ethics*, Notre Dame University Press, 1981.

humaine sous des angles différents. Si la représentation du monde et les grands objectifs sont les mêmes, ce sont les sensibilités et les préoccupations qui diffèrent.

Saint Augustin a élaboré la théologie de la *societas amicalis* selon laquelle l'amitié non personnalisée coïncide avec la catholicité de l'Église. La Cité de Dieu vise, pour l'amour de Dieu, à l'amitié universelle. Le noyau de la doctrine augustinienne est la grâce et la charité, issue de l'*agapê*. Plus on aime, plus on connaît. La charité mène à la connaissance. Saint Augustin aborde le sujet de l'amitié personnelle dans les *Confessions*, à propos de la perte d'un ami qui l'a bouleversé. La découverte que Dieu est le seul ami qui ne manque jamais lui est une consolation. C'est aussi une invitation à se détourner de la précarité des amitiés humaines pour se consacrer au service de l'Ami unique et de la charité étendue à tous.

Jean Cassien, lui, a d'autres soucis. Fondateur de deux monastères, il s'intéresse à la vie monacale et aux rapports avec autrui dans l'intérieur de la communauté monastique. En un sens sa pensée, telle qu'elle apparaît dans les *Collations*, complète celle de saint Augustin, en proposant quelques réflexions sur l'amitié humaine et quelques règles de conduite sur la meilleure manière de la faire régner dans la confrérie. Cassien retrouve des thèmes chers aux stoïciens, notamment en ce qui concerne la relation entre amitié et vertu. Mais l'amitié qu'il évoque est surtout un moyen, dans un cadre spirituel dominé par l'amour divin, d'empêcher que la colère et la haine ne viennent troubler les esprits et ne nuisent à l'harmonie du couvent.

Certes la communauté est une confrérie où les frères sont traités égalitairement et sont censés se traiter égalitairement les uns les autres. Mais c'est l'intérêt du groupe qui prime pour Jean Cassien. Les relations intimes et personnelles sont bannies du monastère et les amitiés particulières exclues.

Plus mystique que ne l'était saint Augustin, saint Bernard dissocie la charité de la connaissance. Par l'amour, l'homme est capable d'atteindre le bien, par l'intellect la vérité. Mais l'amitié personnelle n'est envisagée par lui que dans son rapport au divin. La *philia* a déjà abandonné beaucoup de terrain au profit de l'amour unique ; elle en occupera un autre où elle sera moins encore reconnaissable, celui de la charité.

C'est que le discours religieux ne se développe pas dans un vide de la société civile. Autour des monastères d'où nous parviennent les écrits de saint Bernard et surtout d'Aelred de Rievaux au XIIe siècle, un ordre, celui de la féodalité et de la chevalerie, est en place. Ses valeurs transpirent dans la réflexion des clercs. Les chevaliers du XIIe siècle n'ignorent pas l'égalitaire camaraderie héroïque. L'idéal des chevaliers de la Table ronde en témoigne. Roland et Olivier sont, à l'instar d'Achille et de Patrocle, les amis mythiques de l'épopée médiévale. La douleur de Roland à la mort d'Olivier dans *La Chanson de Roland* est un des passages les plus forts de l'épopée et rappelle le deuil d'Achille devant son ami abattu. Et la fiancée du preux Roland, la belle Aude, est la sœur de son ami Olivier, comme la sœur d'Oreste, Électre, était la femme de Pylade.

Mais Olivier et Roland ne meurent pas l'un pour l'autre. Ils meurent pour Charlemagne, leur suzerain et leur roi. Le lien d'allégeance du chevalier va prioritairement au suzerain, comme le lien d'allégeance du prêtre va à Dieu. L'attachement fondamental est avant tout exclusif et hiérarchique. Le modèle antique était celui de cousins, librement choisis, comme Oreste et Pylade qui restent fidèles jusqu'à la mort et au-delà. Le modèle proposé par la geste médiévale est celui de la fidélité à l'oncle, qu'il s'appelle Charlemagne, Arthur, ou Marc dans l'histoire de Tristan. À la figure fraternelle du cousin-frère élu s'est substituée la figure paternelle de l'oncle imposé. Une structure verticale d'attachement exclusif et hiérarchique a remplacé dans le modèle féodal, comme dans le modèle chrétien, la structure horizontale de la démocratie antique.

L'amitié entre pairs dans le combat, comme celle des frères dans la communauté monacale, se glisse dans les interstices. Mais cette amitié-là n'est plus prioritaire, elle se contente des restes. Ceux de l'amour du Christ, ceux de l'amour pour la dame. Dans sa folle passion pour Yseut, Tristan n'a pas d'ami[1]. Il n'est entouré que de traîtres qui veulent son humiliation et sa mort. Le monde chrétien est hanté par Judas, l'anti-ami par excellence. Et jusque dans le monument à l'amitié que le moine cistercien Aelred de Rievaux va vouloir offrir aux chrétiens, *L'Amitié spirituelle*, l'obsession de la trahison et de la violation du secret représente l'obstacle majeur à la préservation d'une amitié véritable.

1. Certes Kaherdin, son beau-frère, lui apportera son aide en allant chercher pour lui sa bien-aimée. Mais dans la légende, Kaherdin apparaît plus comme une « utilité » que comme une figure d'ami exemplaire.

Il n'est pas indifférent que l'un des traités les plus considérables dans l'histoire de l'amitié, *L'Amitié spirituelle*, ait précisément été composé au XIIe siècle, peu avant le *De amore*, polémique traité d'amour courtois, rédigé par un autre clerc : André le Chapelain [1]. Sur la toile de fond du monde féodal et du christianisme des croisades, les codes de comportement ont besoin d'être redéfinis. Les clercs prennent conscience que les hommes et les femmes ne vivent pas tous dans le cloître et que même le cloître est un microcosme de société humaine. À une organisation humaine qui a évolué doivent répondre un nouveau cadre éthique et surtout de nouvelles règles de conduite. Le Chapelain, même si son œuvre est travaillée par une certaine dérision corrosive et une résistance intérieure au discours courtois qu'il prétend servir, propose, sur les rapports entre homme et femme, dans toutes les situations, au château, à la ville et aux champs, des anecdotes concrètes et des solutions pratiques conformes à l'esprit du temps.

À une époque à peine antérieure, Aelred de Rievaux, cistercien anglais, entreprend d'écrire, sur les relations entre amis, un traité qui nourrit l'ambition d'être au monde chrétien ce que son modèle, le *De amicitia* de Cicéron, était au monde païen. Pari tenu. Le dialogue de *L'Amitié spirituelle*, pratiquement inconnu du public français, est d'une lecture facile et passionnante et reprend dans une perspective chrétienne les analyses des penseurs gréco-romains. Les ingrédients de l'amitié antique — réciprocité, plénitude et élitisme — entrent dans ces nouvelles définitions, sauf qu'à la notion du sage, prédisposé à se faire des amis et à les garder, se substitue celle du juste. Le postulat de départ du moine est peu surprenant : seuls les chrétiens sont habilités à connaître l'amitié véritable. Mais Aelred ne fait que donner de nouveaux habits à l'ancienne typologie des amitiés. Comme Aristote, il en distingue trois : les charnelles qui correspondent à la catégorie aristotélicienne du plaisir, les pures qui correspondent à celle de l'utilité, et les spirituelles qui sont, comme les amitiés vertueuses de l'Antiquité, les seules véritables.

La grande nouveauté de *L'Amitié spirituelle* est sa dimension pratique. Les philosophes anciens dissertaient sur l'amitié, son essence, ses modalités d'existence. Aelred, lui, s'intéresse aux

1. *L'Amitié spirituelle* est de 1163. Le *De amore* aurait été conçu et rédigé entre 1174 et 1198.

amis plus qu'aux amitiés. Comment choisir ses amis ? comment les garder ? quelles précautions prendre ? quelles limites imposer ? comment rompre ? à quelles conditions cesse-t-on d'être attaché à un ami après qu'on a dû lui retirer son amitié ?

Les réponses à ces questions pratiques sont assez novatrices par rapport au modèle cicéronien. Si, pour saint Bernard ou saint Augustin, l'amour de Dieu invalide l'amitié humaine, pour d'autres chrétiens, on ne peut attendre de l'homme qu'il soit plus parfait que Dieu. La force même de l'amour du Christ pour la créature rend l'homme plus indulgent aux autres hommes, imparfaits et pécheurs comme lui-même. Si le Christ a aimé les hommes tels qu'ils étaient au point d'accepter de leur donner sa vie, le chrétien ne peut se permettre d'être plus intransigeant que lui. Un idéal de tolérance, d'ouverture et d'empathie se dégage de *L'Amitié spirituelle* qu'on sent nourrie de la pratique de la confession et de l'analyse des cas de conscience.

Certes, pour Aelred, comme pour les penseurs de l'Antiquité, il s'agit avant tout d'éviter de donner son amitié trop vite à ceux qui en sont indignes. Il démonte à cet effet tout le processus de l'amitié depuis sa naissance, en insistant sur les différentes phases du choix, de la mise à l'épreuve, de l'acceptation et de la fusion finale quand l'ami devient un autre soi-même. Mais même dans les premières étapes, il recommande une certaine compréhension à l'égard de défauts perfectibles. Et une fois l'amitié accordée, une des premières préoccupations de l'ami est d'encourager son ami à s'améliorer.

Le parfait ami doit cependant se garder de toute brutalité et intervenir avec tact et bienveillance sans risquer de blesser l'ami et de perdre tout le bénéfice de son effort. De même, si la franchise est de rigueur entre amis, l'administration trop brusque de la vérité peut avoir des effets négatifs. Simuler, non, dissimuler, oui, quand c'est nécessaire, affirme Aelred avec une diplomatie déjà jésuite avant la lettre. La rupture doit être évitée autant que possible et, si elle s'impose parce que l'ami a démérité sans appel, alors mieux vaut s'écarter de lui sans fracas et lui retirer lentement son amitié.

Même dans cette dernière hypothèse, l'ami reste l'ami pour l'éternité. On continue à l'aimer même si on ne le fréquente plus et on continue, même si lui-même les a violées, à observer à son égard les règles qui gouvernent une amitié digne de ce nom. Parmi ces règles élémentaires, la plus importante de toutes est le respect du secret. Le bavard et l'indiscret sont les ennemis de l'amitié autant et même plus que le malveillant ou l'envieux. Cette insistance presque obsessionnelle sur la discrétion indispensable dans les rapports humains les plus intimes a son pendant dans le discours courtois. Dans le code de la courtoisie, en effet, l'ennemi de l'amour et des amoureux est le *losengier*, celui qui trahit le secret, et la vertu principale du parfait amant consiste à ne pas se vanter des faveurs qui lui ont été octroyées par une dame dont il se doit de taire jusqu'au nom. Le secret de la confession est le garant religieux de ce devoir de réserve qui est celui de la société féodale tout entière.

La souplesse et l'optimisme pragmatique d'Aelred renvoient à une approche nouvelle de la société et de ses hiérarchies, où les pauvres, qui seront les premiers dans l'autre monde, sont aussi les premiers à jouir de l'amitié humaine puisque aucun intérêt matériel ne s'interpose entre leurs amis et eux. Ils renvoient également à une vision adoucie de la nature humaine et de ce qu'on peut en attendre. C'est que l'amitié ne constitue jamais une fin en soi, comme dans l'Antiquité. Elle n'est qu'un des chemins qui mènent à Dieu. On peut offrir jusqu'à son corps, autrement dit jusqu'à sa vie, à son ami, mais l'âme ne se donne ni ne se partage. L'âme n'appartient qu'à Dieu ; aucune amitié ne peut légitimement exiger qu'on détruise pour elle son âme. Et la foi, l'intérêt religieux, familial ou national, aussi bien que le parfait amour sont des intérêts supérieurs qui l'emportent sur les amis.

Au siècle suivant, saint Thomas d'Aquin abordera la question de l'amitié dans son grand œuvre, *La Somme théologique.* Mais c'est la charité, non l'amitié, qui constitue le propos essentiel de saint Thomas. La charité, forme la plus élevée de l'amitié, est pour lui une certaine amitié de l'homme avec Dieu. Elle n'exclut pas cependant des attachements plus humains qui lui sont subordonnés et constituent autant de voies d'accès à la béatitude divine.

Dans son *Traité de la charité,* partie intégrante de *La Somme théologique,* Thomas d'Aquin s'inspire de la pensée aristotélicienne pour définir l'éthique chrétienne, tout comme Aelred s'inspirait de Cicéron. Mais c'est *L'Amitié spirituelle* qui constitue le texte fondateur de l'amitié chrétienne. Après Aelred de Rievaux et les autres penseurs chrétiens, Pierre de Blois, dans son *Amicitia christiana,* et François de Sales reprendront l'idée que l'amitié est une étape vers l'amour et la connaissance de Dieu. Le Breton Pierre de Blois, précepteur à la cour de Sicile et homme de confiance d'Henri II d'Angleterre, à la cour du roi a lu et médité Aelred jusqu'au pillage. Son ouvrage traite de l'amitié dans une première partie, de la charité dans la seconde : l'amitié prend sa source dans la charité. « De même que les fleuves coulent emportant les eaux de leur source et que les rivières ne diffèrent pas de leur origine, écrit-il, ainsi doit être l'amitié découlant de cette source qu'est la plénitude de la grâce : la charité. » Plus tard, Jeremy Taylor au XVIIe siècle, Kierkegaard au XIXe, Simone Weil au XXe penseront l'amitié et la charité dans une perspective chrétienne, plus en conformité avec leur temps.

On trouvera dans la littérature des XIVe et XVe siècles des allusions à l'amitié. Chez le poète, par nature insatisfait, l'ami a tendance à prendre, dans les périodes d'adversité, de vieillesse et de détresse, la figure de l'absent. La complainte de Rutebeuf est dans toutes les mémoires ; elle pourrait servir d'illustration et de métaphore à cette déperdition de l'amitié que l'on a constatée par rapport à l'époque flamboyante de l'Antiquité.

Que sont mes amis devenus
que j'avais si près tenus
Et tant aimés [...]
Je crois le vent les a ôtés
L'amour est morte :
Ce sont amis que vent emporte,
Et il ventait devant ma porte :
Les emporta.

LA BIBLE

Deux amis mythiques : David et Jonathan

Le berger David (vers 1000-972 av. J.-C.), fils de Jessé, accomplit de nombreux exploits par sa musique et par sa force, notamment contre le géant Goliath, champion des Philistins. Il devint l'ami de Jonathan, fils du roi Saül, et il épousa Mikal, sœur de Jonathan. A la mort de Saül, il fut élu roi et prit sa succession. Mais avant cela, il échappa, grâce à l'amitié de Jonathan, à la haine de Saül.

Jonathan facilite le départ de David

David s'enfuit des Nayoth de Rama, et vint dire devant Jonathan : « Qu'ai-je fait, quelle est ma faute et quel est mon péché vis-à-vis de ton père pour qu'il en veuille à ma vie ? » Jonathan lui répondit : « Ce serait abominable ! Tu ne mourras pas. Voyons, mon père ne fait absolument rien sans m'en avertir. Pourquoi donc mon père m'aurait-il caché cette affaire ? C'est impossible. » David dit encore avec serment : « Ton père sait très bien que je suis en faveur auprès de toi. Il s'est dit : "Que Jonathan n'en sache rien, afin qu'il n'ait pas de peine." Mais, par la vie du SEIGNEUR et par ta propre vie, il n'y a qu'un pas entre moi et la mort ! » Jonathan dit à David : « Ce que tu désires, je le ferai pour toi. » David dit à Jonathan : « Voici demain la nouvelle lune, et moi, je devrais m'asseoir auprès du roi pour manger. Mais tu me laisseras partir et je me cacherai dans la campagne jusqu'au soir, pour la troisième fois. Si ton père remarque mon absence, tu lui diras : "David a insisté pour avoir la permission de faire un saut à Bethléem, sa ville, car on y célèbre le sacrifice annuel pour tout le clan." Si le roi dit :

"C'est bien !", alors ton serviteur est tranquille. Mais s'il se met en colère, sache qu'il a décidé ma perte. Agis avec fidélité à l'égard de ton serviteur, puisque tu l'as fait entrer dans une alliance avec toi au nom du SEIGNEUR. D'ailleurs si je suis coupable en quoi que ce soit, fais-moi mourir toi-même ; pourquoi me faire venir devant ton père ? » Jonathan dit : « Ce serait abominable ! Si vraiment je sais que mon père a décidé ta perte, je t'en informerai, je te le jure. » David dit à Jonathan : « Qui m'informera si ton père te répond durement ? » Jonathan dit à David : « Viens, sortons dans la campagne ! » Ils sortirent donc tous les deux dans la campagne.

Jonathan dit à David : « Par le SEIGNEUR, le Dieu d'Israël, oui, je sonderai les intentions de mon père, à cette heure-ci demain, pour la troisième fois. Si tout va bien pour David et qu'en ce cas je ne te fasse pas avertir, que le SEIGNEUR fasse à Jonathan ceci et encore cela ! S'il plaît à mon père d'amener sur toi le malheur, je t'avertirai, je te ferai partir et tu t'en iras tranquille. Et que le SEIGNEUR soit avec toi comme Il fut avec mon père ! N'est-ce pas ? si je reste en vie, tu devras agir avec moi avec la fidélité qu'exige le SEIGNEUR. Et si je meurs, n'est-ce pas ? tu ne devras jamais retirer de ma maison ta fidélité, pas même quand le SEIGNEUR retirera les ennemis de David, un par un, de la surface de la terre. » Et Jonathan conclut un pacte avec la maison de David : « ... et le SEIGNEUR en demandera compte à David, ou plutôt à ses ennemis ! » Jonathan fit encore prêter serment à David, dans son amitié pour lui, car il l'aimait comme lui-même.

Jonathan lui dit : « C'est demain la nouvelle lune. On remarquera ton absence, car ton siège restera vide. Tu recommenceras après-demain. Tu descendras beaucoup. Tu iras à l'endroit où tu étais caché le jour de l'affaire et tu t'assiéras auprès de la pierre Ezel. Quant à moi, je tirerai ces trois flèches sur le côté, en visant ma cible. Alors j'enverrai le garçon : "Va, retrouve les flèches !" Si je dis au garçon : "Les flèches sont en deçà de toi", ramasse-les ! Alors viens : tu peux être tranquille, c'est qu'il ne se passe rien, par la vie du SEIGNEUR. Mais si je dis au jeune homme : "les flèches sont au-delà de toi", va-t'en, car le SEIGNEUR te fait partir. Quant à la parole que nous avons échangée, toi et moi, le SEIGNEUR est entre toi et moi à jamais. » David se cacha donc dans la campagne.

La nouvelle lune arriva, et le roi s'assit à table pour le repas. Le roi s'assit sur son siège, comme les autres fois, sur le siège placé contre le mur. Jonathan se leva. Avner s'assit à côté de Saül. La place de David resta vide. Saül ne dit rien ce jour-là, car il se disait : « C'est un accident. Il n'est pas pur. C'est certain. » Or, le lendemain de la nouvelle lune, le second jour, la place de David resta vide. Saül dit à son fils Jonathan : « Pourquoi le fils de Jessé n'est-il venu au repas ni hier ni aujourd'hui ? » Jonathan répondit à Saül : « David a insisté pour aller jusqu'à Bethléem. Il m'a dit : “Laisse-moi partir, je t'en prie, car nous avons un sacrifice de famille dans la ville”, et : “Mon frère lui-même me l'a ordonné. Donc, si tu m'es favorable, permets-moi de m'échapper pour aller voir mes frères.” C'est pourquoi, il n'est pas venu à la table du roi. » Saül se mit en colère contre Jonathan et il lui dit : « Fils d'une dévoyée ! Je sais bien que tu prends parti pour le fils de Jessé, à ta honte et à la honte du sexe de ta mère ! Car aussi longtemps que le fils de Jessé vivra sur la terre, tu ne pourras t'affermir et ta royauté non plus. Maintenant, fais-le saisir, et qu'on me l'amène, car il mérite la mort. » Jonathan répondit à son père Saül et lui dit : « Pourquoi serait-il mis à mort ? Qu'a-t-il fait ? » Saül jeta la lance contre lui pour le frapper. Jonathan sut alors que c'était chose décidée de la part de son père de mettre à mort David. Jonathan, en colère, se leva de la table, et il ne mangea rien en ce second jour de la nouvelle lune, car il avait de la peine au sujet de David, car son père l'avait insulté.

Or, le lendemain matin, Jonathan sortit dans la campagne au rendez-vous avec David. Il avait avec lui un petit garçon. Il dit à son garçon : « Cours, retrouve-moi les flèches que je vais tirer ! » Le garçon courut et Jonathan tira la flèche de manière à le dépasser. Le garçon parvint à l'endroit où se trouvait la flèche que Jonathan avait tirée et Jonathan cria derrière le garçon : « Est-ce que la flèche n'est pas au-delà de toi ? » Jonathan cria derrière le garçon : « Vite, dépêche-toi, ne t'arrête pas ! » Le garçon de Jonathan ramassa la flèche et revint vers son maître. Le garçon ne savait rien ; mais Jonathan et David savaient.

Jonathan donna ses armes à son garçon et lui dit : « Va les reporter à la ville ! » Le garçon rentra. David se leva du côté du midi. Il se jeta la face contre terre, et se prosterna trois fois. Puis ils s'embrassèrent et pleurèrent ensemble jusqu'à ce que David eût pris le dessus. Jonathan dit à David : « Va tranquille, puisque nous avons l'un et l'autre prêté ce serment au nom du SEI-

GNEUR : que le SEIGNEUR soit entre toi et moi, entre ta descendance et ma descendance, à jamais !

David se mit en route et s'en alla, et Jonathan rentra en ville.

La Bible, traduction œcuménique, édition intégrale TOB, Paris, les Éditions du Cerf/Société biblique française, 1989, premier livre de Samuel, 20-21.

LA BIBLE

Un ami fidèle est un élixir de vie

Le passage qui suit est tiré des écrits deutérocanoniques. L'éloge de l'ami fidèle idéal, « bien inestimable » et « élixir de vie », y voisine avec la prudence la plus réaliste : « Éloigne-toi de tes ennemis, garde-toi de tes amis. » Seuls ceux qui craignent le Seigneur seront capables de distinguer le bon grain de l'ivraie.

L'amitié

Des paroles aimables multiplient les amis,
une langue affable multiplie les paroles courtoises.
Ceux qui te saluent, qu'ils soient nombreux,
mais tes conseillers, un entre mille !
Si tu acquiers un ami, acquiers-le en l'éprouvant,
ne te fie pas trop vite à lui.
Il y a l'homme qui est un ami à son heure à lui
et qui ne le restera pas au jour de la détresse.
Il y a l'ami qui se change en ennemi,
qui va dévoiler votre querelle pour ta confusion.
Il y a l'ami compagnon de table,
qui ne restera pas au jour de ta détresse.
Dans ta prospérité il sera comme toi-même,
il commandera avec assurance à tes serviteurs.
Mais si tu es humilié, il sera contre toi,
il se cachera de toi.
Eloigne-toi de tes ennemis,
garde-toi de tes amis.

Un ami fidèle est un abri sûr,
qui l'a trouvé a trouvé un trésor.
Un ami fidèle n'a pas de prix,
c'est un bien inestimable.
Un ami fidèle est un élixir de vie,
ceux qui craignent le Seigneur le trouveront.
Qui craint le Seigneur dirige bien son amitié,
car tel il est, tel sera son compagnon.

Fidélité à ses amis

Qui frappe un œil en fait jaillir les larmes,
et qui frappe le cœur en révèle les sentiments.
Celui qui lance une pierre contre des oiseaux les fait fuir,
celui qui fait des reproches à son ami détruira l'amitié.
Si tu as sorti l'épée contre un ami,
ne désespère pas : il y a possibilité de retour.
Si tu as ouvert la bouche contre un ami,
ne crains rien : une réconciliation est possible.
Mais outrage et arrogance, un secret trahi, un coup déloyal,
voilà qui fera fuir n'importe quel ami.
Gagne la confiance de ton prochain tandis qu'il est pauvre,
pour que tu sois comblé avec lui dans sa prospérité.
Au temps de l'épreuve, reste-lui fidèle,
pour avoir ta part quand il héritera.
Comme la vapeur de la fournaise et la fumée précèdent le [feu,
ainsi, avant le sang, arrivent les insultes.
Je n'aurai pas honte de protéger un ami,
et je ne me déroberai pas devant lui ;
et s'il m'arrive du mal à cause de lui,
tous ceux qui l'entendront se garderont de lui.

La Bible, traduction œcuménique, édition intégrale TOB, Paris, les Éditions du Cerf/Société biblique française, 1989, Siracide 6, 22.

SAINT AUGUSTIN (354-430)

L'amitié n'est vraie qu'en Dieu

Préférer à Dieu un mortel qu'on aime comme s'il ne devait pas mourir, voilà l'errement pour saint Augustin. L'amour de Dieu invalide l'attachement excessif à un homme. La pensée chrétienne n'accorde pas à l'amitié la place qui lui est réservée chez les Anciens. L'amitié cesse d'être le lien qui unit les individus au sein de leur communauté politique et sociale. Elle ne doit pas rivaliser avec l'amour divin, ni détourner les hommes d'autres devoirs ou d'autres relations, au moins dans le cadre de ce monde mortel.

Originaire de Thagaste en Afrique, Aurelius Augustinus fut d'abord professeur de rhétorique à Carthage, Rome et Milan. Il adhéra au manichéisme avant de se convertir au christianisme, sous l'influence de sa mère, sainte Monique, et de saint Ambroise de Milan. Il relata cette conversion dans ses *Confessions*, un des plus beaux textes autobiographiques jamais écrits. Il rentra alors en Afrique du Nord, et, après une existence de moine et de prêtre, fut acclamé évêque d'Hippone en 395. Écrivain prolifique, dont l'ouvrage le plus célèbre est *La Cité de Dieu*, il affirme l'incapacité de l'homme à faire son salut et la toute-puissance de la grâce. Son influence, pendant des siècles, notamment sur la Réforme et le jansénisme, fut considérable.

Dans le passage des *Confessions* consacré à l'amitié, saint Augustin évoque avec lyrisme la douleur profonde qu'il éprouva à la mort de son ami. « La vie m'était en horreur, je ne voulais plus vivre, réduit à la moitié de moi-même. Et peut-être ne craignais-je ainsi de mourir que de peur d'ensevelir tout entier celui que j'avais tant aimé. » Aussi, conclut-il, l'amitié n'est véritable qu'en Celui qu'on ne perd que si on le quitte.

Il fleurissait comme moi sa fleur d'adolescence

En ces premières années de mon enseignement dans ma ville natale, je m'étais fait un ami que la parité d'études et d'âge m'avait rendu bien cher ; il fleurissait comme moi sa fleur d'adolescence. Enfants, nous avions grandi ensemble ; nous avions été à l'école, nous avions joué ensemble. Mais il ne m'était pas alors aussi cher que depuis, quoique notre amitié n'ait jamais été vraie ; car l'amitié n'est pas vraie si vous ne la liez vous-même entre ceux qui s'attachent à vous « par la charité, dont le Saint-Esprit, votre don, comble nos cœurs ». Et pourtant elle m'était bien douce, cette liaison entretenue au foyer des mêmes sentiments. Je l'avais détourné de la vraie foi, dont son enfance n'avait pas été profondément imbue, pour l'amener à ces fables de superstition et de mort qui coûtaient tant de larmes à ma mère. Il s'égarait d'esprit avec moi, cet homme dont mon âme ne pouvait plus se passer. Mais vous voilà !... toujours penché sur la trace de vos fugitifs, Dieu des vengeances et source des miséricordes, qui nous ramenez à vous par des voies admirables... vous voilà ! et vous retirez cet homme de la vie, à peine avions-nous fourni une année d'amitié, amitié qui m'était douce au-delà de tout ce que mes jours d'alors ont connu de douceur.

Quel homme pourrait énumérer, seul, les trésors de clémence dont, à lui seul, il a fait l'épreuve ? Que fîtes-vous alors, ô Dieu, et combien impénétrable est l'abîme de vos jugements ! Dévoré de fièvre, il gisait sans connaissance dans une sueur mortelle. On désespéra de lui, et il fut baptisé à son insu, sans que je m'en misse en peine, persuadé qu'un peu d'eau répandue sur son corps insensible ne saurait effacer de son âme les sentiments que je lui avais inspirés. Il en fut autrement : il se trouva mieux et en voie de salut. Et aussitôt que je pus lui parler (ce qui me fut possible aussitôt qu'il put parler lui-même, car je ne le quittais pas, tant nos deux existences étaient confondues), je voulus rire, pensant qu'il rirait avec moi de ce baptême qu'il avait reçu en absence d'esprit et de sentiment : il savait alors l'avoir reçu. Et il eut horreur de moi, comme d'un ennemi, et soudain, avec une admirable liberté, il me commanda, si je voulais demeurer son ami, de cesser ce langage. Surpris et troublé, je contins tous les mouvements de mon âme, attendant que sa convalescence me permît de l'entreprendre à mon gré. Mais il fut soustrait à ma folie, pour être réservé dans votre sein à ma consolation. Peu de jours après, en mon absence, la fièvre le reprend, et il meurt.

La douleur de sa perte voila mon cœur de ténèbres. Tout ce que je voyais n'était plus que mort. Et la patrie m'était un supplice, et la maison paternelle une désolation singulière. Tous les témoignages de mon commerce avec lui, sans lui, étaient pour moi un cruel martyre. Mes yeux le demandaient partout, et il m'était refusé. Et tout m'était odieux, parce que tout était vide de lui, et que rien ne pouvait plus me dire : Il vient, le voici ! comme pendant sa vie, quand il était absent. J'étais devenu un problème à moi-même, et j'interrogeais mon âme, « pourquoi elle était triste et me troublait ainsi », et elle n'imaginait rien à me répondre. Et si je lui disais : Espère en Dieu, elle me désobéissait avec justice, parce qu'il était meilleur et plus vrai, cet homme, deuil de mon cœur, que le fantôme en qui je voulais espérer. Le seul pleurer m'était doux, seul charme à qui mon âme avait donné la survivance de mon ami.

Pourquoi les larmes sont-elles douces aux affligés ?

Et maintenant, Seigneur, tout cela est passé ; et le temps a soulagé ma blessure. Puis-je approcher de votre bouche l'oreille de mon cœur ? O vous, qui êtes la vérité, me direz-vous pourquoi les larmes sont douces aux malheureux ? — Mais peut-être, quoique présent partout, avez-vous rejeté loin de vous notre misère ! Et vous demeurez en vous-même, tandis que nous roulons dans l'instabilité. Et pourtant, si votre oreille ne s'inclinait à nos pleurs, que resterait-il de notre espérance ? D'où vient donc que l'on cueille à l'arbre amer de la vie ces fruits si doux de gémissements, de soupirs et de plaintes ? Qui leur donne cette saveur ? Est-ce l'espérance que vous nous entendez ? Cela est vrai de la prière mue du désir d'arriver jusqu'à vous. Mais quoi de semblable dans une telle affliction, dans cette funèbre douleur où j'étais enseveli ? Je n'espérais pas le voir revivre, mes pleurs ne demandaient pas ce retour ; je gémissais pour gémir, je pleurais pour pleurer ; car j'étais malheureux, j'avais perdu la joie de mon âme. Serait-ce donc qu'affadi de regrets, dans l'horreur où le plonge une perte chère, le cœur se réveille au goût amer des larmes ?

Eh ! pourquoi toutes ces paroles ? Ce n'est pas le temps de vous interroger, mais de se confesser à vous. J'étais malheureux, et malheureux le cœur enchaîné de l'amour des choses mortelles ! Leur perte le déchire, et il sent alors la réalité de misère qui l'opprimait avant même qu'il les eût perdues. Voilà comme j'étais alors, et je pleurais amèrement, et je me reposais dans l'amertume. Ainsi j'étais malheureux, et cette malheureuse vie m'était encore plus chère que mon ami. Je l'eusse voulu changer, mais non la perdre plutôt que de l'avoir perdu, lui. Et je ne sais si j'eusse voulu la donner, même pour lui, comme on le dit, pure fiction peut-être, d'Oreste et de Pylade, jaloux de mourir l'un pour l'autre ou ensemble, parce que survivre était pour eux pire que la mort. Mais je ne sais quel sentiment bien différent s'élevait en moi ; profond dégoût de vivre et crainte de mourir. Je crois que plus je l'aimais, plus la mort qui me l'avait enlevé m'apparaissait comme une ennemie cruelle, odieuse, épouvantable, prête à dévorer tous les hommes, puisqu'elle venait de l'engloutir. Ainsi j'étais alors ; oui, je m'en souviens.

O mon Dieu ! voici mon cœur : le voici ! voyez-y tous mes souvenirs, ô vous ! mon espérance, qui m'avez purifié des souillures de telles affections, élevant mes yeux jusqu'à vous, et retirant mes pieds de ces filets. Je m'étonnais de voir vivre les autres mortels, parce qu'il était mort celui que j'avais aimé comme s'il n'eût jamais dû mourir ; et je m'étonnais encore davantage, lui mort, de vivre, moi qui étais un autre lui-même. Il parle bien de son ami le poète qui l'appelle : « moitié de mon âme ». Oui, j'ai senti que son âme et la mienne n'avaient été qu'une âme en deux corps ; c'est pourquoi la vie m'était en horreur, je ne voulais plus vivre, réduit à la moitié de moi-même. Et peut-être ne craignais-je ainsi de mourir que de peur d'ensevelir tout entier celui que j'avais tant aimé.

O démence ! qui ne sait pas aimer les hommes selon l'homme ! Homme insensé que j'étais alors, si impatient des afflictions humaines ! Oppressé, troublé, je soupirais, je pleurais, incapable de repos et de conseil ; je portais mon âme déchirée et sanglante, et qui ne voulait plus se laisser porter par moi, et je ne savais où la poser. Le charme des bois, les jeux et les chants, les parfums, les banquets splendides, les voluptés du lit et de la table, la lecture, la poésie, rien ne pouvait la distraire. Tout m'était en horreur, la lumière même. Tout ce qui n'était pas lui m'était insupportable et odieux, hormis les gémissements et les larmes, qui seuls donnaient quelque repos à ma douleur. Et dès qu'une distraction en éloignait mon âme, je pliais sous le fardeau de ma misère, que vous seul, Seigneur, pouviez soulever et guérir. Je le savais, mais je manquais de volonté et de force, d'autant plus que vous n'étiez à ma pensée rien de solide ni de certain. Ce n'était pas vous, mais un vain fantôme, mais mon erreur, qui était mon Dieu. Vainement je voulais y appuyer mon âme ; elle manquait dans ce vide et retombait sur moi. Et je me restais à moi-même mon unique lieu, lieu de malheur, où je ne pouvais rester, et dont je ne pouvais sortir. Où mon cœur se fût-il enfui de mon cœur ? où me serais-je précipité hors de moi-même ? où me serais-je dérobé à ma poursuite ? Et cependant j'abandonnai ma patrie, car mes yeux le cherchaient moins où ils n'étaient pas accoutumés à le voir, et de Thagaste je vins à Carthage.

Le temps n'est pas oisif ; il passe, et nos sentiments portent la trace de son cours : il fait dans notre âme de merveilleuses œuvres. Et il venait, il passait jour à jour, et son flot m'apportait d'autres images, d'autres souvenirs, et me rendait peu à peu le goût de mes anciennes joies ; ma douleur se repliait devant elles, et c'étaient, sinon de nouvelles douleurs, du moins des germes d'afflictions futures que je semais en moi. Car la douleur eût-elle si facilement pénétré dans l'intimité de mon être, si je n'avais répandu mon âme sur le sable, en aimant un mortel comme s'il ne devait pas mourir ? Or, je trouvais distraction et soulagement dans les consolations de mes amis qui aimaient avec moi ce que j'aimais au lieu de vous. Longue fiction, long mensonge, voluptés adultères de l'esprit stimulées par le commerce de la parole. Mais si l'un de mes amis venait à mourir, ce mensonge ne laissait pas de vivre. Ces liaisons s'emparaient de mon âme par des charmes encore plus puissants ; échanges de doux propos, d'enjouement, de bienveillants témoignages : agréables lectures ensemble, badinages honnêtes, affectueuses civilités ; rares dissentiments, sans aigreur, comme on en a avec soi-même ; léger assaisonnement de contradiction pour relever l'unanimité trop constante ; instruction réciproque ; impatients regrets des amis absents, joyeux accueil à leur bienvenue : enfin, tous ces témoignages que les cœurs aimants expriment des lèvres, de la langue, des yeux, par mille mouvements pleins de caresses, et qui sont comme autant de foyers où les esprits se fondent et se réduisent à l'unité.

Voilà ce que l'on aime dans les amis, ce qu'on aime de tel amour, que la conscience humaine se trouve coupable de ne pas rendre affection pour affection, ne voulant de la personne aimée que le témoignage d'une affection partagée. De là ce deuil à la mort d'un ami, et les ténèbres de la douleur, et les douces jouissances changées en amertume dans le cœur plein de larmes, et la perte de la vie en ceux qui meurent devenant la mort des vivants. Heureux qui vous aime, et son ami en vous, et son ennemi pour vous ! Celui-là seul ne perd aucun être cher à qui tous sont chers en celui qui ne se perd jamais. Et quel est-il, sinon notre Dieu, Dieu qui a fait le ciel et la terre, et qui les remplit, parce qu'en les remplissant, il les a faits ? Et personne ne vous perd que celui qui vous quitte. Et celui qui vous quitte, où va-t-il, où se réfugie-t-il, sinon de vous en vous, de votre amour dans votre colère ? Où pourra-t-il ne pas trouver votre loi dans sa peine ? car votre loi est la vérité, et la vérité, c'est vous.

Saint Augustin, *Les Confessions,* traduit par L. Moreau, Paris, Gaume éditeurs, 1879.

JEAN CASSIEN (365-435)

L'amitié monastique

L'amour pour le Christ est le lien qui permet aux hommes de s'unir d'une amitié indissoluble que la mort elle-même ne peut briser. Moins intransigeant que saint Augustin sur l'exclusive divine, Jean Cassien trouve dans la personne de Jésus le modèle d'un ami qui partage avec son ami une « douce nourriture » et qui le guide vers la maison de Dieu ; à cet idéal s'oppose dramatiquement Judas, la caricature du traître à l'ami.

Sans doute originaire de Provence, Jean Cassien avait été précocement attiré par la vie monastique. Contrairement à Augustin pour qui l'amitié individuelle précéda la vocation religieuse et l'amour de Dieu, c'est dans un couvent à Bethléem qu'il trouva un ami, postulant comme lui : Germain. Mandés par leur supérieur, les deux jeunes moines effectuèrent en Égypte un long voyage pour visiter les solitaires. Ils s'aventurèrent dans les sables et les marais du Nil, et interrogèrent les Pères du désert sur les grands problèmes éthiques et théologiques. Le récit de ces voyages et de ces échanges est rapporté par Cassien dans les *Collationes patrum.* Dans leur pèlerinage, Germain et Cassien étaient si unis, dit ce dernier, qu'ils ne pouvaient exprimer dans quelle intimité ils allaient de pair au service de Dieu qu'en disant qu'ils n'étaient qu'un esprit et qu'une âme en deux corps.

Revenu en Europe, Jean Cassien devint diacre, puis prêtre à Rome, et fonda deux monastères à Marseille. Il transmit sa longue expérience dans des écrits où il fait l'éloge de la solitude et de la contemplation. Avant de mener une vie solitaire en communion avec Dieu, il est nécessaire, selon lui, de connaître la vie en communauté.

Ses réflexions sur l'amitié sont inspirées par sa rencontre avec Germain et l'entretien des deux amis avec un solitaire dénommé Joseph, précisément sur le thème de l'amitié. Comme chez les stoïciens, l'amitié préconisée dans les *Collations* est indépendante des considérations extérieures et fondée sur la vertu. Cette dernière doit être égale entre les amis car la grâce de l'amitié ne saurait se maintenir qu'entre les plus parfaits des hommes.

C'est avant tout la communauté monastique qui intéresse Cassien et comment la pratique des liens d'amitié y favorise la concorde et l'harmonie. Il analyse donc dans une perspective chrétienne et spirituelle ce qui permet aux frères, déjà unis par la foi, de cohabiter dans la même demeure. Il recommande le mépris des biens matériels, le renoncement à ses désirs propres, la primauté de la charité, le rejet de toute violence et l'acceptation de la mort.

Dans ce contexte communautaire qui peut s'élargir à l'ensemble des fidèles, Jean Cassien ne refuse pas la préférence individuelle et élitiste, créatrice d'amitié, qui repose sur la charité bien ordonnée. Jacob entre ses douze fils n'avait-il pas un penchant pour Joseph, parce qu'il portait sur sa figure l'image du Seigneur ? Jésus, entre ses disciples bien-aimés, n'avait-il pas une légère prédilection pour Jean l'évangéliste ? La dimension spirituelle de la relation entre amour d'autrui et amour de soi s'est substituée au modèle politique des Anciens. La vision chrétienne de l'amitié envisagée par Cassien humanise et complète celle de saint Augustin, son contemporain.

L'amitié constante ne saurait exister qu'entre les parfaits

JOSEPH. — La grâce de l'amitié ne saurait persévérer pleine et parfaite qu'entre les parfaits, chez qui se voit une égale vertu. Une même volonté, un commun idéal ne souffrent pas qu'il y ait chez eux, ou du moins très rarement, des vues différentes, ni quelque dissentiment sur ce qui touche au progrès de la vie spirituelle. S'ils se prennent à s'échauffer en de trop vives disputes, il est clair que leurs cœurs ne furent jamais unis selon la règle que j'ai dite.

Mais on ne débute point par la perfection ; il faut tout d'abord en poser le fondement. Vous-mêmes, aussi bien, ne demandez pas à savoir quelle en est la grandeur, mais le moyen d'y parvenir. Je crois donc nécessaire de vous en faire connaître brièvement les lois, et de vous découvrir un sentier où conduire vos pas, afin que vous puissiez obtenir plus facilement le bien de la patience et de la paix.

Le premier fondement de l'amitié véritable est le mépris des biens de ce monde et le dédain de tout ce que nous avons. Ce serait la dernière injustice, un outrage à tout ce qu'il y a de plus sacré, si, après avoir renoncé à la vanité du monde et de tout ce qu'il renferme, nous préférions le vil instrument qui nous reste à l'affection si précieuse de notre frère.

Il convient deuxièmement que chacun retranche ses volontés propres, de peur que, se jugeant plus sage et plus habile, il ne préfère suivre son sentiment plutôt que celui du prochain.

Le troisième procédé consiste à se persuader que tout, même ce que l'on estime vraiment utile, doit passer après le bien de la paix et de la charité.

Le quatrième est de croire que pour aucun motif, juste ni injuste, il n'est permis de se mettre en colère.

En cinquième lieu, il faut tâcher d'adoucir la colère que notre frère a conçue contre nous, même sans sujet, avec autant d'empressement que nous ferions la nôtre propre : sachant que nous souffrons le même préjudice de la tristesse d'autrui, que si nous étions émus nous-mêmes, à moins que nous ne cherchions, dans la mesure du possible, à la bannir de son âme.

Le dernier procédé, qui est aussi, à n'en pas douter, la mort de tous les vices, consiste à penser chaque jour que l'on peut jusqu'au soir émigrer de ce monde. Cette persuasion ne permettra pas qu'il séjourne dans notre cœur une ombre de tristesse ; mais encore elle étouffera tous les mouvements des convoitises et des vices.

Si l'on tient fermement ces principes, il est impossible de ressentir soi-même ou de causer chez les autres l'amertume de la colère et de la discorde. Viennent-ils, au contraire, à être négligés, l'ennemi de la charité versera insensiblement dans le cœur des amis le poison de la tristesse. Dispute sur dispute, la dilection, par une suite nécessaire, se refroidira peu à peu ; tant qu'enfin la rupture se fasse complète entre des cœurs dès longtemps ulcérés.

Il en va d'autre sorte pour celui qui se dirige par le sentier dont nous avons parlé.

A quel propos se pourrait-il brouiller avec son ami ? En ne revendiquant rien comme sa propriété, il coupe la racine première des procès, qui naissent habituellement de petites choses et pour les objets les plus dépourvus de valeur ; de toute sa force, il s'applique à observer ce que nous lisons dans les *Actes des apôtres* sur l'unité qui régnait parmi les fidèles : « La multitude des fidèles n'avait qu'un cœur et qu'une âme ; nul ne disait sien ce qu'il possédait, mais tout était commun entre eux. »

Comment produirait-il des semences de discorde ? Esclave, non de sa volonté propre, mais de celle de son frère, il se rend l'imitateur de son Seigneur et Créateur, qui disait, parlant au nom de l'humanité qu'il avait assumée : « Je ne suis pas venu faire ma volonté, mais la volonté de Celui qui m'a envoyé. »

Le moyen qu'il allume le brandon de la dispute ? Il s'est fait une loi, lorsqu'il s'agira de sa manière de voir et de comprendre les choses, de ne pas tant se fier à son jugement qu'à l'appréciation de son frère ; et sur la décision de cet arbitre, on le voit approuver ou désapprouver ses propres idées, montrant dans l'humilité d'un cœur tout rempli de douceur une expression achevée de cette parole de l'Evangile : « Non pas comme je veux, mais comme vous voulez. »

Se permettra-t-il la moindre chose qui puisse affliger son frère, lui qui n'estime rien plus précieux que le bien de la paix, et ne perd jamais la mémoire de cette parole du Seigneur : « C'est en cela que tous reconnaîtront que vous êtes mes disciples, si vous avez de l'amour les uns pour les autres » ; amour que le Christ a voulu pour le troupeau de ses brebis comme un cachet spécial auquel on le reconnût en ce monde, et, si l'on peut ainsi parler, comme une empreinte qui le distinguât du reste des hommes ?

Pour quel motif pourra-t-il bien souffrir que la tristesse trouve entrée en son propre cœur ou demeure au cœur d'un autre ? C'est, à ses yeux, un principe sans appel, que la passion de la colère, pernicieuse comme elle est et illicite, ne peut avoir de justes causes ; et qu'il lui est autant impossible de prier, si son frère s'irrite contre lui, que si lui-même s'irritait contre son frère. Toujours il garde dans un cœur humble le souvenir de cette parole du Seigneur notre Sauveur : « Si, lorsque vous présentez votre offrande à l'autel, il vous souvient que votre frère a quelque chose contre vous, laissez là votre offrande devant l'autel, et allez d'abord vous réconcilier avec votre frère ; puis, venez présenter votre offrande. »

Rien ne vous servirait, en effet, d'affirmer que vous n'avez point, quant à vous, de colère, et de vous persuader que vous remplissez ce commandement : « Que le soleil ne se couche pas sur votre colère », « Quiconque se met en colère contre son frère méritera d'être puni par les juges », si vous méprisez d'un cœur superbe et dur la tristesse de votre prochain, quand votre mansuétude aurait pu l'adoucir. Vous encourez au même titre le reproche de prévarication contre le précepte du Seigneur ; car Celui qui a dit que vous ne deviez pas entrer en colère contre votre prochain, a dit du même coup que vous ne deviez pas faire fi de sa tristesse. Que vous vous perdiez vous-même ou un autre, cela ne fait point de différence aux yeux de Dieu, « qui veut que tous les hommes soient sauvés ». Quel que soit celui qui périt, c'est pour lui un même dommage. Pareillement, celui qui trouve tant de plaisir à l'universelle perdition, retire un même gain de votre mort éternelle ou de celle de votre frère.

Pour finir, comment garder contre son frère la plus légère impression de chagrine humeur, si l'on songe que l'on peut chaque jour, et mieux encore, à l'instant, émigrer du siècle présent ? [...]

Il existe une charité générale qu'il est possible de rendre à chacun. C'est d'elle que le bienheureux Apôtre dit : « Durant que nous en avons le temps, pratiquons le bien envers tous, principalement envers nos frères dans la foi. » Nous la devons à tous sans exception, tellement que le Seigneur nous fait un commandement de la témoigner même à nos ennemis : « Aimez, dit-il, vos ennemis. »

Mais pour la charité d'affection, nous ne la rendons qu'à un très petit nombre, à ceux-là seulement qui nous sont unis par la ressemblance des mœurs ou la société des vertus.

Elle-même, au reste, offre des variétés nombreuses. Autre est l'amour filial et l'amour conjugal ; autre l'amour fraternel et l'amour paternel. Et dans ces rapports d'affection se remarquent derechef beaucoup de nuances diverses.

On voit bien, par exemple, que l'amour des parents pour leurs enfants n'est pas uniforme. Le patriarche Jacob nous en fournit une preuve. Père de douze fils, il les aimait tous d'une charité vraiment paternelle. Il ressentait cependant un penchant tout particulier pour Joseph, de qui l'Ecriture déclare ouvertement : « Ses frères le jalousaient, parce que son père l'aimait. » Non que ce juste, ce vrai père ne chérît aussi grandement ses autres enfants ; mais il avait plus de douceur et de complaisance à se reposer dans son affection pour celui-ci, comme portant dans sa personne la figure du Seigneur.

Nous lisons que Jean l'évangéliste fut l'objet d'une semblable préférence : rien de plus clair que les paroles qui le désignent comme « le disciple que Jésus aimait ». Certes, le Seigneur enveloppait également les onze autres, qu'il avait choisis aussi bien que lui, d'une véritable prédilection. Il l'atteste lui-même dans l'Evangile, lorsqu'il dit : « Comme je vous ai aimés, aimez-vous les uns les autres. » Et c'est d'eux encore qu'il est écrit dans un autre endroit : « Aimant les siens qui étaient dans le monde, il les aima jusqu'à la fin. » Ainsi, la particulière dilection qu'il montra pour le seul saint Jean, ne signifie point que sa charité fût tiède à l'égard des autres ; mais seulement que la surabondance de son amour s'épanchait plus largement sur celui-ci, parce que le privilège de sa virginité et sa parfaite intégrité le lui rendaient aussi plus aimable. C'est précisément pourquoi l'Evangile marque cette effusion comme plus sublime et exceptionnelle ; car ce n'est pas le contraste de la haine qui la relève tant, mais la grâce plus abondante d'un débordant amour.

Nous trouvons encore quelque chose de pareil, au *Cantique des Cantiques*, sur les lèvres de l'Epouse : « Ordonnez en moi, dit-elle, la charité. » Or, la charité vraiment ordonnée est celle qui, n'ayant de haine pour personne, en aime toutefois quelques-uns par préférence, à cause de leurs mérites. Ressentant une affection générale pour tous, elle en excepte plusieurs qu'elle croit devoir envelopper d'une particulière tendresse ; et sur ce nombre même des privilégiés, elle se réserve encore une élite, à qui elle donne un rang plus élevé qu'à tous les autres dans son amour. [...]

Une multitude énorme était venue pour saisir le Seigneur, avec des épées et des bâtons. Or, personne ne fut plus cruellement parricide contre l'Auteur de notre vie que le traître Judas, qui, prévenant tous les autres afin de lui offrir, en le saluant, un hypocrite hommage, lui donna le baiser d'une charité perfide. Et le Seigneur lui dit : « Judas, tu livres le Fils de l'homme par un baiser ? » c'est-à-dire : Pour couvrir l'amertume de la persécution et de la haine, tu empruntes le signe fait pour exprimer la douceur du véritable amour ! Mais il exhale plus ouvertement et avec plus de véhémence la violence de sa douleur par la bouche du prophète : « Si c'était un ennemi qui m'eût outragé, je l'aurais supporté ; et si c'était celui qui m'avait en haine qui se fût élevé contre moi dans ses paroles, je me serais caché de lui. Mais toi, tu n'avais qu'une âme avec moi ; tu étais mon guide et mon ami ; tu partageais avec moi une douce nourriture ; nous allions de concert dans la maison de Dieu ! »

Il faut bien se le persuader : celui-là montre le plus de force, qui soumet sa volonté à celle de son frère, et non celui qui est le plus opiniâtre à défendre et garder son sentiment. Par le support et la patience, le premier mérite de compter parmi les trempes saines et robustes ; le second, au contraire, se range parmi les faibles et, si l'on peut dire, les malades. C'est un homme à qui l'on doit prodiguer caresses et douceurs. Parfois même, il sera bon de prendre quelque relâche dans les choses nécessaires, afin qu'il demeure tranquille et en paix. Que l'on ne croie pas, du reste, ôter, ce faisant, à sa propre perfection. Tant s'en faut : le bien de la longanimité et de la patience fait qu'on a profité beaucoup plus. C'est, en effet, le précepte de l'Apôtre : « Vous qui êtes forts, supportez les faiblesses de ceux qui sont infirmes. » Il dit encore : « Portez les fardeaux les uns des autres, et vous accomplirez ainsi la loi du Christ. » Jamais le faible ne supportera le faible, ni le malade ne pourra endurer ou guérir le malade. Mais celui-là peut apporter le remède au faible, qui n'est pas lui-même soumis à la faiblesse. Autrement, on aurait sujet de dire : « Médecin, guéris-toi toi-même. »

Vous remarquerez encore chez les faibles ce trait de nature. Prompts et faciles à l'outrage, à soulever des querelles, ils ne veulent pas être effleurés eux-mêmes par le plus léger soupçon d'injure. Pleins de propos insolents, ils traitent chacun de haut avec une liberté inconsidérée et superbe ; mais un souffle, un rien les rend fort mal contents.

Si bien qu'il en faut revenir à la maxime des anciens : l'amitié ne saurait durer jusqu'à la fin, stable et sans rupture, qu'entre des hommes d'égale vertu et de même propos. Autrement, il est fatal qu'elle se rompe un jour ou l'autre, quelque soin que le fort prenne de la conserver. [...]

L'expérience l'a montré bien souvent : ceux qui ont établi leur amitié sur le principe du serment, n'ont pu vivre toujours dans la concorde. C'est que le désir de la perfection, le souci d'obéir au précepte apostolique de la charité ne les animaient point à la conserver ; mais ils n'étaient retenus que par une affection tout humaine, ou par la nécessité et la contrainte du pacte qu'ils avaient formé. Ou bien ce fut l'artificieux ennemi qui les précipita à rompre le lien de l'amitié, afin de les faire manquer à leur serment.

Rien donc n'est plus certain que la maxime des hommes les plus éminents par la prudence : la vraie concorde, l'amitié indissoluble ne peut subsister qu'avec une vie sans reproche, et entre gens de même vertu et de même propos.

Tel fut le discours tout spirituel que le bienheureux Joseph nous fit sur le sujet de l'amitié ; et il nous enflamma d'une plus vive ardeur à garder toujours la charité qui nous unissait l'un à l'autre d'un si intime commerce.

Jean Cassien, *Conférences*, tome II, traduit par Dom E. Pichery. Librairie Saint-Thomas d'Aquin, Saint-Maximin (Var), 1922.

BERNARD DE CLAIRVAUX (1091-1153)

Le choix de Dieu

« Il nous a traités bien grandement, je ne dis pas seulement en nous prenant pour ses serviteurs, mais en nous choisissant pour ses amis... »

Ce passage de saint Bernard permet d'évaluer à quel point le discours gréco-romain sur l'amitié s'est transformé avec l'avènement de l'ère chrétienne. Bien que saint Bernard s'adresse à ses « frères », les moines de Clairvaux, l'amitié dont il est question ici procède directement de Dieu et doit lui être directement rendue. Dieu a choisi les moines pour être ses amis. Ceux-ci sont tenus de répondre aux exigences de cette amitié. L'élitisme et la réciprocité inséparables de l'amitié s'appliquent exclusivement à la relation au divin.

Moine à Cîteaux en 1112, saint Bernard fonda l'abbaye de Clairvaux, dont il fut le premier abbé. Autorité dans l'Occident chrétien, il fit reconnaître l'ordre des templiers et prêcha la Deuxième Croisade. Homme d'action et de spiritualité, il combattit le rationalisme d'Abélard, qu'il fit condamner au concile de Sens, et polémiqua contre Pierre le Vénérable, abbé de Cluny et protecteur d'Abélard. Il a laissé des traités polémiques, des poèmes et des sermons.

Contre le vice détestable de l'ingratitude

1. La miséricorde de notre Dieu a été bien grande, oui, mes frères, bien grandes à notre égard, car il nous a arrachés, par l'ineffable vertu de son esprit, et par le don inestimable de sa grâce, à la vanité de la vie que nous menions dans le siècle où nous étions, en quelque sorte, sans Dieu, ou même, qui est pis encore, où nous étions contre Dieu, non pas parce que nous ne le connaissions point, mais parce que nous le méprisions. Ah ! Plût à Dieu que nous ayons souvent sous les yeux de notre cœur l'image affreuse de cette vie ou plutôt de cette mort, « car l'âme

qui pèche mourra ! » (Ezéchiel XVIII, 4 et 20.) En effet, quel aveuglement, quelle perversité ! si nous pesions avec soin, par la pensée, le poids de notre misère, nous pourrions nous faire une idée, sinon parfaitement juste, du moins assez vive, de la grandeur de la miséricorde qui nous a sauvés. Oui, si nous considérions attentivement, non seulement d'où nous avons été tirés, mais encore où nous avons été placés, non seulement ce à quoi nous avons échappé, mais aussi ce que nous avons reçu ; non pas seulement enfin, d'où, mais où nous avons été appelés, nous ne manquerons certainement point de trouver que les trésors de la seconde miséricorde l'emportent de beaucoup sur ceux de la première. Dieu n'en a point agi de la sorte envers tous les hommes, et ne leur a point à tous manifesté, non seulement ses jugements, mais encore ses desseins. Il nous a traités bien grandement, je ne dis pas seulement en nous prenant pour ses serviteurs, mais en nous choisissant pour ses amis, car ce n'est pas nous qui l'avons choisi, c'est lui qui a fait choix de nous, et qui nous a placés ici afin que avancions, et que nous portions du fruit, oui, du fruit, non pas un fruit de mort, car, n'ayant rapport qu'au jugement, c'est une connaissance qui n'est pas refusée même aux serviteurs, mais un fruit qui ne saurait périr, ce qui a rapport au conseil, et n'est révélé qu'aux amis.

2. Nous sommes donc ici pour n'être point esclaves du péché, car le péché est une œuvre de mort, non plus que du siècle, comme nous voyons que le sont ceux qui sont astreints aux soins de la terre, lors même qu'ils s'y trouvent mêlés sans péché ; impliqués dans les offices, sinon dans les vices du corps, et travaillant pour soutenir leur propre vie et la vie des leurs dans cette figure du monde qui passe. En effet, les peines qu'ils se donnent, si elles ne tendent point à les damner, ne tendent point non plus à assurer leur salut, cependant, ils souffrent un détriment par la perte de tout ce qu'ils édifient sur ce fondement ; pour eux-mêmes, s'ils se sauvent, ce ne sera toutefois que comme en passant par le feu. Mais à nous, qu'est-il dit ? Quel conseil le Seigneur donne-t-il à ses amis ? « Travaillez pour une nourriture qui ne périt pas, mais qui demeure éternellement (Jean VI, 27). » Ne cessons point de travailler cette nourriture, quand bien même nous serions occupés de travaux temporels, soit à la voix de l'obéissance, soit par une pensée de charité, car notre intention est bien différente de l'intention de ceux dont nous avons dit que le travail est destiné à périr. Si notre travail est pareil au leur, comme il n'a point les mêmes racines, il ne

doit pas périr de même. Or, il est enraciné dans l'éternité qui ne saurait jamais périr.

3. Mais enfin, s'il nous était arrivé, en même temps que nous ne faisions rien d'illicite, sans faire toutefois rien qui fût utile au salut, de renoncer à nos premiers désordres pour vivre dans la chasteté conjugale, sans tenir aucun compte du conseil qui nous est donné au sujet de l'abstention du mariage (Matthieu XIX, 18), mais, pourtant, en ayant soin de nous interdire les rapines et les fraudes, et de nous contenter de l'usage légitime de ce qui nous appartient, tout en n'atteignant point à la perfection évangélique, dont il est écrit : « Si vous voulez être parfait, allez, vendez tout ce que vous avez, puis venez et suivez moi (Matthieu XIX, 21). » Quel ne serait pas notre bonheur, si pour tant de crimes dont nous sommes, pour la plupart, recouverts, nous étions sûrs qu'il n'y a que nous qui soyons voués à la mort et à la damnation ? Nous pourrions respirer du moins au dernier rang. Certainement, l'enfant prodigue n'osait espérer à se trouver placé au rang des enfants de son père, et s'estimait heureux s'il pouvait réussir à être rangé parmi les mercenaires. Mais ce n'était point assez pour la bonté de son père, tant qu'il n'avait pas montré une miséricorde si grande que son fils aîné, qui ne s'était jamais éloigné de lui, en conçût de la jalousie. Ainsi, en est-il de nous, mes bien chers amis, la miséricorde de notre Dieu s'est répandue avec abondance sur nous, et d'enfants de colère et d'infidélité, il nous a non seulement admis au rang des élus, mais encore il nous a appelés dans le collège des parfaits. En effet, si la négligence de quelques-uns d'entre nous ne s'élève point à la perfection, c'est à eux de voir quelle excuse ils peuvent en donner, car nous avons tous fait profession de la vie des apôtres, tous, nous sommes enrôlés sous le drapeau de la perfection apostolique. Je ne veux pas seulement parler de la gloire de sainteté qu'ils ont mérité de recevoir, non pas pour eux seuls, mais pour le monde entier, selon ce mot de l'Ecriture : « Que les montagnes reçoivent la paix pour le peuple, et les collines la justice » (Psal. LXXI, 3) ; mais je parle plutôt de leur profession dont saint Pierre disait, au nom de tous les autres : « Voici que nous avons tout laissé pour vous suivre » (Matthieu, XIX, 27).

Œuvres complètes de Saint Bernard, tome 3, traduit par les abbés Dion et Charpentier, Paris, 1877, Louis Vivès libraire-éditeur.

AELRED DE RIEVAUX (1109-1166)

L'amitié spirituelle : une théorie chrétienne de l'amitié

Le *Traité de l'amitié spirituelle* (1163) ou *De spirituali amicitia* est au monde chrétien ce que le *De amicitia*, dont il s'inspire, était au monde antique.

Il témoigne d'un désir et d'un besoin : codifier, dans un contexte et des repères neufs, où la confession et la casuistique jouent un rôle nouveau, les grands sentiments humains et leurs manifestations.

Aelred adopte la triple classification aristotélicienne des amitiés, en les rebaptisant « amitiés charnelles » ou passionnelles, « amitiés pures » ou utilitaires et « amitiés spirituelles », seules véritables. Comme Aristote et Cicéron, il fonde l'amitié sur les vertus. Comme l'auteur du *Lélius*, il dialogue, avec Yves puis avec Gauthier et Gratien. Mais il christianise radicalement l'héritage antique et l'adapte à une vision de l'homme plus souple et plus indulgente parce que dominée par le modèle du Christ.

Né à Hexham, en Angleterre, Aelred adolescent connut la vie de cour auprès des deux fils du roi d'Écosse dont il était devenu l'ami. Il entra à l'abbaye de Rievaux vers 1133 et subit l'influence de Bernard par le père abbé Guillaume, ancien secrétaire de saint Bernard, et par le maître des novices Simon, moine de Clairvaux. Sept ans après son entrée à Rievaux, Aelred fut envoyé en mission à Rome par son abbaye. À son retour, il fut chargé des novices puis devint abbé en 1146. L'influence de son enseignement se répandit dans plusieurs monastères d'Angleterre et d'Écosse.

C'est à la demande de saint Bernard qu'il écrivit tout d'abord le traité du *Miroir de la charité* où il invite ses frères à le suivre sur le chemin de la perfection. Le *Traité de l'amitié spirituelle*, composé en sa vieillesse, après la mort de Bernard, à la prière de ses disciples, entend « spiritualiser l'amitié » et intégrer à une conception de l'amitié héritée de Cicéron la personne du Christ et la foi chrétienne : « Nous voici tous deux, toi et moi, et j'espère que le Christ est troisième entre nous. » À l'influence de saint Bernard s'ajoutent celles de saint Jean et de saint Augustin sur un fond d'héritage antique.

Mais tout en reconnaissant sa dette à l'égard de Cicéron et de la conception païenne de l'amitié, il doute que la véritable amitié puisse s'épanouir chez ceux qui ignorent le Christ, dont l'amour est au principe de toute amitié humaine. C'est lui qui, en donnant sa vie pour les hommes, a donné l'exemple de ce qu'un ami doit idéalement sacrifier à son ami.

En même temps, Aelred indique les limites de l'affection humaine et les précautions à prendre à son égard. Car si l'ami est prêt à donner son corps et sa vie pour son ami, il ne doit en aucun cas compromettre son âme qui n'appartient qu'à Dieu.

Consubstantielle aux autres grandes vertus chrétiennes, la charité, la vérité ou la sagesse, l'amitié selon Aelred s'inscrit dans l'éternité qui l'arrache à la contingence de notre monde. C'est pourquoi, parmi les qualités attendues d'un ami, la fidélité figure à côté de la discrétion et de la patience.

Mais, si Aelred s'intéresse à la théorie de l'amitié, il veut aussi donner à son interlocuteur des conseils pratiques concernant le choix des amis et la manière d'entretenir des relations amicales fortes et durables. Ainsi examine-t-il les signes par lesquels se manifeste une fausse amitié, la manière de s'écarter courtoisement d'un ami qui a trahi notre confiance ou même de rompre avec lui en cas d'offense majeure. Il s'agit avant tout de « choisir son ami avec grand soin, l'éprouver avec une grande prudence, et après l'avoir admis, le supporter, le traiter et le suivre ».

Dans la naissance et la consolidation d'une amitié, Aelred distingue quatre étapes : l'élection, la probation, l'admission et l'union. Cette dernière, objectif ultime de l'amitié, se fait donc à travers une fusion des deux amis en un : « L'amitié ayant uni deux êtres en un seul, ce qui est un ne peut être divisé. » C'est pourquoi, dans le cas malheureux où une amitié doit être rompue, l'ami doit conserver son attachement à l'égard de son ancien ami et ne pas livrer ses secrets, même si ce dernier a livré les siens. L'indiscrétion constitue en effet, dans un univers où la trahison de la confession est taboue, un des obstacles majeurs à l'amitié et « le plus affreux est de livrer les secrets de son ami ».

Un esprit fraternel anime cette approche médiévale de l'amitié, dans laquelle la compassion à l'égard de la créature pécheresse l'emporte sur l'intransigeance élitiste des Anciens. S'il est bien sûr préférable de prendre conscience des défauts de l'ami potentiel avant le choix définitif, pour l'écarter au cas où il serait trop indigne, en revanche il faut essayer de corriger sans brutalité ses amis et le cas échéant supporter leurs défauts, une fois qu'on les a élus. Il faut également leur administrer les vérités avec précaution et, si la simulation mensongère est exclue en amitié, une certaine dose de dissimulation ou de mensonge par omission est parfois acceptable dans l'intérêt même de l'ami et de l'amitié. L'*agapê* permet à l'amour chrétien de survivre à une amitié brisée : « Si celui que tu aimes te fait du mal, aime-le néanmoins. S'il arrive que l'amitié lui soit retirée, qu'on ne lui retire pas l'amour. »

Le traité d'Aelred reflète une vision évangélique égalitaire où les pauvres sont plus assurés de leurs amis que les riches, où l'amour du prochain procède de l'amour de soi et mène à l'amour de Dieu. L'amitié n'a pas en soi de valeur transcendantale. Elle « ne doit primer ni la religion, ni la foi, ni la charité sociale, ni l'intérêt du pays ». Mais Aelred rejoint la tradition épicurienne en affirmant qu'il n'y a nulle vie agréable sans la joie qu'apporte avec elle l'amitié et inscrit là encore cette « grâce d'immortalité » dans un contexte chrétien de béatitude préfigurant la béatitude céleste.

Le *Traité de l'amitié spirituelle* est un des hommages les plus ambitieux qui aient été prodigués à l'amitié au cours des siècles. Écrit sous forme de dialogue, ce traité accessible et divertissant passe en revue bien des aspects concrets de l'alchimie des relations humaines. Il se lit aujourd'hui comme un bréviaire de l'esprit du temps.

De la naissance de l'amitié

YVES. — Je crois qu'il faut établir avant tout la nature de l'amitié, afin que nous ne paraissions pas discuter dans le vide si nous ignorions le principe auquel se rattachent la suite et la teneur de nos investigations.

AELRED. — Ne te suffira-t-il pas de la définition de Cicéron : que l'amitié est l'accord dans la bienveillance et la charité au sujet de toutes les choses divines et humaines ?

YVES. — Si cette définition vous suffit, je me jugerai satisfait.

AELRED. — Nous avouerons que ceux qui ont atteint l'unité de vue et de volonté au sujet des choses divines et humaines et cela dans la bienveillance et la charité, ont atteint la perfection de l'amitié.

YVES. — Et pourquoi ? Certainement je ne vois pas ce que ce moraliste a voulu signifier par charité et bienveillance ?

AELRED. — Peut-être a-t-il exprimé par charité, l'affection de l'esprit et l'effet de l'action (de l'œuvre) de la bienveillance. Car dans les choses humaines et divines, l'accord des deux esprits doit être de charité spirituelle, c'est-à-dire précieux et suave ; bienveillante et joyeuse doit être la manifestation des œuvres à propos des choses extérieures.

YVES. — Je le reconnais, cette définition me plairait assez, si elle ne s'appliquait aux moralistes (païens) comme aux juifs, et même aux chrétiens pécheurs. Je suis convaincu que la véritable amitié ne peut exister entre ceux qui demeurent sans le Christ.

AELRED. — Il nous apparaîtra suffisamment par la suite, si cette définition est insuffisante ou si elle surabonde en quelque chose, et nous la rejetterons, ou nous l'admettrons comme suffisante, et ne comportant rien d'extrinsèque. Mais par cette définition, encore qu'elle te semble très imparfaite, tu pourras comprendre ce qu'est l'amitié.

Yves. — Que je ne vous incommode pas, je vous en prie, si elle ne me paraît pas suffisante, si vous ne m'en donnez la raison.

Aelred. — Je te prie de concéder à mon ignorance, de ne pas croire que j'enseigne ce que j'ignore. Il me semble que l'ami est défini par l'amour, et l'amitié par l'ami. Or l'amour est une affection de l'âme raisonnable, par où elle recherche quelque chose avec ardeur, et en poursuit la jouissance, par où elle en jouit comme par quelque suavité intérieure, l'embrasse et se la maintient attachée.

De cette affection et de ce mouvement, nous avons parlé avec la plus grande clarté et diligence dans notre *Speculum*, que tu as lu.

L'ami semble garder l'esprit de l'amour ou de ceux auxquels il a plu. Il doit être le gardien de l'échange et celui de mon esprit même.

Qu'il garde ces choses secrètes en son cœur en un silence fidèle, et que ce qu'il y trouve de vicieux il le supporte par les forces mêmes de l'amour ; se réjouissant de la joie, participant à la souffrance et aux sentiments de son ami.

L'amitié est dès lors une vertu dont le lien d'amour et de douceur unit les esprits et fait de plusieurs un seul. C'est pourquoi même les philosophes de ce monde, ont placé l'amour, non pas parmi les choses fortuites et périssables, mais au rang des vertus elles-mêmes, qui sont éternelles ; c'est ce que Salomon semble admettre au livre des *Proverbes.* « L'ami aime en tout temps », dit-il, déclarant évidemment par là que l'amitié est éternelle, quand elle est vraie, si elle cessait d'être, elle n'aurait existé qu'apparemment.

Yves. — Pourquoi lisons-nous que de graves dissentiments se sont élevés entre de très grands amis ?

Aelred. — Nous en discuterons plus abondamment, s'il plaît à Dieu, mais je veux qu'entretemps tu croies à celui qu'il a reçu en amitié : il n'a pas goûté les vraies délices de l'amitié celui qui a cessé d'aimer celui qu'il a aimé ; le véritable ami, aime en tout temps, qu'on le discute, qu'on lui fasse du tort, qu'on le livre aux flammes, qu'on le crucifie. Le véritable ami demeure fidèle. Saint Jérôme (noster Hieronymus) a dit : l'amitié qui a pu décliner n'a jamais été vraie. [...] L'amitié spirituelle, que nous dirons seule vraie, n'est recherchée ni par quelque désir utilitaire, même très pur, par quelque cause extérieure, mais dans la dignité même de la nature humaine ; et c'est le sentiment du cœur humain qui la désire, son fruit n'est pas autre qu'elle-même. C'est ce que dit le Seigneur dans l'Evangile : « Je vous ai choisi, afin que vous alliez et produisiez des fruits » (JEAN XV, I6), c'est-à-dire, que vous vous aimiez les uns les autres. Dans cette véritable amitié à mesure qu'elle progresse on ressent la douceur de la perfection du fruit qu'on en recueille. L'amitié spirituelle entre les bons, naîtra de la similitude de vie, de mœurs, et d'intention ; et c'est là l'assentiment dans la bienveillance et la charité aux choses divines et humaines. Cette définition me paraît suffisante pour exprimer l'amitié ; si l'on conçoit la charité dans un esprit chrétien il faut que tout vice en soit exclu, et que la bienveillance exprime ce sens d'aimer qui vient du cœur. Car la véritable amitié est bien de vouloir et de rejeter les mêmes choses, d'autant plus douce que plus sincère, d'autant plus suave que sacrée, car ceux qui s'aiment ainsi ne peuvent vouloir le mal, ni rejeter le bien. Et non seulement la prudence la dirige, mais la justice la règle, la vertu la conserve, la tempérance la modère. Je crois avoir répondu à votre question au sujet de la nature de l'amitié. [...]

Comment et entre qui l'amitié peut-elle être gardée ?

[...] AELRED. — Ce n'est pas moi, mais l'Écriture qui vous parle : Quiconque outrage son ami rompt l'amitié (ECCL. XXII, 25). Ne désespère pas de ton ami encore qu'il tire le glaive, il y a un retour à l'amitié. S'il prononce des paroles maussades, ne crains pas. Voyez ce que dit l'Ecriture : s'il tire le glaive ou prononce des paroles maussades, s'il se soustrait à toi pour longtemps comme s'il ne t'aimait pas, si parfois il négligeait tes conseils, si dans quelque discussion il s'écartait de ton avis, ne crois pas que l'amitié soit dissoute par cette raison. Il faut garder la concorde avec son ami, sauf s'il vous injurie, s'il est infidèle, orgueilleux, porte atteinte à un mystère révélé, vous blesse gravement. Car ainsi l'amitié s'évanouit. Examinons avec soin ces cinq choses, pour éviter de nous lier ceux que les vices, la colère ou quelqu'autre passion imposent d'écarter. L'injure atteint la réputation, la charité impose d'écarter.

Telle est la malice de l'homme qu'emporté par la complicité de ses secrets, encore qu'il ne le croie pas, il prétende à l'existence de ce qu'à l'instigation de la colère il a reproché à son ami. Beaucoup se réjouissent autant de s'entendre louer que d'entendre critiquer les autres. Qu'y a-t-il de plus criminel que l'improbité ? Par un reproche injuste, elle fait rougir un innocent.

Quoi de plus insupportable que l'orgueil ? Cela seul qui devrait être soulagé par une amitié délicate rend impossible l'humilité et la condescendance rendant l'homme prompt à l'audace, mal disposé à la correction. Vient ensuite la révélation des mystères, la violation des secrets, révélation odieuse, exécrable, rendant impossible le maintien d'une amitié suave, la comblant d'amertume, d'indignation, de haine, répandant partout le fiel de la douleur. On a dit : « Quiconque révèle les secrets perd la confiance de son ami. » Et plus loin : « Dévoiler les secrets d'un ami, c'est désespérer l'âme de ce malheureux » (ECCL. XXVII, 17, 14). Quoi de plus triste que de perdre confiance et de languir de désespoir ? Le dernier dissolvant de l'amitié est la détraction occulte. C'est une blessure dangereuse, mortelle comme la morsure du serpent ou de l'aspic. « Qu'un serpent te morde en silence, a dit Salomon (ECCL. X, 11), le détracteur ne te fait rien de moins. » Si vous rencontrez quelqu'un qui soit dominé par ces vices, gardez-vous de le prendre pour ami tant qu'il n'est pas guéri. [...]

GAUTHIER. — Où trouver un homme qui ne soit irascible, ni instable, ni soupçonneux ? Quant à un bavard il ne peut passer inaperçu.

AELRED. — S'il n'est pas facile de trouver quelqu'un qui ne cède parfois à ses passions, il y en a beaucoup qui dominent la colère par la patience, la légèreté par la volonté d'être sérieux ; qui réfrènent les soupçons par la contemplation de l'amour. J'ai dit qu'il fallait exercer à l'amitié ceux qui en vainquant leurs vices par la vertu sont d'autant mieux gardés que même gravement tombés, ils résistent.

GRATIEN. — Ne soyez pas mécontent si je vous interromps. Je désire savoir si cet ami dont nous avons parlé plus haut, et qui était votre ami, puisque nous ne doutons pas que vous l'ayez accepté en amitié, vous paraissait un irascible ?

AELRED. — Vous ne doutez pas qu'une amitié ne soit née entre nous ?

GRATIEN. — Non certes.

Aelred. — Quand avez-vous entendu que quelques rixes se soient élevées parmi nous ?

Gratien. — Jamais ; nous l'attribuions non à lui mais à votre patience.

Aelred. — Vous faites erreur. Jamais la patience ne réfrénera une colère que ne réfrène pas l'affection. La patience excite l'homme en colère et le met en fureur, il désire y trouver une petite consolation, quand il constate que quelqu'un l'emporte au cours d'un différend. Et celui dont nous parlons conserve des droits à mon amitié : si je le retiens par un geste d'acquiescement quand il se dispose à me parler sous l'influence de l'émotion, il n'admet jamais en public d'opinion déplaisante, mais cherche toujours à libérer son esprit dans le secret. Que si la nature et non l'amitié l'y invitait, je ne l'en louerais pas, ni ne l'en trouverais vertueux. Lorsqu'il advient que mon sentiment diffère du sien, nous agissons avec déférence l'un vis-à-vis de l'autre, tantôt il cède, souvent c'est moi qui préfère sa volonté à la mienne.

Gauthier. — Vous avez répondu à Gratien, je voudrais que vous m'expliquiez ce qu'il faut faire si quelqu'un pénétrait imprudemment dans une amitié, qui soit de ceux dont il faut se garder, ou si l'un de ceux qu'il faut choisir tombait dans un des vices dont vous parlez, ou dans d'autres plus graves. Quelle fidélité faut-il lui garder, et quelle grâce ?

Aelred. — Tâchons de nous en rendre compte au moment du choix, et de la probation, afin de ne pas donner notre affection à de trop indignes. Sont dignes de l'amitié, ceux qui ont en eux une raison d'être aimés. Mais parmi ceux qui en sont jugés dignes, surgissent des vices tantôt à l'égard de leurs amis, tantôt à l'égard d'autres personnes, et dont l'infamie rejaillit sur leurs amis. Il faut veiller avec soin que de tels amis se corrigent. Si c'est impossible, qu'on ne rompe pas ni ne discute, mais que peu à peu on s'en écarte, comme l'on dit élégamment, sauf si une injure intolérable était faite à laquelle il ne serait ni juste ni honnête de ne pas répondre aussitôt par une rupture. Si toutefois l'ami préparait quelque chose contre son père ou sa patrie, qui méritât une correction rapide et urgente, on ne trahit pas l'amitié en livrant un ennemi et un perfide. Il y a d'autres cas dans lesquels on ne doit dissoudre l'amitié que peu à peu ; afin qu'on n'en arrive pas à des inimitiés dont pourraient naître des querelles, des malédictions, des violences. En effet on n'agit pas mal en faisant la guerre à quelqu'un avec lequel on a vécu.

Car si vous découvrez que celui que vous avez reçu comme ami est de mœurs telles qu'il vive d'une façon qui le rende indigne de l'amitié, et que si quelque malheur lui arrive il en rejette la faute sur son ami ; considérant comme suspect tout conseil que son ami lui donne, et lorsque sa faute apparaît un jour, ne sachant que faire, il soulève contre ses amis la haine et malédiction ; détracteur dans le secret, susurrant dans les ténèbres, s'excusant par des mensonges, et accusant les autres.

Si après avoir rompu l'amitié on vous attaque, supportez-le tant qu'il se peut ; l'on doit rendre cet honneur à l'amitié ancienne, que l'insulteur soit en faute et non celui qui subit l'injure. Car l'amitié est éternelle ; d'où l'ami aime en tout temps. Si celui que tu aimes te fait du mal, aime-le néanmoins. S'il arrive que l'amitié lui soit retirée, qu'on ne lui retire pas l'amour. Tiens compte de son salut, veille à sa réputation et ne livre pas ses secrets, même s'il a livré les tiens.

GAUTHIER. — Quelles sont les raisons pour lesquelles l'amitié sera dissoute d'après vous ?

AELRED. — Des cinq vices que nous venons de décrire, les plus graves sont la révélation des secrets, la morsure occulte de la détraction. Nous y ajoutons un sixième : le fait d'avoir fait du tort à ceux que l'on doit aimer légitimement, surtout s'ils ne se corrigent pas d'être une cause de scandale et de ruine, et si l'infamie de leurs vices vous touche.

L'amour ne doit primer ni la religion, ni la foi, ni la charité sociale, ni l'intérêt du pays. Le roi Assuerus fit mettre à mort Aman malgré l'amitié qu'il avait eue pour lui, parce que l'intérêt du peuple et l'amour de sa femme l'emportèrent dans son cœur (ESTHER VII, 9). Jahel, femme d'Aber de Cénée, durant la guerre entre Sisara et la maison d'Abert, préféra l'intérêt de son pays à son amitié, et tua Sisara d'un pieu et d'un marteau (JUGES IV, 21). Le saint prophète David (2 ROIS, XXI, 7) quand il épargna en vertu de l'amitié, la race de Jonathas, écouta le Seigneur à cause de leur parenté avec le roi Saul. Je ne veux pas que vous ignoriez ces choses vous qu'a élus et choisis une véritable amitié spirituelle, et qu'aucune dissension ne s'élève entre vous. L'amitié ayant uni deux êtres en un seul, et ce qui est un ne pouvant être divisé, ne peut être séparée de par soi. Il apparaît dès lors que l'amitié qui souffre une division, n'est point vraie. En ceci que l'amitié est d'autant plus probable et plus vraie, qu'elle ne décline pas dans le chef de celui qui est blessé. Continuant à aimer celui qui ne l'aime pas, à honorer celui qui le méprise, à bénir celui qui le maudit, le rétribuant malgré ses machinations pernicieuses.

Gauthier. — Comment l'amitié peut-elle se dissoudre si l'on évite les causes de divisions ?

Aelred. — Quatre qualités semblent caractériser l'amitié : la dilection, l'affection, la confiance et la joie. A la dilection correspond la manifestation des dons dans la bienveillance, à l'affection, une certaine délectation intérieure à la confiance, la communication des secrets et des desseins sans crainte ni soupçon ; à la joie la participation douce et amicale aux événements heureux ou malheureux, à la pensée vraie, de la connaissance.

Ne voyez-vous pas déjà ce qui dissoudra l'amitié ? Retranchez cette délectation intérieure qui réjouissait le cœur de l'ami, périt la confiance en vertu de laquelle on en communique les secrets, que s'atténue la joie qui favorisait une conversation amicale. La simplicité qui contient tous ces dons cessera ; la dilection pourtant ne devra pas diminuer, et une certaine mesure et révérence demeureront de l'ancienne amitié.

Gratien. — Vos paroles me plaisent.

Aelred. — Interrogez-moi dès lors au sujet de l'élection.

Gauthier. — Je voudrais qu'elle vous serve de bref épilogue.

Aelred. — Voici. Nous avons dit que l'amour était le principe de l'amitié. Non pas un quelconque amour, mais celui qui procède de la raison. Celui que la raison rend chaste, et que l'affection rend doux. Nous avons ensuite établi le principe fondamental qui est l'amour de Dieu, auquel tout doit être ramené, et qui doit servir de critère. Il y a dès lors quatre étapes dans l'amitié qui conduisent à la perfection de celle-ci, L'ÉLECTION, LA PROBATION, L'ADMISSION et enfin L'UNION.

Nous avons vu au sujet de l'élection, qu'il faut exclure les irritables, les instables, les soupçonneux et les bavards, non pas tous sans doute, mais ceux qui ne peuvent ni ordonner ni modérer leurs passions, et qui s'y refusent. Car bien des hommes sont atteints de ces défauts d'une manière qui ne détruit pas leur perfection, mais augmente au contraire leur mérite. Ceux qui ne réfrènent pas leurs passions y succombent inévitablement, et l'amitié, d'après l'Ecriture, en souffre et succombe à son tour : le vice, l'infidélité, la révélation des secrets, l'orgueil et la calomnie. Mais si vous avez à souffrir de ces choses de la part de celui que vous avez reçu depuis longtemps en amitié, il ne faut pas rompre tout de suite mais peu à peu afin que demeure le respect de l'amitié passée, et que celui que vous écartez de vos secrets, vous ne l'excluiez pas de votre affection, que vous ne lui refusiez ni aide ni conseil. Que si sa folie le conduit aux blasphèmes et aux injures, gardez la fidélité, la charité, afin que la faute en soit imputable à celui qui a causé l'injure, et non à celui qui la subit. De même s'il se révèle dangereux à son père, à sa patrie, à ses concitoyens, à ses subordonnés ou à ses amis, il faudra rompre aussitôt le lien des relations, car il faut préférer l'intérêt général. Mais ces inconvénients si vous les voulez éviter, soyez prudents au moment de l'élection, afin de ne pas choisir celui que la colère domine, que la légèreté entraîne, que le bavardage précipite, que le soupçon détourne, ni plus encore quiconque, dont les mœurs diffèrent trop des vôtres, ou le rang. Car nous parlons vraiment de l'amitié, qui ne peut exister qu'entre les bons, pour ceux qu'on ne peut choisir, il n'y a pas d'hésitation ; ainsi les fourbes, les avares, les ambitieux, les criminels. Ceci dit de l'élection passons à la probation. [...]

Quatre qualités doivent être éprouvées dans l'ami : la fidélité, l'intention, la discrétion, la patience. La fidélité : pour que vous puissiez vous confier à lui ; l'intention, afin que vous ne trouviez en son amitié que Dieu et le bien naturel ; la discrétion : afin qu'en ce que nous donnons à notre ami, et ce que nous attendons de lui, dans les joies et dans les peines, dans sa fidélité même il garde la mesure du temps et du lieu. [...]

Il convient à l'amitié d'avertir et d'être averti, de le faire doucement et sans aigreur, de se supporter l'un l'autre avec patience et non avec répugnance. Il n'y a rien de plus mauvais dans l'amitié que l'adulation et la flatterie des hommes légers et menteurs, qui parlent non suivant la vérité mais pour faire plaisir. Qu'il n'y ait aucune hésitation entre amis ni simulation, ce qui répugne à l'amitié. On doit la vérité à son ami sans laquelle il n'y a pas d'amitié ! Que le juste (a dit David) me corrige, et me reprenne, qu'il ne verse pas l'huile des pécheurs sur ma tête (Ps. 104, 5). Le simulateur et le tiède provoquent la colère de Dieu. Le Seigneur a dit par son prophète : « Mon peuple, ceux qui te disent heureux, se moquent de toi et t'écartent de ta voie » (Isaie 3, 10). Le simulateur se moque de son ami par ses paroles (Prov. 11, 9) (Salomon).

L'amitié doit être cultivée, de sorte qu'une certaine dissimulation puisse être admise, mais jamais la simulation.

Aelred de Rievaux, *Le Traité de l'amitié spirituelle*, traduit par Frans Ingham, Bruxelles, Éditions de la Cité chrétienne, 1937.

SAINT THOMAS D'AQUIN (1228-1274)

Charité et amitié

Dès les premières lignes de son traité sur la charité, Thomas d'Aquin pose la question des rapports entre *agapê* et *philia* : la charité est-elle amitié ? La réponse est affirmative : la charité est une certaine amitié de l'homme avec Dieu. Et l'analyse de la charité qui se poursuit tout au long du traité se fonde sur les principes de l'amitié établis par Aristote dans l'*Éthique à Nicomaque*. D'autres questions attirent d'autres réponses. Question : L'amitié est-elle une vertu ? Réponse : L'amitié vertueuse est plutôt une conséquence de la vertu qu'elle n'est une vertu elle-même. Ou encore : on peut dire que nous avons de l'amitié pour d'autres quand nous sommes pour eux ce que nous sommes pour nous-mêmes. Ou encore : l'homme aime Dieu plus que lui-même par la charité.

Saint Thomas d'Aquin, théologien et philosophe, est originaire d'Italie. Il entra dans l'ordre des dominicains, étudia à l'abbaye du Mont-Cassin, puis à Naples où il s'initia à la philosophie arabe, et poursuivit ses études de théologie à Cologne et à Paris. Élève d'Albert le Grand, il enseigna la théologie à l'université de Paris, à Rome, à Viterbe et à Naples. Saint Thomas est un auteur prolifique. Son *Magnus opus*, la *Somme théologique* (1266-1273), est la tentative la plus ambitieuse de la pensée médiévale pour construire une théologie et réfléchir sur l'apport du christianisme. Son influence s'exerça jusqu'à Jacques Maritain et Étienne Gilson au XXe siècle.

La charité, selon saint Thomas, est tout d'abord la réalisation d'une amitié vécue avec Dieu. La charité envers son prochain est la réalisation d'une amitié vécue pour Dieu. La charité est la forme la plus élevée de l'amitié. L'amitié de charité représente la vertu la plus noble dont soit capable le cœur humain. La charité, comme l'amitié, est un amour de bienveillance plutôt qu'un amour de concupiscence. Sa perfection unit l'homme à Dieu.

Le thomisme construit la charité à partir de l'amitié telle qu'elle a été définie par Aristote. Mais l'amitié avec Dieu n'exclut pas en ce monde les liaisons de parenté et d'amitié avec les proches. L'homme a besoin de ces attachements de choix et de proximité non seulement pour le bénéfice de sa béatitude terrestre mais aussi parce qu'ils sont des moyens de parvenir à la béatitude céleste.

Le *Traité de la charité* de Thomas d'Aquin est d'inspiration aristotélicienne comme le *Traité de l'amitié spirituelle* d'Aelred de Rievaux, au siècle précédent, était d'inspiration cicéronienne. Malgré les apparences, la pensée médiévale est travaillée de l'intérieur par la philosophie gréco-romaine.

La charité est-elle une amitié ?

Rien n'est autant le propre de l'amitié que la vie intime avec un ami, comme le dit Aristote. Or, la charité existe dans l'homme par rapport à Dieu et aux anges « qui n'ont point de commerce avec les hommes », comme il est dit dans le prophète Daniel. Donc la charité n'est point une amitié.

2. D'ailleurs, l'amitié n'existe pas sans un amour réciproque comme le dit Aristote. Or, l'on a de la charité même pour ses ennemis, selon ce qui est dit dans St Matthieu : « chérissez vos ennemis ». Donc la charité n'est point une amitié.

3. De plus, il y a trois espèces d'amitié, d'après le Philosophe, savoir l'amitié délectable, l'utile et l'honnête. Or, la charité n'est ni l'amitié utile, ni l'amitié délectable ; car St Jérôme dit que la véritable amitié et celle qui nous unit intimement à Jésus-Christ, n'est pas celle qui est produite par les avantages qu'elle procure, ni seulement par la présence des corps, ni par une basse et trompeuse adulation, mais bien celle que fait naître la crainte de Dieu et l'étude des Saintes Ecritures. La charité n'est pas non plus l'amitié de l'honnête, puisque par la charité nous aimons même les pécheurs, et que l'amitié qui a pour objet l'honnête ne se rapporte qu'aux gens vertueux, comme le dit Aristote. Donc la charité n'est point une amitié.

Mais cela est contraire à ce qui est dit dans St Jean : « Je ne vous appellerai plus serviteurs, mais mes amis. » Or, cela n'était adressé aux Apôtres par le divin Sauveur qu'en raison de la charité. Donc la charité est une amitié.

Je réponds qu'il faut dire que, selon le Philosophe, tout amour n'est pas essentiellement une amitié, il n'y a que l'amour de bienveillance, c'est-à-dire, lorsque nous aimons quelqu'un de manière à lui vouloir du bien. Que si nous ne voulons pas du bien aux choses qui sont l'objet de notre amour, comme lorsque nous aimons le vin ou un cheval ou toute autre chose, ce n'est plus l'amour d'amitié, mais l'amour de concupiscence. Car il est ridicule de dire que l'on a de l'amitié pour le vin ou pour un cheval. Mais la bienveillance ne suffit pas elle-même pour la nature de l'amitié, il est encore requis un amour réciproque, parce qu'un ami a de l'amitié pour son ami et réciproquement. Or, cette bienveillance mutuelle est fondée sur une communication. Mais comme il y a une communication entre l'homme et Dieu, puisqu'il daigne nous communiquer sa béatitude, il faut qu'une sorte d'amitié soit fondée sur cette communication. C'est de cette communication que l'Apôtre dit : « Il est fidèle, Dieu qui vous a appelés à la société de Jésus-Christ son Fils. » Or, l'amour fondé sur cette communication est la charité. De là il est bien évident que la charité est une amitié qui unit l'homme à Dieu.

Il faut donc répondre à la première difficulté qu'il y a dans l'homme deux vies : une extérieure selon la nature sensible et corporelle ; et ce n'est pas d'après cette vie que nous avons communication avec Dieu et les anges ; et l'autre est la vie spirituelle, qui est la vie de l'âme, et c'est par cette vie que nous conversons ou communiquons avec Dieu et les Anges ; mais d'une manière imparfaite dans l'état présent, selon ce que dit l'Apôtre : « Notre conversation est dans les cieux » ; mais cette communication sera perfectionnée dans le Ciel, alors que, suivant ce qui est dit dans l'Apocalypse, « les serviteurs de Dieu le serviront fidèlement et qu'ils verront sa face ». Conséquemment ici-bas la charité est imparfaite, mais elle sera parfaite dans le Ciel.

Il faut répondre à la seconde difficulté que l'amitié se communique à un autre de deux manières : 1° par rapport à la personne elle-même et sous ce point de vue, l'amitié ne se rapporte qu'à un ami ; 2° par rapport à une autre personne qu'à celle qui en est objet ; comme lorsque, en aimant quelqu'un, on aime, par rapport à lui, tous ceux qui lui appartiennent, c'est-à-dire, ou ses enfants, ou ses serviteurs ou ceux qui lui sont unis par quelque lien que ce soit ; et l'on peut avoir une amitié telle pour un ami, qu'à cause de lui on aime ceux qui lui appartiennent quand bien même on soit offensé par eux ou qu'on soit l'objet de leur haine ; et c'est ainsi que l'amitié de charité s'étend encore aux ennemis que nous aimons charitablement par rapport à Dieu, à qui se rapporte principalement l'amitié de charité.

Il faut répondre à la troisième difficulté que l'amitié qui a pour objet l'honnête ne se rapporte qu'à l'homme vertueux, comme à la personne qui en est l'objet principal ; mais à son occasion on aime encore ceux qui lui appartiennent, bien qu'ils ne soient point vertueux ; et c'est ainsi que la charité, qui a pour objet principal l'*honnête* s'étend aux pécheurs que nous aimons charitablement pour Dieu.

Si l'homme doit s'aimer par charité

St Grégoire dit dans une homélie que la charité ne peut pas exister entre moins de deux personnes. Donc personne n'a la charité pour soi-même.

2. D'ailleurs, l'amitié par sa nature implique la réciprocité et l'égalité de l'amour, comme le prouve clairement Aristote. Or, cela ne peut pas avoir lieu de la part de l'homme à l'égard de lui-même, puisque la charité, comme il a été déjà dit, est une sorte d'amitié. Donc on ne peut pas avoir la charité pour soi-même.

3. De plus, ce qui appartient à la charité ne peut pas être blâmable, puisque, comme le dit l'Apôtre, « La charité n'agit pas d'une manière téméraire et précipitée ». Or, l'amour propre est blâmable ; car le même Apôtre dit encore : « Aux derniers jours, il y aura des temps pleins de danger, et des hommes qui seront amateurs d'eux-mêmes. » Donc l'homme ne peut pas s'aimer lui-même par charité.

Mais c'est le contraire qui est dit au Livre du Lévitique : « Vous aimerez votre ami comme vous-même. » Or, nous aimons nos amis par charité. Nous devons donc nous aimer de même.

Je réponds qu'il faut dire que la charité étant une sorte d'amitié, ainsi que nous l'avons déjà dit, nous pouvons parler de la charité sous un double rapport : 1° Sous le point de vue général de l'amitié ; et sous ce rapport il faut dire que l'on n'a pas, à proprement parler, de l'amitié pour soi-même, mais que l'on a pour soi quelque chose de plus grand que l'amitié, puisque l'amitié implique une union. Car St Denis dit que l'amour est une vertu ou une puissance qui tend à unir. Or, il y a dans chacun l'unité avec lui-même qui est plus excellente que l'union avec un autre. Par conséquent comme l'unité est le principe de l'union, ainsi l'amour par lequel on s'aime soi-même est la forme et la racine de l'amitié. Car nous avons de l'amitié pour les autres alors que nous nous comportons envers eux comme envers nous-mêmes ; le philosophe dit en effet que les actes d'amitié que l'on exerce envers un autre ont pour principes ceux que nous exerçons envers nous-mêmes ; de même, qu'on n'a pas la science des principes, mais on a quelque chose de plus grand, savoir l'intelligence ; 2° Nous pouvons parler de la charité selon sa propre nature, c'est-à-dire, la considérer en tant qu'elle est une sorte d'amitié de la part de l'homme à l'égard de Dieu principalement et par conséquent à l'égard des choses qui s'y rapportent, parmi lesquelles, il y a l'homme lui-même qui possède la charité. Conséquemment parmi les choses que l'on aime par charité, comme se rapportant ou appartenant à Dieu, l'on s'aime soi-même par charité.

Il faut donc répondre à la première difficulté que St Grégoire parle de la charité selon l'idée ou la raison générale de l'amitié.

Il faut donner la même réponse à la seconde difficulté.

Il faut répondre à la troisième difficulté qu'on blâme ceux qui sont amateurs d'eux-mêmes, parce qu'ils s'aiment d'après la nature sensible à laquelle ils obéissent ; ce qui n'est pas s'aimer véritablement d'après la nature raisonnable, puisqu'ils ne recherchent pas les biens qui se rapportent à la perfection de la raison ; car c'est principalement en recherchant ces biens que l'on s'aime réellement par charité.

Saint Thomas d'Aquin, *Somme Théologique,* tome IX, par l'abbé J. Carmagnolle, 1863, Draguignan.

Au temps des princes :
Courtisans et indépendants

Avec la Renaissance, les modèles de l'amitié antique renaissent de leurs cendres. Les textes exhumés sont publiés et lus par d'autres lecteurs que les seuls moines et clercs. Avec l'imprimerie, le livre entre dans l'intimité et détermine des frontières différentes entre le privé et le public. Ce n'est plus seulement la lecture et l'écriture qui font la différence mais la publication. La pratique et le vécu de l'amitié vont se trouver transformés par cette invention que la censure rapidement diabolise. Ainsi le modèle mythique et historique de l'amitié renaissante, celle qui unit Montaigne à La Boétie, s'articule-t-il autour des livres dans leur forme manuscrite et imprimée.

C'est la lecture du manuscrit du *Discours de la servitude volontaire* d'Étienne de La Boétie qui va préparer Montaigne à la rencontre de ce futur ami, inspirateur de lignes inoubliables sur l'amitié. C'est pour éditer, à la mort de son ami, ce même manuscrit que Montaigne formule le projet des *Essais* et rédige son chapitre sur l'amitié. Projet bientôt abandonné par la crainte de la censure. La Boétie veut-il exprimer sa dévotion pour le talent si prometteur de son jeune ami, il lui écrit un poème d'amitié. Et lorsqu'il meurt prématurément, veillé par un Montaigne fidèle et désespéré, que lui lègue-t-il ? Ses papiers, ses manuscrits et sa bibliothèque. Encore des livres... Aux siècles suivants, on correspondra sur l'amitié, puis on se disputera sur la nature et les fondements de l'amitié, toujours par livres interposés.

L'histoire de Montaigne, l'homme, qui ne se distingue pas de celle de Montaigne, l'écrivain, est exemplaire à plus d'un titre. Si le personnage d'Étienne de La Boétie — l'Ami — y est central, celui, plus effacé, de Marie Le Jars de Gournay s'y tient dans l'ombre attestant que la femme, mise à l'écart de l'amitié antique et médiévale, est prête à y entrer par la grande porte de l'écrit, irréductible au sexe. Longtemps mentionnée avec dédain comme la « fille d'alliance » de Montaigne, Marie de Gournay doit à son édition des *Essais* d'avoir échappé aux oubliettes de l'histoire officielle. C'est par la lecture de l'œuvre de Montaigne qu'elle se passionna pour son auteur et désira le connaître. C'est à lui qu'est dédié son premier ouvrage, *Le Promenoir de Monsieur de Montaigne.* C'est à la réédition de son œuvre à lui qu'elle consacra toute son existence. Marie Le Jars de Gournay, en s'inspirant du fameux chapitre de Montaigne sur La Boétie, est l'une des premières femmes à avoir écrit un texte sur l'amitié. Elle ne sera pas la dernière.

Les lignes de Montaigne, célébrant l'ami mort et l'amitié vivante, vont marquer non seulement le siècle mais toute la représentation ultérieure de l'amitié. Le chapitre des *Essais* deviendra la référence, le modèle auquel se mesureront les amitiés vécues ou rêvées, la frontière entre idéal et réalité. Il viendra s'ajouter aux dialogues de Platon, d'Aristote, de Cicéron et d'Aelred de Rievaux pour jalonner un parcours sentimental et intellectuel qui épouse l'histoire de l'humanité dans ce qu'elle a de plus humain. Entre le texte de La Boétie et celui de Montaigne s'inaugure un modèle d'effacement du moi qui affirme sa propre infériorité devant l'ami. Montaigne formule pour les siècles à venir cette surenchère de générosité où l'on ne sait plus si c'est celui qui donne ou celui qui reçoit le bienfait qui est le plus comblé, dans un contexte où l'échange de bienfaits et de services est considéré comme une vétille qui va de soi. En son siècle même, Montaigne sera plagié par Pierre Charron, qui n'hésitera pas à le recopier mot pour mot. Il inspirera d'innombrables penseurs de l'amitié, sans compter les amis privés.

Car l'apport essentiel de Montaigne est moins de théoriser l'amitié que d'évoquer une amitié, dont la perte physique de l'ami détermine à la fois la précarité et la pérennité. Certes, la nature du lien entre hommes d'honneur qui l'unit à La Boétie correspond à cette amitié vertueuse entre sages que recommandaient les Anciens. Et le poème de La Boétie est là pour rappeler que l'amitié fut réciproque et que l'aspiration à l'excellence et à une gloire commune n'en était pas le moindre fondement. Certes, la fusion totale entre deux êtres est déjà dans le discours classique sur les rapports entre amour de soi et amour de l'autre. Et l'on retrouve chez Montaigne la vision stoïcienne de l'amitié où la volonté indépendante détermine la pureté des liens amicaux.

En revanche, l'élan enthousiaste qu'il éprouve est fondamentalement anti-stoïcien. Si Montaigne est nourri des Anciens, il les dépasse par l'élan d'une sensibilité déjà moderne, qui résonne comme telle encore aujourd'hui. Foin des arguties et des démonstrations qui, pour brillantes qu'elles aient été parfois, n'en restaient pas moins abstraites dans leurs beaux échafaudages philosophiques. Au-delà des discours, il y a le vécu, il y a la rencontre, il y a l'irréductibilité du sentiment humain : « Parce que c'était lui, parce que c'était moi. »

Il semble cependant que les conceptions illustrées par Montaigne ne se soient pas exportées intégralement outre-Manche. Et si l'amitié comme l'amour ne se pratiquent pas qu'en France, ils se pratiquent différemment ailleurs. Avec Francis Bacon, jeune contemporain de Montaigne, s'affirme la pensée anglaise sur l'amitié, à la fois réaliste et pragmatique, prodiguant les conseils et les mises en garde sur le choix des amis et la conduite des amitiés. Contrairement aux Français, qui en général placent la réciprocité des services et des bienfaits en dehors ou au-dessous de la sphère de l'amitié, les Britanniques, dans la diversité de leurs visions et tempéraments, font front commun pour résister à l'illusion lyrique de l'amitié idéale. Plutôt moins idéalistes, ils seront aussi moins sceptiques et moins pessimistes, et développeront des conceptions moins exigeantes mais plus équilibrées de l'amitié. Un Francis Bacon s'intéressera aux soulagements, petits secours et conseils salutaires, grâce auxquels la possession d'un ami embellit le quotidien. Au siècle suivant, un Jeremy Taylor insistera dans ses directives sur le fait qu'il est plus noble et plus facile de solliciter une faveur pour un ami que pour soi-même. Encore un siècle plus tard, un Samuel Johnson dénoncera l'excès de générosité comme impropre à la préservation d'une amitié qui repose pour lui sur une égalité et une réciprocité mesurables ; et il n'hésitera pas à déclarer improbable un lien amical entre des hommes que leurs idées politiques ou religieuses opposent.

Mais les traditions anglaise et française convergent en ce que progressivement s'y faufile, puis s'y affirme la présence féminine. À la Renaissance, et sans oublier des personnalités littéraires comme Marguerite de Navarre, Marie de Gournay est une des rares femmes dont le texte sur l'amitié se soit préservé, la seule femme dont Montaigne ait pu dire qu'elle était digne de la *très sainte amitié.* Dès cette époque, cependant, l'Europe connut des formes d'amitié entre hommes et femmes, comme celle qui unit Michel-Ange et Vittoria Colonna.

Au XVIIe siècle, en revanche, beaucoup de textes sur l'amitié écrits par des hommes sont adressés à des femmes, de François de Sales à Jeremy Taylor et Saint-Évremond. On sent dans la coulisse française le travail des Précieuses qui lancent les salons que les contemporaines de Voltaire et Diderot vont occuper avec autant d'autorité que de délicatesse ; on assiste, dans la coulisse anglaise, où l'amitié se définit comme un « mariage des âmes », à la mise en scène d'un modèle conjugal d'amitié entre époux, le *holy matrimony.* L'Allemagne connaît dans les cercles piétistes l'expérience de rapports d'amitié spirituelle mixtes fondés sur la prière, la lecture en commun et la confession mutuelle.

Plusieurs courants traversent le discours prérévolutionnaire sur l'amitié. Le courant pessimiste, issu de La Rochefoucauld, insiste sur la primauté de l'amour de soi dans le psychisme et les comportements humains. L'amitié peut-elle être fondée à partir ou en dépit de cet amour de soi ? Les milieux de courtisans où l'on s'épie et se trahit sans vergogne ne prédisposent pas à la construction d'amitiés véritables. La Mothe Le Vayer connaît bien la cour, lui qui fut précepteur de princes ; il pousse le scepticisme jusqu'au déni nostalgique de l'amitié, « nom vain, homme qui ne paraît jamais, trésor qui ne se trouve nulle part ».

Le désabusement sceptique de Montesquieu dans ses *Pensées* s'inscrit dans le même courant. « L'amitié est un contrat, y écrit-il, par lequel nous nous engageons à rendre de petits services à quelqu'un afin qu'il nous en rende de grands », ou : « Il est bien sûr que l'amour a un caractère différent de l'amitié : celle-ci n'a jamais envoyé un homme aux Petites-Maisons[1]. » Mais il reconnaît aussi que dans la pratique, à l'exception d'un seul, il a gardé tous ses amis.

Vauvenargues, qui sera plagié mot pour mot dans le début de l'article de l'*Encyclopédie,* tout en fondant l'amitié sur le besoin et le manque, croit en la possibilité d'un dépassement par certains. Il est l'un des rares à envisager avec sérénité une amitié où l'échange ne serait pas égal, hypothèse catégoriquement rejetée par Samuel Johnson. Rousseau, qui part des mêmes pré-

1. Montesquieu, *Œuvres complètes, Pensées,* Paris, Éditions Nagel, 308, p. 131 ; et 1061, p. 290.

misses, les dépasse à sa façon en codifiant des principes inacceptables pour les amis qui lui restent encore, ou en rêvant par la plume d'amis inventés. D'Holbach et surtout Helvétius, à la fin du siècle, n'hésiteront plus à fonder l'amitié sur l'utilité et justifieront leur utilitarisme par les exigences d'une société marchande qui a perdu la grandeur des Grecs ou des Scythes.

Descartes et après lui Malebranche avaient dépassé le pessimisme des tenants de l'amour-propre en établissant que les passions peuvent être maîtrisées par la liberté et la volonté. Dans le même esprit, un pasteur de l'Église réformée française, Abbadie, remplaçait à la fin du XVIIe le concept d'amour-propre par celui d'amour de soi, anticipant une approche qui sera celle de notre époque : « Le dérèglement ne vient pas tant de ce que les hommes s'estiment trop, que de ce qu'ils ne s'estiment pas assez. L'amour de nous-mêmes est un penchant naturel[1]. »

Le courant mondain, illustré par La Fontaine, La Bruyère, Saint-Évremond en sa maturité et son amie Ninon de Lenclos, s'inscrit dans la tradition épicurienne qui lie l'amitié à l'épanouissement et au bonheur. À leur façon, les dames du XVIIIe, Diderot, Sacy ou le marquis de Caraccioli le prolongeront. « Tout le monde veut être heureux, écrira vers le milieu du siècle leur contemporain, Le Maître de Claville, mais nous ne voulons pas comprendre que, pour l'être parfaitement, il faut que les autres le soient avec nous[2]. » C'est qu'à la ville le salon, contrairement à la cour, est un refuge pour les habitués que la coterie protège des cabales extérieures ; on y est plus à même de goûter les charmes de l'amitié.

Au XVIIIe siècle, la sociabilité du café favorisera les échanges d'idées et d'informations politiques, littéraires et mondaines, qui se pratiquent aussi dans les correspondances. Molière opposait déjà au misanthrope Alceste, qui sera au siècle suivant réhabilité par Rousseau, le modèle de Philinte, ami de cœur et d'esprit, compatissant sans aveuglement, indulgent sans excès, fidèle jusqu'au bout à son exigeant et insatiable ami. La problématique du solitaire face au mondain, qui alimentera la discorde entre Rousseau et son ami Diderot, est donc déjà posée au Grand Siècle dans le théâtre ou la fiction. Cette dernière relaie l'essai ou la correspondance pour traduire les débats

---

1. Abbadie, *L'Art de se connaître soi-même*, Rotterdam, 1692, p. 128.

2. Le Maître de Claville, *Traité du vrai mérite de l'homme dans les âges et dans toutes les conditions*, Paris, 1755, p. 194.

agités dans les salons et élabore une casuistique et une jurisprudence de l'amitié. *La Princesse de Clèves* met en action dans le roman la carte du Tendre des Précieuses, qui est un parcours de l'amitié autant que de l'amour.

On constate, après le trio La Boétie, Montaigne, Marie de Gournay, que les principaux auteurs de textes sur l'amitié se connaissent tous, qu'ils peuvent être regroupés par affinités dans les mêmes cercles d'amis. Ainsi, au siècle des moralistes, La Rochefoucauld, qui fréquente Mlle de Scudéry, Mlle de Montpensier et Mme de Sablé, est-il l'ami de Mme de La Fayette dont La Fontaine est aussi un familier. Ce dernier et Saint-Évremond resteront tous deux fidèles à leur ami Fouquet dans la disgrâce et Saint-Évremond est l'ami de Ninon de Lenclos et d'Hortense Mancini, tandis que La Fontaine fréquente Marie Anne Mancini, sœur de cette dernière[1]. La même situation se retrouve au siècle suivant. Mme de Lambert est amie de Montesquieu et de Louis de Sacy aussi bien que de Marivaux et de Fénelon qu'elle reçoit dans son salon, Mme d'Épinay est d'abord celle de Rousseau, avant la grande brouille, Diderot est leur ami à tous les deux et il est aussi celui de D'Holbach. Voltaire fréquente la présidente Thiroux d'Arconville aussi bien que Mme du Deffand.

Jeune, Voltaire avait été accueilli par l'une des divas du siècle finissant, Ninon de Lenclos, nouant ainsi le lien amical entre le siècle des moralistes et celui des philosophes. À l'égard de la pratique de l'amitié, Ninon, femme libre et grande amoureuse, fut exemplaire, même si elle n'a pas produit d'essai théorique sur la question. Mais, faute de traité, Ninon laissa sa trace dans sa correspondance où elle se livre à une comparaison de l'amitié et de l'amour au détriment de ce dernier. « J'ai eu des amants, écrit-elle au marquis de Sévigné. Mais ils ne m'ont pas fait illusion. Je savais à merveille les pénétrer. J'étais très persuadée que si ce que je pouvais valoir du côté de l'esprit et du caractère entrait pour quelque chose dans les raisons qui les déterminaient à m'aimer, ce n'était que parce que j'avais de la figure et qu'ils avaient des désirs. Aussi n'ont-ils jamais obtenu que la seconde place dans mon cœur. Mes amis y ont toujours tenu la première. J'ai toujours conservé pour l'amitié les déférences, la

1. Mme de Sévigné et Mme de La Fayette sont des amies intimes.

constance, le respect même que mérite un sentiment aussi noble, aussi digne d'occuper une âme élevée [1]. »

Est-il manière plus élégante pour une jolie femme de signifier qu'elle préfère être aimée plutôt que désirée ? Ce souci explique l'intérêt grandissant des femmes pour un sentiment qui préserve leur dignité et qui n'est pas dépendant des vicissitudes de l'âge et de la beauté. Marquée à vingt-trois ans par la petite vérole, Mme d'Arconville, auteur d'un traité sur l'amitié, avait dû prématurément renoncer à la galanterie. Mme de Lambert commence son essai en le justifiant par la nécessité grandissante de l'amitié au fur et à mesure que l'on avance dans la vie. Elle aussi met en parallèle l'amour et l'amitié.

Ce rapprochement entre les deux sentiments devient de plus en plus commun au XVIIe, et plus encore au XVIIIe. Le Maître de Claville, écrivain en vogue au siècle de Voltaire, aujourd'hui oublié, va jusqu'à dire que la maîtresse la plus exquise n'a tout au plus dans son cœur que les restes de l'ami. Mais le parallèle n'en signifie pas moins que l'*éros*, l'amour, dans sa forme hétérosexuelle, est en train de faire concurrence à la *philia* ou à l'amitié virile des prêtres et des chevaliers. D'une part, les femmes se mettent à tenir un discours sur l'amitié entre hommes et femmes ; d'autre part, les hommes se mettent à parler aux femmes d'amitié et à admettre qu'elles en sont capables au moins à leur égard. Parallèlement, le discours sur les passions se met en place. La comparaison entre l'amour et l'amitié en est le détour vite obligatoire. Beaucoup d'hommes et de femmes du XVIIIe siècle notamment ne manifesteront pas ce mélange de « volupté d'Épicure et de vertu de Caton » avec lequel, d'après son ami Saint-Évremond, la nature avait formé l'âme de Ninon. Ils donneront de plus en plus la préférence à l'amour. La passion amoureuse envahit le théâtre, le roman, la poésie... la vie. La galanterie, l'art de plaire et d'aimer, de séduire et de conquérir, devient une forme de communication acceptable entre homme et femme, un nouveau monde de sociabilité où l'amitié joue les seconds rôles, ceux de confidents au théâtre, ceux de directeurs de conscience laïcisés à la ville.

Le XVIIIe siècle commencera à régler le problème de la concurrence entre l'amitié et l'amour en les associant étroitement. Ainsi Diderot affirme-t-il qu'il a voué sa vie et son œuvre à son

1. *Lettres de Ninon de Lenclos,* Paris, Librairie Garnier Frères. Lettre XXVII, au marquis de Sévigné, p. 208-209.

ami Grimm et à son amante Sophie Volland. C'est pour ses amis qu'il écrit. À l'image de Diderot et Sophie, des couples qu'unit la communication des idées autant que des corps se forment, ainsi Voltaire avec Mme du Châtelet ou Sophie Grouchy avec Condorcet. Rousseau, rêvant toujours des relations idéales qui se dérobent dans la vie, crée, à côté de l'amant, deux figures d'amie dans *La Nouvelle Héloïse* : Claire et Julie incarnent un idéal amical lié étroitement à l'amour parfait de Julie et Saint-Preux. Du trio mué en triangle, le vaudeville du XIXe siècle fera le ménage à trois. C'est dans cette confusion entre l'amour, l'amitié et la conjugalité que Le Maître de Claville donnera avant Voltaire cette définition de l'amitié comme « une espèce de mariage dont le contrat ne peut subsister qu'entre de très honnêtes gens ».

Cependant le thème de l'homosexualité n'est pas abordé, même dans la deuxième partie du siècle où les sensibilités se déchaînent. C'est l'époque où l'exaltation amicale se substitue à la modération, où le vocabulaire du désir, des caresses, des larmes et des sourires vient se substituer à celui de la vertu, du respect et de la raison ; l'époque où foisonnent les métaphores de l'attraction et de la sympathie électrique, où sous l'influence de Diderot l'expression du sentiment amical se théâtralise. Dans l'incandescence des Lumières, les majestueux salons du XVIIe ont laissé la place aux chaleureux boudoirs Régence ou aux cafés bouillonnant de passions et d'idées. Le domaine domestique et privé a conquis un espace de convivialité placé sous le signe de l'énergie. Et dans les innombrables lettres qu'on s'écrit, les fades compliments et les formules de politesse, qui agaçaient tant Molière, disparaissent au profit d'une surenchère de sentiment et de délicatesse où l'on déclare son infériorité fondamentale face aux vertus de l'ami. Les femmes en particulier, encore fraîches dans leur nouveau statut, moitié concédé, moitié conquis de haute lutte, renchérissent de modestie et d'humilité. Mme d'Épinay avec Galiani, Mme du Deffand avec Voltaire, Julie de Lespinasse avec Condorcet s'épuisent en précautions oratoires, en vraies ou fausses déclarations de modestie tant elles craignent de ne pas égaler leurs spirituels correspondants.

Clairement, le modèle d'amitié virile s'est féminisé en traversant le siècle, en devenant le « doux commerce ». Les aventures du cœur occupent une place autrefois réservée aux vertus et hauts faits de l'honneur et de l'amitié virile. L'amitié apparaît comme un remède aux contingences de la vie, une consolation aux blessures de l'existence. Elle soigne l'amour aussi bien que la vieillesse, la maladie, la solitude ou la mélancolie. À l'époque de saint Bernard ou de saint Augustin, elle n'était qu'un reflet affaibli de l'amour de Dieu. Maintenant elle tend à le remplacer. Le fait que les femmes aient écrit des traités d'amitié, échos de leurs conversations avec les hommes, le fait même qu'elles deviennent de plus en plus objets d'amour autant que d'amitié ont fait évoluer le modèle antique et médiéval.

Bien que l'époque connaisse des exemples d'amitié entre femmes, comme celle de la romancière Mme Riccoboni avec l'actrice Marie-Thérèse Biancolelli, et bien que Rousseau ait choisi d'incarner son idéal amical dans deux femmes, le thème de l'amitié entre femmes, abordé par la seule marquise de Lambert, est immédiatement récusé par elle. En revanche un nouveau rôle, socialement acceptable, se dégage pour les femmes, celui d'éducatrice. Il leur permet sous ce couvert d'écrire et de publier des livres, sans risque de déchoir. Ainsi Mme de Lambert ou Mme d'Épinay écriront-elles surtout pour leurs enfants ou les enfants des autres ; le discours ou les conseils sur l'amitié passeront mieux dans ce contexte pédagogique. « Cette entrée des femmes sur la scène publique par voie de publication n'a pas de précédent en ce qui concerne le débat sur l'amitié, défini dans l'Antiquité et à la Renaissance comme un privilège d'homme, sur lequel ils pouvaient seuls s'exprimer[1]. »

En justifiant le solitaire ou l'homme sans amis, Rousseau ou Helvétius préparent le passage d'une sociabilité de type personnel et individuel, où le duo est de rigueur, à une sociabilité collective, philanthropique ou humanitaire où l'amitié devient universelle, perdant par là même ses attributs archétypaux de lien d'homme à homme. Pour la première fois depuis les docteurs de l'Église, on imagine un monde idéal excluant l'amitié à deux et considérant son absence comme souhaitable. « Nous pourrions tous être amis », écrit l'abbé Pluquet. Le XXe siècle des grandes idéologies collectivistes poussera jusqu'à l'extrême cette tendance qui figurait déjà chez certains penseurs chrétiens de l'ère médiévale mais qui avait été nuancée par le bel essai d'Aelred de Rievaux sur l'amitié spirituelle.

À cet égard, la discorde publiée entre Rousseau et Diderot est révélatrice à différents égards. D'une part, elle témoigne de l'écart entre la parole publique qui développe l'imaginaire

1. Anne Vincent-Buffault, *L'Exercice de l'amitié*, Paris, Seuil, 1995, p. 91.

mythique de l'amitié et la pratique privée qui en révèle au quotidien les vicissitudes et les difficultés. Robert Mauzi a montré que les traités sur l'amitié ne reflétaient nullement les pratiques habituelles[1]. Le marché éditorial témoigne qu'ils se vendent, mais de multiples exemples, empruntés à la biographie des uns et des autres, montrent qu'on ne vit pas ses amitiés comme on les rêve, loin s'en faut.

D'autre part, la discorde entre les amis philosophes s'articule sur la question de savoir si c'est le solitaire ou le mondain qui est le plus apte à l'amitié, si l'isolement du tête-à-tête est plus favorable à l'épanouissement d'une amitié que la convivialité du salon ou la collaboration à un grand projet comme celui de l'*Encyclopédie.* Préméditée ou non, la phrase du *Fils naturel* de Diderot : « Il n'y a que le méchant qui soit seul », qui blessa si cruellement Rousseau, traduit le conflit entre une conception individualiste et narcissique de l'ami « autre soi-même », remontant à l'Antiquité et à Montaigne, avec une nouvelle approche, associant volontiers amitié et sociabilité. C'est au nom de la sociabilité qu'on accepte de faire la part des choses afin de garder l'ami et de se garder de lui, aussi bien que de s'en séparer sans fracas. Les femmes, notamment, insistent sur la nécessité de faire des concessions à un idéal amical moins exigeant qu'auparavant.

Enfin, la publication de la querelle entre Jean-Jacques et ses anciens amis dans les *Confessions* de Rousseau aussi bien que dans l'*Histoire de Mme de Montbrilland* de Mme d'Épinay marque un début de médiatisation qui rompt la frontière traditionnelle entre sphère publique et vie privée et recule celle de la pudeur. Désormais la transparence, avec ses ambiguïtés, devient un objectif qui grignote le jardin secret.

Parallèlement, le discours sur l'amitié n'évolue pas seulement dans son contenu mais dans ses formes. Le dialogue philosophique était dans l'Antiquité et même à l'ère médiévale sa forme privilégiée. Le XVIIe privilégie la maxime ou la fable et le XVIIIe voit se multiplier les traités, parole officielle, tenant à la fois du savoir-vivre et de la recherche du bonheur, qu'accompagnent dans l'intimité les correspondances et les journaux intimes. Dès l'origine, la littérature s'était emparée du thème amical, présent dans l'épopée et dans la poésie. Au XVIIIe, le

1. Robert Mauzi, *L'Idée de bonheur dans la littérature et la pensée françaises au XVIIIe siècle*, Paris, Armand Colin, 1960.

roman et le conte à leur tour adoptent le thème, opposant bien souvent l'amour à l'amitié. Voltaire, Diderot, Marmontel, Saint-Lambert, Rousseau, Mme d'Épinay font entrer l'amitié dans le conte ou dans le roman. À la résonance plutôt masculine du traité, même pratiqué par des femmes comme Mme de Lambert ou Mme d'Arconville, répond la connotation plus féminine de la fiction romanesque. Que ce soit *Les Liaisons dangereuses* de Laclos ou *L'Amitié à l'épreuve* de Marmontel, la littérature de fiction, dont le public féminin sera si friand dès le XVIIIe siècle, ira plus loin dans les détours de la problématique amicale que la parole officielle des traités qui ne reflètent qu'un idéal.

Cette féminisation explique aussi l'investissement par l'amitié de la sphère privée. À sensibilité nouvelle, nouveaux modèles d'intimité et de familiarité. Mais cette sensibilité nouvelle ne s'explique pas seulement par la présence féminine, ou par l'écho des confidences et des conversations qui se chuchotent au coin du feu. Les codes sociaux sont en train de changer. Le modèle de l'amitié idéale n'était pas seulement masculin ; il était élitiste et aristocratique. La bourgeoisie montante n'entend pas être en reste d'amitié. Elle se la réapproprie en la modifiant. Le débat moral de l'Antiquité, qui avait fait place au XVIIe à un débat psychologique, prend au siècle des philosophes des connotations sociales. On passe de la question de savoir si on peut refuser un prêt de son ami à la suggestion — certes ironique — de Diderot que seuls les pauvres sont capables d'amitié pure. On se permet de douter que les rois et les puissants en aient l'usage et l'accès. L'élitisme se déplace et s'élargit.

Le critère de sélection des amis, essentiellement moral aux époques précédentes, qui le faisaient reposer sur la vertu, se socialise et se hiérarchise en fonction d'un éventail de situations sociales, comme la reconnaissance, l'intérêt, l'habitude, l'estime ou la sympathie. On s'applique avant tout à distinguer l'amitié de la passion dévastatrice comme des allégeances familiales et courtisanes. Les conflits potentiels entre dettes de gratitude et exigences de liberté, entre souci de transparence et peur de la trahison, entre confiance en l'ami d'aujourd'hui et défiance envers l'ennemi de demain se formulent plus clairement, notamment chez un marginal social comme Rousseau.

L'amitié se coule dans une sagesse bourgeoise moins exigeante, dans une morale laïque, reconnaissant la primauté de l'amour-propre, les conditionnements de l'intérêt, le poids de l'utilitarisme, et dans des codes de conduite plus étroits mais aussi plus accessibles au commun des mortels. On sent déjà monter, dans les écrits d'Helvétius, les clameurs de la place de Grève ainsi que le dernier soupir des hommes d'honneur qui sauront jusque sur la guillotine prendre la place de leurs amis : « Qui doute, écrit Helvétius quelque trois décennies avant 89, que dans des temps de troubles et de révolutions et dans une forme de gouvernement qui se prête aux factions, l'amitié ne soit plus forte et plus courageuse qu'elle ne l'est dans un État tranquille ? » Mais il écrit aussi dans le même texte : « Il est encore des gens indifférents à l'amitié ; et ce sont ceux qui se suffisent à eux-mêmes. [...] Ce sont souvent, comme l'a dit une femme de beaucoup d'esprit, moins des hommes insensibles, que des hommes désabusés. » En parlant ainsi, il ne croyait pas si bien annoncer les siècles ultérieurs.

ÉRASME (1467-1536)

Instinct et sympathie universelle

« Certains individus mettent le souverain bien dans l'amitié et la déclarent plus indispensable que l'air, l'eau elle-même, au moins tellement délicieuse qu'en la supprimant on supprimerait le soleil, ou tellement noble que les philosophes ne craignent pas de la compter au nombre des principaux biens. » Ces mots qu'Érasme place dans la bouche de la Folie, dans un esprit de dérision, traduisent néanmoins l'importance qu'occupa l'amitié dans la vie de l'humaniste hollandais. Estimant que sur l'amitié tout avait été dit par ses prédécesseurs, notamment les penseurs de l'Antiquité, il ne lui consacra jamais d'étude systématique, en dehors du petit texte qui porte le titre original *Amicitia*, « L'amitié ». Ce dernier est un dialogue des *Colloques* où Érasme insiste sur le rôle de l'instinct et de la sympathie irraisonnée, qui sont à la base des amitiés humaines.

Né à Rotterdam, ce fils naturel entra au couvent des augustins de Steyn, où il fut ordonné prêtre. Il continua ses études au collège Montaigu à Paris. En Angleterre, il suivit les cours de théologie de John Colet et se lia avec Thomas More à qui il dédia *L'Éloge de la folie*, son ouvrage le plus célèbre avec *Les Colloques* et *L'Essai sur le libre arbitre*. Pour Charles Quint, dont il avait été, avant que ce dernier ne montât sur le trône, le conseiller, il écrivit l'*Institution du prince chrétien*. Humaniste, marqué par les divisions religieuses, Érasme cherche à concilier la pensée des anciens avec l'enseignement de l'Évangile.

Son approche de l'amitié est marquée par ce double héritage. Autant et même plus que dans le texte consacré spécifiquement à l'amitié, on trouve sur cette question maintes pensées détachées à travers sa correspondance et à travers les *Adages* et les *Similia*. Érasme a traduit en latin Cicéron surtout, mais aussi Plutarque, Xénophon et le *Toxaris* de Lucien de Samosate. Influencé par les stoïciens, les aristotéliciens, et dans une moindre mesure par les épicuriens, il voit dans l'homme un être social, enclin par nature à l'amour de ses semblables. Mais en même temps, nourri — dans son couvent hollandais — de saint Augustin et de la tradition franciscaine, il intègre l'héritage chrétien. Partant de l'amour de Dieu pour Ses créatures, il débouche sur la charité chrétienne et l'amour entre les hommes.

De ces pensées éparses se dégage une vision humaniste assez complète de l'amitié où l'on discerne les traces de Cicéron aussi bien que d'Aelred de Rievaux. Elle repose sur l'idée que l'amitié est un bien à la fois agréable et nécessaire qui naît d'une attraction irraisonnée, renforcée par une similitude de goûts et de points de vue, et entretenue par la générosité et les services rendus. L'amitié s'épanouit dans une intimité favorisée par la proximité, voire la vie en commun. Les amis, qui ne se veulent que du bien, n'hésitent pas à se prodiguer conseils et critiques dans un esprit de bienveillance et de modération.

De tels attachements ne se nouent pas à la légère ; il faut soigneusement choisir ses amis et les mettre à l'épreuve pour éviter toute déception. Il s'agit avant tout de se garder de la calomnie et de la flatterie qui sont les ennemies irréductibles de l'amitié. C'est pourquoi on ne peut avoir que peu d'amis vrais, fidèles et sincères. De telles amitiés sont éternelles et il faut les garder à tout prix. Pas à n'importe quel prix cependant. Si le maintien de l'amitié devient impossible, il vaut mieux la laisser s'éteindre d'elle-même que la rompre brutalement.

Partant de l'amour pour Dieu et pour toutes Ses créatures, l'amitié érasmienne se personnalise dans l'amitié intime mais, par l'intermédiaire d'une lecture approfondie des livres sacrés, revient à l'amour du chrétien pour son Dieu, et à la charité qui s'étend à tous.

L'objectif du chapitre sur « L'amitié » est plus limité. Il s'agit de démontrer que l'amitié consiste à suivre nos penchants naturels et à nous lier avec les êtres qui nous attirent. L'idée que l'amitié est une loi du monde physique et obéit à une force cosmique d'attraction et de répulsion commune aux animaux, aux astres, aux plantes et même aux objets inanimés est chez les Grecs anciens, notamment chez Pythagore. L'affinité mystérieuse qui nous conduit à aimer certains plutôt que d'autres commence par la vue de l'objet, un peu comme dans le coup de foudre, les yeux étant pour Érasme le « siège de l'âme ». Cet instinct ne s'explique pas : « Je ne t'aime pas, Volusius, je ne saurais expliquer pourquoi, tout ce que je puis dire, c'est que je ne t'aime pas », disait Catulle.

L'évocation de ces inexplicables antipathies et de ces élans du cœur est très moderne par sa simplicité et son refus de tout faire passer par le crible de l'analyse. Elle annonce la célèbre formule de Montaigne à laquelle se réfère notre ouvrage. Quant aux contes et anecdotes qui mettent en scène les amitiés et les inimitiés entre l'homme et certains animaux, entre les animaux entre eux, entre les plantes même et les astres, ils sont écologiques avant la lettre et témoignent que la connaissance aussi bien que la préoccupation de l'environnement et de ce qui s'y passe ne commencent pas avec la deuxième partie de notre siècle.

Des amitiés et inimitiés secrètes, sans motif apparent

EPHORIN. Je me suis souvent demandé de quel dieu a pris conseil la nature en développant chez tous les êtres des amitiés et des inimitiés secrètes et sans motifs apparents, à moins que ce spectacle ne la divertisse, de même que nous prenons plaisir aux combats que se livrent entre eux les coqs et les cailles. [...]

Ce qui doit nous étonner le plus, c'est que dans la même espèce d'animaux on trouve des marques d'amour et de haine sans motif apparent. C'est ce que les palefreniers et les bouviers essayent de nous persuader. Dans les mêmes pâturages et dans la même écurie, disent-ils, le bœuf aime à avoir pour voisin tel bœuf, le cheval tel cheval, à l'exclusion de tel autre. Je suis convaincu qu'il existe de pareils sentiments dans tous les genres d'animaux, sans parler de l'attrait du sexe ; mais ils ne sont nulle part plus visibles que chez l'homme. On retrouve dans beaucoup de gens ce que Catulle déclare hautement ressentir pour Volusius : *Je ne t'aime pas, Volusius, je ne saurais dire pourquoi ; tout ce que je puis dire, c'est que je ne t'aime pas.* Chez les adultes, on peut supposer différents motifs ; mais chez les enfants, qui ne sont guidés que par l'instinct, quelle est la raison qui inspire à l'un tant d'amitié pour l'autre, et à celui-ci tant d'éloignement pour celui-là ? Quand j'étais enfant, à l'âge d'environ huit ans, je rencontrai un enfant de mon âge, ou peut-être plus âgé que moi d'un an, si menteur qu'en toute occasion il inventait sur-le-champ des monstruosités. Une femme vient à passer. « Tu vois cette femme ? me dit-il. — Oui. — J'ai couché dix fois avec elle. » Nous traversons un petit pont étroit près d'un moulin. Voyant que je frissonnais à la vue de cette eau que sa profondeur rendait noire : « Je suis tombé un jour dans cette eau, fit-il. — Que dis-tu ? — J'y ai trouvé le cadavre d'un homme qui avait à sa ceinture une bourse dans laquelle étaient trois bagues. » Comme il ne cessait de mentir, je conçus pour cet enfant autant d'horreur que pour une vipère, sans un motif certain, puisque les autres prenaient plaisir à de tels mensonges, mais uniquement par un secret instinct. Et ce sentiment n'a pas été passager ; aujourd'hui encore j'éprouve naturellement pour les menteurs une telle aversion qu'en les voyant je sens tout mon corps s'émouvoir. Homère indique une semblable disposition dans Achille lorsque ce héros déclare que les menteurs lui sont aussi odieux que les portes des enfers. Bien que je sois né avec ce caractère-là, le destin m'a été si contraire que toute ma vie j'ai eu affaire à des menteurs et à des imposteurs.

JEAN. Je ne vois pas encore où tend tout ce discours.

EPHORIN. Je vais vous le dire en deux mots. Il y a des gens qui cherchent le bonheur dans la magie et d'autres dans l'astrologie. Pour moi, je crois que le plus sûr moyen d'être heureux, c'est de renoncer au genre de vie pour lequel on éprouve une répugnance secrète et de suivre celui vers lequel on se sent porté ; j'exclus toujours ce qui est immoral. Il faut également fuir la société de ceux dont le caractère ne s'accorde point avec le nôtre et nous lier avec ceux qui nous inspirent de la sympathie.

JEAN. À ce compte-là, il y aura peu d'amis.

EPHORIN. La charité chrétienne s'étend à tous, mais l'amitié doit se borner à un petit nombre. Or, ne faire de mal à personne, pas même aux plus méchants, et se réjouir s'ils s'amendent, c'est, selon moi, aimer assez chrétiennement tout le monde.

Érasme, *Les Colloques,* traduit par Victor Develay, Paris, Librairie des bibliophiles, 1876.

Plus indispensable que l'air...

Il se trouvera peut-être des individus qui, méprisant ce genre de plaisir, se contenteront de l'intimité et de la familiarité de leurs amis, mettant le souverain bien dans l'amitié et la déclarant plus indispensable que l'air, l'eau elle-même, au moins tellement délicieuse qu'en la supprimant on supprimerait le soleil, ou tellement noble que les philosophes ne craignent pas de la compter au nombre des principaux biens. Mais ne pourrais-je démontrer que je fuis la poupe et la proue d'un tel bien : je le démontrerais, non à l'aide de crocodiles ou de sorites, ou de sophismes cornus ou d'arguties de même genre, mais avec un gros bon sens et en faisant toucher les choses du doigt.

Voyez plutôt : dissimuler, s'abuser, s'aveugler, s'affoler sur les défauts de ses amis, aimer des défauts même comme des vertus et les admirer, n'est-ce pas bien près de la folie ? Quand un homme embrasse avec délices une tache sur le visage de sa maîtresse, quand un autre se plaît au polype d'Agna, qu'un père prétend que son fils a les yeux un peu louches quand il les a de travers, qu'est-ce sinon pure folie ? Confessez donc à haute voix que c'est folie pure. Je dirai, moi, que la folie seule forme et entretient les liaisons amicales.

Or, je ne parle ici que des mortels dont pas un ne naît sans défauts. L'homme le meilleur est celui qui en a le moins. Car, parmi ces sages qui se croient des dieux, ou le lien d'amitié ne se forme pas, ou cette amitié n'est qu'une union chagrine et boudeuse qui ne se contracte encore qu'avec bien peu de gens. En effet, je me ferais scrupule de dire qu'ils n'aiment personne, vu que si la plupart des hommes sont insensés, il n'y en a aucun qui ne délire de cent façons. Entre semblables se forment donc des liens étroits.

C'est pourquoi si jamais entre ces gens austères se forme un lien de bienveillance, il n'est ni durable ni solide : car ils sont moroses et trop peu clairvoyants, habitués à percer les défauts de leurs amis, comme l'aigle ou le serpent d'Epidaure. Pour leurs propres vices, ils sont chassieux et ne voient pas la besace sur leur dos. Ainsi la nature des hommes est telle qu'on ne trouve aucun esprit qui ne soit asservi à de grands défauts. Ajoutez une telle différence entre les goûts et les penchants, tant de faux pas, tant d'erreurs, tant de hasards. C'est bien pourquoi entre tous ces argus les douceurs de l'amitié ne subsisteront pas une heure si l'on n'y joint ce que les Grecs appellent le renfort. Appelez-le folie ou facilité de mœurs.

Qu'est-ce donc ? Ce Cupidon, cet auteur, ce père de toute tendresse n'est-il pas aveuglé d'un bandeau ? De même qu'il fait prendre la laideur pour la beauté, ne fait-il pas que chacun trouve beau ce qui lui est cher ? que le vieillard chérit sa vieille comme le mignon chérit sa mignonne. Cela se fait partout, et l'on s'en moque, et pourtant ce ridicule est un des plus grands nœuds et des plus grands liens de la société.

Érasme, *L'Éloge de la folie*, traduit par Emmanuel des Essarts, Paris, Arnaud et Labat, 1877.

BALDASSARE CASTIGLIONE (1478-1529)

Le courtisan et ses amis

« Je trouve bon qu'un nœud aussi étroit ne comprenne ou ne lie pas plus de deux personnes [...] ; en effet, comme vous le savez, trois instruments de musique s'accordent plus difficilement ensemble que deux. Je voudrais donc que notre Courtisan eût un principal et cordial ami [...] ; et puis qu'il aimât, honorât et révérât tous les autres, selon leur valeur et leurs mérites [...]. »

Ainsi s'exprime messire Federico Fregoso, courtisan lui-même et protagoniste de la conversation qui a pour but de « former en paroles un Courtisan parfait », autrement dit de définir l'idéal humaniste de l'homme de cour. C'est un autre conversant, messire Pietro Bembo, qui avait mis en garde contre le « doux mirage de l'amitié » : « J'ai parfois pensé en moi-même qu'il serait bon de ne se fier à personne au monde [...] car il y a tant de cachettes et de recoins dans nos cœurs qu'il est impossible que la prudence humaine puisse connaître les dissimulations qui y sont cachées. » Les courtisans se définissent eux-mêmes à travers la conversation qui est leur activité principale. Dans cet autoportrait collectif et idéal, l'amitié occupe une place de choix.

Le Livre du courtisan du Mantouan Baldassare Castiglione fut l'un des ouvrages les plus populaires de son temps en Italie tout d'abord, puis dans l'Europe entière, tant qu'il y eut des cours régnantes. Dans le palais d'Urbino, quelques amis, tous représentatifs de la « profession courtisane » en Italie, c'est-à-dire servant chacun un prince, à titre de diplomate, de guerrier, d'homme d'Église, de poète et d'artiste, sont réunis dans la *salle des veillées*, lieu intermédiaire entre les appartements privés de la duchesse et la salle du trône, symbole public du pouvoir. De cette longue *conversation*, au sens littéral de l'ensemble des rapports entre humains, le narrateur, Baldassare Castiglione lui-même, est officiellement absent et il ne prendra pas parti.

Dans cet *entre-deux*, les amis s'essaient au cours de quatre soirées, du 3 au 7 mars 1507, à définir la Dame de cour et le Courtisan tels qu'ils devraient être, à travers le débat contradictoire et l'affrontement d'idées. C'est tout un code de comportements qui s'affirme ici dans ce lieu particulier qu'est la cour où les manières comptent autant et plus que les actions et les pensées, qu'elles doivent néanmoins représenter avec grâce et sans affectation.

Les personnages ont tous existé, la plupart ont été amis avec l'auteur, beaucoup sont morts lorsqu'il termine la rédaction de l'ouvrage en 1524, dix ans après l'avoir entamée. Le passage du livre consacré à l'amitié suit une discussion sur l'habillement et en précède une autre sur la conversation. Les deux interlocuteurs sont dans ces deux chapitres Federico Fregoso, grand connaisseur de la poésie provençale, archevêque de Salerne, évêque de Gubbio, devenu cardinal en 1539, et Pietro Bembo, Vénitien de famille patricienne, humaniste, poète et prosateur qui finit lui aussi cardinal et fut l'ami très cher de Castiglione qu'il avait connu à Urbino.

Baldassare Castiglione est le modèle de deux portraits : celui du courtisan qu'il réalisa à travers les pages de son livre, et celui que fit de lui son ami Raphaël, et que l'on peut admirer aujourd'hui au musée du Louvre. Il naquit en 1478 près de Mantoue dans une famille issue de la noblesse médiévale. Cette dernière ayant perdu son indépendance, il sera contraint, comme la plupart des jeunes gens de son époque et de sa caste, à se mettre au service d'un prince qu'il aura cependant licence de choisir. Castiglione reçut une éducation fondée sur l'apprentissage des armes, des lettres, et de la vie de cour. Il s'initia à la culture classique dont l'influence se fait sentir dans *Le Livre du courtisan*, en particulier celle de Platon, d'Aristote et de Cicéron, au sens de culture de l'esprit plutôt que d'érudition mécanique. Il fit une carrière diplomatique pour le compte de plusieurs princes italiens, et préféra, après quelques hésitations, Charles Quint à François Ier. Après la mort de sa femme en 1520, il se mit au service de la papauté. En 1525, il fut envoyé comme nonce pontifical en Espagne où il mourut, quatre ans plus tard, à Tolède, alors qu'il était sur le point d'être fait cardinal.

L'amitié envisagée dans *Le Livre du courtisan* prolonge l'amitié définie antérieurement dans le *Lélius* de Cicéron dont l'influence, encore à cette époque, est prédominante. Trois des thèmes principaux du *Lélius* sont ainsi abordés : l'importance du choix des amis, la limitation de l'amitié à une élite de gens de bien, et celle des vrais amis à un nombre restreint. Scipion et Lélius sont cités dans ce passage, mais par Pietro Bembo qui met en question la valeur de l'amitié. C'est à Federico Fregoso que revient la tâche de défendre les vertus de l'amitié et c'est à travers ses propos que se définit la pensée de Castiglione. Ce dernier adapte la réflexion de l'Antiquité aux manières d'un temps où les qualités de courtoisie, d'affabilité, de douceur et d'humanité sont primordiales. En un lieu et à un moment privilégiés de la culture, il concilie la lucidité à l'égard de la nature humaine avec le rêve humaniste de l'ami parfait.

Je voudrais donc que notre Courtisan eût un principal et cordial ami

Messire Federico : « Il me semble qu'il y a une autre chose qui donne et ôte la réputation : c'est le choix des amis avec lesquels on doit avoir une intime pratique. Car indubitablement la raison veut que ceux qui sont conjoints par une étroite amitié et une compagnie indissoluble, soient également accordés par la volonté, le cœur, le jugement et l'esprit. Ainsi celui qui fréquente les ignorants ou les méchants est tenu pour un ignorant ou pour un méchant ; et au contraire, celui qui fréquente les bons, les sages et les avisés, est tenu pour tel, car il semble que par nature toute chose se conjugue volontiers avec son semblable. C'est pourquoi je pense qu'on doit faire bien attention quand on commence ces amitiés, parce que de deux étroits amis, celui qui connaît l'un imagine aussitôt que l'autre est de la même condition. »

« Il me semble vraiment », répondit alors messire Pietro Bembo, « que l'on doit grandement veiller à limiter ce genre d'amitié unanime, non seulement parce qu'on y acquiert ou perd sa réputation, mais parce qu'aujourd'hui on trouve bien peu de vrais amis, et je ne crois pas qu'il y ait encore au monde des Pylade et des Oreste, des Thésée et des Pîrithoüs, des Scipion et des Lælius ; mais je ne sais par quel destin il advient chaque jour que deux amis, qui avaient vécu plusieurs années dans un amour très cordial, finissent en quelque manière par se tromper l'un l'autre, ou par malice, ou par envie, ou par légèreté, ou pour quelqu'autre mauvaise raison ; et chacun met sur son compagnon la faute de ce que peut-être l'un et l'autre méritent. C'est pourquoi, comme il m'est advenu plus d'une fois d'être trompé par celui que j'aimais le plus, et duquel, plus que de toute autre personne, je m'assurais d'être aimé, j'ai parfois pensé en moi-même qu'il serait bon de ne se fier à personne au monde, et de ne pas se livrer à un ami, aussi cher et aussi aimé qu'il soit, au point qu'on lui communique sans réserve toutes ses pensées comme on ferait à soi-même ; car il y a tant de cachettes et de recoins dans nos cœurs qu'il est impossible que la prudence humaine puisse connaître les dissimulations qui y sont cachées. Je crois donc qu'il est bon d'aimer et de servir l'un plus que l'autre, selon les mérites et la valeur, mais non de se fier tellement au doux mirage de l'amitié, que nous ayons à nous en repentir trop tard. »

« Véritablement », dit alors messire Federico, « la perte serait beaucoup plus grande que le gain, si l'on ôtait de la fréquentation humaine ce suprême degré d'amitié qui nous donne, à mon avis, tout le bien que contient notre vie ; c'est pourquoi je ne veux vous accorder en aucune façon que ce soit là chose raisonnable ; mais j'aurai plutôt à cœur de conclure, pour des raisons très évidentes, que sans cette parfaite amitié les hommes seraient beaucoup plus malheureux que tous les autres animaux. Que si certains gâtent et profanent ce saint nom d'amitié, on ne doit pourtant pas l'extirper ainsi de nos cœurs, et par la faute des méchants priver les bons d'une si grande félicité ; et, quant à moi, j'estime qu'il y a parmi nous plus d'une paire d'amis dont l'amour est indissoluble et sans tromperie aucune, et fait pour durer jusqu'à la mort avec des volontés accordées, aussi bien que s'il s'agissait de ces anciens que vous avez nommés ci-devant ; et c'est ce qui advient, quand, outre l'inclination qui naît des étoiles, on se choisit un ami conforme à son naturel ; et j'entends que le tout se produise entre des hommes bons et vertueux, parce que l'amitié des méchants n'est pas de l'amitié.

Je trouve bon qu'un nœud aussi étroit ne comprenne ou lie pas plus de deux personnes, car autrement ce serait peut-être dangereux ; en effet, comme vous le savez, trois instruments de musique s'accordent plus difficilement ensemble que deux. Je voudrais donc que notre Courtisan eût un principal et cordial ami, s'il était possible, de la sorte que nous avons dit ; et puis qu'il aimât, honorât et révérât tous les autres, selon leur valeur et leurs mérites, et qu'il cherchât toujours la compagnie des hommes estimés, nobles et connus comme gens de bien, plutôt que des hommes de basse origine et de peu de valeur, de manière à être pareillement aimé et honoré par eux. Cela se produira s'il est courtois, humain, libéral, affable et doux en compagnie, officieux et diligent à servir et à avoir soin du profit et de l'honneur de ses amis, aussi bien absents que présents, et qu'il supporte leurs défauts naturels et tolérables, sans se fâcher avec eux pour peu de chose, et en corrigeant en lui-même les défauts qui lui auront été aimablement signalés ; s'il ne se préfère jamais aux autres en voulant avoir les premières places et les plus honorables, et s'il ne fait pas comme certains qui semblent mépriser le monde et veulent, par une certaine austérité fâcheuse, faire la loi à chacun, et, non contents de quereller les autres pour la moindre chose et hors de saison, censurer ce qu'ils ne font point eux-mêmes et chercher toujours l'occasion de se plaindre de leurs amis, ce qui est une chose fort odieuse. »

Baldassare Castiglione, *Le Livre du courtisan,* présenté et traduit d'après la version de Gabriel Chappuis (1580) par Alain Pons, Paris, Flammarion, 1991.

ÉTIENNE DE LA BOÉTIE (1530-1563)

Un secret pacte de nature

Si le destin le veut, la postérité, sois en sûr
Portera nos deux noms sur la liste des amis célèbres.

Étienne de La Boétie ne croyait peut-être pas si bien dire en composant pour son jeune ami Montaigne le poème en latin dont ces vers sont extraits.

Mort prématurément à l'âge de trente-trois ans, il doit sa renommée autant à l'amitié qui le lia à Michel de Montaigne qu'à un remarquable ouvrage dénonçant la tyrannie, *Le Discours de la servitude volontaire*, que La Boétie aurait écrit à dix-huit ans et remanié par la suite. *Le Discours sur la servitude volontaire* ou *Contr'un*, écrit vers 1548, ne fut publié qu'en 1574. Mais il fut à l'origine de sa rencontre avec Montaigne qui le lut avant de rencontrer son auteur et voulut connaître à partir de cette lecture un tel « esprit moulé au patron d'autres siècles que ceux-ci ». Plus encore, il fut aussi à l'origine du projet de rédaction des *Essais*, que Montaigne conçut d'abord comme l'occasion d'éditer le texte de son ami et de lui construire en quelque sorte un tombeau (v. Montaigne).

Dans le manuscrit du *Discours sur la servitude volontaire*, Montaigne avait déjà pu lire ces lignes de son futur ami La Boétie sur l'amitié : « Le tyran n'est jamais aimé, ni n'aime. L'amitié ne se met jamais qu'entre gens de bien et ne se prend que par leur mutuelle estime. [...] Ce qui rend un ami assuré de l'autre, c'est la connaissance qu'il a de son intégrité. [...] Il ne peut y avoir d'amitié là où il y a la cruauté, la déloyauté, l'injustice. Et entre les méchants, quand ils s'assemblent, c'est un complot. Ils ne sont pas amis mais complices. »

L'influence qu'exerça La Boétie sur Montaigne, de vingt-sept mois son cadet, est à la mesure de ces deux hommes exceptionnels et c'est lui qui initia à la philosophie stoïcienne l'auteur des *Essais*.

Toi, Montaigne, pour le meilleur et pour le pire,
T'ont lié à moi et puissante Nature
Et Vertu[1] *[...]*

1. Traduction de Pierre Pachat in *L'Amitié*, Point hors ligne, Paris, 1984.

L'idée que les amis sont liés par un pacte naturel fondé sur des affinités qui n'ont pas besoin de l'épreuve de la durée est de son temps. Déjà Érasme insistait sur l'inexplicable attirance qui rapproche deux êtres. Le rôle de la vertu et l'élitisme amical sont de tous les temps et attestent notamment l'héritage stoïcien.

Dans ce qui est avant tout une admonestation amicale et une invitation à se détourner des excès de la chair, La Boétie met en pratique la recommandation d'Aelred et d'autres penseurs d'une exigence morale à l'égard de l'ami. Il se montre à la fois lucide et bienveillant envers les défauts de son jeune compagnon, afin de l'encourager à développer le meilleur de lui-même. Son admiration pour son prometteur cadet perce dans cette prophétique déclaration de confiance :

Je renâcle au meilleur, et ne vaux qu'au médiocre.
Mais toi, que tes amis savent doué pour des vices
et des vertus hors du commun, ton combat est plus âpre.
[...] quand ta vertu aura mûri
Tu pourras — mon amour me le dit — égaler les plus grands,
Pareil destin n'échoit qu'à de rares élus[1].

Le reste du poème, auquel Montaigne fera allusion dans son chapitre sur l'amitié comme une « satyre latine excellente », consiste en conseils et en invitations à cultiver et à cueillir les fruits de la vertu, en particulier à se détourner des amours vénales et des femmes adultères. Le charme de ce texte, peu connu des non-spécialistes, tient à l'évocation d'un jeune Montaigne coureur de jupons que son aîné tente de retenir par les basques. Il est surtout de nous éclairer sur la réciprocité d'une amitié malheureusement brisée par la disparition de son auteur. Il permet d'évaluer, dans ce « mariage des âmes » devenu exemplaire, la part de la littérature et son rôle médiateur. Car ce sont aussi les livres, les leurs comme ceux des autres, qui sont à l'origine et au carrefour de l'amitié entre La Boétie et Montaigne, entre Montaigne et La Boétie.

À Michel de Montaigne

Une bonne partie des sages, qui n'a pas généralement la crédulité facile, n'ajoute foi à l'amitié que si le temps l'a mise à l'épreuve et si les hasards de la vie l'ont trempée par la pratique dans des luttes diverses.

1. *Ibid.*

Mais nous, une affection nous unit depuis un peu plus d'une année, et cependant il n'y a rien qu'elle n'ait fait pour atteindre le summum de l'affection : c'est hasard, dira-t-on, chose irréfléchie ; mais c'est sacrilège de parler ainsi, et il n'est pas de sage, si morose qu'il soit, qui, nous connaissant tous deux, nos goûts, nos mœurs, songerait à enquêter sur la durée de notre liaison et n'applaudirait avec joie à une si grande affection. N'ayons crainte que la postérité, si les destins le permettent toutefois, refuse de placer notre nom parmi ceux des amis fameux.

Un cerisier que l'on greffe refuse de produire un pommier, un poirier ne reçoit pas la greffe d'un prunier ; les natures étant incompatibles absolument, ni longueur de temps ni soin prolongé ne sauraient en triompher.

Ce même greffon, transplanté sur une souche de même sève, adhère avec rapidité, par une loi secrète de la nature ; bientôt les yeux se gonflent et se marient, et les deux sujets, d'une commune ardeur, nourrissent le bourgeon : voici que pousse avec vigueur le rameau étranger, car la tige lui fournit avec joie la sève nourricière, et, changeant de nom, il devient un arbre nouveau.

Il en est de même des âmes : les unes, une fois unies, le temps ne saurait les séparer ; les autres, tout art est impuissant à les unir.

A toi, Montaigne, m'ont lié pour toutes les vicissitudes, et la puissance de la nature et la vertu, qui est le charme de l'amitié : sa vue attire, par le désir qu'inspire sa beauté, une âme qui en a soif ; aucune influence plus efficace ne rapproche les hommes, ne les embrase d'une plus noble affection.

Moi-même, qui n'ai que peu d'affinité à la vertu, qui suis impuissant à en remplir les devoirs, je la poursuis cependant avec d'autant plus d'acharnement qu'elle me fuit, et partout où je l'aperçois, je m'y attache, je l'aime.

Or, pour ne pas détériorer par mes défauts l'amitié que la connaissance de la vertu a formée entre nous, je m'applique à elle tout entier.

Mais en cela l'application ne suffit pas, car les qualités éclatantes, les âmes médiocres sont impuissantes à les saisir : elles sont sujettes à des maladies, à des diminutions d'ardeur ; c'est ainsi que des choses de peu d'importance tantôt m'abattent, tantôt me transportent de bonheur : je suis impropre à m'élancer aux sommets, je ne suis apte qu'à occuper une hauteur moyenne.

Mais pour toi, l'effort dans la lutte est plus grand, toi qui n'es doué — nous, tes amis, nous le savons — ni pour des vices ni pour des vertus médiocres ; mais dès l'abord, plein de décision, tu te portes vers le mieux, et ta victoire est pour moi un objet d'étonnement et de joie à la fois.

Aussi maintenant je m'incline devant toi ; et quand la vertu se sera en toi affermie avec l'âge, alors tu pourras — mon affection ne me trompe pas — rivaliser avec les plus grands : si heureuse fortune a été fort rarement le partage des natures élevées.

L'Egypte est féconde en nombreuses plantes bienfaisantes, comme aussi en poisons nombreux. Celui auquel Apollon n'a pas jalousé le nom de sage, et qui s'attachait sans cesse, amant austère, aux pas du fils de Clinias, que crois-tu qu'il ait observé ? « Cet enfant, dit-il, ou sera la perte d'Athènes, ou en sera la gloire : de son âme jaillit la flamme d'une force ardente, décelant un admirable artisan du mal et du bien, il sera l'un ou l'autre ; il flotte encore, je m'efforce de l'orienter à la vertu ; puissé-je réussir ! jusqu'ici la victoire balance : une abondante moisson lève ; mais la mauvaise herbe plus abondante l'étouffe. »

Donc, de bonne heure et avec redoublement d'effort il faut plier les âmes fortes, et les cultiver à grande dépense.

Si, aussitôt qu'il a quitté sa nourrice, l'enfant n'est pas formé par un maître qui tiendra nettes ses oreilles toujours ouvertes, avant qu'il se passionne pour les noix, avant que le carton colorié ne charme sa curiosité éveillée et que le spectacle des prétendus rois ne l'absorbe ; si l'enseignement de quelque chose de mieux ne s'empare de son âme où bouillonne la rébellion de la jeunesse, et cela immédiatement, il est perdu : aussitôt l'insidieuse volupté l'entraînera docile à sa suite, et l'enchaînera, victorieuse, malgré ses tentatives de lui échapper et fera de lui l'esclave de l'habitude. [...]

« Mon ami, puisque ta noblesse et ton opulence t'autorisent à une vie licencieuse, puisque les grands n'ont nul besoin de guide, loin de moi d'entreprendre de rien prescrire à ta situation, je ne saurais ni espérer ni oser gêner ta passion pour un bonheur que tu as sous la main. Mais pourtant, favori de la fortune, écoute ceci en peu de mots, si tu en as le temps ; tu écoutes bien d'ordinaire à peu près les mêmes propos de quelque parasite : à savoir s'il est plus doux, après un bon dîner, d'aller à la chasse ou de jouer aux dés ; si de ces deux plaisirs le premier est préférable, ou le second plus innocent.

» Examine maintenant avec moi ces joies que tu t'imagines les plus grandes ; sont-elles sans mélange : n'es-tu pas le jouet d'une apparence, et, au fond, ne sont-elles pas gâtées par la peine, viciées par l'âcre douleur ?

» Et d'abord : es-tu sous le joug d'une courtisane, ou l'esclave d'une femme mariée ? — Commençons par celle-ci. — Voilà qui est hardi. Mais apprends, puisque jusqu'ici tu es indemne, les inconvénients à venir, la peine suspendue sur ta tête.

» Il te faut observer de toutes parts les accès de sa demeure, et au seuil même surtout ne pas épargner tes sueurs, et ici, là, placer des embuscades. A-t-elle une servante favorite ? aie des égards pour elle, ainsi l'art l'exige. Dès lors malheureux, dès lors tu t'accoutumeras au joug, tu seras l'esclave d'une esclave. Que fera-t-elle ? Elle soutirera des écus à ta hâte : elle n'en trompera pas moins souvent ton impatience en riant, et se jouera de toi avec effronterie.

» Te voilà arrivé jusqu'à la maîtresse : celle-ci par de longs subterfuges consumera ta passion ; elle alléchera par l'espoir son malheureux amant. Quelle est la femme assez inexpérimentée, assez ignorante en amour, pour ne pas exceller à torturer son soupirant par des délais, à le jeter dans des transes par des refus ?

» Alors, qu'espères-tu que sera, infortuné, ton état d'âme ? Voilà que tu brûles, toi qui te prétends libre, de porter un fardeau, dont le poids t'est inconnu : tels exultent de se voir des harnais de pourpre et des phalères les bidets nés pour un long esclavage et pour obéir au mors qui les blesse. [...]

» “Mais le nom d'épouse est rébarbatif, celui de maîtresse est charmant.” D'épouse ? de laquelle ? de la tienne propre seulement : car, quand tu commets le mal, l'épouse d'autrui ne te déplaît pas. Insensé, tu supportes la domination d'une femme, pourvu qu'elle soit adultère ; tu évites de tolérer à ton foyer une compagne et les lois sacrées d'une union stable. Mais nous en reparlerons ailleurs.

» Maintenant je continue d'examiner en quoi la courtisane vaut mieux que l'adultère : à peu de chose près, c'est pour les aimer l'une et l'autre même condition, même raison, même effort, même passion, même ardeur qui n'a rien de plus atténué. [...]

» N'y a-t-il donc rien qui, en s'y mêlant, n'adoucisse les tristesses de la vie ? Si, la vertu, le vrai plaisir, la Grâce en personne, le miel pur, mais seulement pour le sage, elle qui, sans tromper, c'est sa qualité intrinsèque, discerne le vrai en soi, et se refuse à confier ce soin aux fèves du vulgaire, à l'urne aveugle.

» Ou le bonheur n'existe nulle part, ou la vertu seule peut rendre heureux. Seule elle a en soi la source de la joie, consciente en elle-même d'un passé honorable, égale au sort du moment, tranquille sur l'avenir. Indépendante de qui que ce soit, elle trouve tout son appui en elle-même : du dehors elle ne désire et ne craint rien, aucun coup ne peut l'atteindre. Haute, droite, stable, que la roue de la fortune lui apporte la pauvreté, l'exil, la mort, elle voit, sans sortir de son calme, de son stoïcisme, les bouleversements désordonnés des choses. En sens opposés la fortune se rue avec fureur : la vertu s'exerce avec joie dans l'accomplissement des devoirs qu'elle s'impose, jouissant en elle-même de biens vraiment sûrs, s'enrichissant par la pratique de ce qui la constitue. »

Oh ! puissé-je, moi, cueillir de si beaux fruits ! Puisses-tu, Montaigne, les cueillir de même ! Que ce soit là notre effort à l'un et à l'autre : si nous ne parvenons pas à les posséder, du moins mourons en luttant pour leur possession.

Bulletin de la Société des Amis de Montaigne, 1921, n° 4. Paris, Louis Conard, libraire de la Société des Amis de Montaigne.

MICHEL DE MONTAIGNE (1533-1592)

Parce que c'était lui, parce que c'était moi...

C'est par un écrit de son futur ami que Montaigne fit la connaissance de La Boétie, avant même de le rencontrer. C'est un écrit de son ami mort qui est à la source non seulement du chapitre consacré par Montaigne à son amitié pour La Boétie mais aussi de tout le premier projet des *Essais*. C'est grâce à son édition posthume des mêmes *Essais* que la jeune amie et fille d'adoption de Montaigne, Marie de Gournay, se fera connaître du monde des lettres. C'est à travers les écrits de Montaigne que son amitié avec La Boétie est passée à la postérité. Nous sommes au siècle des livres, au siècle où l'alphabétisation se répand. Nous sommes en France au siècle de la Renaissance ; les penseurs de l'Antiquité sont de retour en Occident, la *philia* aussi.

Car, à l'origine de la composition des *Essais*, il y a la volonté de Montaigne de tresser autour de l'œuvre essentielle de son ami, *Le Discours sur la servitude volontaire*, une couronne funéraire, qu'il annonça dans une inscription latine peinte sur les murs de sa bibliothèque : « Privé de l'ami le plus doux... Michel de Montaigne voulant consacrer le souvenir de ce mutuel amour par un témoignage unique de sa reconnaissance... a voué à cette mémoire ce studieux appareil dont il fait ses délices. » Comme le peintre qui entoure son plus beau tableau de « grotesques et peintures fantasques », Montaigne fera du texte de La Boétie, qui lui paraît manifester toutes les qualités du gentilhomme, son tableau central. Ce tableau il ne fera que l'encadrer de ses propres écrits subalternes. En ce sens, et comme l'a montré Michel Butor, *Les Essais* sont le Tombeau de La Boétie.

Mais la prudence politique amène Montaigne à modifier sa construction de départ et à remplacer *Le Discours sur la servitude volontaire* par vingt-neuf sonnets de son ami, retrouvés par hasard par le sieur de Poiferré, qu'il supprimera sur l'exemplaire de Bordeaux avec cette simple note : « Ces vers se voient ailleurs ». Le projet initial des *Essais* sera ensuite transformé et approfondi pour devenir œuvre personnelle et magistrale, instrument d'exploration et de recherche d'autres amis ou amies, dont la jeune Marie de Gournay sera l'une des dernières mais non des moindres. Reste que La Boétie est le personnage central du premier livre des *Essais*.

Michel Eyquem de Montaigne naquit au château de Montaigne en Dordogne en 1533 et reçut de son père une éducation particulière qui le mêla aux paysans des environs. De 1539 à 1546, il fut élève à Bordeaux au collège de Guyenne. Il poursuivit des études de droit à Toulouse avant de rentrer au parlement de Bordeaux. Là, il se lia d'une ardente amitié avec son collègue, Étienne de La Boétie, qu'il connaissait déjà par ouï-dire et par la lecture du manuscrit du *Discours sur la servitude volontaire,* qui lui « donna la première connaissance de son nom » (v. La Boétie). Chargé de mission par le parlement, Montaigne effectua de fréquents voyages à la cour de Paris. En 1563, il subit le plus grand chagrin de sa vie avec la mort prématurée de son ami, à l'âge de trente-trois ans.

En 1568, il hérita du domaine familial où il choisit de se retirer trois ans plus tard. C'est là qu'il commença la rédaction des *Essais* qui seront publiés dans leur première édition (livres I et II) en 1580. Souffrant de la maladie de la pierre, Montaigne entama la même année un voyage de santé et d'agrément qui le mena en Allemagne, en Suisse et en Italie, et qu'il relate dans son *Journal de voyage.* Élu maire de Bordeaux, il assuma cette charge dès son retour d'Italie durant quatre ans. Il mena entre les Ligueurs et les Réformés une action de conciliation et de paix. Une épidémie de peste l'écarta en 1585 de son château où il retourna en 1586. Jusqu'à sa mort, le 13 septembre 1592, Montaigne continua à travailler sur ses essais qu'il fit rééditer à plusieurs reprises.

Au printemps de 1588, il reçut une lettre enthousiaste de Marie Le Jars de Gournay qui venait de découvrir les *Essais.* En elle, il trouvait non seulement une « fille d'alliance » et la future éditrice de l'édition posthume de 1598 mais aussi une amie : « Le jugement qu'elle fit des premiers *Essais,* et femme, et en ce siècle, et si jeune, et seule en son quartier, et la véhémence fameuse dont elle m'aima et me désira longtemps avant de m'avoir vu, c'est un accident de très digne considération » (v. Marie de Gournay).

À l'égal du *De amicitia,* le chapitre consacré à son amitié avec La Boétie, qui ne devait être qu'une simple introduction au texte de son ami, peut être considéré comme un texte fondateur. Avant Montaigne et son siècle, les penseurs de l'amitié bâtissaient des systèmes théoriques et codifiaient des règles de conduite qu'illustraient des amis célèbres ou mythiques et des amitiés hypothétiques. Si certains auteurs, comme Platon, Cicéron ou saint Augustin, avaient mis en lumière l'élan du cœur à l'origine de l'amitié, ou cette inexplicable attirance qu'analyse Érasme, aucun n'a su décrire jusque-là un sentiment aussi fort que celui éprouvé par Montaigne à l'égard de La Boétie et partagé par ce dernier. C'est qu'il ne s'agit plus de rêver sur l'amitié idéale mais d'évoquer un ami véritable et personnel. Il ne s'agit plus de ratiociner sur les limites et les précautions à prendre en amitié mais de faire partager une amitié si parfaite et si rare « que c'est beaucoup si la fortune y arrive une fois en trois siècles ».

Certes, les manuels ont raison de rappeler que Montaigne subit l'influence d'Aristote et des stoïciens, surtout Sénèque. Il est vrai que l'approche antique colore la description personnelle. L'idée que c'est « notre liberté volontaire » qui détermine la pureté de nos liens amicaux, le rapport étroit entre amour de soi et amour d'autrui sont déjà chez les prédécesseurs gréco-romains de Montaigne. Mais le sentiment qu'il dépeint dépasse toutes les analyses livresques : « Car les discours mêmes que l'Antiquité nous a laissés sur ce sujet me semblent lâches au prix du sentiment que j'en ai. Et, en ce point, les effets surpassent les préceptes mêmes de la philosophie. »

Pour Montaigne, il ne s'agit pas d'une analyse théorique visant à éprouver la fiabilité d'une amitié mais d'une évocation concrète d'un ami plus fiable que soi-même. « Non seulement, je connaissais son âme comme la mienne, mais je me fusse certainement plus volontiers fié à lui de moi qu'à moi. »

Contrairement à tous ses prédécesseurs, penseurs antiques ou chrétiens, Montaigne place l'ami au-dessus de la politique, au-dessus de la nation, au-dessus de tout. L'homme d'abord. Le don total de soi-même relève du vécu affectif plus que de la rhétorique ; il aboutit à une fusion complète entre les deux amis qui ne forment qu'un seul être. Plus de division, de différence, de bienfait, d'obligation, de reconnaissance, de prière, de remerciement. Entre les deux amis, tout est commun, volontés, pensées, jugements, biens, femmes, enfants, honneur et vie. Chacun se donne si entier à son ami qu'il ne lui laisse rien à partager avec d'autres. « L'unique et principale amitié découd toutes autres obligations. »

L'intensité d'un tel sentiment exclut qu'il se renouvelle ou qu'il s'applique à d'autres. On est loin de la plupart des penseurs de l'amitié qui insistaient sur la sélection de quelques amis vertueux, mais ne réduisaient pas ce choix à une seule personne : « Chacun se donne si entier à son ami, qu'il ne lui reste rien à départir ailleurs. » Cependant Montaigne ne confond pas l'amitié avec la passion amoureuse qu'il distingue nettement dans le même livre I des *Essais* : « Le feu de l'amour, je le confesse, est plus actif, plus cuisant, plus âpre ; mais c'est un feu téméraire et volage, feu de fièvre, ondoyant et divers, et qui ne nous tient qu'à un coin. En l'amitié, c'est une chaleur générale, tempérée et égale, une chaleur constante et rassise, toute douceur et polissure » (chap. 28).

Si l'amitié de Montaigne et de La Boétie est devenue, dans l'imaginaire collectif, aussi exemplaire que l'amitié mythique d'Achille et Patrocle ou de David et Jonathan, c'est que la mémoire posthume a pu constater non seulement la force mais la réciprocité d'une telle relation. À l'affirmation de La Boétie que son ami est un homme hors du commun répond l'admiration de Montaigne pour le talent et la précocité de « ce garçon de seize ans », qu'il rajeunit pour rehausser son mérite d'avoir écrit si jeune *Le Discours sur la servitude volontaire* : « Je n'en connais point qui lui soit comparable. [...] De même qu'il me surpassait d'une distance infinie en vertu, aussi faisait-il au devoir de l'amitié. » Le premier fait de l'autre l'héritier et le dépositaire de ce qu'il a de plus précieux : sa bibliothèque, ses papiers, ses manuscrits. Le second met à l'origine de son œuvre le souci d'honorer celle de son ami.

L'essai de Montaigne contribua à un important regain d'intérêt pour l'amitié. Des essayistes célèbres s'en inspirèrent, comme Pierre Charron, ou, beaucoup plus tard, Ralph Waldo Emerson, et, à sa suite, on rédigea de très nombreux traités sur l'amitié aux XVIIe et XVIIIe siècles, surtout en France et en Angleterre. Il sera cependant difficile aux penseurs ultérieurs de retrouver ce moment de grâce, ce point d'équilibre, unique dans l'histoire de l'amitié, entre la théorie du philosophe ou du moraliste et une expérience intellectuelle et personnelle, que seuls les poètes ont su communiquer.

L'amitié se nourrit de communication

Considerant la conduite de la besongne d'un peintre que j'ay, il m'a pris envie de l'ensuivre. Il choisit le plus bel endroit et milieu de chaque paroy, pour y loger un tableau élabouré de toute sa suffisance ; et, le vuide tout au tour, il le remplit de crotesques, qui sont peintures fantasques, n'ayant grace qu'en la varieté et estrangeté. Que sont-ce icy aussi, à la verité, que crotesques et corps monstrueux, rappiecez de divers membres, sans certaine figure, n'ayants ordre, suite ny proportion que fortuité ?

Desinit in piscem mulier formosa superne.

Je vay bien jusques à ce second point avec mon peintre, mais je demeure court en l'autre et meilleure partie : car ma suffisance ne va pas si avant que d'oser entreprendre un tableau riche, poly et formé selon l'art. Je me suis advisé d'en emprunter un d'Estienne de la Boétie, qui honorera tout le reste de cette besongne. C'est un discours auquel il donna nom LA SERVITUDE VOLONTAIRE ; mais ceux qui l'ont ignoré, l'ont bien proprement depuis rebaptisé LE CONTRE UN. Il l'escrivit par maniere d'essay, en sa premiere jeunesse, à l'honneur de la liberté contre les tyrans. Il court pieça és mains des gens d'entendement, non sans bien grande et meritée recommandation : car il est gentil, et plein ce qu'il est possible. Si y a il bien à dire que ce ne soit le mieux qu'il peut faire ; et si, en l'aage que je l'ay connu, plus avancé, il eut pris un tel desseing que le mien, de mettre par escrit ses fantasies, nous verrions plusieurs choses rares et qui nous approcheroient bien près de l'honneur de l'antiquité : car, notemment en cette partie des dons de nature, je n'en connois point qui luy soit comparable. Mais il n'est demeuré de luy que ce discours, encore par rencontre, et croy qu'il ne le veit onques depuis qu'il luy eschapa, et quelques memoires sur cet edict de Janvier, fameus par nos guerres civiles, qui trouveront encores ailleurs peut estre leur place. C'est tout ce que j'ay pu recouvrer de ses reliques, moi qu'il laissa, d'une si amoureuse recomandation, la mort entre le dents, par son testament, heritier de sa bibliotheque et de ses papiers, outre le livret de ses œuvres que j'ay fait mettre en lumiere. Et si suis obligé particulierement à cette piece, d'autant qu'elle a servy de moyen à nostre premiere accointance. Car elle me fut montrée longue piece avant que je l'eusse vu, et me donna la premiere connoissance de son nom, acheminant ainsi cette amitié que nous avons nourrie, tant que Dieu a voulu, entre nous, si entiere et si parfaite que certainement il ne s'en lit guère de pareilles, et, entre nos hommes, il ne s'en voit aucune trace en usage. Il faut tant de rencontres a la bastir, que c'est beaucoup si la fortune y arrive une fois en trois siecles.

Il n'est rien à quoy il semble que nature nous aye plus acheminé qu'à la societé. Et dict Aristote que les bons legislateurs ont eu plus de soin de l'amitie que de la justice. Or le dernier point de sa perfection, est cetuy-cy. Car, en general, toutes celles que la volupte ou le profit, le besoin publique ou privé forge et nourrit, en sont d'autant moins belles et genereuses, et d'autant moins amitiez, qu'elles meslent autre cause et but et fruit en l'amitie, qu'elle mesme.

Ny ces quatre especes antienes : naturelle, sociale, hospitaliere, veneriene, particulierement n'y convienent, ny cojoinctement.

Des enfans aux peres, c'est plustost respect. L'amitié se nourrit de communication, qui ne peut se trouver entre eux pour la trop grande disparité et offenceroit à l'adventure les devoirs de nature. Car ny toutes les secrettes pensées des peres ne se peuvent communiquer aux enfans pour n'y engendrer une messeante privauté, ny les advertissemens et corrections, qui est un des premiers offices d'amitié, ne se pourroyent exercer des enfans aux peres. Il s'est trouvé des nations où, par usage, les enfans tuoyent leurs peres, et d'autres où les peres tuoyent leurs enfans, pour eviter l'empeschement qu'ils se peuvent quelquefois entreporter, et naturellement l'un depend de la ruine de l'autre. Il s'est trouvé des philosophes desdaignans cette cousture naturelle, tesmoing Aristippus : quand on le pressoit de l'affection qu'il devoit à ses enfans pour estre sortis de luy, il se mit à cracher, disant que cela en estoit aussi bien sorty ; que nous engendrions bien des pouz et des vers. Et cet autre, que Plutarque vouloit induire à s'accorder avec son frere : Je n'en fais pas, dict-il, plus grand estat, pour estre sorty de mesme trou. C'est, à la verité, un beau nom et plein de dilection que le nom de frere, et à cette cause en fismes nous, luy et moy, nostre alliance. Mais ce meslange de biens, ces partages, et que la richesse de l'un soit la pauvreté de l'autre, cela detrampe merveilleusement et relasche cette soudure fraternelle. Les freres ayants à conduire le progrez de leur avancement en mesme sentier et mesme train, il est forcé qu'il se heurtent et choquent souvent. D'avantage, la correspondance et relation qui engendre ces vrayes et parfaictes amitiez, pourquoy se trouvera elle en ceux cy ? Le pere et le fils peuvent estre de complexion entierement esloignée, et les freres aussi. C'est mon fils, c'est mon parent, mais c'est un homme farouche, un meschant ou un sot. Et puis, à mesure que ce sont amitiez que la loy et l'obligation naturelle nous commande, il y a d'autant moins de nostre chois et liberté volontaire. Et nostre liberté volontaire n'a point de production qui soit plus proprement sienne que celle de l'affection et amitié. Ce n'est pas que je n'aye essayé de ce costé là tout ce qui en peut estre, ayant eu le meilleur pere qui fut onques, et le plus indulgent, jusques à son extreme vieillesse, et estant d'une famille fameuse de pere en fils, et exemplaire en cette partie de la concorde fraternelle,

et ipse
Notus in fratres animi paterni.

D'y comparer l'affection envers les femmes, quoy qu'elle naisse de nostre choix, on ne peut, ny la loger en ce rolle. Son feu, je le confesse,

neque enim est dea nescia nostri
Quæ dulcem curis miscet amaritiem,

est plus actif, plus cuisant et plus aspre. Mais c'est un feu temeraire et volage, ondoyant et divers, feu de fiebvre, subject à accez et remises, et qui ne nous tient qu'à un coing. En l'amitié, c'est une chaleur generale et universelle, temperée au demeurant et égale, une chaleur constante et rassize, toute douceur et pollissure, qui n'a rien d'aspre et de poignant. Qui plus est, en l'amour, ce n'est qu'un desir forcené apres ce qui nous fuit :

Come segue la lepre il cacciatore
Al freddo, al caldo, alla montagna, al lito ;
Nè più l'estima poi che presa vede,
Et sol dietro a chi fugge affretta il piede.

Aussi tost qu'il entre aux termes de l'amitié, c'est à dire en la convenance des volontez, il s'esvanouist et s'alanguist. La jouyssance le perd, comme ayant la fin corporelle et sujecte à satieté. L'amitié, au rebours, est jouye à mesure qu'elle est desirée, ne s'esleve, se nourrit, ny ne prend accroissance qu'en la jouyssance comme estant spirituelle, et l'ame s'affinant par l'usage. Sous cette parfaicte amitié ces affections volages ont autrefois trouvé place chez moy, affin que je ne parle de luy, qui n'en confesse que trop par ces vers. Ainsi ces deux passions sont entrées chez moy en connoissance l'une de l'autre ; mais en comparaison, jamais : la premiere maintenant sa route d'un vol hautain et superbe, et regardant desdaigneusement cette cy passer ses pointes bien loing au dessoubs d'elle.

Quant aux mariages, outre ce que c'est un marché qui n'a que l'entrée libre (sa durée estant contrainte et forcée, dependant d'ailleurs que de nostre vouloir), et marché qui ordinairement se fait à autres fins, il y survient mille fusées estrangeres à desmeler parmy, suffisantes à rompre le fil et troubler le cours d'une vive affection ; là où, en l'amitié, il n'y a affaire ny commerce, que d'elle mesme. Joint qu'à dire vray la suffisance ordinaire des femmes n'est pas pour respondre à cette conference et communication, nourrisse de cette saincte couture ; ny leur ame ne semble assez ferme pour soustenir l'estreinte d'un nœud si pressé et si durable. Et certes, sans cela, s'il se pouvoit dresser une telle accointance, libre et volontaire, où, non seulement les ames eussent cette entiere jouyssance, mais encores où les corps eussent part à l'alliance, où l'home fut engage tout entier : il est certein que l'amitié en seroit plus pleine et plus comble. Mais ce sexe par nul exemple n'y est encore puu arriver, et par le commun consantemant des escholes antienes en est rejetté.

Et cet' autre licence Grecque est justement abhorrée par nos meurs. La quelle pourtant, pour avoir, selon leur usage, une si necessere disparité d'eages et differance d'offices entre les amans, ne respondoit non plus asses a la parfaicte union et convenance qu'icy nous demandons : « *Quis est enim iste amor amicitiæ ? Cur neque deformem adolescentem quisquam amat, neque formosum senem ?* » Car la peinture mesmes qu'en faict l'Academie ne me desadvouera pas, come je pense, de dire ainsi de sa part : que cette premiere fureur inspiree par le filx de Venus au cœur de l'amant sur l'objet de la fleur d'une tendre jeunesse, a la quelle ils permettent tous les insolens et passionez effors que peut produire un'ardeur immoderee, estoit simplemant fondee en une beauté externe, fauce image de la generation corporelle. Car en l'esperit elle ne pouvoit, du quel la montre estoit encores cachee, qui n'estoit qu'en sa naissance, et avant l'eage de germer. Que si cette fureur sesissoit un bas corage, les moyens de sa poursuite c'estoint richesses, presans, faveur a l'avancemant des dignites, et telle autre basse marchandise, qu'ils reprouvent. Si elle tomboit en un corage plus generus, les entremises estoint genereuses de mesme : instructions philosophiques, enseignemens a reverer la religion, obeir aus loix, mourir pour le bien de son païs, examples de vaillance, prudance, justice : s'estudiant l'amant de se rendre acceptable par la bone grace et beaute de son ame, celle de son corps estant pieç'a fanie, et esperant par cette societe mentale establir un marché plus ferme et durable. Quand cette poursuite arrivoit a l'effaict en sa saison (car ce qu'ils ne requierent point en l'amant, qu'il aportat loisir et discretion en son entreprinse, ils le requierent exactemant en l'aimé : d'autant qu'il luy faloit juger d'une beauté interne, de difficile conoissance et abstruse descouverte), lors naissoit en l'aymé le desir d'une conception spirituelle par l'entremise d'une spirituelle beaute. Cettecy estoit icy principale ; la corporelle, accidentale et seconde : tout le rebours de l'amant. A cette cause preferent ils l'aimé, et verifient que les dieus aussi le preferent, et tansent grandemant le poëte Æschilus d'avoir, en l'amour d'Achilles et de Patroclus, doné la part de l'amant a Achilles qui estoit en la premiere et imberbe verdeur de son adolescence, et le plus beau des Grecs. Apres cette communaute generale, la maistresse et plus digne partie d'icelle exerçant ses offices et predominant, ils disent qu'il en provenoit des fruits tres utilles au privé et au publiq ; que c'estoit la force des païs qui en recevoint l'usage, et la principale defance de l'equité et de la liberté : tesmoin les saluteres amours de Hermodius et d'Aristogiton. Pourtant la noment ils sacree et divine. Et n'est, a leur conte, que la violance des tirans et lacheté des peuples qui luy soit adversere. En fin tout ce qu'on peut doner a la faveur de l'Academie, c'est dire que c'estoit un amour se terminant en amitie : chose qui ne se raporte pas mal a la definition Stoique de l'amour : « *Amorem conatum esse amicitiæ faciendæ ex pulchritudinis specie.* » Je revien a ma description, de façon plus equitable et plus equable : « *Omnino amicitiæ, corroboratis jam confirmatisque ingeniis et ætatibus, judicandæ sunt.* »

Au demeurant, ce que nous appellons ordinairement amis et amitiez, ce ne sont qu'accoinctances et familiaritez nouées par quelque occasion ou commodité, par le moyen de laquelle nos ames s'entretiennent. En l'amitié dequoy je parle, elles se meslent et confondent l'une en l'autre, d'un melange si universel, qu'elles effacent et ne retrouvent plus la couture qui les a jointes. Si on me presse de dire pourquoy je l'aymois, je sens que cela ne se peut exprimer, qu'en respondant : Par ce que c'estoit luy ; parce que c'estoit moy.

Il y a, au delà de tout mon discours, et de ce que j'en puis dire particulierement, ne sçay quelle force inexplicable et fatale, mediatrice de cette union. Nous nous cherchions avant que de nous estre vus, et par des rapports que nous oyïons l'un de l'autre, qui faisoint en nostre affection plus d'effort que ne porte la raison des rappors, je croi par quelque ordonance du ciel : nous nous enbrassions par nos noms. Et a nostre premiere rencontre, qui fut par hasard en une grande feste et compaignie de vile, nous nous trouvames si prins, si conus, si obligez entre nous, que rien des lors ne nous fut si proche que l'un a l'autre. Il escrivit une Satyre Latine excellante, qui est publiee, par la quell' il excuse et explique la præcipitation de nostre intellijance, si promptemant parvenue a sa perfection. Aiant si peu a durer, et aïant si tard comance, car nous estions tous deux homes faicts, et luy plus de quelqu' annee, elle n'avoit point a perdre temps, et a se regler au patron des amities molles et regulieres, aus quelles il faut tant de præcautions de longue et prealable conversation. Ceteci n'a point d'autre idee que d'elle mesme, et ne se peut raporter qu'a soi. Ce n'est pas une speciale consideration, ny deux, ny trois, ny quatre, ny mille : c'est je ne sçay quelle quinte essence de tout ce meslange, qui, ayant saisi toute ma volonté, l'amena se plonger et se perdre dans la siene ; qui, aiant sesi toute sa volonté, l'amena se plonger et se perdre en la miene, d'une faim, d'une concurrance pareille. Je dis perdre, à la verité, ne nous reservant rien qui nous fut propre, ny qui fut ou sien ou mien.

Quand Lælius, en presence des Consuls Romains, lesquels, apres la condemnation de Tiberius Gracchus, poursuivoyent tous ceux qui avoyent esté de son intelligence, vint à s'enquerir de Caius Blosius (qui estoit le principal de ses amis) combien il eut voulu faire pour luy, et qu'il eut respondu : Toutes choses ; — Comment, toutes choses ? suivit-il. Et quoy s'il t'eut commandé de mettre le feu en nos temples ? — Il ne me l'eut jamais commandé, replica Blosius. — Mais s'il l'eut fait ? adjouta Lælius. — J'y eusse obey, respondit-il. S'il estoit si parfaictement amy de Gracchus, comme disent les histoires, il n'avoit que faire d'offenser les consuls par cette derniere et hardie confession ; et ne se devoit départir de l'asseurance qu'il avoit de la volonté de Gracchus. Mais, toutefois, ceux qui accusent cette responce comme seditieuse, n'entendent pas bien ce mystere, et ne presupposent pas, comme il est, qu'il tenoit la volonté de Gracchus en sa manche, et par puissance et par connoissance. Ils estoint plus amis que citoiens, plus amis qu'amis et qu'enemis de leur païs, qu'amis d'ambition et de trouble. S'estant parfaictement commis l'un a l'autre, ils tenoint parfaictement les renes de l'inclination l'un de l'autre ; et faictes guider cet harnois par la vertu et conduite de la raison (come aussi est-il du tout impossible de l'atteler sans cela), la responce de Blosius est telle qu'elle devoit estre. Si leurs actions se desmancharent, ils n'estoint ny amis selon ma mesure l'un de l'autre, ny amis a eus mesmes. Au demurant cette responce ne sonne non plus que feroit la mienne, à qui s'enquerroit à moy de cette façon : Si vostre volonté vous commandoit de tuer vostre fille, la tueriez-vous ? et que je l'accordasse. Car cela ne porte aucun tesmoignage de consentement à ce faire, par ce que je ne suis point en doute de ma volonté, et tout aussi peu de celle d'un tel amy. Il n'est pas en la puissance de tous les discours du monde de me desloger de la certitude que j'ay, des intentions et jugemens du mien. Aucune de ses actions ne me sçauroit estre presentée, quelque visage qu'elle eut, que je n'en trouvasse incontinent le ressort. Nos ames ont charrié si uniement ensemble, elles se sont considérées d'une si ardante affection, et de pareille affection descouvertes jusques au fin fond des entrailles l'une à l'autre, que, non seulement je connoissoy la sienne comme la mienne, mais je me fusse certainement plus volontiers fié à luy de moy qu'à moy.

Qu'on ne me mette pas en ce reng ces autres amitiez communes : j'en ay autant de connoissance qu'un autre, et des plus parfaictes de leur genre, mais je ne conseille pas qu'on confonde leurs regles : on s'y tromperoit. Il faut marcher en ces autres amitiez la bride à la main, avec prudence et precaution ; la liaison n'est pas nouée en maniere qu'on n'ait aucunement à s'en deffier. Aymez le (disoit Chilon) comme ayant quelque jour à le haïr ; haïssez le, comme ayant à l'aymer. Ce precepte qui est si abominable en cette souveraine et maistresse amitié, il est salubre en l'usage des amities ordinaires et costumieres, a l'endroit des quelles il faut emploïer le mot qu'Aristote avoit tres familier : O mes amis, il n'y a nul ami.

En ce noble commerce, les offices et les bienfaits, nourrissiers des autres amitiez, ne meritent pas seulement d'estre mis en compte : cette confusion si pleine de nos volontez en est cause. Car, tout ainsi que l'amitié que je me porte, ne reçoit point augmentation pour le secours que je me donne au besoin, quoy que disent les Stoiciens, et comme je ne me sçay aucun gré du service que je me fay : aussi l'union de tels amis estant veritablement parfaicte, elle leur faict perdre le sentiment de tels devoirs, et haïr et chasser d'entre eux ces mots de division et de difference : bien faict, obligation, reconnoissance, priere, remerciement, et leurs pareils. Tout estant par effect commun entre eux, volontez, pensemens, jugemens, biens, femmes, enfans, honneur et vie, et leur convenance n'estant qu'un' ame en deus cors selon la tres propre definition d'Aristote ils ne se peuvent ny prester ny donner rien. Voila pourquoy les faiseurs de loix, pour honorer le mariage de quelque imaginaire ressemblance de cette divine liaison, defendent les donations entre le mary et la femme, voulant inferer par là que tout doit estre à chacun d'eux, et qu'ils n'ont rien à diviser et partir ensemble. Si, en l'amitié dequoy je parle, l'un pouvoit donner à l'autre, ce seroit celuy qui recevroit le bien-fait, qui obligeroit son compagnon. Car cherchant l'un et l'autre, plus que toute autre chose, de s'entre-bien-faire, celuy qui en preste la matiere et l'occasion est celuy-là qui faict le liberal, donnant ce contentement à son amy, d'effectuer en son endroit ce qu'il desire le plus. Quand le philosofe Diogenes avoit faute d'argent, il disoit qu'il le redemandoit a ses amis, non qu'il le demandoit. Et, pour montrer comment cela se practique par effect, j'en reciteray un ancien exemple, singulier.

Eudamidas, Corinthien, avoit deux amis : Charixenus, Sycionien, et Aretheus, Corinthien. Venant à mourir estant pauvre, et ses deux amis riches, il fit ainsi son testament : Je legue à Aretheus de nourrir ma mere et l'entretenir en sa vieillesse ; à Charixenus, de marier ma fille et luy donner le doüaire le plus grand qu'il pourra ; et, au cas que l'un d'eux vienne à defaillir, je substitue en sa part celuy qui survivra. Ceux qui premiers virent ce testament, s'en moquerent ; mais ses heritiers, en ayant esté advertis, l'accepterent avec un singulier contentement. Et l'un d'eux, Charixenus, estant trespassé cinq jours apres, la substitution estant ouverte en faveur d'Aretheus, il nourrit curieusement cette mere, et, de cinq talens qu'il avoit en ses biens, il en donna les deux et demy en mariage à une sienne fille unique, et deux et demy pour le mariage de la fille d'Eudamidas, desquelles il fit les noces en mesme jour.

Cet exemple est bien plein, si une condition en estoit à dire, qui est la multitude d'amis. Car cette parfaicte amitié, dequoy je parle, est indivisible : chacun se donne si entier à son amy, qu'il ne luy reste rien à departir ailleurs ; au rebours, il est marry qu'il ne soit double, triple, ou quadruple, et qu'il n'ait plusieurs ames et plusieurs volontez pour les conferer toutes à ce subjet. Les amitiez communes, on les peut départir : on peut aymer en cettuy-cy la beauté, en cet autre la facilité de ses meurs, en l'autre la liberalité, en celuy-la la paternité, en cet autre la fraternité, ainsi du reste ; mais cette amitié qui possede l'ame et la regente en toute souveraineté, il est impossible qu'elle soit double. Si deux en mesme temps demandoient à estre secourus, auquel courries vous ? S'ils requeroient de vous des offices contreres, quel ordre y trouverries vous ? Si l'un commetoit a vostre silance chose qui fut utille a l'autre de sçavoir, comant vous en desmeleries vous ? L'unique et principale amitie descout toutes autres obligations. Le secret que j'ay juré ne déceler a nul autre, je le puis, sans parjure, communiquer a celuy qui n'est pas autre : c'est moy. C'est un asses grand miracle de se doubler ; et n'en conessent pas la hauteur, ceus qui parlent de se tripler. Rien n'est extreme, qui a son pareil. Et qui presupposera que de deus j'en aime autant l'un que l'autre, et qu'ils s'entraiment et m'aiment autant que je les aime, il multiplie en confrerie la chose la plus une et unie, et de quoi une seule est encore la plus rare a trouver au monde.

Le demeurant de cette histoire convient tres-bien à ce que je disois : car Eudamidas donne pour grace et pour faveur à ses amis de les employer à son besoin. Il les laisse heritiers de cette sienne liberalité, qui consiste à leur mettre en main les moyens de luy bien-faire. Et, sans doubte, la force de l'amitié se montre bien plus richement en son fait qu'en celuy d'Aretheus. Somme, ce sont effects inimaginables à qui n'en a gousté, et qui me font honorer a merveilles la responce de ce jeune soldat a Cyrus s'enquerant a luy pour conbien il voudroit doner un cheval, par le moien du quel il venoit de gaigner le pris de la course, et s'il le voudroit eschanger a un Royaume : Non certes, Sire, mais bien le lairrois je volontiers pour en acquerir un ami, si je trouvois home digne de telle alliance.

Il ne disoit pas mal : si j'en trouvois ; car on treuve facilement des homes propres a une superficielle acointance. Mais en ceteci, en la quelle on negotie du fin fons de son corage, qui ne faict rien de reste, certes il est besoin que tous les ressors soint netz et surs parfaictemant.

Aus confederations qui ne tienent que par un bout, on n'a a pourvoirs qu'aus imperfections qui particulierement interessent ce bout la. Il ne peut chaloir de quelle relligion soit mon medecin et mon advocat. Cette consideration n'a rien de commun aveq les offices de l'amitie qu'ils me doivent. Et, en l'acouintance domestique que dressent aveq moi ceus qui me servent, j'en fois de mesmes. Et m'enquiers peu, d'un laquai, s'il est chaste ; je cherche s'il est diligent. Et ne creins pas tant un muletier joueur que imbécille, ny un cuisinier jureur qu'ignorant. Je ne me mesle pas de dire ce qu'il faut faire au monde, d'autres asses s'en meslent, mais ce que j'y fois.

Mihi sic usus est ; tibi, ut opus est facto, face.

A la familiarite de la table j'associe le plesant, non le prudant ; au lict, la beaute avant la bonté ; en la societe du discours, la suffisance, voire sans la preud'homie. Pareillement ailleurs.

Tout ainsi que cil qui fut rencontré à chevauchons sur un baton, se jouant avec ses enfans, pria l'home qui l'y surprint, de n'en rien dire, jusques à ce qu'il fut pere luy-mesme, estimant que la passion qui luy naistroit lors en l'ame, le rendroit juge equitable d'une telle action : je souhaiterois aussi parler à des gens qui eussent essayé ce que je dis. Mais, sçachant combien c'est chose eslongnée du commun usage qu'une telle amitié, et combien elle est rare, je ne m'attens pas d'en trouver aucun bon juge. Car les discours mesmes que l'antiquité nous a laissé sur ce subject, me semblent lâches au pris du sentiment que j'en ay. Et, en ce poinct, les effects surpassent les preceptes mesmes de la philosophie :

Nil ego contulerim jucundo sanus amico.

L'ancien Menander disoit celuy-là heureux, qui avoit puu rencontrer seulement l'ombre d'un amy. Il avoit certes raison de le dire, mesmes s'il en avait tasté. Car, à la verité, si je compare tout le reste de ma vie, quoy qu'aveq la grace de Dieu je l'ay passée douce, aisée et, sauf la perte d'un tel amy, exempte d'affliction poisante, pleine de tranquillité d'esprit, ayant prins en payement mes commoditez naturelles et originelles sans en rechercher d'autres : si je la compare, dis-je, toute aux quatre années qu'il m'a esté donné de jouyr de la douce compagnie et société de ce personnage, ce n'est que fumée, ce n'est qu'une nuit obscure et ennuyeuse. Depuis le jour que je le perdy,

quem semper acerbum,
Semper honoratum (sic, Dii, voluistis) habebo,

je ne fay que trainer languissant ; et les plaisirs mesmes qui s'offrent à moy, au lieu de me consoler, me redoublent le regret de sa perte. Nous estions à moitié de tout ; il me semble que je luy desrobe sa part,

Nec fas esse ulla me voluptate hic frui
Decrevi, tantisper dum ille abest meus particeps.

J'estois desja`si fait et accoustumé à estre deuxiesme par tout, qu'il me semble n'estre plus qu'à demy.

Illam meæ si partem animæ tulit
Maturior vis, quid moror altera,
Nec charus æque, nec superstes
Integer ? Ille dies utramque
Duxit ruinam.

Il n'est action ou imagination où je ne le trouve à dire, comme si eut-il bien faict à moy. Car, de mesme qu'il me surpassoit d'une distance infinie en toute autre suffisance et vertu, aussi faisoit-il au devoir de l'amitié.

Quis desiderio sit pudor aut modus
Tam chari capitis ?
O misero frater adempte mihi !
Omnia tecum una perierunt gaudia nostra,
Quæ tuus in vita dulcis alebat amor.

Tu mea, tu moriens fregisti commoda, frater ;
Tecum una tota est nostra sepulta anima,
Cujus ego interitu tota de mente fugavi
Hæc studia atque omnes delicias animi.
Alloquar ? audiero nunquam tua verba loquentem ?
Nunquam ego te, vita frater amabilior,
Aspiciam posthac ? At certe semper amabo ?

Mais oyons un peu parler ce garson de sese ans.

Parce que j'ay trouvé que cet ouvrage a esté depuis mis en lumiere, et à mauvaise fin, par ceux qui cherchent à troubler et changer l'estat de nostre police, sans se soucier s'ils l'amenderont, qu'ils ont meslé à d'autres escris de leur farine, je me suis dédit de le loger icy. Et affin que la memoire de l'auteur n'en soit interessée en l'endroit de ceux qui n'ont pu connoistre de pres ses opinions et ses actions, je les advise que ce subiect fut traicté par luy en son enfance, par maniere d'exercitation seulement, comme subjet vulgaire et tracassé en mille endroits des livres. Je ne fay nul doubte qu'il ne crust ce qu'il escrivoit, car il estoit assez conscientieux pour ne mentir pas mesmes en se jouant. Et sçay d'avantage que, s'il eut eu à choisir, il eut mieux aimé estre nay à Venise qu'à Sarlac : et aveq raison. Mais il avoit un' autre maxime souverainement empreinte en son ame, d'obeyr et de se soubmettre tres-religieusement aux loix sous lesquelles il estoit nay. Il ne fut jamais un meilleur citoyen, ny plus affectionné au repos de son païs, ny plus ennemy des remuements et nouvelletez de son temps. Il eut bien plustost employé sa suffisance à les esteindre, que à leur fournir dequoy les émouvoir d'avantage. Il avoit son esprit moulé au patron d'autres siecles que ceux-cy.

Or, en eschange de cet ouvrage serieux, i'en substitueray un autre, produit en cette mesme saison de son aage, plus gaillard et plus enjoué.

Montaigne, *Œuvres complètes*, tome II (*Essais*, livre premier). Texte du manuscrit de Bordeaux, 1924, Paris, Louis Conard, libraire-éditeur.

MARIE LE JARS DE GOURNAY (1565-1645)

La communication des belles âmes

Marie de Gournay, « fille d'alliance » de Montaigne, complète le trio formé par ce dernier et La Boétie. Honorant l'amitié, à la suite, et sous les auspices, de son père adoptif, elle commence par rendre hommage à l'auteur des *Essais* : « Ne me sentant pas capable de célébrer ce présent céleste, après [...] les merveilles qu'en a su réciter mon second père, je me contenterai de continuer à lui forger une couronne de gloire des plus illustres autorités. »

À l'époque où vécut et mourut, octogénaire, la demoiselle de Gournay, peu de femmes imprimaient et réussissaient à vivre de leur plume. Moins encore nous ont laissé des réflexions sur l'amitié. À ces trois titres, Marie de Gournay est exceptionnelle. Elle était née à Paris, fille aînée de Jeanne d'Hacqueville et de Guillaume de Jars, secrétaire ordinaire de la Chambre du roi. Son père mourut en 1577, laissant six orphelins que leur mère, pour des raisons financières, emmena vivre dans leur château de Gournay-sur-Aronde, en Picardie.

À dix-huit ans, et malgré l'hostilité de sa mère à toute forme d'éducation intellectuelle pour les filles, la jeune dévoreuse de livres, qui avait appris le latin en comparant les originaux avec leurs traductions françaises, ouvrit par hasard le volume des *Essais* qui venait de paraître ; elle fut éblouie, parvint à rencontrer leur auteur et devint ainsi la « fille d'alliance » de Michel de Montaigne. D'un séjour à Gournay de ce dernier, l'été 1588, de leurs promenades et inlassables discussions sur la littérature et sur la révision de l'édition des *Essais*, naquit la première œuvre de Marie Le Jars, *Le Promenoir de Monsieur de Montaigne*, publiée en 1594. Et, ensemble, ils lurent Plutarque, que La Boétie avait traduit.

La mort de son ami autant que père d'élection désespéra Marie qui réagit ainsi à la nouvelle : « Il ne m'a duré que quatre ans, non plus qu'à lui La Boétie. Serait-ce que le destin, par pitié des autres hommes, eût limité telles amitiés à ce terme, afin que le dédain d'un bonheur si court les gardât de s'engager aux douleurs qu'il faut souffrir de la privation ? » Après la disparition de Montaigne, Marie de Gournay commença le travail d'édition de l'œuvre de Montaigne à partir de documents qui lui furent envoyés par sa veuve et Pierre de Brach. Plus tard elle fut même invitée par Mme de Montaigne et sa fille Léonor à venir travailler dans la « librairie » sur les manuscrits annotés par l'écrivain. Après la célèbre édition de 1598, elle ne cessa, jusqu'à sa mort, de travailler sur l'œuvre de son père d'alliance.

C'est grâce à son travail d'éditrice des *Essais* de Montaigne que Marie de Gournay est passée à la postérité. Et Marie accomplit sur l'œuvre de son ami et père d'alliance le même projet posthume que ce dernier avait tenté dans *Les Essais* à la mémoire de son ami défunt (v. Montaigne). Elle l'avait aimé avant de le connaître par la seule lecture des *Essais*, de même qu'il avait aimé Étienne de La Boétie sur la seule lecture du *Discours sur la servitude volontaire* (v. La Boétie). Après la mort de l'ami, Michel pour La Boétie, Marie pour Montaigne édifient un tombeau dans leur œuvre à un être et à un auteur qu'ils ont infiniment aimé. Ils font ainsi à la lettre et dans l'esprit œuvre d'amitié.

Mais au-delà de sa dévotion pour Montaigne, Marie de Gournay, alchimiste et poète, linguiste, philologue, essayiste et critique littéraire, laissa de nombreux écrits, certains de commande ou de circonstance, d'autres pour se défendre contre les nombreuses attaques personnelles et pour défendre les femmes en général et celles qui écrivent en particulier : *De l'éducation des enfants de France*, en 1600, *Bienvenue de Monseigneur le duc d'Anjou*, en 1608, *Adieu de l'âme du Roi de France et de Navarre, Henry le Grand à la Reine, avec la défense des pères jésuites*, en 1610. Ses œuvres autobiographiques et autoapologétiques, *Copie de la vie de la Demoiselle de Gournay, Peinture de mœurs, Égalité des hommes et des femmes*, et *Apologie pour celle qui écrit*, seront regroupées en 1634 dans *Les Avis ou les Présents de la demoiselle de Gournay*, qui reprennent l'ensemble de ses écrits.

L'auteur du *Grief des dames*, la « mère du féminisme moderne », comme l'appelle Théodore Joran, ne porte pas sur l'amitié un regard particulièrement féministe dans le chapitre ci-inclus, non plus que dans celui intitulé « De l'impertinente amitié ». Elle se contente de reprendre l'idée développée par son « second père », de l'ami comme autre soi-même. Elle énumère les bienfaits de l'amitié limités à « la communication des belles âmes », en s'appuyant sur la tradition et l'autorité des Anciens. Mais si la demoiselle de Gournay n'aborde pas directement la question de l'amitié mixte ou de l'amitié entre femmes, ses liens privilégiés avec Montaigne, son aisance à discourir de l'amitié comme beaucoup d'hommes avant et après elle, son exemple enfin suffisent à démontrer qu'une femme éduquée a les mêmes aptitudes à l'amitié qu'un homme.

L'auteur des *Essais* l'avait vite compris, lui qui écrivit à propos de la très jeune fille : « J'ai pris plaisir à publier en plusieurs lieux l'espérance que j'ai de Marie de Gournay Le Jars, ma fille d'alliance : et certes aimée de moi plus que paternellement, et enveloppée en ma retraite et solitude, comme l'une des meilleures parties de mon propre être. Je ne regarde plus qu'elle au monde. Si l'adolescence peut donner présage, cette âme sera quelque jour capable des plus belles choses, et entre autres de la perfection de cette très sainte amitié où nous ne lisons point que son sexe ait pu monter encore. »

Que par nécessité les grands esprits et les gens de bien cherchent leurs semblables

Si l'homme cherche son souverain bien au Ciel, il fait sagement ; s'il le cherche en Terre, je veux fonder une secte nouvelle de philosophie pour en dire mon opinion. Dieu n'a fait au Monde terrestre nul présent si beau que l'homme, ni nul si beau présent à l'homme que l'homme. Disons mieux, cette vérité passe jusque-là, que l'homme n'est pas entier proprement, s'il n'est double ; car il a le vivre en soi, mais le vivre heureusement en son semblable ; et l'y a tellement qu'il ne trouve point la félicité où il est seul, voire quand il serait exempt des communes et vulgaires nécessités de la vie, dépendantes du ministère d'un second. Il y a plus, c'est que si l'homme, et conséquemment la vie, est double en parfaite société, la mort n'est que demie : l'une et l'autre en ces termes par l'officieuse, douce et fructueuse présence ou survivance de l'associé, si l'on s'est apparié dignement, et qu'on apporte soi-même un juste talent à cette alliance. [...]

Ne me sentant pas capable de célébrer ce présent céleste, après des Auteurs si grands, et moins après les merveilles qu'en a su réciter mon second Père, je me contenterai de continuer à lui forger une couronne de gloire des plus illustres autorités.

Mettons en oubli donc les déifications de Pylade et d'Oreste, pour l'honneur de l'Amitié. Oublions ce jeune et gentil Grec, tant loué de mon même Père, qui n'eut pas, disait-il, donné son cheval victorieux des jeux Olympiques pour un Royaume, mais bien pour un ami, s'il eût trouvé quelqu'un digne d'occuper ce titre. Oublions que ce fameux Auguste disait avoir trouvé une contremine et restitutions à tous les accidents sinistres qui avaient battu sa vie, maladies cuisantes et longues autant que ses jours, opprobres des siens, brigues, révoltes, ruines d'armées, et pis, si pis y pouvait être, pourvu qu'on exceptât seulement la mort de Mécenas, et d'Agrippa, personnages de grand mérite, et ses chers amis et francs conseillers de qui rien ne lui avait jamais pu couvrir ni compenser la perte. Oublions que l'Empereur Aurélianus, oyant un jour de son lit ses gardes menacer un homme de la mort, pour être contre l'ordonnance, entré dans sa tente pendant qu'il dormait, s'écria : Que l'ordonnance eût lieu sur sa vie, s'il se trouvait qu'il fût venu le chercher pour lui-même, et qu'on le sauvât, s'il venait pour un ami, comme en effet on trouva qu'il faisait. Omettons encore que tous les discours de ce grand Héros, l'aîné Scipion, étaient de l'Amitié, pour voir désormais seulement ce qu'en disent les Sacrées Ecritures. Saint Paul aux Romains, Neuvième, déclare qu'il consentirait d'être damné pour ses frères, et Moïse en l'Exode, Trente-deuxième, prie Dieu courroucé de l'effacer lui-même du Livre de vie, s'il ne lui plaît d'avoir pitié du Peuple qu'il lui avait commis. Enfin l'ami fidèle, dit le Sage, est une forte protection : qui le trouve trouve un trésor insigne, et l'or ni l'argent ne se peuvent contre peser à son prix. Combien hautement entonne-t-il aussi ce mot : malheur à l'homme seul. Mais qu'avons-nous affaire de remarquer autre parole pour ce regard que celle de Jésus-Christ même, lequel, publiant que ceux qui font la volonté de Dieu son Père sont sa mère et ses frères, préfère ou du moins égale l'Amitié et l'Ami à tout degré de parentage : puis que celui qui fait cette volonté n'est autre que l'homme de bien, sage, officieux et débonnaire, *ergo* le vrai ami et le nécessaire objet de la vraie Amitié. Or quel besoin est-il, après tout, d'alléguer la parole de Jésus-Christ en chose où ses effets propres sonnent si clairement, s'étant dévoué sang et vie pour la charitable ardeur d'une vraie Amitié ?

Donc, pour venir à notre texte choisi par le titre de ce Traité, toutes sortes d'âmes perdent extrêmement en la privation de l'Amitié : mais plus y perdent les grandes, qui présenteraient aux justes objets de leur affection, une plus riche moisson à recueillir en elles, et la recueilleraient plus riche en eux mutuellement, par leur prudence et perspicacité précellentes à ménager ce fruit : je dis ces délices, ces lumières, ces inspirations au Bien, qu'une belle âme trouve en une autre. Certainement, il y a mille preuves pour convaincre des gens qui prêchent qu'une âme de cette forme se peut contenter en soi-même par sa propre grandeur, afin de nous faire croire, qu'ils se tiennent à la solitude, pour ce que la leur est de ce calibre, couvrant de ce beau prétexte le défaut qui les empêche de goûter cette précieuse rencontre, lequel véritablement consiste en cela que leurs Génies sont éloignés de la droite correspondance requise à une telle association. Et qui pourrait goûter une rencontre de tel prix la désirerait de passion ardente : la volupté d'un grand esprit, qui naît principalement au commerce d'un autre esprit plus haut, conforme et ami, devant être supérieure à toutes les voluptés humaines, puisqu'elle se crée en la partie supérieure de l'homme, et de l'homme supérieur entre ses compagnons par son excellence, partie ailleurs, qui anime et vivifie tous les autres plaisirs. C'est pourquoi nul amant n'est si tyranniquement enchaîné à l'autre amant par les yeux, que les plus honnêtes gens le sont l'un à l'autre par les oreilles ; et de pareille mesure qu'une belle âme surpasse le corps, de pareille mesure son aliment, qui ne se trouve qu'en la communication des belles âmes, lui sera plus plaisant que le corps ne répute le sien, et guère moins nécessaire. [...]

Pour conclure, tel qu'est plaisir que les honnêtes gens et sages prennent à rencontrer un sage, tel est le dégoût que la même rencontre porterait aux âmes de peu de valeur ; il se nomme la touche où le bon et le faux or s'éprouvent car chacun déclare ce qu'il vaut selon l'état et la recherche qu'il fait de sa personne. La vigueur de sa tête et sa vertu qui sont séminaires de délices aux sagesses semblables, ce sont elles-mêmes qui foulent et froissent les esprits mal nés et sa clairvoyance n'est pas plus opportune à celui qui vaut beaucoup qu'elle est importune à celui-ci qui vaut peu car si vous connaissez celui-ci, vous le ruinez ; son bien, et sa gloire n'y consistent qu'à se faire prendre pour un autre. Aussi est-il vrai qu'alors que j'ai su qu'il y eut quelque étroite intelligence entre deux âmes, si tôt que j'en ai connu l'une, je me suis assurée de les connaître toutes deux selon le bon avis du Proverbe : dis-moi qui tu fréquentes, je te dirai qui tu es. C'est ce que les clercs appellent : *Pares con paribus.* Auquel propos passant du spirituel au corporel, il se trouve qu'on présentait la fleur des Dames d'Asie au bœuf Apis, Dieu d'Égypte ; fuyant cette image d'amour informe et grotesque, il courait furieux après les vaches. Comment pourriez-vous apparier à même timon, un bon et un méchant cheval ? Tous deux s'empêcheraient et se harasseraient également. Et qui voudra multiplier cet exemple jusqu'à l'amour ; qu'un galant homme échappait à l'esprit de Théano si sa modestie lui permettait de le vouloir captiver, et qu'un lourdaud se prît en ses lacets, ce sont choses peut-être autant impossibles l'une que l'autre. Et vous ne sauriez attraper un buffle avec délié filet de soie ; mais si feriez bien quelque rossignol ou quelque serein. En somme les belles âmes s'allient infailliblement et nécessairement ensemble, et de plus en ces termes. Toi et moi nous attribuons l'une à l'autre pour ce que la vraie félicité de l'une et de l'autre est en sa compagne, et nulle part ailleurs durant le cours de cette vie.

Marie Le Jars de Gournay, *Les Avis ou les présents de la demoiselle de Gournay*, Paris, Toussaint du Bray, 1634, livre premier.

PIERRE CHARRON (1541-1603)

Une flamme sacrée allumée en nos poitrines

Dans son chapitre « De l'amour ou amitié », le théologien Pierre Charron renoue avec la *philia* antique qui ne fait pas toujours la différence entre les différentes formes d'attachement. Par ailleurs, il emprunte directement aux propos de Montaigne sur l'amitié et la fin de son chapitre est une paraphrase de ce dernier.

D'une façon générale, Pierre Charron s'est inspiré des *Essais* de Montaigne pour rédiger ses *Livres de la sagesse* (1601) dans lesquels il prône la tolérance religieuse. Son apologie de la raison l'a même fait accuser d'athéisme. Pierre Charron consacre ce chapitre à l'amitié, dans son troisième livre, et affirme ainsi, à la suite du maire de Bordeaux, le renouveau du sujet dans le débat philosophique.

Il donne cependant une tournure beaucoup plus académique, proche des classiques de l'Antiquité, à la pensée de l'auteur des *Essais*, et ne personnalise pas son analyse, comme l'avait si excellemment fait l'ami de La Boétie. Il reprend, dans le contexte d'une société plus hiérarchisée que la cité antique, l'exigence de l'égalité entre amis. Elle commande d'éviter l'amitié entre supérieurs et inférieurs, de même que l'amitié entre parents, qui ne répond pas à l'impératif de liberté de choix.

Le lecteur moderne sera sensible aux propos du théologien sur la mollesse inévitable de l'amitié conjugale, liée à « la faiblesse et insuffisance de la femme, qui ne peut répondre et tenir bon à cette parfaite conférence et communication des pensées et jugements ». Si le thème de l'amitié entre homme et femme est effleuré dans le contexte du mariage, il n'est pas question de concevoir même l'amitié entre femmes.

La démarche de Charron témoigne que, désormais, toute réflexion sur l'amitié prend en compte l'apport de Montaigne, autant que celui d'Aristote et de Cicéron.

L'amitié est l'âme et la vie du monde

Amitié est une flamme sacrée allumée en nos poitrines premièrement par nature, et a monstré sa premiere ardeur entre le mary et la femme, les parens et les enfans, les freres et sœurs ; et puis se refroidissant a esté rallumée par art et invention des alliances, compagnies, frairies, colleges et communautés. Mais pour ce qu'en tout cela estant divisée en plusieurs pieces elle s'affoiblissoit, et qu'elle estoit meslée et detrempée avec d'autres considerations utiles, commodes, delectables, pour se roidir et nourrir plus ardente, s'est ramassée toute en soy et raccourcie plus estroicte entre deux vrays amis. Et c'est la parfaicte amitié, qui est d'autant plus chaude et spirituelle que toute autre, comme le cueur est plus chaud que le foye et le sang des veines.

L'amitié est l'ame et la vie du monde, plus necessaire, disent les sages, que le feu et l'eau, *amicitia necessitudo, amici necessarii* : c'est le soleil, le baston, le sel de nostre vie ; car sans icelle tout est tenebres : et n'y a aucune joye, soustien ny goust de vivre : *Amicus fidelis protectio fortis, medicamentum vitœ et immortalitatis : et qui invenit illum, invenit thesaurum.*

Et ne faut penser que l'amitié ne soit utile et plaisante qu'en privé et pour les particuliers ; car encores l'est-elle plus au public, c'est la vraye mere nourrice de la societé humaine, conservatrice des estats et polices. Et n'est suspecte ny ne desplaist qu'aux tyrans et aux monstres, non qu'ils ne l'adorent en leur cueur, mais pource qu'ils ne peuvent estre de l'escot ; l'amitié seule suffit à conserver ce monde : et si elle estoit en vigueur partout, il ne seroit jà besoin de loy, qui n'a esté mise sus que subsidiairement et comme un second remede au deffaut de l'amitié ; affin de faire et contraindre par son authorité ce qui debvroit estre librement et volontairement faict par amitié. Mais la loy demeure beaucoup au dessoubs d'elle. Car l'amitié reigle le cueur, la langue, la main, la volonté et les effects. La loy ne peut pourvoir qu'au dehors. C'est pourquoy Aristote a dict que les bons legislateurs ont eu plus de soin de l'amitié que de la justice ; et pource que la loy et la justice souvent encores perd son credit, le troisiesme remede et moindre de tous a esté aux armes et à la force du tout contraire au premier de l'amitié. Voylà par degrés les trois moyens du gouvernement politique ; mais l'amitié vaut bien plus que les autres, aussi les seconds et subsidiaires ne valent jamais tant que le premier et principal.

Il y a grande diversité et distinction d'amitié : celle des anciens en quatre especes, naturelle, sociale, hospitaliere, venerienne, n'est point suffisante. Nous en pouvons marquer trois. La premiere est tirée des causes qui l'engendrent, qui sont quatre, nature, vertu, proffit, plaisir, qui marchent quelques fois toutes en troupe ; autrefois deux ou trois, et assez souvent une seule. Mais la vertu est la plus noble et la plus forte ; car elle est spirituelle et au cueur, comme l'amitié ; la nature est au sang, le proffit en la bourse, le plaisir en quelque partie et sentiment du corps. Aussi la vertu est plus libre, plus franche et nette ; et sans icelle les autres causes sont chetifves, lasches et caduques. Qui ayme pour la vertu ne se lasse point d'aymer, et si l'amitié se rompt, ne se plainct point. Qui ayme pour le proffit, si elle se rompt, se plainct impudemment, vient en reproche qu'il a tout faict, et a tout perdu. Qui ayme pour le plaisir, si la volupté cesse, il se separe et s'estrange du tout sans se plaindre.

La seconde distinction, qui est pour le regard des personnes, se faict en trois especes : l'une est en droicte ligne, entre superieurs et inferieurs, et est, ou naturelle, comme entre parens et enfans, oncles et neveux ; ou legitime, comme entre le prince et les subjects, le seigneur et les vassaux, le maistre et les serviteurs, le docteur et le disciple, le prelat ou gouverneur et le peuple. Or cette espece n'est point à proprement parler amitié, tant à cause de la grande disparité qui est entre eux, qui empesche la privauté et familiarité et entiere communication, fruict et effect principal de l'amitié, qu'aussi à cause de l'obligation qui y est, qui faict qu'il y a moins de liberté et de nostre choix et affection. Voylà pourquoy on leur donne d'autres noms que d'amitié. Car aux inferieurs on requiert d'eux honneurs, respect, obeyssance ; aux superieurs, soing et vigilance envers les inferieurs. La seconde espece d'amitié pour le regard des personnes est en ligne couchée et collaterale entre pareils ou presque pareils. Et cette-cy est encores double : car ou elle est naturelle, comme entre freres, sœurs, cousins ; et cette-cy est plus amitié que la precedente, car il y a moins de disparité. Mais il y a de l'obligation de nature, laquelle comme d'un costé elle noue et serre, de l'autre elle relasche. Car à cause des biens et partages et des affaires, il faut quelques fois que les freres et parens se heurtent ; outre que souvent la correspondance et relation d'humeurs et volontés, qui est l'essence de l'amitié, ne s'y trouve pas ; c'est mon frere, mon parent, mais il est meschant, sot. Ou elle est libre et volontaire comme entre compagnons et amys, qui ne se touchent et tiennent de rien que de la seule amitié, et cette est proprement et vrayement amitié.

La troisiesme espece touchant les personnes est mixte et comme composée des deux, dont elle est ou doibt estre plus forte ; c'est la conjugale des mariés, laquelle tient de l'amitié en droicte ligne, à cause de la superiorité du mary et inferiorité de la femme, et de l'amitié collaterale, estans tous deux de compagnie parties joinctes ensemble et se costoyant. Dont la femme a esté tirée non de la teste, ny des pieds, mais du costé de l'homme. Aussi les mariés par-tout et alternativement exercent et monstrent toutes ces deux amitiés : en public, la droicte ; car la femme sage honore et respecte le mary : en privé, la collaterale, privée et familiere. Cette amitié de mariage est encores d'une autre façon double et composée ; car elle est spirituelle et corporelle, ce qui n'est pas ès autres amitiés, sinon en celle qui est reprouvée par toutes bonnes loix, et par la nature mesme. L'amitié donc conjugale par ces raisons est grande, forte et puissante. Il y a toutesfois deux ou trois choses qui la relaschent et empeschent qu'elle puisse parvenir à perfection d'amitié : l'une qu'il n'y a que l'entrée du mariage libre, car son progrès et sa durée est toute contraincte, forcée, j'entends aux mariages chrestiens ; car par-tout ailleurs elle est moins contraincte, à cause des divorces qui sont permis : l'autre est la foiblesse et insuffisance de la femme, qui ne peut respondre et tenir bon à cette parfaicte conference et communication des pensées et jugemens : son ame n'est pas assez forte et ferme pour fournir et soustenir l'estraincte d'un nœud si fort, si serré, si durable ; c'est comme nouer une chose forte et grosse avec une mince et deliée. Cette-cy ne remplissant pas assez, s'eschape, glisse et se desrobe de l'autre. Encores y a-t-il icy qu'en l'amitié des mariés ils se meslent de tant d'autres choses estrangeres, les enfans, les parens d'une part et d'autre, et tant d'autres fusées à demesler qui troublent souvent et relaschent une vive affection.

La troisiesme distinction d'amitié regarde la force et intention, ou la foiblesse et diminution de l'amitié. Selon cette raison il y a double amitié : la commune et imparfaicte, qui se peut appeller bienveillance, familiarité, accointance privée, et a une infinité de degrés ; l'une plus estroicte, intime et forte que l'autre : et la parfaicte, qui ne se voit point, et est un phénix au monde, à peine est-elle bien conceue par imagination.

Nous les cognoistrons toutes deux en les despeignant et confrontant ensemble, et recognoissant leurs differences. La commune se peut bastir et concilier en peu de temps. De la parfaicte il est dict qu'il faut deliberer fort long-temps et manger un muy de sel.

1. La commune s'acquiert, se bastit, et se dresse par tant de diverses occasions et occurrences utiles, delectables ; dont un sage donnoit ces deux moyens d'y parvenir, dire choses plaisantes, et faire choses utiles ; la parfaicte par la seule vraye et vive vertu reciproquement bien cognue.

2. La commune peut estre avec et entre plusieurs, la parfaicte avec un seul, qui est un autre soy-mesme, et ainsi entre deux seulement, qui ne sont qu'un. Elle s'impliqueroit et s'empescheroit entre plusieurs ; car si deux en mesme temps demandoient estre secourus, s'ils me demandoient offices contraires, si l'un commettoit à mon silence chose qu'il est expedient à l'autre de sçavoir, quel ordre ? Certes la division est ennemye de perfection et union sa germaine.

3. La commune reçoit du plus et du moins, des exceptions, restrictions et modifications, s'eschauffe ou relasche, subjecte à accès et recès, comme la fiebvre, selon la presence ou absence, merites, bienfaicts, etc. ; la parfaicte non, tousjours mesme, marchant d'un pas esgal, ferme, hautain et constant.

4. La commune reçoit et a besoing de plusieurs reigles et precautions données par les sages, dont l'une est d'aymer sans interest de la pieté, verité, vertu, *amicus usque ad aras.* L'autre est d'aymer comme si l'on avoit à hayr, et hayr comme si l'on avoit à aymer, c'est à dire tenir tousjours la bride en la main, et ne s'abandonner pas si profusement, que l'on s'en puisse repentir, si l'amitié venoit à se desnouer.

Item d'ayder et secourir au besoing sans estre requis ; car l'amy est honteux, et luy couste de demander ce qu'il pense luy estre deu : item, n'estre importun à ses amys, comme ceux qui se plaignent tousjours à la maniere des femmes. Or toutes ces leçons très salutaires aux amitiés ordinaires n'ont point de lieu en cette souveraine et parfaicte amitié.

Nous sçaurons encores mieux cecy par la peincture et description de la parfaicte amitié, qui est une confusion de deux ames, très libre, pleine et universelle.

Pierre Charron, *De l'Amour ou amitié*, in *De la sagesse*, trois livres, Paris, Édition de Paris, 1824.

FRANCIS BACON (1561-1626)

Une libre communication

« Celui qui possède un véritable ami peut s'assurer que ce qu'il aura souhaité ne sera pas oublié après lui, et par ce moyen il aura pour ainsi dire deux vies en sa disposition... Deux amis se doublent, pour ainsi dire réciproquement ; car ce qu'on ne peut faire par soi-même, on le fait par son ami. » Si Montaigne, pleurant La Boétie, se sentait amputé de la moitié de lui-même, au contraire Bacon a le sentiment qu'un ami permet de vivre doublement. L'utilisation de la métaphore reflète la diversité des approches — anglaise et française — à l'égard de l'amitié, l'une pragmatique, l'autre idéaliste.

Homme d'État, philosophe et savant anglais, Francis Bacon incarne l'homme idéal de la Renaissance avec ses talents aux facettes multiples. Après une formation de juriste, Bacon entra à la Chambre des communes et occupa les charges d'avocat, de procureur général, de garde des Sceaux et de grand chancelier. Créé baron Verulam et vicomte de Saint Albans, il dut renoncer à ses fonctions à la suite d'une affaire de concussion. Pour les historiens, Francis Bacon est avant tout le grand réformateur des sciences qui chercha à rompre avec la tradition aristotélicienne et scolastique. Son œuvre littéraire comprend des ouvrages politiques et historiques mais, dans ce domaine, il reste plus connu comme l'auteur des *Essais de morale et politique,* l'un de ses premiers textes, rédigé en 1597.

S'il avait lu les *Essais* du Français Montaigne, Bacon n'a guère subi leur influence. Son approche de l'amitié est plus pratique ; il dispense le lecteur des traditionnels discours sur la nature de l'amitié et cherche avant tout à déterminer sa raison d'être et son utilité. Dans cette perspective utilitaire qui avait été rejetée par la plupart des penseurs de l'amitié, il distingue trois « fruits » de l'amitié : le soulagement du cœur, « les conseils salutaires et désintéressés » que prodigue un véritable ami ; enfin l'infinité des soulagements et petits secours qu'on reçoit d'un ami au quotidien, et qu'il compare à une grenade remplie d'une infinité de petits grains.

Cette attention aux services rendus, qui avaient été disqualifiés par beaucoup de penseurs de l'amitié, place Françis Bacon à l'origine d'une tradition plus matérialiste, non exempte d'un cynisme qui rappelle

Machiavel. Comme le Florentin justement, Bacon s'intéresse à l'ami du prince et y consacre une part importante de sa réflexion sur l'amitié : « On est au premier coup d'œil étonné de voir les princes attacher tant de prix à cette sorte d'amitié dont nous parlons... car les princes sont dans une telle élévation qu'ils ne peuvent cueillir ce doux fruit de l'amitié qu'en élevant à leur hauteur quelqu'un de leurs sujets pour en faire en quelque manière leur égal et leur compagnon, ce qui les expose à beaucoup d'inconvénients. »

Par des voies différentes de ses prédécesseurs, Bacon conclut cependant sur le rôle et la nécessité de l'amitié dans une existence humaine : « Quoi qu'il en soit, nous pouvons dire qu'il n'est point de solitude plus affreuse que celle de l'homme sans amis, et que, sans l'amitié, ce monde n'est à proprement parler qu'un désert. »

Comme les épicuriens, il insiste sur son effet de « redoublement » des joies et compare son impact sur l'âme humaine à celui de la pierre philosophale dans l'ordre alchimique. Il termine sa démonstration par une belle métaphore philosophique et théâtrale : dans la comédie humaine, un homme sans amis peut difficilement jouer son personnage jusqu'au bout.

Avec Francis Bacon s'établit la tradition anglaise des penseurs de l'amitié qui rivalisera aux siècles suivants avec la tradition française amorcée par Montaigne. Entre autres, Jeremy Taylor, Samuel Johnson, lord Chesterfield, William Godwin en Angleterre, Emerson et Thoreau en Amérique repenseront, chacun à leur manière, l'amitié à l'anglo-saxonne.

Deux amis se doublent pour ainsi dire réciproquement

« Un homme qui recherche la solitude est ou une bête sauvage ou un dieu. » Celui qui parlait ainsi ne pouvait réunir en moins de mots plus de vérités et d'erreurs, car, en premier lieu, il n'est pas douteux que tout homme qui a une aversion naturelle et secrète pour la société des autres hommes tient un peu de la bête sauvage ; mais il est très faux qu'il entre quelque chose de divin dans le caractère de celui qui montre un éloignement si marqué pour ses semblables, à moins que ce goût pour la retraite n'ait pour principe, non le plaisir d'être seul, mais le désir de fuir toute distraction, et de s'entretenir avec soi-même, dans un recueillement plus parfait, sur des sujets relevés, avantage dont quelques païens, tels qu'Epiménide de Crète, Empédocle de Sicile et Apollonius de Thyane, se sont faussement vantés de jouir, et dont ont réellement joui plusieurs d'entre les anciens anachorètes et d'entre les Pères de l'Église chrétienne.

Mais il est peu d'hommes qui comprennent bien en quoi consiste la vraie solitude et qui en aient une idée assez étendue, car une foule n'est rien moins qu'une société ; une multitude de visages n'est tout au plus qu'une galerie de portraits, et une conversation entre des personnes qui n'ont que de l'indifférence les unes pour les autres n'est guère plus agréable que le son d'une cymbale. Cet adage latin : « Grande ville, grande solitude », a trait à ce que nous disons ; car assez ordinairement dans une grande ville des amis se trouvent écartés les uns des autres et ne peuvent se rejoindre que rarement. Quoi qu'il en soit, nous pouvons dire qu'il n'est point de solitude plus affreuse que celle de l'homme sans amis, et que sans l'amitié ce monde n'est, à proprement parler, qu'un désert. Ainsi, en ce sens, celui qui est incapable d'amitié tient plus de la bête sauvage que de l'homme.

Le principal fruit de l'amitié est qu'elle fournit continuellement l'occasion de se décharger du fardeau de ces pensées souvent affligeantes que font naître et renaître sans cesse les passions qui nous rongent ; en un mot, de soulager son cœur. On peut prendre de la salsepareille pour les obstructions du foie, des eaux chalybées pour l'opilation de la rate, de la fleur de soufre pour l'affection pulmonique et du castoréum pour fortifier le cerveau ; mais il n'est point de recette plus sûre pour dilater son cœur et le soulager qu'un véritable ami auquel on puisse communiquer ses joies, ses afflictions, ses craintes, ses soupçons, etc., genre de communication qui a quelque analogie avec la confession auriculaire.

On est au premier coup d'œil étonné de voir les princes attacher tant de prix à cette sorte d'amitié dont nous parlons, que, pour se l'assurer, ils vont quelquefois jusqu'à exposer leur personne, leur autorité et leur couronne même ; car les princes sont dans une telle élévation qu'ils ne peuvent cueillir ce doux fruit de l'amitié qu'en élevant à leur hauteur quelqu'un de leurs sujets pour en faire en quelque manière leur égal et leur compagnon, ce qui les expose à beaucoup d'inconvénients. Les langues modernes qui désignent les amis du prince par les titres de favoris, de *privados*, etc., semblent faire entendre, par ces dénominations, que ce n'est de la part du prince qu'une faveur, une grâce ou une simple privauté ; mais l'expression que les Romains employaient à ce sujet en montre beaucoup mieux la véritable cause et la vraie destination. Ils les nommaient *participes curarum*, participants des soins et des soucis. Et ce sont en effet des communications de cette espèce qui resserrent le plus le nœud de l'amitié entre le prince et son sujet, vérité dont on ne pourra douter si l'on considère que ce ne sont pas seulement les princes faibles et esclaves de leurs passions qui recherchent avec tant d'ardeur cette sorte d'amitié, mais aussi les princes les plus sages, les plus politiques et les plus fermes. Quelques-uns d'entre eux ont favorisé tels de leurs sujets au point de leur donner et de recevoir d'eux le nom même d'ami, voulant aussi que les autres les désignassent tous deux par ce terme, dont on n'use ordinairement que de particulier à particulier.

Lorsque Sylla fut en possession de la souveraine puissance, il éleva Pompée, qui depuis fut décoré du surnom de Grand, à un tel degré d'autorité, que celui-ci osa se vanter dans la suite d'être plus puissant que lui ; car Pompée ayant obtenu le consulat pour un de ses amis malgré la brigue de Sylla, et le dictateur lui témoignant avec hauteur son mécontentement à ce sujet, le jeune homme lui imposa silence par cette réponse si fière : « Le soleil levant a plus d'adorateurs que le soleil couchant. » César vivait dans une telle intimité avec Decimus Brutus, que dans son testament il le désigna pour son héritier immédiatement après son neveu (son petit-neveu Octave) ; et ce prétendu ami eut assez d'ascendant sur son esprit pour l'attirer au sénat, où les conjurés l'attendaient pour lui donner la mort. Car César, intimidé par quelques mauvais présages et par un songe de sa femme Calpurnie, étant déterminé à renvoyer le sénat et à ne pas sortir ce jour-là, il le prit par la main en lui disant : « Nous espérons que vous n'attendrez pas pour aller au sénat que votre épouse ait fait de meilleurs rêves. » Et il le détermina ainsi à sortir.

Il jouissait à un tel point de la faveur et de la confiance de Jules César, qu'Antoine, dans une lettre rapportée mot à mot par Cicéron dans une de ses Philippiques, le qualifiait d'enchanteur et de sorcier, voulant faire entendre qu'il avait comme ensorcelé César. L'histoire rapporte qu'Auguste avait élevé à un si haut degré d'honneur et de puissance Agrippa, homme de basse extraction, qu'ayant un jour consulté Mécène sur le choix d'un époux pour sa fille Julie, il reçut de lui cette réponse : « Il faut la marier à Agrippa ou la faire mourir ; car vous l'avez fait si grand, qu'entre ces deux partis extrêmes il n'y a plus de milieu. » L'amitié de Tibère pour Séjan était si étroite, et il l'avait tellement approché de lui qu'on ne les regardait plus que comme une seule et même personne, et que le prince, dans une lettre qu'il lui écrivait, s'exprimait ainsi : « J'ai cru qu'en considération de notre amitié je ne devais pas vous cacher cela. » Aussi le sénat, voulant consacrer cette amitié si extraordinaire, fit-il ériger un autel à l'Amitié du prince comme à une déesse. On vit régner une amitié au moins égale entre Septime Sévère et Plantianus ; liaison si étroite qu'il le soutenait en toute occasion, même contre son propre fils, que cet ami osait quelquefois traiter fort durement, et dans une lettre qu'il écrivit à son sujet au sénat il s'exprimait ainsi : « J'ai une telle affection pour ce personnage, que je souhaite qu'il me survive. » Si ces princes eussent été d'un caractère semblable à celui de Trajan ou de Marc Aurèle, on pourrait attribuer cette tendresse à un excès de bonté naturelle ; mais si l'on considère combien ceux dont nous parlons étaient politiques, fermes, sévères et attachés à leurs propres intérêts, on est forcé d'en conclure que ces princes, quoique placés au plus haut point de grandeur et de puissance auquel un mortel puisse aspirer, auraient jugé leur propre félicité imparfaite si l'acquisition d'un ami ne l'eût complétée. Mais ce qui doit principalement fixer notre attention, c'est que ces mêmes princes avaient une épouse, des enfants, des neveux, etc. Cependant ces objets si chers ne pouvaient leur tenir lieu d'un ami. Nous ne devons pas non plus oublier ici une observation judicieuse de Philippe de Comines au sujet de Charles le Hardi, duc de Bourgogne, son premier maître : il ne voulut jamais, dit-il, communiquer ses affaires à qui que ce fût, ni même parler des soucis qui le rongeaient, et moins encore de ses chagrins les plus cuisants. Cette réserve excessive, ajoute-t-il, augmenta encore dans les derniers temps de sa vie, et finit par altérer un peu sa raison. Certes, si Comines l'avait jugé nécessaire, il aurait pu appliquer cette même observation à Louis XI, roi de France, son second maître, à qui ce caractère sombre et caché servit de bourreau sur la fin de ses jours. Ce précepte symbolique de Pythagore : « Ne ronge pas ton cœur », quoiqu'un peu obscur et énigmatique, ne laisse pas d'être plein de sens ; et si l'on ne craignait pas d'user d'une qualification trop dure, on pourrait dire que ceux qui manquent de vrais amis auxquels ils puissent s'ouvrir et se communiquer sont des espèces de cannibales qui dévorent leur propre cœur. Mais une dernière observation à faire sur ce premier fruit de l'amitié, c'est que cette libre communication d'un homme avec son ami a deux effets qui, bien qu'opposés, sont également salutaires, savoir : de redoubler les joies et de diminuer les afflictions ; car il n'est personne qui, en faisant part de ses succès à son ami, ne sente augmenter sa joie en la communiquant, et qui, au contraire, en répandant pour ainsi dire son âme dans le sein de son ami, et en lui révélant ses chagrins les plus secrets, ne se sente soulagé. Ainsi l'on peut dire avec raison que l'amitié produit dans l'âme humaine des effets analogues à ceux que les alchimistes attribuent à leur pierre philosophale, laquelle, si nous voulons les en croire, produit sur le corps humain des effets qui, bien qu'opposés, lui sont également avantageux. Mais, sans chercher des objets de comparaison dans les opérations mystérieuses de l'alchimie, nous trouvons dans le cours ordinaire de la nature une image sensible des avantages de l'amitié ; car nous voyons que dans les composés physiques l'union facilite et renforce les actions naturelles, au lieu qu'elle affaiblit et amortit toute impression violente : l'union des âmes produit aussi sur elles ce double effet.

Le second fruit de l'amitié n'est pas moins utile pour éclairer l'esprit que le premier l'est pour augmenter les plaisirs et diminuer les peines du cœur ; car, si, d'un côté, ces communications libres et amicales, en dissipant les tempêtes et les orages des passions, peuvent ramener dans l'âme humaine le calme et la sérénité, de l'autre, en dissipant la confusion et l'obscurité des pensées, elles répandent une lumière aussi vive que douce dans l'entendement humain : ce qu'il ne faut pas entendre seulement des conseils salutaires et désintéressés qu'on peut par ce moyen recevoir de son ami ; autre avantage dont nous parlerons ci-après, mais d'un effet un peu différent et également avantageux. Tout homme, dis-je, dont l'esprit est agité et comme obscurci par une multitude confuse de pensées qu'il a peine à débrouiller, sentirait sa raison se fortifier et ses idées s'éclaircir quand il ne ferait que les communiquer à son ami, et discourir avec lui sur ce qui l'occupe ; car alors il discute ses opinions avec plus de facilité, il range ses idées avec plus d'ordre, enfin il juge mieux de la vérité et de l'utilité de ses pensées quand elles sont exprimées par des paroles. Enfin par ce moyen il devient pour ainsi dire plus prudent, plus sage, que lui-même, effet qu'il obtiendra plus sûrement par une conversation d'une heure que par une méditation d'un jour entier. Thémistocle usait d'une comparaison fort juste lorsqu'il disait au roi de Perse que les discours des hommes étaient semblables à des tapisseries à personnages déroulées et tendues, où l'on voyait nettement les figures qui y étaient représentées ; au lieu que leurs pensées, avant d'être communiquées, ressemblaient à ces mêmes tapisseries encore pliées ou roulées. Or, ce second fruit de l'amitié qui consiste à ouvrir l'esprit et à éclaircir les idées, il ne faut pas croire qu'on ne puisse le cueillir qu'avec des amis d'un esprit supérieur et capables de donner un bon conseil. Un tel interlocuteur sans doute vaudrait mieux. Cependant on s'instruit encore soi-même en produisant ses pensées au-dehors, en les communiquant à une personne quelconque, et en aiguisant pour ainsi dire son esprit contre une pierre, qui ne coupe point mais fait couper. En un mot il vaudrait encore mieux parler à une statue ou à un tableau que de ne point parler du tout, et de demeurer dans un silence continuel qui étouffe pour ainsi dire les meilleures pensées.

Actuellement, pour rendre plus complet ce second fruit de l'amitié, ajoutez-y un autre avantage qui est plus sensible et plus généralement connu : je veux dire les conseils salutaires et désintéressés qu'on peut recevoir d'un véritable ami. Héraclite a dit avec raison, dans une de ses énigmes, que la lumière sèche est toujours la meilleure ; or il n'est pas douteux que la lumière qu'on reçoit par le conseil d'un ami ne soit plus sèche et plus pure que celle qu'on peut tirer de son propre entendement, et qui est toujours en quelque manière détrempée et teinte par nos passions et nos goûts habituels ; en sorte qu'il n'y a pas moins de différence entre le conseil qu'on reçoit d'un ami et celui qu'on se donne à soi-même, qu'entre le conseil d'un ami et celui d'un flatteur ; car le plus grand de tous nos flatteurs c'est notre amour-propre, et le plus sûr remède contre cette flatterie est la franchise et la liberté d'un ami. Il est deux sortes de conseils, dont les uns se rapportent aux mœurs, et les autres aux affaires. Quant à ceux de la première espèce, les avis sincères d'un ami sont le plus sûr et le plus doux préservatif pour se conserver un cœur sain. Se demander à soi-même un compte exact et sévère est un remède trop pénétrant et trop corrosif. La simple lecture des livres de morale est un remède extrêmement faible. Observer ses propres fautes, et les considérer dans un autre individu comme dans un miroir, est un remède d'autant moins sûr que ce miroir est souvent infidèle et ne rend pas toujours exactement les images. Mais la recette la plus sûre et la plus douce, c'est sans contredit le conseil d'un véritable ami. Les personnes qui n'ont pas en leur disposition un ami qui puisse leur parler librement d'elles-mêmes et leur donner à propos un conseil nécessaire tombent dans une infinité de fautes et d'inconséquences grossières qui finissent par ruiner leur réputation et leur fortune. On peut leur appliquer ce mot de saint Jacques : « Tel homme, après s'être regardé dans un miroir, oublie aussitôt son visage. » A l'égard des affaires, un proverbe ancien dit que deux yeux voient mieux qu'un ; celui qui regarde jouer voit mieux les fautes que celui qui joue. Un homme encore irrité est moins sage que celui qui, après un premier mouvement de colère, a prononcé les vingt-quatre lettres de l'alphabet ; enfin on tire plus juste en appuyant son mousquet sur une fourchette, qu'en ne l'appuyant que sur le bras. De même un ami sage et fidèle est un secours et un appui continuels pour tout homme qui n'a pas la présomption de croire qu'il sait tout, et que toute la sagesse humaine est dans sa tête. En un mot, le bon conseil est ce qui dirige toutes les affaires en les laissant marcher directement vers le but. Celui qui, au lieu de consulter toujours une même personne d'une sagesse et d'une fidélité reconnues, consulte telle personne sur une affaire et telle autre sur une autre, fait certainement beaucoup mieux que celui qui ne prend conseil de qui que ce soit ; mais il s'expose à deux grands inconvénients : l'un est de ne recevoir que des conseils intéressés, car les sincères et désintéressés sont extrêmement rares, et le conseil donné est presque toujours dirigé vers l'intérêt de celui qui le donne ; l'autre est qu'on recevra souvent des conseils très nuisibles, ou du moins mêlés d'avantages et d'inconvénients, et qui ne laisseront pas d'être donnés de très bonne foi. Si vous appelez un médecin expert dans la maladie dont vous êtes atteint, mais qui ne connaisse pas bien votre tempérament, vous courez risque qu'il ne vous ôte la fièvre qu'en vous donnant la colique, et qu'il ne tue la maladie qu'en tuant le malade. Mais vous n'aurez plus un tel risque à courir avec un véritable ami, qui, connaissant à fond votre naturel, vos habitudes et votre situation, ne vous donnera que des remèdes convenables à votre complexion actuelle, et non des palliatifs qui, après vous avoir été un peu utiles, vous seraient très nuisibles. Ainsi, ne faites point fond sur les conseils donnés par tant de personnes différentes ; conseils dont l'effet serait plutôt de vous jeter dans l'incertitude et l'irrésolution que de vous diriger et de vous fixer.

A ces deux fruits de l'amitié, qui consistent à calmer et à régler les affections de l'âme, ou à faciliter et à diriger les opérations de l'entendement, se joint le troisième et dernier fruit, que je comparerais volontiers à une grenade remplie d'une infinité de petits grains ; car l'amitié procure une infinité de petits secours, de petits soulagements dans les différentes actions ou situations de la vie. Pour embrasser d'un seul coup d'œil les différents avantages attachés à l'amitié, il suffit de considérer combien il est de choses qu'on ne peut bien faire par soi-même ; et alors nous comprendrons que les anciens, en disant qu'un ami est un autre nous-même, ne disaient pas assez, puisqu'un ami est quelquefois pour nous beaucoup plus que nous-même. Tous les hommes sont mortels, et trop souvent leur vie ne dure pas assez pour qu'ils aient la satisfaction de voir l'entier accomplissement des desseins qu'ils ont eus le plus à cœur ; tels que ceux d'établir leurs enfants, de mettre la dernière main à un ouvrage commencé, etc. Mais celui qui possède un véritable ami peut s'assurer que ce qu'il aura souhaité ne sera pas oublié après lui, et par ce moyen il aura pour ainsi dire deux vies en sa disposition. Chaque individu n'a qu'un seul corps, qui est circonscrit dans le lieu qu'il occupe, et n'en peut occuper deux en même temps. Deux amis se doublent pour ainsi dire réciproquement ; car ce qu'on ne peut faire par soi-même, on le fait par son ami. Or, que de choses un homme ne peut avec bienséance dire ou faire lui-même ! Par exemple, on ne peut, sans blesser la modestie, parler des services qu'on a rendus, et moins encore les exagérer ; on ne saurait quelquefois s'abaisser à demander soi-même une grâce et à supplier, etc. ; mais toutes ces mêmes choses, qui seraient peu séantes dans la bouche de celui qu'elles intéressent personnellement, ont toujours bonne grâce dans celle d'un ami. De plus, il n'est personne qui n'ait des relations d'où naissent certaines convenances qu'il ne doit pas oublier et qui le gênent souvent. Par exemple, on est obligé de prendre avec son fils le ton d'un père, avec sa femme le ton d'un mari, avec un ennemi un ton soutenu, etc. ; au lieu qu'un ami peut prendre le ton et le style qu'exigent les circonstances sans être lié alors par de telles convenances. Mais si je voulais faire l'énumération de tous les avantages qu'on peut tirer de l'amitié, cet article serait immense. Tout est compris dans cette règle : Lorsqu'un homme ne peut jouer seul et complètement son personnage, s'il n'a point d'amis il est de toute nécessité qu'il abandonne la partie.

De l'amitié, in *Œuvres de Bacon*, traduit par M.-F. Riaux, Paris, Charpentier, 1851.

FRANÇOIS DE SALES (1567-1622)

Une chaîne d'or

S'il est vrai, pour saint François de Sales, que les amitiés particulières ne sont pas souhaitables au sein des cloîtres, en revanche les laïcs ont besoin « de s'allier les uns aux autres par une sainte et sacrée amitié ». De même, « ceux qui cheminent en la plaine n'ont pas besoin de se prêter la main, mais ceux qui sont dans les chemins scabreux et glissants s'entretiennent l'un l'autre pour cheminer plus sûrement ».

Évêque de Genève et docteur de l'Église, François de Sales se voua à la conversion des calvinistes du Chablais et fonda l'ordre de la Visitation avec sainte Jeanne de Chantal. La piété de la vie quotidienne appuyée sur une spiritualité proche de celle de sainte Thérèse est la ligne de force de son enseignement. Il est l'auteur de deux ouvrages, le *Traité de l'amour de Dieu* (1616) et l'*Introduction à la vie dévote* (1608-1619). Dès sa jeunesse, il noua une amitié forte avec Antoine Favre, dont la fille sera l'une des premières à entrer dans son ordre.

C'est pendant le carême 1604 que la veuve du baron de Rabutin-Chantal, née Jeanne-Françoise Frémyot, entendit prêcher à Dijon le nouvel évêque de Genève et le pria de devenir son directeur de conscience. François de Sales sentit d'emblée que son âme à elle « s'était logée intimement en la sienne ». Il lui écrit en 1604 : « Chaque affection a sa particulière différence d'avec les autres ; celle que je vous ai a une certaine particularité qui m'est extrêmement profitable. » Et un an plus tard : « Je ne vous dirai rien de la grandeur de mon cœur en votre endroit, mais je vous dirai qu'elle demeure bien loin au-dessus de toute comparaison ; et cette affection est blanche plus que la neige, pure plus que le soleil ; c'est pourquoi je lui ai lâché les rênes. » Il attendra jusqu'en 1610 le moment de fonder avec elle l'ordre de la Visitation, moins rigide que celui des Carmélites.

Dans l'*Introduction à la vie dévote*, les chapitres sur l'amitié sont dans l'esprit de *L'Amitié spirituelle* d'Aelred de Rievaux. Mais entre les deux hommes, plus de quatre siècles ont passé. Saint François de Sales s'intéresse moins à la vie dans les monastères qu'à la vie « mondaine » et s'adresse à une femme, Philotée, nom qu'il donne à sa cousine, Mme de Charmoisy. Il commence par mettre en garde cette dernière contre les mauvaises amitiés, charnelles et superficielles. Sa vision de l'amitié, « amour mutuel », est dissociée de la sexualité. À cette condition, l'amitié est pour lui compatible avec la conjugalité, et donc envisageable entre homme et femme, conformément à l'exemple de saint Ambroise et sainte Monique.

Cette conception contraste avec l'approche classique inspirée d'Aristote où l'amitié est distincte de l'amour. Mais nulle amitié n'est exempte de soupçon : « Oui même, il y a danger en l'amour spirituel, si on n'y prend garde, bien qu'en celui-ci il soit plus difficile de prendre le change, parce que sa pureté et blancheur rendent plus connaissables les souillures que Satan y veut mêler. »

Les propos de saint François de Sales sur l'amitié reflètent la pensée chrétienne de son temps et son évolution par rapport au christianisme médiéval, notamment dans la place faite aux femmes et à l'amitié mixte. Mais ils ne renouvellent pas beaucoup le débat, et sont en retrait par rapport aux essais résolument modernes de Bacon et de Montaigne que François de Sales appelle le « docte profane ».

N'ayez point d'amitié qu'avec ceux qui peuvent communiquer avec vous de choses sérieuses

O Philothee, aymés un chacun d'un grand amour charitable, mais n'ayes point d'amitié qu'avec ceux qui peuvent communiquer avec vous de choses vertueuses ; et plus les vertus que vous mettres en vostre commerce seront exquises, plus vostre amitié sera parfaitte. Si vous communiques es sciences, vostre amitié est certes fort louable ; plus encor si vous communiques aux vertus, en la prudence, discretion, force et justice. Mais si vostre mutuelle et reciproque communication se fait de la charité, de la devotion, de la perfection chrestienne, o Dieu, que vostre amitié sera pretieuse ! Elle sera excellente parce qu'elle vient de Dieu, excellente parce qu'elle tend a Dieu, excellente parce que son lien c'est Dieu, excellente parce qu'elle durera eternellement en Dieu. O qu'il fait bon aymer en terre comme l'on ayme au Ciel, et apprendre a s'entrecherir en ce monde comme nous ferons eternellement en l'autre !

Je ne parle pas ici de l'amour simple de charité, car il doit estre porté a tous les hommes ; mais je parle de l'amitié spirituelle, par laquelle deux ou trois ou plusieurs ames se communiquent leur devotion, leurs affections spirituelles, et se rendent un seul esprit entre elles. Qu'a bon droit peuvent chanter telles heureuses ames : *O que voyci combien il est bon et aggreable que les freres habitent ensemble*! Ouy, car le baume delicieux de la devotion distille de l'un des cœurs en l'autre par une continuelle participation, si qu'on peut dire que *Dieu a respandu* sur cette amitié *sa benediction et la vie jusques aux siecles des siecles.* Il m'est advis que toutes les autres amitiés ne sont que des ombres au prix de celle ci, et que leurs liens ne sont que des chaisnes de verre ou de jayet, en comparayson de ce grand lien de la sainte devotion qui est tout d'or. Ne faites point d'amitié d'autre sorte, je veux dire des amitiés que vous faites ; car il ne faut pas ni quitter ni mespriser pour cela les amitiés que la nature et les precedens devoirs vous obligent de cultiver, des parens, des alliés, des bienfaiteurs, des voysins et autres ; je parle de celles que vous choisissés vous mesme.

Plusieurs vous diront peut estre qu'il ne faut avoir aucune sorte de particuliere affection et amitié, d'autant que cela occupe le cœur, distrait l'esprit, engendre les envies : mais ilz se trompent en leurs conseilz ; car ilz ont veu es escritz de plusieurs saintz et devotz autheurs que les amitiés particulieres et affections extraordinaires nuisent infiniment aux religieux ; ilz cuydent que c'en soit de mesme du reste du monde, mais il y a bien a dire. Car attendu qu'en un monastere bien reglé le dessein commun de tous tend a la vraye devotion, il n'est pas requis d'y faire ces particulieres communications, de peur que cherchant en particulier ce qui est commun, on ne passe des particularités aux partialités ; mais quant a ceux qui sont entre les mondains et qui embrassent la vraye vertu, il leur est necessaire de s'allier les uns aux autres par une sainte et sacree amitié ; car par le moyen d'icelle ilz s'animent, ilz s'aydent, ilz s'entreportent au bien. Et comme ceux qui cheminent en la plaine n'ont pas besoin de se prester la main, mais ceux qui sont es chemins scabreux et glissans s'entretiennent l'un l'autre pour cheminer plus seurement, ainsy ceux qui sont es Religions n'ont pas besoin des amitiés particulieres, mais ceux qui sont au monde en ont necessité pour s'asseurer et secourir les uns les autres, parmi tant de mauvais passages qu'il leur faut franchir. Au monde, tous ne conspirent pas a mesme fin, tous n'ont pas le mesme esprit ; il faut donq sans doute se tirer a part et faire des amitiés selon nostre pretention ; et cette particularité fait voirement une partialité, mais une partialité sainte, qui ne fait aucune division sinon celle du bien et du mal, des brebis et des chevres, des abeilles et des freslons, separation necessaire.

Certes, on ne sçauroit nier que Nostre Seigneur n'aymast d'une plus douce et plus speciale amitié saint Jean, le Lazare, Marthe, Magdeleine, car l'Escriture le tesmoigne. On sçait que saint Pierre chérissoit tendrement saint Marc et sainte Petronille, comme saint Paul faisoit son Timothee et sainte Thecle. Saint Gregoire Nazianzene se vante cent fois de l'amitié nompareille qu'il eut avec le grand saint Basile, et la descrit en cette sorte : « Il sembloit qu'en l'un et l'autre de nous, il n'y eust qu'une seule ame portant deux cors. Que s'il ne faut pas croire ceux qui disent que toutes choses sont en toutes choses, si nous faut-il pourtant adjouster foy que nous estions tous deux en l'un de nous, et l'un en l'autre ; une seule pretention avions-nous tous deux, de cultiver la vertu et accommoder les desseins de nostre vie aux esperances futures, sortans ainsy hors de la terre mortelle avant que d'y mourir. » Saint Augustin tesmoigne que saint Ambroise aymoit uniquement sainte Monique, pour les rares vertus qu'il voyoit en elle, et qu'elle reciproquement le cherissoit comme un Ange de Dieu.

Mays j'ay tort de vous amuser en chose si claire. Saint Hierosme, saint Augustin, saint Gregoire, saint Bernard et tous les plus grans serviteurs de Dieu ont eu de tres particulieres amitiés sans interest de leur perfection. Saint Paul reprochant le detraquement des Gentilz, les accuse d'avoir esté gens *sans affection*, c'est a dire qui n'avoient aucune amitié. Et saint Thomas, comme tous les bons philosophes, confesse que l'amitié est une vertu : or, il parle de l'amitié particuliere, puisque, comme il dit, la parfaite amitié ne peut s'estendre a beaucoup de personnes. La perfection donques ne consiste pas a n'avoir point d'amitié, mais a n'en avoir que de bonne, de sainte et sacree.

François de Sales, *Des vraies amitiés*, in *Œuvres*, Annecy, Imprimerie Niérat, 1893.

FRANÇOIS DE LA MOTHE LE VAYER (1588-1672)

Un trésor qui ne se trouve nulle part

Le siècle de nos classiques ne croit plus en l'ami idéal et prend ses distances avec les penseurs de l'Antiquité. Il suffit de lire ce qu'en écrit le précepteur de Louis XIV, François de La Mothe Le Vayer : « C'est un nom vain, un homme qui ne paraît jamais, un trésor qui ne se trouve nulle part. »

Ce précepteur du duc d'Orléans puis du roi, polygraphe et membre de l'Académie française, rompt avec une tradition millénaire, qu'il connaît parfaitement puisqu'il s'appuie sur elle pour la démonter, à partir de son « expérience » et de ses « cheveux blancs ».

François appartenait à une bonne famille du Mans. Son père Félix de La Mothe Le Vayer était conseiller du roi et substitut du procureur général au Parlement de Paris, charge dans laquelle son fils lui succéda, puis y renonça pour se consacrer à ses études. Esprit libre, La Mothe Le Vayer sut se débarrasser de l'autorité des Anciens comme il l'avait fait de la charge de son père et voler de ses propres ailes. Perrault rend hommage à son indépendance d'esprit dans les *Hommes illustres* : « La Mothe Le Vayer n'a pu souffrir des bornes si étroites à son érudition. Après s'être rempli de tout ce qui s'est fait et de tout ce qui s'est dit dans l'ancien monde, il n'a connu aucune nation sur la Terre dont il n'ait entrepris de savoir le génie, les mœurs et les coutumes ; en un mot, il a voulu connaître le monde entier. Il a vu, et ensuite nous a fait voir, qu'il n'y a point de pensée, de sentiment et de coutume, si étranges et si absurdes qu'ils puissent être, qui ne soient tenus et établis dans quelque pays d'une étendue considérable. »

Afin de démontrer que l'amitié n'est que belle chimère et agréable illusion d'esprit, La Mothe Le Vayer réfute méthodiquement les trois critères de l'amitié établis par les Anciens : la réciprocité, le désintéressement et l'union totale entre les amis. Quelle certitude pouvons-nous avoir de la réciprocité d'un attachement quand nous ne sommes pas même capables d'être sûrs de nos propres sentiments ? Comment parler de désintéressement quand l'être humain n'est mû que par son intérêt propre qui lui tient lieu de tout, père, frère, allié, patrie et Dieu même ? Quant à l'union de deux en un, La Mothe Le Vayer en ridiculise les excès potentiels — la communauté des femmes, par exemple — au nom du « sentiment naturel que chacun a pour son propre bien ».

Le pessimisme et le scepticisme critique inspirent la vision de La Mothe Le Vayer pour qui « l'âme du sceptique chrétien est comme un champ purgé de mauvaises plantes ». L'amour de soi et l'inconstance sont pour lui constitutifs de la nature humaine : « souvent, dans le seul instant du temps présent, nous voulons et ne voulons pas une même chose sans nous pouvoir déterminer à rien ». Un certain lyrisme n'est pas absent de cette évocation d'homme cultivé comparant l'amour à « du lierre, qui s'unit indifféremment à une muraille ou à un vieux chêne » tandis que l'amitié « ne se peut contracter qu'[...] entre deux cœurs de même nature qui se lient contre deux palmes, dont l'une tend les bras et reçoit les embrassements de l'autre ».

Pour ce libertin de pensée qui s'en défend, et qui a assimilé Sénèque et Cicéron qu'il réfute par ailleurs, seules les amitiés anciennes gardent leur charme soutenu par « l'agréable souvenir de ce qui n'est plus ». Quant aux amitiés du temps présent ou du futur, elles relèvent plus de l'amour-propre que de l'amour du prochain. Et il en conclut qu'une infinité d'amitiés n'en ont que l'apparence.

Il y a loin de ce blasé à l'ardeur d'un Montaigne dont ne le sépare pas plus d'un demi-siècle. Mais ce courtisan réaliste est bien représentatif de son époque et ne fait qu'annoncer ou répéter ce qu'en substance affirmeront les moralistes, ses contemporains. Les liaisons de cour ne sont apparemment pas toujours conciliables avec les amitiés véritables. Et l'art classique focalisé sur les passions tragiques ou les vices ridicules passera à côté des fortes amitiés.

Je ne la considère plus que comme un nom vain, une belle chimère et une agréable illusion de l'esprit

J'ai bien remarqué comme vous avez lu avec autant de soin que de satisfaction d'esprit le *Lysis* de Platon, le *Lélius* de Cicéron, et le *Toxaris* de Lucien. Ce sont des Ecrits qui m'ont autrefois ravi aussi bien que vous ; et je vous avoue qu'avant l'expérience, qui ne s'acquiert qu'avec les cheveux blancs, j'avais les mêmes opinions des Amis, dont je reconnais que vous êtes si fort persuadé. Je croyais que c'était ôter le Soleil du Monde que d'en bannir l'Amitié. Il me semblait que sans elle la vie n'était pas vitale, pour parler comme faisait Ennius, et je trouvais que les Romains avaient fort proprement nommé leurs

Amis *necessarios*, et l'Amitié une *nécessitude*, sur l'impossibilité morale de s'en passer. Pour le présent j'ai des sentiments si contraires à tout cela ; et je suis si confirmé dans la créance que j'ai prise, qu'il n'y a rien presque en toutes nos amitiés, qui convienne à celle dont l'Ecole nous a donné les définitions, que je ne la considère plus que comme un nom vain, une belle chimère, et une agréable illusion d'esprit.

Nomen Amicitiae, nomen inane Fides.

Certes Hésiode a eu fort bonne grâce, quand il nous a représenté la Fraude et l'Amitié comme sœurs utérines et toutes les deux comme filles de la Nuit. Il n'y a rien de plus trompeur que ce que les hommes essaient de faire passer pour amitié dans le commerce ordinaire de la vie ; et les ténèbres de la nuit conviennent très bien à des choses obscures, comme sont les amitiés de ce monde, où les plus clairvoyants sont toujours contraints de cheminer à tâtons, et d'avouer enfin qu'ils n'y voient goutte.

Afin de mieux reconnaître ce que nous disons, tâchons à définir l'Amitié, puisque les sages n'ont point trouvé de voie plus assurée pour parvenir à l'intelligence des choses. Voire même si une première définition ne nous contente pas assez, parce qu'elle comprend parfois moins que nous voudrions, suivons le conseil de Sénèque, rapportons en plus d'une, et pénétrons par ce moyen le plus avant que nous pourrons dans la matière proposée.

L'Amitié, disent les Philosophes, est une bonne volonté réciproque, qui nous fait souhaiter du bien à celui que nous aimons, en sa seule considération, et sans faire réflexion sur nous-mêmes. Cicéron approuve quelque part cette définition : mais il en donne une autre ailleurs, dont nous devons faire d'autant plus d'état, que saint Augustin trouve qu'elle a été très bien et très saintement conçue. Il me semble qu'on la peut traduire en ces termes : l'Amitié est une grande union, et un parfait consentement sur toutes les choses divines et humaines, avec beaucoup de bienveillance et de charité. On peut recueillir de ces deux définitions, qu'il y a pour le moins trois conditions requises dans l'Amitié, et qui lui sont si essentielles, qu'on ne saurait la faire subsister sans elles. La première, qu'elle soit mutuelle et réciproque. La seconde, qu'elle soit sans intérêt, c'est-à-dire sans que celui qui aime ait égard à son propre bien. Et la troisième, qu'elle unisse en tout ce que comprend le droit divin et humain, afin que rien ne la puisse altérer. C'est d'où nous tirerons les principales preuves de notre discours.

Pour ce qui touche la première condition, ce n'est pas sans sujet qu'on veut qu'il y ait une mutuelle bienveillance dans l'Amitié, puisque c'est une des choses qui met le plus de différence entre l'Amour qui est une passion, et l'Amitié qui est une habitude. En effet l'Amour n'est pas nécessairement réciproque, et il n'a pas toujours son Antéros selon la fable des Grecs. Nous en pouvons avoir pour des personnes qui ne nous connaissent point, et pour celles mêmes qui ont aversion de nous. Mais quant à l'Amitié, elle exige une égale affection des parties, qu'on nomme pour cela unanimes, comme si deux amis n'avaient qu'une seule âme ; ce qui a vraisemblablement donné lieu à cette autre fable de Geryon. Et certes le plus grand fruit de l'Amitié se tire d'une telle correspondance de bonne volonté, qui fait que deux amis aient les cœurs unis, se peuvent voir et se considérer l'un dans l'autre comme un miroir fidèle ; ce qui sert de beaucoup pour arriver à la connaissance de soi-même, *no hay mejor espejo que el amigo viejo*, dit l'Espagnol. Aristote ne se contente pas de poser pour fondement de l'Amitié ce concours d'esprits et d'affections, il ajoute comme une particularité nécessaire, que les amis en doivent avoir connaissance, et vivre dans une parfaite assurance d'être aimés de la même façon qu'ils aiment. C'est pourquoi Lucien n'a pas oublié à remarquer comme dans ce fameux tableau qui représentait de Pylade et d'Oreste contre les Scythes, le Peintre avait soigneusement fait voir tous les mouvements nécessaires en deux personnes, que les mêmes Scythes reconnurent depuis pour les Dieux de l'Amitié. Il avait employé tout son art, dit-il, à faire connaître non seulement le désir dont l'un et l'autre était transporté d'abandonner sa vie pour sauver celle de son ami ; mais l'on discernait même la satisfaction mêlée de crainte que chacun d'eux recevait voyant son compagnon qui exposait si librement son corps à toute sorte de périls, pour couvrir celui d'un autre lui-même. Or cela étant ainsi, qu'il n'y a point de véritable amitié qui ne soit mutuelle et bien reconnue, que se peut-on promettre de celle que nous contractons tous les jours ? En vérité si c'est le propre de Dieu seul d'être scrutateur des cœurs, et de pénétrer jusque dans l'intérieur, je ne vois pas quelle certitude nous pouvons avoir les uns des autres, pour nous assurer d'une affection réciproque. A peine sommes-nous capables de répondre de notre propre fait, et souvent nous ne savons pas bien si nous-mêmes nous aimons de bonne sorte, à cause de la difficulté naturelle de rentrer en soi, et de se connaître suffisamment. Que sera-ce si nous sortons au-dehors ? N'est-ce pas une grande vanité, et une extrême témérité tout ensemble, de se croire plus clairvoyant chez autrui, que l'on est chez soi ? Et de se confier par là en des amitiés qui ne dépendent pas moins des autres que de nous, puisqu'elles sont nulles si elles ne sont réciproques ? En effet nous y sommes trompés à tous moments. Mais comme cela arrive ordinairement par le défaut de ceux qui ne nous paient pas d'une amitié égale à celle que nous leur portons, il en est parfois tout à rebours, et la faute assez souvent vient de nous, lorsque nous sommes si simples, que de tenir pour amis fidèles, des personnes pour qui nous n'avons nulle tendresse d'affection, ce qui nous rend indignes de la leur. On peut se souvenir là-dessus de ce qu'a bien observé Thémistius dans son Oraison de l'Amitié, dont nous avons perdu la fin aussi bien que de quelques autres, par un malheur qu'on ne saurait trop ressentir. Ce grand Orateur et Philosophe tout ensemble assure, qu'encore qu'il y ait de certaines proportions d'appâts pour prendre toute sorte d'animaux, et que les poissons, les oiseaux, et les bêtes à quatre pieds s'y laissent attraper ; ce n'est pas la même chose de l'homme, qui seul ne se gagne que par son semblable, étant nécessaire que celui qui veut acquérir l'amitié d'un autre, soit l'appât et le chasseur tout ensemble. C'est pourquoi quelqu'un a très bien dit encore, selon ce que nous avons déjà présupposé, que l'attachement causé par l'amour était pareil à celui du lierre, qui s'unit indifféremment à une muraille, ou à un vieux chêne, sans leur consentement et sans réaction, pour user de ce mot de l'Ecole. Mais qu'à l'égard de l'Amitié, elle ne se pouvait contracter que par une inclination mutuelle, et entre deux cœurs de même nature, qui se lient comme deux palmes, dont l'une tend les bras et reçoit les embrassements de l'autre d'un égal instinct, et par une inclination réciproque. Sénèque remarque en plus d'un lieu, que les personnes de grande fortune sont sujettes à se méprendre en ceci de la façon que nous venons de dire, *nullum habet majus malum occupatus homo, et bonis suis obsessus, quam quod amicos fibi putat quibus ipse non est.* De quelque côté que le mal procède, il demeure toujours pour constant, qu'une infinité d'amitiés n'ont rien que l'apparence, n'étant pas appuyées sur ce mutuel consentement que demandent celles qui sont véritables, si tant est qu'il y en ait.

La seconde condition est celle qui bannit l'intérêt des Amitiés. Ce n'est pas à dire pourtant qu'elles doivent être tout à fait inutiles. On veut bien qu'un ami rende à l'autre toute sorte de bons offices, et qu'il s'y porte sans être requis, comme le sang qui accourt lui-même à la partie qui a besoin de secours. C'est pourquoi nous lisons entre les propos de Diogène celui-ci, qu'il fallait être prompt à présenter la main ouverte et non pas fermée aux amis. Et quelqu'un prononça assez ingénieusement, qu'il mettait en même catégorie les amis qui ne servent de rien, avec les ennemis incapables de nous nuire. En effet, le proverbe, qui porte qu'amitié passe parenté, ne peut être interprété qu'au sens que lui donne Dion Chrysostome, montrant dans sa troisième Oraison qu'un parent ne nous est pas beaucoup avantageux, s'il n'a de plus la qualité d'ami ; au lieu qu'un ami nous est toujours utile, quoiqu'il ne nous touche aucunement de parenté. Le Scythe Abauchas l'entendait bien ainsi, quand il laissa sa femme et ses enfants dans le péril d'un incendie, pour secourir son ami Gyndanes. Je puis, disait-il, engendrer d'autres créatures, et trouver une autre compagne que celle que j'abandonne, mais non pas un autre ami, éprouvé et tel que celui-ci. C'était encore le même sentiment qu'avait Sénèque, lors qu'il reprenait si sévèrement le deuil d'un père à la mort de son fils : *Tam molliter tu fers mortem filii, quid faceres si amicum perdidisses ?* Quoi ? Vous souffrez si faiblement et avec tant d'impatience la mort de votre fils ? Que serait-ce donc si vous aviez perdu un ami ? Mais quelque utilité qu'on puisse recueillir de l'Amitié, la plupart des Philosophes ne permettent pas que ce qui ne doit passer que pour un de ses effets, soit pris pour la cause, ni que l'accessoire tienne lieu de principal. Il s'en faut tant à leur dire que l'amitié des hommes, considérés comme raisonnables, doit être fondée sur l'intérêt, que c'est par là principalement qu'on la distingue de celle du reste des animaux, qui n'en ont, ni d'inimitié non plus, qu'autant que le même intérêt les engage dans l'autre, comme Aristote l'a très évidemment fait voir au premier chapitre du neuvième livre de leur Histoire. C'est ce qui oblige Cicéron à traiter si mal Epicure, qui rendait l'utilité et le plaisir inséparables de l'Amitié ; soutenant que celle des hommes de vertu, qu'il nomme *Pyladem amicitiam,* par une composition que notre langage ne souffre pas, n'a rien qui la fasse estimer que sa propre beauté, et qu'elle est seulement recherchable à cause d'elle-même, *sua sponte, vi sua, ex se, et propter se,* ce sont des termes pressants et redoublés dont il se sert pour mieux imprimer sa pensée. Quelques-uns ont pris sujet là-dessus d'attribuer à la Jeunesse l'honneur des plus belles Amitiés, à cause du mépris qu'elle fait de cette utilité, qui est si puissante sur nous dans un âge plus avancé. Cependant si nous voulons quitter les idées pour suivre la réalité des choses, et considérer l'Amitié selon la portée de notre humanité, plutôt que par abstraction, et de la façon qu'on nous la dépeint dans l'Ecole ; nous trouverons qu'il n'y en a point qui n'ait ses intérêts, et qui sous ce beau prétexte de l'honnêteté, ne s'entretienne principalement par les considérations de l'utilité ou du plaisir. Voulez-vous bien le reconnaître, dit Epictète dans Arrien, faites naître entre les plus grands amis que vous connaissiez l'intérêt, je ne dirai pas d'une Couronne, ni d'une beauté ravissante, mais du moindre héritage, ou d'une médiocre somme d'argent seulement, et vous verrez que comme une pièce de chair jetée entre des chiens qui jouent, les anime aussitôt à se mordre ; ces amis si étroitement liés d'affection, feront en même temps bande à part, et s'entre-ruineront s'ils peuvent. [...]

Nous ruinons les Autels et renversons les Statues des Dieux, si nous en recevons quelque préjudice. Et Alexandre ne feint point de mettre le feu dans le Temple d'Esculape, irrité par la mort d'une personne qui lui était précieuse. Certes si chacun de nous veut parler en conscience, après s'être fondé là-dessus, il avouera, je m'assure, que ses plus pures affections ne sont pas exemptes d'un certain mélange d'intérêt. Un tel est votre plus grand ami, mais dites la vérité, ne le considérez-vous pas avec ses richesses ? Ne songez-vous pas que comme le Magistrat il vous peut assister, ou qu'étant homme qui sait plus que vous, il vous peut rendre quelque service ? Si ainsi est, comme vous ne saurez le nier, dans le tribunal où je vous somme de me répondre, ce n'est plus votre ami que vous affectionnez ; à le bien prendre, ce n'est pas tant à cause de lui, que pour l'amour de vous-même. Et cela présupposé, voilà votre propre intérêt qui ruine le fondement de cette belle amitié imaginaire, si nous avons bien expliqué la seconde condition essentielle qui fait une partie de sa définition. Pour moi j'entre librement dans le sentiment du Cardinal Sirlet là-dessus, qui ne reconnaissait point d'amitiés sincères ni désintéressées, que celles qui se soutenaient sur la mémoire du temps passé, et qui se nourrissaient de l'agréable souvenir de ce qui n'est plus : parce que les autres considèrent le temps présent, ou qui regarde le futur, dépendent si fort de l'intérêt, et ont de si grands attachements à ce qui nous touche comme plaisant, ou comme utile, que pour en parler sainement, elles tiennent plus de l'amour-propre que de celui du prochain, et de ce qui fait les véritables amitiés. En voulez-vous de plus fortes preuves que l'abandonnement où sont tous ceux qui manquent de fortune, et le défaut d'amis que souffrent les hommes misérables ? *Tramontana no tiene trigo, ni el hombre pobre tiene amigo,* dit l'Espagnol. Et celui-là n'eut pas mauvaise grâce, qui compara les amis de Cour à de certains fleuves, tels que le Mançanares de Madrid, qui est gros et qui regorge dans les saisons, ou l'on se peut fort bien passer de ses eaux, se trouvant à sec lorsqu'on en aurait le plus besoin. En effet, si la considération de l'utilité a le pouvoir que nous avons dit, de former et de lier les plus grandes amitiés qui se voient parmi nous, ce n'est pas merveille que le malheur en empêche la naissance, ou qu'il les détruise lorsqu'elles ont reçu quelque commencement ; ce qui n'a nul rapport aux belles descriptions que nous donnent les Philosophes d'une pure et sincère Amitié.

Venons à la troisième condition essentielle de cette belle Amitié, qui dépend du parfait accord dont ceux qu'elle astreint doivent être unis, tant à l'égard des choses divines et éternelles, que des humaines et temporelles. Or déjà pour ce qui concerne les dernières, je ne doute point que grande union ne regarde la communauté de biens, et ce que Pythagore prononça le premier, que rien ne devait être divisé entre amis. Cicéron a cru cet article si important dans l'Amitié, que, pour peu qu'il fût enfreint, il tenait qu'elle perdait son nom et n'était plus ; *si interesse quippiam tantulum modo potuerit, jam amicitiae nomen occiderit, cujus est ea vis, ut simul atque sibi aliquid quam alteri maluerit, nulla fit.* Aussi voyons-nous que les grandes amitiés des Anciens nous sont représentées dans cette indifférente et commune possession de toutes choses. Valère Maxime assure de Polistrate et Hippoclides, qu'étant nés d'un même jour, n'ayant eu qu'un même Précepteur, qui fut Epicure, dont ils s'étaient rendus écoliers en même temps, ils ne possédèrent qu'un même patrimoine, arrivèrent l'un et l'autre à une extrême vieillesse, et furent si fortunés que de mourir tous deux dans un même moment. Il y en a eu même qui, faisant une plus particulière profession de cultiver l'Amitié, l'ont étendue jusqu'à des termes scandaleux, selon les lois de l'honnêteté, et de la vie civile comme quand ils ont eu leurs femmes communes. Asclépiade et Ménédème ayant épousé la mère et la fille, l'une étant morte, Ménédème céda celle qui restait à son ami, par un office d'amitié que Diogenes Laertius compare à celle de Pylade et Oreste. Mais quoique nous la restreignions à des termes plus justes et plus civils, il semble qu'il demeure toujours cette nécessité de n'avoir rien de propre, et de partager entre amis les commodités de la vie, et tout ce qu'on nomme biens de fortune ; de telle sorte que l'un ne puisse prétendre aucun avantage sur l'autre. Et néanmoins outre l'impossibilité évidente d'une si absolue communauté, et d'une si étrange concorde, qui véritablement supposent un même cœur et une même âme en des personnes différentes ; la Philosophie nous fait d'autres leçons de ce sentiment naturel que chacun a pour son propre bien, qui ruinent toutes ces amitiés imaginaires. Car parce qu'on est un avec soi-même d'essence et de nature, au lieu qu'on n'est uni et lié avec celui qu'on aime que par conformité, ou par la ressemblance de quelque forme extrême et accidentelle, il ne se peut faire que l'amour qu'on se porte ne prévale, et que chacun n'ait plus d'affection pour sa personne que pour tout autre. Aristote montre selon cette doctrine, que dans tous les ordres de la Nature, chaque chose est excitée d'une plus forte inclination à la recherche de son propre bien, que du commun ou du général ; à cause que par un axiome reçu dans la Physique, cette même nature se réfléchit sur elle-même, et regarde le particulier devant que de considérer le dehors, ni l'universel. Et nous savons que les Cyrénaïques, aussi bien que les Stoïciens, ont cru que particulièrement l'homme sage s'aimait de telle façon qu'il n'aimait rien tant que lui, faisant toutes choses en se contemplant et pour l'amour de soi-même, à peu près comme Salomon l'a dit au Tout-Puissant, *universa propter semetipsum operatus est Dominus.* Enfin je pense qu'il n'y a pas un de nous qui n'avoue sur ce qu'il ressent dans son intérieur, qu'à moins de renoncer à l'humanité, il est impossible de contracter une amitié qui nous détache si fort de nous-mêmes, que nous n'affectionnons pas plus les biens de la vie pour nous en prévaloir, et pour notre propre usage, que pour celui d'un autre, quelque étroite affection qu'il y ait entre lui et nous. Quant à ce qui touche l'union et le consentement des amis aux choses divines et purement spirituelles, cela présuppose une égalité d'esprit si difficile à concevoir, que je tiens pour chose encore plus impossible de satisfaire à ce second point qu'au premier. Je n'entre point ici dans la question, si toutes les âmes sont égales dans leur création. Mais je dis qu'à les considérer comme des formes humaines, elles dépendent si fort en ce qui regarde leurs opérations, du tempérament de notre corps, que la diversité de ce même tempérament connue de tout le monde, fait une différence entre elles qui rend ce parfait consentement en toutes choses, et cette unanimité requise dans l'amitié par la définition que nous examinons, hors de toute apparence ; et pour user d'un terme plus exprès, hors de possibilité. En effet y a-t-il rien de si bizarre, que ce que nous nommons humeurs, fantaisies, et opinions des hommes ?

Pectoribus mores tot sunt quot in orbe figurae.

Et pour ne nous jeter pas plus avant dans ce lieu commun, qui fait l'un des dix moyens de l'Epoque Sceptique, il suffit pour notre sujet de remarquer, que bien loin d'être dans une si absolue et si générale concorde avec nos amis, il n'y a personne qui se puisse vanter de vivre bien d'accord avec soi-même. Nous improuvons aujourd'hui, ce que nous approuvions hier. Nous assurons présentement une chose, dont nous dédirons dans une heure. Et souvent dans le seul instant du temps présent, nous voulons et ne voulons pas une même chose sans nous pouvoir déterminer à rien. Ce n'est pas là le moyen d'être dans une parfaite correspondance avec des amis, si nous ne saurions nous accommoder avec nous-mêmes. Si est-il vrai qu'il n'y a rien qui soit plus ordinaire ni plus naturel, que cette variété et instabilité d'esprit, à parler même de ceux qui l'ont de la meilleure trempe, et qui possèdent le plus de cette splendeur sèche que demande Héraclite. Cela suffit, puisque nous n'avons fait cette réflexion sur nous-mêmes, que pour montrer comme l'unanimité des amis, telle que la demandent les Philosophes aux choses qu'ils nomment divines, n'est pas plus aisée à trouver que leur parfaite égalité en tout le reste. Cependant c'est le plus assuré fondement qu'ils prennent de l'Amitié. Aristote répète une infinité de fois qu'il ne la faut point chercher ailleurs que dans l'égalité et l'exacte ressemblance. Et par conséquent puisque cette troisième condition n'est pas plus de la portée de notre humanité, que les deux autres : il me semble que nous pouvons bien conclure selon notre premier projet, qu'il n'y a point de véritable amitié parmi nous, puisque tout ce qui entre dans sa définition ne se rencontre jamais dans nos plus étroites liaisons de bienveillance et d'affections, quelque nom d'amitié que nous leur puissions donner. C'est ce que voulait dire ce Philosophe Athénien Secundus, qui vivait du temps de l'empereur Adrian, quand il s'interrogeait lui-même, qu'est-ce qu'un ami ? Et puis répondait, c'est un nom vain, un homme qui ne paraît jamais, un trésor qui ne se trouve nulle part.

François de La Mothe Le Vayer, *De l'Amitié*, in *Œuvres*, Paris, 1654.

RENÉ DESCARTES (1596-1650)

Une passion de l'âme égale et réciproque

L'amitié s'adresse à des êtres qu'on perçoit comme des égaux et avec lesquels on entretient une relation de réciprocité. Descartes l'oppose à l'affection, qui s'adresse à des objets estimés inférieurs, et à la dévotion qui s'adresse à des objets ou des êtres estimés supérieurs.

Savant et philosophe, René Descartes fit ses études au collège des jésuites de La Flèche avant de recevoir une instruction militaire en Hollande auprès de Maurice de Nassau. Il s'engagea dans l'armée du duc de Bavière, voyagea, vécut à Paris et consacra son temps à la philosophie. En 1629, il s'installa en Hollande pour une vingtaine d'années, ponctuées de trois retours en France. Invité en Suède par la reine Christine, fin 1649, il y supporta mal le climat et y mourut en février 1650.

Son *Discours de la méthode pour bien conduire sa raison et chercher la vérité dans les sciences* est considéré comme la première grande œuvre philosophique et scientifique en langue française, à l'usage de « ceux qui ne se servent que de leur raison naturelle toute pure ». Paru en 1637, le discours expose les quatre principales règles de la méthode, nées de la décision prise par Descartes, dans son « poêle » (chambre chauffée par un poêle) en Allemagne, de faire table rase des connaissances antérieures et de n'admettre en sciences que la raison. *Les Méditations métaphysiques* paraissent en 1641. Dans *Les Passions de l'âme* (1649), Descartes souligne la nature positive des passions qui ne deviennent néfastes, selon lui, que dans l'usage que l'on en fait. La philosophie reste pour lui « l'étude de la sagesse ».

La croyance en la liberté de l'homme, capable par la science et la technique de se rendre « maître et possesseur de la nature », se mêle chez Descartes aux thèmes stoïciens de la maîtrise des passions par la volonté. Mais la réflexion sur l'amitié perd du terrain dans cette démarche de rupture avec l'autorité des Anciens et la pensée antérieure.

De la différence qui est entre la simple affection, l'amitié et la dévotion

On peut ce me semble, avec meilleure raison distinguer l'amour, par l'estime qu'on fait de ce qu'on aime à comparaison de soi-même. Car lorsqu'on estime l'objet de son amour moins que soi, on n'a pour lui qu'une simple affection ; lorsqu'on l'estime à l'égal de soi, cela se nomme amitié et lorsqu'on l'estime davantage, la passion qu'on a peut être nommée dévotion. Ainsi on peut avoir de l'affection pour une fleur, pour un oiseau, pour un cheval ; mais, à moins que d'avoir l'esprit fort déréglé, on ne peut avoir de l'amitié que pour des hommes. Et ils sont tellement l'objet de cette passion, qu'il n'y a point d'homme si imparfait qu'on ne puisse avoir pour lui une amitié très parfaite, lorsqu'on pense qu'on en est aimé et qu'on a l'âme véritablement noble et généreuse : suivant ce qui sera expliqué ci-après en l'art. 154 et 156. Pour ce qui est de la dévotion, son principal objet est sans doute la souveraine divinité, à laquelle on ne saurait manquer d'être dévot lorsqu'on la connaît comme il faut. Mais on peut aussi avoir de la dévotion pour son prince, pour son pays, pour sa ville, et même pour un homme particulier, lorsqu'on l'estime beaucoup plus que soi. Or, la différence qui est entre ces trois sortes d'amour paraît principalement par leurs effets : car, d'autant qu'en toutes on se considère comme joint et uni à la chose aimée, on est toujours prêt d'abandonner la moindre partie du tout qu'on compose avec elle, pour conserver l'autre. Ce qui fait qu'en la simple affection, l'on se préfère toujours à ce qu'on aime, et qu'au contraire en la dévotion l'on préfère tellement la chose aimée à soi-même qu'on ne craint pas de mourir pour la conserver. De quoi on a vu souvent des exemples en ceux qui se sont exposés à une mort certaine pour la défense de leur prince ou de leur ville, et même aussi quelquefois pour des personnes particulières auxquelles ils s'étaient dévoués.

René Descartes, *Les Passions de l'âme*, 1649.

FRANÇOIS DE LA ROCHEFOUCAULD (1613-1680)

Un commerce où l'amour-propre se propose toujours quelque chose à gagner

« L'amour-propre est l'amour de soi-même et de toutes choses pour soi ; il rend les hommes idolâtres d'eux-mêmes, et les rendrait tyrans des autres, si la fortune leur en donnait les moyens... » C'est cet amour de soi qui constitue pour La Rochefoucauld le fond de la nature humaine. Cette conception pessimiste de l'homme corrompu par le péché n'est pas compatible avec une théorie de l'amitié, que tous ses penseurs avaient définie comme une vertu réciproque et désintéressée. Pour cet ancien Frondeur rallié à la cour de Louis XIV, « nos vertus ne sont le plus souvent que des vices déguisés ».

François, prince de Marcillac, puis duc de La Rochefoucauld, appartenait à l'une des plus grandes familles de la noblesse française. Sa jeunesse fut romanesque et chevaleresque et il prit parti avec panache pour la Fronde contre Mazarin, surtout à cause de son amour pour Mme de Longueville. Blessé gravement, il se retira sur ses terres, puis, rentré en grâce à la cour, se lança dans une carrière de mondain proche du courant précieux. Il fréquenta les salons de Mlle de Scudéry, Mlle de Montpensier et Mme de Sablé. Il fut également lié avec Mme de Sévigné et surtout Mme de La Fayette, cultivant dans sa vie et avec des femmes l'amitié qu'il décrie souvent dans ses *Maximes* et discutant de l'amitié avec ses ami(e)s : ainsi avec Mme de Sablé qui fait de la vertu, à la suite des Anciens, le fondement de l'amitié tandis que La Rochefoucauld lui désigne l'amour-propre dissimulé sous différents masques ; en le contrôlant et en le civilisant, on peut rêver d'accéder à l'amitié.

C'est que le pessimisme de La Rochefoucauld n'est pas un cynisme mais l'expression d'une exigence sans illusions, qui le rapproche à la fin de sa vie du classicisme janséniste. Après avoir refusé les honneurs d'un fauteuil à l'Académie, il mourra comme il a vécu avec la force d'âme d'un « vrai honnête homme », pleuré par de vrais amis. Épars à travers les fines analyses psychologiques des *Maximes*, les aphorismes sur l'amitié de La Rochefoucauld traduisent le mélange d'intransigeance généreuse et de lucidité désabusée de ce moraliste du Grand Siècle.

Le travail du style a frappé ces formules lapidaires du sceau du classicisme. Voici, par exemple, les différents états que connut la formulation, dans la maxime 83, de la célèbre définition de l'amitié :

« L'amitié la plus sainte et la plus sacrée n'est qu'un trafic où nous croyons toujours gagner quelque chose » (manuscrit).

« L'amitié la plus désintéressée n'est qu'un trafic où notre amour-propre se propose toujours quelque chose à gagner » (éd. 1655).

« L'amitié la plus désintéressée n'est qu'un commerce où notre amour-propre se propose toujours quelque chose à gagner » (éd. 1666 à 1675).

« Ce que les hommes ont nommé amitié n'est qu'une société, qu'un ménagement réciproque d'intérêts et qu'un échange de bons offices ; ce n'est enfin qu'un commerce où l'amour-propre se propose toujours quelque chose à gagner » (éd. 1678).

Nous ne pouvons rien aimer que par rapport à nous...

Nous ne pouvons rien aimer que par rapport à nous, et nous ne faisons que suivre notre goût et notre plaisir quand nous préférons nos amis à nous-mêmes ; c'est néanmoins par cette préférence seule que l'amitié peut être vraie et parfaite.

La réconciliation avec nos ennemis n'est qu'un désir de rendre notre condition meilleure, une lassitude de la guerre, et une crainte de quelque mauvais événement.

Ce que les hommes ont nommé amitié n'est qu'une société, qu'un ménagement réciproque d'intérêts, et qu'un échange de bons offices ; ce n'est enfin qu'un commerce où l'amour-propre se propose toujours quelque chose à gagner.

Il est plus honteux de se défier de ses amis que d'en être trompé.

Nous nous persuadons souvent d'aimer les gens plus puissants que nous, et néanmoins c'est l'intérêt seul qui produit notre amitié. Nous ne nous donnons pas à eux pour le bien que nous leur voulons faire, mais pour celui que nous en voulons recevoir.

Notre défiance justifie la tromperie d'autrui.

Les hommes ne vivraient pas longtemps en société, s'ils n'étaient les dupes les uns des autres.

L'amour-propre nous augmente ou nous diminue les bonnes qualités de nos amis à proportion de la satisfaction que nous avons d'eux ; et nous jugeons de leur mérite par la manière dont ils vivent avec nous.

François de La Rochefoucauld, *Maximes*, Paris, édition de 1678.

JEAN DE LA BRUYÈRE (1645-1696)

Un sentiment que fortifie le temps

L'ami de Bossuet et auteur des *Caractères* est l'un des premiers moralistes à affirmer la possibilité de l'amitié entre homme et femme : « L'amitié peut subsister entre des gens de différents sexes, exempte même de toute grossièreté », c'est-à-dire de sexualité. Mais il n'en nie pas pour autant l'ambiguïté : « Une femme cependant regarde toujours un homme comme un homme ; et réciproquement un homme regarde une femme comme une femme. » L'esprit et la mixité des salons ont pénétré les mentalités. La femme s'affirme, donc, non plus seulement comme objet d'amour mais aussi comme objet — et sujet — d'amitié. D'ailleurs les deux sentiments sont constamment mis en parallèle par La Bruyère, comme ils l'étaient dans les salons où s'élaborèrent les stratégies amoureuses de la carte du Tendre : « Le temps qui fortifie les amitiés, affaiblit l'amour. »

Bourgeois parisien, avocat qui ne paraît pas avoir plaidé au Parlement de Paris, Jean de La Bruyère entra, grâce à Bossuet, dans la maison des Condé où il fut précepteur, puis secrétaire du duc de Bourbon. Devenu l'observateur subalterne de la « comédie humaine », La Bruyère régla ses comptes avec les grands dans les *Caractères,* paru en 1688. Dans cette succession de maximes et de portraits à clés, La Bruyère exerce, comme le dira Taine, son « art d'attirer l'attention » et de forcer un passant dans la rue à voir ce qu'il ne voyait pas ou ne voulait pas voir. Dans la querelle des Anciens et des Modernes, lors de son élection à l'Académie française, il prit parti pour les Anciens, et pour Bossuet dans la querelle du quiétisme.

Moins cynique que La Mothe Le Vayer, moins pessimiste que La Rochefoucauld, ce bourgeois qui côtoie les courtisans n'en prend pas les travers et garde sa dignité : « Il est doux de voir ses amis par goût et par estime ; il est pénible de les cultiver par intérêt ; c'est *solliciter.* » Il reste capable de sentiments désintéressés et d'une fidélité réaliste qui tâche à se garder de l'opportunisme : « Il ne faut regarder dans ses amis que la seule vertu qui nous attache à eux, sans aucun examen de leur bonne ou de leur mauvaise fortune ; et quand on se sent capable de les suivre dans leur disgrâce, il faut les cultiver hardiment et avec confiance jusques dans leur plus grande prospérité. »

Il y a un goût dans la pure amitié...

Il y a un goût dans la pure amitié où ne peuvent atteindre ceux qui sont nés médiocres.

L'amitié peut subsister entre des gens de différents sexes, exempte même de toute grossièreté. Une femme cependant regarde toujours un homme comme un homme ; et réciproquement un homme regarde une femme comme une femme. Cette liaison n'est ni passion ni amitié pure : elle fait une classe à part.

L'amour naît brusquement, sans autre réflexion, par tempérament ou par faiblesse : un trait de beauté nous fixe, nous détermine. L'amitié au contraire se forme peu à peu, avec le temps, par la pratique, par un long commerce. Combien d'esprit, de bonté de cœur, d'attachement, de services et de complaisance dans les amis, pour faire en plusieurs années bien moins que ne fait quelquefois en un moment un beau visage ou une belle main !

Le temps, qui fortifie les amitiés, affaiblit l'amour.

Il ne faut regarder dans ses amis que la seule vertu qui nous attache à eux, sans aucun examen de leur bonne ou de leur mauvaise fortune ; et quand on se sent capable de les suivre dans leur disgrâce, il faut les cultiver hardiment et avec confiance jusques dans leur plus grande prospérité.

Tant que l'amour dure, il subsiste de soi-même, et quelquefois par les choses qui semblent le devoir éteindre, par les caprices, par les rigueurs, par l'éloignement, par la jalousie. L'amitié au contraire a besoin de secours : elle périt faute de soins, de confiance et de complaisance.

Il est plus ordinaire de voir un amour extrême qu'une parfaite amitié.

L'amour et l'amitié s'excluent l'un l'autre.

Celui qui a eu l'expérience d'un grand amour néglige l'amitié ; et celui qui est épuisé sur l'amitié n'a encore rien fait pour l'amour.

L'amour commence par l'amour ; et l'on ne saurait passer de la plus forte amitié qu'à un amour faible.

Rien ne ressemble mieux à une vive amitié, que ces liaisons que l'intérêt de notre amour nous fait cultiver.

L'amour qui croît peu à peu et par degrés ressemble trop à l'amitié pour être une passion violente.

Quelque délicat que l'on soit en amour, on pardonne plus de fautes que dans l'amitié.

Une grande reconnaissance emporte avec soi beaucoup de goût et d'amitié pour la personne qui nous oblige.

Il n'y a pas si loin de la haine à l'amitié que de l'antipathie.

Il semble qu'il est moins rare de passer de l'antipathie à l'amour qu'à l'amitié.

L'on ne voit dans l'amitié que les défauts qui peuvent nuire à nos amis. L'on ne voit en amour de défauts dans ce qu'on aime que ceux dont on souffre soi-même.

Il n'y a qu'un premier dépit en amour, comme la première faute dans l'amitié, dont on puisse faire un bon usage.

Quelque désintéressement qu'on ait à l'égard de ceux qu'on aime, il faut quelquefois se contraindre pour eux, et avoir la générosité de recevoir.

Celui-là peut prendre, qui goûte un plaisir aussi délicat à recevoir que son ami en sent à lui donner.

L'expérience confirme que la mollesse ou l'indulgence pour soi et la dureté pour les autres n'est qu'un seul et même vice.

Un homme dur au travail et à la peine, inexorable à soi-même, n'est indulgent aux autres que par un excès de raison.

On convie, on invite, on offre sa maison, sa table, son bien et ses services : rien ne coûte qu'à tenir parole.

C'est assez pour soi d'un fidèle ami ; c'est même beaucoup de l'avoir rencontré : on ne peut en avoir trop pour le service des autres.

Quand on a assez fait auprès de certaines personnes pour avoir dû se les acquérir, si cela ne réussit point, il y a encore une ressource, qui est de ne plus rien faire.

Vivre avec ses ennemis comme s'ils devaient un jour être nos amis, et vivre avec nos amis comme s'ils pouvaient devenir nos ennemis, n'est ni selon la nature de la haine, ni selon les règles de l'amitié ; ce n'est point une maxime morale, mais politique.

On ne doit pas se faire des ennemis de ceux qui, mieux connus, pourraient avoir un rang entre nos amis. On doit faire choix d'amis si sûrs et d'une si exacte probité, que venant à cesser de l'être, ils ne veuillent pas abuser de notre confiance, ni se faire craindre comme nos ennemis.

Il est doux de voir ses amis par goût et par estime ; il est pénible de les cultiver par intérêt ; c'est *solliciter*.

Jean de La Bruyère, *Caractères*, in *Œuvres de La Bruyère*, Paris, Hachette, 1866.

JEAN DE LA FONTAINE (1621-1695)

Qu'un ami véritable est une douce chose

Il est le contemporain de La Rochefoucauld et de Saint-Évremond ; il fréquenta les mêmes cercles et échangea avec Saint-Évremond des lettres. Comme ce dernier, il demeura fidèle à son ami Fouquet dans la disgrâce. Sa fable « Les Deux Amis » en porte les traces et son lyrisme n'est pas sans rappeler Montaigne.

Né à Château-Thierry, Jean de La Fontaine commença par être maître des Eaux et Forêts et se fixa définitivement à Paris en 1658. Son poème héroïque *Adonis* (1658) lui valut l'admiration et une pension de Nicolas Fouquet, alors surintendant des Finances. Il fit alors partie de la vie brillante du château de son protecteur à Vaux-le-Vicomte. Après l'arrestation de Fouquet, La Fontaine demeura fidèle à son ami, malgré l'hostilité de Colbert, et sollicita la grâce du roi pour son ami dans *L'Élégie aux nymphes de Vaux* en 1661 et *L'Ode au Roi pour Monsieur de Fouquet* en 1663. Dans une lettre à sa femme de la même année, il exprime son émotion devant la cellule de Tours où l'ancien surintendant avait été enfermé. « Je fus longtemps à considérer la porte, et me fis conter la manière dont le prisonnier était gardé. [...] Sans la nuit, on ne m'eût pu arracher de cet endroit. »

Il eut d'autres amis, dont Marie Anne Mancini, nièce de Mazarin et sœur d'Hortense elle-même amie de Saint-Évremond. Il fréquenta les salons de Mme de La Fayette et de Mme de Sévigné. Il eut d'autres protecteurs et protectrices, comme Madame duchesse d'Orléans, qui le reçut au palais du Luxembourg, Mme de La Sablière, Condé et les Vendôme, M. et Mme d'Hervart. Reçu à l'Académie, il honora son amie, en prononçant son *Discours à Madame de La Sablière* et, comme Saint-Évremond, prit dans la querelle des Anciens et des Modernes parti pour les Anciens.

La Fontaine est un poète, un conteur et un chroniqueur qui s'est essayé dans beaucoup de genres. Mais sa réputation posthume lui vient surtout des *Contes et nouvelles en vers* (1665) et des *Fables*, recueils parus en trois fois (1668, 1678-1679, 1694). Il touche au thème de l'amitié dans « Le Corbeau, la Gazelle, la Tortue et le Rat » et dans « L'Ours et l'Amateur des Jardins ». Mais nulle part il ne le traite aussi délicatement et aussi personnellement que dans « Les Deux Amis ». La célèbre fable se passe de commentaire mais rappelle que les poètes, en quelques vers, peuvent être aussi éloquents que les philosophes, dans leurs longs traités.

Les Deux Amis

Deux vrais amis vivoient au Monomotapa :
L'un ne possedoit rien qui n'appartinst à l'autre.
  Les amis de ce païs-là
  Valent bien, dit-on, ceux du nostre.
Une nuit que chacun s'occupoit au sommeil,
Et mettoit à profit l'absence du Soleil,
Un de nos deux amis sort du lit en alarme ;
Il court chez son intime, éveille les valets :
Morphée avoit touché le seüil de ce palais.
L'amy couché s'estonne ; il prend sa bourse, il s'arme ;
Vient trouver l'autre, et dit : Il vous arrive peu
De courir quand on dort ; vous me paroissiez homme
A mieux user du temps destiné pour le somme.
N'auriez-vous point perdu tout vostre argent au jeu ?
En voicy ; s'il vous est venu quelque querelle,
J'ay mon épée, allons. Vous ennuyez-vous point
De coucher toûjours seul ? Une esclave assez belle
Estoit à mes costez : voulez-vous qu'on l'appelle ?
— Non, dit l'amy, ce n'est ny l'un ny l'autre poinct :
Je vous rend grace de ce zele.
Vous m'estes en dormant un peu triste apparu ;
J'ay craint qu'il ne fust vrai, je suis viste accouru.
  Ce maudit songe en est la cause.

Qui d'eux aimoit le mieux ? que t'en semble, Lecteur ?
Cette difficulté vaut bien qu'on la propose.
Qu'un amy veritable est une douce chose !
Il cherche vos besoins au fond de vostre cœur ;
  Il vous épargne la pudeur
  De les luy découvrir vous-mesme.
  Un songe, un rien, tout luy fait peur
  Quand il s'agit de ce qu'il aime.

Jean de La Fontaine, *Fables*, Paris, 1694.

CHARLES DE SAINT-ÉVREMOND (1613-1703)

L'ouvrage de la nature

On trouve dans les réflexions sur l'amitié de Saint-Évremond, autre moraliste, proche du mouvement libertin, comme un condensé de toute la pensée sur l'amitié depuis les Anciens. Saint-Évremond assouplit l'identification aristotélicienne de la justice, ouvrage des hommes, et de l'amitié, ouvrage de la nature ; il accueille avec sympathie les thèses épicuriennes, y amalgame la notion évangélique et thomiste de la charité et la pimente de ce « charme secret plus facile à sentir qu'à bien connaître », probablement inspiré de Montaigne. Comme Francis Bacon, il se penche sur ce paradoxe que constitue le besoin d'amitié des princes. Car l'amitié depuis la nuit des temps s'échange entre gens égaux. Mais le sort du confident qui, pensant trouver un ami, trouve un maître le retient plus que celui du maître trahi par son favori.

Cette nécessité universelle de confier ses secrets à quelqu'un, aux époques qui ne connaissent ni le psychologue ni les paparazzi professionnels, s'incarne dans le confident du théâtre classique que Saint-Évremond inscrit dans son contexte relationnel : « On ne rend pas un commerce amoureux public sans honte ; on ne le tient pas fort secret, sans gêne. »

Après une belle carrière militaire, Charles de Saint-Évremond se fit connaître par sa *Comédie des académistes*. Toutefois, il déplut par ses idées frondeuses et la découverte d'écrits hostiles à Mazarin et fut contraint à exil en Angleterre. Depuis Londres, où il refusa la grâce octroyée par Louis XIV, Saint-Évremond composa de nombreux ouvrages, dont l'irrévérencieux *Conversation du maréchal d'Hocquincourt avec le P. Canaye*, et échangea une correspondance volumineuse, notamment avec la spirituelle Ninon de Lenclos. Il fréquenta les salons dont celui d'Hortense Mancini, duchesse de Mazarin. C'est dans un petit traité destiné à cette dernière qu'il expose ses idées sur l'amitié.

Ce seul texte témoigne que le grand seigneur indépendant et tolérant aime et respecte les femmes ; il en apprécie la compagnie, et, comme La Bruyère et nombre de ses contemporains, se fie à leur amitié. Une seule ombre : malgré toutes leurs qualités, les femmes se laissent trop souvent mener par leurs passions, compromettant ainsi les liens amicaux qu'elles ont avec leurs amis et qu'elles pourraient avoir avec leurs amants : « Je me suis étonné cent fois, de ce qu'on avait voulu exclure les femmes du maniement des affaires ; car j'en trouvais de plus éclairées et de plus capables que les hommes... C'était par le peu de sûreté que l'on trouvait en leur cœur. »

Contrairement à la plupart des penseurs chrétiens qui ne retenaient de l'Antiquité que la pensée stoïcienne, Saint-Évremond déclare son antipathie pour l'œuvre de Sénèque dont la vertu lui fait peur. Il proclame en revanche dans ce petit texte son admiration pour la morale d'Epicure et la préférence que ce dernier donnait à l'amitié, sur toutes les autres vertus, car les plaisirs « ne sont plus plaisirs, dès qu'ils ne sont pas communiqués ». À l'exemple de Montaigne, mais avec plus de réserve, il trouve les paroles les plus délicates pour évoquer l'ami malheureux qui ne lui a jamais rien dissimulé. « Le souvenir d'une confidence si chère m'est bien doux ; la pensée de l'état où il se trouve m'est plus douloureuse. Je me suis accoutumé à mes malheurs, je ne m'accoutumerai jamais aux siens. » Ce grand seigneur déiste et tolérant qui préféra s'exiler plutôt que de plier, et resta fidèle à ses amis dans la tourmente, n'est déjà plus de son époque, il annonce les Lumières du siècle de Voltaire.

Voyez, Madame, jusqu'où va la force de l'amitié

À Madame la duchesse Mazarin

De tous ces dits anciens, que vous avez si judicieusement remarqués, et si heureusement retenus, il n'y en a point qui me touche davantage que celui d'Agésilas, lorsqu'il recommande l'affaire d'un de ses amis à un autre. *Si Nicias n'a point failli, délivre-le ; s'il a failli, délivre-le pour l'amour de moi : de quelque façon que ce soit, délivre-le.* Voyez, Madame, jusqu'où va la force de l'amitié. Un roi des Lacédémoniens, si homme de bien, si vertueux, si sévère ; un roi qui devait des exemples de justice à son peuple, ne permet pas seulement, mais ordonne d'être injuste, où il s'agit de l'affaire de son ami.

Qu'un homme privé eût fait la même chose qu'Agésilas, cela ne me surprendrait pas. Les particuliers ne trouvent que trop de contrainte dans la vie civile. Une des plus grandes douceurs qu'ils puissent goûter, c'est de revenir quelquefois à la nature, et de se laisser aller à leurs propres inclinations. Ils obéissent à regret à ceux qui commandent ; ils aiment à rendre service à ceux qui leur plaisent. Mais qu'un roi, occupé de sa grandeur, renonce aux adorations publiques, renonce à son autorité, à sa puissance, pour descendre en lui-même et y sentir les mouvements les plus naturels de l'homme ; c'est ce qu'on ne comprend pas facilement, et ce qui mérite bien que nous y fassions réflexion.

Il est certain qu'on ne doit pas regarder son prince, comme son ami. L'éloignement qu'il y a de l'empire à la sujétion, ne laisse pas former cette union des volontés, qui est nécessaire pour bien aimer. Le pouvoir du prince et le devoir des sujets, ont quelque chose d'opposé aux tendresses que demandent les amitiés.

Exercer la domination, sans violence, c'est tout ce que peut faire le meilleur prince ; obéir sans murmure, c'est tout ce que peut faire le meilleur sujet. Or, la modération et la docilité ont peu de charmes. Ces vertus sont trop peu animées, pour faire naître les inclinations, et inspirer la chaleur de l'amitié. La liaison ordinaire, qui se trouve entre les rois et leurs courtisans, est une liaison d'intérêt. Les courtisans cherchent de la fortune avec les rois : les rois exigent des services de leurs courtisans.

Cependant, il y a des occasions, où l'embarras des affaires, où le dégoût de la magnificence obligent les princes à chercher, dans la pureté de la nature, les plaisirs qu'ils ne trouvent pas, dans leur grandeur. Ennuyés de cérémonies, de gravités affectées, de contenances, de représentations, ils cherchent les douceurs, toutes naturelles, d'une liberté que leur condition leur ôte. Travaillés de soupçons et de jalousies, ils cherchent, enfin, à se confier, à ouvrir un cœur qu'ils tiennent fermé à tout le monde. Les flatteries des adulateurs leur font souhaiter la sincérité d'un ami ; et c'est là que se font ces confidents, qu'on appelle *favoris* : ces personnes chères aux princes, avec lesquelles ils se soulagent de la gêne de leurs secrets, avec lesquels ils veulent goûter toutes les douceurs, que la familiarité du commerce, et la liberté de la conversation, peuvent donner aux amis particuliers.

Mais que ces amitiés sont dangereuses, à un favori qui songe plus à aimer qu'à se bien conduire ! Ce confident pense trouver son ami où il rencontre son maître ; et, par un retour imprévu, sa familiarité est punie, comme la liberté indiscrète d'un serviteur qui s'est oublié. Ces gens de cour, de qui l'intérêt règle toujours la conduite, trouvent dans leur industrie de quoi plaire, et leur prudence leur fait éviter tout ce qui choque, tout ce qui déplaît. Celui qui aime véritablement son maître ne consulte que son cœur. Il croit être en sûreté de ce qu'il dit, et de ce qu'il fait, parce qu'il sent ; et la chaleur d'une amitié mal réglée le fait périr, quand la précaution des personnes qui n'aiment pas lui conserverait tous les avantages de sa fortune. C'est par là qu'on perd ordinairement les inclinations des princes, plus exacts à punir ce qui blesse leur caractère, que faciles à pardonner ce qu'on fait, par les mouvements de la nature. Heureux les sujets, dont les princes savent excuser ce que la faiblesse de la condition humaine a rendu excusable dans les hommes ! Mais ne portons point d'envie à tous ceux qui se font craindre ; ils perdent la douceur et d'aimer et d'être aimés. Revenons à des considérations plus particulières, sur l'amitié.

J'ai toujours admiré la morale d'Epicure, et je n'estime rien tant, de sa morale, que la préférence qu'il donne à l'amitié, sur toutes les autres vertus. En effet, la justice n'est qu'une vertu, établie pour maintenir la société humaine. C'est l'ouvrage des hommes : l'amitié est l'ouvrage de la nature ; l'amitié fait toute la douceur de notre vie, quand la justice, avec toutes ses rigueurs, a bien de la peine à faire notre sûreté. Si la prudence nous fait éviter quelques maux, l'amitié les soulage tous ; si la prudence nous fait acquérir des biens, c'est l'amitié qui en fait goûter la jouissance. Avez-vous besoins de conseils fidèles ? qui peut vous les donner qu'un ami ? A qui confier vos secrets, à qui ouvrir votre cœur, à qui découvrir votre âme, qu'à un ami ? Et quelle gêne serait-ce d'être tout resserré en soi-même, de n'avoir que soi pour confident de ses affaires, et de ses plaisirs ? Les plaisirs ne sont plus plaisirs, dès qu'ils ne sont pas communiqués. *Sans la confiance d'un ami, la félicité du ciel serait ennuyeuse.* J'ai observé que les dévots les plus détachés du monde, que les dévots les plus attachés à Dieu, aiment en Dieu les dévots, pour se faire des objets visibles de leur amitié. Une des grandes douceurs qu'on trouve à aimer Dieu, c'est de pouvoir aimer ceux qui l'aiment.

Je me suis étonné, autrefois, de voir tant de confidents et de confidentes sur notre théâtre : mais j'ai trouvé, à la fin, que l'usage en avait été introduit fort à propos ; car une passion, dont on ne fait aucune confidence à personne, produit plus souvent une contrainte fâcheuse, pour l'esprit, qu'une volupté agréable, pour les sens. On ne rend pas un commerce amoureux public, sans honte ; on ne le tient pas fort secret, sans gêne. Avec un confident, la conduite est plus sûre, les inquiétudes se rendent plus légères, les plaisirs redoublent, toutes les peines diminuent. Les poètes, qui connaissent bien la contrainte que nous donne une passion cachée, nous en font parler aux vents, aux ruisseaux, aux arbres ; croyant qu'il vaut mieux dire ce qu'on sent, aux choses inanimées, que de le tenir trop secret, et se faire un second tourment de son silence.

Comme je n'ai aucun mérite éclatant à faire valoir, je pense qu'il me sera permis d'en dire un, qui ne fait pas la vanité ordinaire des hommes ; c'est de m'être attiré, pleinement, la confiance de mes amis ; et l'homme le plus secret que j'ai connu en ma vie, n'a été plus caché avec les autres, que pour s'ouvrir davantage avec moi[1]. Il ne m'a rien celé, tant que nous avons été ensemble ; et peut-être qu'il eût bien voulu me pouvoir dire toutes choses, lorsque nous avons été séparés. Le souvenir d'une confidence si chère m'est bien doux ; la pensée de l'état où il se trouve m'est plus douloureuse. Je me suis accoutumé à mes malheurs, je ne m'accoutumerai jamais aux siens ; et puisque je ne puis donner que de la douleur à son infortune, je ne passerai aucun jour sans m'affliger, je n'en passerai aucun sans me plaindre.

Dans ces confidences si entières, on ne doit avoir aucune dissimulation. *On traite mieux un ennemi qu'on hait ouvertement, qu'un ami à qui on se cache, avec qui on dissimule.*

Peut-être que notre ennemi recevra plus de mal, par notre haine ; mais un ami recevra plus d'injure, par notre feinte. Dissimuler, feindre, déguiser, sont des défauts qu'on ne permet pas, dans la vie civile : à plus forte raison ne seront-ils pas soufferts, dans les amitiés particulières.

Mais, pour conserver une chose si précieuse que l'amitié, ce n'est pas assez de se précautionner contre les vices, il faut être en garde, même contre les vertus ; il faut être en garde contre la justice. Les sévérités de la justice ne conviennent pas avec les tendresses de l'amitié. Qui se pique d'être juste, ou se sent déjà méchant ami, ou se prépare à l'être. L'Evangile ne recommande guère la justice, qu'il ne recommande la charité ; et c'est, à mon avis, pour adoucir une vertu, qui serait austère, et presque farouche, si on n'y mêlait un peu d'amour. La justice, mêlée avec les autres vertus, est chose admirable : toute seule, sans aucun mélange de bon naturel, de douceur, d'humanité, elle est plus sauvage que n'étaient les hommes qu'elle a assemblés ;

1. Il s'agit probablement de Fouquet, alors prisonnier dans la citadelle de Pignerol, où il mourra quelques années plus tard.

et on peut dire qu'elle bannit tout agrément de la société qu'elle a établie.

L'amitié n'appréhende pas seulement les rigueurs de la justice, elle craint les profondes réflexions d'une sagesse qui nous retient trop en nous, quand l'inclination veut nous mener vers un autre. L'amitié demande une chaleur qui l'anime, et ne s'accommode pas des circonspections qui l'arrêtent : elle doit toujours se rendre maîtresse des biens, et quelquefois de la vie de ceux qu'elle unit.

Dans cette union des volontés, il n'est pas défendu d'avoir des opinions différentes : mais la dispute doit être une conférence pour s'éclaircir, non pas une contestation qui aille à l'aigreur. Il ne faut pas se faire de la passion, où vous ne cherchez que des lumières. Nos sentiments ne doivent avoir rien de fort opposé, sur ce qui regarde la religion. Celui qui rapporte tout à la raison, et celui qui soumet tout à l'autorité, s'accommoderont mal ensemble. Hobbes et Spinoza, qui n'admettent ni prophéties, ni miracles, qu'après un long et judicieux examen, feront peu de cas des esprits crédules, qui reçoivent les *Révélations* de sainte Brigitte et la *Légende des saints* comme des articles de foi. Il me souvient d'avoir vu de l'aliénation parmi les dévots, dont les uns allaient à tout craindre de la justice de Dieu, et les autres à tout espérer de sa bonté.

Ce ne serait jamais fait, si je voulais expliquer ici toutes les choses qui contribuent à établir, ou à ruiner la confiance de ces amitiés. Elles ne subsistent point, sans fidélité et sans secret. C'est ce qui les rends sûres ; mais ce n'est pas tout pour nous les rendre agréables. Il se forme une certaine liaison, entre deux âmes, où la sûreté seule ne suffit pas : il y a entre elles un charme secret, que je ne saurais exprimer, et qui est plus facile à sentir qu'à bien connaître. A mon avis, le commerce particulier d'une femme belle, spirituelle, raisonnable, rendrait une pareille liaison plus douce encore, si on pouvait s'assurer de sa durée. Mais, lorsque la passion s'y mêle, le dégoût finit la confiance avec l'amour ; et, s'il n'y a que l'amitié, les sentiments de l'amitié ne tiennent pas longtemps contre les mouvements d'une passion.

Je me suis étonné, cent fois, de ce qu'on avait voulu exclure les femmes du maniement des affaires ; car j'en trouvais de plus éclairées, et de plus capables que les hommes. J'ai connu, à la fin, que cette exclusion ne venait point, ni de la malignité de l'envie, ni d'un sentiment particulier d'aucun intérêt ; ce n'était point aussi par une méchante opinion que l'on eût de leur esprit. C'était (cela soit dit sans les offenser), c'était par le peu de sûreté que l'on trouvait en leur cœur, faible, incertain, trop assujetti à la fragilité de leur nature. *Telle qui gouvernerait sagement un royaume aujourd'hui, se fera demain un maître, à qui on ne donnerait pas douze poules à gouverner*, pour me servir des termes de M. le cardinal Mazarin. De quoi ne seraient pas venues à bout madame de Chevreuse, la comtesse de Carlisle, la princesse Palatine, si elles n'avaient gâté, par leur cœur, tout ce qu'elles auraient pu faire, par leur esprit ? Les erreurs du cœur sont bien plus dangereuses que les extravagances de l'imagination. L'imagination n'a point de folies, que le jugement ne puisse corriger ; le cœur nous porte au mal, et nous y attache, malgré toutes les lumières du jugement :

Fideo meliora proboque,
Deteriora sequor.

Une femme fort spirituelle [1] me disait un jour qu'elle *rendait grâces à Dieu, tous les soirs, de son esprit, et le priait tous les matins, de la préserver des sottises de son cœur.* O Lot [2] ! O Lot ! Que vous avez peu à craindre de ses sottises ! Rendez grâces à Dieu de vos lumières, et reposez-vous sur vous-même de vos mouvements. J'en connais de peu intéressées, Lot, à remercier Dieu de votre esprit. La petite Bouffete consentirait volontiers que vous eussiez le cœur troublé et que vous n'eussiez pas l'esprit si libre.

Esprit du premier ordre, que vous donnez de plaisir à vos sujets, de faire admirer en vous tant de raison, et tant de beauté ! Quel plaisir de vous voir mépriser ce discours ennuyeux de beautés ; ces fades entretiens de coiffes, de manches, et d'étoffes des Indes ! Quel plaisir de vous voir laisser à la fausse galanterie des autres les *Corbeilles pleines de rubans*, et la gentille canne de M. de Nemours ! Ame élevée au-dessus de toutes âmes, quelle satisfaction de vous voir faire un si noble usage de ce que vous avez ; de vous voir regretter si peu ce que vous avez eu, désirer si peu ce que vous n'avez pas !

Joignez, Madame, joignez le mérite du cœur à celui de l'âme et de l'esprit ! Défendez ce cœur des *Rendeurs de petits soins*, de

1. Ninon de Lenclos.
2. Diminutif de Charlotte de Nassau, amie de la duchesse de Mazarin.

ces gens empressés à fermer une porte et une fenêtre, à relever un gant et un éventail !

L'amour ne fait pas de tort à la réputation des dames ; mais le peu de mérite des amants les déshonore. Vous m'offenseriez, Madame, si vous pensiez que je fusse ennemi de la tendresse : tout vieux que je suis, il me fâcherait d'en être exempt. On aime autant de temps qu'on peut respirer. Ce que je veux dans les amitiés, c'est que les lumières précèdent les mouvements, et qu'une estime justement formée dans l'esprit, aille s'animer dans le cœur, et y prendre la chaleur nécessaire, pour les amitiés comme pour l'amour. Aimez donc, Madame, mais n'aimez que des sujets dignes de vous. Je me démens ici sans y penser, et défends tout ce que je veux permettre. Vous conseiller de la sorte, c'est être plus sévère que ceux qui prêchent, et moins indulgent que les confesseurs.

Si mes souhaits avaient lieu, vous seriez ambitieuse, et gouverneriez ceux qui gouvernent les autres. Devenez maîtresse du monde, ou demeurez maîtresse de vous, non pas pour passer des jours ennuyeux, dans cette inutilité sèche et triste, dont on a voulu faire de la vertu ; mais pour disposer de vos sens avec empire, et ordonner vous-même de vos plaisirs.

Que tantôt la raison sévère à vos désirs,
Ne leur permette pas le plus secret murmure ;
Que tantôt la raison, facile à vos plaisirs,
Hâte les mouvements qu'inspire la nature.

Si la confiance est un des grands bonheurs de la vie, goûtez-en la douceur avec votre chère Lot ; goûtez-en la douceur avec celui dont vous devez être aussi sûre que de vous-même.

Charles de Saint-Évremond, *Œuvres mêlées*, Paris, Techener, 1865.

JEREMY TAYLOR (1613-1667)

Les dix commandements de l'amitié

Le mariage est pour Jeremy Taylor, évêque de la religion anglicane et vice-chancelier de l'université de Dublin, la métaphore et le modèle parfait de l'amitié (« *Marriage is the queen of friendships* »). Mari et femme sont idéalement les meilleurs amis du monde et leur amitié est sacralisée par l'engagement et l'amour, l'intérêt et les mœurs, la religion et les lois. C'est à l'aune de la conjugalité que se mesurent toutes les amitiés, qualifiées par Jeremy Taylor de « mariages des âmes ».

En conséquence, Jeremy Taylor admet que les femmes, quoique moins bonnes conseillères et moins utiles dans les conflits d'honneur, sont néanmoins capables d'amitié. Elles peuvent aimer avec autant d'ardeur, être d'un commerce aussi plaisant, garder un secret aussi fidèlement que les hommes. Elles peuvent donc, malgré leur imperfection — mais quel homme est parfait ? —, devenir des amies acceptables. La simple courtoisie dictait à Jeremy Taylor cette concession au sexe de la dédicataire de son discours, Katherine Phillips. Il s'était en effet lié d'amitié avec l'« incomparable Orianda », comme elle avait été poétiquement rebaptisée par ses admirateurs dans l'esprit de l'hôtel de Rambouillet, lors d'un séjour commun au pays de Galles.

Jeremy Taylor fut écrivain, moraliste et théologien autant qu'évêque. Né à Cambridge en Angleterre, il poursuivit ses études à l'université du même nom avant de se rallier à la cause royaliste lors de la guerre civile (1642-1646). La chute de la monarchie l'obligea à se retirer au pays de Galles où il écrivit la plupart des ouvrages qui firent sa renommée, comme *Liberty of Prophesying* (*La liberté de prophétiser*, 1647) et *The Rule and Exercise of Holy Living* (*La règle et l'exercice de la vie sainte*, 1650). Avec la restauration de la monarchie, il fut nommé évêque en Irlande en 1660 et y resta jusqu'à sa mort. Jeremy Taylor développe dans ces ouvrages une casuistique dont les principes fondamentaux proviennent de la théologie anglicane.

Dans le *Discours sur l'amitié* (1657), également formulé à partir des principes de la morale anglicane, Jeremy Taylor fait de l'humilité et de la charité les éléments fondamentaux de l'amitié (« la charité chrétienne est l'amitié avec le monde »). Comme les autres philosophes chrétiens qui ont pensé l'amitié avant lui, notamment Aelred de Ricvaux, Jeremy

Taylor reconnaît sa dette à l'égard de Cicéron auquel il emprunte la structure générale du *De amicitia.* Sa perspective est cependant plus utilitaire que celle des Anciens en ce qui concerne le choix de l'ami qui, en complément de ses qualités de sagesse, de compassion, de franchise et d'honnêteté, sera aussi élu parce qu'il est riche et généreux, qu'il est agréable dans le commerce privé et utile dans la vie publique. N'est-il pas plus noble de solliciter une faveur pour son ami que pour soi-même ? Et il met en garde contre les chimères d'une amitié inaccessible qui finit par ne plus servir à rien, et qui, à force de se vouloir divine, perd sa dimension humaine.

L'approche de Jeremy Taylor évite l'idéalisme comme le cynisme. Elle est plus accessible au commun des mortels que la conception élitiste et fusionnelle d'un Montaigne. Néanmoins Taylor ne s'est pas contenté de théoriser mais noua et entretint des amitiés avec John Evelyn comme avec Katherine Phillips qu'il interpelle d'entrée de jeu : « Consulter un ami sur le sujet de l'amitié, c'est comme consulter un théologien sur la religion. » Katherine Phillips était notamment l'auteur d'un poème sur l'amitié qu'elle célébrait comme « l'élixir de l'amour, ce feu pur qui brûle plus clair parce qu'il brûle plus haut ».

L'essai de Jeremy Taylor se termine par une reprise de ses différents thèmes sous forme de directives qui constituent en quelque sorte les dix commandements de l'amitié.

L'on ne doit jamais demander à un ami un service immoral

1. La première règle de l'amitié est que l'on ne doit jamais demander à un ami un service immoral, ni le lui accorder s'il le demande. Car ce n'est pas un bon service que de rendre mon ami plus méchant ou plus fou ; je mettrai un frein à sa folie mais je me refuserai à l'alimenter. [...]

2. Qu'on ne choisisse jamais pour ami quelqu'un qu'on serait susceptible de haïr par la suite ; car si la relation peut être à juste titre interrompue, en revanche l'amour est immortel, et je ne mépriserai jamais celui que j'ai un jour jugé digne de mon amour. Il vaut mieux supporter un ami qui se révèle médiocre plutôt que d'entretenir des sentiments d'inimitié : il y a certains services d'amitié extérieurs et aussi des corvées où les moins estimables peuvent être utilisés, et il vaut mieux placer un ami sous son escalier que de le jeter dehors.

3. Il y a deux choses qu'un ami ne peut jamais pardonner car elles vont à l'encontre de la nature de l'amitié : la trahison et la

violation d'un secret ; elles constituent les adultères de l'amitié et dissolvent l'union entre les amis ; et dans le domaine de l'amitié, qui est un mariage entre les âmes, ce sont des causes valables de divorce : c'est pourquoi j'y ajouterai seulement que la préservation du secret est la chasteté de l'amitié alors que sa violation en est une prostitution et une débauche directe ; infliger une blessure perfide et secrète est un reniement absolu et impardonnable. [...]

4. N'accuse jamais ton ami ni ne te fie à celui qui le fait. En agissant ainsi, tu as attaqué l'enveloppe de l'amitié ; mais celui que la moindre fêlure exaspère en attaque le noyau. Et si on considère cela dans une relation et ses contingences quotidiennes, où nul n'est constamment satisfait ou mécontent des mêmes choses, on doit imputer ces inconstances à soi-même. Les rayons projetés par le soleil sont toujours éclatants même si nos yeux sont fatigués et nous n'avons aucune raison de nous en prendre à la lumière éternelle sous prétexte que nous avons une disposition changeante et mortelle. Toutefois, ne va pas croire que tu as fait alliance avec un ange lorsque tu as adopté ton ami ; il peut être faible comme toi, et tu peux avoir besoin de son pardon autant que lui du tien. [...]

5. Conseille ton ami avec sagesse et charité mais laisse-lui la liberté de choisir s'il veut suivre ou non tes recommandations ; et ne sois pas fâché s'il les rejette car conseiller n'est pas ordonner, et il n'est pas mon ami celui qui sera le juge de ma décision. Néoptolème n'aurait jamais bénéficié de sa victoire et de son butin à Troie s'il avait écouté les supplications et les conseils de Lycomède qui, appréhendant de lancer le jeune homme dans l'aventure, aurait préféré qu'il se reposât tranquillement chez lui dans son île. Celui qui donne des conseils à son ami et exige que celui-ci les suive n'agit pas avec la bienveillance et la franchise d'un ami mais avec l'exigence et la sévérité d'un maître d'école.

6. Ne t'interpose jamais entre tes amis, dans quelque affaire que ce soit, lorsqu'ils se sont juré de pousser leur querelle jusqu'au bout : si deux étrangers ou deux ennemis s'affrontent, quel que soit le parti que tu choisisses, tu gagneras un ami, mais si ce sont des amis à toi qui s'affrontent, tu perdras un de tes amis.

7. Ne te comporte jamais de manière à ce que ton ami te craigne car la nature des relations s'altère lorsque intervient une

passion nouvelle et perturbatrice. « Ils haïssent ceux qu'ils craignent. » « L'amour parfait exclut la peur » : et personne n'est l'ami d'un tyran ; telle amitié devient tyrannie lorsque l'amour se transforme en peur, l'égalité en domination, l'association en soumission. Alors toute manifestation d'affection ne vaudra pas plus que de la flagornerie.

8. Quand vous admonestez votre ami, faites-le sans âpreté ; quand vous le morigénez, ne lui faites pas honte ; quand vous le louez, que ce soit à juste titre, pour de bonnes causes, et de manière amicale et mesurée ; en faire trop serait flatterie, n'en pas faire assez serait jalousie ; si vous le complimentez justement, vous lui apprenez la mesure. Quand d'autres lui font des éloges réjouis-toi, quoique ces éloges ne te soient pas destinés, et rappelle-toi que si ces louanges t'importunent, c'est que tu es envieux et non pas juste ni généreux.

9. Toutes choses étant égales, préfère un vieil ami à un nouveau. Si tu cherches à exploiter ton ami et à user de lui jusqu'à l'épuiser, alors il te deviendra un fardeau de plus en plus lourd au fur et à mesure qu'il avancera en âge. Mais si tu l'estimes pour de nobles raisons, alors il n'en aura que plus de prix pour toi, de par ta familiarité avec lui, de par l'épreuve et l'expérience, de par la réciprocité des liens et l'habitude du respect. Un vieil ami est comme un vin qui a bien vieilli et qui fait dire au buveur qu'il n'en veut pas de plus jeune car le vieux est meilleur. Mais tout vieil ami a été un jour nouveau ; et s'il en vaut la peine, garde le nouveau jusqu'à ce qu'il devienne vieux.

10. Après tout ceci, conduis-toi noblement avec ton ami, aime être avec lui, donne-lui toute la tendresse et l'affection sincère que tu es capable d'offrir et lui de recevoir ; accommode-toi de ses faiblesses pour autant qu'elles ne dépassent des limites abusives ; mais ne te cache jamais de ton ami, ne le méprise jamais, ne l'abandonne jamais. Fais-lui des cadeaux, pas des reproches, ne refuse pas ses bienfaits, et surtout n'en méprise point la petitesse ou l'inadéquation. « Un cadeau, dit Salomon, renforce l'amitié » ; car de même que l'œil qui fixe une étoile trop longuement doit se reposer sur de moindres beautés et se fortifier par de la verdure et des lunettes, de peur d'être ébloui par une telle splendeur, de même, l'amour des amis doit parfois se reposer sur des gestes plus concrets et plus vulgaires. A vouloir devenir trop divin, il devient moins humain : on doit

lui accorder sa part des deux : il est humain lorsqu'il offre pardon et juste compréhension, tolérance et sincérité ; lorsqu'il est capable de garder des secrets ; il a quelque chose de divin en ce qu'il est bienfaisant ; mais surtout en ce qu'il est éternel.

Jeremy Taylor, *A Discourse on the Nature and Offices of Friendship,* in *A Letter to the Most Ingenious and Excellent Mrs. Katherine Phillips,* Londres, 1657. Traduit par les auteurs.

ANNE THÉRÈSE DE MARGUENAT DE COURCELLES, MARQUISE DE LAMBERT (1647-1733)

Une forme de sociabilité accessible aux femmes

« Les femmes ont le malheur de ne pouvoir compter entre elles sur l'amitié, les défauts dont elles sont remplies y forment un obstacle presque insurmontable. Elles s'unissent par nécessité, et jamais par goût. » L'auteur de ces lignes, Anne Thérèse de Marguenat de Courcelles, marquise de Lambert est l'une des premières femmes du monde occidental à avoir écrit un traité sur l'amitié. Son opinion témoigne de la profondeur d'un préjugé que les femmes les plus remarquables ont fini par intérioriser et partager. Par son caractère comme par l'histoire de sa vie néanmoins, Mme de Lambert dément la sévérité de ce qu'elle avance.

Parisienne de naissance et jusqu'à sa mort, Anne Thérèse de Courcelles était la fille d'un maître des comptes qui mourut lorsqu'elle avait à peine trois ans. Sa mère se remaria avec Bachaumont, homme d'esprit qui sut cultiver les dons et l'intelligence de sa belle-fille. Elle dut s'éloigner de sa ville natale lorsque son mari, le marquis Henri Lambert de Saint-Bris, épousé en 1666, fut nommé gouverneur de la province du Luxembourg. À sa mort en 1686, elle eut à défendre sa fortune et celle de ses enfants dans d'interminables procès dont l'époque est coutumière. Elle écrivit à son fils, une fois sortie victorieuse de l'épreuve : « J'ai fait ce que j'ai pu pour mettre quelque ordre à nos affaires, où l'on ne laisse aux femmes que la gloire de l'économie. »

À partir de là, son salon parisien devint, de 1710 à 1733, le rendez-vous de l'élite des gens de lettres, fréquenté, entre autres, par Fénelon, Fontenelle, Houdar de La Motte, Marivaux, Montesquieu... et Louis de Sacy, auteur lui aussi d'un traité de l'amitié. Mme de Lambert fut parmi les premières femmes à tenir un salon indépendant des contraintes de la cour. Le rôle des femmes, animatrices des conversations comme faiseuses et défaiseuses des réputations littéraires, les plaçait au centre d'une mixité qui se traduisit dans un genre littéraire : le dialogue de la marquise et du philosophe. Il fut illustré par Fontenelle, familier du salon de Mme de Lambert, qui l'évoquait ainsi dans son *Éloge* : « Elle n'était pas seulement ardente à servir ses amis, sans attendre leurs prières ni l'exposition humiliante de leurs besoins ; mais une bonne action à faire, même en faveur de personnes indifférentes, la tentait toujours vivement. »

Cependant elle ne sut pas dépasser le conformisme de son époque qui jugeait la publication de livres compromettante pour une femme de la bonne société. Elle se crut déshonorée lorsque ses amis firent imprimer ses premiers textes, et l'ensemble de son œuvre, assez considérable, a été publié après sa mort. Dans l'édition de 1747 ou 1748 de ses œuvres rassemblées pour la première fois, on trouve des essais moralistes et pédagogiques, avec entre autres *Avis d'une mère à sa fille, Réflexions nouvelles sur les femmes, Traité de la vieillesse, Discours sur la délicatesse d'esprit et de sentiment,* le *Traité de l'amitié* et ce titre évocateur : *Discours sur le sentiment d'une dame qui croyait que l'amour convenait aux femmes, lors même qu'elles n'étaient plus jeunes.*

Ses réflexions sur l'amitié offrent l'écho de bien des conversations brillantes, qui durent se tenir dans son salon, à propos des sentiments qui unissent les hommes et les femmes dans l'amour comme dans l'amitié. Car c'est l'amitié entre personnes de sexe différent qui intéresse Mme de Lambert, comme la plupart de ses contemporains, celle « qui a le plus de charme », parce qu'elle n'a pas de concurrence. À la suite de Cicéron et de Sénèque, comme de Montaigne et de Charron, qu'elle a pratiqués, la marquise invite l'élite de son temps à jouir de ces « nœuds secrets », de ces « sympathies » et « doux penchants » qui forment la consolation de l'âge et de bien des désillusions.

Mais si Mme de Lambert s'attache en moraliste à établir des liens entre la vertu des Anciens et la nouvelle sensibilité qui se développe au XVIIIe siècle, son objectif est aussi pédagogique et social. À travers les conseils à son fils, à sa fille, c'est à la définition d'une nouvelle sociabilité qu'elle nous invite où l'ami idéal, confident et conseiller, devient une sorte de directeur de conscience civil et où le cercle de bons amis, dont on traite les défauts avec tact et civilité, se substitue au fusionnel et exclusif modèle masculin.

Quand il s'agit de son propre sexe, Mme de Lambert n'en est pas à une contradiction près. Si les défauts des femmes les rendent inaptes à l'amitié entre elles, en revanche, ils les préparent parfaitement à nouer des amitiés avec les hommes. Reflet de son époque, Mme de Lambert tend à associer amour et amitié et recommande de transformer son ancien amant en « bon et fidèle ami ».

Le tout premier mouvement du cœur a été de s'unir à un autre cœur

Plus on avance dans la vie, et plus on sent le besoin qu'on a de l'Amitié. A mesure que la raison se perfectionne, que l'esprit augmente en délicatesse, et que le cœur s'épure, plus le sentiment de l'Amitié devient nécessaire. Voici ce que ma solitude m'a fait penser sur ce sujet.

Dans tous les temps on a regardé l'Amitié comme un des premiers biens de la vie : c'est un sentiment qui est né avec nous ; le tout premier mouvement du cœur a été de s'unir à un autre cœur. Cependant c'est une plainte générale, tout le monde dit qu'il n'y a point d'Amis. Tous les siècles ensemble fournissent à peine trois ou quatre exemples d'une Amitié parfaite. Puisque tous les hommes conviennent des charmes de l'Amitié, pourquoi dans un intérêt commun tous ne s'entendent-ils pas pour en jouir ? C'est un effet de dérèglement des hommes de s'aveugler sur leurs véritables intérêts. La sagesse et la vérité en nous éclairant, rendent notre amour-propre plus habile, et nous apprennent que nos véritables intérêts sont de nous attacher à la vertu, et que la vertu a même les doux plaisirs de l'Amitié. Voyons donc quels sont les charmes et les avantages de l'Amitié, pour les chercher ; quel est le véritable caractère de l'Amitié, pour la connaître ; et quels sont les devoirs de l'Amitié, pour les remplir.

Les avantages de l'Amitié se présentent assez d'eux-mêmes ; toute la nature n'a qu'une voix pour dire qu'ils sont de tous les biens les plus désirables. Sans elle, la vie est sans charmes, l'homme est plein de besoins ; renvoyé à lui-même, il sent un vide que l'Amitié seule est capable de remplir ; toujours inquiet et toujours agité, il ne se calme et ne se repose que dans l'Amitié. Un Ancien dit que l'*Amour est fils de la Pauvreté et du Dieu des Richesses* ; de la Pauvreté, parce qu'il demande toujours ; du Dieu des Richesses, parce qu'il est libéral. L'Amitié ne pourrait-elle pas avoir aussi la même origine ? Quand elle est vive, elle demande des sentiments ; les âmes tendres et délicates sentent les besoins du cœur plus qu'on ne sent les autres nécessités de la vie. Mais, comme elle est généreuse, elle mérite aussi qu'on la reconnaisse pour fille du Dieu des Richesses ; car il n'est pas permis de se parer du beau nom d'Amitié, dès qu'on manque à des Amis dans le besoin. Enfin les caractères sensibles cherchent à s'unir par les sentiments ; le cœur étant fait pour aimer, il est sans vie dès que vous lui refusez le plaisir d'aimer et d'être aimé. Comblez les hommes de biens, de richesses, d'honneurs, et privez-les des douceurs de l'Amitié, tous les agréments de la vie s'évanouissent. Les personnes raisonnables se refusent à l'amour, les femmes par l'attachement à leurs devoirs, et les hommes par la crainte d'un mauvais choix. Vous êtes attiré dans l'Amitié, et vous êtes entraîné dans l'amour. L'Amitié s'enrichit des pertes de l'amour ; elle en devient plus tendre, plus vive, et plus empressée. Toutes les délicatesses de l'amour se trouvent dans les engagements dont je parle. L'Amitié naissante est sujette à l'illusion. La nouveauté plaît, et promet ; et tout ce qui réveille l'espérance est d'un grand prix. L'illusion est un sentiment qui nous transporte au-delà de la vérité, et qui obscurcit nos lumières. Vous voyez dans la personne qui commence à vous plaire tout ce qu'elle a de bon ; et l'imagination qui agit toujours au gré du cœur prête à la personne aimée le mérite qui lui manque. On aime ses Amis bien plus par les qualités qu'on devine, que par celles qu'on connaît. Il y a aussi des Amitiés de sympathie, des liens inconnus qui nous unissent, et qui nous serrent ; nous n'avons besoin ni de protestations ni de serments, la confiance va au-devant des paroles. [...]

Le premier mérite qu'il faut chercher dans votre Ami, c'est la vertu ; c'est ce qui nous assure qu'il est capable de l'Amitié, et qu'il en est digne. N'espérez rien de vos liaisons, lorsqu'elles n'ont pas ce fondement. Aujourd'hui ce n'est pas le goût qui unit, ce sont les besoins : ce n'est pas l'union des cœurs ni de l'esprit qu'on cherche dans les engagements ; aussi les voyons-nous finir aussitôt que se former. Il n'y a jamais de rupture qui ne nous accuse ; c'est toujours la faute de l'un des deux ; on ne peut éviter la honte de s'être mépris, et d'avoir à se dédire. On s'unit sans s'examiner, et on rompt sans délibérer ; rien n'est si méprisable. Choisissez votre Ami entre mille ; rien n'est plus important qu'un tel choix, puisque le bonheur en dépend. Rien de plus triste que de tomber en de mauvaises mains, d'avoir à essuyer la honte d'une rupture, ou les chagrins d'une liaison avec des personnes sans le mérite. Il faut songer de plus que nos Amis nous caractérisent ; on nous cherche en eux ; c'est donner au Public notre portrait, et l'aveu de ce que nous sommes. On tremblerait, si on faisait attention sur ce qu'on hasarde en avouant un Ami. Voulez-vous être estimé ? Vivez avec des personnes estimables. Il faut donc bien connaître avant que de s'engager. La première marque qui vous assure le plus qu'on est digne d'Amitié, c'est la vertu ; après quoi il faut chercher des Amis libres, affranchis des passions. Ceux que l'ambition possède, sont incapables d'éprouver ce sentiment, et encore moins ceux qui sont dans les liens de l'amour. L'amour emporte toute la vivacité de l'Amitié ; c'est une passion turbulente, et l'Amitié est un sentiment doux et réglé. L'amour donne à l'âme une joie d'ivresse, qui quelquefois est suivie de violents chagrins ; l'autre est une joie de raison, toujours pure et toujours égale ; rien ne peut l'altérer ni la lasser ; elle nourrit l'âme. De plus, si vous êtes attaché à une personne de mérite, n'a-t-elle pas toute votre confiance ? L'Amitié d'un Amant pour ses Amis est trop sèche, il peut leur donner des soins et des services, mais il n'a plus de sentiments à leur offrir. La récompense de l'amour vertueux, c'est l'Amitié : mais ce n'est pas l'amour ordinaire qui vous y conduit, c'est l'amour épuré. Les personnes frivoles et dissipées ne sont pas propres à l'Amitié ; chaque objet enlève une portion de sentiments et d'attentions qui lui appartiennent. Quoiqu'on ait toujours dit qu'il faut donner à l'Amitié des fondements plus solides que la simple sensibilité, cependant, si le goût ne s'en mêle, on n'est point entraîné : l'esprit peut être convaincu ; si le cœur n'est pas touché, on ne va ni bien vite, ni bien loin. La vertu et le goût ont formé les Amitiés dont la mémoire est venue jusqu'à nous.

Montaigne qui nous peint la naissance de ses sentiments pour son Ami, dit qu'il fut frappé comme on l'est en amour. Il était dans une situation propre à jouir de l'Amitié : dégagé des passions, voué à la raison, il ne lui restait plus de jouissance que celle de l'Amitié. Les personnes revenues des passions violentes, et que la connaissance du peu de valeur des choses ramène à elles-mêmes, conviennent mieux à la véritable Amitié : celles qui sont libres et dégagées de mille amusements frivoles, se lient à nous par sentiment ; mais, quoique insensibles à leurs propres besoins, elles ne laissent pas de sentir et de soulager ceux de leurs Amis. Jamais nous ne vivons dans une telle indépendance, que nous puissions nous passer les uns des autres ; mais les services doivent être à la suite de l'Amitié, et non pas l'Amitié à la suite des services. Il faut aussi dans l'Amitié, de la conformité, des rapports, des âges à peu près semblables, que les mêmes goûts unissent. Les personnes élevées à des postes brillants, enivrées de leur bonheur, ces esprits déréglés que la fortune caresse, ne sont guère propres à l'Amitié. Les Rois sont aussi privés de ce doux sentiment. Ils ne sauraient jamais jouir de la certitude d'être aimés pour eux-mêmes : c'est toujours le Roi, et rarement la Personne. Je ne voudrais pas avoir la première place à ce prix ; tout est trop pesant sans le secours de l'Amitié. [...]

Quelques personnes croient qu'il n'y a plus de devoirs à remplir par-delà le tombeau ; très peu savent être Amis des morts. Quoique la plus magnifique pompe funèbre soit les larmes et la douleur de nos Amis, que la plus honorable sépulture soit dans leurs cœurs, cependant il ne faut pas croire que les larmes que vous répandez par sensibilité, quelquefois par retour sur vous-même, vous acquittent envers eux : vous devez à leur nom, à leur gloire, et à leur famille : ils doivent vivre dans votre cœur par les sentiments, dans votre mémoire par le souvenir, dans votre bouche par les éloges, et dans votre conduite par l'imitation de leurs vertus. Si j'ai donné des préceptes pour se conduire quand les Amitiés se rompent ou se dénouent, je suis cependant bien éloignée de croire que nous devons aimer comme devant haïr un jour. Mon cœur n'a jamais écouté les leçons de Machiavel ; il est bien éloigné de se conduire par ses maximes : ceux qui me connaissent, savent que dans l'Amitié je me livre trop ; jamais mes sentiments ne m'avertissent de me défier de mes Amis : ceux qui pensent d'une façon vulgaire, me regardent comme une espèce de dupe ; je ne m'en sauve qu'en voulant bien l'être. Ainsi la prudence dont j'ai ici rassemblé quelques maximes, n'a pas encore passé jusqu'à mon cœur ; mais l'usage, le monde, et ma propre expérience, ne m'ont que trop appris que dans l'Amitié la mieux acquise et la plus méritée, il faut faire un fonds de confiance et de vertu pour en pouvoir soutenir la perte.

On demande si l'Amitié peut subsister entre personnes de sexe différent ? Cela est rare et difficile ; mais c'est l'Amitié qui a le plus de charmes. Elle est plus difficile, parce qu'il faut plus de vertu et de retenue. Les femmes qui ne connaissent que l'amour d'usage, n'en sont pas dignes ; et les hommes qui ne veulent trouver dans les femmes que le bonheur du sexe, et qui n'imaginent pas qu'elles peuvent avoir dans l'esprit et dans le cœur des qualités plus liantes que celles de la beauté, ne sont pas propres à l'Amitié dont je parle. Il faut donc chercher à s'unir par la vertu et le mérite personnel. Quelquefois de pareilles unions commencent par l'amour, et finissent par l'Amitié. Quand les femmes sont fidèles à la vertu de leur sexe, l'Amitié étant la récompense de l'amour vertueux, elles peuvent s'en flatter. De la manière dont l'amour se traite aujourd'hui, il est souvent suivi de ruptures d'éclat, la honte étant toujours la punition du vice. Les femmes qui opposent leurs devoirs à l'amour, et qui vous offrent les charmes et les sentiments de l'Amitié, quand d'ailleurs vous leur trouvez le même mérite qu'aux hommes, peut-on mieux faire que de se lier à elles ? Il est sûr que de toutes les unions c'est la plus délicieuse. Il y a toujours un degré de vivacité qui ne se trouve point entre les personnes du même sexe : de plus les défauts qui désunissent, comme l'envie et la concurrence, de quelque nature que ce soit, ne se trouvent point dans ces sortes de liaisons. Les femmes ont le malheur de ne pouvoir compter entre elles sur l'Amitié ; les défauts dont elles sont remplies, y forment un obstacle presque insurmontable : elles s'unissent par nécessité, et jamais par goût. Que faire des sentiments qui sont en elles ? Pour celles qui se défendent de l'Amour, cela les renvoie à l'Amitié, et les hommes en profitent. Quand elles n'ont point usé le cœur par les passions, leur Amitié est tendre et touchante ; car il faut convenir, à la gloire ou à la honte des femmes, qu'il n'y a qu'elles qui sachent tirer d'un sentiment tout ce qu'elles en tirent. Les hommes parlent à l'esprit, les femmes au cœur. De plus, comme la nature a mis des rapports et des liens invisibles entre les personnes de sexe différent, on trouve tout préparé à l'Amitié. Les ouvrages de la Nature sont toujours plus parfaits : ceux où elle n'a pas la principale part, ont moins d'agréments. Dans l'Amitié dont je parle, on sent que c'est son ouvrage : ces nœuds secrets, ces sympathies, ce doux penchant auquel on ne peut résister, tout s'y trouve ; un bien si désirable est toujours la récompense du mérite. Mais il faut être en garde contre soi-même, de peur qu'une vertu ne devienne passion dans la suite.

Mme de Lambert, *Recueil de divers écrits : Traité de l'amitié*, Paris, 1752.

LOUIS DE SACY (1654-1727)

La liberté de dire tout ce qu'on pense

« Vouloir des amis sans défauts, c'est ne vouloir aimer personne... C'est être homme que de tomber ; c'est être ami que de tendre la main à quelqu'un après la chute ; c'est être inhumain que de fouler aux pieds celui qui tombe. »

L'auteur de ces lignes a des aspirations moins élevées que celles des anciens philosophes. Ce réalisme dénué d'illusions est celui de Louis de Sacy, orateur de talent, et avocat au Parlement de Paris. Selon d'Alembert, Louis de Sacy « avait reçu de la nature tout ce qui devait assurer sa réputation dans cette carrière, un esprit juste et pénétrant, une logique nette et précise, une facilité noble de s'énoncer, une mémoire heureuse et sûre ». Sa traduction des *Lettres* de Pline lui permit d'entrer à l'Académie française en 1701. Il publia d'autres ouvrages comme le *Panégyrique de Trajan* en 1709, le *Traité de l'amitié* en 1703 et le *Traité de la gloire* en 1715.

Louis de Sacy était un habitué du salon de la marquise de Lambert. On imagine les discussions que durent avoir les deux auteurs de traités sur l'amitié, pourtant fort différents l'un de l'autre. Celui de Louis de Sacy se veut surtout pratique. Il y donne de nombreux conseils, notamment sur le choix des amis. Surtout, il met en garde les intransigeants et les présomptueux : « [...] est-il parmi les gens raisonnables quelqu'un qui le soit assez peu pour croire qu'il n'ait point de défaut ? » Ne soyons donc pas plus exigeants à l'égard de nos amis que nous ne le sommes pour nous-mêmes ! Le temps n'est plus à l'idéalisme. La ferveur renaissante d'un Montaigne deux siècles plus tôt s'est usée. La fin de la vie de Louis de Sacy, mort en 1727, coïncide avec l'indulgence blasée de la Régence : « Sans composer avec le vice, il faut ménager le vicieux. »

Ne confondez pas le jargon du monde avec le langage du cœur

Voulez-vous donc vous faire des amis que vous gardiez longtemps ? Soyez longtemps à les faire. Ne confondez pas le jargon du monde avec le langage du cœur ; démêlez la superficie des manières d'avec le fond du caractère ; distinguez ce qui plaît dans certains moments, de ce qui doit plaire toujours. Que le je-ne-sais-quoi vous attire, mais qu'il ne vous entraîne pas. Jouez avec les joueurs ; chassez avec les chasseurs ; badinez avec les enjoués ; raisonnez avec les savants : chacun d'eux peut avoir son usage dans certains temps de la vie ; mais ne prenez jamais de ces liaisons qui doivent durer toujours, qu'avec un homme qui a le cœur noble et la raison saine. [...]

Le vrai ami agit fortement dans les conjonctures de conséquence, mais il agit tendrement dans les autres. Persuadé que les services considérables sont du ressort de la fortune, et que souvent elle envie à l'ami le plus fidèle la satisfaction de les rendre, il ménage avec soin tous ceux qu'elle laisse au pouvoir de la seule tendresse, et qui ne peuvent partir que d'une âme occupée de ce qu'elle aime.

C'est sur ce même principe que, sans craindre ni les fuites de l'indiscrétion, ni les interprétations malignes, l'ami compte entre ses plaisirs les plus touchants, la liberté de dire tout ce qu'il pense, la familiarité qui bannit du commerce cet attirail de phrases inutiles et de bienséances étudiées, et qui met à leur place de la franchise et de la bonté ; enfin la complaisance, qui a tout le charme de la flatterie sans en avoir le poison.

Cette complaisance, si estimée dans toutes sortes de commerces, est, selon moi, un des plus forts liens de l'amitié, aussi ne faut-il pas en borner l'usage à cette petite déférence que l'on a pour les sentiments, pour les desseins, pour les goûts de ses amis dans les choses indifférentes ; elle a dans ces occasions son application et son mérite. Mais où elle est principalement nécessaire, c'est lorsqu'il s'agit de supporter les défauts qu'un ami peut avoir dans l'humeur, dans les manières, ou même dans l'esprit : car tous ces défauts sont également excusables. Ceux du cœur sont les seuls qui ne méritent point de grâce.

Vouloir des amis sans défauts, c'est ne vouloir aimer personne. En effet, est-il parmi les gens raisonnables, quelqu'un qui le soit assez peu pour croire qu'il n'ait point de défauts ? Et s'il ne s'en croit pas exempt, peut-il être assez injuste pour demander aux autres ce qu'il est bien assuré de ne pouvoir leur rendre ?

Il serait peut-être à souhaiter que dans ces occasions où les défauts d'un ami se présentent à nous, l'amitié empruntât le bandeau de l'amour. N'est-on pas trop heureux, de ne rien voir que d'aimable dans ce qu'on aime ? Fermer les yeux sur le défaut de son ami, ou les en détourner, serait sans doute du moins aussi sûr, que de le supporter après l'avoir vu. Mais enfin, si nous sommes forcés de le voir, ayons grand soin d'étouffer le sentiment d'impatience, de chagrin ou de dégoût que cette vue pourrait faire naître. [...]

Quand ces défauts se montrent à nous, qu'ils lassent notre complaisance, ou qu'ils tentent notre fidélité, au lieu de nous y arrêter, faisons un prompt retour sur les nôtres. Si nous sommes assez heureux pour les découvrir, balançons-les avec les défauts de notre ami ; si notre recherche a été exacte, et notre balance juste, les défauts de notre ami seront sans doute emportés par les nôtres. Mais si nous ne découvrons aucun défaut en nous, ou si nous n'apercevons que quelques défauts légers, consultons les discours que tiennent de nous nos ennemis ; ce sont des guides clairvoyants dans une telle découverte. Enfin, si nous n'apprenons rien, même par eux, assurons-nous que nous avons d'autant plus de défauts, que nous nous en connaissons moins, puisque le plus grand de tous, c'est la ridicule présomption de nous en croire exempt. [...]

Si on examine bien les différentes causes qui altèrent l'amitié, et qui viennent enfin à la détruire, on en trouvera trois ordinaires et principales. On est trop facile à écouter, trop prompt à croire, trop rigoureux à exiger. Prêter l'oreille aux mauvais discours, ne s'en point défier, croire aisément que l'on nous manque, sont les sources funestes de tous les maux qui altèrent et détruisent l'amitié. [...]

Comme la vertu a lié les amis, ainsi que nous l'avons montré d'abord, il s'ensuit nécessairement que le vice doit les délier. Mais quand le dérèglement d'un ami nous force à rompre avec lui, nous ne devons jamais en venir là qu'avec beaucoup de précaution. Il faut avoir épuisé conseils, reproches, patience, exemples, douceur, sévérité, gloire ; en un mot, tout ce qui peut être propre à lui ouvrir les yeux et à le ramener. Abandonner son ami dès que la faiblesse le fait chanceler ou tomber, c'est manquer à la plus essentielle obligation de l'amitié. Il n'y a rien à quoi elle engage tant les amis, qu'à se soutenir l'un l'autre dans le pénible chemin de la vertu, et à se relever l'un l'autre quand on est tombé. Voilà son premier office, sa principale vue. C'est être homme que de tomber ; c'est être ami que de tendre la main à quelqu'un après la chute ; c'est être inhumain que de fouler aux pieds celui qui tombe.

C'est ainsi que, sans composer avec le vice, il faut ménager le vicieux. Haïssons le vice dès qu'il se montre mais ne cessons pas d'aimer notre ami dès qu'il en est infecté. Faisons la guerre à l'un, mais secourons l'autre. Si tous nos secours sont inutiles ; si le mal résiste à tous nos remèdes, et paraît incurable, alors il n'y a plus à balancer ; il faut se dégager d'un commerce qui pourrait devenir contagieux ; et ne pouvant plus espérer de rendre à notre ami l'innocence qu'il a perdue, nous ne devons plus songer qu'à mettre la nôtre en sûreté.

Louis Silvestre de Sacy, *Traité de l'amitié*, Paris, La Compagnie des libraires, 1742.

FRANÇOIS MARIE AROUET, dit VOLTAIRE (1694-1778)

Un mariage de l'âme

Si Voltaire eut beaucoup d'amis, il n'écrivit pas de traité sur l'amitié. Sa vigoureuse définition est cependant plus éloquente que bien des pages. L'amitié est pour lui un « mariage de l'âme, un contrat tacite entre deux personnes sensibles et vertueuses ». Mais attention aux contrefaçons : les complices, les compagnons de débauche ou les simples liaisons ne sont pas des amis.

Né à Paris en 1694, ce fils de notaire qui s'appelait alors François Marie Arouet, se forma à Louis-le-Grand chez ses futurs ennemis les jésuites. Clerc chez un procureur, il se lia avec Thiériot qui restera son ami malgré les vicissitudes. Des écrits frondeurs justifièrent un premier séjour à la Bastille. Devenu Voltaire, il s'attira un second séjour à la Bastille pour sa légendaire querelle de roturier avec un aristocrate, le chevalier de Rohan. Au sortir de prison, il dut s'exiler en Angleterre, qui lui inspira, à son retour en France, les *Lettres anglaises* ou *Lettres philosophiques*. À nouveau, il fallut, en 1734, s'enfuir. Il se réfugia en Lorraine au château de Cirey chez Mme du Châtelet. Dix ans plus tard, en 1744, il fut rappelé à Versailles par d'Argenson.

Il y commença son expérience des cours qui nourrit par la suite sa réflexion sur les relations humaines et la valeur de l'amitié : de Versailles à Lunéville, à la cour lorraine de Stanislas, puis en Prusse, où sa vieille amitié avec le roi Frédéric II se détériora rapidement. Il finit par fuir la cour de ce dernier, pour s'installer début 1755 aux Délices près de Genève. Cependant les Genevois interdisent son théâtre et rejettent ses idées. Il dut se réfugier à Ferney, en France mais aux portes de la Suisse, où il devint « l'aubergiste de l'Europe ». Il mourut en pleine gloire, à quatre-vingt-quatre ans, peu de temps après avoir rédigé ces lignes : « Je meurs en adorant Dieu, en aimant mes amis, en ne haïssant pas mes ennemis, en détestant la superstition. » Son œuvre est considérable. Il a abordé tous les genres mais ses *Contes* philosophiques en demeurent la partie la plus vivante et la plus universelle.

Le passage qui suit est extrait du *Dictionnaire philosophique* publié en 1764 peu après le *Traité sur la tolérance*, deux machines de guerre contre les diverses formes de la « superstition ». Voltaire y prône des liens amicaux réciproques fondés sur l'égalité, la sensibilité et la vertu. L'amitié qu'il défend s'inspire de l'amitié antique dont il regrette l'absence dans la société de son époque : « Nous sommes un peu secs en tout. »

Lui-même l'était moins qu'on ne l'a dit. Le nombre et la qualité de ses amitiés en témoignent. Lorsque sa vieille amie, Mme du Deffand, devint aveugle en 1754, Voltaire, par délicatesse, fit semblant de l'être aussi et lui adressa le 19 août 1763 la lettre intitulée : « L'Aveugle Voltaire à l'Aveugle Madame la Marquise du Deffand ». Cette dernière lui répondit le mois suivant : « L'Aveugle du Deffand au soi-disant aveugle mais très clairvoyant Voltaire ». Déçu par Thiériot qui le compromit, Voltaire n'hésita pas à payer les dettes de son vieil ami, affirmant qu'« il faut se respecter assez soi-même pour ne jamais se brouiller ouvertement avec ses anciens amis » et que, quoi qu'il arrive, il ne trahirait point une amitié de soixante années.

Il témoigna une fidélité exemplaire au comte d'Argental, qu'il appelle « mon cher ange ». L'amitié était réciproque et leur correspondance qui fut entamée en 1715 ne se termina qu'avec la mort du comte en 1776. Il entretint aussi une correspondance de quarante années avec le poète Cideville à qui il écrivit le 23 décembre 1737 :

L'amitié, ma déesse unique,
Vient enfin de me réveiller
De cette langueur léthargique
Où je paraissais sommeiller
... Renonce plutôt à Newton,
À Sophocle, aux vers de Virgile,
À tous tes maîtres d'Hélicon,
Mais sois fidèle à Cideville.

Quant aux relations de Voltaire avec Frédéric le Grand, elles lui inspirèrent sans doute dans son évocation de l'amitié cette pique assassine à l'égard des princes qui n'ont pas d'amis, qui « n'ont que des courtisans ». Voltaire avait commencé une belle amitié avec Frédéric qu'il appelait alors le Salomon du Nord. Mais le 18 décembre 1752, une fois l'expérience de la cohabitation faite, il rédigeait de Berlin ce petit dictionnaire à l'usage des rois : « *Mon ami* signifie *mon esclave. Mon cher ami* veut dire *vous m'êtes plus qu'indifférent.* Entendez par *Je vous rendrai heureux, je vous souffrirai tant que j'aurai besoin de vous. Soupez avec moi ce soir* signifie *je me moquerai de vous ce soir.* »

Voltaire avait le sens de la relativité des valeurs culturelles en fonction des époques et des sociétés. Son observation sur la supériorité des Arabes et des Grecs en matière d'amitié en témoigne. C'est dans le contexte de son temps, dont il est nécessairement le produit, qu'il convient aussi de replacer son « homophobie ».

Le poème sur l'amour et l'amitié est extrait d'une lettre de Voltaire à son ami Cideville. Elle témoigne du caractère inséparable au XVIIIe siècle de l'amitié et de l'amour qui s'incarnent dans des trios littéraires (Julie, Claire, Saint-Preux) ou réels (Diderot, Grimm, Sophie Volland). Voltaire avait lui-même formé, avec Mme du Châtelet, un couple lié par l'amitié autant que par l'amour. Mais l'amitié n'est ici vécue que comme palliatif à l'amour :

Du ciel alors daignant descendre,
L'Amitié vint à mon secours :
Elle était peut-être aussi tendre,
Mais moins vive que les Amours.

À toutes les époques, les poètes et les philosophes se sont réunis pour parler d'amitié, aussi bien que d'amour.

Un contrat tacite

C'est le mariage de l'âme ; c'est un contrat tacite entre deux personnes sensibles et vertueuses. Je dis sensibles ; car un moine, un solitaire peut n'être point méchant, et vivre sans connaître l'amitié. Je dis vertueuses ; car les méchants n'ont que des complices ; les voluptueux ont des compagnons de débauches ; les intéressés ont des associés, les politiques assemblent des factieux, le commun des hommes oisifs a des liaisons, les princes ont des courtisans, les hommes vertueux ont seuls des amis. Céthégus était le complice de Catilina, et Mécène le courtisan d'Octave ; mais Cicéron était l'ami d'Atticus.

Que porte ce contrat entre deux âmes tendres et honnêtes ? Les obligations en sont plus fortes et plus faibles, selon leur degré de sensibilité, et le nombre des services rendus, etc.

L'enthousiasme de l'amitié a été plus fort chez les Grecs et chez les Arabes, que chez nous. Les contes que ces peuples ont imaginés sur l'amitié sont admirables ; nous n'en avons point de pareils, nous sommes un peu secs en tout.

L'amitié était un point de religion et de législation chez les Grecs. Les Thébains avaient le régiment des amants. Beau régiment ! Quelques-uns l'ont pris pour un régiment de sodomites ; ils se trompent, c'est prendre l'accessoire pour le principal. L'amitié chez les Grecs était prescrite par la loi et la religion.

La pédérastie était malheureusement tolérée par les mœurs ; il ne faut pas imputer à la loi des abus honteux.

Voltaire, *Dictionnaire philosophique*, Paris, 1769.

Le cœur ne vieillit point...

à Bruxelles ce 11 juillet 1741

Vir bonus et prudens versus reprehendet inertes, fiet Aristarchus.

Voylà comme il faut des amis. Dites moy donc votre sentiment mon cher Aristarque et ayez la bonté de renvoyer bien cacheté à l'abbé Moussinot ce que j'ay soumis à vos lumières. Si Mahomet n'est pas votre prophète, soyez le mien. Il seroit plus doux de se parler que de s'écrire, mais la destinée recule toujours le temps heureux où Paris doit nous réunir. Nous y habiterons un jour, je n'en veux pas douter, mais j'y arriveray vieilli par les maladies et par la faiblesse de mon tempérament. Le cœur ne vieillit point, je le sçai bien, mais il est dur aux immortels de se trouver logez dans des ruines. Je rêvois il n'y a pas longtemps à cette décadence qui se fait sentir de jour en jour et voicy comme j'en parlois, car il faut que je vous fasse cette douloureuse confidence.

Si vous voulez que j'aime encore,
Rendez moy l'âge des amours.
Au crépuscule de mes jours
Rejoignez s'il se peut l'aurore.

Des baux lieux où le dieu du vin
Avec L'amour tient son empire,
Le Temps qui me prend par la main
M'avertit que je me retire.

Quoy, pour toujours vous me fuyez,
Tendresse, illusion, folie,
Dons du ciel qui me consoliez
Des amertumes de la vie !

Que le matin touche à la nuit !
Je n'eus qu'une heure, elle est finie.
Nous passons. La race qui suit
Déjà par une autre est suivie.

On meurt deux fois, je le voi bien :
Cessez d'aimer et d'être aimable
C'est une mort insuportable,
Cesser de vivre ce n'est rien.

Ainsi je déplorois la perte
Des erreurs de mes premiers ans
Et mon âme aux désirs ouverte
Regrettoit ses égarements.

Du ciel alors daignant descendre
L'amitié vint à mon secours :
Elle est plus égale, aussi tendre,
Et moins vive que les amours.

Touché de sa bauté nouvelle
Et de sa lumière éclairé,
Je la suivis ; mais je pleuray
De ne pouvoir plus suivre qu'elle.

Cette amitié est pourtant une charmante consolation. Eh, qui m'en fait connaître le prix mieux que vous ? L'amour à qui vous avez si bien sacrifié toute votre vie n'a servi qu'à vous rendre tendre pour vos amis, et à rendre votre société encor plus délicieuse. Cependant vous plaisez, et vous voylà près des degrez du palais ; quel métier pour vous et pour madame du Chastelet de passer son temps avec des exploits et des contredits ! Je défie votre chicanne de Rouen d'être plus chicanne que celle de Bruxelles. Un bau matin nous devrions laisser là *toutes ces amertumes de la vie* et nous rassembler avec *levia carmina et faciles versus.* N'êtes vous pas à présent avec votre procureur ? Madame du Chastelet est avec le sien. Mais moy je suis avec vous deux. Adieu, bonsoir charmant amy. Je vais m'enfoncer dans le travail, qui après l'amitié est une grande consolation.

Voltaire, « Lettre à Pierre Robert Le Cornier de Cideville », in *Les Œuvres complètes de Voltaire*, vol. 92, Genève, Institut et musée Voltaire, 1970.

LUC DE CLAPIERS DE VAUVENARGUES (1715-1747)

L'amitié naît d'une insuffisance de notre être

« Pour exécuter de grandes choses, il faut vivre comme si on ne devait jamais mourir. » La maxime est célèbre. Son auteur, Vauvenargues, ne l'est pas moins et figure au regard de la postérité comme l'un des grands moralistes de son siècle. Mais le public moderne sait moins que l'auteur de la maxime mourut à trente-deux ans, à peu près inconnu de ses contemporains.

Pour Vauvenargues, l'amitié est un besoin qui naît chez tous les hommes mais dont tous ne sont pas capables d'assumer la responsabilité. C'est le caractère de l'individu qui détermine sa capacité à se lier d'amitié. Ainsi l'amitié est-elle plus forte et plus constante chez les êtres modérés que chez les êtres extrêmes qui se laissent guider par leurs passions. L'amitié rend les êtres vertueux plus vertueux et les faibles plus faibles.

Luc de Clapiers, marquis de Vauvenargues, rêvait de s'illustrer dans la carrière militaire. Il eut les jambes brisées, lors de la retraite de Bohême ; il démissionna en 1744 et se retira à Paris. Il se consacra dès lors aux lettres, en écrivant des *Caractères*, à la manière de La Bruyère où il se moque des ridicules de son époque et invente un héros idéal, Clazomène. Il publia l'*Introduction à la connaissance de l'esprit humain*, suivie de *Paradoxes mêlés de réflexions et de maximes*, en 1746, un an avant sa mort. Sa vision de la nature et du génie humain exalte l'union de la raison et du sentiment qui « se conseillent et se suppléent tour à tour ».

Malgré ses drames personnels, Vauvenargues, sorte de précurseur de la réhabilitation des passions qui se développera après 1750, a foi dans le rôle du cœur et de la sensibilité. Il s'agit pour lui de déplacer l'articulation de l'amitié et de l'amour-propre qu'avait nouée La Rochefoucauld. C'est que Vauvenargues a acquis l'expérience de l'amitié à travers le lien qui l'attachait à Saint-Vincens. Ses lettres à ce dernier évoquent les douceurs et les joies naturelles de leur intimité. Elles expriment une préoccupation constante de l'autre, de sa santé et de ses ennuis personnels. La sensibilité de Vauvenargues versant des flots de larmes sur une maladie de son ami est proche de celle de Diderot qui, né à peu près en même temps que lui, lui survivra longtemps.

La délicatesse extrême d'une telle amitié subit une épreuve. Saint-Vincens lui fait un prêt que Vauvenargues met trop d'empressement à lui rembourser. Saint-Vincens s'offusquant de cette rapidité, Vauvenargues s'en excuse avec véhémence : « Je te supplie, du moins, de croire qu'en t'offrant comme je l'ai fait, de m'acquitter de toi, je n'ai jamais été fâché un seul instant de te devoir [...] tu dois tout oublier ; je te le demande à genoux, et t'embrasse de tout mon cœur. » Car il sait bien que l'amitié se situe dans un incommensurable au-delà de l'échange de services.

Il est intéressant de constater que ses quelques lignes d'un chapitre sur l'amitié qui apparaissent dans l'*Introduction à la connaissance de l'esprit humain* ont été reprises mot pour mot dans l'article *Amitié* de l'*Encyclopédie* (v. Diderot) paru après la mort de Vauvenargues. Sans doute l'éloquence et l'indépendance d'esprit qui animent les écrits du jeune moraliste ont-elles séduit le plagieur. Son sens de la formule et sa sobre concision aussi. « C'est l'insuffisance de notre être qui fait naître l'amitié, et c'est l'insuffisance de l'amitié même qui la fait périr. » L'article de l'*Encyclopédie* a retenu ces lignes qui annoncent la grande insatisfaction, le flou des passions et le désir d'absolu des romantiques : « Lorsqu'on voit de loin quelque bien, il fixe d'abord nos désirs ; et lorsqu'on y parvient, on en sent le néant [...] ainsi l'amitié, qui de loin bornait toutes nos prétentions, cesse de les borner de près. »

Pour Vauvenargues, à ce manque fondamental qui fait rechercher l'amitié s'ajoutent les exigences de l'amour-propre, en une dérive despotique de l'amitié, qui tend à assujettir l'autre. Mais il dépasse cette conception pessimiste en conseillant de ne pas exiger de l'ami ce qu'il ne peut donner, renonçant ainsi à l'amour-propre pour l'accepter chez les autres et abandonnant l'exigence universelle de réciprocité : « n'être point à soi-même son unique objet » et « chercher hors de soi son bonheur ».

Tout se passe comme si Vauvenargues ayant amorcé une analyse trop pessimiste de la nature humaine ne pouvait en tirer les conséquences affectives et, faute de désespérer de l'amitié, préférait la fonder idéalement sur le sacrifice de la réciprocité et le détachement de l'amour de soi dans une acceptation de l'amour-propre de l'autre. Ce déchirement entre une vision pessimiste de l'homme voué à son propre intérêt et la nécessité de croire néanmoins à l'amitié désintéressée marquera beaucoup d'hommes qui n'ont pas réussi à trouver leur La Boétie mais veulent continuer à avoir des amis.

Ainsi, l'amitié, qui de loin bornait toutes nos prétentions...

C'est l'insuffisance de notre être qui fait naître l'amitié, et c'est l'insuffisance de l'amitié même qui la fait périr.

Est-on seul ; on sent sa misère, on sent qu'on a besoin d'appui ; on cherche un fauteur de ses goûts, un compagnon de ses plaisirs et de ses peines ; on veut un homme dont on puisse posséder le cœur et la pensée ; alors l'amitié paraît être ce qu'il y a de plus doux au monde. A-t-on ce qu'on a souhaité, on change bientôt de pensée.

Lorsqu'on voit de loin quelque bien, il fixe d'abord nos désirs ; et lorsqu'on y parvient, on en sent le néant. Notre âme, dont il arrêtait la vue dans l'éloignement, ne saurait s'y reposer quand elle voit au-delà : ainsi l'amitié, qui de loin bornait toutes nos prétentions, cesse de les borner de près ; elle ne remplit pas le vide qu'elle avait promis de remplir ; elle nous laisse des besoins qui nous distraient et nous portent vers d'autres biens. Alors on se néglige, on devient difficile, on exige bientôt comme un tribut les complaisances qu'on avait d'abord reçues comme un don. C'est le caractère des hommes de s'approprier peu à peu jusqu'aux grâces dont ils jouissent ; une longue possession les accoutume naturellement à regarder les choses qu'ils possèdent comme à eux ; ainsi l'habitude les persuade qu'ils ont un droit naturel sur la volonté de leurs amis. Ils voudraient s'en former un titre pour les gouverner ; lorsque ces prétentions sont réciproques, comme on le voit souvent, l'amour-propre s'irrite, et crie des deux côtés, produit de l'aigreur, des froideurs, et d'amères explications, etc. On se trouve aussi quelquefois mutuellement des défauts qu'on s'était cachés ; ou l'on tombe dans des passions qui dégoûtent de l'amitié, comme les maladies violentes dégoûtent des plus doux plaisirs.

Aussi les hommes extrêmes ne sont pas les plus capables d'une constante amitié. On ne la trouve nulle part si vive et si solide que dans les esprits timides et sérieux, dont l'âme modérée connaît la vertu ; car elle soulage leur cœur oppressé sous le mystère et sous le poids du secret, détend leur esprit, l'élargit, les rend plus confiants et plus vifs, se mêle à leurs amusements, à leurs affaires et à leurs plaisirs mystérieux : c'est l'âme de toute leur vie.

Les jeunes gens sont aussi très-sensibles et très-confiants ; mais la vivacité de leurs passions les distrait et les rend volages. La sensibilité et la confiance sont usées dans les vieillards ; mais le besoin les rapproche, et la raison est leur lien ; les uns aiment plus tendrement, les autres plus solidement.

Le devoir de l'amitié s'étend plus loin qu'on ne croit : nous suivons notre ami dans ses disgrâces ; mais, dans ses faiblesses, nous l'abandonnons : c'est être plus faible que lui. Quiconque se cache, obligé d'avouer les défauts des siens, fait voir sa bassesse. Êtes-vous exempt de ces vices ? déclarez-vous donc hautement ; prenez sous votre protection la faiblesse des malheureux ; vous ne risquez rien en cela : mais il n'y a que les grandes âmes qui osent se montrer ainsi. Les faibles se désavouent les uns les autres, et se sacrifient lâchement aux jugements souvent injustes du public ; ils n'ont pas de quoi résister.

Luc de Clapiers, marquis de Vauvenargues, *Introduction à la connaissance de l'esprit humain*, Paris, 1746.

SAMUEL JOHNSON (1709-1784)

Les conditions nécessaires à l'amitié

« Un jour un peintre me confessa qu'aucun maître en son art n'en avait jamais aimé un autre. La connaissance de la vie [...] affaiblit l'espoir d'amitiés profondes entre des hommes que leur art a rendus concurrents. » Le texte que le moraliste anglais Samuel Johnson consacre à l'amitié fait apparaître une fois de plus la spécificité de la pensée anglo-saxonne, soucieuse de ne pas céder à l'imaginaire de l'amitié absolue par rapport à l'idéalisme de la tradition française, pour laquelle l'amitié se situe en dehors de la sphère de l'échange de services ou de bienfaits.

Critique et lexicographe, Samuel Johnson est l'auteur du *Dictionnaire de la langue anglaise* (1755), dont la préface établit la linguistique anglaise au XVIIIe siècle. Ouvrage majeur, il propose un modèle d'anglais littéraire ainsi qu'une description sélective de l'usage. Il permit à ce fils de libraire qui avait fait ses études à Oxford, puis fondé une école fréquentée entre autres par le célèbre dramaturge et acteur shakespearien David Garrick, de devenir le censeur de l'Angleterre littéraire. En marge de ses activités de lexicographe, Samuel Johnson fut éditeur de périodiques comme *The Rambler* et *The Idler* et auteur de tragédies, d'essais et de poèmes. Vers la fin de sa vie, le « Dr Johnson » écrivit un autre ouvrage encyclopédique, *Vies des poètes anglais les plus célèbres* (1780).

Après sa mort, Samuel Johnson devint le sujet d'un des chefs-d'œuvre biographiques de la littérature britannique, *La Vie de Samuel Johnson* (1791) de James Boswell, inspirée par l'amitié profonde qui liait les deux hommes. Samuel Johnson consacra à l'amitié plusieurs essais dans ses revues. L'essai sur « les conditions nécessaires à l'amitié » fut publié dans le *Rambler* (1750).

Fidèle à la tradition amorcée par Francis Bacon, Samuel Johnson se montre à la fois exigeant en matière de moralité, et pragmatique dans les conseils et les règles de conduite qu'il prodigue. Ainsi est-il l'un des premiers à énoncer l'impossibilité — sinon l'extrême difficulté — de l'amitié entre des hommes qui professent des opinions politiques ou religieuses opposées. Son pessimisme mesuré se déclare dans sa complaisance à détailler les caractères inaptes à l'amitié et à démystifier les occasions de conflit. « Et qui va décider lequel des deux amis va s'incliner devant l'autre lorsque chacun est persuadé d'avoir raison ? »

Pour le penseur anglais l'exigence d'égalité et de réciprocité doit être prise strictement, à la lettre, car l'amitié ne subsistera pas si l'un des deux amis fait de l'autre son débiteur en l'accablant de sa générosité. « Les services qu'on ne peut pas rendre, et les obligations dont on ne peut pas s'acquitter ne contribuent pas à accroître l'affection. » Certes le chemin de l'amitié est semé d'embûches et seule une élite morale peut y accéder. Le grand mérite de Samuel Johnson est d'avoir su regarder en face les sources de discorde entre les hommes, sans jouer à la belle âme. L'opposition qu'on trouve chez certains penseurs de l'époque entre le discours sublime et la pratique réelle s'efface chez lui au profit d'un réalisme sans complaisances qui est susceptible de les réconcilier. Mais si Johnson, à l'inverse de ses contemporains français, insiste plus sur la vertu que sur la sensibilité, sa foi en l'amitié est entière et il ne verse ni dans le scepticisme ni dans le matérialisme utilitaire d'un Helvétius.

Avoir les mêmes désirs et les mêmes aversions

Alors que Socrate était en train de se construire, de ses propres mains, une maison à Athènes, quelqu'un qui avait remarqué la petitesse du projet lui demanda pourquoi un homme aussi éminent que lui ne choisissait pas une demeure plus à la mesure de son rang ? Il lui répondit qu'il se considérerait comme très bien logé s'il pouvait voir un jour sa petite maison remplie d'amis véritables. Telle était l'opinion de ce grand maître de la vie humaine, concernant la rareté de cette union des esprits dignes du nom d'amitié, que parmi les foules de gens que la vanité ou la curiosité, la civilité ou la vénération agglutinaient autour de lui, il ne s'attendait pas à ce que des appartements très spacieux fussent nécessaires pour contenir le petit nombre de ceux qui le considéraient avec une tendresse sincère et lui témoignaient une fidélité constante.

Il y a tant de conditions nécessaires pour rendre l'amitié possible, et tant d'incidences doivent concourir à son développement et à son maintien, que la grande majorité des humains se contentent de se passer d'elle, et la remplacent, comme ils peuvent, par l'intérêt et la dépendance.

Le commun des mortels n'a aucune aptitude pour l'échange d'une affection réciproque, chaleureuse et constante, de même qu'il est incapable de tout autre sentiment élevé, tant il est accaparé par ses intérêts immédiats et assujetti tout entier à ses passions. De longues habitudes peuvent s'ajouter à l'incapacité de résister à ses désirs, ou de réprimer, au nom de motivations supérieures, les inconvénients attachés à la satisfaction immédiate. Un égoïsme invétéré le poussera à imaginer ses privilèges diminués en proportion de ce qu'ils sont partagés.

Ce qui contribue à chasser l'amitié de son cœur n'est pas seulement cette incorrigible et haïssable corruption, c'est aussi les multiples penchants naturels, liés aux aspects communs de la vertu. Certains hommes, assez ardents dans l'expression de leur affection, et qui ne manquent ni de serviabilité ni de générosité, sont inconstants et changeants. Ils sont vite attirés par de nouveaux objets, se dégoûtent sans être offensés, et se détachent sans inimitié. D'autres sont mous et faibles, trop facilement influencés par des ragots et des racontars ; ils s'alarment au premier incident douteux, et prêtent l'oreille à tous les soupçons que leur soufflent l'envie et la flagornerie ; ils finissent par adopter l'opinion de n'importe quel conseiller et se laissent convaincre par le dernier qui a parlé. D'autres sont animés par l'esprit de contradiction et préfèrent juger faux par eux-mêmes plutôt que de devoir à la sagacité d'un autre la justesse d'une opinion ; ceux-là tendent à prendre un conseil pour une insulte personnelle, et une question pour un besoin de confidence ; ils ne manifestent de l'intérêt qu'en échange d'une soumission sans réserve et d'une implicite adhésion. Certains sont à la fois dissimulés et actifs, aussi soucieux de masquer les bons que les mauvais desseins ; ils sont contents de parvenir à leurs fins par des moyens secrets, et de ne dévoiler leur intention qu'en l'exécutant. D'autres communiquent avec l'univers entier, et sont également offerts à tous les yeux ; ils sont aussi prêts à divulguer leurs propres secrets que ceux des autres, sans la moindre vigilance et nécessaire précaution ni même la simple honnêteté propre à l'intégrité et ils sont prêts à accuser sans malice, et à trahir sans perfidie. Tous ceux-là sont utiles à la communauté et peuvent maintenir dans ce monde une réputation de moralité saine avec des intentions pures, mais ils ne sont pas faits pour la tendre et étroite intimité. On ne peut guère choisir comme ami quelqu'un dont l'affection va s'évaporer avec sa propre chaleur ou se figer à la première calomnie ; celui qui n'écoute que sa propre opinion ne sera pas d'un bon conseil ; celui dont le premier principe est de soupçonner n'incite guère à la confiance ; et l'on ne peut guère estimer la sincérité et la franchise d'un homme qui ouvre ses bras à l'humanité tout entière et fait entrer n'importe qui, sans distinction, dans son intimité.

Pour que l'amitié soit à la fois profonde et durable, il doit y avoir non seulement le même degré mais aussi la même espèce de vertu de part et d'autre. Les deux amis doivent non seulement se proposer les mêmes fins mais aussi s'entendre sur les mêmes moyens. Nous sommes souvent amenés, pour des raisons superficielles ou accidentelles, à aimer ceux que nous ne pouvons estimer ; nous sommes parfois contraints, devant de grands talents ou des démonstrations exceptionnelles de vertu, à estimer ceux que nous ne pouvons aimer. Mais l'amitié, qui est un mélange d'estime et d'amour, tire de la première sa permanence et de la seconde sa tendresse. Elle réclame donc de ses postulants qu'ils emportent l'estime tout en se faisant aimer ; qu'ils soient aussi solides dans les jours de détresse que joyeux dans les moments d'allégresse ; qu'ils soient aussi utiles dans le besoin qu'agréables dans le quotidien, que leur présence donne du plaisir aussi bien que du courage et éloigne les spectres de l'angoisse et de la mélancolie.

A cette complaisance mutuelle doit s'ajouter une certaine conformité d'opinion, au moins sur les principes d'action les plus évidents, en matière politique et religieuse, et dans ceux qui président plus ou moins aux affaires de la vie quotidienne. Car si on a pu voir parfois de grandes tendresses se maintenir entre des hommes de camps opposés, ces derniers doivent être considérés comme des exceptions plutôt que des modèles et il ne serait guère plus sage de régler notre conduite sur leur exemple que de sauter dans un précipice, sous prétexte que certains ont survécu à leur chute.

Rien n'est plus difficile que de préserver une affection privée à côté d'une opposition publique, qui ne manquera pas d'affecter, par mille différents incidents, l'échange et l'intimité. Les hommes impliqués, pour des raisons morales ou religieuses, dans des partis opposés, porteront sur les êtres un regard différent, et prendront, sur la plupart des questions, des décisions différentes. Quand tant d'occasions de conflits se présentent, nous accorder revient à trahir notre cause et à maintenir notre amitié tout en cessant de la mériter. Se taire revient à perdre le bonheur et la dignité de l'indépendance, à vivre dans une contrainte perpétuelle, et à abandonner si ce n'est à trahir. Et qui va décider lequel des deux amis va s'incliner devant l'autre lorsque chacun est persuadé d'avoir raison et qu'ils sont tous les deux convaincus de l'importance de la question ? Que reste-t-il d'autre alors que la contradiction et le débat ? Et à partir de là, que peut-on attendre d'autre que l'aigreur et la virulence, l'arrogance du triomphe ou l'humiliation de la défaite, et avec le temps, le dégoût des querelles et la disparition de la bienveillance à l'égard de l'autre ? Les relations amicales et les marques de courtoisie peuvent continuer un temps, tout comme un rameau peut reverdir alors que ses racines sont mortes, mais le poison de la discorde est infusé et le cœur se durcit et se contracte, même si le visage s'efforce de sourire.

Cet homme que nous ne voyons qu'en des moments graves et austères, ne nous sera pas longtemps agréable. Pour garder la sérénité et la douceur de l'affection, il faut que les amis partagent leurs plaisirs aussi bien que leurs peines et que des goûts semblables leur fassent choisir les mêmes divertissements. Encore que ce dernier point n'est pas aussi indispensable que ne l'est la conformité des principes car chaque être humain peut honnêtement, selon les préceptes d'Horace, renoncer à ses goûts au bénéfice d'un autre et l'amitié mérite bien qu'on lui sacrifie le plaisir, sinon la conscience.

Un jour, un peintre me confessa qu'aucun maître en son art n'en avait jamais aimé un autre. La connaissance de la vie confirme bien cet aveu, et affaiblit l'espoir d'amitiés profondes et durables entre des hommes que leur art a rendus concurrents, et que tous leurs adorateurs et leurs détracteurs excitent constamment l'un contre l'autre. L'expérience montre que le mieux que l'on puisse attendre d'eux est qu'ils laissent de côté les hostilités ouvertes et les machinations secrètes, et qu'ils soient capables, lorsque toute la communauté est attaquée, de s'unir contre un ennemi commun. Malgré tout, il s'en trouve quelques-uns, rares, dont la générosité n'a pas été entamée par l'ambition, qui se distinguent des êtres inférieurs par des motivations plus nobles que celle de la gloire, et qui parviennent à maintenir la flamme sacrée de l'amitié contre les rafales de la vanité et les boues de l'intérêt personnel.

L'amitié n'est durable qu'entre égaux, ou lorsque la supériorité d'un côté est compensée par un avantage équivalent de l'autre. Les services qu'on ne peut pas rendre, et les obligations dont on ne peut pas s'acquitter ne contribuent pas à accroître l'affection ; certes ils engendrent de la gratitude et augmentent la vénération mais en général ils ôtent, dans l'échange amical, cette aisance de liberté et de familiarité, sans lesquelles, malgré toute la fidélité, la bonne volonté, et l'admiration, il ne peut y avoir d'amitié. Ainsi tous les bienfaits sur terre sont imparfaits. Le plus noble effet de l'amitié est la bienfaisance, mais à la première manifestation de tendresse excessive, elle est mise en danger, comme les plantes qui meurent après avoir enfanté leurs fruits. Néanmoins cette considération ne devrait pas restreindre la bonté ou réprimer la compassion. Car l'on doit préférer le devoir à la commodité, et celui qui perd une partie des plaisirs de l'amitié par sa générosité, gagne à sa place l'approbation de sa conscience.

Samuel Johnson, *The Rambler*, n° 64 (27 octobre 1750), in *The Works of Samuel Johnson*, New York, 1811. Traduit par les auteurs.

JEAN-JACQUES ROUSSEAU (1712-1778)

À Mme d'Épinay : un code de l'amitié

Rousseau, Diderot, Mme d'Épinay, d'Holbach, ils étaient tous amis, ils ont tous écrit sur l'amitié. Mais ils ont aussi écrit sur *leur* amitié, qui connut bien des avatars. La juxtaposition de leurs textes permet de mesurer la distance qu'il y a du discours à la pratique de l'amitié. Elle permet de cerner, à travers les différentes versions de la même relation, les malentendus qui surviennent entre les âmes les plus nobles et les mieux disposées. Le chapitre 9 des *Confessions* de Rousseau constitue, dans la subjectivité de sa propre version, la chronique d'une discorde annoncée. Les ouvrages publiés des uns et des autres jouent dans ce drame de l'amitié un rôle nouveau ; ils entretiennent et relancent la dispute ; ils entérinent les ruptures.

À l'origine du drame : un homme seul et pauvre, Rousseau, et un groupe d'amis qui lui veut du bien. « Faute d'un ami qui fût à moi tout entier, il me fallait des amis, dont l'impulsion surmontât mon inertie : c'est ainsi que je cultivai, que je resserrai mes liaisons avec Diderot, avec l'abbé de Condillac, que j'en fis avec Grimm une nouvelle, plus étroite encore. » Mme d'Épinay, maîtresse de Grimm, l'invite à se réfugier à l'Ermitage. Rousseau s'y trouve bien, refuse de retourner à Paris malgré les sollicitations de ses amis : « J'avais des amis des deux sexes, auxquels j'étais attaché par la plus pure amitié, par la plus parfaite estime ; je comptais sur le plus vrai retour de leur part. [...] Cependant cette amitié m'était plus tourmentante que douce, par leur obstination, par leur affectation même à contrarier tous mes goûts, mes penchants, ma manière de vivre. »

Cette opposition entre le solitaire retiré « à quatre lieues de Paris, aussi séparé de cette capitale par mon incurie, que je l'aurais été par les mers dans l'île de Tinian » et la « coterie holbachique » qui vit au centre du tourbillon, répandu dans le plus grand monde, aboutira à des ruptures successives avec Grimm, Mme d'Épinay et enfin Diderot, le « plus ancien ami ». Rousseau lui reprochera d'abord d'avoir écrit dans *Le Fils naturel* cette phrase qu'il prend pour lui-même : « Interrogez votre cœur, il vous dira que l'homme de bien est dans la société, et qu'il n'y a que le méchant qui soit seul. » L'indiscrétion de Diderot, à qui Rousseau reprochera d'avoir trahi le secret de sa passion pour Mme d'Houdetot, aura raison des restes de cette ancienne amitié. Rousseau lui aussi réglera ses comptes par voie de publication, d'abord dans une citation de l'Ecclésiaste, aisément déchiffrable par le public littéraire de la *Lettre à d'Alembert sur les spectacles* : « Pour l'outrage, le reproche injurieux, la révélation du secret, et la blessure faite en trahison, l'ami s'éloignera sans retour. »

Puis beaucoup plus tard dans les *Confessions.*

Jean-Jacques Rousseau était né à Genève dans une famille protestante d'origine française. Ce fils d'horloger quitta sa ville natale en 1728 et fit plusieurs séjours heureux chez Mme de Warens à Chambéry puis aux Charmettes. C'est à partir de 1742 que, monté à Paris, il se lia d'amitié avec Diderot et Grimm, fréquenta les Encyclopédistes et fit la connaissance de Mme d'Épinay en 1748. Son *Discours sur les sciences et les arts* (1750), couronné par l'Académie de Dijon, le lança dans la carrière littéraire. Et en 1756-1757, il s'installa près de Montmorency dans la maison des champs de Mme d'Épinay.

Après sa brouille avec sa protectrice et ses amis, l'histoire de sa vie est celle d'un homme errant à travers l'Europe, en Suisse, en France et en Angleterre, ajoutant à des malheurs réels une hantise de la persécution. Il mourut au château d'Ermenonville en 1778. Il est l'auteur de nombreux ouvrages qui deviendront des classiques de la littérature et de la philosophie, parmi lesquels *Le Discours sur l'origine de l'inégalité* (1755), *Julie ou la Nouvelle Héloïse* (1761), *Émile* (1762), *Le Contrat social* (1762) et les *Confessions* (posthume, 1782 et 1789) et les *Rêveries du promeneur solitaire* (composé de 1776 à sa mort).

On comprend par cette lettre du 26 mars 1757, à Mme d'Épinay, du temps où ils étaient encore amis, pourquoi Jean-Jacques ne réussit jamais à garder ses amis d'un moment. Cette lettre à une amie sur l'amitié explique en filigrane pourquoi son auteur finit par rompre non seulement avec cette amie-là mais avec la plupart de tous les autres. L'irritation contre Diderot est à l'origine de cette lettre et en explique la véhémence : « J'exige d'un ami [...] plus même qu'il ne doit exiger de moi et que je n'exigerais de lui s'il était à ma place et que je fusse à la sienne. » La lettre témoigne du caractère difficile de Rousseau, de sa fragilité psychologique, de sa paranoïa. « Je m'indigne surtout quand le premier venu les dédommage de moi, tandis que je ne peux souffrir qu'eux au monde. Il n'y a que leurs caresses qui puissent me faire supporter leurs bienfaits. » En même temps elle est exemplaire car, peu ou prou, elle exprime franchement ce que les penseurs de l'amitié n'ont pas dit ou voulu dire aussi subjectivement : « des cœurs dignes de répondre au mien ; ah, c'est bien assez d'en connaître un ».

Rousseau n'est pas loin de la définition de Vauvenargues, de l'amitié fondée sur le manque. « Tout attachement est signe d'insuffisance, écrit-il dans l'*Émile* ; si chacun de nous n'avait besoin des autres, il ne songerait guère à s'unir à eux. Ainsi de notre infirmité même naît notre frêle bonheur. » Mais il ne poussera pas l'abnégation jusqu'à accepter à ses dépens l'absence de réciprocité : « Il n'y a pas de véritable attachement sans réciprocité ; ce que chacun porte ailleurs de l'amour de soi doit lui être rendu par d'autres. » La lettre à Mme d'Épinay montre que, dans la pratique, Rousseau revendique, mais à son profit, une certaine inégalité de l'échange.

Si Rousseau y apparaît tel qu'en lui-même, exigeant jusqu'à l'intransigeance, sa vision idéaliste n'en est pas moins empreinte de bon sens et de délicatesse : « qu'ils me conseillent sans prétendre me gouverner ; qu'ils aient toutes sortes de droits sur mon cœur, aucun sur ma liberté ». Cette approche candide d'un homme maintes fois blessé dans son orgueil et dans ses affections fait de Rousseau sinon un anti-Montaigne, du moins un Montaigne qui n'aurait jamais pu rencontrer La Boétie. « Comment se pouvait-il qu'avec une âme naturellement expansive, pour qui vivre, c'était aimer, je n'eusse pas trouvé jusqu'alors un ami tout à moi, un véritable ami, moi qui me sentais si bien fait pour l'être », se lamentera-t-il dans les *Confessions.*

La frustration amicale conduira l'auteur de *La Nouvelle Héloïse* à des compensations littéraires. Son célèbre roman naîtra, dit-il, du désir de donner forme aux deux inséparables idoles de son cœur, l'amour et l'amitié : « Je me plus à les orner de tous les charmes du sexe que j'ai toujours adoré. J'imaginai deux amies plutôt que deux amis, parce que si l'exemple est plus rare, il est aussi plus aimable. » Ainsi naquirent les personnages de Julie et de Claire que vint compléter Saint-Preux, le parfait amant. La littérature, si elle sert les règlements de comptes de l'amitié trahie ou déçue, peut aussi exprimer l'imaginaire de l'amitié idéale, jusque-là réservé au dialogue philosophique, à l'essai ou au traité et qui se réfugiera de plus en plus dans le roman. Mme d'Épinay ne sera pas en reste de fiction. Elle insérera une version retouchée de la lettre originale de Rousseau, dans *Histoire de Mme de Montbrillant,* ses pseudo-mémoires où figure sa propre conception de l'amitié (v. Mme d'Épinay).

On querelle son ami sans le mépriser

Diderot m'a écrit une troisième lettre en me renvoyant mes papiers. Quoique vous me marquiez par la vôtre que vous m'envoyez ce paquet, elle m'est parvenue plus tard et par une autre voie, de sorte que quand je l'ai reçue, ma réponse à Diderot était déjà faite. Vous devez être aussi ennuyée de cette longue tracasserie que j'en suis excédé. Ainsi n'en parlons plus, je vous en supplie.

Mais où avez-vous pris que je me plaindrai de vous aussi ? Si j'avais à m'en plaindre, ce serait parce que vous usez de trop de ménagement avec moi, et me traitez trop doucement. J'ai souvent besoin d'être plus gourmandé que cela ; un ton de gronderie me plaît fort quand je le mérite ; je crois que je serais homme à le regarder quelquefois comme une sorte de cajolerie de l'amitié. Mais on querelle son ami sans le mépriser ; on lui dira fort bien qu'il est une bête ; on ne lui dira pas qu'il est un coquin. Vous ne me ferez jamais entendre *que vous croyez me faire grâce en pensant bien de moi.* Vous ne m'insinuerez jamais *qu'en y regardant de près, il y aurait beaucoup d'estime à rabattre.* Vous ne me direz pas : *Encore y aurait-il bien à dire là-dessus.* Ce ne serait pas seulement m'offenser, ce serait vous offenser vous-même ; car il ne convient pas à d'honnêtes gens d'avoir des amis dont ils pensent mal : que s'il m'était arrivé de mal interpréter sur ce point un discours de votre part, vous vous hâteriez assurément de m'expliquer votre idée, et vous garderiez de soutenir durement et sèchement ce même propos dans le mauvais sens où je l'aurais entendu. Comment, madame, appelez-vous cela, une forme, un extérieur ?

J'ai envie, puisque nous traitons ce sujet, de vous faire ma déclaration sur ce que j'exige de l'amitié, et sur ce que j'y veux mettre à mon tour. Reprenez librement ce que vous trouverez à blâmer dans mes règles, mais attendez-vous à ne pas m'en voir départir aisément, car elles sont tirées de mon caractère que je ne puis changer.

Premièrement, je veux que mes amis soient mes amis, et non pas mes maîtres ; qu'ils me conseillent sans prétendre me gouverner ; qu'ils aient toutes sortes de droits sur mon cœur, aucun sur ma liberté. Je trouve très-singuliers les gens qui, sous ce nom, prétendent toujours se mêler de mes affaires sans me rien dire des leurs.

Qu'ils me parlent toujours librement et franchement ; ils peuvent me tout dire : hors le mépris, je leur permets tout. Le mépris d'un indifférent m'est indifférent ; mais si je le souffrais d'un ami, j'en serais digne. S'il a le malheur de me mépriser, qu'il ne me le dise pas, qu'il me quitte ; c'est son devoir envers lui-même. A cela près, quand il me fait ses représentations, de quelque ton qu'il les fasse, il use de son droit ; quand après l'avoir écouté, je fais ma volonté, j'use du mien ; et je trouve mauvais qu'on me rabâche éternellement sur une chose faite.

Leurs grands empressements à me rendre mille services dont je ne me soucie point me sont à charge ; j'y trouve un certain air de supériorité qui me déplaît ; d'ailleurs tout le monde en peut faire autant ; j'aime mieux qu'ils m'aiment et se laissent aimer : voilà ce que les amis seuls peuvent faire. Je m'indigne surtout quand le premier venu les dédommage de moi, tandis que je ne puis souffrir qu'eux seuls au monde. Il n'y a que leurs caresses qui puissent me faire supporter leurs bienfaits ; mais quand je fais tant que d'en recevoir d'eux, je veux qu'ils consultent mon goût et non pas le leur ; car nous pensons si différemment sur tant de choses, que souvent ce qu'ils estiment bon me paraît mauvais.

S'il survient une querelle, je dirais bien que c'est à celui qui a tort de revenir le premier ; mais c'est ne rien dire, car chacun croit toujours avoir raison : tort ou raison, c'est à celui qui a commencé la querelle à la finir. Si je reçois mal sa censure, si je m'aigris sans sujet, si je me mets en colère mal à propos, il ne doit pas s'y mettre à mon exemple, ou bien il ne m'aime pas. Au contraire, je veux qu'il me caresse bien, qu'il me baise bien, entendez-vous, madame ? En un mot, qu'il commence par m'apaiser, ce qui sûrement ne sera pas long ; car il n'y eut jamais d'incendie au fond de mon cœur qu'une larme ne pût éteindre. Alors quand je serai attendri, calmé, honteux, confus, qu'il me gourmande bien, qu'il me dise bien mon fait, et sûrement il sera content de moi. S'il est question d'une minutie qui ne vaille pas l'éclaircissement, qu'on la laisse tomber : que l'agresseur se taise le premier, et ne se fasse point un sot point d'honneur d'avoir toujours l'avantage. Voilà ce que je veux que mon ami fasse envers moi, et ce que je suis toujours prêt à faire envers lui dans le même cas.

Je pourrais vous citer là-dessus une espèce de petit exemple dont vous ne vous doutez pas, quoiqu'il vous regarde ; c'est au sujet d'un billet que je reçus de vous il y a quelque temps, en réponse à un autre dont je vis que vous n'étiez pas contente, et où vous n'aviez pas, ce me semble, bien entendu ma pensée. Je fis une réplique assez bonne, ou du moins elle me parut telle ; elle avait sûrement le ton de la véritable amitié ; mais en même temps une certaine vivacité dont je ne puis me défendre, et je craignis, en la relisant, que vous n'en fussiez pas plus contente que de la première ; à l'instant je jetai ma lettre au feu ; je ne puis vous dire avec quel contentement de cœur je vis brûler mon éloquence ; je ne vous en ai plus parlé, et je crois avoir acquis l'honneur d'être battu : il ne faut quelquefois qu'une étincelle pour allumer un incendie. Ma chère et bonne amie, Pythagore disait qu'on ne devait jamais attiser le feu avec une épée ; cette sentence me paraît la plus importante et la plus sacrée des lois de l'amitié.

J'exige d'un ami bien plus encore que tout ce que je viens de vous dire ; plus même qu'il ne doit exiger de moi, et que je n'exigerais de lui, s'il était à ma place et que je fusse à la sienne. En qualité de solitaire, je suis plus sensible qu'un autre ; si j'ai quelques torts avec un ami qui vive dans le monde, il y songe un moment, et mille distractions le lui font oublier le reste de la journée ; mais rien ne me distrait sur les siens ; privé du sommeil, je m'en occupe durant la nuit entière ; seul à la promenade, je m'en occupe depuis que le soleil se lève jusqu'à ce qu'il se couche ; mon cœur n'a pas un instant de relâche, et les duretés d'un ami me donnent dans un jour des années de douleurs. En qualité de malade, j'ai droit aux ménagements que l'humanité doit à la faiblesse et à l'humeur d'un homme qui souffre. Quel est l'ami, quel est l'honnête homme qui ne doit pas craindre d'affliger un malheureux tourmenté d'une maladie incurable et douloureuse ? Je suis pauvre, et il me semble que cet état mérite encore des égards. Tous ces ménagements que j'exige, vous les avez eus sans que je vous en parlasse, et sûrement jamais un véritable ami n'aura besoin que je les lui demande. Mais, ma chère amie, parlons sincèrement ; me connaissez-vous des amis ? Ma foi, bien m'en a pris d'apprendre à m'en passer ; je connais force gens qui ne seraient pas fâchés que je leur eusse obligation, et beaucoup à qui j'en ai en effet ; mais des cœurs dignes de répondre au mien, ah ! c'est bien assez d'en connaître un.

Ne vous étonnez donc pas si je prends Paris toujours plus en haine ; il ne m'en vient rien que de chagrinant, hormis vos lettres : on ne m'y reverra jamais. Si vous voulez me faire vos représentations là-dessus, et même aussi vivement qu'il vous plaira, vous en avez le droit : elles seront bien reçues et inutiles ; après cela, vous n'en ferez plus.

Faites tout ce que vous jugerez à propos au sujet du livre de M. d'Holbach, excepté de vous charger de l'édition ; c'est une manière de faire acheter un livre par force, et de mettre à contribution ses amis ; je ne veux point de cela.

Je vous remercie du Voyage d'Anson ; je vous le renverrai la semaine prochaine.

Pardonnez les ratures, je vous écris au coin de mon feu où nous sommes tous rassemblés. Les gouverneuses épuisent avec le jardinier les histoires de tous les pendus du pays, et la gazette d'aujourd'hui est si abondante, que je ne sais plus du tout ce que je dis. Bonjour, ma bonne amie.

Lettre à Mme d'Épinay du 26 mars 1757, in *Mémoires et Correspondances* de Mme d'Épinay, Paris, Eugène Didier éditeur, 1855.

LOUISE TARDIEU D'ESCLAVELLES, MARQUISE D'ÉPINAY, dite MME D'ÉPINAY (1726-1783)

Réponse fictive à Jean-Jacques Rousseau

La réponse de Mme d'Épinay à la lettre de Rousseau n'est pas une lettre originale mais une réplique semi-imaginaire dans *L'Histoire de Mme de Montbrillant*, ses *Pseudo-Mémoires.* À travers la fiction, Mme d'Épinay évoque ses amis Jean-Jacques Rousseau sous le nom de René, et Denis Diderot sous le nom de Garnier. La lettre originale de Rousseau (v. Rousseau) y est insérée avec des retouches. Quant à la « réponse » de Mme d'Épinay, elle mélange des phrases de plusieurs de ses lettres véritables, dont l'une écrite au sujet non de Diderot mais de Grimm. Ce qui importe ici est non l'authenticité de la lettre mais le fait qu'elle exprime les réactions de Mme d'Épinay au « code de l'amitié » asséné par son ami Jean-Jacques et sa propre vision d'un sentiment qu'elle se plut à honorer dans son existence.

Louise Florence Pétronille d'Esclavelles était née à Valenciennes d'une famille noble sans fortune. Orpheline de père à l'âge de dix ans, elle eut une enfance et une jeunesse difficiles. Après avoir vécu chez une tante qui la méprisait et l'humiliait, elle passa trois ans au couvent où elle n'apprit guère plus que des rudiments. Son cousin, M. de La Live d'Épinay, tomba amoureux d'elle et l'épousa, mais elle ne fut pas heureuse avec cet époux qui rapidement dissipa sa fortune. Après une liaison de quelques mois avec M. de Francueil, Mme d'Épinay se retira à la Chevrette et se consacra à l'éducation de ses enfants.

Femme de lettre, Mme d'Épinay fut aussi célèbre pour ses amitiés que pour son œuvre littéraire. Dans son château de la Chevrette, près de Montmorency, elle accueillit les philosophes, notamment Charles Duclos, Galiani, Diderot et Grimm qui fut son amant. Elle donna refuge à Rousseau à l'Ermitage, sa maison des champs. Ses *Lettres à mon fils* furent publiées en 1759. *Les Conversations d'Émilie,* un des premiers ouvrages de pédagogie enfantine, rédigé pour sa fille et paru en 1774, furent traduites en allemand et en anglais et la tzarine Catherine s'en servit pour l'éducation de ses petits-fils. L'année de sa mort, l'œuvre fut couronnée par l'Académie française.

Dans sa *Correspondance littéraire* figure *L'Amitié de deux jolies femmes*, roman où la frivolité finit par avoir raison de l'amitié entre deux femmes. Sa correspondance avec l'abbé Ferdinando Galiani constitue par ailleurs une chronique du groupe d'amis philosophes en même temps qu'un document sur une de ces amitiés mixtes et épistolaires qui fleurirent au XVIIIe siècle. Cette amitié débuta en 1770 lorsque l'abbé fut rappelé à Naples, après plus de dix ans dans les cercles littéraires parisiens, et dura jusqu'à la fin de leur vie. Une concurrence assumée avec légèreté préside à cet échange où Louise d'Épinay joue le rôle de pourvoyeuse de nouvelles parisiennes pour l'exilé, et où ce dernier se délecte de la mise en scène de leur correspondance amicale : « Vous savez bien, ma belle dame, lui écrit l'abbé avec enjouement en 1773, que notre correspondance, après notre mort commune, sera imprimée. Quel plaisir pour nous ! Comme cela nous divertira ! Or je travaille de toute ma force à faire en sorte que mes lettres l'emportent sur les vôtres, et je commence à me flatter d'y réussir. On remarquera dans les vôtres un peu trop de monotonie d'amitié : toujours tendre, toujours affectueuse, toujours caressante, toujours applaudissante. Au contraire les miennes auront une variété charmante : quelquefois je vous dis des injures, quelquefois des sarcasmes. »

On sait que les relations de Mme d'Épinay avec Rousseau ne connaîtront pas la même constance. La querelle avec ce dernier, la rédaction des *Confessions* et la lecture partielle qu'il en fit dans les salons déterminèrent Mme d'Épinay à rédiger, avec Grimm et Diderot, entre 1755 et 1770, la réponse de la bergère au berger. Ce fut en l'occurrence un récit semi-autobiographique : *Histoire de Mme de Montbrillant*, à la fois roman épistolaire et roman à clés où « René » (Rousseau) est portraituré avec sévérité. Louise d'Épinay mourut à Paris en 1783, léguant ses papiers à Grimm qui ne les publia pas. Différentes versions reconstituées de *Mémoires et Correspondances* ont paru depuis le début du XIXe siècle.

La lettre, qui est un extrait du roman, répond donc à celle de Rousseau. Épisode dans le drame de la discorde, elle exprime néanmoins aussi un idéal de sociabilité amicale qui est celui de Mme d'Épinay. Face aux exigences de Rousseau, Mme d'Épinay préconise une amitié fondée sur deux seuls principes : l'indulgence et la liberté. Et profite de la fiction pour remettre à sa place son difficile ami : « Je trouve que votre code de l'amitié [...] ressemble pas mal au règlement que ne manque pas de faire la nation anglaise lorsqu'il est survenu quelque inconvénient dérivé des lois, qui bouleverse tout l'État et auquel on ne peut remédier pour le présent, faute d'avoir été prévu. »

Non, assurément, mon ami, votre lettre ne m'a ni déplu ni fâchée...

Non, assurément, mon ami, votre lettre ne m'a ni déplu ni fâchée ; le preuve en est que je ne vous ai point écrit ; mais elle n'était pas faite d'ailleurs pour me faire éprouver aucun sentiment désagréable. Je voulais vous répondre un peu en détail, et je n'en ai pas eu le loisir. Voilà la cause de mon silence.

Je crois, mon ami, qu'il est fort difficile de prescrire des règles sur l'amitié, car chacun les fait, comme de raison, suivant sa façon de penser. Vous m'annoncez vos prétentions envers vos amis ; il en viendra ensuite un autre des miens qui en aura de toutes opposées ; de sorte que moi, qui aurai aussi un caractère tout divers, je trouverai dix fois par jour le secret de me faire maudire de mes amis, et de mon côté je les enverrai nécessairement au diable.

Il y a deux points généraux, essentiels et indispensables dans l'amitié, auxquels tout le monde est forcé de se réunir : l'indulgence et la liberté ; sans cela il n'est point de liens qui ne se brisent. C'est à peu près à quoi se réduit mon code. Je ne saurais exiger que mon ami m'aime avec chaleur, avec délicatesse, avec réflexion, effusion de cœur, etc., etc., mais seulement qu'il m'aime le mieux qu'il pourra, comme le comporte sa manière d'être ; car tout mon désir ne le réformera pas s'il est renfermé, ou léger, ou sérieux, ou gai ; et ma réflexion se portant sans cesse sur cette qualité qui lui manque et que je m'obstine à lui vouloir trouver, va incessamment me le rendre insupportable. Tenez, il faut aimer ses amis comme les vrais amateurs aiment les tableaux. Ils ont les yeux perpétuellement attachés sur les beaux endroits, et ne voient pas les autres.

S'il s'élève une querelle, dites-vous ? Si mon ami a des torts, etc. etc. Eh ! mais je ne sais ce qu'on veut dire quand on s'écrie : Mon ami a des torts avec moi. En amitié je n'en connais que d'une espèce : c'est la méfiance. Mais lorsque je vous entends dire : « Un tel jour il m'a fait un mystère ; un autre, il a préféré telle chose au plaisir d'être avec moi, ou à une attention qu'il me devait ; ou bien, il aurait dû me faire tel sacrifice... » Et puis vient une bouderie. Eh ! laissez, laissez ce commerce de misère et d'ergoterie à ces cœurs vides et à ces têtes sans idées. Cela ne va qu'à ces sots petits amants vulgaires qui, au lieu de cette confiante sécurité, de ces délicieux épanchements qui, dans les âmes honnêtes et fortes, augmentent le sentiment par l'exercice de la philosophie et de la vertu, mettent à la place de petites querelles fausses ou basses qui rétrécissent l'esprit, aigrissent le cœur et rendent les mœurs plates, quand elles ne les rendent pas vicieuses. Est-ce à un philosophe, est-ce à un ami de la sagesse à courir la même carrière que ces dévots faibles et bornés qui mettent de petites pratiques faibles et superstitieuses à la place du véritable amour de Dieu ? Croyez-moi, celui qui connaît bien l'homme lui pardonne aisément les faiblesses dans lesquelles il tombe, et lui sait un gré infini du bien qu'il fait et qui lui coûte tant à faire.

Je trouve que votre code de l'amitié, à la suite de votre querelle avec Garnier, ressemble pas mal au règlement que ne manque pas de faire la nation anglaise lorsqu'il est survenu quelque inconvénient dérivé des lois, qui bouleverse tout l'Etat et auquel on ne peut remédier pour le présent, faute d'avoir été prévu.

Quant à moi, mon ami, lorsque j'ai établi pour premier principe la liberté et l'indulgence au commencement de ma lettre, je ne prévoyais pas faire autant d'usage de l'un, et avoir autant besoin de l'autre. Passez-moi mon impertinence en faveur de ma franchise. Mon Dieu ! que j'aurais de bonnes choses à vous dire encore ; mais on vient m'interrompre à toutes minutes ; je n'ai que le temps de vous confier en secret que je vous défie, malgré mes mauvaises plaisanteries, de vous fâcher contre moi ; car, malgré vos défauts, je vous aime de tout mon cœur. Je savais bien que vous seriez content dès que vous auriez vu M. Garnier. Je ne sais pourquoi vous n'avez pas commencé votre lettre par cet article ; cela me fâche un peu.

Mme d'Épinay, *Histoire de Mme de Montbrillant,* texte établi par Georges Roth, Paris, Gallimard, 1951.

L'*ENCYCLOPÉDIE* ET DENIS DIDEROT (1713-1784)

Un commerce où le cœur s'intéresse par l'agrément qu'il en tire

Œuvre collective, animée par Diderot avec la collaboration de d'Alembert, l'*Encyclopédie* (1751-1772) se présentait comme un « dictionnaire raisonné des sciences, des arts et des métiers », c'est-à-dire des connaissances contemporaines. L'article « Amitié », même s'il n'a pas été rédigé par Diderot, reflète sa sensibilité sur un sujet qu'il avait traité en conteur dans *Les Deux Amis de Bourbonne.*

Le début et la fin de ce conte mélodramatique de 1772 expriment, aussi bien qu'un essai, la manière à la fois excessive et teintée d'ironie de Diderot, écrivain de l'amitié : « Il y avait ici deux hommes qu'on pourrait appeler les Oreste et Pylade de Bourbonne. Ils étaient nés le même jour dans la même maison, et des deux sœurs [...] ; ils avaient été élevés ensemble ; ils étaient toujours séparés des autres ; ils s'aimaient comme on existe, comme on vit, sans s'en douter ; ils le sentaient à tout moment, et ils ne se l'étaient peut-être jamais dit. Olivier avait une fois sauvé la vie à Félix, qui se piquait d'être grand nageur, et qui avait failli se noyer. Ils ne s'en souvenaient ni l'un ni l'autre. Cent fois Félix avait tiré Olivier des aventures fâcheuses où son caractère impétueux l'avait engagé, et jamais celui-ci n'avait songé à l'en remercier. [...] Félix était un gueux qui n'avait rien ; Olivier était un autre gueux qui n'avait rien : dites-en autant du charbonnier et de la charbonnière et des autres personnages de ce conte, et concluez qu'en général il ne peut guère y avoir d'amitiés entières et solides qu'entre des hommes qui n'ont rien. »

Né à Langres d'un père maître coutelier, élevé chez les jésuites, Denis Diderot eut une jeunesse pauvre et bohème à Paris où il fit tous les métiers. C'est vers 1742 qu'il se lia avec Rousseau et fit par son intermédiaire la connaissance de Grimm. Lancé dans la bataille philosophique, il fut détenu au château de Vincennes où il reçut la visite de Rousseau, méditant son premier *Discours.* Son emprisonnement ne l'empêcha pas ultérieurement de se jeter dans une autre bataille, pour l'*Encyclopédie.* Cet esprit prodigieux s'essaya dans tous les genres, théâtre, critique d'art, romans et contes, essais philosophiques. Ses œuvres les plus lues demeurent aujourd'hui *La Religieuse*, publié en 1796, *Le Neveu de Rameau*, publié grâce à Goethe en 1805, *Jacques le Fataliste et son maître*, publié en 1796, et le *Paradoxe sur le comédien*. En 1773, invité par Catherine II, il fit un séjour de cinq mois à la cour de Russie. Il mourut à Paris, une décennie plus tard.

Diderot ne s'est pas contenté d'inventer des amis. Il a pratiqué l'amitié avec plus de succès que son ancien ami Rousseau. En dehors de ce dernier avec lequel il ne fut pas le seul à se fâcher (v. Rousseau), son ami privilégié fut Grimm, mais aussi d'Holbach, Damilaville, Saint-Lambert, Mme d'Houdetot, et Mme d'Épinay. Il voua, jusqu'à sa mort, une tendresse passionnée à Sophie Volland à qui il écrivit d'innombrables lettres. Incarnées habituellement dans sa vie par Grimm et Sophie Volland, deux figures aimées habitent l'œuvre, les conversations et les lettres de Diderot, l'ami et l'amante : « Ah mon amie, écrira-t-il à Sophie Volland, l'amour et l'amitié ne sont pas pour moi ce qu'ils sont pour le reste des hommes ! Quand je me suis dit une fois dans mon cœur, "Je suis son amant, je suis son ami", je vous effrayerais peut-être si je vous disais tout ce que je me suis dit en même temps. Tenez mon amie : ou l'amour et l'amitié ne sont rien ; ou elles nous font accompagner celui que nous aimons jusqu'au dernier supplice. » Et c'est cette puissance de l'amitié qui communique à Diderot son enthousiasme créateur : « C'est pour mes amis que je lis, que je réfléchis, que j'écris, que je médite, que j'entends, que je regarde, que je sens. Dans leur absence, ma dévotion rapporte tout à eux. Je songe sans cesse à leur bonheur. »

Cinq paragraphes, sur les douze que comprend l'article « Amitié » de l'*Encyclopédie*, reprennent quasi mot pour mot les lignes que Vauvenargues avait consacrées au même sujet en 1746 et insistent sur la part du « cœur » dans le lien amical, qui en fait toute la douceur (v. Vauvenargues). Le reste de l'article définit les devoirs de l'amitié en fonction de « son degré et de son caractère », cette précision s'adressant à ceux qui, tel Rousseau peut-être, « se plaignent d'avoir été abandonnés, mal servis ou peu considérés par leurs amis ». L'accent est mis sur l'égalité plutôt que sur la réciprocité, ce qui amène à poser la question de l'amitié chez les grands : un monarque peut-il donc avoir des amis et doit-il les chercher chez les autres monarques, ses pairs ? L'obsession égalitaire résonne, dans ces considérations sur l'amitié, avec un son nouveau. 89 n'est plus qu'à une décennie.

Amitié

L'*amitié* n'est autre chose que *l'habitude d'entretenir avec quelqu'un commerce honnête et agréable*. L'*amitié* ne serait-elle que cela ?

L'*amitié* , dira-t-on, ne s'en tient pas à ce point : elle va au-delà de ces bornes étroites. Mais ceux qui font cette observation, ne considèrent pas que deux personnes n'entretiendront point une liaison qui n'ait rien de vicieux, et qui leur procure un plaisir réciproque, sans être amies. Le commerce que nous pouvons avoir avec les hommes, regarde ou l'esprit ou le cœur : le pur commerce de l'esprit s'appelle simplement *connaissance* ; le commerce où le cœur s'intéresse par l'agrément qu'il en tire, est *amitié.* Je ne vois point de notion plus exacte et plus propre à développer tout ce qu'est en soi l'*amitié,* et même toutes ses propriétés.

Elle est par là distinguée de la charité, qui est une disposition à faire du bien à tous : l'*amitié* n'est due qu'à ceux avec qui on est actuellement en commerce ; le genre humain pris en général, est trop étendu, pour qu'il soit en état d'avoir commerce avec chacun de nous, ou que chacun de nous l'ait avec lui. L'*amitié* suppose la charité, au moins la charité naturelle : mais elle ajoute une habitude de liaison particulière, qui fait entre deux personnes un agrément de commerce mutuel.

C'est l'insuffisance de notre être qui fait naître l'*amitié,* et c'est l'insuffisance de l'*amitié* même qui la détruit. Est-on seul, on sent sa misère, on sent qu'on a besoin d'appui ; on cherche un fauteur de ses goûts, un compagnon de ses plaisirs et de ses peines ; on veut un homme dont on puisse occuper le cœur et la pensée : alors l'amitié paraît être ce qu'il y a de plus doux au monde. A-t-on ce qu'on a souhaité, on change de sentiment.

Lorsqu'on entrevoit de loin quelque bien, il fixe d'abord les désirs ; lorsqu'on l'atteint, on en sent le néant. Notre âme dont il arrêtait la vue dans l'éloignement, ne saurait plus s'y reposer, quand elle voit au-delà : ainsi l'*amitié,* qui de loin bornait toutes nos prétentions, cesse de les borner de près ; elle ne remplit pas le vide qu'elle avait promis de remplir, elle nous laisse des besoins qui nous distraient et nous portent vers d'autres biens ; alors on se néglige, on devient difficile, on exige bientôt comme un tribut les complaisances qu'on avait d'abord reçues comme un don. C'est le caractère des hommes de s'approprier peu à peu jusqu'aux grâces qu'on leur fait ; une longue possession accoutume naturellement à regarder comme siennes les choses qu'on tient d'autrui : l'habitude persuade qu'on a un droit naturel sur la volonté des amis ; on voudrait s'en former un titre pour les gouverner : lorsque ces prétentions sont réciproques, comme il arrive souvent, l'amour-propre s'irrite, crie des deux côtés, et produit de l'aigreur, des froideurs, des explications amères, et la rupture.

On se trouve aussi quelquefois des défauts qu'on s'était cachés ; ou l'on tombe dans des passions qui dégoûtent de l'*amitié*, comme les maladies violentes dégoûtent des plus doux plaisirs. Aussi les hommes extrêmes, capables de donner de plus fortes preuves de dévouement, ne sont pas les plus capables d'une constante *amitié* : on ne la trouve nulle part si vive et si solide, que dans les esprits timides et sérieux, dont l'âme modérée connaît la vertu ; le sentiment doux et paisible de l'*amitié* soulage leur cœur, détend leur esprit, l'élargit, les rend plus confiants et plus vifs, se mêle à leurs amusements, à leurs affaires, et à leurs plaisirs mystérieux : c'est l'âme de toute leur vie.

Les jeunes gens neufs à tout, sont très sensibles à l'amitié : mais la vivacité de leurs passions les distrait et les rend volages. La sensibilité et la confiance sont usées dans les vieillards : mais le besoin les rapproche, et la raison est leur lien. Les uns aiment plus tendrement, les autres aiment plus solidement.

Les devoirs de l'*amitié* s'étendent plus loin qu'on ne croit : on doit à l'*amitié* à proportion de son degré et de son caractère ; ce qui fait autant de degrés et de caractères différents de devoirs. Réflexion importante, pour arrêter le sentiment injuste de ceux qui se plaignent d'avoir été abandonnés, mal servis, ou peu considérés par leurs amis. Un ami avec qui l'on n'aura eu d'autre engagement que de simples amusements de Littérature, trouve étrange qu'on n'expose pas son crédit pour lui ; l'*amitié* n'était point d'un caractère qui exigeât cette démarche. Un ami que l'on aura cultivé par la douceur et l'agrément de son entretien, exige de vous un service qui intéresserait votre fortune ; l'*amitié* n'était point d'un degré à mériter un tel sacrifice.

Un ami homme de bon conseil, et qui vous en a donné effectivement d'utiles, se formalise que vous ne l'ayez point consulté en une occasion particulière ; il a tort : cette occasion demandait une confidence qui ne se fait qu'à des amis de famille et de parenté ; ils doivent être les seuls instruits de certaines particularités qu'il ne convient pas toujours de communiquer à d'autres amis, fussent-ils des plus intimes. La juste mesure de ce que des amis doivent exiger, se diversifie par une infinité de circonstances, et selon la diversité des degrés et des caractères d'*amitié*. En général, pour ménager avec soin ce qui doit contribuer à la satisfaction mutuelle des amis, et à la douceur de leur commerce, il faut que l'un dans son besoin attende ou exige toujours moins que plus de son ami, et que l'autre selon ses facultés donne toujours à son ami plus que moins.

Par les réflexions que nous venons d'exposer, on éclaircira au sujet de l'*amitié*, une maxime importante ; savoir, que l'*amitié* doit entre les amis, trouver de l'égalité ou l'y mettre. *Amicitia aut pares invenit, aut facit.* Un Monarque ne peut-il donc avoir des amis ? Faut-il que pour les avoir, il les cherche en d'autres monarques, ou qu'il donne à ses autres amis un caractère qui aille de pair avec le pouvoir souverain ? Voici le véritable sens de la maxime reçue.

C'est que par rapport aux choses que forme l'*amitié*, il doit se trouver entre les deux amis, une liberté de sentiment et de langage aussi grande, que si l'un des deux n'était point supérieur, ni l'autre inférieur. L'égalité doit se trouver de part et d'autre, dans la douceur du commerce de l'amitié ; cette douceur est de se proposer mutuellement ses pensées, ses goûts, ses doutes, ses difficultés ; mais toujours dans la sphère du caractère de l'*amitié* qui est établi.

L'*amitié* ne met pas plus d'égalité que le rapport du sang ; la parenté entre des parents d'un rang fort différent, ne permet pas certaine familiarité : on fait la réponse d'un prince à un seigneur qui lui montrait la statue équestre d'un héros leur aïeul commun : celui qui est dessous est le vôtre, celui qui est dessus est le mien. C'est que l'air de familiarité ne convenait pas au respect dû au rang du prince, et ce sont des attentions dans l'*amitié*, comme dans la parenté, auxquelles il ne faut pas manquer.

Les anciens ont divinisé l'*amitié* ; mais il ne paraît pas qu'elle ait eu comme les autres divinités, des temples et des autels de pierre, et je n'en suis pas trop fâché. Quoique le temps ne nous ait conservé aucune de ses représentations, Lilio Geraldi prétend dans son ouvrage des dieux du paganisme, qu'on la sculptait sous la figure d'une jeune femme, la tête nue, vêtue d'un habit grossier, et la poitrine découverte jusqu'à l'endroit du cœur, où elle portait la main ; embrassant de l'autre côté un ormeau sec. Cette dernière idée me paraît sublime.

Encyclopédie ou dictionnaire raisonné des sciences, des arts, et des métiers, Genève, Pellet, 1777.

MARIE GENEVIÈVE CHARLOTTE THIROUX D'ARCONVILLE (1720-1805)

Un feu doux...

Une autre femme, dans ce XVIIIe siècle qui a du goût pour les traités, en consacre un à l'amitié. Les idées n'en sont pas très nouvelles mais le style témoigne de cet abandon à la sensibilité qu'on aurait naguère identifié comme signe d'*écriture féminine*. En ce sens, avec Vauvenargues, Rousseau et même Diderot, c'est aussi toute l'écriture masculine qui se féminise en se permettant de nommer les purs élans du cœur. C'est à un ami, dont elle tait le nom, mais qui sera facilement reconnu par le petit cercle de leurs intimes, que Marie Geneviève d'Arconville dédie son essai sur l'amitié : « Le titre de cet ouvrage annonce sa dédicace. Qui nous connaîtra tous deux ne pourra s'y méprendre. Qui aura joui du bonheur de vous aimer et d'être aimé de vous saura où j'ai trouvé le modèle que j'ai crayonné du sentiment senti et inspiré. Vous à qui je dois cette félicité si peu connue d'une amitié dont la durée ne fait qu'augmenter le charme, recevez un hommage que l'amitié même vous présente : c'est celui de mon cœur ; tout autre sentiment serait indigne de vous. »

Fille du fermier général Darlus, mariée dès l'âge de quatorze ans à un conseiller au Parlement de Paris, marquée à vingt-trois ans par la petite vérole, la présidente, Marie Geneviève Thiroux d'Arconville s'évada, comme tant de femmes de son époque et de sa caste, dans le monde de l'esprit. Les contemporains l'évoquent comme vieillie prématurément par sa maladie et portant une coiffe. On voyait chez elle une statue représentant la mélancolie. Ses amis et ses interlocuteurs s'appelaient Voltaire, Turgot ou Malesherbes. Elle vécut jusqu'à quatre-vingt-cinq ans et fonda un hospice. Elle mit de la passion dans son étude de la médecine et de la chimie, elle mit de l'enthousiasme dans son goût du spectacle et se consacra à la littérature pour laquelle elle avait une grande dévotion. Ses ouvrages comprennent la *Vie de Marie de Médicis*, le *Traité des passions*, et *Mélanges*.

Dans *De l'amitié* (1761) Mme d'Arconville se livre à un travail lexical et sociologique de différenciation entre ce qui est amitié et ce qui ne l'est pas. Ainsi les parents, les enfants, les frères, les sœurs, les bourgeois, les gens du peuple ne sont pas des amis possibles. Les « cœurs propres à ressentir l'amitié » sont rares et c'est un filtre social et mondain qui permet de les distinguer. Mme d'Arconville s'interroge aussi sur la nature de l'amitié et sur ce qui la différencie de l'amour. Serait-elle une chimère ? À quelles marques peut-on la reconnaître ? Le constat que l'amitié naît du besoin d'aimer ne la conduit pas aux conclusions pessimistes d'un Vauvenargues, moins encore d'un Helvétius. Au contraire, l'amitié « nous délivre d'errer de désir en désir » ; loin d'entraîner des déceptions, elle constitue l'antidote parfait à la solitude. La métaphore du « feu doux, mais toujours égal, qui nous échauffe sans nous consumer » se trouve aussi chez le marquis de Caraccioli, dans un texte datant de la même époque (v. Caraccioli).

La conception de Marie Geneviève Thiroux d'Arconville s'inscrit dans une veine idéaliste et volontariste. Elle voit dans l'amitié l'expression du libre choix et la source du bonheur. Elle l'identifie à l'Espérance qui se trouvait au fond de la boîte de Pandore, une fois que s'en furent échappés tous les maux. L'expression de Montaigne n'est jamais très loin lorsqu'il s'agit d'évoquer l'amitié parfaite et nécessaire : « Sans elle, nous n'existons qu'à demi. »

Ce sentiment si vanté et si digne de l'être...

Qu'est-ce donc que l'amitié, ce sentiment si vanté et si digne de l'être ? Serait-ce une chimère ? Serait-ce un attrait séducteur ? Le sage devrait-il s'en défier, et notre imagination ne nous offrirait-elle sans cesse l'image de la félicité que pour nous rendre plus malheureux par l'impossibilité d'en jouir ? Non sans doute. Tout nous prouve l'existence de ce lien si plein de charmes, et notre cœur ne nous fait point illusion. Mais à quelles marques reconnaître la véritable amitié ? En quoi consiste-t-elle ? Toutes les âmes en sont-elles susceptibles ? A-t-elle son principe dans la nature, ou ne la devons-nous qu'à la réflexion ?

L'Amitié ne consiste pas dans ces démonstrations excessives, et dans cette ardeur effrénée qui n'appartiennent qu'à l'amour. C'est un feu doux, mais toujours égal, qui nous échauffe sans nous consumer : il ne s'allume que lentement ; mais la lenteur même de ses progrès les rend plus certains ; le temps ne sert qu'à l'accroître ; et la jouissance, loin de diminuer sa vivacité, semble lui donner à chaque instant de nouvelles forces ; le sentiment qu'il excite dans les cœurs dignes de le ressentir, est actif, quoique sage et prudent ; il est quelquefois supérieur à l'amour : il n'est sujet ni à l'inconstance, ni au dégoût, et la satiété lui est inconnue. Il est susceptible de jalousie, mais de cette jalousie douce qui n'a son principe que dans les cœurs, et dont les furies de l'amour-propre n'ont jamais osé souiller la pureté, ni altérer la délicatesse. Les sacrifices ne lui coûtent rien, quand il s'agit du bonheur de l'objet aimé. Inaccessible à l'envie et supérieur aux revers, ils ne peuvent rien sur lui. Il partage la félicité comme l'infortune ; c'est même dans le malheur qu'il se montre avec plus d'évidence. Si on en juge alors par ses effets, on lui trouvera tous les caractères des passions. Il abandonne cette sage modération qui le distingue de l'amour, il en contracte toute la chaleur et la véhémence. Le danger l'irrite, il s'oublie lui-même, et ne voit plus que ce qu'il aime. La santé, la fortune, les grandeurs, la vie même, tout, hors l'honneur, appartient à l'amitié. Celui qui calcule, dans quelque occasion que ce puisse être, quand il s'agit de son ami, n'est pas digne d'en porter le nom. Il avilit et déshonore le plus noble et le plus respectable de tous les sentiments. Que les hommes ne disent plus qu'ils sont nés pour être malheureux ; s'ils connaissent l'amitié, ils peuvent tous aspirer au bonheur. C'est elle sans doute que la Fable a voulu désigner sous le nom de l'Espérance, en nous disant qu'elle se trouva au fond de la boîte de Pandore, lorsque, par son imprudente curiosité, cette insensée en eut fait exhaler tous les maux qui ont affligé depuis la race humaine. En effet, l'amitié est la ressource la plus sûre dans les disgrâces pour les âmes vertueuses, comme elle en est la récompense. Elle est le soutien des faibles ; elle donne du courage aux plus timides ; sans elle nous n'existons qu'à demi ; elle est l'âme de notre âme, et la source de notre félicité.

Marie Geneviève Charlotte Thiroux d'Arconville, *De l'amitié*, Paris, Desaint, 1775.

LOUIS ANTOINE DE CARACCIOLI (1721-1803)

Un feu qui dure sans jamais se consumer

« Ainsi l'amitié par la liberté qu'elle a de se détacher à chaque instant goûte une satisfaction nouvelle si la loi ne l'oblige point à se fixer de manière irrévocable. Elle se doit à elle-même l'honneur d'être sincère et fidèle. »

Dans l'histoire de l'intimité, l'amitié est le seul sentiment qui se passe de contrat. Si elle échappe à la contrainte et à la loi, pour le marquis de Caraccioli, elle se manifeste cependant par une « activité » dont les marques essentielles sont la parole (le discours), l'écriture (la correspondance), la réflexion (la méditation, le traité), le deuil de l'ami mort (le tombeau).

Louis Antoine, marquis de Caraccioli, issu d'une illustre famille napolitaine, naquit à Paris et entra en 1739 dans la congrégation de l'Oratoire où il se distingua par son esprit et la gaieté de son caractère, un goût prononcé pour les belles lettres ainsi qu'un talent consommé d'imitateur. Son père avait été ruiné par le système de Law. Il servit de précepteur aux enfants du prince Rewski de Pologne, électeur de Saxe, qui le nomma colonel. Écrivain prolifique, sur des sujets aussi divers que la politique, la théologie, l'histoire ou la littérature, il est l'auteur de soixante-dix ouvrages dont *Les Lettres intéressantes du pape Clément XIX*, *Jouissances de soi-même*, et *Le Tableau de la mort.*

Dans *Les Caractères de l'amitié* (1760), Caraccioli décrit un phénomène qui est à la fois vivant et autonome. Générant sa propre énergie, incontrôlable, l'amitié est un feu qui « dure sans jamais se consumer » (v. d'Arconville). Ailleurs, il compare ses effets à ceux de l'électricité, écho des expériences magnétiques et électriques contemporaines, anticipant, dans l'ordre des sentiments, les « affinités électives » du XIXe siècle : « Les cœurs s'électrisent par l'amitié et la plupart des hommes ne sont pas en état de soutenir cette électrisation. » Ici, il évoque le visage et le cœur d'un fidèle ami où « tout pétille et tout étincelle ».

Comparant l'éphémère amour à l'amitié durable, Caraccioli se prononce nettement en faveur de cette dernière. L'amour ne connaît pas de loi tandis que l'amitié les respecte toutes ; l'amour, œuvre du caprice, est source de tourments tandis que l'amitié, œuvre de la réflexion, est source de plaisirs innocents.

Comme nombre de ses contemporains, le marquis de Caraccioli ne voit pas d'opposition entre vie sociale et vie privée, entre ami et amis. « Tout homme digne d'être ami est naturellement sociable et l'on doit rire de certaines amitiés anglaises qui ne s'attachent qu'à une personne et ont en aversion le reste du genre humain. » Cette phrase tirée d'un autre passage des *Caractères de l'amitié* montre que le marquis n'avait pas bien assimilé une certaine tradition française héritée de l'auteur des *Essais*.

L'amitié est active

Rien ne peut ralentir le zèle de l'amitié : c'est un feu qui dans l'absence même des personnes se nourrit de leur souvenir, un feu qui dure la nuit et le jour sans jamais se consumer. L'amitié, toujours comme au premier moment de son réveil, se sent aussi active, que si elle venait de se former.

Quand elle ne peut discourir, elle écrit, et lorsqu'elle ne peut écrire, elle médite. Souvent elle feint des idées de fortune et des projets d'élévation pour avancer les favoris, pour les combler de grâces, et les arracher à la triste situation où ils peuvent être. Elle voudrait que tous les trésors fussent entre ses mains, et que toutes les couronnes fussent à sa disposition, pour les faire passer à ceux qu'elle chérit. Avec quelle ardeur ne court-on pas au secours d'un ami ! C'est alors que l'amitié nous donne des ailes, qu'elle nous élève au-dessus des injures de l'air, et qu'elle nous cache les périls et les précipices, pour ne nous laisser entrevoir que le plaisir infini d'une agréable entrevue.

Ai-je tout dit sur l'activité de l'amitié ? Non, sans doute : elle survit à ceux qui meurent, elle les pleure, elle les rappelle, elle en parle sans cesse. Combien de fois ne l'a-t-on pas vue la bouche collée sur une urne, languir de douleur, et s'efforcer de ranimer la cendre par les soupirs et par les sanglots !

Mais voici une description, qui, toute fabuleuse qu'elle est, peint au naturel l'activité dont nous parlons. Qu'il me soit permis d'inférer cette fiction dans un ouvrage, qui n'exprime que la vérité. Néris et Linus, jeunes seigneurs presque aussi recommandables l'un que l'autre par leur naissance et par leur sagesse, cimentèrent presque dès leur berceau la plus intime union. Les maîtres trouvèrent en eux des disciples également dociles et capables, et les parents une consolation supérieure à tout ce qu'on peut dire. S'il s'écoulait un jour qui ne leur permît pas de se rencontrer, ils en étaient alarmés. Des vallons solitaires, d'agréables bosquets devenaient leur fréquent rendez-vous, et le théâtre de leurs innocentes et utiles conversations. C'est là qu'ils résolurent d'entreprendre un voyage en mer. Bientôt, l'exécution suivit le projet : ils s'embarquèrent ; mais quel malheur ! Le perfide élément, toujours jouet des orages, se couvre tout à coup d'écume et mugit, le ciel gronde, les flots s'amoncellent, le vaisseau périclite, enfin il se rompt et se partage en mille débris. Tous se lamentent, tous se noient, excepté nos deux jeunes gens, dont les mains avides saisissent une frêle planche qui fuyait. Ils s'efforcent inutilement d'en faire usage : la planche trop petite n'en pouvait sauver qu'un. C'est alors qu'on vit naître un généreux combat d'amitié entre Linus et Néris : leurs cœurs se disputent la gloire de s'ensevelir au milieu des flots. Celui-ci prétend avoir assez vécu, celui-là veut qu'il se conserve en qualité de fils unique. « Je meurs, dit l'un, content de vous voir arraché à ce funeste naufrage. » « C'est inutile, répond l'autre, si la mer ne me fait périr, ce sera ma douleur. » Funeste sort ! Les éclairs redoublent, l'orage grossit, les vagues s'élèvent et s'abaissent pour creuser un tombeau. Il ne reste plus qu'un souvenir de Linus et de Néris dans l'esprit de quelques étrangers, qui, des bords du rivage recueillirent de si précieux sentiments. [...]

On peut voir, par cette ingénieuse fiction, que les amitiés lentes ne sont, en quelque sorte, que des demi-amitiés, et qu'on doit épier l'occasion et la saisir, lorsqu'on veut réellement obliger. Ne me parlez pas de ces hommes, qui, après vingt ans d'absence, revoient un ami aussi froidement que s'ils l'avaient vu hier. J'aime à lire dans les gestes et dans les yeux, les sentiments qui affectent l'âme, et qui la remuent. Tout pétille et tout étincelle dans le visage et dans le cœur d'un fidèle ami, quand il se retrouve avec celui qu'il chérit, et qu'il n'a pas revu depuis longtemps.

Louis Antoine de Caraccioli, *Les Caractères de l'amitié,* Liège, Bassompière, 1760.

SÉBASTIEN ROCH NICOLAS, DIT NICOLAS DE CHAMFORT (1741-1794)

Le bonheur des passions et l'aveu de la raison

« L'amitié délicate et vraie ne souffre l'alliage d'aucun autre sentiment. Je regarde comme un grand bonheur que l'amitié fût déjà parfaite entre M et moi avant que j'eusse l'occasion de lui rendre le service que je lui ai rendu et que j'étais seul à pouvoir lui rendre. Si tout ce qu'il a fait pour moi avait pu être suspect d'avoir été dicté par l'intérêt de me trouver tel qu'il m'a trouvé dans cette circonstance, s'il eût été possible qu'il la prévît, le bonheur de ma vie était empoisonné pour ma vie[1]. » Que l'amitié se situe en dehors de l'échange de services est ici affirmé avec force par Chamfort qui avait aidé anonymement son ami Mirabeau à rédiger un pamphlet, commandé par Franklin : *Les Considérations sur l'ordre de Cincinnatus.*

De l'amitié passionnée qui unit le moraliste au futur tribun, il reste quelques formules de Chamfort et les lettres de Mirabeau à ce dernier. Dommage que celles de Chamfort ne se soient pas conservées ! Mirabeau avait pourtant rêvé de publier un jour leurs correspondances croisées comme « monument d'amitié ». Lorsqu'ils se rencontrèrent, Mirabeau avait trente-cinq ans, Chamfort était son aîné de cinq ans et Mirabeau n'hésitait pas dans sa correspondance à affirmer son infériorité fondamentale par rapport à son aîné : « Grâces vous soient rendues, mon ami, pour avoir pensé que j'étais digne de vous entendre. [...] Mais si j'eusse eu le bonheur de vous connaître, il y a dix ans, combien ma marche eût été plus ferme ! Combien de précipices et de ravines, j'aurais évités[2]. »

Le satiriste et moraliste Nicolas de Chamfort, célébré pour son esprit percutant et son élégant persiflage dans les salons aristocratiques de la fin de l'Ancien Régime, s'enthousiasma pour la Révolution commençante. Mais, hostile à la Terreur, il fut arrêté à plusieurs reprises et finit par se suicider en 1794. Il laissa surtout des sentences, des poésies légères, des fables et des épigrammes. Ses *Maximes, pensées, caractères et anecdotes*

1. Chamfort, *Maximes, pensées, caractères et anecdotes,* Gallimard, 1965.
2. Chamfort, *Pensées, maximes et dialogues, Lettres de Mirabeau à Chamfort,* Hetzel, 1860.

sont un ouvrage posthume. Ses quelques pensées sur l'amitié, quoique peu nombreuses, valent par leur qualité.

Celui qui déguise la tyrannie...

Celui qui déguise la tyrannie, la protection, ou même les bienfaits, sous l'air et sous le nom de l'amitié, me rappelle ce prêtre scélérat qui empoisonnait dans une hostie.

Les nouveaux amis que nous faisons après un certain âge, et par lesquels nous cherchons à remplacer ceux que nous avons perdus, sont à nos anciens amis ce que les yeux de verre, les dents postiches et les jambes de bois sont aux véritables yeux, aux dents naturelles et aux jambes de chair et d'os.

Dans de certaines amitiés passionnées, on a le bonheur des passions et l'aveu de la raison par-dessus le marché.

L'amitié extrême et délicate est souvent blessée du repli d'une rose.

Chamfort, *Les Pensées*, Paris, Gallimard, 1927.

PAUL HENRI THÉRY, BARON D'HOLBACH (1723-1789)

Si vous voulez des Pylade, soyez donc des Oreste

« Ces moralistes n'ont pas vu qu'il y avait des degrés dans l'amitié, et qu'il était possible d'aimer quelqu'un sans porter l'affection jusqu'aux derniers termes de l'enthousiasme. La morale, pour être vraie, doit voir les hommes tels qu'ils sont. » S'il fallait au siècle des Lumières une sorte d'écho, un homme exemplaire qui le reflétât, sans les excès personnels ni l'originalité d'un Rousseau ou d'un Diderot, dont il fut l'ami et le collaborateur, le baron d'Holbach serait celui-là. Ses idées sur l'amitié ne sont pas créatrices mais elles résument admirablement l'état de la question en cette fin du XVIIIe siècle, à la fois par l'étendue des connaissances dont elles sont nourries et par la modération du propos qui est celle de l'honnête homme de son temps. On identifie aussi le siècle par les références à la culture non occidentale. Les citations de poètes arabes ou de sages orientaux émanent bien d'un jeune contemporain de l'auteur des *Lettres persanes*.

Paul Henri d'Holbach mit ses richesses matérielles et intellectuelles à la disposition des Encyclopédistes et collabora au grand œuvre par des articles de chimie et de minéralogie. Proche d'Helvétius, il élabora dans le *Système de la nature* (1770) un système philosophique fondé sur un matérialisme mécaniste et athée et son *Christianisme dévoilé* (1756) est un ouvrage anticlérical. La conscience est pour lui une disposition acquise. En conséquence l'homme n'est pas libre mais déterminé par son intérêt personnel. Que faire alors de la morale, par ailleurs dégagée de la religion ? D'Holbach jette dans *La Morale universelle* (1776) les fondements d'une morale sociale favorisée par l'éducation et une idée du bonheur lié à la solidarité, d'un utilitarisme optimiste. Sa conception de l'amitié s'inscrit dans ce contexte utilitaire en s'orientant vers un dépassement de l'intérêt par la réciprocité : « Si vous voulez des Pylades, soyez donc des Orestes ! »

D'Holbach reprend et développe le thème déjà esquissé dans l'article de l'*Encyclopédie* concernant l'importance des devoirs de l'amitié. Ceux-ci résident principalement dans la confiance absolue envers l'ami et dans l'envie de contribuer à son bien-être. Modéré, d'Holbach rejette l'idéalisme des penseurs classiques qui ont cédé à l'enthousiasme en établissant les normes de l'amitié parfaite. « On croit lire des romans ou des rêves, quand on voit dans Platon, dans Cicéron, dans Lucien les effets miraculeux qu'ils attribuent à l'amitié. » Contrairement à beaucoup de ses contemporains, il n'est pas tendre avec les femmes et leur refuse la moindre aptitude à l'activité amicale : « Elle est presque totalement bannie du commerce des femmes, chez lesquelles l'amitié n'est d'ordinaire qu'un engouement passager que l'intérêt le plus léger fait promptement disparaître. »

Mais il ne sombre pas pour autant dans le scepticisme désabusé d'Helvétius : « Ne point croire à l'amitié serait une extrémité plus malheureuse que de s'y fier aveuglément. »

Aimer quelqu'un, c'est le trouver capable de contribuer à notre félicité

L'amitié est une association formée entre des personnes qui éprouvent les unes pour les autres une affection plus particulière que pour le reste des hommes. Quoique la morale nous excite à la bienveillance pour tous les membres de la société, quoique l'humanité nous fasse un devoir de montrer de l'affection à tous les êtres de notre espèce, cependant nous éprouvons pour quelques personnes les sentiments d'une prédilection plus forte, fondée sur l'idée du bien-être que nous espérions trouver dans un commerce intime avec elles. L'affection qui lie des amis entre eux ne peut avoir pour base qu'une conformité dans les penchants, les goûts et les caractères, qui les rend nécessaires à leur bonheur réciproque. Aimer quelqu'un c'est en avoir besoin, c'est le trouver capable de contribuer à notre félicité.

L'amitié sincère est un des plus grands avantages dont l'homme puisse jouir dans la vie ; rien de plus malheureux que ces cœurs avides qui, concentrés en eux-mêmes, ne s'attachent à personne. « Il n'y a point, dit Bacon, de solitude plus désolante que celle d'un homme privé d'amis, sans lesquels le monde n'est qu'un vaste désert : celui qui est incapable d'amitié, tient plus de la bête que de l'homme. »

Par l'amitié, l'homme double, pour ainsi dire, son être : elle suppose, en effet, un pacte, en vertu duquel les amis s'engagent à se témoigner une confiance réciproque, à se donner en toute occasion des consolations, des conseils, des secours, à mettre leurs intérêts en commun, à partager leurs plaisirs et leurs peines. Est-il rien de plus doux que de trouver quelqu'un dans le sein de qui l'on puisse déposer sans crainte ses pensées les plus secrètes, ses sentiments les plus cachés, et dans le cœur duquel on soit toujours sûr de rencontrer une volonté permanente de s'intéresser à nous, de soulager nos douleurs, d'essuyer nos larmes, de calmer nos inquiétudes, de faire cesser nos chagrins, de nous aider à supporter les orages de la vie ? Par l'amitié notre sort, notre bonheur, notre être, deviennent ceux de notre ami ; nous nous identifions avec lui, il devient un autre nous-même ; sa raison, sa prudence, sa sagesse, sa fortune, sa personne, sont à nous ; nos affections et nos joies se confondent ; fortifiés l'un par l'autre, nous marchons avec plus d'assurance dans les routes incertaines de ce monde. *Un ami,* dit Aristote, *est une âme qui vit dans deux corps.*

Tels sont les engagements contenus dans l'amitié qui n'est que le pacte fait pour lier deux cœurs réunis par les mêmes besoins ou les mêmes intérêts. D'où l'on voit que l'amitié n'est point désintéressée ; elle a visiblement pour objet le bien-être réciproque de ceux qui forment ses doux nœuds. L'intérêt qui lie entre eux des amis est louable, quand il se propose la jouissance des agréments qu'ils peuvent se procurer par leurs qualités personnelles, qui seules peuvent donner de la solidité aux attachements des hommes. Il n'y a qu'une amitié fondée sur les dispositions habituelles du cœur qui puisse être permanente ; celle qui n'aurait pour fondement et pour but que le désir de partager avec un ami les avantages de la fortune, serait un sentiment abject, un intérêt sordide et digne d'être blâmé. *Quelle est,* dit Plutarque, *la monnaie de l'amitié ? C'est la bienveillance et le plaisir joints avec la vertu. L'amitié parfaite et véritable exige trois choses, la vertu comme honnête, la conversation comme agréable, et l'utilité comme nécessaire.*

Il suffit d'avoir énoncé les engagements du pacte qui lie deux amis, pour connaître tous les devoirs que l'amitié leur impose, et les moyens d'entretenir une association si douce, si nécessaire à leur félicité : ces devoirs consistent évidemment dans une confiance mutuelle, dans des attentions réciproques, dans une constance que rien ne puisse ébranler, dans une disposition invariable de contribuer au bien-être de celui qu'on a choisi pour ami.

La confiance ne peut être fondée que sur des qualités dont on ait lieu de présumer la durée ; il n'y a que des dispositions cimentées par l'habitude sur qui l'on puisse compter ; ces dispositions doivent être utiles à l'association que l'on forme, et par conséquent vertueuses : d'où il suit que la vertu seule peut donner à l'amitié une base inébranlable, ou faire les vrais amis. L'homme de bien est seul en droit de compter sur le cœur de l'homme qui lui ressemble. « Les méchants, dit un illustre moderne, n'ont que des complices ; les voluptueux ont des compagnons de débauche ; les gens intéressés ont des associés ; les politiques assemblent des factieux ; les Princes ont des courtisans ; les hommes vertueux sont les seuls qui aient des amis. »

De tout temps l'on s'est plaint de la rareté des amis ; et, par la même raison, de tout temps l'on s'est plaint de la rareté de la vertu. Dans des sociétés frivoles et corrompues l'amitié véritable doit être presque entièrement ignorée : elle n'est pas faite pour les hommes pervers toujours prêts à sacrifier aux intérêts de leurs vices ou de leurs passions : elle n'est pas faite pour les Princes dont le cœur isolé n'a besoin de s'attacher à personne : elle n'est point faite pour les grands presque toujours divisés entre eux par leur ambition : elle n'est pas faite pour les riches qui ne demandent que des parasites, des flatteurs, des complaisants : elle n'est point faite pour des êtres légers accoutumés à ne s'arrêter jamais sur les objets : elle est presque totalement bannie du commerce des femmes, chez lesquelles l'amitié n'est d'ordinaire qu'un engouement passager que l'intérêt le plus léger fait promptement disparaître.

Rien de plus commun en effet que de prendre l'engouement pour de l'amitié, il en a très souvent les symptômes ; mais la vivacité le décèle, et semble annoncer qu'il n'est pas fait pour durer. Plutarque, parlant des nouvelles connaissances, dit : *elles nous font faire plusieurs commencements d'amitié et de familiarité, qui jamais ne viennent à perfection. Il faut,* dit-il ailleurs, *avoir mangé un minot de sel avec celui que l'on veut aimer.* Mais séduits par quelques qualités, soit de l'esprit soit même du corps, bien des gens au premier coup d'œil croient avoir trouvé un ami ; bientôt l'illusion cesse, et l'on ne voit dans cet ami prétendu qu'un homme qui n'a rien de ce qui peut constituer l'amitié véritable. Un ami, pour la plupart des hommes, est un complaisant qui les amuse, qui se prête à leurs goûts, à leurs caprices, qui partage habituellement leurs plaisirs, qui les admire, qui veut bien les aider à dissiper leur fortune. Faut-il être surpris de voir disparaître des amis de cette trempe dès que la fortune est disparue ?

Tout le monde veut des amis, et très peu de gens ont le discernement nécessaire pour les choisir, ou les qualités propres à les fixer. O hommes ! qui vous plaignez sans cesse de la rareté des amis, avez-vous donc bien réfléchi sur la force d'un titre que vous prodiguez à tous ceux qui flattent votre vanité ? Avez-vous bien songé aux dispositions sur lesquelles l'amitié doit se fonder ? Avez-vous sérieusement pesé les engagements renfermés dans ce contrat des cœurs honnêtes ? Vous prétendez inspirer à ces hommes qui vous entourent des sentiments vifs et permanents, montrez-leur donc des qualités qu'ils puissent toujours aimer. Riches et grands ! vous ne leur montrez que de la hauteur, du faste, de la vanité ; eh bien, vous aurez autour de vous des âmes basses et rampantes, mais vous n'aurez point d'amis. Si vous voulez des Pylades, soyez donc des Orestes. Vous voulez des amis qui se sacrifient pour vous dans des occasions périlleuses, songez que l'enthousiasme de l'amitié est très rare et que des milliers d'années n'en offrent que peu d'exemples.

L'enthousiasme, qui toujours porte les choses à l'extrême, est visiblement cause que bien des Moralistes ont fait de l'amitié véritable une chimère, un être de raison, une vertu si sublime que la perfection merveilleuse n'est propre qu'à décourager la faiblesse des mortels. On croit lire des Romans ou des rêves, quand on voit dans Platon, dans Cicéron, dans Lucien, les effets miraculeux qu'ils attribuent à l'amitié. Notre imagination, flattée par ces riantes peintures, les réalise pour nous ; et par là nous nous formons une fausse mesure et des principes exagérés sur l'amitié. Pour nous en faire des idées véritables, souvenons-nous toujours que nous ne sommes que des hommes, c'est-à-dire des êtres remplis d'imperfections, de faiblesses ; sujets à varier dans nos penchants et nos goûts, nous sommes quelquefois très promptement fatigués des qualités qui d'abord nous promettaient des plaisirs les plus durables. Les amitiés les plus vives sont communément de très courte durée ; elles partent d'un enthousiasme qui s'exhale avec rapidité. Très peu d'hommes ont une quantité suffisante de la chaleur d'âme nécessaire pour alimenter toujours un sentiment si violent. Au bout de quelques années, on balance quelquefois à faire à l'amitié des sacrifices, qu'on lui eût faits sans hésiter dans les premiers instants. D'ailleurs dans un monde corrompu, frivole et dissipé, il est très peu d'âmes *aimantes*, et encore moins d'esprits solides. Rien de plus rare que la chaleur continue de l'âme, combinée avec la solidité, qui toujours suppose du sang-froid. C'est entre les hommes honnêtes et de sang-froid que l'on rencontre l'amitié la moins sujette à varier.

L'amitié véritable est, sans doute, en droit d'exiger des sacrifices ; ce ne serait point aimer quelqu'un que de ne vouloir lui rien sacrifier : mais comme on l'a dit ailleurs, sacrifier quelque chose à un objet, c'est préférer cet objet à la chose qu'on lui sacrifie, ou dont on se prive pour lui. Jusqu'où doit-on pousser les sacrifices dans l'amitié ? Il n'y a que la force de l'amitié qui puisse fixer la mesure de ces sacrifices. Des exemples nous prouvent que des amis ont poussé l'héroïsme jusqu'à s'immoler l'un pour l'autre ; nous devons en conclure que l'amitié était en eux si forte, était pour eux un besoin aussi grand, un intérêt aussi puissant, que l'amour de la patrie et de la gloire l'a été pour quelques citoyens illustres, ou que l'amour d'une maîtresse l'est pour un amant bien épris. Toute passion forte fait que l'homme qui en est remué s'oublie lui-même, pour ne voir que l'objet dont son âme est occupée. Sacrifier sa fortune à son ami, c'est préférer l'indigence à la perte de son ami.

Toujours épris d'eux-mêmes, les hommes, pour la plupart, sont peu disposés à se rendre justice ; ils se croient des objets tellement faits pour intéresser le monde, qu'ils s'imaginent qu'il n'est rien qu'on ne doive leur sacrifier. En amitié on veut des enthousiastes, sans avoir aucune des qualités nécessaires pour allumer cet enthousiasme dans les cœurs ; on exige l'attachement le plus sincère de la part d'une foule de flatteurs, de sycophantes, de complaisants, dont souvent on a fait les jouets de la vanité ; et l'on veut que des hommes de ce caractère soient des amis assez fidèles pour s'immoler à l'amitié !

D'un autre côté un grand nombre de Moralistes, séduits par les exemples sublimes et rares d'une amitié héroïque, n'en ont parlé qu'avec une sorte d'enthousiasme ; ils ont supposé que ce sentiment, pour être véritable, ne devait jamais mettre de bornes à ses sacrifices : ils n'ont sans doute pas vu que très peu d'hommes sur la terre sont des héros, que très peu d'âmes sont assez exaltées pour se sacrifier elles-mêmes à l'amitié, qui pour l'ordinaire est un sentiment plus tranquille et plus réfléchi que l'amour, et qui par conséquent permet des retours plus fréquents sur soi-même. Enfin, ces moralistes n'ont pas vu qu'il y avait des degrés dans l'amitié, et qu'il était possible d'aimer quelqu'un sans porter l'affection jusqu'aux derniers termes de l'enthousiasme. La morale, pour être vraie, doit voir les hommes tels qu'ils sont ; une morale enthousiaste n'est faite que pour les hommes extraordinaires, et ne fait souvent que des hypocrites, qui feignent des sentiments généreux dont ils se font honneur. Chacun veut se faire passer pour un ami à toute épreuve, chacun exige de l'enthousiasme dans ses amis ; tandis que tout le monde convient que rien n'est plus rare sur la terre que cette amitié sublime que l'on prétend avoir et qu'on voudrait rencontrer dans les autres.

Soyons justes, et disons que pour mériter des amis fidèles il faut être fidèle soi-même aux devoirs de l'amitié. Avez-vous soigneusement rempli tous ces devoirs ? Avez-vous partagé les plaisirs et les peines de votre ami ? L'avez-vous consolé dans ses afflictions ? Lui avez-vous prêté dans son infortune le secours qu'il était en droit d'attendre de votre attachement ? Avez-vous défendu avec chaleur les intérêts de sa réputation quand elle était attaquée ? Avez-vous été au-devant de ses besoins quand il était dans la détresse ? Avez-vous dans vos bienfaits ménagé la délicatesse de son cœur ? Eh bien, vous avez acquis le droit d'attendre de sa part un attachement inviolable ; vous avez celui de vous plaindre, dès qu'il a la bassesse de vous abandonner.

S'il se trouve si peu d'amis constants, c'est qu'il est très peu d'hommes qui connaissent les engagements de l'amitié : celle-ci communément paraît engager à peu de chose, à des égards, des complaisances, des procédés auxquels le cœur n'a souvent point de part. Dans le langage du monde, des amis sont des hommes associés par le plaisir, que la conformité de quelques goûts, de quelques intérêts momentanés, et quelquefois de quelques vices rassemble, met dans l'habitude de se voir plus souvent, et de vivre dans une intimité plus grande qu'avec les autres ; les amis de cette espèce sont utiles ou nécessaires à leurs amusements réciproques : tels sont les amis de table, les amis de jeu, les amis de débauche, et la plupart des amis de Société, dont l'objet pour l'ordinaire est de se rassembler pour jouir en commun des avantages qu'elle procure, et qui ne tardent point à s'éclipser dès que les motifs qui les portaient à se fréquenter viennent à disparaître. Vainement attendrait-on des prodiges d'attachement, de confiance, de fidélité de ces sortes d'amis ; ils ne sont les amis que de ceux qu'ils croient en état de leur fournir un passe-temps agréable ; l'indifférence remplace l'amitié, dès qu'ils ne trouvent plus les moyens de s'amuser.

C'est ainsi que, par un honteux abus des mots, on donne vulgairement le nom d'amis à des personnes qui n'ont rien de ce qu'il faut pour prétendre à ce titre respectable. Pour avoir périodiquement et pendant longtemps fréquenté une maison, pour avoir pris régulièrement part aux amusements qu'elle procure, pour avoir joui de la Société qu'elle réunit, des hommes se qualifient d'*amis intimes*, et semblent exiger rigoureusement tous les droits attachés à cette qualité si auguste et si rare. Un illustre moderne[1] a dit avec raison qu'« en ouvrant l'entrée de toutes les maisons, le luxe, et ce qu'on appelle l'esprit de société, ont soustrait une infinité de gens au besoin de l'amitié ».

Au milieu du tumulte qu'on voit régner dans les sociétés où le luxe et la vanité ont fixé leur séjour, il est presque impossible de connaître les hommes mêmes que l'on a fréquentés le plus longtemps : ils se perdent à tout moment dans la foule ; ils n'ont jamais le temps de se connaître eux-mêmes. Le tourbillon du monde éloigne et rapproche sans cesse des êtres qui s'unifient et se séparent avec la plus grande facilité. Ceux que l'on nomme des *connaissances* sont communément des êtres parfaitement inconnus : les *liaisons* sont des attachements passagers qui ne lient personne, et ce qu'on appelle ses amis sont des gens que l'on voit très souvent, mais dont on est rarement en état de démêler les dispositions véritables.

Ne soyons donc pas étonnés de la légèreté singulière avec laquelle l'amitié se traite dans la Société. Contents de se montrer extérieurement quelques égards, les amis vulgaires, dont le monde est rempli, non seulement n'ont les uns pour les autres aucun attachement véritable, mais encore sont souvent les premiers à médire de leurs prétendus amis, à dévoiler leurs défauts, à s'en amuser avec d'autres, et même avec des indifférents : pour des personnes de ce caractère l'amitié est un lien si faible, qu'elles ne s'imaginent pas même devoir à ceux qu'elles appellent leurs amis l'indulgence et l'équité que l'on doit à tous les hommes. On dirait que la plupart des gens du monde ne se lient que pour s'immoler les uns les autres.

Il faut se connaître pour s'aimer ; l'amitié est un sentiment sérieux, réfléchi, fondé sur les besoins du cœur. Des esprits agités par une dissipation continuelle n'ont nul besoin d'amis, ils ne veulent qu'être amusés. L'amitié vraie, toujours produite

1. Il s'agit d'Helvétius.

par l'estime, veut trouver des qualités propres à la fixer ; il lui faut des vertus auxquelles elle puisse s'attacher avec confiance ; elle ne s'engage point à la légère, parce qu'elle connaît l'étendue de ses engagements ; elle ne trouve point à se placer dans ces âmes évaporées qui se font un jeu des liens les plus sacrés ; elle craint la dissipation ; la frivolité l'importune. Les vrais amis se suffisent ; pour être complètement heureux ils n'ont besoin que d'être ensemble ; le tourbillon du monde les empêcherait de goûter les charmes des épanchements de cœur, de la confiance, des consolations, des conseils qui font la douceur de l'amitié. L'ami sincère aime à se reposer dans le sein de son ami ; il jouit avec lui d'une liberté, d'un repos, que le tumulte troublerait. L'amitié, ainsi que l'amour heureux, est une passion solitaire, qui, pour jouir en paix, fuit les regards des hommes ; comme l'amour elle est jalouse ; comme lui elle aime les ombres du mystère. L'indiscrétion, la vanité, la légèreté, l'étourderie, lui déplaisent, elle veut de la confiance, de la gravité, de la solidité.

L'amitié sincère, étant un besoin du cœur qui doit souvent renaître, veut être alimentée par la présence de son objet. Les attachements les plus vifs s'affaiblissent par l'absence ainsi que par les distractions fréquentes. L'amitié est peu forte lorsqu'elle peut longtemps se priver sans douleur de celui qui la fait naître. C'est une maxime très sage que celle qui dit : *ne laisse point croître l'herbe sur le sentier qui conduit chez ton ami.* Qu'est-ce en effet qu'un ami qui ne se sent aucunement pressé de voir celui qui le chérit, qui le console, et dont la vue seule, lors même qu'il se tait, est propre à réjouir son cœur ? *La vue d'un ami,* dit un Arabe, *rafraîchit comme la rosée du matin.*

Une maxime ancienne conseille aux amis de *s'aimer comme pouvant un jour se haïr.* Elle serait odieuse dans l'amitié sincère, qui ne peut admettre la défiance après avoir bien connu l'objet de son attachement ; mais cette maxime est très bien placée dans les liaisons futiles que l'on qualifie très faussement du nom d'amitié ; elle est très prudente dans ces amitiés qui n'ont pour fondement que le vice et la débauche ; elle devrait être sans cesse devant les yeux de ces prétendus amis qui ne se lient que pour les cabales méprisables, des intrigues criminelles, des intérêts sujets à mettre la discorde entre les associés ; l'indiscrétion, le vertige, la trahison, la noirceur, accompagnent si souvent des liaisons de ce genre, que l'on ne peut trop conseiller à ceux qui s'y livrent de prévoir les suites de leurs engagements dangereux.

Ne point croire à l'amitié serait une extrémité plus malheureuse que de s'y fier aveuglément ou que de s'en faire des idées romanesques ou trop sublimes. S'il existe dans le monde des âmes arides et peu capables d'aimer, si l'on y trouve une multitude d'êtres frivoles et légers sur lesquels il serait fort imprudent de compter ; on y rencontre des cœurs honnêtes, sensibles, solides, auxquels l'homme de bien s'attachera par sympathie, parce qu'il y trouvera des sentiments conformes à ceux dont il est animé. L'univers ne serait pour nous qu'une affreuse solitude, si une défiance continuelle nous empêchait d'y rien aimer. D'un autre côté nous passerions toute la vie à chercher sans succès, si nous ne voulions nous attacher qu'à des hommes parfaits.

Les maximes peu favorables à l'amitié, ou capables de la rendre suspecte, sont dues à des penseurs qui vivaient à la cour, ou sous des gouvernements despotiques, d'où il est très naturel que la confiance et l'amitié soient bannies. Ces auteurs n'ont pas décrié l'amitié ; ils ont voulu faire entendre qu'elle n'existait pas dans les pays qu'ils habitaient : ce n'est pas dans ces pays que l'on trouve des amis bien sincères, ni de quoi peindre l'espèce humaine sous ses traits les plus beaux.

Paul Henri d'Holbach, *La Morale universelle ou les devoirs de l'homme fondés sur sa nature*, Amsterdam, Marc-Michel Rey, 1776, tome I, chapitre v.

CLAUDE ADRIEN HELVÉTIUS (1715-1771)

Le pessimisme fin de siècle

« L'amitié suppose un besoin plus ce besoin sera vif, plus l'amitié sera forte : le besoin est donc à la mesure du sentiment. » Claude Adrien Helvétius est l'un des plus pessimistes parmi les penseurs de l'amitié. Pour lui, ce ne sont pas les mauvais amis qui sont mis en cause mais l'amitié elle-même qui fait figure d'accusée. Et il commence par faire table rase de toutes les idées reçues sur le sujet depuis l'Antiquité. Qu'on en juge : « Rien de plus rare que les anciennes amitiés... On ne nous aime pas pour nous-mêmes mais toujours pour quelque cause : et celle-là en vaut bien une autre... Soutenir qu'il n'est point d'amitié entre les méchants, c'est nier les faits les plus authentiques... L'amitié n'est pas, comme le prétendent certaines gens, un sentiment perpétuel de tendresse, parce que les hommes ne sont rien continûment. »

Riche fermier général et collaborateur de l'*Encyclopédie*, celui qui écrit ces lignes plutôt sombres est philosophe et auteur de deux ouvrages importants, *De l'esprit* (1758) et *De l'homme, de ses facultés intellectuelles et de son éducation* (1772). Disciple de Condillac, il élabora une philosophie sensualiste, matérialiste et athée. Il en tira les conséquences morales en affirmant la prépondérance de l'intérêt dans les motivations humaines. Il tenta, tout comme son collaborateur à l'*Encyclopédie* le baron d'Holbach, de fonder l'efficacité d'une nouvelle moralité sur l'harmonie sociale, obtenue par une éducation appropriée. Ses idées ne furent pas toujours du goût des autres philosophes. Sur l'éducation, il va à l'encontre du Rousseau de l'*Émile*, et sera par ailleurs critiqué par Diderot. Ses positions lui attirèrent aussi les foudres du système. Lorsque parut *De l'esprit* en 1758, Helvétius a déjà dû effectuer quelques modifications pour obtenir l'autorisation de publier son texte. Mais, peu après la mise en vente, le privilège lui fut retiré et le livre fut condamné par le Parlement en 1759.

Dans ce dernier ouvrage, son analyse de l'amitié comme expression d'un besoin reflète sa vision du monde, matérialiste et utilitaire. Au-delà de l'approche de La Rochefoucauld qui fait de l'amour-propre le moteur des comportements humains, il s'agit pour lui, à partir de l'économie du manque et de la physique mécanique permettant de mesurer le moment exact où deux amis cesseront réciproquement d'avoir besoin l'un de l'autre, de fonder une morale de l'intérêt. L'amitié telle qu'il la conçoit est à l'opposé de la *philia*, taxée de « roman », des stoïciens, pour qui aucun élément extérieur ne devait altérer la nature du lien amical. Pour Helvétius, sensible, comme ses autres amis philosophes, à la relativité des fortunes, des valeurs et des comportements, il y a des « formes de gouvernement, des mœurs, des conditions et enfin des siècles plus favorables à l'amitié les uns que les autres ». Les riches et les puissants ont moins de dispositions que les humbles pour l'amitié. Par ailleurs, la chevalerie, le temps des duels et les époques de trouble et de révolution forgent des amitiés plus fortes que les États tranquilles.

Mort moins de dix ans avant 89, Helvétius ne se savait sans doute pas si prophétique. Prophétique et déjà moderne, il l'est dans son classement des caractères en fonction de leurs prédispositions à l'amitié. Il y a les faibles et les despotiques qui ne peuvent pas se passer d'amis, les vertueux qu'on reconnaît à ce qu'ils sont tendres et constants et à ce qu'ils « font leurs délices de la conversation des gens instruits » ; et puis il y a ceux qui se suffisent à eux-mêmes et n'ont besoin de personne. Rousseau se désolait d'avoir perdu ses amis et en rejetait sur eux la faute. Helvétius est le premier penseur de l'amitié à exprimer de la compréhension à l'égard des hommes qui n'ont pas d'amis, non parce qu'ils sont insensibles, mais parce qu'ils sont désabusés. Contrairement à Diderot, il accorde sa sympathie à ces solitaires qui préfèrent garder pour l'humanité tout entière les trésors que Montaigne ne réservait qu'à La Boétie.

Cette approche froide de l'amitié ne fut pas suivie par les autres philosophes. Voltaire, qui soutenait par ailleurs Helvétius, se déclara choqué par le chapitre sur l'amitié. Diderot le réfuta dans *Les Deux Amis de Bourbonne* (v. l'*Encyclopédie* et Diderot).

Nulle amitié sans besoin

Aimer, c'est avoir besoin. Nulle amitié sans besoin : ce seroit un effet sans cause. Les hommes n'ont pas tous les mêmes besoins : l'amitié est donc, entr'eux. fondée sur des motifs différens. Les uns ont besoin de plaisir ou d'argent, les autres de crédit, ceux-ci de converser, ceux-là de confier leurs peines : en conséquence, il est des amis de plaisir, d'argent[1], d'intrigue,

1. On *s'est tué* jusqu'à présent à répéter, les uns d'après les autres, qu'on ne doit pas compter, parmi ses amis, ceux dont l'amitié intéressée ne nous aime que pour notre argent. Cette sorte d'amitié n'est pas, sans doute, la plus flatteuse : mais ce n'en est pas moins une amitié réelle. Les hommes aiment, par exemple, dans un controlleur général, la puissance qu'il a d'obliger. Dans la plupart d'entr'eux, l'amour de la personne s'identifie avec l'amour de l'argent. Pourquoi refuseroit-on le nom d'amitié à cette espece de sentiment ?

d'esprit et de malheur. Rien de plus utile que de considérer l'amitié sous ce point de vue, et de s'en former des idées nettes.

En amitié, comme en amour, on fait souvent des Romans : on en cherche partout le héros ; on croit à chaque instant l'avoir trouvé ; on s'accroche au premier venu, on l'aime tant qu'on le connoît peu et qu'on est curieux de le connoître. La curiosité est-elle satisfaite ? on s'en dégoûte : on n'a point rencontré le héros de son Roman. C'est ainsi qu'on devient susceptible d'engouement, mais incapable d'amitié. Pour l'intérêt même de l'amitié, il faut donc en avoir une idée nette.

J'avouerai qu'en la considérant comme un besoin réciproque, on ne peut se cacher que, dans un long espace de tems, il est très-difficile que le même besoin, et, par conséquent, la même

---

On ne nous aime pas pour nous-mêmes mais toujours pour quelque cause ; et celle-là en vaut bien une autre. Un homme est amoureux d'une femme : peut-on dire qu'il ne l'aime parce que c'est uniquement la beauté de ses yeux ou de son teint qu'il aime en elle ? Mais, dira-t'on, à peine l'homme riche est-il tombé dans l'indigence, qu'on cesse alors de l'aimer. Oui, sans doute ; mais, que la petite vérole gâte une femme, on rompra communément avec elle, et cette rupture ne prouve pas qu'on ne l'ait point aimée lorsqu'elle étoit belle. Que l'ami, en qui nous avons le plus de confiance, et dont nous estimons le plus l'âme, l'esprit et le caractère, devienne tout-à-coup aveugle, sourd et muet ; nous regretterons en lui la perte de notre ancien ami ; nous respecterons encore sa momie : mais, dans le fait, nous ne l'aimons plus, parce que ce n'est pas un tel homme que nous avons aimé. Un Controlleur général est-il disgracié ! On ne l'aime plus : c'est précisément l'ami devenu tout-à-coup aveugle, sourd et muet. Il n'est pas cependant moins vrai que l'homme avide d'argent n'ait eu beaucoup de tendresse pour celui qui pouvoit lui en procurer. Quiconque a ce besoin d'argent est ami né du controlle général, et de celui qui l'occupe. Son nom peut être inscrit dans l'inventaire des meubles et ustenciles appartenants à la place. C'est notre vanité qui nous fait refuser le nom d'amitié à l'amitié intéressée. Sur quoi j'observerai qu'en fait d'amitié, la plus solide et la plus durable est communément celle des gens vertueux : cependant les scélérats même en sont susceptibles. Si, comme l'on est forcé d'en convenir, l'amitié n'est autre chose que le sentiment qui unit deux hommes : soutenir qu'il n'est point d'amitié entre les méchans, c'est nier les faits les plus authentiques. Peut-on douter que deux conspirateurs, par exemple, ne puissent être liés de l'amitié la plus vive ? Que Jaffier n'aimât le Capitaine Jacques-Pierre ? Qu'Octave, qui n'étoit certainement pas un homme vertueux, n'aimât Mécene, qui surement n'étoit qu'une âme foible ? La force de l'amitié ne se mesure pas sur l'honnêteté de deux amis, mais sur la force de l'intérêt qui les unit.

amitié[1], subsiste entre deux hommes. Aussi rien de plus rare que les anciennes amitiés[2].

Mais, si le sentiment de l'amitié, beaucoup plus durable que celui de l'amour, a cependant sa naissance, son accroissement et son dépérissement, qui le sait ne passe pas du moins de l'amitié la plus vive à la haine la plus forte, et n'est point exposé à détester ce qu'il a aimé. Un ami vient-il à lui manquer ? il ne s'emporte point contre lui ; il gémit sur la nature humaine, et s'écrie en pleurant : Mon ami n'a plus les mêmes besoins.

Il est assez difficile de se faire des idées nettes de l'amitié. Tout ce qui nous environne, cherche, à cet égard, à nous tromper. Parmi les hommes, il en est qui, pour se trouver plus estimables à leurs propres yeux, s'exagèrent à eux-mêmes leurs sentiments pour leurs amis, se font de l'amitié des descriptions romanesques, et s'en persuadent la réalité, jusqu'à ce que l'occasion, les détrompant eux et leurs amis, leur apprenne qu'ils n'aimoient pas autant qu'ils le pensoient.

Ces sortes de gens prétendent ordinairement avoir le besoin d'aimer et d'être aimés très-vivement. Or, comme on n'est jamais si vivement frappé des vertus d'un homme que les premières fois qu'on le voit, comme l'habitude nous rend insensibles à la beauté, à l'esprit et même aux qualités de l'âme, et que nous ne sommes enfin fortement émus que par le plaisir de la surprise, un homme d'esprit disoit, assez plaisamment à ce sujet, que ceux qui veulent être aimés si vivement[3] doivent, en amitié comme en amour, avoir beaucoup de passades et point de passion ; parce que les momens du début, ajoutoit-il,

1. Les circonstances dans lesquelles deux amis doivent se trouver, une fois données, et leurs caractères connus, s'ils doivent se brouiller, nul doute qu'un homme de beaucoup d'esprit, en prédisant l'instant où ces deux hommes cesseront de s'être réciproquement utiles, ne pût calculer le moment de leur rupture, comme l'astronome calcule le moment de l'éclipse.

2. Il ne faut pas confondre avec l'amitié les liens de l'habitude, le respect estimable qu'on a pour une amitié avouée, et enfin ce point d'honneur heureux et utile à la société, qui nous fait continuer à vivre avec ceux qu'on appelle ses amis. On leur rendroit bien les mêmes services qu'on leur eût rendus lorsqu'on étoit affecté pour eux des sentiments les plus vifs : mais, dans le fait, leur présence ne nous est plus nécessaire, et on ne les aime plus.

3. L'amitié n'est pas comme le prétendent certaines gens, un sentiment perpetuel de tendresse, parce que les hommes ne sont rien continument. Entre les amis les plus tendres, il y a des momens de froideur : l'amitié est donc une succession continuelle de sentiments de tendresse et de froideur, où ceux de froideur sont très-rares.

sont, en l'un et l'autre genre, toujours les momens les plus vifs et les plus tendres.

Mais, pour un homme qui se fait illusion à lui-même, il est en amitié dix hypocrites qui affectent des sentiments qu'ils n'éprouvent pas, font des dupes et ne le sont jamais. Ils peignent l'amitié de couleurs vives, mais fausses : uniquement attentifs à leur intérêt, ils ne veulent qu'engager les autres à se modéler, en leur faveur, sur un pareil portrait[1].

Exposés à tant d'erreurs, il est donc très difficile de se faire des notions nettes de l'amitié. Mais, dira-t'on, quel mal à s'exagérer un peu la force de ce sentiment ? Le mal d'habituer les hommes à exiger de leurs amis des perfections que la nature ne comporte pas.

Séduits par de pareilles peintures, mais enfin éclairés par l'expérience, une infinité de gens nés sensibles, mais lassés de courir sans cesse après une chimère, se dégoûtent de l'amitié, à laquelle ils eussent été propres, s'ils ne s'en fussent pas fait une idée romanesque.

L'amitié suppose un besoin ; plus ce besoin sera vif, plus l'amitié sera forte : le besoin est donc la mesure du sentiment. Qu'échappés du naufrage, un homme et une femme se sauvent dans une Isle déserte ; que là, sans espoir de revoir leur Patrie, ils soient forcés de se prêter un secours mutuel pour se défendre des bêtes féroces, pour vivre et s'arracher au désespoir : nulle amitié plus vive que celle de cet homme et de cette femme, qui se seroient peut-être détestés, s'ils fussent restés à Paris. L'un des deux vient-il à périr ? l'autre a réellement perdu la moitié de lui-même ; nulle douleur égale à sa douleur : il faut avoir habité l'Isle déserte, pour en sentir toute la violence.

Mais, si la force de l'amitié est toujours proportionnée à nos besoins, il est, par conséquent, des formes de gouvernement,

1. Peut-être faut-il du courage, et soi même être capable d'amitié, pour oser en donner une idée nette. On est du moins sûr de soulever contre soi les hypocrites d'amitié : il en est de ces sortes de gens comme des poltrons, qui racontent toujours leurs exploits. Que ceux qui se disent si susceptibles de sentiments d'amitié, lisent le *Toxaris de Lucien* ; qu'ils se demandent s'ils sont capables des actions que l'amitié faisoit exécuter aux Scythes et aux Grecs ? S'ils s'interrogent de bonne foi, ils avoueront que, dans ce siècle, on n'a pas même d'idée de cette espèce d'amitié. Aussi, chez les Scythes et les Grecs, l'amitié étoit-elle mise au rang des vertus. Un Scythe ne pouvoit avoir plus de deux amis : mais pour les secourir, il étoit en droit de tout entreprendre. Sous le nom d'amitié, c'étoit en partie l'amour de l'estime qui les animoit. La seule amitié n'eût pas été si courageuse.

des mœurs, des conditions et enfin des siècles plus favorables à l'amitié les uns que les autres.

Dans les siècles de chevalerie, où l'on prenoit un compagnon d'armes, où deux Chevaliers faisoient communauté de gloire et de danger, où la lâcheté de l'un pouvoit coûter la vie et l'honneur à l'autre ; alors, devenu, par son propre intérêt, plus attentif au choix de ses amis, on leur étoit plus fortement attaché.

Lorsque la mode des duels prit la place de la chevalerie, des gens, qui tous les jours s'exposoient ensemble à la mort, devoient certainement être fort chers l'un à l'autre. Alors l'amitié étoit en grande vénération et comptée parmi les vertus : elle supposoit du moins, dans les duellistes et les Chevaliers, beaucoup de loyauté et de valeur ; vertus qu'on honoroit beaucoup, et qu'on devoit alors extrêmement honorer, puisque ces vertus étoient presque toujours en action[1].

Il est bon de se rappeller quelquefois que les mêmes vertus sont, dans les divers tems, mises à des taux différens, selon l'inégale utilité dont elles sont à chaque siècle.

Qui doute que, dans des tems de troubles et de révolutions et dans une forme de gouvernement qui se prête aux factions, l'amitié ne soit plus forte et plus courageuse qu'elle ne l'est dans un Etat tranquille ? L'histoire fournit, dans ce genre, mille exemples d'héroïsme. Alors l'amitié suppose, dans un homme, du courage, de la discrétion, de la fermeté, des lumières et de la prudence ; qualités qui, absolument nécessaires dans ces momens de troubles, et rarement rassemblées dans le même homme, doivent le rendre extrêmement cher à son ami.

Si, dans nos mœurs actuelles, nous ne demandons plus les mêmes qualités[2] à nos amis, c'est que ces qualités nous sont inutiles ; c'est qu'on n'a plus de secrets importans à se confier, de combats à livrer ; et qu'on n'a, par conséquent, besoin ni de

---

1. *Brave* étoit alors synonyme d'*honnête homme* ; et c'est par un reste de cet ancien usage qu'on dit encore un *brave homme*, pour exprimer un homme loyal et honnête.

2. Dans ce siècle, l'amitié n'exige presque aucune qualité. Une infinité de gens se donnent pour de vrais amis, pour être quelque chose dans le monde. Les uns se font solliciteurs banaux des affaires d'autrui, pour échapper à l'ennui de n'avoir rien à faire ; d'autres rendent des services, mais les font payer à leurs obligés du prix de l'ennui et de la perte de leur liberté ; quelques autres enfin se croient très-dignes d'amitié, parce qu'ils seront sûrs gardiens d'un dépôt, et qu'ils ont la vertu d'un coffre fort.

la prudence, ni des lumières, ni de la discrétion, ni du courage de son ami.

Dans la forme actuelle de notre gouvernement, les particuliers ne sont unis par aucun intérêt commun. Pour faire fortune, on a moins besoin d'amis que de protecteurs. En ouvrant l'entrée de toutes les maisons, le luxe, et ce qu'on appelle l'esprit de société, a soustrait une infinité de gens au besoin de l'amitié. Nul motif, nul intérêt suffisant pour nous faire maintenant supporter les défauts réels ou respectifs de nos amis. Il n'est donc plus d'amitié [1] ; on n'attache donc plus au mot d'ami les mêmes idées qu'on y attachoit autrefois ; on peut donc, en ce siècle, s'écrier avec Aristote [2] : *O mes amis ! il n'est plus d'amis.*

Or, s'il est des siècles, des mœurs, et des formes de gouvernement où l'on a plus ou moins besoin d'amis ; et si la force de l'amitié est toujours proportionnée à la vivacité de ce besoin ; il est aussi des conditions où le cœur s'ouvre plus facilement à l'amitié : et ce sont ordinairement celles où l'on a le plus souvent besoin du secours d'autrui.

Les infortunés sont en général les amis les plus tendres : unis par une communauté de malheur, ils jouissent, en plaignant les maux de leur ami, du plaisir de s'attendrir sur eux-mêmes.

Ce que je dis des conditions, je le dis des caractères : il en est qui ne peuvent se passer d'amis. Les premiers sont ces caractères foibles et timides, qui, dans toute leur conduite, ne se déterminent qu'à l'aide et par le conseil d'autrui : les seconds sont ces caractères mornes, sévères, despotiques, et qui, chauds amis de ceux qu'ils tyrannisent, sont assez semblables à l'une des deux femmes de Socrate, qui, à la nouvelle de la mort de ce grand homme, s'abandonna à une douleur plus vive que la seconde ; parce que celle-ci, d'un caractère doux et aimable, ne perdoit dans Socrate qu'un mari, lorsque celle-là perdoit en lui le martyr de ses caprices, et le seul homme qui pût les supporter.

1. Aussi, dit le proverbe, faut-il se dire beaucoup d'amis et s'en croire peu.

2. Chacun répète, d'après Aristote, qu'il n'est point d'amis ; et chacun en particulier, soutient qu'il est bon ami. Pour avancer deux propositions si contradictoires, il faut qu'en fait d'amitié il y ait bien des hypocrites et bien des gens qui s'ignorent eux-mêmes.

Ces derniers, comme je l'ai déjà dit, s'éleveront contre quelques propositions de ce Chapitre. J'aurai contre moi leurs clameurs ; et, malheureusement, j'aurai pour moi l'expérience.

Il est enfin des hommes exempts de toute ambition, de toutes passions fortes, et qui font leurs délices de la conversation des gens instruits. Dans nos mœurs actuelles, les hommes de cette espèce, s'ils sont vertueux, sont les amis les plus tendres et les plus constans. Leur âme, toujours ouverte à l'amitié, en connoît tout le charme. N'ayant, par ma supposition, aucune passion qui puisse contrebalancer en eux ce sentiment, il devient leur unique besoin : aussi sont-ils capables d'une amitié très-éclairée et très-courageuse, sans qu'elle le soit néanmoins autant que celle des Grecs et des Scythes.

Par la raison contraire, on est en général d'autant moins susceptible d'amitié, qu'on est plus indépendant des autres hommes. Aussi les gens riches et puissans sont-ils communément peu sensibles à l'amitié ; ils passent même ordinairement pour durs. En effet, soit que les hommes soient naturellement cruels toutes les fois qu'ils peuvent l'être impunément, soit que les riches et les puissans regardent la misère d'autrui comme un reproche de leur bonheur, soit enfin qu'ils veuillent se soustraire aux demandes importunes des malheureux ; il est certain qu'ils maltraitent presque toujours le misérable [1]. La vue de l'infortuné fait, sur la plûpart des hommes, l'effet de la tête de Méduse : à son aspect, les cœurs se changent en rocher.

Il est encore des gens indifférens à l'amitié ; et ce sont ceux qui se suffisent à eux-mêmes [2]. Accoutumés à chercher, à trouver

1. La moindre faute qu'il fait est un prétexte suffisant pour lui refuser tout secours : on veut que les malheureux soient parfaits.

2. Il est peu d'hommes dans ce cas : et cette puissance de se suffire à soi-même, dont on fait un attribut de la divinité, et qu'on est forcé de respecter en elle, est toujours mise au rang des vices, lorsqu'on la rencontre dans un homme. C'est ainsi qu'on blâme sous un nom, ce qu'on admire sous un autre. Combien de fois n'a-t'on pas, sous le nom d'insensibilité, reproché à Mr. de Fontenelle la puissance qu'il avoit de se suffire à lui-même, c'est-à-dire, d'être un des plus sages et des plus heureux des hommes.

Si les Grands de Madagascar font la guerre à tous ceux de leurs voisins dont les troupeaux sont plus nombreux que les leurs, s'ils répètent toujours ces paroles, *Ceux-là sont nos ennemis qui sont plus riches et plus heureux que nous* : on peut assurer qu'à leur exemple, la plûpart des hommes font pareillement la guerre au sage. Ils haïssent en lui une modération de caractère qui réduisant ses désirs à ses possessions, fait la critique de leur conduite, et rend le sage trop indépendant d'eux. Ils regardent cette indépendance comme le germe de tous les vices ; parce qu'ils sentent qu'en eux la source de l'humanité tariroit aussi-tôt que celle des besoins reciproques.

Ces Sages cependant doivent être très-chers à la Société. Si l'extrême sagesse les rend quelquefois indifférens à l'amitié des Particuliers, elle leur fait aussi, comme le prouve l'exemple de l'Abbé de Saint-Pierre et de Fontele bonheur en eux, et d'ailleurs trop éclairés pour goûter encore le plaisir d'être dupes, ils ne peuvent conserver l'heureuse ignorance de la méchanceté des hommes (ignorance précieuse, qui, dans la première jeunesse, resserre si fort les liens de l'amitié) : aussi sont-ils peu sensibles au charme de ce sentiment, non qu'ils n'en soient susceptibles. *Ce sont souvent,* comme l'a dit une femme de beaucoup d'esprit, *moins des hommes insensibles, que des hommes désabusés.*

Claude Adrien Helvétius, *De l'esprit,* Paris, Durand, 1758.

nelle, repandre sur l'humanité les sentimens de tendresse que les passions vives nous forcent à rassembler sur un seul individu. Bien différent de ces hommes qui ne sont bons que parce qu'ils sont dupes, et dont la bonté diminue à proportion que leur esprit s'éclaire, le seul Sage peut être constamment bon, parce que lui seul connoît les hommes. Leur méchanceté ne l'irrite point : il ne voit en eux, comme Démocrite, que des fous ou des enfans contre lesquels il seroit ridicule de se fâcher, et qui sont plus dignes de pitié que de colère. Il les considère enfin de l'œil dont un Mécanicien regarde le jeu d'une machine : sans insulter à l'humanité, il se plaint de la nature qui attache la conservation d'un être à la destruction d'un autre ; qui, pour se nourrir, ordonne à l'Autour de fondre sur la colombe, à la colombe de dévorer l'insecte ; et qui de chaque être a fait un assassin.

Au temps des démocraties...
Au temps qui n'a plus le temps

En France, la nuit du 4 août 1789 a fait voler en éclats tous les privilèges. L'amitié, dans sa forme élitiste et aristocratique, en était peut-être devenue un. Toujours est-il qu'avec la Révolution un certain type de discours sur l'amitié commence à disparaître. La précarité des liens amicaux que décrit Mme de Staël en 1796 dans un chapitre intitulé *De l'influence des passions* reflète la précarité de la situation politique en France et corrobore les idées d'Helvétius sur l'impact que peut avoir l'environnement sur les amitiés.

Certes, si la réflexion théorique s'estompe, la pratique de l'amitié en revanche ne s'arrête pas. Nous en connaissons d'autant mieux la réalité concrète et l'anecdote que nous pénétrons, grâce aux correspondances, aux journaux intimes, aux biographies et aux autobiographies, dans l'intimité des vies. Germaine de Staël, si sévère pour l'amitié dans la théorie, n'en nourrit pas moins une amitié loyale et passionnée pour Juliette Récamier qui, de son côté, lui demeurera fidèle jusqu'au-delà de la mort. Les lettres de Manon Phlipon, future Mme Roland, à son amie de pension Sophie Cannet, témoignent du rôle joué par leur amitié dans la vie des deux jeunes filles.

Celles de George Sand et de Marie Dorval renseignent mieux que les calomnies sur la nature et la qualité de l'amitié qui les unit. Dans celle du 18 juillet 1833, George affirme à son amie qui l'a laissée provisoirement sans nouvelles : « Si tu me réponds vite en me disant pour toute littérature : "Viens !", je partirai, eussé-je le choléra ou un amant... » Quinze ans plus tard, le 16 juin 1848, elle répond à sa vieille amie qui lui avait annoncé une grande douleur, la mort de son fils : « Si mon amitié pour toi peut compter pour quelque chose dans une vie aussi agitée, aussi désolée que la tienne, souviens-toi qu'elle est déjà ancienne et qu'elle n'a jamais failli ; qu'elle a résisté à des luttes, à des calomnies, à des méchancetés sans nombre et qu'elle est toujours pure et entière. » Mais George entretint également des amitiés fortes avec des hommes, notamment avec son ami-jumeau Rollinat.

En attendant l'amitié féminine au quotidien, qui se développera avec la fin de notre siècle, Mme de Maussion lançait déjà vers 1840, dans sa *Lettre sur l'amitié entre les femmes,* cette apostrophe fleurie : « Loin que cette estime, premier, unique fondement des affections durables, et dont vous connaissez si bien tout le prix, loin, mes sœurs, qu'elle ait moins d'empire sur nous que les hommes, notre honneur, plus délicat, en fait pour nos liaisons, une condition plus absolue ; elle soutient, elle honore l'amitié. » L'amitié de Flora Tristan avec Marceline Desbordes Valmore ou avec Pauline Roland, celle de Colette avec Marguerite Moreno, avec Hélène Picard, avec Renée Hamon, se passent de discours théorique.

Côté hommes, les amitiés célèbres ne se comptent pas au XIXe comme au XXe, de Maurice de Guérin et Barbey d'Aurevilly à Ernest Renan et Marcelin Berthelot, ou Gustave Flaubert et Louis Bouilhet. Celle de Karl Marx et de Friedrich Engels, au XIXe, unit l'auteur d'une thèse sur Épicure, et un penseur politique marginalisant les amitiés particulières dans des sociétés reposant sur la communauté égalitaire. Celles de Claudel et de Gide, d'Alain-Fournier et de Jacques Rivière sont sanctionnées et sacralisées par leurs correspondances.

Mais si l'amitié est honorée dans le quotidien des XIXe et XXe siècles, notamment par les plus grands artistes et les plus grands penseurs, hommes et femmes, les réflexions et les traités, hérités de Montaigne ou de l'Antiquité, et revivifiés par les expériences personnelles, qui abondaient au XVIIIe siècle français, deviennent plus rares au siècle suivant. Alors que foisonnent au XIXe les traités sur la famille et le couple, le discours sur l'amitié se réfugie dans les correspondances, les journaux intimes, le roman.

Les Anglo-Saxons, eux, ont continué à produire des essais philosophiques sur l'amitié — dont le plus célèbre est celui d'Emerson — alors que le sujet devient peu à peu, en Europe et en Amérique, le domaine réservé des universitaires. Grâce à leurs travaux, comme ceux de Ludovic Dugas, auteur d'une thèse sur l'amitié antique à la fin du XIXe siècle, l'amitié comme sujet d'étude va refaire surface mais sous une forme beaucoup plus érudite qui prend en compte les nouvelles théories psychologiques et sociologiques.

Les études se spécialisent. Les textes sur l'amitié entre les femmes ou l'amitié chez les enfants se multiplient, surtout aux États-Unis. Des titres comme *L'Anatomie de l'amitié* reflètent les prétentions scientifiques de certains auteurs. L'amitié est envisagée sous des angles nouveaux : comme thérapeutique chez John Reisman [1] ou comme moyen d'accéder à la réussite sociale chez Dale Carnegie. Dans la plupart de ces ouvrages, les auteurs redéfinissent à leur manière l'antique typologie des amitiés qu'ils reclassent en réciproques, réceptives, et associatives ou encore préférentielles et réciproques [2]. Néanmoins, ces travaux, très dépendants des modes intellectuelles, sont en général trop étroits pour être d'un intérêt durable. Beaucoup plus intéressantes sont les études historiques qui éclairent les doctrines philosophiques de l'Antiquité ou les pratiques amicales à certaines époques [3].

Le discours sur l'amitié dans la France post-révolutionnaire avait besoin d'un siècle au moins pour intégrer un nouvel idéal démocratique où le vieil élitisme, qu'il soit social, national ou éthique, n'a plus sa place. Née dans l'ancienne démocratie grecque, la *philia*, devenue *amitié*, lentement retourne, à travers bien des avatars, à la démocratie. Mais la démocratie a changé. Minée au XXe siècle par les grandes idéologies totalitaires et les conflits planétaires, hantée par le rêve niveleur de liberté de l'individu, d'égalitarisme absolu, de fraternité pointilleuse, la démocratie moderne et intégratrice des États-nations n'est plus la démocratie élitiste de la cité grecque. Dans cette démocratie-là, la seule vertu ne peut plus constituer le fondement de l'amitié, on ne peut plus exclure certains êtres de l'amitié sur des critères éthiques. Et l'amitié finit par concerner non seulement les relations interpersonnelles de tous les citoyens d'une même nation mais aussi de tous les citoyens du monde. Lucien de Samosate ou Valère Maxime, qui établissaient entre leurs peuples et les autres des comparaisons, ne seraient plus aujourd'hui recevables. Dans une économie de marché et de libre

1. John Reisman, *Anatomy of Friendship*, New York, Irvington, 1979.
2. Reisman, *op. cit.*, et Gilbert Meilander, *Friendship, A Study in Theological Ethics*, Indiana, Notre Dame University Press, 1981.
3. Par exemple, Dugas, Fraisse, Gerson, Vœlke, et l'excellente étude récente d'Anne Vincent-Buffault, *op. cit.* Voir également la section « histoire des pratiques amicales » figurant sur la notice bibliographique.

entreprise, l'amitié devient une denrée mondiale accessible à tous et échangeable entre tous. Et tant pis si elle est périssable.

Préparée par l'utilitarisme d'un d'Holbach ou d'un Helvétius aussi bien que par l'idéal plus généreux d'autres « lumières », la Révolution française élabore, à travers un discours politique efficace, une culture de la fraternité. Le lien entre utilitarisme individuel et morale collective apparaît clairement dans le radicalisme de Saint-Just pour qui l'amitié cesse d'être un choix, voire un droit, pour devenir le fondement de la vertu révolutionnaire et une obligation civile.

Dans l'utopie de Saint-Just, qui contient en germe toutes les déviances totalitaires encore à venir, celui qui dit ne pas croire à l'amitié aussi bien que celui qui n'a pas d'amis sont bannis. Tout homme âgé de vingt et un ans est tenu de déclarer dans le temple quels sont ses amis et de renouveler cette déclaration tous les ans. Celui qui rompt avec un ami a l'obligation de se justifier devant le peuple dans le temple. Si un homme commet un crime, ses amis sont bannis. Le tribun révolutionnaire, qui affirmait que le bonheur est une idée neuve en Europe, balaie toute frontière entre la vie privée et la sphère publique.

La responsabilité collective est née. Avec ses censures et ses systèmes de surveillance de plus en plus sophistiqués, elle aura ses lendemains qui chantent et qui déchantent. À l'horizon du XXe siècle se profilent les amitiés forcées et les trahisons programmées des totalitarismes. En attendant, et sans égaler les excès de l'ami de Robespierre, une culture de la fraternité se met en place entre 1789 et 1848, sur une base essentiellement virile que couronnera, au plan politique, le suffrage « universel » de 48, réservé aux hommes.

Car désormais la spécialisation des sexes, qui tendait dans les milieux cultivés du XVIIIe à s'estomper, s'affirme avec une force que favorise l'idéal romantique de la passion amoureuse. Germaine de Staël, femme elle-même et non des moindres, est l'une des premières à avaliser la victoire historique de l'amour sur l'amitié. Son discours témoigne que l'amitié entre hommes et femmes devient de plus en plus problématique au XIXe, alors que le siècle précédent en avait fait un sentiment supérieur et une relation désirable entre toutes. Désormais, cette nouvelle expression, *l'amitié amoureuse,* sera plus synonyme d'amour manqué que d'amitié réussie. Dans les ruptures entre amants, l'amitié, offerte comme un pis-aller, est le plus souvent rejetée avec indignation comme une lâcheté et comme une trahison de la passion.

La mystique passionnelle des romantiques va les entraîner à poser l'amour comme modèle de l'amitié. Comme l'amour, l'amitié a ses tourments, ses déceptions, ses ruptures et ses trahisons. Comme l'amour, l'amitié est attachement à la personne tout entière et non plus surtout à ses qualités. Le critère moral, qui restait le fondement de l'amitié, est désormais évacué. La sympathie, telle que la définit, à la suite de l'école libérale écossaise, Sophie Grouchy de Condorcet, et les affinités électives se substituent au catalogue des vertus exigées de l'ami. Le choix volontariste et raisonné des amis fait place à la magie de la rencontre et à l'attraction qui rapproche les cœurs. Au XXe siècle encore, André Maurois affirmera qu'on se doit de défendre ses amis en toutes circonstances, non parce qu'ils ont raison mais parce qu'ils sont des amis.

La primauté de la passion, telle que la revendique Germaine de Staël, la notion de sympathie telle que la dégage Sophie de Condorcet contribuent à féminiser une conception de l'amitié héritée de Montaigne, parfaitement illustrée par un Saint-Évremond, un Vauvenargues ou un Diderot où le cœur et le « je ne sais quoi » étaient assumés sans honte par des hommes qui ne craignaient pas d'évoquer leurs sentiments ou de faire des confidences, qu'ils s'adressent à des femmes ou à d'autres hommes. Dans le contexte de spécialisation des sexes du XIXe siècle, cette féminisation ne peut que dévaluer l'ancienne vertu qu'était l'amitié.

En effet l'amitié se dévalorise en se féminisant. Elle s'infantilise aussi. Des frontières se mettent en place entre les générations et les âges de la vie. Ce n'est peut-être pas un hasard si le discours le plus populaire du XXe siècle sur l'amitié est celui du Petit Prince et du renard. Un enfant et une bête préservent dans l'inconscient collectif malmené par les pudeurs du sentiment, plus inhibantes encore que celles du sexe, le vieil archétype amical régénéré par l'image de l'apprivoisement et l'idée qu'on ne voit bien qu'avec le cœur.

Confinée par les éducateurs à la période de l'adolescence découverte ou inventée, l'amitié au XIXe siècle était à la fois encouragée et étroitement surveillée. Tout dérapage sentimental ou sexuel y était à la longue pénalisé. La société admet pour un temps limité les goûts extrêmes et les rituels initiatiques chez les jeunes gens, remèdes à la monotonie de la future existence bourgeoise. Dans la jeunesse, écrit Mme de Maussion, « ces fréquentes occasions de se voir et de se juger, sont dans la vérité, si l'on peut s'exprimer ainsi, le terrain où se sème l'amitié. C'est là qu'elle germe, qu'elle commence ; mais les premières pousses sont trop abondantes, elles se nuisent les unes aux autres, et, pour être trop multipliées, elles demeurent souvent maigres et stériles. Un grand nombre doivent être élaguées, et souvent la sympathie, plus que la réflexion, en détermine le choix. Cependant il appartient aux parents de le diriger, et, parmi nous, c'est un des devoirs importants de la maternité ».

Une amitié de jeunesse ainsi encouragée par les parents constitue une salutaire initiation à une vie conjugale et adulte réussie, à condition de ne pas perdurer. Mais les scouts ou les mouvements d'Auberges de jeunesse sont parfois relayés ou accompagnés de la bande d'apaches qui déclenche, dès le début du XXe siècle, la peur sociale, en attendant *La Haine* et les « jeunes » de nos tristes banlieues.

L'amitié, redéfinie à notre époque par le psycho-sociologue Alberoni comme une relation entre deux personnes et deux seulement, trouve néanmoins un relais dans la bande adolescente, le groupe fermé, qui lui sert d'alibi et de couverture. Ce groupe tend de plus en plus à survivre à l'adolescence, constituant, dans la nostalgie d'une « jeunesse vieille », un rempart contre le temps qui passe et la vie qui cogne. Le lien familial tendant à se distendre, l'individu de plus en plus isolé trouve dans la bande de copains [1] le confort et la sécurité d'une famille d'élection. *Les Copains d'abord* de Brassens, *Le Temps des copines* de Marie-Françoise Hans proposent cet idéal de compagnonnage viril, mixte, ou féminin dans la foulée des mouvements de femmes des années 70. Le saint-simonisme, le socialisme et le communisme avaient préparé cet idéal de camaraderie collective qui n'excluait pas entièrement les affinités individuelles.

Dans la perspective des mouvements antiracistes des années 80, SOS Racisme substitue aux copains les potes, et à une solidarité fondée sur une appartenance commune, l'idéal d'une fraternité qui transcende les races et les familiarités de clocher. Que deviendront les amitiés entre potes lorsque les courants qui les ont portées seront dépassés par l'histoire ? La question s'était déjà posée pour les camarades du parti communiste, ceux des groupuscules trotskistes ou maoïstes des années 60-70 ou les

1. On pense dans la littérature aux *Copains* de Jules Romains.

anciens des Brigades internationales. Les étroites amitiés de jeunesse des surréalistes, amitiés d'adolescents prolongés, nouées dans la chaude complicité des canulars et de la haine du bourgeois, n'ont pas survécu aux querelles idéologiques et aux grands anathèmes. Trente ans plus tard, Breton, Aragon et Soupault ne se voyaient plus. Tous les trois pensèrent que c'était dommage, écrit l'un d'entre eux. Aucun d'eux cependant ne fit un geste pour retrouver leur vieille amitié.

Les frontières de mieux en mieux gardées entre le territoire de la camaraderie virile et celui de la complicité féminine, codifiés par une éducation qui met les filles au couvent et les garçons au collège, sont garanties au XIXe siècle par une mise au pas de la sexualité que n'avaient pas connue les siècles précédents. Refoulée ou assignée dans le demi-monde ou la maison close où les honnêtes femmes n'ont pas accès, la sexualité hétérosexuelle ne se développe plus qu'indirectement dans une vie fantasmatique intense qui colore toutes les relations interpersonnelles. Il en est de même de l'homosexualité. Le freudisme, en prétendant libérer la sexualité et faire parler l'inconscient, ne fera peut-être qu'en renforcer l'obsession.

En effet la répression de la sexualité rend l'amitié moins intéressante. Désormais l'amitié sert de nom et de voile à des sentiments ou des pulsions homosexuelles ou hétérosexuelles plus ou moins inavouables que l'interdit rend plus attirantes. On ne s'intéresse plus alors à l'amitié en tant que telle, l'amitié qui se définit précisément comme une parenthèse de la sexualité. Les époques les plus libres au plan de la sexualité, Antiquité, Renaissance, XVIIIe siècle, ont été aussi les plus foisonnantes en discours sur l'amitié. Les périodes de grand refoulement ont besoin de l'ambivalence pour exprimer sous le voile les pulsions et les passions condamnées. Les éducateurs et les censeurs du XIXe l'avaient bien compris, qui traquaient le mal jusque sous ses formes les plus innocentes. Ils savaient mettre en garde aussi bien contre l'amitié trop particulière de deux adolescents que contre l'ami de la famille qui doit rester au seuil de la vie du couple, de peur qu'il ne pénètre dans son alcôve.

Dans cette joute séculaire entre amitié et amour, le nouveau modèle conjugal, qui adopte progressivement l'idéal du mariage d'amour à l'anglaise, supplée à ses manques en teintant d'amicalité la vie conjugale. Le lien familial s'affirme et se fait plus envahissant. Certes on peut choisir dans sa famille, si ce n'est sa famille, certes on choisit de plus en plus son conjoint.

Mais la relation amicale, fermement définie aux époques anciennes par sa différenciation avec le lien familial et conjugal, y perd du terrain. Ce n'est plus le choix librement consenti de deux volontés individuelles qui y préside mais l'aménagement de situations de fait. L'implication familiale brouille le territoire amical en cherchant à y intégrer les amis de la famille ou les amitiés entre couples. Sur ce terrain favorable, la passion amoureuse ou le simple désir physique se développent aisément entre les parties concernées. Et le lien amical, dénué de fondement éthique, se trahit sans scrupules. C'est ainsi que l'ami de Monsieur se retrouve dans le lit de Madame, et fait celui de nombreux vaudevilles du début du siècle. En traversant les âges et les classes sociales et morales, la *philia* s'est assujettie à d'autres sentiments et s'est dégradée. L'absence de discours sur l'amitié aussi bien que le discours qui la nie reflètent cette dégradation.

Au XXe, d'une manière moins hypocrite et sous couvert de libération, l'obsession de l'ambivalence sexuelle demeure. Plus affirmée et plus reconnue, l'homosexualité, dans ses discours, a tendance à s'annexer le territoire de l'amitié en s'infiltrant dans des frontières que la vulgarisation freudienne a fluidifiées. Or, comme le fait remarquer Alberoni, l'amitié est incompatible avec l'ambivalence. Le discours sur l'amitié est un discours de franchise, qui se pose par essence comme un discours au-dessus de tout soupçon.

Et le XXe, qu'il soit freudien ou postmoderne, est l'ère du soupçon. La déconstruction des discours, la dénégation et le doute y sont prévalents et minent toute tentative directe de réflexion. Dans l'Amérique moderne toujours puritaine, l'obsession du harcèlement sexuel jusque dans les relations entre parents et enfants, qui jette la suspicion sur le geste ou la caresse la plus innocente, n'est pas favorable à l'épanouissement amical fondé sur la confiance. Et dans l'esprit de la *correction politique*, la relecture des textes anciens hors de leur contexte d'époque et de culture ne peut conduire qu'à des interprétations suspectes.

L'œuvre de Proust tout entière témoigne du déni d'amitié. *À la recherche du temps perdu*, triomphe de l'ambivalence, n'est pas seulement le cimetière des amis, elle est aussi le cimetière de l'amitié. On est passé du Tombeau au cimetière, de la reconnaissance à la dénégation. Le face à face avec l'ami mort perdure chez les poètes populaires comme Brel, mais le discours de mémoire se mue chez Blanchot ou chez Baudry en discours sur l'oubli, d'autant plus chez ce dernier que l'amie s'est suicidée. Et la déconstruction des discours d'amitié achoppe chez Derrida sur tous les crimes de l'Histoire, en terminant par le génocide.

La difficulté de continuer à tenir un discours sur l'amitié ne date pas d'aujourd'hui ; elle est engendrée par le processus révolutionnaire et se développe tout au long du XIXe siècle. De Mme de Staël, Kant ou Schopenhauer à Simone Weil, Philippe Soupault ou Maurice Blanchot, tous à leur manière disent l'impossibilité de communiquer, la contradiction entre le désir d'être soi-même et celui de trouver un refuge contre l'hostilité du monde. Pour beaucoup, le nœud de cette contradiction est dans l'articulation inaccessible entre le rapprochement fusionnel longtemps revendiqué avec l'ami, autre soi-même, et l'exigence de distance indispensable au nouveau citoyen accouché par une démocratie soucieuse avant tout d'indépendance et de liberté individuelle.

Pour le philosophe allemand Kant, l'amitié n'est qu'une « simple idée », irréalisable puisqu'elle requiert tout à la fois l'amour impliquant le rapprochement, et le respect impliquant une « honnête distance ». Le penseur américain Emerson use de ses amis comme de ses livres, il sait pouvoir toujours les trouver mais y recourt rarement. L'indépendance si chère au caractère du Nouveau Monde doit être préservée jusque dans l'amitié. Le philosophe danois Kierkegaard refuse toute amitié humaine, encore trop proche du moi détesté, forme exacerbée d'égoïsme et d'amour de soi. La mystique française Simone Weil rejette violemment l'attachement amical par haine de la dépendance. Le fusionnement amical est assimilé par elle à une « union adultère » et l'amitié à une grâce qu'il faut refuser pour être digne de la recevoir. Cette urgence d'éloignement s'apparente à la distance infinie, à la séparation fondamentale, à partir de laquelle ce qui sépare devient rapport, de notre contemporain Maurice Blanchot.

Si l'amitié individuelle entre deux êtres, telle que l'a définie Montaigne, est en panne de discours, c'est aussi parce qu'elle est concurrencée par d'autres formes de sociabilité collectives, à la fois plus utiles et moins menaçantes pour l'individu. Le discours chrétien, depuis saint Augustin et saint Thomas d'Aquin, proposait de pallier les carences de l'amitié trop humaine en lui préférant l'amour du prochain, reflet et conséquence de l'amour de Dieu. Les penseurs chrétiens du XXe siècle adaptent à la crise de communication de leur temps une représentation ascétique et intransigeante de l'amour de Dieu. Pour le théologien protestant Kierkegaard, cet amour divin suppose que l'amitié pour un seul être soit radicalement abandonnée au profit de l'amitié de tous, tandis que Simone Weil affirme l'universalité de l'amitié humaine. Celle-ci consiste à aimer un être humain comme on voudrait pouvoir aimer en particulier chacun de ceux qui composent l'espèce humaine.

L'amour de l'humanité a sa version laïcisée. Les conceptions pessimistes de La Rochefoucauld et des moralistes français avaient accrédité l'idée que l'amitié n'est qu'une forme narcissique d'amour de soi, que la fusion avec l'autre soi-même n'est qu'un aller et retour de l'image de soi. Dès la fin du XVIIIe siècle, Mme de Staël préfère à l'amitié les bienfaits de la *bonté*. En s'édulcorant, l'amitié se fonde sur une conception plus vague de *bienveillance*. On ne voit pas pourquoi cette bienveillance ne s'étendrait pas à tous. Les idéologies totalitaires du XXe, fascisme et communisme, contribueront à soumettre l'amitié individuelle, facteur de trouble et de résistance sociale, aux intérêts communautaires. L'imaginaire de l'humanité tout entière se trouvera désavoué par la découverte qu'elle ne recouvrait, sous le voile de l'*Occident aryen* ou de la *classe ouvrière*, que des intérêts idéologiques étroits.

Mais même lorsque les grandes vagues totalitaires de notre siècle auront reflué, elles laisseront sur les sables de nos inconscients des traces. Ils en retiendront que, d'une part, les liens amicaux individuels ne sont pas innocents ; la confiance est une denrée qui se paie cher dans un monde où les trahisons des camarades mènent au goulag ou à Auschwitz. Que, d'autre part, l'humanité mérite peut-être qu'on y investisse de ce temps précieux qui était naguère consacré à l'ami. De l'amour du prochain à l'action humanitaire, le chemin n'est pas si long.

De ces événements qui ont bouleversé le XXe siècle et troublé un certain nombre d'esprits demeure la conscience croissante du *global village*. L'amitié entre ennemis comme défi à la barbarie de l'inhumain est un thème qui hante la littérature de notre siècle, notamment dans la belle nouvelle de Fred Uhlman, *L'Ami retrouvé*, comme la vie de beaucoup d'êtres qui ont traversé ce même siècle. Un texte d'Anna Harendt l'aborde avec force :

Ainsi, dans le cas d'une amitié entre un Allemand et un Juif, dans les conditions du Troisième Reich, écrit-elle, ce n'aurait guère été un signe d'humanité pour les amis d'avoir dit : « Ne sommes-nous pas tous les deux des êtres humains ? » Cela aurait été pure fuite de la réalité et du monde commun à tous les deux à ce moment-là ; ils n'auraient pas résisté au monde tel qu'il était. Une loi qui interdisait les relations entre Juifs et Allemands pouvait être tournée mais ne pouvait pas être combattue par des gens qui niaient la réalité de la distinction. En gardant une humanité qui n'avait pas perdu le contact solide avec la réalité, une humanité ancrée dans la réalité de la persécution, ils auraient dû se dire mutuellement : « Allemand et Juif, et amis ». Mais si une telle amitié réussissait à cette époque précise (bien sûr la situation a complètement changé de nos jours) et se gardait pure, c'est-à-dire dénuée de faux sentiments de culpabilité d'un côté et de faux complexes de supériorité ou d'infériorité de l'autre, on avait accompli un acte d'humanité dans un monde devenu inhumain [1].

La chute des totalitarismes libère à nouveau la démocratie. À notre époque Alberoni affirme que l'amitié est une vertu démocratique et républicaine. Certes, mais il n'en est pas moins vrai qu'elle faisait bon ménage au XVIIIe avec un élitisme moral qui savait s'ouvrir au monde. Dans la société de libre entreprise dénuée d'illusions idéologiques, le problème est, comme le dit simplement le Renard du Petit Prince, qu'il n'y a pas de marchands d'amis, sauf à écouter les Dale Carnegie, et que l'amitié ne saurait se réduire à une forme quelconque de consommation. Dans le premier de ces guides « *how to* », qui donnent les clés de l'action sur le monde en quelques formules simplistes, Carnegie en propose quelques-unes pour se faire utilement et facilement des amis. Mais même à appliquer ses conseils comme de simples recettes de cuisine, il y faut des efforts et de la foi : la gastronomie n'est-elle pas un art aussi bien que l'amitié ?

Malgré ces tentatives qui ont le mérite de poser la problématique de l'amitié dans un contexte de masse, et de renoncer radicalement aux illusions lyriques, le cloisonnement et les rivalités professionnelles menacent aujourd'hui les valeurs d'amitié. Chaque lieu d'expérience, professionnelle, sexuelle, affective, sociale, a ses amis qui ne correspondent qu'à une dimension de la personnalité. Le rêve d'amitié totale avec un seul être qui

1. Hannah Arendt, *Men in Dark Times*, New York, Harcourt, Brace and Company, 1955, p. 23. Traduit par les auteurs.

partagerait tout devient aussi inaccessible que le rêve de culture encyclopédique, qui embrasserait toutes les connaissances, de la Renaissance.

L'analyse d'Alberoni sur les différents types d'envie qui guettent l'individu engagé dans la course au succès dans tous les domaines, surtout professionnel mais aussi amoureux, familial ou créateur, ménage une place à la vieille valeur d'amitié dans un monde où règne la séparation de la morale et des sentiments, un monde où la concurrence a force de loi. Jacques Derrida formule, dans une anticipation énigmatique, l'avenir de ce mot — l'amitié — « comme une promesse de démocratie toujours impensée, toujours à venir, la promesse même ».

L'amitié est cependant loin d'occuper les esprits comme auparavant. Aux États-Unis et en France, deux livres consacrés aux « vertus » ont connu récemment un succès populaire surprenant : le *Book of Virtues* (Livre des vertus) de William Bennett et le *Petit Traité des grandes vertus* d'André Comte-Sponville ont chacun figuré longtemps en tête des listes de meilleures ventes. Mais dans ce dernier l'amitié n'occupe qu'un rang secondaire, la position inverse de celle qui fut la sienne dans l'Antiquité où elle dominait de très haut l'ensemble des vertus, et plus encore l'amour entre hommes et femmes. Après avoir cohabité avec la passion amoureuse du XVIe au XVIIIe siècle, l'amitié semble avoir cédé la place à sa rivale de toujours.

Si l'amitié a perdu du terrain dans notre imaginaire au cours des deux derniers siècles, c'est peut-être que son développement n'a guère accompagné les changements sociaux et politiques qui ont bouleversé nos sociétés, nos valeurs, et notre mode de vie. Or, si les propos théoriques sur l'amitié ont une certaine valeur universelle, les mutations altérant la manière de vivre et les rapports avec autrui génèrent dans les pratiques amicales des transformations, qui exigent un nouveau mode de pensée sur l'amitié. Il est tentant de projeter ses désirs en arrière, mais les sociétés démocratiques dans lesquelles nous vivons désormais rendent inacceptable à nos yeux la vision d'une amitié réservée à une élite intellectuelle se réunissant chez Socrate, dans le Jardin d'Épicure ou dans les salons littéraires.

L'amitié, désormais, ne saurait qu'être, à l'image de l'amitié stoïcienne, accessible à tous, avec égalité des chances au départ. De nombreux obstacles s'opposent aujourd'hui à une telle vision : racisme, exclusion sociale, fossés économiques, primauté de la cellule familiale et du couple, mutations géographiques, importance exacerbée de la carrière professionnelle, atomisation de la société urbaine, multiplication des divertissements sur écran, comme la télévision et l'ordinateur, ou plus simplement, manque de temps, comme le soulignait Saint-Exupéry. Et notre contemporain Francesco Alberoni rappelle bien à propos que, dans notre société de consommation et de libre entreprise, le langage de l'amour n'est pas celui du prix de revient.

En même temps, de nouveaux modes de communication permettent d'entretenir des contacts avec des proches ou même de lier de nouvelles relations. L'avion et la voiture écrasent les distances qui séparent parfois des amis ; le téléphone, le fax, le courrier électronique autorisent une communication immédiate qui remplace peu à peu la correspondance d'autrefois. Enfin, Internet change la rencontre et l'apprivoisement amical, et établit les paramètres d'amitiés planétaires encore à inventer. Puissent ces trois millénaires de réflexion sur le plus vieux sentiment du monde nous aider à nous y préparer !

GERMAINE DE STAËL (1766-1817)

Les peines de l'amour sans les plaisirs

« Vous êtes certainement la seule femme vers laquelle je sois entraînée et qui me donniez l'idée du genre d'intérêt que font éprouver ces sentiments qui nous plaisent à l'une et à l'autre. » Ces lignes ont été écrites par une femme à une autre femme. Et non des moindres. C'est Juliette Récamier qui s'adresse ainsi à son amie de toute une vie : Germaine de Staël. Cette dernière, malgré son pessimisme sur l'amitié, pensait sans doute à Juliette en écrivant que si les femmes peuvent effacer entre elles toute trace de rivalité et en elles trop de vivacité dans les sentiments, alors « le premier bien sans doute est l'amitié d'une femme ». Pour l'époque, le discours est original. La femme qui en est l'auteur aussi.

Fille de Necker, disciple enthousiaste des philosophes, Germaine de Staël épousait en 1786 le baron de Staël-Holstein avec lequel elle eut trois enfants. Elle s'enthousiasma pour la Révolution, mais le Directoire lui fera prendre chemin de l'exil en Suisse en 1803. En 1794, elle avait rencontré Benjamin Constant avec lequel elle vécut une liaison orageuse, rompue définitivement vers 1808. À son retour à Paris en 1797, Germaine de Staël rêva de jouer un rôle politique auprès de Bonaparte qui finit par l'exiler « à quarante lieues au moins de Paris ». Jusqu'à la Restauration, elle se partagea entre sa maison de Coppet en Suisse et ses voyages, notamment en Allemagne et en Italie. De retour à Paris, après la chute de Napoléon, elle y ouvrit un salon et épousa après son veuvage un jeune officier suisse. Une attaque d'apoplexie la terrassa en juillet 1817.

Les événements extraordinaires auxquels elle assista durant la période révolutionnaire et impériale influencèrent sa vision de l'homme et de ses rapports avec la société. Si ses œuvres préparent le mouvement romantique, elle fut elle-même, par sa vie rebelle et passionnée, par son nomadisme européen et par sa sensibilité, une héroïne romantique. Mme de Staël est l'auteur de romans, *Delphine* (1802), *Corinne ou l'Italie* (1807), et d'essais comme *De la littérature considérée dans ses rapports avec les institutions sociales* ou *De l'Allemagne* (1810). *De L'influence des passions sur le bonheur des individus et des nations* date de 1796.

Son approche modifie radicalement le discours sur l'amitié, tel qu'il s'était tenu depuis l'Antiquité puisqu'elle privilégie la flamme et l'ivresse de la passion amoureuse sur la tiède modération de l'amitié et évacue le critère moral du sentiment. C'est la personne que l'on aime et non ses qualités. La réciprocité et l'égalité nécessaires à l'amitié peuvent déboucher sur la déception ou la souffrance. L'amour, plus absolu, a la générosité de ne pas les exiger. En somme l'amitié se définit négativement par le manque. Elle n'est ni une passion ni une ressource personnelle et elle inspire « le besoin du retour ».

Mme de Staël considère néanmoins l'amitié dans des cas exceptionnels comme « la plus rare des chances morales » lorsqu'il s'agit d'attachements nés du « simple choix du cœur » ; elle distingue alors l'amitié entre hommes de l'amitié entre femmes et de l'amitié mixte. La rivalité et la concurrence menacent les amitiés viriles dès lors qu'elles se situent, non dans le contexte de la guerre héroïque, mais dans la société civile où les mérites individuels se mesurent constamment. Mme de Staël s'inscrit dans la tradition anglo-saxonne, qui insistait sur l'échange de services méprisé par la tradition française. « Or qui peut répondre que le succès des efforts de son ami n'influera pas sur vos sentiments pour lui ? » L'idéal serait de séparer l'amitié de tout ce qui n'est pas elle-même mais elle ne sait pas, comme l'amour, s'autosuffire.

Entre les femmes le besoin de la confidence, surtout amoureuse, est le premier fondement de l'amitié qui n'est plus alors qu'« une conséquence de l'amour » et disparaît avec lui. Les féministes contemporaines ont fait de l'échange de confidences le pilier de la communication et de l'histoire féminine. Pour Germaine de Staël, la confidence ne suffisant pas, pour peu que la concurrence à l'égard des hommes s'en mêle, la rivalité l'emporte sur l'amitié et « chaque femme se persuade qu'elle hérite de la ruine de l'autre ».

Quant à l'amitié mixte, elle n'est qu'un sous-produit de l'amour auquel elle conduit irrésistiblement si elle est forte. Car elle fait preuve de plus d'exigence que la passion qui tolère l'erreur et « se passerait bien plutôt de réciprocité que l'amitié ».

Les considérations de Mme de Staël établissent un nouveau pessimisme, plus critique que jamais à l'égard de l'illusion lyrique de l'amitié. Elles préparent les confusions des amitiés amoureuses, et la répugnance des anciens amants à n'être plus que des amis. Dans la lutte que se livraient sourdement depuis le grand siècle la passion amoureuse et le sentiment amical, pour la première fois officiellement, c'est l'amitié qui a le dessous. Dans son registre secondaire, Mme de Staël lui préfère même la bonté, considérée comme une ressource plus sûre pour les âmes sensibles.

Mais si le discours est désabusé, la pratique fut exemplaire et *Les Mémoires d'outre-tombe* de Chateaubriand se plaisent à évoquer les grands moments de l'amitié entre Germaine de Staël et Juliette Récamier. Le mari de cette dernière est-il ruiné, Mme de Staël invite immédiatement son amie à Coppet et lui écrit : « [...] je me suis sentie pour vous plus de tendresse que pour aucune femme que j'aie jamais connue. Certainement, en comparant votre situation à ce qu'elle était, vous avez beaucoup perdu ; mais s'il m'était possible d'envier ce que j'aime, je donnerais bien tout ce que je suis pour être vous. Beauté sans égale en Europe, réputation sans tache, caractère fier et généreux, quelle fortune de bonheur encore dans cette triste vie où l'on marche si dépouillé. [...] Adieu, cher ange, adieu ! J'embrasse avec respect votre visage charmant[1]... »

Après la mort de Mme de Staël, Mme Récamier et Chateaubriand viennent à Coppet pour un pèlerinage à la mémoire de leur amie, magnifiquement évoqué dans *Les Mémoires d'outre-tombe* : « Ma compagne de pèlerinage a reconnu tous les lieux où elle croyait voir encore son amie, ou assise à son piano, ou entrant, ou sortant, ou causant sur la terrasse qui borde la galerie. [...] Après avoir suivi les allées qu'elle avait coutume de parcourir avec Mme de Staël, Mme Récamier a voulu saluer ses cendres. [...] Je ne suis point entré dans le bois ; Mme Récamier a seule obtenu la permission d'y pénétrer. [...] C'était au pied du tombeau de Mme de Staël que tant d'illustres absents sur le même rivage se présentaient à ma mémoire. [...] Dans ce moment Mme Récamier, pâle et en larmes, est sortie du bocage funèbre elle-même comme une ombre. Si j'ai jamais senti à la fois la vanité et la vérité de la gloire et de la vie, c'est à l'entrée du bois silencieux, obscur, inconnu, où dort celle qui eut tant d'éclat et de renom, et en voyant ce que c'est que d'être véritablement aimé[2]. »

Pour la première fois dans l'histoire du Tombeau, depuis Oreste, Pylade et Électre, c'est une amitié de femmes qui est le point de mire de la narration. Et c'est toujours le verbe qui en consigne la mémoire. À leur tour Chateaubriand, Juliette Récamier et Germaine de Staël entrent ensemble dans le grand livre de l'amitié.

Je n'ai voulu de bonheur que dans le sentiment...

Je ne puis m'empêcher de m'arrêter au milieu de cet ouvrage, m'étonnant moi-même de la constance avec laquelle j'analyse les affections du cœur, et repousse loin d'elles toute espérance de bonheur durable. Est-ce ma vie que je démens ? père, enfants, amis, amies, est-ce ma tendresse pour vous que je vais désavouer ? Ah ! non ; depuis que j'existe je n'ai cherché, je n'ai voulu de bonheur que dans le sentiment, et c'est par mes blessures que j'ai trop appris à compter ses douleurs. Un jour heureux, un être distingué rattachent à ces illusions, et vingt fois

1. Chateaubriand, *Mémoires d'outre-tombe,* tome II, Le Livre de poche, p. 637-638.

2. *Ibid,* p. 383-385.

on revient à cette espérance après l'avoir vingt fois perdue. Peut-être à l'instant où je parle, je crois, je veux encore être aimée ; je laisse encore ma destinée dépendre tout entière des affections de mon cœur ; mais celui qui n'a pu vaincre sa sensibilité n'est pas celui qu'il faut le moins croire sur les raisons d'y résister. Une sorte de philosophie dans l'esprit, indépendante de la nature même du caractère, permet de se juger comme un étranger, sans que les lumières influent sur les résolutions ; de se regarder souffrir, sans que sa douleur soit allégée par le don de l'observer en soi-même ; et la justesse des méditations n'est point altérée par la faiblesse de cœur, qui ne permet pas de se dérober à la peine. D'ailleurs les idées générales cesseraient d'avoir une application universelle, si l'on y mêlait l'impression détaillée des situations particulières. Pour remonter à la source des affections de l'homme, il faut agrandir ses réflexions en les séparant de ses circonstances personnelles : elles ont fait naître la pensée, mais la pensée est plus forte qu'elles ; et le vrai moraliste est celui qui, ne parlant ni par invention, ni par réminiscence, peint toujours l'homme et jamais lui.

L'amitié n'est point une passion, car elle ne vous ôte pas l'empire de vous-même : elle n'est pas une ressource qu'on trouve en soi, puisqu'elle vous soumet au hasard de la destinée et du caractère des objets de votre choix ; enfin elle inspire le besoin du retour, et, sous ce rapport d'exigence, elle fait ressentir plusieurs des peines de l'amour, sans promettre des plaisirs aussi vifs. L'homme est placé, par toutes ses affections, dans cette triste alternative : s'il a besoin d'être aimé pour être heureux, tout système de bonheur certain et durable est fini pour lui ; et s'il sait y renoncer, c'est une grande partie de ses jouissances sacrifiée pour assurer celles qui lui resteront, c'est une réduction courageuse qui n'enrichit que dans l'avenir.

Je considérerai d'abord dans l'amitié, non ces liaisons fondées sur divers genres de convenances qu'il faut attribuer à l'ambition et à la vanité, mais ces attachements purs et vrais, nés du simple choix du cœur, dont l'unique cause est le besoin de communiquer ses sentiments et ses pensées, l'espoir d'intéresser, la douce assurance que ses plaisirs et ses peines répondent à un autre cœur. Si deux amis peuvent réussir à confondre leurs existences, à transporter l'un dans l'autre ce qu'il y a d'ardent dans la personnalité ; si chacun d'eux n'éprouve le bonheur ou la peine que par la destinée de son ami ; si, se confiant mutuellement dans leurs sentiments réciproques, ils goûtent le repos que donnent la certitude et le charme des affections abandonnées, ils sont heureux : mais que de douleurs peuvent naître de la poursuite de tels biens !

Deux hommes, distingués par leurs talents et appelés à une carrière illustre, veulent se communiquer leurs desseins ; ils souhaitent de s'éclairer ensemble : s'ils trouvent du charme dans ces conversations où l'esprit goûte aussi les plaisirs de l'intimité, où la pensée se montre à l'instant même de sa naissance, quel abandon d'amour-propre il faut supposer pour croire qu'en se confiant on ne se mesure jamais ! qu'on exclue du tête-à-tête tout jugement comparable sur le mérite de son ami et sur le sien, et qu'on se soit connu sans se classer ! Je ne parle pas des rivalités perfides qui pourraient naître d'une concurrence quelconque ; je me suis attachée dans cet ouvrage à considérer les hommes selon leur caractère sous le point de vue le plus favorable. Les passions causent tant de malheur par elles-mêmes, qu'il n'est pas nécessaire, pour en détourner, de peindre leurs effets dans les âmes naturellement vicieuses. Nul homme, à l'avance, ne se croyant capable de commettre une mauvaise action, ce genre de danger n'effraie personne ; et lorsqu'on le suppose, on se donne seulement pour adversaire l'orgueil de son lecteur. Imaginons donc qu'une ambition pareille, ou contraire, ne brouillera point deux amis. Comme il est impossible de séparer l'amitié des actions qu'elle inspire, les services réciproques sont un des liens qui doivent nécessairement en résulter ; et qui peut se répondre que le succès des efforts de son ami n'influera pas sur vos sentiments pour lui ? Si l'on n'est pas content de l'activité de son ami, si l'on croit avoir à s'en plaindre, à la perte de l'objet de ses désirs viendra bientôt se joindre le chagrin plus amer de douter du degré d'intérêt que votre ami mettait à vous seconder. Enfin, en mêlant ensemble le sentiment et les affaires, les intérêts du monde et ceux du cœur, on éprouve une sorte de peine qu'on ne veut pas approfondir, parce qu'il est plus honorable de l'attribuer au sentiment seul, mais qui se compose aussi d'une autre sorte de regrets, rendus plus douloureux par leur mélange avec les affections de l'âme. Il semble alors qu'il vaudrait mieux séparer entièrement l'amitié de tout ce qui n'est pas elle : mais son plus grand charme serait perdu si elle ne s'unissait pas à votre existence entière : ne sachant pas, comme l'amour, vivre d'elle-même, il faut qu'elle partage tout ce qui compose vos intérêts et vos sentiments ; et c'est à la découverte, à la conservation de cet autre soi, que tant d'obstacles s'opposent.

Les anciens avaient une idée exaltée de l'amitié, qu'ils peignaient sous les traits de Thésée et de Pirithoos, d'Oreste et de Pylade, de Castor et de Pollux ; mais, sans s'arrêter à ce qu'il y a de mythologique dans ces histoires, c'est à des compagnons d'armes que l'on supposait de tels sentiments ; et les dangers que l'on affronte ensemble, en apprenant à braver la mort, rendent plus facile le dévouement de soi-même à un autre. L'enthousiasme de la guerre excite toutes les passions de l'âme, remplit les vides de la vie, et par la présence continuelle de la mort fait taire la plupart des rivalités, pour leur substituer le besoin de s'appuyer l'un sur l'autre, de lutter, de triompher, ou de périr ensemble. Mais tous ces mouvements généreux que produit le plus beau des sentiments des hommes, la valeur, sont plutôt les qualités propres au courage qu'à l'amitié : lorsque la guerre est finie, rien n'est moins probable que la réalité, la durée des rapports qu'on se croyait avec celui qui partageait nos périls.

Pour juger de l'amitié même, il faut l'observer dans les hommes qui ne parcourent ni la carrière militaire, ni celle de l'ambition ; et peut-être verra-t-on alors que ce sentiment est le plus exigeant de tous dans les âmes ardentes. On veut qu'il suffise à la vie, on s'agite du vide qu'il laisse, on en accuse le peu de sensibilité de son ami ; et quand on éprouverait l'un pour l'autre un sentiment semblable, on serait fatigué mutuellement de l'exigence réciproque. Je sais bien qu'au tableau de toutes ces inquiétudes on peut opposer les êtres froids qui, aimant comme ils font toutes les autres actions de leur vie, consacrent à l'amitié tel jour de la semaine, règlent par avance quel pouvoir sur leur bonheur ils donneront à ce sentiment, et s'acquittent d'un penchant comme d'un devoir ; mais j'ai déjà dit, dans l'introduction de cet ouvrage, que je ne voulais m'occuper que du destin des âmes passionnées : le bonheur des autres est assuré par toutes les qualités qui leur manquent.

Les femmes font habituellement de la confidence le premier besoin de l'amitié, et ce n'est plus alors qu'une conséquence de l'amour ; il faut que réciproquement une passion semblable les occupe, et leur conversation n'est souvent alors que le sacrifice alternatif fait, par celle qui écoute, à l'espérance de parler à son tour. La confidence même que l'on s'adresse l'une à l'autre de sentiments moins exclusifs, porte avec elle le même caractère ; et l'occupation qu'on a de soi est un tiers importun successivement à toutes deux. Que devient cependant le plaisir de se confier, si l'on aperçoit de l'indifférence, si l'on surprend un effort ? Tout est dit pour les âmes sensibles, et la personnalité seule peut continuer des entretiens dont l'œil pénétrant de la délicatesse a vu l'amitié fatiguée.

Les femmes, ayant toutes la même destinée, tendent toutes au même but ; et cette espèce de jalousie qui se compose du sentiment et de l'amour-propre est la plus difficile à dompter. Il y a, dans la plupart d'entre elles, un art qui n'est pas de la fausseté, mais un certain arrangement de la vérité dont elles ont toutes le secret, et dont cependant elles détestent la découverte. Jamais le commun des femmes ne pourra supporter de chercher à plaire à un homme devant une autre femme ; il y a aussi une espèce de fortune commune à tout ce sexe en agréments, en esprit, en beauté, et chaque femme se persuade qu'elle hérite de la ruine de l'autre. Il faudrait donc ou une absence totale de sentiments vifs qui, en détruisant la rivalité, amortirait aussi toute espèce d'intérêt, ou une vraie supériorité, pour effacer la trace des obstacles généraux qui séparent les femmes entre elles. Il faut trouver autant d'agréments qu'on peut s'en croire, et plus de qualités positives, pour qu'il y ait du repos dans elle, et du dévouement en soi ; alors le premier bien, sans doute, est l'amitié d'une femme. Quel homme éprouva jamais tout ce que le cœur d'une femme peut souffrir ? L'être qui fut ou serait aussi malheureux que vous peut seul porter du secours au plus intime, au plus amer de la douleur. Mais quand cet objet unique serait rencontré, la destinée, l'absence ne pourraient-elles pas troubler le bonheur d'un tel lien ? Et d'ailleurs celle qui croirait posséder l'ami le plus parfait et le plus sensible, l'amie la plus distinguée, sachant mieux que personne tout ce qu'il faut pour obtenir du bonheur dans de telles relations, serait d'autant plus éloignée de conseiller, comme la destinée de tous, la plus rare des chances morales.

Enfin deux amis d'un sexe différent, qui n'ont aucun intérêt commun, aucun sentiment absolument pareil, semblent devoir se rapprocher par cette opposition même ; mais si l'amour les captive, je ne sais quel sentiment, mêlé d'amour-propre et d'égoïsme, fait trouver à un homme ou à une femme, liés par l'amitié, peu de plaisir à s'entendre parler de la passion qui les occupe. Ces sortes de liens, ou ne se maintiennent pas, ou cessent alors qu'on n'aime plus l'objet dont on s'entretenait ; on s'aperçoit tout à coup que lui seul vous réunissait. Si ces deux amis, au contraire, n'ont point de premier objet, ils voudront obtenir l'un de l'autre cette préférence suprême. Dès qu'un homme et une femme ne sont point attachés ailleurs par l'amour, ils cherchent dans leur amitié tout le dévouement de ce sentiment, et il y a une sorte d'exigence naturelle, entre deux personnes d'un sexe différent, qui fait demander par degrés, et sans s'en apercevoir, ce que la passion seule peut donner, quelque éloigné que l'un ou l'autre soit de la ressentir. On se soumet d'avance et sans peine à la préférence que son ami accorde à sa maîtresse ; mais on ne s'accorde pas à voir les bornes que la nature même de son sentiment met aux preuves de son amitié ; on croit donner plus qu'on ne reçoit, par cela même qu'on est plus frappé de l'un que de l'autre, et l'égalité est aussi difficile à établir sous ce rapport que sous tous les autres ; cependant elle est le but où tendent ceux qui se livrent à ce lien. L'amour se passerait bien plutôt de réciprocité que l'amitié ; là où il existe de l'ivresse, on peut suppléer à tout par de l'erreur ; mais l'amitié ne peut se tromper, et lorsqu'elle compare, elle n'obtient presque jamais le résultat qu'elle désire ; ce qu'on mesure paraît si rarement égal ; il y a quelquefois plus de parité dans les extrêmes, et les sentiments sans bornes se croient plus aisément semblables.

Quelles tristes pensées ces analyses ne font-elles pas naître sur la destinée de l'homme ! Quoi ! plus le caractère est susceptible d'attachements passionnés, plus il faut craindre de faire dépendre son bonheur du besoin d'être aimé ! Est-ce une réflexion qui doive livrer à la froide personnalité ? Ce serait, au contraire, cette réflexion même qui devrait conduire à penser qu'il faut éloigner de toutes les affections de l'âme jusqu'à l'égoïsme du sentiment. Contentez-vous d'aimer, vous qui êtes nés sensibles ; c'est là l'espoir qui ne trompe jamais. Sans doute, l'homme qui s'est vu l'objet de la passion la plus profonde, qui recevait à chaque instant une nouvelle preuve de la tendresse qu'il inspirait, éprouvait des émotions plus enivrantes. Ces plaisirs, non créés par soi, ressemblent aux dons du ciel, ils exaltent la destinée : mais ce bonheur d'un jour gâte toute la vie ; le seul trésor intarissable, c'est son propre cœur. Celui qui consacre sa vie au bonheur de ses amis et de sa famille ; celui qui, prévenant tous les sacrifices, ignore à jamais où se serait arrêtée l'amitié qu'il inspire ; celui qui, n'existant que dans les autres, ne peut plus mesurer ce qu'ils feraient pour lui ; celui qui trouve dans les jouissances qu'il donne le prix des sentiments qu'il éprouve ; celui dont l'âme est si agissante pour la félicité des objets de sa tendresse, qu'il ne lui reste aucun de ces moments de vague où la rêverie enfante l'inquiétude et le reproche, celui-là peut sans crainte s'exposer à l'amitié.

Mais un tel dévouement n'a presque point d'exemple entre des égaux ; il peut exister, causé par l'enthousiasme ou par un devoir quelconque ; mais il n'est presque jamais possible dans l'amitié, dont la nature est d'inspirer le funeste besoin d'un parfait retour ; et c'est parce que le cœur est fait ainsi, que je me suis réservé de peindre la bonté comme une ressource plus assurée que l'amitié, et meilleure pour le repos des âmes passionnément sensibles.

Germaine de Staël, *De l'influence des passions sur le bonheur des individus et des nations,* in *Œuvres complètes,* Paris, Lefèvre, 1838.

EMMANUEL KANT (1724-1804)

Un cygne noir

L'amitié parfaite, pour le philosophe allemand, est l'union de deux personnes à travers une considération et un amour égaux et réciproques. L'équilibre entre ces deux devoirs, contradictoires, puisque l'amour relève de l'attraction et de la familiarité tandis que le respect relève de la répulsion et exige une « honnête distance », est impossible. Ainsi, « si l'un reçoit un bienfait de l'autre, il peut bien encore compter sur une égalité d'amour mais non sur une égalité de considération, car il se voit sensiblement placé à un degré plus bas, puisqu'il est obligé sans pouvoir obliger à son tour ». De même, la confiance et la divulgation de secrets, nécessaires à l'amour, risquent d'entamer le respect.

Emmanuel Kant naquit à Königsberg où il demeura toute sa vie, partageant son temps entre l'écriture et l'enseignement. Après des études de théologie, de philosophie et de sciences, il travailla comme précepteur avant de devenir professeur à l'université de Königsberg. Kant étudia d'abord Leibniz puis s'intéressa à la philosophie de David Hume et à l'œuvre de Jean-Jacques Rousseau. Son ouvrage principal est la *Critique de la raison pure* (1781). Sa morale apparaît sous forme d'analyse dans *Les Fondements de la métaphysique des mœurs* (1785) et de doctrine dans la *Métaphysique des mœurs* (1797) d'où est extrait ce passage sur l'amitié. Selon la doctrine morale de Kant, chacun choisit une ligne de conduite. Si elle était adoptée par tous, elle engendrerait une communauté d'individus libres et égaux, où chacun servirait les intérêts des autres membres en agissant pour sa propre cause.

Pour Kant, chaque individu doit être considéré comme une fin en soi — et non comme un moyen —, ce qui exclut naturellement toute forme d'amitié fondée sur l'intérêt. L'amitié fait partie des devoirs moraux des hommes entre eux. Ainsi, l'amitié naît de la volonté morale qu'ont deux individus de nouer des relations fondées sur l'égalité, la réciprocité, et la vertu. Kant perçoit l'amitié dans sa forme pure ou idéale qu'il oppose à sa mise en pratique dans le monde réel. « Une amitié parfaite est une simple idée, mais une idée pratiquement nécessaire, quoique inaccessible dans le réel de la vie. »

De l'union intime de l'amour avec le respect dans l'amitié

L'*amitié* (considérée dans sa perfection) est l'union de deux personnes par un amour et une considération égales et réciproques. On voit facilement qu'elle est l'idéal de la participation au bien de tous ceux qui sont unis par une bonne volonté morale ; et quoiqu'elle ne soit pas tout le bonheur de la vie, l'admission du double sentiment qui la constitue fait mériter d'être heureux. C'est donc un devoir pour les hommes que de rechercher leur amitié mutuelle. — Mais il n'est pas difficile d'apercevoir que si c'est un devoir imposé par la raison d'aspirer à l'amitié comme à une règle du bon sentiment entre les hommes, au moins n'est-ce pas un devoir vulgaire, mais un devoir honorable ; et qu'une amitié parfaite est une simple idée, mais une idée pratiquement nécessaire, quoique inaccessible dans le réel de la vie. Car comment est-il possible qu'un homme en rapport avec ses semblables découvre de part et d'autre l'*égalité* de l'un des sentiments constitutifs du même devoir (v. g. de la bienveillance mutuelle), égalité néanmoins requise pour la perfection de l'amitié ? ou, ce qui mérite encore plus d'être recherché, quel est dans la même personne le rapport du sentiment de l'un des devoirs élémentaires de l'amitié au sentiment de l'autre (v. g. du sentiment de bienveillance à celui de respect) ; et lorsque l'un des amis est ardent dans l'*amour*, ne perd-il pas par là même dans le *respect* de l'autre ? Comment donc s'attendre que de part et d'autre l'amour et la parfaite considération puissent subjectivement se ramener sans peine à un équilibre proportionnel ; ce qui est néanmoins indispensable à l'amitié ? — Car on peut considérer l'amour comme attraction, et le respect comme répulsion ; tellement que le principe de ce premier sentiment demande le rapprochement, tandis que celui du second exige une honnête distance. Cette circonscription de l'intimité, énoncée par la règle qui défend aux amis les plus intimes de ne point user entre eux de *trop de familiarité*, contient une maxime qui ne vaut pas simplement de supérieur à inférieur, mais encore réciproquement ; car le supérieur sent son orgueil offensé avant qu'on s'en aperçoive, et désire bien voir que le respect de l'inférieur soit peut-être un instant suspendu, mais non anéanti, parce que, une fois altéré, il est intérieurement perdu sans retour, quoique son caractère extérieur (le cérémonial), suive son ancienne allure.

L'amitié dans sa pureté ou plénitude, pensée comme accessible (entre Oreste et Pylade, Thésée et Pirithoos), est le cheval de bataille des écrivains romains. Mais Aristote dit au contraire : Mes bons amis, il n'y a point d'amis ! Les observations suivantes feront encore sentir la difficulté qu'il y en ait en effet.

En considérant la chose moralement, il sera sans doute de devoir qu'un ami dessille les yeux de son ami sur ses fautes ; car de cette manière il veille utilement à son bonheur, ce que doit effectivement faire l'amour. Mais celui-ci ne voit dans la conduite du premier qu'un défaut de la considération qu'il s'attendait à trouver dans son ami ; il doit même toujours être en crainte d'avoir perdu cette estime, ou, puisqu'il est toujours observé et jugé secrètement par lui, de la perdre bientôt ; et, par cela seul qu'il doit toujours être observé et remontré, il se croira déjà offensé.

Combien ne désire-t-on pas dans l'adversité un ami agissant, et qui puisse nous secourir dans nos besoins ! Mais cependant c'est un lourd fardeau que de se sentir enchaîné à la fortune d'autrui, et accablé de ses nécessités. — L'amitié ne peut donc consister dans une liaison également avantageuse des deux côtés, mais cette liaison doit être purement morale ; et l'assistance qu'on peut justement attendre d'autrui dans les cas difficiles, ne doit pas être considérée comme fin et moyen déterminant à l'amitié ; — par là l'un perdrait l'estime de l'autre : — mais cette assistance ne doit être que comme le signe extérieur d'une bienveillance intimement cordiale, qu'on ne peut cependant jamais mettre à l'épreuve sans danger, parce que chacun des deux amis désire ardemment soulager l'autre de ce fardeau, le porter seul, et même le lui cacher totalement ; mais il peut cependant espérer toujours qu'à son tour il recevra dans l'adversité les secours de celui qu'il soulage maintenant. Mais si l'un reçoit un *bienfait* de l'autre, il peut bien encore compter sur une égalité d'amour, mais non sur une égalité de considération, car il se voit sensiblement placé un degré plus bas, puisqu'il est obligé, sans pouvoir obliger à son tour. — L'amitié, outre qu'elle contient la douceur du sentiment d'une possession mutuelle si grande qu'une seule personne résulte en quelque sorte de deux, est en même temps quelque chose de si *tendre (teneritas amicitiœ)*, que si on la fait consister dans le sentiment, sans soumettre cette communauté, cette dédition mutuelle à des principes, à des règles qui préviennent le trop de familiarité, en limitant l'amour par les exigences du respect, elle n'est pas sûre de ne pas être troublée et *interrompue* au premier moment, comme il arrive ordinairement aux personnes sans éducation, quoiqu'elles n'en viennent presque jamais à une *rupture* pour cela ; car le peuple se bat et se réconcilie ensuite : ces personnes ne peuvent pas se quitter, ni même s'unir par la concorde, parce que les rixes mêmes leur sont nécessaires, pour soutenir la douceur de l'union après qu'elles se sont réconciliées. — Mais en aucun cas l'amour ne peut être *passion* dans l'amitié, parce que la passion est aveugle dans son choix, et finit par s'évanouir.

L'*amitié morale* (pour la distinguer de l'amitié esthétique) est la parfaite confiance qui règne entre deux personnes dans la communication réciproque de leurs pensées et de leurs sentiments les plus secrets, autant que cela peut se concilier avec la considération mutuelle entre eux.

L'homme est un être destiné à la société, quoique cependant insociable ; et dans la culture de l'état social, il sent grandement la nécessité de s'*ouvrir* aux autres, n'ayant en cela aucune intention secrète : mais en sens contraire, il est aussi retenu et averti par la crainte de l'abus que les autres peuvent faire de la découverte de ses pensées, et se voit ainsi forcé de *renfermer* au-dedans de lui une bonne partie de ses jugements, principalement ceux sur les autres hommes. Il désirerait volontiers ne s'entretenir avec personne de ce qu'il pense des hommes qu'il fréquente, du gouvernement, de la religion, etc. ; mais il ne doit pas le tenter, parce que les autres, s'il taisait prudemment son jugement, pourraient tourner son silence contre lui. Il pourrait bien encore mettre à découvert d'autres siens défauts, mais il doit craindre que celui à qui il se dévoile ne cache les siens propres, et qu'il ne perde ainsi lui-même de la considération de ce dernier, en s'exposant à lui trop à cœur ouvert.

Que s'il trouve un homme qui ait un sens et un entendement droit, tellement qu'il puisse lui ouvrir son cœur avec une parfaite confiance, sans avoir à craindre aucun danger, et qui soit d'accord avec lui sur la manière de juger les choses, il peut laisser un libre cours à ses pensées : il n'est plus tout à fait seul avec ses pensées, comme dans une prison, et il jouit d'une liberté qui lui manque dans la foule, où il est obligé de se renfermer en lui-même. Tout homme a ses secrets, et il ne doit point s'ouvrir témérairement aux autres, soit à cause de l'ignoble façon de penser de la plupart, qui pourraient en faire un usage préjudiciable pour lui, soit à cause de l'imprudence de plusieurs dans le discernement de ce qui doit ou non se divulguer, soit à cause de l'indiscrétion. Or, il est très rare de trouver toutes ces vertus contraires réunies dans le même homme :

Rara avis in terris, nigroque simillima cygno ;

surtout lorsqu'une étroite amitié exige que cet ami prudent et fait confident se tienne obligé au même secret envers un autre ami également discret, à moins d'une permission expresse de la part du premier, qui lui a confié ce secret.

Cette amitié (l'amitié simplement morale) n'est cependant pas idéale, et ce cygne noir existe réellement par-ci par-là dans toute sa perfection ; mais l'amitié parfaite, qui se charge des fins des autres hommes, quoique par amour, ne peut avoir ni la pureté (pragmatique), ni la perfection exigée pour une règle suffisamment déterminée, et n'est que l'idéal d'un vœu immense dans le concept rationnel, mais qui cependant doit toujours être borné dans l'expérience.

Mais l'*ami des hommes* en général (c'est-à-dire un ami de toute l'espèce) est celui qui prend part esthétiquement au bien de tous les hommes, et qui ne l'altérera jamais sans une profonde douleur. Cependant le mot d'*ami* des hommes, est d'une signification encore plus stricte que celui de *philanthrope.* Car dans le premier est aussi la représentation et le soin de l'*égalité* parmi les hommes, par conséquent l'idée d'être obligé par là soi-même, lorsque l'on oblige les autres à la bienfaisance ; en quoi on se représente tous les hommes comme des frères, sous un père commun qui veut le bien de tous. — Car le rapport de patron comme bienfaiteur à client comme reconnaissant, est à la vérité un rapport d'amour mutuel, mais non un rapport d'amitié ; parce que le respect dû entre eux n'est pas égal. — Le devoir de vouloir du bien aux hommes, comme leur ami (une affabilité nécessaire), et la mûre réflexion de ce devoir, servent à remédier à l'orgueil qui s'empare ordinairement des heureux qui pourraient faire du bien.

Emmanuel Kant, *Principes métaphysiques de la morale,* traduit par C.-J. Tifsot, Paris, Levrault, 1830.

RALPH WALDO EMERSON (1803-1882)

Le fruit le plus lent à mûrir

En 1776, les Américains ont déclaré leur indépendance à la face de la Grande-Bretagne. En 1837, les États-Unis ont reçu de Ralph Waldo Emerson ce que Oliver Wendell Holmes appelle : « leur déclaration intellectuelle d'indépendance ». Cela se passait à l'université de Harvard sous la forme d'une conférence insistant sur l'originalité américaine et sa rupture nécessaire avec les traditions européennes. L'Amérique entre dans cette anthologie avec une réflexion sur l'amitié, signée d'une des figures intellectuelles les plus fortes de l'histoire des États-Unis. Son essai sur l'amitié contient en toile de fond beaucoup d'autres idées du philosophe et poète américain.

C'est que la problématique de l'amitié est renouvelée par Emerson, non seulement dans son contenu mais dans sa composition. Beaucoup plus souple et libre que chez ses homologues européens, elle peut sembler capricieuse et imprévisible au lecteur de l'Ancien Monde. Emerson, l'Américain, lui renverra de lui-même, l'Européen, l'image que s'en fait désormais l'intellectuel du Nouveau Monde : « L'Europe est le vêtement fané d'êtres morts ; leurs livres sont leurs fantômes. Abandonnons cette idolâtrie, renonçons à cette mendicité ; séparons-nous nous-mêmes de nos plus chers amis et, les défiant, disons-leur : "Qui êtes-vous ? Laissez-moi aller, je ne veux plus de dépendance." »

Né à Boston, fils de pasteur, Emerson étudia à l'université de Harvard, puis se maria et devint, comme son père, pasteur à Boston. Son veuvage en 1831 changea le cours de son existence. Il décida de quitter son ministère, voyagea en Europe où il rencontra des écrivains célèbres comme Wordsworth et Coleridge ou plus obscurs à l'époque comme Carlyle. À son retour en Amérique, il se fit connaître par ses talents d'orateur et ses nombreuses conférences. Remarié en 1835, il fonda une famille de quatre enfants et s'installa dans la petite ville de Concord en Nouvelle-Angleterre. Il est l'auteur de *Nature* (1836), des *Essais* (1841, 1844) et de *Représentants de l'humanité* (1850). C'est *The American Scholar*, discours aux étudiants de Harvard, qui fit sa renommée. Jusqu'à sa mort à l'âge de soixante-dix-neuf ans, il resta une personnalité publique, militant contre l'esclavage et manifestant son soutien à l'activiste abolitionniste John Brown.

Fondateur de la philosophie transcendantaliste — mélange d'individualisme et de mysticisme —, il se montre constructif, à l'image de son pays qu'il entend séparer culturellement de la vieille Europe comme il prétend arracher l'individu au monde matériel qui l'écrase pour en faire l'artisan de son propre destin. Il considère que les grandes figures intellectuelles qui l'ont le plus inspiré, de Platon à Montaigne, de Plotin à Shakespeare ou à Kant, sont nos contemporains et ceux des hommes de l'avenir car leurs écrits ne transmettent pas des pensées mais ressuscitent des hommes qui pensent. Emerson exerça une influence considérable sur des écrivains aussi différents que son ami et disciple Thoreau, mais aussi Walt Whitman, Friedrich Nietzsche, et Jorge Luis Borges.

Ralph Waldo Emerson célébra l'amitié dans sa poésie et la pratiqua activement dans sa vie. Il se lia, à différentes époques de son existence, avec notamment Nathaniel Hawthorne, Louisa May Alcott, auteur des *Quatre Filles du Dr March*, son correspondant le philosophe et historien écossais Thomas Carlyle et surtout le poète Henry David Thoreau qu'il accueillit chez lui à Concord (v. Thoreau). Son essai *Friendship*, paru en 1841, semble avoir été inspiré par ses liens amicaux avec Margaret Fuller, journaliste et auteur de *Woman in the Nineteenth Century*, avec Caroline Sturgis, et avec Samuel Grey Ward. Et c'est à ses amis qu'il s'adresse. L'approche d'Emerson est résolument optimiste. « Nous avons en nous plus de bonté que nous en exprimons [...] toute la famille humaine est baignée dans une atmosphère d'amour comme dans quelque éther subtil. »

À partir des principes du transcendantalisme, Emerson perçoit l'amitié comme une expérience de l'esprit qui permet de rechercher une relation intime, sincère et sacrée. « Est-ce que l'âme n'émettrait pas des amis comme l'arbre des feuilles ? Et tout à l'heure la germination de pousses nouvelles repoussera la feuille ancienne. La loi de la nature est une perpétuelle variation. Chaque force électrique appelle son contraire : l'âme s'entoure d'amis afin d'atteindre une plus haute connaissance de soi-même et une plus grande solitude. »

Une fois cette relation naturelle établie, Emerson ne nie pas l'idéalisation : « Nous nous doutons que nous conférons à notre héros les vertus dont il resplendit et que nous adorons ensuite la forme à laquelle nous avons prêté cette visitation divine. » Il préconise la patience car « les lois de l'amitié sont austères et éternelles » comme celles de la nature et il s'agit de cueillir dans le jardin de Dieu « le fruit le plus lent à mûrir ».

La familiarité et la proximité sont à prohiber car « presque tous les êtres s'abaissent en se rencontrant ». « Le seul moyen d'avoir un ami est d'en être un soi-même. » À partir de ce postulat simple, la pensée d'Emerson se construit en cheminant tout en assumant ses contradictions apparentes : il commence par poser l'égalité, garante d'indépendance, comme nécessaire avec chaque ami, mais il entrevoit aussi à la fin de l'essai « la possibilité d'entretenir une amitié de la part de l'un surtout, sans rencontrer d'échange égal de l'autre part. »

La sincérité et la tendresse sont les composantes nécessaires de l'amitié. La sincérité est difficile : « Tout homme seul est sincère ; l'hypocrisie commence à l'entrée du second. » Autre écueil de l'amitié : la routine. « L'Amitié ne devrait jamais devenir fixe et coutumière, mais être chose alerte et inventive. » Quant à l'éternelle question de savoir si l'amitié est réservée à un seul être ou à plusieurs, il la tranche en optant pour plusieurs amis, peut-être faute d'avoir connu lui-même une « si haute intimité ». À l'amitié exceptionnelle de Montaigne et La Boétie, il préférera « un cercle d'hommes et de femmes, semblables à des dieux, diversement liés les uns aux autres et entre lesquels règne une sublime intelligence ». Mais il tient néanmoins au tête-à-tête, indispensable à la conversation : « Il n'est pas deux hommes, qui, laissés seuls ensemble, n'entrent dans des rapports plus simples. »

Emerson use de ses amis comme il ferait de ses livres. Il les veut là où il peut les trouver mais s'en sert rarement. L'amitié exige un religieux respect. « Entretenons avec toute la grandeur d'âme dont nous sommes capables une chose aussi grande que l'amitié », que chaque homme passe sa vie à chercher. Dans cette chaude science du cœur qu'est l'amitié, l'ami est une tête de Janus qui regarde vers le passé et vers l'avenir. À l'image de son sujet, l'essai d'Emerson réconcilie la mémoire européenne avec l'innovation américaine.

Nous avons en nous plus de bonté que nous en exprimons

La rouge goutte de sang
Pèse plus que la mer en colère ;
L'univers incertain s'en vient et s'en va,
Celui qui aime seul est inébranlable.
Je l'avais cru perdu,
Après bien des années
Sa bonté inépuisable
Rayonnait encore, pareille à quelque aurore.
Mon cœur soucieux était de nouveau libre :
— O mon ami — disait mon âme —,
Par toi seul subsistent la voûte du ciel
Et la pourpre de la rose.
Toute chose par toi revêt forme plus noble
Et s'étend par-delà l'univers.
Auprès de ta valeur la routine de la vie
Devient un sentier inondé de soleil.

A moi aussi ta noblesse enseigne
A maîtriser mon désespoir.
Les sources de ma vie cachée
Sont belles par ton amitié.

Nous avons en nous plus de bonté que nous en exprimons. Malgré tout l'égoïsme qui, pareil au vent d'est, glace le monde, toute la famille humaine est baignée dans une atmosphère d'amour comme dans quelque éther subtil. — Qu'ils sont nombreux ceux que nous rencontrons dans les maisons, auxquels nous parlons à peine et que nous respectons et qui nous respectent. Combien nombreux ceux que nous voyons dans la rue, auprès de qui nous nous asseyons à l'église et avec qui, silencieusement, nous nous réjouissons d'être. Lisez le langage de tous ces regards perdus. Le cœur sait. L'effet de cette bienveillance de l'affection humaine est un sentiment de joie cordiale. Dans la poésie et dans le parler ordinaire, les émotions de bienveillance et de complaisance envers autrui sont comparées aux effets du feu : aussi rapides, sinon bien plus, et plus actifs et réjouissants sont les subtils rayonnements intérieurs. Du plus haut degré de l'amour passionné à la moindre manifestation de bonne volonté ce sont eux qui font la douceur de la vie. Nos forces intellectuelles et actives augmentent avec nos affections. Le lettré se met à écrire et toutes ses années de méditation ne lui fournissent pas une seule pensée, une seule expression heureuse ; mais s'agit-il d'écrire à un ami ? aussitôt une foule de douces pensées revêtent de toutes parts, des formes choisies. Voyez, dans toute maison où demeurent la vertu et le respect de soi-même, l'émoi que cause l'approche de l'étranger. Il nous est recommandé, il est attendu et annoncé, et un malaise qui n'est ni plaisir, ni souffrance, envahit tous les cœurs de la maison. Son arrivée cause presque de la crainte dans les braves cœurs qui voudraient lui souhaiter la bienvenue. La maison est nettoyée, tout est remis en place, le vieil habit est remplacé par un nouveau et l'on cherche à organiser, si possible, un dîner. De l'étranger qui nous est recommandé, la bonne réputation seule nous parvient et nous n'entendons de lui que ce qui est bon et nouveau. Il représente pour nous toute l'humanité. Il est ce que nous souhaitons. L'ayant ainsi imaginé et revêtu, nous nous demandons quelles seront notre attitude et notre conversation avec un tel homme et la crainte nous rend mal à l'aise. La même pensée anime la conversation que nous avons avec lui.

Nous causons mieux qu'à l'ordinaire. Nous avons l'imagination la plus vive, la mémoire la plus féconde, et notre démon muet nous abandonne pour l'instant. Durant de longues heures nous pouvons entretenir toute une série d'abondantes, aimables et sincères communications puisées à notre expérience la plus ancienne et la plus secrète, de telle sorte que nos connaissances et nos parents seront vivement surpris de nos capacités inaccoutumées.

Mais dès que l'étranger permet à ses partialités, ses définitions, ses défauts, d'envahir la conversation, tout est changé. Il nous a entendus pour la première, la dernière et la meilleure des fois. Il n'est plus un étranger pour nous. La vulgarité, l'ignorance et le malentendu sont des vieilles connaissances. Quand il vient maintenant, il peut encore trouver l'ordre, l'habit, le festin, mais non le tressaillement du cœur ou les confidences de l'âme. Qu'y a-t-il d'aussi agréable que ces jets d'affection qui rajeunissent pour moi le monde et quoi de si délicieux qu'une rencontre juste et certaine de deux âmes dans une même pensée, en un même sentiment ! Qu'ils sont beaux à leur approche du cœur palpitant les pas et les formes des êtres sincères et doués ! A l'instant même où nous cédons à nos affections, la terre est transformée ; il n'y a ni hiver, ni nuit ; toutes les tragédies, tous les ennuis disparaissent, tous les devoirs même. L'éternité à venir n'est peuplée que des formes des êtres aimés. Si l'âme était assurée qu'elle rejoindrait son ami quelque part dans l'univers, elle serait satisfaite et heureuse dans une solitude de mille années.

Je me réveillai ce matin avec de sincères actions de grâces pour mes amis, anciens et nouveaux. N'appellerai-je pas Dieu, Beauté, Lui qui se révèle à moi journellement dans ses dons ? J'en veux à la société, j'embrasse la solitude, mais je ne suis pourtant pas si ingrat que de ne pas les voir, lorsque, de temps en temps, passent devant mon seuil les âmes sages, les belles et les nobles. Celui qui m'entend, qui me comprend, m'appartient et devient ma possession à jamais. La nature n'est pas si pauvre qu'elle ne puisse me donner cette joie plus d'une fois ; nous tissons nos propres fils sociaux, un nouveau tissu de relations ; et à mesure que nos pensées successives prendront corps ainsi, nous nous trouverons petit à petit dans un monde de notre propre création et non plus des étrangers et des voyageurs dans une sphère traditionnelle.

Mes amis me sont venus, sans que je les cherche ; c'est le Tout-Puissant qui me les donna. Par un droit ancien, par l'affinité divine des vertus entre elles, je les trouve ; et non pas moi, mais la Divinité qui est en moi et en eux et qui tourne et surmonte les épaisses murailles du caractère de chacun, des relations, de l'âge, du sexe, des circonstances sur lesquelles Elle ferme les yeux, réunissant plusieurs en un seul tout. Je vous dois une grande reconnaissance, excellents amis qui incarnez à nouveau pour moi le monde jusque dans de nouvelles et nobles profondeurs et qui élargissez le sens de toutes mes pensées. Nouveau poème du premier Barde, poème sans fin, hymne, ode ou poème épique, poème toujours vivant, éternel chant d'Apollon et des Muses. Me quitteront-ils à nouveau ceux-là ou quelques-uns d'entre eux ? Je ne sais, mais ne le crains pas ; car nos rapports sont si purs qu'une simple affinité nous unit et (l'essence même de la vie étant ainsi sociable) la même affinité exercera son influence sur quiconque est noble comme ces hommes et ces femmes, où que je puisse être.

Je me reconnais d'une sensibilité extrême sur ce point et il m'est presque dangereux de « broyer le doux poison du vin mal employé ». Une personne nouvelle est pour moi un grand événement et m'empêche de dormir. J'ai souvent fait de beaux rêves au sujet des gens, rêves qui m'ont procuré des heures exquises ; mais la joie cesse avec le jour et ne porte pas de fruit. Elle n'a pas donné naissance à la pensée et mon activité n'en est guère modifiée. Je dois envisager les hauts faits de mon ami avec fierté et ses vertus avec un sentiment de propriété. Je dois me réjouir des louanges qu'on lui donne comme l'amant qui entend louer celle qu'il aime. Nous surévaluons la conscience de notre ami. Sa bonté nous semble supérieure à la nôtre, sa nature plus belle, ses tentations moindres. L'imagination rehausse tout ce qui est à lui, son nom, sa forme, son habit, ses livres, ses instruments. Nos propres pensées tombant de ses lèvres semblent nouvelles et plus vastes.

Pourtant la contraction et la dilatation du cœur ne sont pas sans analogie avec le flux et le reflux de l'amour. L'Amitié, pareille à l'immortalité de l'âme, est trop belle pour que l'on y croie. L'amant qui contemple son amante sait à demi qu'elle n'est pas en réalité celle qu'il adore ; et aux heures d'or de l'amitié, l'ombre du soupçon ou du doute nous surprend parfois. Nous nous doutons que nous conférons à notre héros les vertus dont il resplendit et que nous adorons ensuite la forme à laquelle nous avons prêté cette visitation divine. En réalité l'âme ne respecte pas les hommes comme elle se respecte elle-même. Dans la science rigoureuse tous les êtres subissent la même condition d'un éloignement infini. Craindrons-nous de refroidir notre amour en creusant jusqu'aux fondations de ce temple Elyséen ? Ne serais-je pas aussi réel que les choses que je vois ? Si je le suis, je ne craindrai pas de les reconnaître pour ce qu'elles sont. Leur essence n'est pas moins belle que leur apparence, bien qu'elle nécessite des sens pour la percevoir. La racine de la plante n'est pas déplaisante aux yeux de la science, mais nous coupons les tiges pour les guirlandes et les festons. Et je suis contraint d'introduire au milieu de ces agréables rêveries le fait dans toute sa nudité, au risque de le voir accueillir comme un présage funeste à un banquet.

Un homme qui est un avec sa pensée fonde sur lui-même de magnifiques espoirs ; il a conscience d'un universel succès, bien qu'acheté au prix de défaillances intimes et uniformes. Aucuns avantages, aucune puissance, aucun or, aucune force ne sauraient lui résister. Je ne puis choisir mais j'ai plus de confiance dans ma propre pauvreté que dans votre richesse. Je ne puis faire que votre conscience égale la mienne. L'étoile seule éblouit ; la planète n'a qu'un pâle reflet. J'entends ce que vous dites des traits admirables et du caractère éprouvé de celui que vous louez ; mais je vois bien que, malgré ses vêtements de pourpre, je ne l'aimerai pas, s'il n'est un pauvre Grec comme moi. Je ne saurais nier, ô mon ami, que la grande ombre du surnaturel t'enveloppe, toi aussi, dans son immensité peinte et bariolée, toi, à côté duquel tout le reste n'est qu'ombre. Tu n'existes pas comme la Vérité, la Justice ; tu n'es pas mon âme, mais son reflet et son image. Tu ne m'es arrivé que depuis peu et déjà pourtant tu saisis ton chapeau et ton manteau. Est-ce que l'âme n'émettrait pas des amis comme l'arbre des feuilles ? Et tout à l'heure la germination de pousses nouvelles repoussera la feuille ancienne. La loi de la nature est une perpétuelle variation. Chaque force électrique appelle son contraire : l'âme s'entoure d'amis afin d'atteindre une plus haute connaissance de soi-même et une plus grande solitude, et durant une saison entière elle ira seule afin d'exalter ses facultés de conversation et de sociabilité. Cette méthode se fait jour tout le long de l'histoire de nos relations personnelles ; l'instinct de l'affection éveille en nous l'espoir d'une union avec nos compagnons, et le retour du sentiment de notre isolement nous rappelle de nos saines poursuites. Ainsi tout homme passe sa vie à la recherche de l'amitié et s'il exprimait son véritable sentiment il pourrait écrire à chaque nouveau candidat à son affection, une lettre semblable à celle-ci :

« Cher Ami,

« Si j'étais sûr de toi, sûr de tes capacités, sûr que mon humeur appareillerait la tienne, je ne songerais jamais plus aux bagatelles de tes allées et venues. Je ne suis pas très sage, mes états d'âme sont très compréhensibles ; je respecte ton génie que je n'ai pas encore entièrement sondé. Et pourtant je n'ose attendre de toi une parfaite intelligence de moi-même, et c'est pourquoi tu m'es un délicieux tourment.

« Pour toujours ou jamais, à toi. »

Toutefois ces fines souffrances et ces plaisirs incertains sont bons pour la curiosité et non pour la vie ; ils ne doivent pas être encouragés. C'est tisser de la toile d'araignée et non du drap. Nos amitiés aboutissent hâtivement à de courtes et pauvres conclusions, car nous les avons faites du tissu des ivresses et des songes et non de la fibre résistante du cœur humain.

Les lois de l'amitié sont austères et éternelles, d'une seule trame avec les lois de la nature et celles du monde moral. Mais nous avons visé à des bienfaits immédiats et mesquins, pour en tirer une douceur trop rapide. De tout le jardin de Dieu, nous voulons cueillir le fruit le plus lent à mûrir, que plusieurs hivers et plusieurs étés doivent amener à maturité. Nous recherchons notre ami non pas avec respect mais avec une passion pervertie qui voudrait nous l'approprier. Mais en vain. Nous sommes tout armés d'antagonismes subtils qui entrent en jeu quand nous nous rencontrons et transforment toute poésie en prose banale.

Presque tous les êtres s'abaissent en se rencontrant. Toute association est un compromis et, ce qui pis est, la fleur et l'arôme de la fleur des belles natures disparaissent lorsqu'elles s'approchent l'une de l'autre. Quel perpétuel désappointement est la société, même celle des vertueux et des doués !

Après des rencontres combinées de longue date, nous serons désolés par les atteintes qui se dérobent, les apathies soudaines et inopportunes, les frénésies d'esprit et de folle gaieté au sein du désordre ardent de l'amitié et de la pensée. Nos facultés nous servent mal et de part et d'autre la sollicitude est un soulagement. Je devrais être l'égal de chacune de mes relations :

qu'importe le nombre de mes amis et la satisfaction que je trouve auprès de chacun d'eux, s'il y en a un dont je ne sois pas l'égal ? Si je me dérobe, impuissant dans une seule lutte, la joie que je prends à tout le reste est mesquine et lâche. Je me détesterais si je faisais alors mon refuge de mes autres amis.

Le vaillant guerrier renommé au combat
Après cent victoires, pour une fois vaincu,
Du livre de l'honneur a son nom effacé
Et tous ses exploits sitôt sont oubliés.

Notre impatience est ainsi vertement tancée. La timidité et l'apathie sont une épaisse carapace qui protège l'organisation délicate d'une maturité trop précoce ; elle serait perdue si elle avait conscience d'elle-même avant que les plus belles âmes ne soient mûres pour la reconnaître et l'apprécier à leur tour. Respectez la « Naturlangsamkeit », qui durcit le rubis en un million d'années et dont l'œuvre en est une de durée, où les Alpes et les Andes passent comme des arcs-en-ciel. Le sage esprit de notre vie n'a pas de paradis en réserve pour la précipitation.

L'amour qui est l'essence même de Dieu est pour la valeur entière de l'homme et non pour la légèreté. Ne tenons pas en estime ce luxe enfantin, mais plutôt l'austère valeur. Approchons-nous de notre ami avec une audacieuse confiance dans la sincérité de son cœur et dans l'ampleur de ses assises, impossibles à renverser.

L'attrait de ce sujet est irrésistible et j'abandonne momentanément l'exposé de tout bienfait social qui en découle, pour ne parler que de ces rapports choisis et sacrés qui sont en quelque sorte absolus, et rendent suspect et vulgaire le langage même de l'amour, tant ceux-ci sont plus purs et plus divins que tout le reste.

Je ne veux pas traiter les amitiés délicatement, mais avec le plus rude courage. Quand elles sont réelles, ce ne sont pas des broderies de verre ou de givre, mais bien la chose la plus solide que nous connaissions. Car aujourd'hui, après l'expérience de tant d'âges, que savons-nous de la nature et de nous-mêmes ? L'homme n'a pas avancé d'un pas vers la solution du problème de sa Destinée. L'humanité entière est sous une même condamnation de folie. Mais la douce sincérité de la joie et de la paix que je retire de cette union avec l'âme de mon frère est semblable à la noix, et toute nature et toute pensée n'en sont que l'enveloppe et la coquille. Bienheureuse la maison qui abrite un ami. Elle pourrait être construite, comme l'arche triomphale, pour le recevoir ne fût-ce qu'un seul jour. Et plus heureux encore celui qui reconnaît la solennité de ces rapports et qui respecte leur loi. Celui qui se présente comme candidat à ce pacte monte, tel un Olympien, vers les Grands-Jeux que seuls se disputent les premiers-nés du monde. Il s'engage dans un tournoi où le Temps, le Besoin, le Danger sont dans la lice, et celui-là seul triomphe qui a en lui assez de vérité pour préserver sa subtile Beauté de l'attaque et de l'usure de ceux-ci. Les dons de la fortune peuvent être présents ou absents. Mais l'agilité dans ce tournoi dépend de la noblesse absolue et du mépris des futilités.

Deux éléments entrent dans la composition de l'Amitié, tous deux souverains, tellement que je ne puis assurer à l'un une supériorité sur l'autre ni trouver de raison pour mentionner l'un avant l'autre. L'un est la sincérité. Un ami est un être avec qui je puis être sincère. Devant lui je puis penser tout haut, je suis enfin parvenu dans la présence d'un homme si vrai et si égal que je puis laisser tomber les derniers voiles de dissimulation, de courtoisie et d'arrière-pensée que les hommes ne dépouillent jamais ; je puis agir avec lui dans la simplicité et l'unité avec lesquelles un atome chimique agit sur un autre. La sincérité, semblable aux diadèmes et au pouvoir, n'échoit qu'à ceux du plus haut rang, qui seuls peuvent dire la vérité, n'ayant rien de plus haut à ménager ou à suivre.

Tout homme seul est sincère ; l'hypocrisie commence à l'entrée d'un second. Nous parons l'approche de nos semblables et nous en défendons par des compliments, des bavardages, des amusements et des affaires. Nous voilons à ses yeux notre pensée sous mille plis. Je connaissais un homme qui, sous l'influence de quelque religieuse frénésie, rejetait cette draperie, et, laissant de côté tout compliment et toute banalité, parlait à la conscience de chacun de ceux qu'il rencontrait et cela avec une grande beauté et une grande connaissance du cœur humain. Au début on lui résista et chacun s'accorda à dire qu'il était fou. Mais en persévérant dans cette voie, comme il ne pouvait manquer de le faire, il recueillit bientôt l'avantage d'amener tous ceux de sa connaissance à des rapports sincères vis-à-vis de lui. Nul n'aurait songé à lui parler faussement ou à lui donner le change par des bavardages d'affaires ou de salons, mais tant de sincérité contraignait chacun à adopter la même simplicité de relations et à révéler tout ce qu'il pouvait y avoir en lui de poésie, d'amour de la nature, de sentiment du vrai.

A la plupart d'entre nous la société ne montre ni son visage ni ses yeux, mais son profil ou son dos. Avoir des rapports sincères avec les hommes dans un âge de mensonge, cela est digne de folie, n'est-il pas vrai ? Il est rare que nous puissions marcher la tête haute : presque chacun de ceux que nous rencontrons réclame quelque courtoisie ou quelque complaisance ; il a en tête réputation, talent, marotte religieuse ou philanthropique qui gâte tous nos rapports avec lui. Mais un ami est un être sain qui fait appel non à mon ingéniosité, mais à moi-même ; il m'accueille sans m'imposer des conditions. Un ami est donc une sorte de paradoxe au sein de la nature. Moi, qui seul *suis*, moi qui ne vois rien dans l'univers dont je puisse affirmer l'existence avec autant de certitude que la mienne, je vois maintenant l'image de mon être dans toute sa hauteur, sa diversité, sa particularité reproduites sous une forme différente, de telle sorte qu'un ami peut bien être considéré comme le chef-d'œuvre de la nature.

L'autre élément de l'Amitié est la tendresse. Nous tenons aux hommes par toutes sortes de liens, par le sang, l'orgueil, la crainte, l'espoir, l'intérêt, le désir, la haine, l'admiration, par toutes les circonstances, tous les honneurs et tous les badinages, mais nous nous refusons à croire qu'il puisse exister chez autrui assez de personnalité pour nous attirer par amour. L'autre ne peut-il être si béni et nous-même si purs que nous puissions lui offrir de la tendresse ? Quand un être me devient cher, j'ai atteint le terme de la fortune. Je trouve à ce sujet dans les livres bien peu s'adressant directement au cœur, et pourtant il y a un texte dont je ne puis ne pas me ressouvenir : « Je m'offre timidement et franchement à tous ceux auxquels j'appartiens en réalité, mais moins qu'à tout autre à celui auquel je suis le plus dévoué. » Je désirerais que l'Amitié eût des pieds tout autant que des yeux et de l'éloquence et qu'elle s'implantât fermement sur le sol avant de s'élancer par-dessus la lune. Je lui voudrais un peu du citoyen avant qu'elle ne devienne chérubin. Nous blâmons le bourgeois qui fait de l'affection une commodité, un échange de dons, de prêts utiles, des rapports de bon voisinage, qui la fait veiller les malades et porter les poêles aux funérailles, mais qui la dépouille aussi de toute sa noblesse et de toute sa délicatesse. Et pourtant, bien que nous ne puissions reconnaître le dieu sous le vivandier, d'autre part nous ne pouvons pardonner au poète qui file une trame trop fine, qui ne consolide pas sa romance par les vertus principales de justice, d'exactitude, de fidélité, de piété.

J'ai la prostitution du nom de l'Amitié pour décorer les unions selon le monde ou la mode. Je dois préférer la compagnie de laboureurs et de colporteurs à cette amitié soyeuse et parfumée qui célèbre ses journées de rencontre par un étalage frivole, des promenades en carrosse ou des dîners dans les meilleurs restaurants.

L'Amitié aboutit au commerce le plus intime et le plus simple, plus intime que tous ceux dont nous avons fait l'expérience. Elle est le secours et la consolation à travers toutes les conditions et tous les passages de la vie et de la mort. Elle est pour les jours sereins, les dons charmants, les courses dans la campagne, mais aussi pour les chemins rugueux, la mauvaise fortune, le naufrage, la pauvreté, la persécution. Elle convient aux traits d'esprit, mais aussi aux méditations religieuses. Nous devons ennoblir l'un pour l'autre les besoins et les devoirs quotidiens de la vie, et embellir celle-ci par le courage, la sagesse et l'unité. L'Amitié ne devrait jamais devenir fixe et coutumière, mais être chose alerte et inventive, ajoutant à la routine le rythme et la raison.

L'on peut dire que l'Amitié nécessite des natures si rares et si précieuses, si bien trempées, si heureusement adaptées, si bien établies (car même à ce dernier point de vue, l'amour, assure un poète, exige que les deux parties soient parfaitement assorties) que la réalisation peut en être bien rarement assurée. Elle ne peut exister dans toute sa perfection, disent ceux qui s'y connaissent en cette chaude science du cœur, entre plus de deux êtres. Je n'établis pas de si étroites limites, peut-être parce que je n'ai pas connu de si haute intimité que d'autres. Mon imagination se plaît mieux à un cercle d'hommes et de femmes, semblables à des dieux, diversement liés les uns aux autres et entre lesquels règne une sublime intelligence. Mais je trouve cette loi *d'un* à *un* indispensable à la conversation qui est la pratique et la consommation de toute amitié. Ne mélangez pas trop les eaux. Les meilleures se mélangent aussi mal que les bonnes ou les mauvaises. Vous pourrez avoir de très utiles et bienfaisantes conversations à différents moments avec deux hommes différents, mais réunissez-vous tous trois et vous n'échangerez pas une seule parole nouvelle ou cordiale. Deux peuvent parler et un troisième écouter, mais trois ne peuvent prendre part à une conversation sincère et approfondie. En bonne compagnie il ne s'établit jamais entre deux personnes, à travers une table, de conversation semblable à celle qui s'engage quand vous les laissez seules. En bonne compagnie les individus subordonnent leur personnalité à une âme sociale capable de s'étendre aux diverses consciences présentes. Aucune partialité d'ami à ami ne se trahit là, bien au contraire ; ni tendresse de frère à sœur, ou de femme à mari. Celui-là seul peut parler qui plane dans la pensée commune à tous, et qui ne se limite pas misérablement à la sienne. Or cette convention que réclame le bon sens détruit la liberté supérieure de toute haute conversation qui exige une fusion complète de deux âmes.

Il n'est pas deux hommes qui, laissés seuls ensemble, n'entrent dans des rapports plus simples. Pourtant ce n'est que l'affinité qui décide lesquels deux se lieront. Des hommes sans rapports entre eux seront de peu de ressource l'un à l'autre et ne soupçonneront jamais les puissances latentes en chacun d'eux. Nous parlons parfois d'un grand talent de conversation comme si cela était un don permanent chez quelques-uns. La conversation est une relation éphémère. Ni plus ni moins. Un homme a une réputation de penseur et d'orateur, mais n'en est pas moins incapable de dire un seul mot à son oncle ou à son cousin. Ils accusent son silence sans plus de raison qu'ils n'en auraient pour blâmer celui du cadran à l'ombre. Il indiquera l'heure sous le soleil. Parmi ceux qui goûtent sa pensée il retrouvera la parole.

L'Amitié exige ce rare milieu entre la ressemblance et la dissemblance des caractères, qui fait sentir à chacun la puissance et l'accord de l'autre. Que je sois seul au bout du monde, plutôt que de voir mon ami dépasser d'une parole ou d'un regard sa sympathie réelle. Mon attente est également trompée par les antagonismes et la condescendance. Qu'il ne cesse pas un instant d'être lui-même. La seule joie que je trouve à le posséder est que cela seul en lui qui m'échappe est à moi. Je déteste trouver, là où je m'attendais à un noble progrès ou tout au moins à une noble résistance, un ensemble de concessions. Mieux vaut être une épine dans le côté de son ami qu'être son écho. La condition que pose toute amitié supérieure est la capacité de savoir s'en passer.

Cette haute charge exige de grandes et sublimes parties. Il doit y avoir essentiellement deux avant qu'il ne puisse y avoir essentiellement un. Que ce soit l'alliance entre deux vastes et formidables natures se contemplant et se craignant mutuellement avant de reconnaître l'identité profonde qui les unit sous ces disparités. Celui-là seul qui est magnanime est digne de cette société, celui qui est certain que bonté et grandeur d'âme sont une richesse, celui qui ne se hâte pas d'intervenir dans sa fortune ; ne nous mêlons pas de celle-ci. Laissons au diamant les siècles nécessaires à son développement et ne nous attendons pas à hâter les naissances de choses éternelles. L'Amitié exige un religieux respect. Nous parlons de choisir nos amitiés, mais nos amitiés se sont élues d'elles-mêmes. Le respect en est une grande part. Traitez votre ami comme un spectacle. Il a naturellement des qualités qui ne sont pas les vôtres et que vous ne pouvez apprécier à leur valeur si vous persistez à le maintenir si près de vous. Eloignez-vous un peu, laissez de la place à ses mérites, laissez-les s'élever et s'épanouir. Êtes-vous l'ami de la boutonnière de votre ami ou de sa pensée ? Pour un grand cœur il sera étranger à mille détails afin d'avoir la libre entrée du sanctuaire. Laissez aux enfants de considérer un ami comme une possession et d'en tirer un court et vague plaisir plutôt que le plus noble des bienfaits. Acquérons au prix d'un long stage notre droit d'entrée dans cette corporation. Pourquoi profaner la beauté et la noblesse des âmes en nous imposant à elles ? Pourquoi insister sur des rapports personnels précipités avec votre ami ? Pourquoi aller chez lui, connaître sa mère, son père, ses sœurs ? Pourquoi vous rendrait-il visite chez vous ? Ces choses importent-elles à notre convention ? Laissez cet attouchage et cet agrippage ! Qu'il soit pour moi un esprit. Je veux de lui un message, une pensée, une sincérité, un regard et non une nouvelle ou un repas. Je puis trouver de la politique, du bavardage et des agréments de voisinage chez des compagnons de moindre valeur. La société de mon ami ne doit-elle pas m'être aussi poétique, pure, universelle et vaste que la nature elle-même ? Devrais-je sentir que notre liaison est chose profane comparée aux nuages étendus à l'horizon ou à cette touffe d'herbe qui se balance au milieu du ruisseau ? Ne la rabaissons pas, mais élevons-la plutôt à ce niveau. Ces grands yeux qui vous défient, cette méprisante beauté de son aspect et de son allure, ne tentez pas de les négliger, mais bien plutôt de les faire ressortir et de les fortifier. Vénérez ses supériorités, ne lui souhaitez pas une pensée de moins, mais thésaurisez et reconnaissez-les toutes. Protège-le comme ton image. Qu'il soit à jamais pour toi quelque merveilleux ennemi, indomptable, sincèrement respecté, et non pas une banale commodité bientôt dépassée et rejetée. Les reflets de l'opale, les éclats du diamant ne se voient pas si l'œil en est trop rapproché.

J'écris à mon ami et il m'écrit. Cela nous paraît peu de chose. Cela me suffit. C'est un don spirituel digne d'être donné par lui, reçu par moi. Il ne profane rien. Dans ces tendres lignes le cœur se livrera comme il ne se livrerait pas à la parole, et révélera une vie plus divine que n'ont jamais enregistrée jusqu'ici les annales de l'héroïsme. Respectez assez les saintes lois de cette révélation pour ne pas causer de préjudice à la perfection de sa fleur par votre impatience de la voir éclore. Nous devons nous appartenir à nous-mêmes avant d'appartenir à autrui.

Il y a, selon le proverbe latin, au moins cette satisfaction dans le crime à savoir que nous pouvons parler à nos complices sur un pied d'égalité. *Crimen quos inquinat, æquat.* Nous ne pouvons, au début, en faire autant avec ceux que nous aimons et admirons. Le plus petit manque dans la possession de soi-même pervertit à mon avis toute l'intimité. Il ne peut jamais y avoir entre deux esprits de paix profonde, de respect mutuel jusqu'à ce que dans leur dialogue chacun tienne lieu à l'autre du monde entier.

Entretenons avec toute la grandeur d'âme dont nous sommes capables une chose aussi grande que l'Amitié. Demeurons en silence afin d'entendre le murmure des dieux. N'intervenons pas. Qui donc nous a engagés à réfléchir sur ce qu'il fallait dire à ces âmes choisies ou sur la façon de leur dire quoi que soit ? qu'importent l'ingéniosité, la grâce et la douceur ? Les degrés de la folie et de la sagesse sont innombrables et il serait frivole de dire un mot. Attends et ton cœur parlera. Attends jusqu'à ce que l'inévitable Nécessité et l'Eternel te maîtrisent, jusqu'à ce que le jour et la nuit disposent de tes lèvres. La vertu est la seule récompense de la vertu ; le seul moyen d'avoir un ami est d'en être un soi-même. Vous n'approcherez pas d'un homme en pénétrant dans sa demeure. S'il diffère de vous, son âme ne s'enfuira que plus loin de vous et vous ne surprendrez jamais un regard sincère dans ses yeux. Nous voyons de loin ceux qui sont nobles et ils nous repoussent ; pourquoi nous imposerions-nous ? Tard, très tard nous nous apercevons que ni arrangements, ni introduction, ni coutumes de société ne serviraient à établir entre eux et nous ces rapports que nous désirons, mais seulement le développement de notre propre nature jusqu'au niveau de la leur. Alors, nous rencontrerons-nous comme les eaux ; si nous ne les rencontrons pas, alors c'est que nous n'en aurons pas besoin, car nous serons *eux* déjà. En dernière analyse, l'affection n'est que la réflexion de la valeur d'un homme renvoyée par les autres hommes. Les hommes ont parfois échangé leurs noms avec leurs amis, comme s'ils entendaient par là qu'en son ami chacun aimait sa propre âme.

Plus l'amitié que nous recherchons est haute, plus il est difficile de la contracter avec la chair et le sang. Nous allons seuls dans le monde. Les amis tels que nous les souhaitons sont des rêves et des chimères, mais un espoir sublime soutient toujours le cœur fidèle : l'espoir qu'ailleurs, dans d'autres régions d'universelle puissance, des âmes agissent, supportent et osent, qui pourront nous aimer et que nous pourrons aimer. Félicitons-nous que la période de la minorité, des folies, des erreurs et de la honte se passe dans la solitude, et que lorsque nous serons des hommes faits nous pourrons serrer des mains héroïques dans des mains héroïques.

Que ce que vous voyez déjà vous avertisse seulement de ne pas conclure de pacte d'amitié avec des êtres médiocres, là où il ne peut y avoir d'amitié. Notre impatience nous trahit en nous entraînant dans des alliances imprudentes et insensées où n'entre la présence d'aucun Dieu.

En persévérant dans votre chemin, en perdant le moindre vous gagnez le plus. Vous vous révélez de telle façon que vous vous mettez hors de portée des relations fausses et vous vous attirez les premiers-nés du monde, ces rares pèlerins dont un ou deux seulement errent à la fois dans la nature et auprès desquels les grands vulgaires paraissent des ombres.

Il est insensé de craindre de trop spiritualiser nos liens comme si nous pouvions perdre ainsi quelque amour véritable. Quelles que soient les corrections que notre intuition apporte aux opinions courantes, la nature sera certaine de ne pas nous tromper et, bien qu'elle paraisse nous ravir une joie, elle nous en procurera de plus grandes en compensation. Sentons, si nous le voulons, le complet isolement de l'individu : nous sommes certains que nous avons tout en nous. Nous allons en Europe, nous recherchons des personnalités, nous lisons des livres avec la foi instinctive que ceux-ci feront appel à nos capacités et nous révéleront à nous-mêmes. Tous mendiants ! Les personnalités sont comme nous ; l'Europe est le vêtement fané d'êtres morts ; leurs livres sont leurs fantômes. Abandonnons cette idolâtrie, renonçons à cette mendicité ; séparons-nous nous-mêmes de nos plus chers amis et, les défiant, disons-leur : « Qui êtes-vous ? Laissez-moi aller, je ne veux plus de dépendance. »

Ah ! ne vois-tu pas, mon frère, qu'ainsi nous ne nous séparons que pour nous retrouver dans une région supérieure et pour appartenir davantage l'un à l'autre, puisque nous nous appartiendrons davantage à nous-mêmes ? Un ami est une tête de Janus : il regarde vers le Passé et vers l'Avenir ; il est le fils de toutes mes heures écrites, le prophète de celles à venir, le précurseur d'un ami plus grand.

J'use de mes amis comme j'userai de mes livres — je les veux là où je puis les trouver, mais m'en sers rarement. Nous devons avoir de la société à nos conditions et l'admettre ou l'exclure pour la moindre cause. Je ne puis me permettre de beaucoup parler avec mon ami ; s'il est grand, il me rend si grand que je ne puis m'abaisser à des paroles. Dans les grands jours, les pressentiments planent devant moi dans le firmament ; je devrais donc me livrer à eux. J'entre et je sors pour m'emparer d'eux ; je crains seulement de les perdre et les voir s'effacer toujours plus dans le ciel où ils ne sont qu'une sorte de lumière plus vive. Alors, bien que j'apprécie mes amis, je ne puis me permettre de leur parler, d'étudier leurs visions, de crainte de perdre les miennes. Je trouverai sans doute une certaine joie familière à abandonner cette recherche sublime, cette astronomie spirituelle, cette poursuite d'étoiles, et à descendre vers une chaude sympathie avec vous. Mais je sais qu'alors je pleurerai toujours la disparition de mes puissants dieux.

Il est vrai que la semaine prochaine mon humeur languissante conviendra mieux à des objets qui me sont étrangers ; je regretterai alors la culture perdue de votre esprit et je vous souhaiterai à mes côtés. Mais si vous venez, peut-être me remplirez-vous l'esprit de visions nouvelles, non de vous-même, mais de votre raisonnement, et je ne pourrai pas plus alors que maintenant causer avec vous. Ainsi serai-je redevable à mes amis de ces insaisissables rapports. Je recevrai d'eux non ce qu'ils ont, mais ce qu'ils sont. Ils me donneront ce qu'à proprement parler ils ne peuvent pas donner, mais ce qui émane d'eux. Ils ne sauraient me retenir par des liens moins subtils et moins purs. Nous nous retrouverons comme si nous ne nous retrouvions pas et nous nous séparerons comme si nous ne nous étions pas séparés.

Dernièrement j'ai mieux compris que je ne l'avais fait auparavant la possibilité d'entretenir une amitié de la part de l'un surtout, sans rencontrer d'échange égal de l'autre part. Pourquoi m'encombrer de regrets quant au manque de capacité de celui qui reçoit ? Le soleil ne se trouble pas de ce que quelques-uns de ses rayons tombent en vain dans l'espace stérile et de ce qu'une petite partie seulement atteigne la planète qui les renvoie. Que ta propre grandeur élève le compagnon si peu éclairé ; s'il est inégal, il passera bientôt, mais ton propre raisonnement te grandit, et, cessant d'être l'égal des vers et des grenouilles, tu t'élances et te consumes auprès des Dieux de l'Empyrée. Aimer sans être aimé de retour est considéré comme une disgrâce ; mais les grands comprendront que le véritable amour n'est jamais méconnu ; le véritable amour dépasse l'objet indigne et s'attache à l'éternel pour y demeurer, et lorsque le misérable masque interposé s'écroule, il ne s'attriste pas, mais se sent allégé d'autant de terrestre, et trouve son indépendance mieux garantie. Ces choses pourtant ne peuvent être dites sans une sorte de trahison envers ces rapports. L'essence même de l'Amitié est l'intégralité, la magnanimité et la confiance entières. Elle ne doit pas conjecturer ni se pourvoir contre l'infirmité ; elle traite son objet comme un Dieu afin que tous deux soient déifiés.

Ralph Waldo Emerson, *Les Forces éternelles et autres essais*, traduit par K. Johnston, Paris, Mercure de France, 1920.

HENRY DAVID THOREAU (1817-1862)

Le secret de l'univers

« Les Amis ne vivent pas seulement en harmonie, comme le prétendent certains, mais en mélodie. » L'auteur de ces lignes musicales et néo-pythagoriciennes, Henry David Thoreau, rencontra Ralph Waldo Emerson en 1837 et noua avec lui une amitié qui dura toute sa vie. C'est sur le conseil et sous la direction d'Emerson que Thoreau commença à publier dans *The Dial* des textes qui lui valurent le mépris de ses contemporains et l'admiration des générations ultérieures (v. Emerson).

Henry Thoreau fait partie de cette constellation d'écrivains et de philosophes anticonventionnels qui émergea dans la Nouvelle-Angleterre d'après l'indépendance, avec des intellectuels du calibre d'Emerson, de Hawthorne qui vécut quelque temps près de chez lui, de Whitman qu'il rencontra et admirait ou de Melville et Poe. Thoreau était né à Concord dans une famille écossaise, quaker et puritaine, aux revenus modestes — à l'époque de son enfance, son père, qui avait été instituteur, fabriquait et vendait des crayons — mais il réussit à rentrer à Harvard où il étudia la littérature.

C'est à sa sortie de l'université qu'il rencontra Emerson, son mentor et ami, chez qui il vécut à différentes reprises. En 1845, Thoreau entama l'expérience qui l'a rendu célèbre : pendant deux ans et deux mois, il se retira dans une cabane construite de ses propres mains, à Walden Pond, au milieu des bois, près d'un étang. Il y mena une vie ascétique et solitaire au rythme des saisons. Cette expérience de retour à la nature où entre pour beaucoup la nostalgie indienne, il l'évoquera dans *Une semaine sur les fleuves Concord et Merrimack,* publié en 1849, dans lequel figurent ses réflexions sur l'amitié.

Il refusa de payer une taxe destinée à financer la guerre avec le Mexique pour un gouvernement qui soutenait l'esclavage, fut arrêté en 1845 et passa une nuit en prison. Cette expérience lui inspira en 1849 l'essai *Sur la désobéissance civile,* qui influença, entre autres, Gandhi et les jeunes contestataires américains des années 70. Son chef-d'œuvre de 1854, *Walden ou la vie dans les bois,* évoque l'existence de solitude et de méditation qu'il passa dans la retraite de Walden Pond. La pensée de Thoreau est marquée par une défense féroce de l'individualisme, un amour quasi mystique de la nature, et l'influence des littératures orientales, notamment chinoise et indienne. Il affronta encore l'opinion en prenant, comme Emerson, et malgré ses positions non-violentes, la défense de l'abolitionniste et terroriste John Brown. Il mourut quasiment ignoré à quarante-cinq ans, laissant une œuvre dont la plus grande partie sera publiée après sa mort. Et c'est son aîné Emerson qui prononça son oraison funèbre, plus tard publiée parmi ses essais.

Le passage qui suit diffère de l'éloge que fit Emerson de l'amitié : et malgré sa grande culture, on ne trouve point chez Thoreau d'étalage d'érudition. « Je ne me souviens que de trois ou quatre essais sur ce sujet dans toute la littérature. » Thoreau met ici parfaitement en œuvre sa devise : « Simplifiez, simplifiez ». Contrairement à la plupart des penseurs de l'amitié, il prend ses exemples ou ses contre-exemples non dans l'élite sociale et intellectuelle mais dans l'univers villageois des paysans et paysannes. Pourtant il ne succombe pas à l'illusion lyrique et constate la rareté des amitiés véritables qu'il évoque, comme son ami Emerson, avec un mélange de poésie et de prose lyrique. Malgré le changement de champ, la préoccupation éthique et pédagogique n'est pas moins présente chez lui que chez ses lointains prédécesseurs de l'Antiquité, non plus que la préoccupation spirituelle. « Nous n'attendons pas de nos amis qu'ils nourrissent et habillent notre corps mais notre esprit. [...] C'est l'état où le juste traite avec le juste, le magnanime avec le magnanime, le sincère avec le sincère, l'homme avec l'homme. »

Un cœur faible n'a jamais conquis de véritable ami

Nul autre mot ne vient plus souvent sur les lèvres des hommes que celui d'Amitié, et vraiment aucune pensée n'est aussi proche de leurs aspirations. Tous les hommes en rêvent et son drame, qui est toujours une tragédie, se joue tous les jours. C'est le secret de l'univers. Vous pouvez vous promener dans la ville, parcourir la campagne et personne n'en parlera jamais, mais on est constamment occupé à y penser et l'idée de ses possibilités affecte notre attitude envers tous les hommes et femmes nouveaux ainsi qu'envers beaucoup d'anciennes connaissances. Pourtant, je ne me souviens que de trois ou quatre essais sur ce sujet dans toute la littérature. Rien d'étonnant à ce que la Mythologie, *Les Mille et Une Nuits*, Shakespeare et les romans de Scott nous divertissent — nous sommes poètes, conteurs, dramaturges et romanciers nous-mêmes. Nous jouons continuellement un rôle dans un drame plus passionnant que n'importe quel drame jamais écrit. Nous rêvons que nos Amis sont nos

Amis et que nous sommes les Amis de nos **Amis**. Nos amis réels ne sont que des relations éloignées de ceux avec lesquels nous sommes engagés. Dans toute notre existence, nous n'échangeons pas plus de trois mots avec un ami, qui s'élèvent au niveau de nos pensées et de nos sentiments habituels. On se prépare à dire « Mes chers amis » et on salue d'un « Allez au diable ! ». Mais qu'importe ; un cœur faible n'a jamais conquis de véritable ami. Ô mon ami, arrivera-t-il jamais, une seule fois, que je puisse être ton ami lorsque tu seras le mien ?

A quoi sert-il cependant d'être le mieux disposé envers l'Amitié, si nous ne pouvons lui accorder une heure et si elle doit être éternellement remise pour des obligations et des relations sans importance ? L'Amitié est la première, l'Amitié est la dernière. Mais il est tout aussi impossible d'oublier nos amis que de les faire correspondre à notre idéal. C'est lorsqu'ils nous disent adieu que nous commençons à leur tenir compagnie. Combien de fois tournons-nous le dos à nos véritables amis pour aller rencontrer leurs cousins idéaux. Je me voudrais digne d'être l'Ami de n'importe quel homme.

Ce que l'on honore communément du nom d'amitié est un instinct qui n'est ni profond ni puissant. Les hommes, après tout, n'*adorent* pas leurs amis. Je ne vois pas souvent que l'amitié entre des paysans les rende clairvoyants ou sages jusqu'à la folie. Ils ne sont pas souvent transfigurés ou métamorphosés par l'amour lorsqu'ils sont ensemble. Je ne remarque pas qu'ils soient purifiés, affinés, ou exaltés par l'amour de leur prochain. Si l'un d'entre eux rabat quelque peu le prix de son bois, ou donne sa voix à un voisin lors d'une réunion municipale, ou un panier de pommes, ou s'il lui prête souvent sa charrette, alors on le considère comme un exemple rare d'Amitié. Et ce n'est pas que les femmes des paysans consacrent leur existence à l'amitié non plus. Je ne vois d'ailleurs pas, parmi les paysans, deux amis, quel que soit leur sexe, prêts à affronter ensemble le monde entier. Il n'y en a que deux ou trois exemples dans toute l'histoire. Dire qu'un homme est un ami revient communément à dire qu'il n'est pas un ennemi. La plupart des gens considèrent seulement les avantages ponctuels et superficiels de l'Amitié, c'est-à-dire que l'Ami leur vient en aide en cas de besoin, par lui-même, par son influence ou par son conseil ; mais en ne voyant dans l'amitié que ces services, on est aveugle aux bénéfices véritables, ou complètement insensible à la relation elle-même. Ces services sont particuliers et secondaires en comparaison du service perpétuel et global qu'est l'amitié. Même une bonne volonté et une harmonie supérieures, et une bienveillance pratique ne suffisent pas à l'Amitié, car les Amis ne vivent pas seulement en harmonie, comme le prétendent certains, mais en mélodie. Nous n'attendons pas de nos amis qu'ils nourrissent et habillent notre corps — nos voisins sont assez bons pour le faire — mais notre esprit. Bien peu, cependant, avec la meilleure volonté du monde, ont les moyens de le faire.

Pensez à l'importance de l'Amitié dans l'éducation des hommes. Elle rendra un homme honnête ; elle en fera un héros ; elle en fera un saint. C'est l'état où le juste traite avec le juste, le magnanime avec le magnanime, le sincère avec le sincère, l'homme avec l'homme.

« Pourquoi l'amour parmi les vertus est inconnu
Est-ce que l'amour les réunit toutes en une seule ? »

Tous les abus qui font l'objet de réformes de la part des philanthropes, des hommes d'Etat, des intendants, sont inconsciemment amendés au cours de relations amicales. Un Ami est celui qui nous fait toujours l'honneur d'attendre de nous toutes les vertus et celui qui sait apprécier celles que nous avons. Il faut être deux pour parler vrai — l'un pour parler et l'autre pour écouter.

Henry David Thoreau, *A Week on The Concord and Merrimack Rivers*, in *The Writings of Henry David Thoreau*, Boston, Houghton Mifflin, 1906. Traduit par les auteurs.

ARTHUR SCHOPENHAUER (1788-1860)

Un grand serpent de mer

« De même que le papier-monnaie circule en place d'argent, de même, au lieu de l'estime et de l'amitié véritable, ce sont leurs démonstrations et leurs allures imitées le plus naturellement possible qui ont cours dans le monde. [...] Quoi qu'il en soit, j'ai plus de confiance dans un brave chien, quand il remue la queue, que dans toutes ces démonstrations et ces façons. » Sur l'amitié, le philosophe allemand Arthur Schopenhauer s'inscrit dans le courant pessimiste inauguré deux siècles plus tôt par le moraliste français Vauvenargues qu'il cite dans ses quelques réflexions (v. Vauvenargues).

Issu d'une famille de commerçants aisés, Arthur Schopenhauer naquit à Dantzig. En 1793, son père, voltairien et anglophile, décida de quitter sa ville annexée par la Prusse et de déménager à Hambourg. Le jeune Schopenhauer passa deux ans dans une famille française du Havre puis fréquenta un internat de Hambourg. Il décida, pour faire plaisir à son père, d'embrasser une carrière commerciale, dont le délivra le suicide de ce dernier en 1805. Il se tourna vers l'université, étudia dans les facultés de Göttingen et Berlin et finit par rompre ses relations avec sa mère, romancière célèbre. Avec l'aide de Hegel, il trouva un poste à l'université de Berlin en 1819 mais dut fuir l'épidémie de choléra en 1831. À partir de 1833, il s'établit à Francfort jusqu'à la fin de sa vie.

Ami de Goethe, Arthur Schopenhauer entra dans la mouvance de la philosophie allemande postkantienne tout en se maintenant à l'écart de l'idéalisme de Fichte, Schelling et Hegel. Sa pensée est marquée par l'œuvre de Platon et de Kant ainsi que par la philosophie indienne, notamment l'ouvrage classique les *Upanisad*. Historiquement, les deux principes qui caractérisent la philosophie de Schopenhauer sont le pessimisme et l'idée de la suprématie de la volonté sur la connaissance. Son premier ouvrage est, en 1813, *La Quadruple Racine du principe de raison suffisante*. *Le monde comme volonté et comme représentation*, paru en 1819, est le plus célèbre. Sa pensée influencera Nietzsche et Freud et il demeure à ce jour le philosophe le plus populaire auprès du public allemand. Richard Wagner a observé avec soulagement que Schopenhauer avait eu le mérite de dévoiler et formuler notre intime conviction que le monde est mauvais.

Inspiré par l'œuvre de l'Espagnol Baltasar Gracián (1601-1658), Schopenhauer écrivit les *Aphorismes sur la sagesse dans la vie* (1851) où figure un passage sur l'amitié. Dans son introduction, le philosophe allemand se réfère aux penseurs français ; il cite en exergue une phrase de Chamfort : « Le bonheur n'est pas chose aisée, il est très difficile de le trouver en nous, et impossible de le trouver ailleurs », et termine par Voltaire : « Nous laisserons ce monde-ci aussi sot et méchant que nous l'avons trouvé en arrivant. » Bien qu'il laisse entrevoir la possibilité de découvrir du moins « un grain » d'amitié sincère et véritable, Schopenhauer a une conception trop pessimiste de la nature humaine pour que l'amitié occupe une place importante dans sa vision. Le philosophe anglais Bertrand Russell conclut son évocation du penseur allemand par ces lignes qui éclairent le nombre de références canines dans ce texte sur l'amitié humaine : « Il est difficile de découvrir dans sa vie la moindre trace d'une quelconque vertu, sauf son amour pour les animaux, qu'il poussa jusqu'à l'opposition à la vivisection dans l'intérêt de la science [1]. »

Les relations qui créent les liens véritables entre les hommes reposent sur quelque intérêt matériel.

L'homme de noble espèce, pendant sa jeunesse, croit que les relations essentielles et décisives, celles qui créent les liens véritables entre les hommes, sont de nature *idéale,* c'est-à-dire fondées sur la conformité de caractère, de tournure d'esprit, de goût, d'intelligence, etc. ; mais il s'aperçoit plus tard que ce sont les *réelles,* c'est-à-dire celles qui reposent sur quelque intérêt matériel. Ce sont celles-ci qui forment la base de tous les rapports, et la majorité des hommes ignore totalement qu'il en existe d'autres. Par conséquent, chacun est choisi en raison de sa fonction, de sa profession, de sa nation ou de sa famille, en général donc suivant la position et le rôle attribués par la *convention* ; c'est d'après cela qu'on assortit les gens et qu'on les classe comme articles de fabrique. Par contre, ce qu'un homme est en soi et pour soi, comme homme, en vertu de ses qualités propres, n'est pris en considération que selon le bon plaisir, par exception ; chacun met ces choses de côté dès que cela lui convient mieux, et l'ignore sans plus de façon. Plus un homme a de

1. Bertrand Russell, *A History of Western Philosophy,* New York, Simon and Schuster, 1972, p. 758.

valeur personnelle, moins ce classement pourra lui convenir ; aussi cherchera-t-il à s'y soustraire. Remarquons cependant que cette manière de procéder est basée sur ce que dans ce monde, où la misère et l'indigence règnent, les ressources qui servent à les écarter sont la chose essentielle et nécessairement prédominante.

De même que le papier-monnaie circule en place d'argent, de même, au lieu de l'estime et de l'amitié véritables, ce sont leurs démonstrations et leurs allures imitées le plus naturellement possible qui ont cours dans le monde. On pourrait, il est vrai, se demander s'il y a vraiment des gens qui méritent l'estime et l'amitié sincères. Quoi qu'il en soit, j'ai plus de confiance dans un brave chien, quand il remue la queue, que dans toutes ces démonstrations et ces façons.

La vraie, la sincère amitié présuppose que l'un prend une part énergique, purement objective et tout à fait désintéressée au bonheur et au malheur de l'autre, et cette participation suppose à son tour une véritable identification de l'ami avec son ami. L'égoïsme de la nature humaine est tellement opposé à ce sentiment que l'amitié vraie fait partie de ces choses dont on ignore, comme du grand serpent de mer, si elles appartiennent à la fable ou si elles existent en quelque lieu. Cependant il se rencontre parfois entre les hommes certaines relations qui, bien que reposant essentiellement sur des motifs secrètement égoïstes et de natures différentes, sont additionnées néanmoins d'un grain de cette amitié véritable et sincère, ce qui suffit à leur donner un tel cachet de noblesse qu'elles peuvent, en ce monde des imperfections, porter avec quelque droit le nom d'amitié. Elles s'élèvent haut au-dessus des liaisons de tous les jours ; celles-ci sont à vrai dire de telle nature que nous n'adresserions plus la parole à la plupart de nos bonnes connaissances, si nous entendions comment elles parlent de nous en notre absence.

A côté des cas où l'on a besoin de secours sérieux et de sacrifices considérables, la meilleure occasion pour éprouver la sincérité d'un ami, c'est le moment où vous lui annoncez un malheur qui vient de vous frapper. Vous verrez alors se peindre sur ses traits une affliction vraie, profonde et sans mélange, ou au contraire, par son calme imperturbable, par un trait se dessinant fugitivement, il confirmera la maxime de La Rochefoucauld : « *Dans l'adversité de nos meilleurs amis, nous trouvons toujours quelque chose qui ne nous déplaît pas.* » Ceux qu'on appelle habituellement des amis peuvent à peine, dans ces occasions, réprimer le petit frémissement, le léger sourire de la satisfaction. Il y a peu de choses qui mettent les gens aussi sûrement en bonne humeur que le récit de quelque calamité dont on a été récemment frappé, ou encore l'aveu sincère qu'on leur fait de quelque faiblesse personnelle. C'est vraiment caractéristique.

L'éloignement et la longue absence nuisent à toute amitié, quoiqu'on ne l'avoue pas volontiers. Les gens que nous ne voyons pas seraient-ils nos plus chers amis, insensiblement avec la marche du temps s'évapore jusqu'à l'état de notions abstraites, ce qui fait que notre intérêt pour eux devient de plus en plus une affaire de raison, pour ainsi dire de tradition ; le sentiment vif et profond demeure réservé à ceux que nous avons sous les yeux, même quand ceux-là ne seraient que des animaux que nous aimons. Tellement la nature humaine est guidée par les sens. Ici encore, Goethe a raison de dire :

Die Gegenwart ist eine mächtige Göttin.
(*Tasso*, acte 4, sc. 4.)

(Le présent est une puissante divinité.)

Les *amis de la maison* sont ordinairement bien nommés de ce nom, car ils sont plus attachés à la maison qu'au maître ; ils ressemblent aux chats plus qu'aux chiens.

Les amis se disent sincères ; ce sont les ennemis qui le sont ; aussi devrait-on, pour apprendre à se connaître soi-même, prendre leur blâme comme on prendrait une médecine amère.

Comment peut-on prétendre que les amis sont rares, dans le besoin ? Mais c'est le contraire. A peine a-t-on fait amitié avec un homme, que le voilà aussitôt dans le besoin et qu'il vous emprunte de l'argent.

Arthur Schopenhauer, *Aphorismes sur la sagesse dans la vie*, traduit par J.-A. Cantacuzène, Paris, Librairie Germer Baillière et Cie, 1880.

SØREN KIERKEGAARD (1813-1855)

Au service de Dieu

« Le Christianisme a détrôné l'amitié et l'amour selon la nature (c'est-à-dire la prédilection fondée sur l'instinct et l'inclination) pour asseoir à leur place l'amour suivant l'Esprit, l'amour du prochain. [...] Dans le domaine spirituel, on ne peut parler (à moins de vouloir déraisonner) comme un épicier qui détient en boutique une qualité supérieure mais également une qualité moyenne qu'il peut très bien recommander à sa clientèle comme presque égale à la première. » Le théologien et penseur danois va plus loin que Thomas d'Aquin pour qui les liaisons de parenté et d'amitié sont des moyens de parvenir à la béatitude céleste, plus loin que le moine cistercien Aelred de Rievaux pour qui l'amour du prochain procède certes de l'amour de soi mais mène à l'amour de Dieu, plus loin que François de Sales qui admettait que les laïcs eussent besoin de s'unir les uns aux autres par les liens d'une sainte et sacrée amitié. Au nom de la foi et de l'Esprit, Kierkegaard veut que l'amitié pour un seul être soit radicalement abandonnée au profit de l'amitié pour tous, dont le dénominateur commun est Dieu.

Né à Copenhague, Søren Kierkegaard fut élevé par son père dans l'austérité d'un protestantisme rigoureux et pessimiste et étudia la théologie. L'itinéraire adulte de Kierkegaard traverse les trois stades décrits dans sa philosophie et qui correspondent à trois attitudes possibles face à l'existence. Il commença par le « stade esthétique », recherchant le plaisir dans une vie estudiantine insouciante et pourtant marquée par « l'angoisse existentielle ». Ses fiançailles avec Regina Olsen l'aident à faire librement le grand saut dans le « stade éthique » où il tenta de vivre suivant les règles, les devoirs et les contraintes morales dont chacun fixe soi-même les limites. En 1841, la rupture de ses fiançailles le propulsa toujours librement dans les « soixante-dix mille mètres de fond » du « stade religieux », où il « tombe vivant entre les mains de Dieu ». Le choix de la foi est pour Kierkegaard un choix irrationnel. Il partit pour Berlin où il suivit notamment les cours de Schelling et publia sa thèse de théologie : *Le Concept d'ironie.*

Il est l'auteur de nombreux ouvrages dont *Le Concept d'angoisse* (1844), *Les Stades sur le chemin de la vie* (1845), et *L'École du christianisme* (1850).

Kierkegaard s'opposa à la philosophie hégélienne au nom de l'individualisme en soutenant que la vie ne peut être enfermée dans un système conceptuel abstrait. C'est dans l'action et le choix radical que se manifeste l'existence humaine. Sa pensée exercera une influence considérable sur les philosophies existentialistes chrétiennes ou athées et sur la théologie protestante qui appelle au renouvellement. Son rigoureux égalitarisme, sa dénonciation des conformismes et du « terrorisme de la culture » font de lui un grand ancêtre du XXe siècle.

Vie et règne de l'amour a été écrit à la fin de l'année 1847, à un moment capital dans la vie du philosophe où ses liens sentimentaux, amicaux et sociaux se brisent progressivement et où il renonce à être pasteur pour devenir ce prêtre « privé » que Jean Wahl nomme « l'extraordinaire au service de Dieu ». La plupart des idées fondamentales de Kierkegaard sont exprimées dans le chapitre qui suit. Et tout d'abord, il ne fait aucune distinction entre l'amour et l'amitié. La sexualité n'y met pas de différence et le philosophe s'étonne qu'on ait pu se scandaliser d'un instinct semblable selon lui à l'appétit ou à la soif. La seule opposition, radicale, n'est pas entre l'amitié et l'amour mais entre l'amitié (ou l'amour) selon la nature, c'est-à-dire fondée sur le choix personnel, et l'amitié (ou l'amour) selon l'esprit, c'est-à-dire l'amour sans discrimination du prochain, soit de tous.

La conception « naturelle », illustrée par la figure du poète, doit être renvoyée au *paganisme*, mot que le philosophe préfère à *antiquité* pour mieux marquer son rejet. Cette amitié naturelle de prédilection ne s'adresse qu'à un seul être tandis que l'amitié chrétienne d'abnégation, qu'il préconise, n'en exclut aucun. Et pourquoi le christianisme se défie-t-il de l'amitié élitiste des païens ou des faux chrétiens ? Parce que l'amitié pour un autre soi-même n'est pas autre chose que l'amour de soi. Kierkegaard se livre ici à une brillante déconstruction de cet amour de soi dans l'amour de l'autre en montrant que l'exigence de réciprocité, qui est le noyau même de l'amitié naturelle, ne fait que ramener à soi. « Admirer un autre être, ce n'est certes pas de l'amour-propre ; mais lorsqu'on est l'ami unique de cet être uniquement admiré, cela ne nous ramène-t-il pas de manière inquiétante au Moi qui fut notre point de départ ? »

En ce sens, Kierkegaard s'inscrit dans la tradition française des moralistes pessimistes qui va de La Rochefoucauld à Helvétius. Ce dernier, dans une perspective athée, laissait entrevoir l'amitié pour tous les hommes comme une alternative à l'amitié utilitariste qu'il dénonçait. Mais la plupart de ces penseurs ne fermaient pas complètement la porte à l'exception et à l'espoir. Le théologien danois pousse l'analyse jusqu'à faire de l'amitié comme de l'amour des formes exacerbées d'égoïsme et d'idolâtrie de soi-même. « L'amour et l'amitié représentent précisément le point culminant de l'amour-propre ; ils sont l'expression du Moi enivré de l'autre Moi-même. »

Toute forme de choix et de prédilection est donc impitoyablement dénoncée puisqu'elle établirait des hiérarchies culturelles, sociales, morales ou personnelles entre les êtres uniformisés par le rouleau compresseur de « l'égalité de tous devant Dieu ». L'amour du prochain, pour l'homme de foi, n'est pas un choix mais un devoir auquel le conduit nécessairement l'adoption de la foi.

Kierkegaard n'est pas inconscient du paradoxe où le conduit sa vision et du scandale qu'elle représente aux yeux de la raison. Il ne nie pas sa propre angoisse et avoue : « Ce Précepte m'a maintes fois fait reculer et aujourd'hui encore, je ne m'imagine nullement lui obéir à la perfection, car ce Précepte est une cause de scandale pour la chair et le sang et une folie aux yeux de la sagesse. » Mais en même temps, il affirme que la foi et l'amour de Dieu dont il se réclame sont contraires à la raison puisqu'elle est impuissante à les concevoir. Entre la raison et la foi, il *faut* choisir. Mais si l'on choisit la foi, l'amitié humaine est exclue.

Tu dois aimer « ton prochain »

Poète et christianisme expliquent deux choses qui sont diamétralement opposées. Ou plus exactement : le poète n'explique rien à proprement parler car il explique l'amour et l'amitié par énigmes et comme énigmes ; le christianisme explique ce qui est amour au sens de l'éternité. On voit par là qu'il est impossible de vivre à la fois selon les explications des deux écoles, car la plus grande opposition possible entre elles est certainement que l'une donne une explication et l'autre point. L'amour et l'amitié, comme les entend le poète, ne possèdent donc pas davantage de mission morale. L'amour et l'amitié sont le bonheur : c'est un bonheur, au sens poétique (et en vérité le poète est parfaitement compétent en fait de bonheur), c'est le bonheur suprême que d'être épris et de trouver l'unique aimée ; c'est un bonheur presque aussi grand de trouver l'unique ami. La mission peut être ici tout au plus une reconnaissance pour le bonheur reçu. Par contre, ce ne sera jamais une mission morale que de trouver la bien-aimée ou l'ami ; il y a là impossibilité, ce que le poète s'entend à merveille à démontrer. La mission morale dépend donc du fait que le bonheur veuille bien donner à l'homme cette mission, ce qui revient à dire que, du point de vue de la morale, il n'y a là aucune mission. En revanche, lorsqu'on doit aimer son prochain, la mission existe : cette mission morale qui est à la base de toutes les autres. C'est précisément parce que le christianisme détient la véritable moralité, qu'il sait abréger les considérations et couper court aux introductions circonstanciées, tenir quitte de toute attente et épargner tout gaspillage de temps ; le christianisme est aussitôt à la tâche, parce qu'il a cette dernière immédiatement à sa portée. On dispute violemment dans le monde pour savoir quel est le Bien suprême. Mais quelle que soit la chose qui puisse recevoir cette appellation, quelle que soit la chose qui puisse mériter cette distinction : il est incroyable de voir combien de circonlocutions sont nécessaires pour le comprendre. Tandis que le christianisme montre immédiatement à l'homme le plus court chemin pour trouver le Bien suprême : ferme ta porte et prie Dieu car sinon quel est le Bien suprême ? Et quand un homme sort dans le monde, il pourra marcher longtemps et chercher en vain, faire le tour de l'univers et le faire en vain, pour chercher l'aimée ou l'ami. Tandis que le christianisme ne peut jamais encourir le reproche d'avoir fait faire à l'homme, ne fût-ce qu'un seul pas inutile : car si tu ouvres la porte, derrière laquelle tu as prié Dieu, pour sortir dans le monde, le premier homme que tu rencontreras sera le prochain que tu *dois* aimer. Etrange ! On voit parfois une jeune fille, par curiosité et superstition, chercher à connaître son destin, à voir son futur ; et la fausse sagesse cherche à la persuader que, si elle fait ceci ou cela, elle le reconnaîtra au fait qu'il sera la première personne qu'elle rencontrera tel ou tel jour. Reconnaître son prochain n'est pas si difficile, à moins qu'on ne s'empêche soi-même de le voir, car le christianisme a pour toujours rendu impossible qu'on puisse le manquer ; il n'est pas au monde un homme aussi certainement et aisément reconnaissable que le prochain. Tu ne risqueras jamais de le confondre avec un autre, car le prochain, c'est tous les hommes. Si tu confonds un autre homme avec le prochain, la faute n'en incombe pas à la place qu'occupe ce dernier car l'autre homme est également le prochain ; la faute réside en toi, parce que tu ne veux point comprendre quel est le prochain. Si tu sauves un homme dans l'obscurité, croyant que c'est ton ami, mais que ce soit ton prochain, tu n'as pas commis par là d'impair ; si tu as commis une faute, c'est plutôt en ne voulant sauver que ton ami. Si ton ami se plaint que tu aies fait pour le prochain, par impair (à ce qu'il s'imagine), ce que tu n'aurais dû faire que pour lui (à ce qu'il s'imagine), tu n'as malheureusement qu'à rester parfaitement serein : car la faute réside du côté de ton ami.

Le litige entre le poète et le christianisme est donc exactement le suivant : l'amour et l'amitié naturels sont prédilection, prédilection passionnée ; l'*amour chrétien* est, en tant qu'amour que tu *dois* avoir, *amour d'abnégation.* La conséquence extrême de la passion de la prédilection est : de n'aimer qu'un seul être ; la conséquence extrême de l'abandon de l'abnégation est : de ne pas exclure un seul être. L'un comme l'autre ont du sens ; mais c'est une absurdité et une source de confusion que d'affaiblir la passion et d'atténuer l'opposition entre les deux principes. [...]

Aime Dieu plus que tout et tu aimeras aussi ton prochain et dans le prochain tous les hommes ; ce n'est que lorsqu'on aime Dieu plus que tout qu'on peut aimer le prochain dans un autre homme. L'autre homme est le prochain et il est l'autre homme au sens où tout autre homme est cet autre homme. C'est de ce point de vue que nous avions raison de dire plus haut que celui qui aime son prochain, ne fût-ce que dans un seul homme autre, celui-là aime tous les hommes.

Il est donc essentiel pour l'amour du prochain qu'il ne fasse pas la plus petite différence entre les hommes ; de même qu'il est essentiel pour l'amour selon la nature de placer avant tout la question de personne et de faire une distinction d'autant plus grande en faveur de l'aimé qu'il est plus passionné. Il n'y a plus besoin d'argumenter longuement sur ce point.

Mais lorsque le christianisme, avec son « tu *dois* aimer », a détrôné l'amour et l'amitié selon la nature, n'a-t-il pas intronisé à leur place un principe bien plus élevé ? Certes, bien plus élevé ! Mais ne nous avançons pas trop vite ; usons de la prudence de l'orthodoxie ! On a brouillé le christianisme de mille manières, entre autres en donnant à croire, à force de parler des hauteurs ou des profondeurs qu'il peut atteindre, que le purement humain se trouve vis-à-vis de lui dans les mêmes rapports que l'élevé ou le supérieur vis-à-vis du Suprême. Tout cela n'est que discours trompeurs qui, de manière mensongère et indigne, s'efforcent à ce que le christianisme se fasse bien voir du désir de connaître et de la curiosité humaine, comme si telle était son essence. Existe-t-il quelque chose dont les hommes, en tant que tels, dont les hommes selon la nature, aient un tel appétit que du Bien suprême ! Tel qui tient boutique de nouveautés n'a donc qu'à claironner que sa toute dernière nouveauté représente le « nec plus ultra », il est sûr d'ameuter la foule en un monde qui, de toujours, a éprouvé une joie indicible et un plaisir sans mélange à se faire duper. Non, le christianisme est véritablement le Bien suprême ; mais exactement au sens qui peut être le plus désagréable à l'homme selon la nature. Celui qui, en définissant le christianisme comme le Bien suprême, oublie le dénominateur commun du scandale, commet un péché contre le christianisme, il se rend coupable d'une outrecuidance plus abominable qu'une honnête mère de famille qui voudrait s'habiller en danseuse, plus terrible encore que si le juge impitoyable de l'Apocalypse se voulait vêtir en freluquet. Le christianisme est en lui-même trop grandiose, il est trop grave en ses mouvements pour pouvoir se mettre à danser avec la frivolité de ces discours fleuris sur le Supérieur et le Suprême. La voie qui mène au christianisme passe par le scandale. Non pas que l'adhésion au christianisme exige qu'on se scandalise de ses doctrines (donc qu'on s'empêche de comprendre le christianisme !) ; mais le scandale monte la garde aux portes du christianisme. Bienheureux celui pour qui le christianisme n'est pas un objet de scandale ! Il en est de même du Précepte qu'il faut aimer son prochain. Avoue-le donc : pour que tu ne te sentes pas gêné, c'est moi qui avouerai que ce Précepte m'a maintes fois fait reculer et qu'aujourd'hui encore je ne m'imagine nullement lui obéir à la perfection, car ce Précepte est une cause de scandale pour la chair et le sang et une folie aux yeux de la sagesse. Peut-être, ami lecteur, es-tu ce qu'on appelle un homme cultivé ; or j'en suis également un ; mais si tu crois qu'avec l'aide de ta « culture » tu te pourras rapprocher de ce Bien suprême, tu commets une erreur cruelle. Et c'est ici que se tapit précisément la faute ; car nous désirons tous de la culture et cette culture n'a que le mot de Bien suprême à la bouche ; un oiseau qui n'aurait appris que cet unique mot ne le répéterait pas plus inlassablement, une corneille ne rabâcherait pas aussi infatigablement son nom que la « culture » ne nous tympanise avec son « Bien suprême ». Mais le christianisme n'est nullement le « Bien suprême » de la culture ; le christianisme éduque précisément par le recul causé par le scandale qu'il provoque en nous. C'est ce que tu vas voir aisément. Ta culture t'a-t-elle fait comprendre ce qu'est l'amour du prochain ? ou crois-tu que le désir d'un homme de se cultiver l'amènera jamais à aimer son prochain ? Hélas ! La culture et le désir de se cultiver n'ont-ils pas bien au contraire suscité une différence nouvelle ? Ce fossé qui sépare les gens cultivés de ceux qui ne le sont point ? Prends garde à la manière dont les gens cultivés parlent de l'amour et de l'amitié : l'ami doit posséder un certain degré de culture, l'aimée doit avoir de la culture et telle ou telle sorte de culture ; étudie donc les poètes qui, face à l'impitoyable terrorisme de la culture, arrivent à peine à sauvegarder leur franc-parler, qui se hasardent à peine eux-mêmes à croire à la puissance de l'amour capable de briser les cloisons élevées dans la vie par les différentes inégalités ! Crois-tu alors que ces discours, ces poèmes ou une vie correspondant à ces discours et à ces poèmes incitent tant soit peu l'homme à l'amour du prochain ? Voyez, ici encore, le signe du scandale monte la garde. Imagine-toi l'homme le plus cultivé, celui dont nous ne nous lassons pas de vanter la « culture » ; représente-toi d'un autre côté le christianisme lui disant : « Tu dois aimer ton prochain. » Un commerce agréable, de la politesse envers chacun, une condescendance amicale à l'égard des inférieurs, du franc-parler à l'égard des puissants, une liberté spirituelle délicatement préservée ; oui, voilà la culture : mais crois-tu que cela soit également de l'amour du prochain ?

Le prochain est ce que tous sont également. Il n'est point cette aimée, pour laquelle tu éprouves une prédilection passionnée, pas plus que cet ami, pour lequel tu éprouves une prédilection passionnée. Au cas où tu serais toi-même un homme cultivé, le prochain n'est pas non plus l'homme qui possède culture égale. Le seul lien qui t'unisse au prochain c'est l'égalité de tous devant Dieu. Le prochain n'est pas celui qui est d'une condition supérieure à toi ; aimer un homme d'une condition supérieure parce qu'il est d'une condition supérieure, peut devenir trop facilement de la prédilection, par conséquent de l'amour-propre. Le prochain n'est pas non plus ton inférieur ; je veux dire que, dans la mesure où il est ton inférieur, il ne saurait être ton prochain ; aimer l'inférieur, parce qu'il t'est inférieur, peut dégénérer trop facilement en prédilection un tantinet condescendante, par conséquent en amour-propre. Non, l'amour du prochain ne connaît par définition aucune considération de personne. Dans tes rapports avec un supérieur il est encourageant que tu *doives* aimer ton prochain en lui ; vis-à-vis d'un inférieur il est d'une humiliation salutaire pour toi que tu n'aies pas à aimer en lui d'inférieur mais le prochain que tu *dois* aimer ; ton salut l'exige de toi car tu *dois* le faire. Le prochain c'est n'importe quel homme ; car ce n'est pas par ce qui le distingue des autres qu'il est ton prochain, pas plus que par ce en quoi il te ressemble dans les limites de ce qui vous distingue des autres. Il est ton prochain parce qu'il t'est semblable devant Dieu ; mais cette ressemblance tous les hommes sans restrictions la possèdent et la possèdent sans restrictions.

Søren Kierkegaard, *Vie et règne de l'amour,* traduit par Pierre Villadsen, Paris, Éditions Montaigne, 1947.

ÉMILE CHARTIER, DIT ALAIN (1868-1951)

Une joie contagieuse

Alain fut une espèce de Socrate de son époque. À la fois philosophe et pédagogue, cet éducateur marqua le climat intellectuel de son temps. Son propos sur l'amitié est simple : l'amitié éveille la joie et la joie est contagieuse. « Plus on sort de soi-même et plus on est soi-même. »

Le philosophe et essayiste Émile Chartier naquit à Mortagne-au-Perche, entra à l'École normale supérieure et enseigna la philosophie à Rouen, puis en khâgne, à Paris. Son activité de professeur se doubla d'une carrière de journaliste et d'essayiste. Il publia en 1907 ses *Propos* quotidiens, réunis en plusieurs volumes. À l'âge de quarante-six ans, il s'engagea dans la Première Guerre mondiale qui lui inspira *Mars ou la guerre jugée*, en 1921. Ses autres ouvrages comprennent, entre autres, *Systèmes des beaux-arts* (1920), *Éléments d'une doctrine radicale* (1925), *Souvenirs concernant Jules Lagneau* (1925), *Vigiles de l'esprit* (1942), *Les Dieux* (1947).

De même qu'il rejetait les tyrannies politiques, il se méfiait des modes et des dogmes et refusait de suivre les « bedeaux de la littérature » qui régnaient alors sur la critique et la philosophie. Il entendit rendre à la philosophie son sens fondamental d'Éthique, dont on puisse tirer une sagesse pratique. C'est pourquoi il fut un éveilleur d'esprits et le maître à penser de futurs écrivains, comme Simone Weil ou André Maurois (v. Maurois). Ses propos touche-à-tout finirent par effleurer la *joie* de l'amitié, qu'il a évoquée aussi dans d'autres propos.

L'homme content, s'il est seul, oublie bientôt qu'il est content...

Il y a de merveilleuses joies dans l'amitié. On le comprend sans peine si l'on remarque que la joie est contagieuse. Il suffit que ma présence procure à mon ami un peu de vraie joie pour que le spectacle de cette joie me fasse éprouver à mon tour une joie ; ainsi la joie que chacun donne lui est rendue ; en même temps des trésors de joie sont mis en liberté, et tous deux se disent : j'avais en moi du bonheur dont je ne faisais rien.

La source de la joie est au-dedans, j'en conviens ; et rien n'est plus attristant que de voir des gens mécontents d'eux et de tout qui se chatouillent les uns les autres pour se faire rire. Mais il faut dire aussi que l'homme content, s'il est seul, oublie bientôt qu'il est content ; toute sa joie est bientôt endormie ; il en arrive à une espèce de stupidité et presque d'insensibilité. Le sentiment intérieur a besoin de mouvements extérieurs. Si quelque tyran m'emprisonnait pour m'apprendre à respecter les puissances, j'aurais comme règle de santé de rire tout seul tous les jours ; je donnerais de l'exercice à ma joie comme j'en donnerais à mes jambes.

Voici un paquet de branches sèches. Elles sont inertes en apparence comme la terre ; si vous les laissez là, elles deviendront terre. Pourtant elles enferment une ardeur cachée qu'elles ont prise au soleil. Approchez d'elles la plus petite flamme, et bientôt vous aurez un brasier crépitant. Il fallait seulement secouer la porte et réveiller le prisonnier.

C'est ainsi qu'il faut une espèce de mise en train pour éveiller la joie. Lorsque le petit enfant rit pour la première fois, son rire n'exprime rien du tout ; il ne rit pas parce qu'il est heureux ; je dirais plutôt qu'il est heureux parce qu'il rit ; il a du plaisir à rire, comme il en a à manger ; mais il faut d'abord qu'il mange. Cela n'est pas vrai seulement pour le rire ; on a besoin aussi de paroles pour savoir ce que l'on pense. Tant qu'on est seul on ne peut être soi. Les nigauds de moralistes disent qu'aimer c'est s'oublier ; vue trop simple ; plus on sort de soi-même et plus on est soi-même ; mieux aussi on se sent vivre. Ne laisse pas pourrir ton bois dans ta cave.

27 décembre 1907.

Alain, « Propos du 27 décembre 1907 », in *Propos*, tome I, Paris, Gallimard, Bibliothèque de la Pléiade, 1956.

KHALIL GIBRAN (1883-1931)

Ce n'est pas ton vide qu'il doit combler mais ton besoin

« Ce que tu aimes le plus en lui est peut-être encore plus clair en son absence. » Qui d'autre que le poète peut épeler l'absence ou le silence ? Certainement pas le philosophe qui n'a à sa disposition que des concepts. Le Prophète est ce voyant qui abreuve sa vision aux sources les plus mystérieuses. Lui seul peut communiquer les expériences du cœur et comment il « trouve son matin et se rafraîchit dans la rosée des petites choses ».

Ce poète de l'amitié est Khalil Gibran qui naquit au Liban dans une famille de chrétiens maronites. Il partagea son temps entre le Liban et Paris, Boston et New York où il fréquenta les grands artistes de son époque. Il est l'auteur de deux brefs ouvrages qui connurent une grande popularité dès leur parution, *Le Prophète* et *Le Jardin du Prophète,* publiés respectivement en 1923 et 1934. Il mourut aux États-Unis mais son corps repose au Liban.

En ces quelques vers pénétrants, Gibran perçoit l'amitié comme un lien qui unit les hommes entre eux et chaque individu avec lui-même. L'amitié, source de vie, est présentée comme un besoin charnel, comme un mystère de l'esprit, et comme une joie partagée. Elle ne se dit pas mais se vit... et se chante.

Ton ami est la réponse à tes besoins...

LE PROPHÈTE

Et un jeune homme lui dit : Parle-nous de l'amitié
Et il répondit en lui disant :
Ton ami est la réponse à tes besoins.
Il est le champ que tu ensemences avec amour et que tu moissonnes avec gratitude.
Et il est ta table et ton foyer.

Car c'est vers lui que tu vas avec ta faim et c'est lui que tu recherches pour la paix.

Quand ton ami dit ce qu'il pense librement tu ne crains pas le « non » de ton propre esprit ni ne refuses le « oui ».

Et quand il est silencieux ton cœur ne cesse pas d'écouter son cœur.

Car sans paroles, en amitié, toutes les pensées, tous les désirs, toutes les attentes naissent et se partagent avec une joie discrète.

Quand tu quittes un ami, tu le fais sans chagrin ;

Car ce que tu aimes le plus en lui est peut-être encore plus clair en son absence, de même que la montagne apparaît plus claire à l'alpiniste depuis la plaine.

Et qu'il n'y ait d'autre raison d'être à l'amitié que l'approfondissement de ton esprit.

Car l'amour qui ne cherche rien d'autre que le dévoilement de son propre mystère n'est pas l'amour mais un filet tendu : et seul l'inutile est attrapé.

Et garde pour ton ami le meilleur de toi-même.

S'il doit connaître le reflux de ta marée, qu'il en connaisse aussi le flux.

Car à quoi bon ton ami si tu le cherches pour tuer les heures ?

Cherche-le toujours avec des heures à vivre.

Car ce n'est pas ton vide qu'il doit combler mais ton besoin.

Et dans la douceur de l'amitié qu'il y ait le rire et les plaisirs partagés.

Car c'est dans la rosée des petites choses que le cœur trouve son matin et qu'il est rafraîchi.

Khalil Gibran, *The Prophet*, New York, Knopf, 1923. Traduit par les auteurs.

DALE CARNEGIE (1888-1955)

Comment se faire des amis pour réussir dans la vie

L'ouvrage de Dale Carnegie, *Comment se faire des amis pour réussir dans la vie (How to Win Friends and Influence People)*, publié pour la première fois en 1937, est, avec le *Lélius* de Cicéron, le plus grand best-seller de l'histoire consacré à l'amitié. C'est aussi l'un des rares ouvrages consacrés à l'amitié utilitaire. L'objectif de Dale Carnegie n'est pas de définir l'essence de l'amitié mais de déterminer la manière dont l'amitié peut servir les intérêts de l'individu pour « réussir dans la vie ». L'amitié est ici un moyen et non plus une fin.

Comment se faire des amis... est tour à tour surprenant, agaçant, drôle, voire utile ! Son auteur va à l'encontre de toutes les théories émises jusqu'alors sur l'amitié et avec lesquelles il n'était probablement pas familier. Le résultat tourne souvent à la caricature d'une Amérique mercantile et intéressée où l'amitié n'est plus qu'un vecteur de la réussite sociale. En ce sens, le concept d'amitié est complètement anéanti alors même que, paradoxalement, la pratique d'un certain type d'amitié est vivement encouragée.

Carnegie occupe donc une place un peu particulière dans l'histoire de la pensée amicale. Son horizon intellectuel est celui de l'homme d'affaires plus que du philosophe, et il est le fils spirituel d'Henry Ford plutôt que celui d'Emerson ou de Thoreau. Mais son influence n'est pas négligeable. Avec ce livre, vendu à plusieurs millions d'exemplaires aux États-Unis et traduit en trente-cinq langues, Carnegie établit un genre littéraire très populaire en Amérique jusqu'à ce jour : les livres de *self-help* ou *self-improvement* dont le titre commence généralement par *how to* et qui règnent sur les rayons des librairies américaines.

Né dans le Missouri, Dale Carnegie s'essaya au théâtre à New York puis commença à donner des cours de rhétorique aux hommes d'affaires et à écrire des articles dans des revues. Après la Grande Guerre, il épousa une comtesse française et voyagea pendant plusieurs années. De retour à New York, il rédigea un livre à partir de ses cours de rhétorique. Le livre se vendit bien. Il en écrivit d'autres dont *Comment se faire des amis...* qui paracheva son succès littéraire et dont les ventes atteignirent des sommets. Carnegie épousa en secondes noces Dorothy Reeder Price, qui avait suivi l'un de ses cours, et qui devint son associée. Dorothy Carnegie écrivit *How to Help Your Husband Get Ahead in His Social and Business Life* (*Comment aider votre mari à accomplir son ascension sociale et professionnelle,* 1953) et anima un programme d'études pour les femmes. Dale Carnegie publia d'autres best-sellers comme *How to Stop Worrying and Start Living* (*Comment cesser de s'angoisser et commencer à vivre,* 1948).

La célèbre devise de *Comment se faire des amis pour réussir dans la vie* est : « Crois en ta réussite et tu réussiras. » Pour y parvenir, dit Carnegie, faites des hommes vos amis, et vous obtiendrez d'eux tout ce que vous voudrez. Et Carnegie de proposer « six moyens de gagner la sympathie des gens » et « neuf moyens d'amender les gens sans les offenser ni les irriter ». Loin d'être cynique ou hypocrite, son ouvrage est avant tout un manuel de civilité à l'américaine, dans lequel l'auteur encourage ses lecteurs à se mettre à la place des autres et à essayer d'adopter leur point de vue, tout en évitant de les blesser par des critiques inutiles et des sermons. Les conseils de Carnegie sont fondés sur le respect d'autrui et la bonne marche des relations inter personnelles. Si l'objectif global de Carnegie est discutable, la mise en pratique de sa doctrine n'est pas sans intérêt. Certes, elle ne permet pas de trouver un La Boétie mais elle facilite l'écoute, l'échange et la cordialité des relations, dans leur forme la plus commune.

Six moyens de gagner la sympathie des gens

Règle 1. — Intéressez-vous sincèrement aux autres.

Règle 2. — Ayez le sourire.

Règle 3. — Rappelez-vous que le nom d'un homme est pour lui le mot le plus doux et le plus important de tout le vocabulaire.

Règle 4. — Sachez écouter. Encouragez les autres à parler d'eux-mêmes.

Règle 5. — Parlez à votre interlocuteur de ce qu'il aime.

Règle 6. — Faites-lui sincèrement sentir son importance.

Neuf moyens d'amender les gens sans les offenser ni les irriter

Quand vous voulez modifier la conduite d'une personne :

1. — Commencez par lui faire quelques louanges sincères.

2. — Faites-lui remarquer ses erreurs ou ses défauts d'une manière indirecte.

3. — Avant de la critiquer, ayez soin de faire ressortir vos propres fautes.
4. — Ne lui donnez pas d'ordres directs. Suggérez. Posez des questions.
5. — Épargnez son amour-propre. Laissez-lui « sauver la face ».
6. — Rendez justice à ses efforts, louez ses plus légers progrès. Que vos encouragements soient généreux et sincères.
7. — Donnez-lui une belle réputation à mériter.
8. — Encouragez-la. Que l'erreur semble facile à corriger ; que la tâche paraisse aisée à accomplir.
9. — Manœuvrez de telle sorte qu'elle soit heureuse de faire ce que vous proposez.

Dale Carnegie, *Comment se faire des amis pour réussir dans la vie*, traduit par Denise Geneix, Paris, Hachette, 1939.

ANDRÉ MAUROIS (1885-1967)

Les amis : une famille complémentaire

La conférence d'André Maurois sur l'amitié s'inscrit dans la tradition : il se réfère abondamment aux penseurs de l'amitié surtout français. Sa sagesse pondérée, son paternalisme à l'égard des femmes ou ses conseils pratiques font de ce texte une espèce de miroir des mentalités de l'avant-guerre. L'amitié héroïque et idéale a fait long feu. Maurois est sans illusions sur l'amitié à quoi il croit néanmoins et il s'emploie à développer les moyens de garder ses amis. Le débat sur l'amitié selon les sexes et surtout sur l'amitié entre hommes et femmes continue d'être sur la sellette et d'autant plus que l'égalité des rôles entre hommes et femmes est loin d'être acceptée : « Entre homme et femme, collaboration, admiration sont plus naturelles que concurrence. En de telles associations, la femme accepte, sans en souffrir, le second rôle, et elle donne à l'homme une force d'esprit, un courage qu'il n'aurait jamais sans elle. »

Comme Simone Weil, André Maurois fut un disciple d'Alain. Après sa licence en philosophie, il dirigea en Normandie l'usine familiale, expérience qu'il transposa dans son roman *Bernard Quesnay* (1926). *Les Silences du colonel Bramble* (1918), qui le lança, est inspiré de la Première Guerre mondiale où il fut agent de liaison auprès de l'armée britannique. Romancier, historien et essayiste, l'auteur de *Climats* (1928), du *Cercle de famille* (1932) et de *L'Instinct du bonheur* (1934) a aussi publié des synthèses historiques, ainsi que de nombreuses biographies, notamment de Shelley, Proust, Victor Hugo, et Balzac.

Dans *Sentiments et coutumes*, Maurois veut définir la place de l'individu au sein du couple, de la famille et de la société, et comprendre la nature de ses relations interpersonnelles. Dans ce texte, il passe assez vite sur la nature et les fondements de l'amitié. La solitude foncière de l'homme moderne au sein même de sa famille et de ses amours apparaît ici comme déterminante du besoin d'amitié. Le lien de confidence, qu'on a souvent imputé aux femmes, est un élément de l'amitié au même titre que l'échange spirituel et intellectuel. Pour se développer, avance Maurois, l'amitié a besoin de contraintes. Toutes les formes de cohabitation sont bonnes, collège, régiment, armée, vie de bateau, mess des officiers ou table d'hôte provinciale. Désintéressement, estime et sincérité lui paraissent, comme à d'autres avant lui, constitutifs de l'amitié.

Mais toute confidence n'est pas bonne à révéler, et le professionnel — prêtre, médecin, romancier —, tenu par le secret, remplace avantageusement l'ami. À ce conseil, Maurois ajoute deux autres lignes de conduite : « être d'une extrême sévérité pour les êtres qui rapportent à chacun les propos vrais ou faux qui auraient été tenus sur lui » et « défendre ses amis en toutes circonstances », non parce qu'ils ont raison mais parce qu'ils sont des amis.

L'amitié entre femmes, l'amitié entre hommes et femmes et l'amitié spirituelle entre un maître et son disciple retiennent successivement son attention. La primauté de la passion amoureuse, surtout chez les femmes, est un postulat qui empêche Maurois d'approfondir le champ amical : « Beaucoup de femmes restent fidèles pendant toute leur vie à la doctrine du devoir de solidarité entre femmes contre la dangereuse tribu des hommes. Cette solidarité est efficace jusqu'au moment où elles se disputent le même homme. » De même, le primat du sensuel et l'exclusive hétérosexuelle empêchent ce contemporain de Freud d'imaginer une amitié véritable entre homme et femme. « C'est toujours une entreprise folle et inhumaine que de vouloir vivre, étant homme et femme, comme si l'on n'avait point de corps. » L'ambiguïté du concept d'amitié amoureuse n'est pas nouvelle mais pour la première fois elle est formulée nettement.

En même temps, la médiatisation du monde s'annonce par sa plume. La relation inégale de maître à disciple, qui se modernise avec la figure du maître à penser, dérive et glisse sur l'équivalence posthume. Pourquoi alors ne pas élire un modèle d'ami mort ou même aussi lointain que mort ? « On m'a décrit l'autre jour un marchand de bois de Grenoble qui est l'ami de Montaigne. » On peut se demander ce qu'aurait pensé du marchand de bois l'ami unique de l'unique La Boétie. L'idée de choisir comme ami une figure publique, écrivain, homme d'action ou personnage fictif — en attendant la star ou le présentateur de télévision — ne serait pas venue à l'esprit des Anciens pour qui égalité et réciprocité étaient les ingrédients indispensables à toute amitié réelle. Que la question d'une amitié aussi indirecte, impersonnelle et unilatérale soit posée est en soi révélateur d'une certaine déshumanisation de la communication amicale traditionnelle.

Il faut défendre ses amis en toute circonstance

« Personne ne parle de nous en notre présence comme il en parle en notre absence. L'amour qui est entre les hommes n'est fondé que sur cette mutuelle tromperie, et peu d'amitiés subsisteraient si chacun savait ce que son ami dit de lui lorsqu'il n'y est pas. » C'est Pascal qui écrit cela. Proust a, lui aussi, indiqué combien chacun de nous serait surpris s'il pouvait apercevoir un seul instant l'image de lui qui est dans le cerveau des autres, et je dis même dans l'esprit de ceux d'entre eux qui ont pour lui de l'affection. De là vient qu'il est si facile pour des méchants de ruiner de beaux sentiments sans mentir, simplement en rapportant des propos vrais, mais imprudents.

A quoi, les remèdes paraissent être les suivants :

1° Il y a des confidences si secrètes et si dangereuses qu'il les faut réserver à ceux pour qui le secret devient, comme on dit, « professionnel », c'est-à-dire le prêtre, le médecin, et j'ajouterais volontiers le romancier, car le romancier est souvent discret, ayant le moyen de se libérer, sous forme transposée, par son art.

2° Il faut être d'une extrême sévérité pour les êtres qui rapportent à chacun les propos vrais ou faux qui auraient été tenus sur lui, propos qui peuvent, soit le chagriner, soit le brouiller avec ses amis. En de tels cas, on peut appliquer une règle saine : se brouiller, non avec celui qui aurait tenu des propos (toujours invérifiables), mais avec celui qui nous les fait connaître.

3° Il faut défendre ses amis en toute circonstance, non en niant l'évidence, car vos amis ne sont pas des saints et peuvent avoir commis des erreurs, même graves, mais en affirmant courageusement l'estime de fond, seule importante. Je connais une femme qui, lorsqu'on attaque devant elle des êtres qu'elle a choisis pour en faire ses intimes, répond seulement : « C'est mon ami », et refuse de discuter plus avant. Voilà, je crois, la sagesse. [...]

Que des femmes puissent être des amies l'une pour l'autre, je crois qu'il suffit d'observer la vie pour s'en convaincre. Remarquons cependant que, dans l'adolescence, les amitiés de jeunes filles sont de véritables passions, plus orageuses que les amitiés de garçons, et qu'elles ont, plus que les amitiés d'hommes, un caractère de complicité, d'entente secrète contre des adversaires. La nature de ces adversaires peut varier ; souvent, c'est la famille ; parfois, les hommes, considérés en bloc comme une race ennemie contre laquelle toutes les femmes se doivent assistance ; parfois, enfin, c'est un autre groupe de jeunes filles. J'explique ce besoin de complicité et d'assistance par la faiblesse plus grande de la jeune fille et par la contrainte plus sévère que lui a longtemps imposée la société. Une jeune fille du XIXe siècle ne pouvait à peu près rien dire dans sa famille de ses pensées les plus constantes. Il lui fallait une confidente. Je vous renvoie une fois de plus à Balzac et aux *Mémoires de deux jeunes mariées.*

Quand survient le mariage, s'il est un succès, il tue les amitiés de jeunes filles, au moins pour un temps. Deux sentiments aussi vifs ne peuvent coexister. Si, au contraire, le mariage est un échec, les confidentes reprennent leur rôle. La complicité renaît, non plus contre une famille, mais contre le mari. Beaucoup de femmes restent fidèles pendant toute leur vie à la doctrine du devoir de solidarité entre femmes contre la dangereuse tribu des hommes. Cette solidarité est efficace jusqu'au moment où elles se disputent le même homme. Il faut de la grandeur d'âme à une femme, et de la confiance en son propre bonheur pour supporter sans aucune arrière-pensée de voir une amie heureuse avec un homme qu'elle-même eût volontiers aimé. Certaines femmes, sans doute parce qu'elles ont un complexe d'infériorité, ne peuvent être les témoins de telles amours sans souhaiter aussitôt les briser à leur profit. Elles désirent un homme, non pour lui-même, mais contre une autre femme. Ces jeux de sentiments font que les amitiés de femmes sont plus faciles dans les sociétés où l'amour joue un rôle moins grand. Tel est le cas aux Etats-Unis. Les hommes, en Amérique, s'occupent infiniment moins des femmes que les Européens. La conquête tient moins de place dans la vie des Américaines, ce qui les laisse plus disponibles pour des amitiés féminines.

Si les femmes sont de valeur spirituelle ou intellectuelle très haute, elles deviennent capables de la plus parfaite amitié. Un bel exemple est celui de Mme de La Fayette et de Mme de Sévigné, qu'une admirable amitié unit de l'adolescence à la mort, sans interruption ni diminution. S'il y eut débat entre elles, ce ne fut jamais que sur le point de savoir laquelle des deux aimait mieux l'autre. « Résolvez-vous, ma belle, à me voir soutenir toute ma vie, à la pointe de mon éloquence, que je vous aime encore plus que vous ne m'aimez. »

Notons que Mme de Grignan était fort jalouse de cette amitié et que, de manière générale, la famille est toujours jalouse des amitiés trop vives. Cela est facile à comprendre. L'ami est un confident, une confidente, contre la famille. C'est un sujet classique que la femme, au moment du mariage, brouillant l'homme avec ses amis. Seulement, comme nous le disions à propos du mariage, il y a un type de conversation purement mâle qui attirera toujours les hommes, ennuiera presque toutes les femmes et procurera de curieuses revanches à l'amitié. Depuis qu'il existe des auteurs dramatiques, ils se sont moqués de l'amitié qui se forme entre le mari et l'amant de sa femme. Mais est-ce comique ? Sans doute ces deux hommes ont-ils plus de choses à se dire que n'en ont l'amant et la maîtresse. Ils se plaisent ensemble de très bonne foi et souvent seule la présence du mari fait supporter l'intolérable ennui de certaines liaisons. Cela est si vrai que l'on observe des cas où, le mari refusant soudain de continuer à jouer son rôle et s'effaçant par le voyage ou par le divorce, une rupture suit presque aussitôt.

Ce qui nous amène à ce thème difficile : l'amitié entre homme et femme est-elle possible ? Et peut-elle être de même nature que les plus belles amitiés d'hommes ? On l'a souvent nié. Comment, disait-on, la sensualité serait-elle absente d'un tel commerce ? Si elle l'était tout à fait, la femme (et même la moins coquette) ne s'en trouverait-elle pas humiliée ? Il est contraire aux mouvements les plus naturels qu'un homme puisse vivre près d'une femme, dans l'état de liberté que suppose l'amitié, sans être parfois troublé par le désir ; s'il l'est, aussitôt entre en jeu la mécanique des passions.

Pour conquérir, l'homme cesse d'être sincère. La jalousie s'en mêle ; elle ne laisse pas à l'esprit le calme et la sérénité qui sont nécessaires pour atteindre aux échanges spirituels de l'amitié. Celle-ci suppose la confiance, la mise en commun des idées, des souvenirs et des espérances. Dans l'amour, le désir de plaire remplace la confiance. Idées et souvenirs sont passés au crible d'une passion anxieuse et timide. L'amitié vit de sûreté, de discrétion et de finesse ; l'amour, de force, de plaisir et de terreur. « On y pardonne plus facilement de grandes indiscrétions que de petites infidélités. » L'abandon tranquille qui fait le prix de l'amitié se trouve remplacé, dans l'amour, par la crainte constante de perdre ce que l'on aime. Qui, dans une grande passion, se soucie d'un accord intellectuel, de compréhension, d'indulgence ? Seuls ceux qui n'aiment point ou qui n'aiment plus.

A quoi l'on pourrait répondre par des exemples. Nous connaissons, dans l'histoire des lettres, et même dans l'histoire tout court, des cas d'amitié pure entre des hommes et des femmes. « Cela est vrai, répondrait le contradicteur, mais on peut classer ces cas en trois groupes imparfaits et décevants. »

Le premier est celui des amours esquissées par des faibles et qui, faute de courage, demeurent dans les limbes du sentiment. Proust a bien décrit ces hommes sans force que les femmes, par instinct, devinent aussitôt et qu'elles tiennent si aisément en respect tout en s'assurant leur compagnie. A ces romanesques, elles accordent quelques phrases tendres, quelques gestes inoffensifs. Elles les nomment leur ami, mais elles les sacrifient toujours à un amant. Pensez aux amies de Rousseau, à celles de Joubert, à celles d'Amiel.

Parfois, il arrive que la femme, elle aussi, soit une romanesque ; dans ce cas, des amitiés amoureuses pourront se former. De quoi, l'exemple classique est la vie de Mme Récamier. Encore ces amitiés par simulacre de l'amour sont-elles toujours à la merci de l'irruption d'un Chateaubriand et, tant qu'elles dureront, languissantes.

Dans le deuxième cercle de ce purgatoire sentimental, nous trouverons les vieillards qui ont cherché refuge dans l'amitié parce qu'ils ont passé l'âge de l'amour. La vieillesse est le temps qui convient le mieux à l'amitié de l'homme et de la femme ; mais pourquoi ? Parce que alors ils ont justement cessé d'être homme et femme. Il ne leur reste que les souvenirs de la coquetterie, l'idée abstraite de la jalousie. Mais c'en est assez peut-être pour donner quelques charmes mélancoliques à une amitié tout intellectuelle.

Parfois, l'un seulement des deux amis est vieux ; alors, la situation devient plus difficile. Mais on peut concevoir d'agréables amitiés entre jeunes gens cyniques et coquettes en retraite (Byron et Lady Melbourne), entre jeunes femmes et vieillards désabusés (la Reine Victoria et Lord Melbourne). Seulement, presque toujours, le plus âgé des deux souffre de la froideur de l'autre (Walpole et Mme du Deffand). A la vérité, il est assez impropre d'appeler « amitiés » de telles liaisons, qui sont amours malheureuses d'un côté, et indifférence affectueuse de l'autre.

Enfin, dans le troisième cercle où règne un air de douceur mais aussi de monotonie un peu douloureuse, nous placerons les anciens amants qui ont su passer sans se brouiller de l'amour à l'amitié. De toutes les formes d'amitié entre homme et femme, celle-là est la plus naturelle. La sensualité est apaisée, mais l'union totale, dont le souvenir demeure, fait que ces deux êtres ne sont plus l'un pour l'autre des étrangers. Les sentiments passés les ont immunisés contre les redoutables effets de la coquetterie et de la jalousie ; les voilà libres de collaborer sur un plan tout différent, plus masculin, tandis que la connaissance profonde qu'ils ont l'un de l'autre leur permet de dépasser le niveau habituel d'une amitié. Mais là encore nous trouvons que l'amitié entre homme et femme, si elle est possible, est faite d'un sentiment trouble et tout différent de la simple et pure amitié.

Tel est le réquisitoire des moralistes contre l'amitié amoureuse. La plaidoirie ne serait pas impossible à prononcer. C'est une idée singulièrement étroite des rapports de l'homme et de la femme que de ne les concevoir que sous l'aspect du désir. Entre hommes et femmes, des échanges intellectuels sont non seulement possibles, mais souvent même plus faciles qu'entre deux hommes. « C'est une belle chose, a dit quelque part Goethe, qu'une amitié d'adolescents, quand la jeune fille aime à apprendre et le jeune homme à enseigner. » Dira-t-on que cette curiosité des vierges n'est que désir inconscient sous un déguisement intellectuel ? Qu'importe, si ce désir aiguise les esprits, émousse les vanités ! Entre homme et femme, collaboration, admiration, sont plus naturelles que concurrence. En de telles associations, la femme accepte, sans en souffrir, le second rôle, et elle donne à l'homme une force d'esprit, un courage qu'il n'aurait jamais sans elle.

Si une telle amitié intelligente conduit deux adolescents jusqu'au mariage, peut-être alors pourra naître un amour qui aura toute la force de la passion sans en avoir l'incertitude. Un travail commun introduit dans la vie du couple un élément de stabilité ; il supprime les rêveries dangereuses et discipline l'imagination en réduisant le temps des loisirs. Nous avons montré comment beaucoup de mariages heureux deviennent en fait, après quelques années, de véritables amitiés, avec tous les caractères d'estime, de communion spirituelle, qui sont ceux des plus belles formes de ce sentiment.

Hors même du mariage, il n'est point du tout impossible qu'un homme et une femme deviennent l'un pour l'autre des confidents sûrs et précieux. Mais l'amitié ne saurait jamais entre eux remplacer l'amour. On trouve, dans la correspondance du romancier anglais Lawrence, une lettre curieuse et assez dure qu'il écrivit un jour à une femme. Celle-ci lui ayant proposé une amitié spirituelle, Lawrence répondit : « L'amitié entre homme et femme, en temps que sentiment primordial, est impossible...

Non, je ne veux pas de votre amitié tant que vous n'aurez pas éprouvé un sentiment complet, une réconciliation bienveillante des deux tendances qui sont en vous (spirituelle et sensuelle), et non pas un sentiment partiel comme ont été toutes vos amitiés. »

Lawrence a raison et sa thèse mérite d'être développée. Je crois comme lui que jamais une simple amitié, intellectuelle ou sentimentale, ne sera, dans la vie d'une femme, un sentiment primordial. Les femmes dépendent de leur corps beaucoup plus qu'elles ne le savent elles-mêmes. L'être qu'elles aiment physiquement tiendra toujours dans leur existence la première place et elles lui sacrifieront, s'il l'exige, l'ami avec lequel leur commerce spirituel sera le plus parfait.

Rien n'est plus dangereux, pour une femme, que d'essayer de faire jouer à l'amitié sentimentale, le rôle de la sensualité, de traiter un ami avec coquetterie, de masquer le désir sous les idées. Cela est bien plus dangereux encore pour l'homme qui se prête à ce jeu. Il est loin d'y trouver cette belle certitude de soi qu'inspirent toujours des amours heureuses. « La valeur vraie de l'amour, dit Valéry, est l'accroissement de la vitalité générale qu'il peut donner à quelqu'un. » L'amitié intellectuelle, quand elle est une ombre vaine de l'amour, produit au contraire comme une diminution de la vitalité. L'homme, tout proche de la conquête, mais qui la devine impossible, doute de lui-même et se sent diminué. « Je me refuse, écrivait encore Lawrence, à cette amitié *délicate* parce qu'elle porte atteinte à mon intégrité. »

De ce problème complexe de l'amitié entre homme et femme, il existe au moins deux solutions. La première, c'est le mélange de l'amour et de l'amitié, c'est-à-dire la formation entre un homme et une femme d'un lien qui soit à la fois spirituel et sensuel. La seconde, c'est l'amitié entre un homme et une femme qui, chacun de leur côté, ont par ailleurs une vie sensuelle parfaitement équilibrée. Alors la femme, comblée, ne cherche plus à incliner sournoisement l'amitié vers une forme imparfaite de l'amour. « Tâchez d'être entière, écrit encore Lawrence, et non plus cette chose divisée, artificielle, que tous les hommes détestent, même moi. Tâchez de retrouver votre intégrité, tout est là. Alors l'amitié avec vous deviendra possible, dans la bienveillance du cœur. » C'est toujours une entreprise folle et inhumaine que de vouloir vivre, étant homme et femme, comme si l'on n'avait point de corps.

Il nous reste maintenant à étudier une forme supérieure de l'amitié : la liaison de maître à disciple. Tout à l'heure, nous avons indiqué en passant que, même dans l'amitié, la confidence totale n'est pas toujours possible parce que l'on s'y trouve, comme dans l'amour, en face d'un être humain, c'est-à-dire faillible. De là, chez les plus secrets et souvent chez les plus profonds des êtres humains, une aspiration vers un lien moins fragile encore, vers un ami en quelque sorte impersonnel auquel ils pourraient se confier de façon plus parfaite et plus sûre.

Pour apaiser, disions-nous, certaines douleurs et certains souvenirs, il serait nécessaire de les « réintégrer dans la vie sociale ». Il existe, chez un très grand nombre d'hommes et de femmes, des conflits entre leur sensualité et leur moralité. Ils savent qu'ils ne doivent pas « socialement » éprouver tel désir, mais, en fait, ils l'éprouvent. L'homme, par la civilisation et la société, a dompté de redoutables forces naturelles, mais les monstres enchaînés grognent encore dans leurs cages et leurs mouvements nous déchirent. Nous sommes comme les élèves du docteur Moreau : nous répétons la loi, mais nous avons grande envie de ne pas la suivre.

Beaucoup d'hommes et de femmes ne peuvent trouver que dans l'amitié haute et impersonnelle d'un directeur de conscience le confident surhumain dont ils ont besoin. A ceux qui n'ont pas la foi, il arrive que certains médecins, parmi ceux qui ont de leur métier l'idée la plus haute, puissent rendre quelque service. Le médecin écoutera une confession, même étonnante, avec l'objectivité sans préjugé qui seule permet la libération. « Je ne veux pas du tout dire, écrit le docteur Jung, que nous ne devons jamais juger la conduite de ceux qui viennent nous demander de les aider. Mais je veux dire que, si le médecin doit aider un être humain, il faut d'abord qu'il soit capable de l'accepter tel qu'il est. » J'ajouterai qu'il faut que le médecin soit un artiste et applique à la compréhension des malades les méthodes du philosophe et du romancier. Un grand médecin traite non seulement l'esprit par le corps, mais le corps par l'esprit. Il est, lui aussi, un véritable ami spirituel.

Le romancier peut, pour certains lecteurs, devenir l'ami inconnu qui les sauve d'eux-mêmes. Un homme ou une femme s'est cru un monstre. Il a vécu dans l'idée pénible qu'il éprouvait des sentiments coupables et inhumains. Soudain, en lisant un beau livre, il découvre des êtres qui lui ressemblent. Il en est à la fois rassuré et apaisé ; il n'est plus seul. Ses sentiments ont été « réintégrés dans le social » parce qu'un autre les a connus. Les héros de Tolstoï et ceux de Stendhal ont aidé plus d'un adolescent à passer des obstacles difficiles.

Quelquefois, un homme en arrive à remettre entièrement la direction de sa pensée à un esprit qu'il juge plus puissant que le sien. Il s'incline ; il renonce à discuter ; il possède alors non seulement un ami, mais un maître. C'est un sentiment dont je puis vous parler puisque j'ai eu le bonheur d'avoir un maître qui est le philosophe Alain. Qu'est-ce que j'entends par là ? Que je pense comme lui sur toutes choses ? Point du tout. Nos passions sont différentes et je suis en désaccord avec lui sur des sujets importants. Mais je n'ai cessé de me nourrir de sa pensée et de m'en nourrir avec un préjugé favorable. Car il y a un élément de foi en toute compréhension d'une doctrine. Choisissez avec soin vos maîtres à penser, mais quand une fois vous les avez choisis, essayez de les comprendre avant de les réfuter. Car, dans les amitiés spirituelles comme dans les autres, il n'est point de salut sans fidélité.

Par la fidélité, vous arriverez à vous faire une société de grands esprits et comme une famille spirituelle. On m'a décrit l'autre jour un marchand de bois de Grenoble qui est l'ami de Montaigne ; il ne part jamais en voyage sans avoir dans sa poche un des volumes de son maître. Nous connaissons des amis posthumes de Chateaubriand, de Stendhal. N'hésitez pas à cultiver, fût-ce jusqu'à la passion, de telles intimités. Les grands esprits vous emporteront avec eux jusqu'à une hauteur où vous retrouverez la meilleure part de vous-même. Pour s'entretenir avec Platon, avec Pascal, les plus secrets déposent leur masque. La lecture d'un beau livre est un dialogue incessant où le livre parle, où notre âme répond.

Parfois, le maître choisi par nous est, non un écrivain, un philosophe, mais un homme d'action. Autour de lui se forme une équipe d'amis qui travaillent sous ses ordres. Ces amitiés de travail sont belles ; elles sont pures de jalousie parce que le but est commun. Elles sont heureuses parce que l'action les remplit et ne laisse pas aux sentiments mesquins le loisir de se développer. On se retrouve le soir avec joie pour s'apporter les uns aux autres les résultats de la journée. On participe aux mêmes espoirs ; on doit faire front aux mêmes échecs. Nous avons observé de telles amitiés dans les mess d'officiers, d'ingénieurs ; nous avons vu des jeunes hommes unis autour de Lyautey, de

Roosevelt. Le « patron » ne règne pas alors par la force ni par la crainte ; ami lui aussi, à sa manière, et parfois ami très attentif, il est l'animateur accepté et respecté par tous, le centre de cette belle amitié collective.

Nous disions l'autre jour que, pour qu'une société étendue puisse vivre, il faut qu'elle soit faite de cellules initiales qui sont les couples, puis les familles. De même que, dans un corps, il y a non seulement des tissus conjonctifs, épithéliaux, mais aussi des cellules nerveuses, plus complexes, qui unissent entre elles toutes les autres, ainsi je crois qu'il faut se représenter nos sociétés comme formées d'abord de familles et, entre ces familles, les unissant les unes aux autres, poussant de fins prolongements à la fois dans plusieurs d'entre elles, imaginer les cellules plus complexes de l'amitié et de l'admiration. Ainsi, l'amour spirituel vient tisser, parmi les fils tendus que sont les liens de l'amour charnel, une trame plus légère, plus frêle, mais sans laquelle les sociétés humaines ne pourraient exister. Peut-être commencez-vous maintenant à entrevoir ce merveilleux réseau d'affection et de confiance sur lequel repose une civilisation et que soutient la fidélité.

André Maurois, *Sentiments et coutumes*, Paris, Bernard Grasset, 1952.

SIMONE WEIL (1909-1943)

Le miracle de l'amitié

« Quand un être humain est attaché à un autre par un lien d'affection enfermant à un degré quelconque la nécessité, il est impossible qu'il souhaite la conservation de l'autonomie à la fois en lui-même et dans l'autre. Impossible en vertu du mécanisme de la nature. Mais possible par l'intervention miraculeuse du surnaturel. Ce miracle, c'est l'amitié. » L'amitié pour Simone Weil, philosophe et écrivain, est ce miracle par lequel un lien humain échappe à la nécessité, c'est-à-dire à la dépendance, et respecte l'autonomie propre de chacun des amis.

Pour la jeune mystique, ce miracle s'accomplit dans et par le christianisme : « L'amitié pure est une image de l'amitié originelle et parfaite qui est celle de la Trinité et qui est l'essence même de Dieu. Il est impossible que deux êtres humains soient un, et cependant respectent scrupuleusement la distance qui les sépare, si Dieu n'est pas présent en chacun d'eux. Le point de rencontre des parallèles est à l'infini. »

Dans ses carnets intimes, Simone Weil manifeste la même exigence à l'égard de l'amitié que dans sa réflexion de l'*Attente de Dieu.* « L'amitié, peut-on y lire, doit être une joie gratuite comme celle que donnent l'art, ou la vie. Il faut la refuser pour être digne de la recevoir : elle est de l'ordre de la grâce. »

Emportée très tôt par la maladie, Simone Weil mena une vie passionnée, dominée par sa lutte pour la défense des opprimés et par sa réflexion philosophique et religieuse. Née dans une famille juive, disciple d'Alain, elle choisit, après l'École normale supérieure et l'agrégation de philosophie en 1931, de travailler comme ouvrière chez Renault. Puis elle s'engagea dans les Brigades internationales en 1936. En 1942, elle quitta la France pour les États-Unis puis rejoignit la France libre du général de Gaulle à Londres. Des désaccords avec l'organisation l'entraînèrent à démissionner de son poste dans les bureaux de la France combattante, qui était son seul moyen d'existence. Malade, elle refusa de se soigner et même de se nourrir, afin de partager les souffrances des Français restés en France occupée. Elle mourut de la tuberculose au Grosvenor Sanatorium en 1943.

Bien qu'elle ne se soit jamais convertie, son mysticisme est fortement marqué par le christianisme ; il s'inspire aussi des philosophies orientales — hindouisme et gnosticisme — et se nourrit d'hellénisme. Ses ouvrages, publiés après sa mort, comprennent notamment *La Pesanteur et la Grâce* (1947), *La Condition ouvrière* (1951) et *Oppression et liberté* (1955). Dans des temps difficiles, Simone Weil consacra sa vie à la recherche intransigeante d'un idéal de justice et de vérité. Rien d'étonnant à ce qu'elle ait rencontré sur sa route la question de l'amitié.

Dans *Attente de Dieu* (1950), elle énumère les « Formes de l'Amour implicite de Dieu », c'est-à-dire l'amour du prochain, l'amour de l'ordre du monde, l'amour des pratiques religieuses, l'amour implicite, l'amour explicite, et l'amitié. La réflexion consacrée à l'amitié doit tout autant aux doctrines classiques de l'amitié antique qu'à la pensée chrétienne de l'amour et de l'amitié. C'est à la croisée de ces deux traditions qu'elle puise les éléments qui fondent et nourrissent l'amitié, soit harmonie, égalité et réciprocité. Dans l'articulation, toujours problématique, pour la pensée chrétienne, de la charité, ou amour du prochain, et de l'amitié personnelle, Simone Weil, malgré son exigence spirituelle, s'arrête au seuil que Søren Kierkegaard a franchi : « La préférence à l'égard d'un être humain est nécessairement autre chose que la charité. La charité est indiscriminée. [...] Elle est disponible également pour tous les humains. »

Contrairement au théologien danois, elle ne rejette pas le « miracle » de cette prédilection à l'égard d'un autre être humain. Mais elle souligne son caractère universel qui débouche idéalement sur l'amour de tous : « L'amitié a quelque chose d'universel. Elle consiste à aimer un être humain comme on voudrait pouvoir aimer en particulier chacun de ceux qui composent l'espèce humaine. »

Dans toute relation d'amour, elle distingue d'une part la recherche d'un certain bien et d'autre part la nécessité. Ces deux ingrédients se combinent selon des dosages variables mais la philosophe condamne la nécessité qui entraîne la dépendance et l'aliénation. « Quand l'attachement d'un être humain à un autre est constitué par le besoin seul, c'est une chose atroce. » Ainsi est dénoncée la passion amoureuse dévoreuse de liberté puisque la nécessité l'emporte « sur le désir de conserver chez l'un et chez l'autre le libre consentement [...] ». « Nous haïssons ce dont nous dépendons. Nous prenons en dégoût ce qui dépend de nous. » Simone Weil voit dans le besoin — à la fois possession et dépendance — le principe même de l'impureté.

L'horreur du « besoin », assimilé à une intoxication, la conduit à voir dans l'amitié une forme pure de relation qui respecte la liberté des deux parties et qui refuse toute tentation de fusionnement. Simone Weil rejette avec violence l'idée de Montaigne de « ne faire qu'un » avec l'autre, qu'elle assimile à une « union adultère ». « L'amitié pure », qu'elle préconise est une amitié « où la distance est conservée et respectée ». Ainsi s'articule nettement, dans la pensée de Simone Weil, la dialectique de l'éloignement et du rapprochement. Après Kant et Emerson, elle souligne l'importance de la distance dans l'amitié pure, mais ce n'est que dans et par la présence de Dieu en chacun des amis que la contradiction entre écart et fusion peut être dépassée.

Une amitié est souillée dès que la nécessité l'emporte

Quand un être humain est attaché à un autre par un lien d'affection enfermant à un degré quelconque la nécessité, il est impossible qu'il souhaite la conservation de l'autonomie à la fois en lui-même et dans l'autre. Impossible en vertu du mécanisme de la nature. Mais possible par l'intervention miraculeuse du surnaturel. Ce miracle, c'est l'amitié.

« L'amitié est une égalité faite d'harmonie », disaient les pythagoriciens. Il y a harmonie parce qu'il y a unité surnaturelle entre deux contraires qui sont la nécessité et la liberté, ces deux contraires que Dieu a combinés en créant le monde et les hommes. Il y a égalité parce qu'on désire la conservation de la faculté de libre consentement chez soi-même et chez l'autre.

Quand quelqu'un désire se subordonner à un être humain ou accepte de se subordonner à lui, il n'y a pas trace d'amitié. Le Pylade de Racine n'est pas l'ami d'Oreste. Il n'y a pas d'amitié dans l'inégalité.

Une certaine réciprocité est essentielle à l'amitié. Si d'un des deux côtés toute bienveillance est entièrement absente, l'autre doit supprimer l'affection en lui-même par respect pour le libre consentement auquel il ne doit pas désirer porter atteinte. Si d'un des deux côtés il n'y a pas respect pour l'autonomie de l'autre, celui-ci doit couper le lien par respect de soi-même. De même celui qui accepte de s'asservir ne peut pas obtenir d'amitié. Mais la nécessité enfermée dans le lien d'affection peut n'exister que d'un côté, et en ce cas il n'y a amitié que d'un côté si on prend le mot en un sens tout à fait précis et rigoureux.

Une amitié est souillée dès que la nécessité l'emporte, fût-ce pour un instant, sur le désir de conserver chez l'un et chez l'autre la faculté de libre consentement. Dans toutes les choses humaines, la nécessité est le principe de l'impureté. Toute amitié est impure s'il s'y trouve même à l'état de trace le désir de plaire ou le désir inverse. Dans une amitié parfaite ces deux désirs sont complètement absents. Les deux amis acceptent complètement d'être deux et non pas un, ils respectent la distance que met entre eux le fait d'être deux créatures distinctes. C'est avec Dieu seul que l'homme a le droit de désirer être directement uni.

L'amitié est le miracle par lequel un être humain accepte de regarder à distance et sans s'approcher l'être même qui lui est nécessaire comme une nourriture. C'est la force d'âme qu'Ève n'a pas eue ; et pourtant elle n'avait pas besoin du fruit. Si elle avait eu faim au moment où elle regardait le fruit, et si malgré cela elle était restée indéfiniment à le regarder sans faire un pas vers lui, elle aurait accompli un miracle analogue à celui de la parfaite amitié.

Par cette vertu surnaturelle du respect de l'autonomie humaine, l'amitié est très semblable aux formes pures de la compassion et de la gratitude suscitées par le malheur. Dans les deux cas les contraires qui sont les termes de l'harmonie sont la nécessité et la liberté, ou encore la subordination et l'égalité. Ces deux couples de contraires sont équivalents.

Du fait que le désir de plaire et le désir inverse sont absents de l'amitié pure, il y a en elle, en même temps que l'affection, quelque chose comme une complète indifférence. Bien qu'elle soit un lien entre deux personnes, elle a quelque chose d'impersonnel. Elle n'entame pas l'impartialité. Elle n'empêche aucunement d'imiter la perfection du Père céleste qui distribue partout la lumière du soleil et la pluie. Au contraire, l'amitié et cette imitation sont condition mutuelle l'une de l'autre, du moins le plus souvent. Car comme tout être humain ou peu s'en faut est lié à d'autres par des liens d'affection enfermant quelque degré de nécessité, il ne peut s'approcher de la perfection qu'en transformant cette affection en amitié. L'amitié a quelque chose d'universel. Elle consiste à aimer un être humain comme on voudrait pouvoir aimer en particulier chacun de ceux qui composent l'espèce humaine. Comme un géomètre regarde une figure particulière pour déduire les propriétés universelles du triangle, de même celui qui sait aimer dirige sur un être humain particulier un amour universel. Le consentement à la conservation de l'autonomie en soi-même et chez autrui est par essence quelque chose d'universel. Dès qu'on désire cette conservation chez plus d'un seul être on la désire chez tous les êtres ; car on cesse de disposer l'ordre du monde en cercle autour d'un centre qui serait ici-bas. On transporte le centre audessus des cieux.

L'amitié n'a pas cette vertu si les deux êtres qui s'aiment, par un usage illégitime de l'affection, croient ne faire qu'un. Mais aussi il n'y a pas alors d'amitié au vrai sens du mot. C'est là pour ainsi dire une union adultère, quand même elle se produirait entre époux. Il n'y a amitié que là où la distance est conservée et respectée.

Le simple fait d'avoir du plaisir à penser sur un point quelconque de la même manière que l'être aimé, ou en tout cas le fait de désirer une telle concordance d'opinions, est une atteinte à la pureté de l'amitié en même temps qu'à la probité intellectuelle. Cela est très fréquent. Mais aussi une amitié pure est rare.

Quand les liens d'affection et de nécessité entre êtres humains ne sont pas surnaturellement transformés en amitié, non seulement l'affection est impure et basse, mais aussi elle se mélange de haine et de répulsion. Cela apparaît très bien dans *L'Ecole des femmes* et dans *Phèdre*. Le mécanisme est le même dans les affections autres que l'amour charnel. Il est facile à comprendre. Nous haïssons ce dont nous dépendons. Nous prenons en dégoût ce qui dépend de nous. Parfois l'affection ne se mélange pas seulement, elle se transforme entièrement en haine et en dégoût. Parfois même la transformation est presque immédiate, de sorte que presque aucune affection n'a eu le temps d'apparaître ; c'est le cas quand la nécessité est presque tout de suite mise à nu. Quand la nécessité qui lie des êtres humains n'est pas de nature affective, quand elle tient seulement aux circonstances, l'hostilité surgit souvent dès l'abord.

Quand le Christ disait à ses disciples : « Aimez-vous les uns les autres », ce n'était pas l'attachement qu'il leur prescrivait. Comme en fait il y avait entre eux des liens causés par les pensées communes, la vie en commun, l'habitude, il leur commandait de transformer ces liens en amitié pour ne pas les laisser tourner en attachement impur ou en haine.

Le Christ ayant peu avant sa mort ajouté cette parole comme un commandement nouveau aux commandements de l'amour du prochain et de l'amour de Dieu, on peut penser que l'amitié pure, comme la charité du prochain, enferme quelque chose comme un sacrement. Le Christ a peut-être voulu indiquer cela concernant l'amitié chrétienne quand il a dit : « Quand deux ou trois d'entre vous seront réunis en mon nom, je serai parmi eux. » L'amitié pure est une image de l'amitié originelle et parfaite qui est celle de la Trinité et qui est l'essence même de Dieu. Il est impossible que deux êtres humains soient un, et cependant respectent scrupuleusement la distance qui les sépare, si Dieu n'est pas présent en chacun d'eux. Le point de rencontre des parallèles est à l'infini.

Simone Weil, *Attente de Dieu*, Paris, Fayard, 1985.

ANTOINE DE SAINT-EXUPÉRY (1900-1944)

« Si tu veux un ami, apprivoise-moi... »

« On ne connaît que les choses que l'on apprivoise, dit le renard. Les hommes n'ont plus le temps de rien connaître. Ils achètent des choses toutes faites chez les marchands. Mais comme il n'existe point de marchands d'amis, les hommes n'ont plus d'amis. Si tu veux un ami, apprivoise-moi. » Le renard et le petit prince ont fait le tour du monde. Leur amitié se passe de commentaire. En un temps qui n'a plus le temps, en un temps où les hommes sont réduits à l'état de consommateurs, l'ami devient un bien d'autant plus précieux qu'il exige de ce temps de qualité, de ce temps plus difficile à capitaliser que l'argent. L'amitié résistera-t-elle au capitalisme sauvage ? Savons-nous encore apprivoiser un ami ? Qui nous parle encore de ce profit spécial que représente la couleur du blé lorsqu'elle rappelle les mèches blondes d'un petit garçon débarqué d'une autre planète ? Qu'avons-nous gagné à nous passer des rites ?

Antoine de Saint-Exupéry est mort trop tôt pour répondre à ces questions naïves et pertinentes qu'il avait posées, à une époque où pénurie et marché noir affectaient l'amitié autant que le pain. Lui-même avait su, comme son petit prince, prendre de la distance par rapport à notre planète. Aviateur et écrivain, il fut pilote de ligne sur l'itinéraire Toulouse-Casablanca, puis mit en service les premières lignes aériennes de la Patagonie. Pendant la guerre de 1939-1945, il accomplit plusieurs missions comme pilote de ligne et pilote militaire. Lors d'une mission de guerre, il disparut en Méditerranée en 1944.

Humaniste et homme d'action en un temps de chaos et de barbarie, Saint-Exupéry est un chercheur de sens. Il mène cette quête à travers son expérience personnelle aussi bien que sa réflexion. Contrairement à la tradition des moralistes du Grand Siècle qui réfléchissaient sur le monde à partir d'un salon ou de la cour, cet aventurier a besoin de la solitude des grands espaces naturels face aux éléments parfois hostiles. C'est dans le désert du Sahara ou au-dessus des Andes que Saint-Exupéry trouve l'environnement propice à ses méditations. C'est donc là aussi qu'il situe la rencontre avec son personnage d'enfant. Sa *Lettre à un otage* (1942) est aussi un hommage à l'amitié. Il évoque ses expériences et ses réflexions dans de nombreux ouvrages dont *Courrier-Sud* (1927), *Vol de nuit* (1931), *Terre des hommes* (1939) et *Pilote de guerre* (1942).

Le succès planétaire du *Petit Prince* chez les adultes aussi bien que chez les enfants témoigne de l'importance du thème et de la qualité de la réflexion. La chute des totalitarismes idéologiques et la mondialisation n'ont fait que rafraîchir et resserrer le lien exemplaire et unique entre l'enfant du monde et l'habitant de la planète Terre. On ne voit bien qu'avec le cœur. Les concepts sont aussi impuissants que les yeux. Reste le symbole. Au temps d'Homère comme au temps de Saint-Exupéry.

Je ne suis pas apprivoisé...

C'est alors qu'apparut le renard :

— Bonjour, dit le renard.

— Bonjour, répondit poliment le petit prince, qui se retourna mais ne vit rien.

— Je suis là, dit la voix, sous le pommier...

— Qui es-tu ? dit le petit prince. Tu es bien joli...

— Je suis un renard, dit le renard.

— Viens jouer avec moi, lui proposa le petit prince. Je suis tellement triste...

— Je ne puis pas jouer avec toi, dit le renard. Je ne suis pas apprivoisé.

— Ah ! pardon, fit le petit prince.

Mais, après réflexion, il ajouta :

— Qu'est-ce que signifie « apprivoiser » ?

— Tu n'es pas d'ici, dit le renard, que cherches-tu ?

— Je cherche les hommes, dit le petit prince. Qu'est-ce que signifie « apprivoiser » ?

— Les hommes, dit le renard, ils ont des fusils et ils chassent. C'est bien gênant ! Ils élèvent aussi des poules. C'est leur seul intérêt. Tu cherches des poules ?

— Non, dit le petit prince. Je cherche des amis. Qu'est-ce que signifie « apprivoiser » ?

— C'est une chose trop oubliée, dit le renard. Ça signifie « créer des liens »...

— Créer des liens ?

— Bien sûr, dit le renard. Tu n'es encore pour moi qu'un petit garçon tout semblable à cent mille petits garçons. Et je n'ai pas besoin de toi. Et tu n'as pas besoin de moi non plus. Je ne suis pour toi qu'un renard semblable à cent mille renards. Mais, si tu m'apprivoises, nous aurons besoin l'un de l'autre. Tu seras pour moi unique au monde. Je serai pour toi unique au monde...

— Je commence à comprendre, dit le petit prince. Il y a une fleur... je crois qu'elle m'a apprivoisé...

— C'est possible, dit le renard. On voit sur la Terre toutes sortes de choses...

— Oh ! ce n'est pas sur la Terre, dit le petit prince.

Le renard parut très intrigué.

— Sur une autre planète ?

— Oui.

— Il y a des chasseurs, sur cette planète-là ?

— Non.

— Ça, c'est intéressant ! Et des poules ?

— Non.

— Rien n'est parfait, soupira le renard.

Mais le renard revint à son idée.

— Ma vie est monotone. Je chasse les poules, les hommes me chassent. Toutes les poules se ressemblent, et tous les hommes se ressemblent. Je m'ennuie donc un peu. Mais, si tu m'apprivoises, ma vie sera comme ensoleillée. Je connaîtrai un bruit de pas qui sera différent de tous les autres. Les autres pas me font rentrer sous terre. Le tien m'appellera hors du terrier, comme une musique. Et puis regarde ! Tu vois, là-bas, les champs de blé ? Je ne mange pas de pain. Le blé pour moi est inutile. Les champs de blé ne me rappellent rien. Et ça, c'est triste ! Mais tu as des cheveux couleur d'or. Alors ce sera merveilleux quand tu m'auras apprivoisé ! Le blé, qui est doré, me fera souvenir de toi. Et j'aimerai le bruit du vent dans le blé...

Le renard se tut et regarda longtemps le petit prince.

— S'il te plaît... apprivoise-moi, dit-il !

— Je veux bien, répondit le petit prince, mais je n'ai pas beaucoup de temps. J'ai des amis à découvrir et beaucoup de choses à connaître.

— On ne connaît que les choses que l'on apprivoise, dit le renard. Les hommes n'ont plus le temps de rien connaître. Ils achètent des choses toutes faites chez les marchands. Mais comme il n'existe point de marchands d'amis, les hommes n'ont plus d'amis. Si tu veux un ami, apprivoise-moi !

— Que faut-il faire ? dit le petit prince.

— Il faut être très patient, répondit le renard. Tu t'assoiras d'abord un peu loin de moi, comme ça, dans l'herbe. Je te regarderai du coin de l'œil et tu ne diras rien. Le langage est source de malentendus. Mais, chaque jour, tu pourras t'asseoir un peu plus près...

Le lendemain revint le petit prince.

— Il eût mieux valu revenir à la même heure, dit le renard. Si tu viens, par exemple, à quatre heures de l'après-midi, dès trois heures je commencerai d'être heureux. Plus l'heure avancera, plus je me sentirai heureux. À quatre heures, déjà, je m'agiterai et m'inquiéterai ; je découvrirai le prix du bonheur ! Mais si tu viens n'importe quand, je ne saurai jamais à quelle heure m'habiller le cœur... Il faut des rites.

— Qu'est-ce qu'un rite ? dit le petit prince.

— C'est aussi quelque chose de trop oublié, dit le renard. C'est ce qui fait qu'un jour est différent des autres jours, une heure, des autres heures. Il y a un rite, par exemple, chez mes chasseurs. Ils dansent le jeudi avec les filles du village. Alors le jeudi est jour merveilleux ! Je vais me promener jusqu'à la vigne. Si les chasseurs dansaient n'importe quand, les jours se ressembleraient tous, et je n'aurais point de vacances.

Ainsi le petit prince apprivoisa le renard. Et quand l'heure du départ fut proche :

— Ah ! dit le renard... Je pleurerai.

— C'est ta faute, dit le petit prince, je ne te souhaitais point de mal, mais tu as voulu que je t'apprivoise...

— Bien sûr, dit le renard.

— Mais tu vas pleurer ! dit le petit prince.

— Bien sûr, dit le renard.

— Alors tu n'y gagnes rien !

— J'y gagne, dit le renard, à cause de la couleur du blé.

Puis il ajouta :

— Va revoir les roses. Tu comprendras que la tienne est unique au monde. Tu reviendras me dire adieu, et je te ferai cadeau d'un secret.

Le petit prince s'en fut revoir les roses.

— Vous n'êtes pas du tout semblables à ma rose, vous n'êtes rien encore, leur dit-il. Personne ne vous a apprivoisées et vous n'avez apprivoisé personne. Vous êtes comme était mon renard. Ce n'était qu'un renard semblable à cent mille autres. Mais j'en ai fait mon ami, et il est maintenant unique au monde.

Et les roses étaient bien gênées.

— Vous êtes belles, mais vous êtes vides, leur dit-il encore. On ne peut pas mourir pour vous. Bien sûr, ma rose à moi, un passant ordinaire croirait qu'elle vous ressemble. Mais à elle seule elle est plus importante que vous toutes, puisque c'est elle que j'ai arrosée. Puisque c'est elle que j'ai mise sous globe. Puisque c'est elle que j'ai abritée par le paravent. Puisque c'est elle dont j'ai tué les chenilles (sauf les deux ou trois pour les papillons). Puisque c'est elle que j'ai écoutée se plaindre, ou se vanter, ou même quelquefois se taire. Puisque c'est ma rose.

Et il revint vers le renard.

— Adieu, dit-il...

— Adieu, dit le renard. Voici mon secret. Il est très simple : on ne voit bien qu'avec le cœur. L'essentiel est invisible pour les yeux.

— L'essentiel est invisible pour les yeux, répéta le petit prince, afin de se souvenir.

— C'est le temps que tu as perdu pour ta rose qui fait ta rose si importante.

— C'est le temps que j'ai perdu pour ma rose... fit le petit prince, afin de se souvenir.

— Les hommes ont oublié cette vérité, dit le renard. Mais tu ne dois pas l'oublier. Tu deviens responsable pour toujours de ce que tu as apprivoisé. Tu es responsable de ta rose...

— Je suis responsable de ma rose... répéta le petit prince, afin de se souvenir.

Antoine de Saint-Exupéry, *Le Petit Prince*, Paris, Gallimard, 1946.

PHILIPPE SOUPAULT (1897-1990)

Maximes amicales d'un ex-surréaliste

« Quand ils avaient vingt ans, on les appelait les trois mousquetaires parce qu'ils étaient des amis irréprochables. Trente ans plus tard, ils ne se "voyaient plus". Ils se nommaient Louis Aragon, André Breton et Philippe Soupault. "Quel dommage", pensaient-ils tous les trois. Mais aucun d'eux ne fit un geste pour retrouver leur ancienne amitié. »

En 1919, André Breton a vingt-trois ans, Louis Aragon et Philippe Soupault en ont vingt. Ils fondent ensemble la revue *Littérature* où paraît le premier texte surréaliste d'écriture automatique, *Les Champs magnétiques*, composé par Breton et Soupault. Par la suite ils divergèrent. L'un continua de croire au surréalisme, l'autre au communisme, le troisième est l'auteur des lignes qui précèdent.

Ces dernières sont donc extraites de *L'Amitié* de Soupault, recueil de notes et maximes, publié en 1965, soit quarante-six ans plus tard. On peut y lire cette autre note non personnalisée : « Ils étaient cinq amis. Ils avaient vingt ans. Ils ne pensaient pas à l'avenir. Ils vécurent plus de cinquante ans. Ils se sont fâchés, puis retrouvés, mais ils n'étaient plus les mêmes, et ils ne se sont pas reconnus. Ils se souvenaient pourtant, fantômes de leur jeunesse, qu'ils avaient été des amis. Ils ne pouvaient pas l'oublier. L'amitié, même défunte, impose une marque indélébile ». Les cinq candidats au statut de fantôme d'une jeunesse éteinte ne manquent pas au groupe surréaliste. Quant au spectre de leur amitié défunte, Soupault en fait un livre qui en consacre la marque indélébile. Plus que jamais, l'amitié, vivante ou morte, passe par les mots et par les écrits.

Avant même l'aventure surréaliste, Soupault avait pris une part active au mouvement dadaïste. Mais dans la vie de Philippe Soupault, il y a un après-surréalisme. Il s'en éloigna, physiquement d'abord par de longs voyages à travers le monde, professionnellement en devenant journaliste et en faisant de la radio, intellectuellement en écrivant notamment des romans. *Voyages en URSS* en 1930 témoigne de la persistance de son intérêt pour son époque ; *Le Bon Apôtre* (1923), *Les Frères Durandeau* (1924), *Le Nègre* (1927), *Les Dernières Nuits de Paris* (1928), de son activité de romancier. Aucune forme d'art ne lui est étrangère. Il resta fidèle à la poésie *(Essais sur Lautréamont* en 1927, *William Blake* en 1928), mais s'intéressa aussi à la musique de jazz, à la peinture (*Jean Lurçat* en 1928, *Paolo Uccello* en 1929), au cinéma (*Charlot* en 1930), au théâtre (*Tous ensemble autour du monde* en 1943).

Malgré l'empreinte surréaliste, ces notes et maximes sur l'amitié ne rejettent pas la tradition des classiques de l'amitié auxquels Soupault se réfère souvent. En même temps elles ne désavouent pas les références de leur auteur qui, machisme en moins, avait aussi assimilé l'esprit d'Alphonse Allais, de Labiche ou de Lucien Guitry. Dans ce « traité » allègre à la mode du XXe siècle, les femmes sont plutôt bien traitées et Soupault leur accorde des aptitudes supérieures aux hommes quant à l'amitié. On s'en voudrait de soupçonner que c'est peut-être parce qu'il finit lui-même par douter de cette vertu qu'il avait honorée si fort en sa jeunesse.

Mieux vaut un franc ennemi qu'un faux ami...

Les amis de nos amis sont nos amis. Erreur d'un philosophe. L'amitié ne se transmet pas comme une maladie.

Il y a une grande différence entre l'amitié et la camaraderie. On a connu deux légionnaires dont chacun aurait tué ou se serait fait tuer pour sauver son camarade. Ils n'avaient pourtant aucune amitié l'un pour l'autre et se méprisaient cordialement.

La plupart des maximes traitant de l'amitié insistent surtout sur les bienfaits qu'elle apporte et non sur les devoirs qu'elle comporte. [...]

Le principal ennemi de l'amitié, ce n'est pas l'amour. C'est l'ambition.

On se moque des maris ou des amoureux trompés, on plaint les amants déçus, mais on semble oublier les amis trahis. Guillaume Apollinaire, à la fin de sa vie, se souvenait avec amertume de l'attitude de Picasso qu'il considérait comme son meilleur ami. Lorsqu'il fut convoqué par le juge d'instruction pour témoigner en faveur du poète injustement soupçonné d'un vol au musée du Louvre, le peintre déclara qu'il ne connaissait pas Apollinaire qu'il voyait presque chaque jour depuis quinze ans.

Mieux vaut un franc ennemi qu'un faux ami. Une vérité de La Palice que la plupart des gens ont tort de ne pas prendre au sérieux.

Il y a beaucoup de gens qui aiment donner des conseils. Ils commencent généralement leur discours par ces mots : « Moi, qui suis votre ami... » On sait fort bien que ce sont des raseurs.

Il est plus facile de pardonner à une femme qu'on aime de vous avoir trompé qu'à un ami de vous avoir trahi.

L'estime plus que l'admiration est l'aliment essentiel de l'amitié.

Celui qui dit : « Si tu es mon ami, prouve-le !... » avoue qu'il ignore la nature même de l'amitié. On peut à la rigueur vouloir prouver son amour, mais l'amitié n'exige jamais de preuves.

L'amitié des jeunes gens peut être fervente, mais elle est rarement durable. Ce sont surtout les très vieux et très anciens amis qui offrent le modèle de l'amitié véritable.

Un proverbe grec prétend que la prospérité trouve toujours des amis, mais Chamfort affirme que la prospérité fait peu d'amis. C'est Chamfort qui a raison et qui a le mieux compris ce qu'est la véritable amitié.

La Bruyère affirme que les femmes vont plus loin en amour que la plupart des hommes, mais que les hommes l'emportent sur elles en amitié. Cette affirmation est fausse. L'histoire et l'expérience prouvent que les femmes sont plus capables que les hommes de surmonter leur amour, leur désir, pour accorder leur amitié à des hommes ou à des femmes, même à ceux et à celles qui les ont déçues. Ayons, nous les hommes, le courage de reconnaître que les femmes sont plus *désintéressées* (il faut le souligner), et c'est — en ce qui concerne l'amitié — l'essentiel. [...]

La mort d'un ami confirme et renforce même l'amitié que nous avions pour lui. Son souvenir ne s'efface pas. [...]

Les distances n'affectent pas l'amitié, alors qu'il est, hélas ! difficile de nier que, quand il s'agit de l'amour, la sagesse des nations n'a pas tort d'affirmer : « Loin des yeux, loin du cœur... »

Etre jaloux d'un ami prouve qu'on n'est pas vraiment son ami.

Mentir à un ami, même pour lui éviter une grande peine, c'est lui retirer la confiance qu'exige l'amitié.

La plus grande tristesse qu'apporte inévitablement la vieillesse, c'est moins d'être obligé de renoncer, d'abdiquer, que de voir mourir ses amis.

Deux amis véritables n'ont cessé de discuter, davantage même, de se disputer pendant toute leur vie. Ils n'étaient d'accord sur rien, mais ils se savaient inséparables. Et leur amitié dura quarante ans et ne cessa qu'avec la mort du plus jeune. Le survivant fut inconsolable et mourut de chagrin quelques mois après son ami. [...]

Poètes, peintres, sculpteurs et musiciens ont été rarement inspirés par l'amitié. C'est que l'amitié, qui peut être passionnée, ne s'exprime pas lyriquement. L'amitié s'extériorise très rarement.

« Ceux qui méprisent l'amitié, dit, à la fin de sa vie, André Gide, qui avait eu pour amis Paul Valéry, Roger Martin du Gard et, pendant de longues années, Paul Claudel, font preuve de la pauvreté de leur âme. »

Plus exigeants que les amoureux, les amis imposent des devoirs et exigent des attentions, des fidélités, qui ne sont acceptables que si la réciproque est vraie. [...]

S'il y a peu de poèmes dédiés à l'amitié, c'est que la poésie tout entière est œuvre d'amitié. [...]

Alfred Jarry, quand il parlait d'*Ubu roi,* affirmait que le thème de sa pièce était l'ingratitude : « Le père Ubu n'a pas d'amis. Il ne croit pas que l'on puisse compter sur l'amitié. C'est pourquoi *Ubu roi* est un drame. » [...]

Les femmes sont des amies plus lucides que les amis masculins, mais elles sont aussi plus exigeantes. [...]

La mauvaise monnaie chasse la bonne, affirment les économistes. Et les faux amis chassent les vrais. Drieu La Rochelle en fit l'amère expérience quand il se mit à fréquenter Doriot et ses fascistes : tous ses plus anciens et plus sûrs amis se détournèrent de lui, et définitivement, sans aucun espoir de retour.

Philippe Soupault, *L'Amitié*, Paris, Hachette, 1965.

MAURICE BLANCHOT (NÉ EN 1907)

Une distance infinie

« L'amitié, ce rapport sans dépendance, sans épisode et où entre cependant toute la simplicité de la vie, passe par la reconnaissance de l'étrangeté commune qui ne nous permet pas de parler de nos amis, mais seulement de leur parler, non d'en faire un thème de conversations (ou d'articles), mais le mouvement de l'entente où, nous parlant, ils réservent, même dans la plus grande familiarité, la distance infinie, cette séparation fondamentale à partir de laquelle ce qui sépare devient rapport. » Pour Maurice Blanchot, l'expérience de l'amitié comme celle de l'écriture est l'expérience de la séparation et des limites. Ces limites lui interdisent de parler de Georges Bataille, son ami mort, comme elles lui interdisaient, son ami vivant, de franchir la distance infinie qui était l'essence même de leur amitié.

Maurice Blanchot fut journaliste avant de devenir, avec l'essai et le roman, l'une des figures majeures de la littérature française contemporaine. Avant-guerre, il fut hostile au Front populaire. L'Occupation le fit basculer dans la Résistance et le rapprochement avec la gauche communiste. Dès la fin de la guerre, il avait déjà publié deux romans, *Thomas l'obscur* (1941) et *Aminadab* (1942), et deux essais, *Comment la littérature est-elle possible ?* (1942) et *Faux Pas* (1943). Ses œuvres majeures comprennent notamment *L'Arrêt de mort, Le Très-Haut, L'Espace littéraire. Le Dernier Homme, Le Livre à venir, L'Attente l'oubli, L'Entretien infini, L'Écriture du désastre, Michel Foucault tel que je l'imagine, De Kafka à Kafka.*

« Les vraies pensées questionnent et questionner, c'est penser en s'interrompant », écrit-il dans *L'Entretien infini.* Les essais critiques de Blanchot sur la littérature sont articulés autour de l'interrogation centrale que l'écriture se pose à elle-même : « Qu'est-ce que la littérature ? À quelles conditions la littérature est-elle possible ? La littérature est-elle possible ? » De même, dans ces quelques pages sur celui qui fut son ami Georges Bataille, fondateur de la revue *Critique,* Blanchot pose des questions : « Qui fut le sujet de cette expérience ? », « Quel est ce moi que je suis ? », auxquelles la question plus radicale encore d'un « "Qui ?" indéfini », sert de réponse.

Dans son obscurité mallarméenne, l'écriture de l'auteur du *Regard d'Orphée* témoigne que seule l'occultation permet à la profondeur de se révéler. Ainsi dans l'amitié, « la discrétion n'est pas dans le simple refus de faire état de confidences (comme cela serait grossier même d'y songer), mais elle est l'intervalle, le pur intervalle, qui, de moi à cet autrui qu'est un ami, mesure tout ce qu'il y a entre nous, l'interruption d'être qui ne m'autorise jamais à disposer de lui, ni de mon savoir de lui (fût-ce pour le louer) et qui, loin d'empêcher toute communication, nous rapporte l'un à l'autre dans la différence et parfois le silence de la parole ». Cet intervalle, cette interruption d'être, ce silence de la différence, n'est pas sans s'apparenter avec la distance, ou l'éloignement, que des penseurs aussi différents que Kant, Simone Weil ou même Emerson ont postulée dans l'amitié.

Le langage étant « cette négation idéale, cet assassinat différé », la mort est le noyau même de l'œuvre de Blanchot ; et l'ami mort est au centre de sa réflexion sur l'amitié. Le salut à l'ami défunt fait partie des motifs archétypaux de la littérature de l'amitié depuis Achille et Patrocle, ou Montaigne et La Boétie. Pour le penseur contemporain cependant, un tel face-à-face est à la lettre impossible. Le souvenir de Georges Bataille ne saurait être autre chose pour Maurice Blanchot que son oubli : « Nous pourrions en un mot nous souvenir. Mais la pensée sait qu'on ne se souvient pas : sans mémoire, sans pensée, elle lutte déjà dans l'invisible où tout retombe à l'indifférence. C'est là sa profonde douleur. Il faut qu'elle accompagne l'amitié dans l'oubli. »

Nous ne cherchons qu'à combler un vide...

De cet ami, comment accepter de parler ? Ni pour l'éloge, ni dans l'intérêt de quelque vérité. Les traits de son caractère, les formes de son existence, les épisodes de sa vie, même en accord avec la recherche dont il s'est senti responsable jusqu'à l'irresponsabilité, n'appartiennent à personne. Il n'y a pas de témoin. Les plus proches ne disent que ce qui leur fut proche, non le lointain qui s'affirma en cette proximité, et le lointain cesse dès que cesse la présence. C'est vainement que nous prétendons maintenir, par nos paroles, par nos écrits, ce qui s'absente ; vainement, que nous lui offrons l'attrait de nos souvenirs et une sorte de figure encore, le bonheur de demeurer au jour, la vie prolongée d'une apparence véridique. Nous ne cherchons qu'à combler un vide, nous ne supportons pas la douleur : l'affirmation de ce vide. Qui accepterait d'en accueillir l'insignifiance, insignifiance si démesurée que nous n'avons pas de mémoire capable de la contenir et qu'il nous faudrait nous-mêmes déjà glisser à l'oubli pour la porter, le temps de ce glissement, jusqu'à l'énigme qu'elle représente ? Tout ce que nous disons ne tend qu'à voiler l'unique affirmation : que tout doit s'effacer et que nous ne pouvons rester fidèles qu'en veillant sur ce mouvement qui s'efface, auquel quelque chose en nous qui rejette tout souvenir appartient déjà.

Je sais qu'il y a les livres. Les livres demeurent provisoirement, même si leur lecture doit nous ouvrir à la nécessité de cette disparition dans laquelle ils se retirent. Les livres eux-mêmes renvoient à une existence. Cette existence, parce qu'elle n'est plus une présence, commence à se déployer dans l'histoire, et la pire des histoires, l'histoire littéraire. Celle-ci, chercheuse, minutieuse, en quête de documents, s'empare d'une volonté défunte et transforme en connaissances sa propre prise sur ce qui est tombé en héritage. C'est le moment des œuvres complètes. On veut « tout » publier, on veut « tout » dire ; comme s'il n'y avait plus qu'une hâte : que tout soit dit ; comme si le « tout est dit » devait enfin nous permettre d'arrêter une parole morte : d'arrêter le silence pitoyable qui vient d'elle et retenir fermement dans un horizon bien circonscrit ce que l'équivoque attente posthume mêle encore illusoirement à nos paroles de vivants. Aussi longtemps qu'existe celui qui nous est proche et, avec lui, la pensée où il s'affirme, sa pensée s'ouvre à nous, mais préservée dans ce rapport même, et ce qui la préserve, ce n'est pas seulement la mobilité de la vie (ce serait peu), c'est ce qu'introduit en elle d'imprévisible l'étrangeté de la fin. Et ce mouvement imprévisible et toujours caché dans son imminence infinie — celui du mourir peut-être — ne vient pas de ce que le terme ne saurait être donné à l'avance, mais de ce qu'il ne constitue jamais un événement qui arrive, même quand il survient, jamais une réalité capable d'être saisie : insaisissable et maintenant jusqu'au bout dans l'insaisissable celui qui lui est destiné. C'est cet imprévisible qui parle quand il parle, c'est cela qui de son vivant dérobe et réserve sa pensée, l'écarte et la libère de toute mainmise, celle du dehors comme celle du dedans.

Je sais aussi que, dans ses livres, Georges Bataille semble parler de lui-même avec une liberté sans contrainte qui devrait nous dégager de toute discrétion — mais qui ne nous donne pas le droit de nous mettre à sa place, ni le pouvoir de prendre la parole en son absence. Et est-il sûr qu'il parle de soi ? Ce « Je » dont sa recherche paraît encore manifester la présence au moment où elle s'exprime, vers qui nous dirige-t-il ? Certainement vers un moi bien différent de l'ego que souhaiteraient évoquer, à la lumière d'un souvenir, ceux qui l'ont connu dans la particularité heureuse et malheureuse de la vie. Tout porte à penser que cette présence sans personne qui est en cause dans un tel mouvement introduit un rapport énigmatique dans l'existence de celui qui a pu décider d'en parler, mais non la revendiquer pour sienne, encore moins en faire un événement de sa biographie (plutôt une lacune où celle-ci disparaît). Et lorsque nous nous posons la question : « Qui fut le sujet de cette expérience ? », cette question fait peut-être déjà réponse, si, à celui même qui l'a conduite, c'est sous cette forme interrogative qu'elle s'est affirmée en lui, en substituant au « Je » fermé et unique l'ouverture d'un « Qui ? » sans réponse ; non que cela signifie qu'il lui ait fallu seulement se demander : « Quel est ce moi que je suis ? », mais bien plus radicalement se ressaisir sans relâche, non plus comme « Je », mais comme un « Qui ? », l'être inconnu et glissant d'un « Qui ? » indéfini.

Nous devons renoncer à connaître ceux à qui nous lie quelque chose d'essentiel ; je veux dire, nous devons les accueillir dans le rapport avec l'inconnu où ils nous accueillent, nous aussi, dans notre éloignement. L'amitié, ce rapport sans dépendance, sans épisode et où entre cependant toute la simplicité de la vie, passe par la reconnaissance de l'étrangeté commune qui ne nous permet pas de parler de nos amis, mais seulement de leur parler, non d'en faire un thème de conversations (ou d'articles), mais le mouvement de l'entente où, nous parlant, ils réservent, même dans la plus grande familiarité, la distance infinie, cette séparation fondamentale à partir de laquelle ce qui sépare devient rapport. Ici, la discrétion n'est pas dans le simple refus de faire état de confidences (comme cela serait grossier, même d'y songer), mais elle est l'intervalle, le pur intervalle qui, de moi à cet autrui qu'est un ami, mesure tout ce qu'il y a entre nous, l'interruption d'être qui ne m'autorise jamais à disposer de lui, ni de mon savoir de lui (fût-ce pour le louer) et qui, loin d'empêcher toute communication, nous rapporte l'un à l'autre dans la différence et parfois le silence de la parole.

Il est vrai que cette discrétion devient, à un certain moment, la fissure de la mort. Je pourrais m'imaginer qu'en un sens rien n'est changé : dans ce « secret » entre nous capable de prendre place, sans l'interrompre, dans la continuité du discours, il y avait déjà, du temps où nous étions en présence l'un de l'autre, cette présence imminente, quoique tacite, de la discrétion finale, et c'est à partir d'elle que s'affirmait calmement la précaution des paroles amicales. Paroles d'une rive à l'autre rive, parole répondant à quelqu'un qui parle de l'autre bord et où voudrait s'accomplir, dès notre vie, la démesure du mouvement de mourir. Et pourtant quand vient l'événement même, il apporte ce changement : non pas l'approfondissement de la séparation, mais son effacement ; non pas l'élargissement de la césure, mais son nivellement, et la dissipation de ce vide entre nous où jadis se développait la franchise d'une relation sans histoire. De sorte qu'à présent ce qui nous fut proche non seulement a cessé de s'approcher, mais a perdu jusqu'à la vérité de l'extrême lointain. Ainsi la mort a-t-elle cette fausse vertu de paraître rendre à l'intimité ceux qu'ont divisés de graves différends. C'est qu'avec elle disparaît tout ce qui sépare. Ce qui sépare : ce qui met authentiquement en rapport, l'abîme même des rapports où se tient, avec simplicité, l'entente toujours maintenue de l'affirmation amicale.

Nous ne devons pas, par des artifices, faire semblant de poursuivre un dialogue. Ce qui s'est détourné de nous nous détourne aussi de cette part qui fut notre présence, et il nous faut apprendre que quand la parole se tait, une parole qui, durant les années, s'offrit à une « exigence sans égards », ce n'est pas seulement cette parole exigeante qui a cessé, c'est le silence qu'elle rendit possible et d'où elle revenait selon une insensible pente vers l'inquiétude du temps. Sans doute, nous pourrons encore parcourir les mêmes chemins, nous pourrons laisser venir des images, en appeler à une absence que nous nous figurerons, par une consolation mensongère, être la nôtre. Nous pouvons, en un mot, nous souvenir. Mais la pensée sait qu'on ne se souvient pas : sans mémoire, sans pensée, elle lutte déjà dans l'invisible où tout retombe à l'indifférence. C'est là sa profonde douleur. Il faut qu'elle accompagne l'amitié dans l'oubli.

Maurice Blanchot, *L'Amitié*, Paris, Gallimard, 1975.

MARIE-FRANÇOISE HANS

Le temps des copines

« Eh bien, l'amitié au féminin me passionne justement parce qu'elle ne présente pas un visage lisse, qu'elle est traversée d'ombres, qu'en elle coexistent amour et haine, grandeur et petitesse, bonté et malveillance. [...] Peut-on employer ce beau mot d'"amitié" pour décrire une relation semée d'embûches, creusée de chausse-trappes, minée de petites trahisons ? Chacun(e) tranchera selon son éthique. Moi, je n'hésite pas et réponds par l'affirmative. »

Voici venu le temps des copines. Dans la mouvance du *Deuxième Sexe*, de Mai 68, du MLF et de ses retombées. Dans le contexte culturel français où les mouvements de femmes et les femmes individuelles ont redécouvert et revalorisé avec bonheur leur *différence*. Non, les copines ne sont pas les copains. Elles n'ont pas la même histoire ni la même culture. Non, les copines ne sont pas nécessairement féministes. De fait, elles se méfient du mot plus que de la chose : « Le féminisme brandissant son bel étendard a tenté de bousculer hardiment les affreux clichés et d'offrir au monde ébloui une ère de sororité généreuse. Et bourrée d'excès. »

Marie-Françoise Hans est romancière, essayiste, journaliste et scénariste. Auteur notamment de *Tamara, ma sœur* (1976), *Les Femmes, la pornographie, l'érotisme* (avec G. Lapouge, 1978), *Esquisse pour une jeune fille* (1980), *Coup de dés* (1982), *Double Dame* (1985), *Les Femmes et l'argent* (1988). Elle incarne cette génération de femmes ayant souhaité rompre dans leur quotidien avec une tradition qui ferme à celles-ci les joies de l'amitié entre elles. Lucide, elle écrit bien haut ce que beaucoup de femmes — et d'hommes — pensent plus ou moins bas. Ni dogmatique, ni théorique, ni militante, son évocation reflète autant qu'elle propose un art de vivre au féminin permettant de concilier l'amour ou l'amitié des hommes avec la chaude et joyeuse complicité des copines.

« Pour nouer des liens solides avec une autre femme, il faut, en tout cas, s'aimer en tant que femme. » Là est peut-être la vérité que les dames du temps jadis, les Mme de Lambert ou les Mme d'Épinay, tout entières tournées vers le monde des hommes, n'avaient pas encore su assimiler à leur doctrine. Et que beaucoup de femmes et non des moindres — Mme de La Fayette et Mme de Sévigné, Germaine de Staël et Juliette

Récamier, George Sand et Marie Dorval, Colette et Marguerite Moreno — ont vécu sans théoriser autrement que dans leur correspondance. Quant aux réseaux professionnels féminins, ils ont à l'aube du XXIe siècle un certain avenir. Le temps des copines ouvre beaucoup de voies.

L'amitié, selon la mythologie, c'est d'abord une affaire d'hommes

[...]Etre copines aujourd'hui — après la lecture démystificatrice du *Deuxième Sexe* de Simone de Beauvoir, la dénonciation féministe des manipulations par les hommes tout au long de l'Histoire et le revirement d'opinion de ces dernières années — devrait poser moins de problèmes, puisque les femmes sont censées avoir acquis plus de lucidité. Oui... et non.

En premier lieu, n'oublions pas que l'amitié, selon la mythologie, c'est d'abord une affaire d'hommes. Achille et Patrocle, Oreste et Pylade, Montaigne et La Boétie, comment lutter contre de tels monuments ? Quant aux modernes héros de westerns ou aux vieux copains de régiment, s'ils se tapent volontiers dessus, ils ne s'abaissent pas, eux, à se débiner ou à commettre d'horribles sournoiseries. Hors d'atteinte de la vie comme elle va, ils se mesurent avec droiture, passent au large de l'ambiguïté, ignorent superbement le narcissisme.

Ah oui ? Des hommes l'ont écrit, l'ont chanté. « Les copains d'abord. » L'amitié ? Un absolu, un idéal auquel les femmes, ces créatures imparfaites et faibles, ne sauraient prétendre ? Certains le pensent. Tout bas. Tout haut. Certaines aussi.

Et moi, dans ce concert de disputes, moi qui — après des années de quiétude et de confort moral : « Comment ça va avec mes copines ? Très bien, merci. » — me réveille prise soudain d'un doute abominable par la faute (ou la grâce) de deux personnages de roman, deux dames indisciplinées qui osent ne pas filer droit, quelle mouche me pique de vouloir ainsi me lancer dans la rédaction d'un livre sur les copines ?

Eh bien, l'amitié au féminin me passionne justement parce qu'elle ne présente pas un visage lisse, qu'elle est traversée d'ombres, qu'en elle coexistent amour et haine, grandeur et petitesse, bonté et malveillance. Pourquoi s'en étonner ou s'en choquer ? Ne reconnaît-on pas volontiers que les femmes sont plus portées vers les sentiments extrêmes ?

Mais dans ce domaine — comme dans tous les autres —, j'essaierai de me garder de généralisations hâtives ou imprudentes. Il suffit d'énoncer qu'« elles » sont comme ci ou comme ça pour qu'aussitôt — et avec justesse — il se trouve quelqu'un(e) pour vous rétorquer qu'« ils » agissent pareillement.

Peut-on employer ce beau mot d'« amitié » pour décrire une relation semée d'embûches, creusée de chausse-trappes, minée de petites trahisons ? Chacun(e) tranchera selon son éthique. Moi, je n'hésite pas et réponds par l'affirmative. Les allées et venues, les coups fourrés, les chemins de traverse déconcertent, jettent le doute ? Et après ! En amour, ne se heurte-t-on pas sans cesse à semblables écueils ?

Par sa mouvance, sa complexité, ce sujet — l'amitié entre femmes — se dérobe sitôt qu'on croit le saisir. Il propose, tour à tour, des figures qui, à peine esquissées, s'effacent devant d'autres. Ce qui ne doit pas surprendre. Si les femmes se complaisent tant dans les complications, si l'amitié — en général — frappe par son côté indéfinissable (elle qui se présente, selon Soupault, comme « un sentiment si subtil qu'elle échappe, dès qu'on veut la définir, la juger, l'expliquer, à toute définition, à tout jugement, à toute explication »), n'est-il pas naturel que l'association de ces deux mots, « femmes » et « amitié », prenne des résonances incertaines ? Et si familières ! [...]

« Amie » ou « copine » ? L'un ou l'autre, avec une légère préférence pour le second terme. Non pour déprécier la relation. Au contraire, je souhaite ainsi prendre de la distance avec le mythe, dédramatiser, assigner à ce rapport complexe et si vivant une place réaliste. Au large d'une perfection difficile à atteindre et trop peu humaine. En tenant compte de la vie contemporaine où l'on doit bouger, changer, où l'on rencontre bien plus de gens que n'en rencontraient nos mères et nos grands-mères. Il arrive que l'on garde une ou plusieurs amies toute une vie, mais à ces affections marquées par le sceau du temps s'ajoutent bon nombre de connaissances nouvelles. On se fait des copines facilement. Leur présence rend la vie plus légère, même si on sait que la désillusion ou l'éloignement sont possibles. [...]

Pour nouer des liens solides avec une autre femme, il faut, en tout cas, s'aimer en tant que femme. Voilà pourquoi je ne parlerai évidemment pas de celles qui n'appartiennent pas à cette catégorie. Pas de place ici pour celles qui se vantent de ne pas pouvoir s'entendre avec leurs semblables, ne jurent que par les hommes et ne craignent pas d'étaler leur mépris pour l'espèce femelle. Sans doute agissent-elles ainsi parce que, au fond, elles éprouvent à leur propre égard un vif dédain (on en trouverait sans doute les racines dans leur enfance et dans la manière dont leur propre mère se voyait et les voyait).

[...] Certes, il est permis de classer les amies en trois catégories : celles qui vous soutiennent quand vous sombrez, mais qui supportent mal vos succès ; celles — moins nombreuses — qui, mal à l'aise devant le malheur, s'esquivent, mais vous adorent heureuse et triomphante ; celles enfin qui marient les deux attitudes et qu'on qualifie de « vraies » amies. Mais est-ce bien raisonnable de placer la barre aussi haut ? Qui d'entre nous n'a jamais éprouvé un pincement de jalousie devant le bonheur insolent d'une autre ? Qui n'a pas eu envie de prendre ses jambes à son cou quand une copine vous annonce qu'elle est atteinte d'un mal incurable ? L'important n'est-il pas de parvenir à ne pas se laisser submerger par l'un ou l'autre de ces élans d'envie ou de lâcheté ? Plus facile à énoncer qu'à appliquer, et pourtant...

Enfin, si la grande majorité de celles dont je vais raconter les histoires d'amitié ont dépassé — parfois largement — la trentaine, voire la quarantaine, c'est — comme je l'ai précisé plus haut — qu'il s'agit de mes copines (d'à peu près la même classe d'âge et catégorie sociale), mais aussi que je pense, à l'instar d'exemples célèbres — Ninon de Lenclos, George Sand ou Colette —, que la place accordée à l'amitié par les femmes augmente ou, du moins, se solidifie en abordant la maturité. Comme si après avoir beaucoup côtoyé et séduit les hommes, connu leurs faiblesses et leurs attraits, élevé les enfants, su que souvent les passions flambent et s'éteignent et s'être taillé une place dans la société, les femmes pouvaient enfin vivre avec moins d'absolue sévérité, plus de tendre indulgence, *le Temps des copines.*

Marie-Françoise Hans, *Le Temps des copines*, Paris, Éditions du Seuil, 1986.

JEAN-LOUIS BAUDRY (NÉ EN 1930)

La dernière ressemblance

« La pensée que A. était désormais destinée à n'exister, et pour peu de temps, que dans la mémoire de ses amis (peut-être encore par exception durant le sommeil de l'un ou de l'autre rendue brièvement à la vie fantomatique du rêve et au mieux objectivée entre eux sous forme de mots), je ne me l'exprimais pas explicitement. » Face à la dépouille de son amie suicidée, Jean-Louis Baudry réactive la méditation sous forme de travail de deuil, qui depuis des millénaires constitue la réaction archétypale du survivant. Puis, en composant son texte, il édifie à l'amie morte son Tombeau. À la fois inhumée et exhumée dans l'écrit, la morte s'y enfouit en même temps qu'elle s'y donne à voir.

Si l'hommage, dans son écrin de dérision, s'apparente plus au texte de Blanchot qu'à celui de Montaigne et adopte un ton résolument postmoderne, le geste s'inscrit dans la mythologie de l'ami défunt. La littérature qui en est le produit porte témoignage sur l'amitié éteinte ; en même temps elle est un gage à l'amie morte. L'offrande est ce qui demeure dans la pyramide afin que le pharaon repose dans son éternité : « Tel était bien ce futur qui portait le nom de mon amie, une représentation que je tentais d'inscrire en moi avec l'espoir qu'elle réapparaîtrait un jour sous je ne savais quelle forme. »

Jean-Louis Baudry est né en 1930 à Paris. Essayiste et romancier, il a publié ces dernières années *L'Effet cinéma, Proust, Freud et l'autre,* et deux romans, *Personnages dans un rideau,* et *Clémence et l'hypothèse de la beauté.* Le passage qui suit est extrait de « La dernière ressemblance ». Le texte fut écrit quelques semaines après la mort d'une amie qui avait cru se reconnaître dans le personnage central de *Personnages dans un rideau.* Elle en avait épousé la fin tragique.

Que subsiste-t-il d'un visage ? se demande, dans une autre partie du texte, le narrateur qu'obsède depuis l'enfance « le passage d'un état de la réalité à un autre », s'arrêtant même pour guetter le moment où la grande aiguille du réveil abandonne l'heure qui s'achève pour entrer dans la nouvelle : « Rien ne ressemble moins à un portrait qu'une représentation mentale. » Que subsiste-t-il d'une identité, lorsque le nom même d'une personne ne sera plus utilisé au régime direct, mais sera réduit à la seule fonction de complément de nom ? (« Je n'avais plus A. devant les yeux mais le corps de A. ») Que subsiste-t-il de l'amitié, déjà entamée par des griefs de vivants, auxquels s'ajoute le ressentiment causé par la mort même de l'amie ? Comment intégrer son suicide, qui est encore un échelon de plus dans la rancœur, une circonstance aggravante ? (« Par son suicide, elle montrait que notre amitié avait peu compté ».) Est-ce la seule amitié qui retient le narrateur auprès du cercueil ?

À toutes ces questions, l'écrivain répond par l'écrit : « Écrire, était-ce se rendre différent des autres, comme il semblait que je me différenciais de ceux qui n'étaient restés que quelques instants dans la salle ? Ils avaient perdu une amie, je me tenais déjà auprès d'un futur portant son nom, ils parlaient d'une morte, j'étais déjà la proie de l'oubli. » Ce tombeau contemporain est une preuve de plus que la littérature n'est pas seulement discours sur l'amitié mais aussi l'un de ses agents.

Plus jamais je ne rencontrerais A.

Dépouille ou cadavre ? Il m'était impossible de désigner du nom de celle qui avait été mon amie ce qui se montrait encore de nu sous un cercueil à moitié ouvert. Mon agitation, ces allers et retours de loup en cage traduisaient, avec l'impossibilité de capturer la proie du présent, la conscience que j'avais de ne plus jamais pouvoir user du nom de mon amie en régime direct. A la conjugaison du passé s'associait désormais un emploi purement génitif de son nom. Tels seraient dans le langage les irrémédiables effets de la mort : une génitivisation du nom. N'ayant plus le pouvoir de l'action, A. n'aurait plus d'existence qu'à l'intérieur du langage, et les usages de son nom pourraient être réduits à la seule fonction de complément de nom. L'exemple m'en était donné par le fait que je n'avais plus A. devant les yeux, mais le corps de A. Plus jamais je ne rencontrerais A., mais seulement et de plus en plus rarement un souvenir de A.

La pensée que A. était désormais destinée à n'exister, et pour peu de temps, que dans la mémoire de ses amis (peut-être encore par exception durant le sommeil de l'un ou de l'autre rendue brièvement à la vie fantomatique du rêve et au mieux objectivée entre eux sous forme de mots), je ne me l'exprimais pas explicitement ; mais je veux croire qu'elle était active en moi et que c'est en partie à elle que je devais de fixer, c'est-à-dire vraiment de fixer en moi, ces tout derniers aspects qu'elle était encore susceptible de m'offrir. La fixer pour la retenir. Elle qui avait voulu que son corps fût jeté dans la fosse commune, pourrais-je donc lui offrir un abri où elle garderait son aspect et son identité, serais-je donc capable de la maintenir en moi inchangée, aurais-je donc assez de vie pour la conserver vivante de cette vie que je lui transmettrais ? Je comprenais que le sentiment pathétique d'urgence et d'imminence tenait à la disproportion entre le devoir de fidélité qui faisait de moi, et j'espère d'autres amis, le seul abri qui lui garderait une apparence de vie, et le peu de temps qui m'était laissé pour en graver encore par ce qui restait de ses traits, de sa ressemblance, la dernière image. [...]

N'était-ce donc pas seulement l'amitié qui me retenait auprès du cercueil ? L'être particulier qu'avaient fait de moi tant d'heures passées à écrire, devais-je alors supposer qu'il ne se laisserait pas congédier au gré des situations et des convenances ? Seul, dans la pièce désertée, occupé à examiner de trop près les traits d'une morte, je devais bien me demander si mon intérêt relevait, particulières à celui qui écrivait, d'une perversion ou d'une relation au temps faisant de chaque instant un présent irremplaçable et déjà perdu. Ecrire, était-ce se rendre différent des autres, comme il semblait que je me différenciais de ceux qui n'étaient restés que quelques instants dans la salle ? Ils avaient perdu une amie, je me tenais déjà auprès d'un futur portant son nom ; ils parlaient d'une morte, j'étais déjà la proie de l'oubli. Ils n'avaient probablement pas voulu pénétrer dans la pièce, appréhendant une vision dont ils pensaient qu'elle effacerait celle qu'ils gardaient ou croyaient garder. Ils voulaient préserver une image. Car ceux qui n'écrivent pas doivent croire à la consistance d'une représentation mentale dont on s'acharne à nous persuader — et la littérature en premier lieu — qu'elle a la consistance d'un portrait peint, d'une photographie ou des images cinématographiques. Mais celui qui écrit sait qu'une telle image n'existe pas, que, toujours, on échoue à vouloir la ressusciter, que seuls les mots sont susceptibles d'en préserver la virtuelle existence, à moins cependant qu'elle ne se manifeste, mais alors déformée, non reconnaissable, pour nous dire tout autre chose qu'un pur souvenir d'amitié et nous envoyer un message en grande partie indéchiffrable sous l'apparence d'un rêve, comme celui que je venais de faire. Tel était bien ce futur qui portait le nom de mon amie, une représentation que je tentais d'inscrire en moi avec l'espoir qu'elle réapparaîtrait un jour sous je ne savais quelle forme. [...]

Me révoltant contre un état de fait, étonné par l'étrange et invraisemblable contradiction entre une apparence si inattendue, une immobilité qui se prolongeait au-delà des convenances et le mécontentement affiché de se trouver bloqué dans une situation sans avoir apparemment la capacité d'en sortir, je n'étais pas loin de croire que, malgré la déférence que l'on doit aux morts, dans ce cas mon amie exigeait une intervention — fût-elle irrespectueuse —, un geste, une grimace, qui nous fasse l'un et l'autre sortir d'une attitude compassée. C'était là sans doute la chose la plus douloureuse, la certitude que ces appels, qui venaient d'elle, étaient inutiles. Je savais que si, dans un dernier mouvement de tendresse et de reproche, j'avais posé un doigt tendu sur la joue, je n'aurais senti qu'un froid venu des profondeurs, et que ce froid aurait ouvert, ouvrait déjà par sa seule évocation, une brèche dans le sentiment de l'avenir. Il était trop tard pour que la chair acceptât de recevoir l'empreinte d'un adieu sous la forme d'une dernière caresse ou d'une ultime accusation.

J'avais certes des raisons d'en vouloir à mon amie. J'en avais eu. Encore maintenant, j'aurais voulu qu'elle n'ignore rien de mes griefs. Alors qu'elle n'était plus, et pour très peu de temps, qu'une apparence offerte au seul regard, je lui devais de ne pas les oublier, de ne pas les lui épargner. Un court instant, je la fixais avec l'intensité que j'aurais eue si elle avait été vivante afin qu'elle les apprît. Je ne sais si ces reproches, je les énonçais assez intelligiblement en moi sans me servir de la voix désormais inutile, mais je faisais au même moment l'expérience de l'hypothèse de la survie — c'est-à-dire l'hypothèse de la toute-puissance de l'esprit. Si j'entendais les mots que je ne prononçais pas, pourquoi ne les aurait-elle pas entendus ? [...] J'avais donc bien des raisons de lui en vouloir. En désirant mourir avant de nous avoir donné le temps de nous expliquer, elle m'avait ôté le pouvoir de modifier mon jugement, elle m'avait laissé en plan avec des reproches dont je ne savais plus que faire, que je devais conserver sous peine de la trahir, à moins d'accepter en les oubliant de l'oublier. Un reproche s'ajoutait alors aux autres : par son suicide, elle montrait que notre amitié avait peu compté, et qu'elle ne s'était pas préoccupée de son avenir. Ce reproche-ci, tous ceux qui étaient venus auraient pu le lui faire, mais ils montraient, réunis dehors, qu'ils refusaient de le maintenir actif et d'en préserver intacte la douleur. [...]

Si je voulais garder vivant en moi le visage de mon amie, si je voulais prolonger sa vie sous la seule forme qu'elle pouvait avoir encore et lui assurer la grâce d'un délai, devais-je donc cultiver la rancune par un ressassement approprié ? Etrange et paradoxale façon de conserver la mémoire des morts. [...]

Pris entre l'agitation et une impossible attention qui se manifestait par la volonté tendue de figer le regard, je compris que je cherchais une ressemblance. Tous ceux qui se trouvent dans une semblable situation cherchent une ressemblance. Confronté à la dépouille d'une personne qu'on a connue, on cherche celle qu'on a connue. C'est le même corps. Serait-ce le même corps ? Ne lui manquerait-il que le mouvement ? Les hallucinations qui se produisent souvent quand on veille un mort tiennent à l'incapacité de percevoir ou d'accepter plus d'une fraction de seconde l'immobilité d'un corps. Quand sur une scène un figurant prend l'aspect d'une statue ou mime un mort, on guette le mouvement inévitable par lequel il trahira sa condition de vivant. Ce n'est guère que dans la peinture que les morts sont des morts. Ce corps que nous voyons et qui n'est qu'une apparence se propose avec l'évidence de la perception ; il a la consistance des objets qui passent par nos sens, il est lesté de tout le poids de la réalité et cependant nous ne pouvons nous défendre contre le sentiment dominant de son irréalité. Ce qu'il nous donne à voir par son incontestable présence, c'est une absence et celle-ci n'est pas séparable de l'afflux des souvenirs dont nous savons, s'ils ne sont pour l'instant que virtuels, qu'ils ne tarderont pas à nous submerger.

Devant un mort dont la vue va nous être sous peu retirée, quel que soit le cortège des sentiments convenus qui appellent et repoussent notre vrai chagrin, nous ressentons une impatience qui est comme le modèle de toutes nos impatiences. Nous attendons du mort qu'il nous réveille de notre mauvais rêve et plus nous l'observons plus nous sommes persuadés qu'il en est capable. Comme dans un mauvais rêve, en effet, un rien le sépare de la personne qui avait jusqu'alors la bonne grâce et la politesse de se présenter à nous en nous opposant moins d'insensibilité.

C'est ainsi que la vue de mon amie me faisait entrer dans une dimension singulière du temps, comme une condensation de celui-ci. Il y avait dans le visage l'allusion d'une expression. Il était difficile de savoir si les traits la dessinaient déjà ou n'en étaient que la préfiguration, s'ils rappelaient une expression connue ou en composaient une nouvelle. D'une certaine façon, tout objectif qu'il fût, appartenant à la réalité, il avait un statut proche de celui de nos représentations mentales, tenant sa puissance d'une évocation, d'un souvenir et d'une hallucination. Masque et visage tout à la fois, appartenant au réel, offert aux yeux, mais ne coïncidant pas avec tout ce que sa vision semblait faire revenir à la surface de la conscience, il provoquait une étrange impression d'indécision. Je me doutais que celle-ci tenait à une certaine relation entre le visage, sa ressemblance et le matériau dans lequel il était maintenant modelé et qu'il eût été excessif de nommer « chair ». J'aurais presque pu dire, en soulignant une imbrication mutuelle de la forme et de la matière : perception d'un visage connu transformé par le matériau qui s'est métamorphosé en lui. En fait, j'essayais sans y réussir de traduire l'influence réciproque entre le visage, son expression et la matière dans laquelle il était sculpté. Relation si peu définie que j'étais incapable de décider si l'expression avait créé le sentiment d'une autre matière, ou si la matière avait fabriqué une expression inédite. C'était de ce rapport que naissait probablement l'impression d'un temps paradoxal fait de la simultanéité du possible et de l'impossible. Je veux bien croire que le désir y était impliqué, le souhait qui se forme le plus naturellement dans de semblables circonstances. On voudrait, on espère, on attend. La réalité présente, la vue de ce masque, qui crée le refus de la réalité présente, semble proposer comme possible la réalité qui la nierait. Car on s'attend à voir d'un instant à l'autre le corps se redresser ; on aimerait qu'il veuille bien, au moins une dernière fois, se produire devant nous avec les attributs de la vie : il ne semble en être séparé que par une surface virtuelle qu'une seule parole devrait être capable de dissoudre. Ce visage de la morte me semblait devoir confondre l'illusion et l'allusion, en me proposant alternativement l'une ou l'autre. Mon amie faisait preuve tout à coup d'une cruelle indifférence ou d'une mauvaise volonté presque enfantine en s'obstinant à ne pas me faire présent de tout ce que son apparence promettait encore. [...]

Jean-Louis Baudry, « La dernière ressemblance », *L'Inactuel*, n° 2 (automne 1994), Paris, Calmann-Lévy.

JACQUES DERRIDA (NÉ EN 1930)

Politiques de l'amitié

« [...] le mot qu'Aristote avait très-familier : "Ô mes amis, il n'y a nul amy" (Montaigne, *De l'amitié).* » C'est par cette sentence testamentaire qui vient du fond des temps que Jacques Derrida inaugure la première séance d'un séminaire de 1988-1989, intitulé *Politiques de l'amitié.* Et c'est une citation du *De amicitia* de Cicéron qui est mise en exergue au livre du même nom.

L'apostrophe d'Aristote appelle au questionnement : « [...] une plainte, peut-être, et le grief, la *grievance,* la plainte de qui *se* plaint, lui-même, de lui-même, ou de qui se plaint — de l'autre, à d'autres. Mais auprès de qui déposer ici sa plainte contre l'autre, dès lors qu'on s'adresse aux amis pour leur dire qu'il n'y en a pas ? [...] Fût-ce pour entendre tout autrement la grammaire même de cette phrase, une sorte de citation orpheline, dans son idiome d'origine ? »

Né à El-Biar, près d'Alger, le philosophe français Jacques Derrida est une grande figure du mouvement poststructuraliste contemporain qui a marqué tout à la fois la philosophie, les sciences sociales et la critique littéraire. En 1952, Jacques Derrida entre à l'École normale supérieure ; en 1956, il est agrégé de philosophie ; en 1967 docteur en philosophie. En 1980, l'année du premier colloque de Cerisy sur son œuvre, il est docteur d'État. Il a enseigné à la Sorbonne, à l'École normale supérieure, et a été le premier directeur élu de la Fondation du Collège international de philosophie. Il enseigne depuis 1983 à l'École des hautes études en sciences sociales.

À travers les stratégies de la *déconstruction.* Derrida et les poststructuralistes cherchent à démonter le jeu de la multiplicité du sens dans le discours. C'est en 1962, dans son introduction à la traduction française de *L'Origine de la géométrie* du philosophe allemand Husserl, que Derrida mit en œuvre sa méthode. Sa philosophie est fondée sur la critique des textes et la critique du *signe* qui fonde la parole. Dans *L'Écriture et la différence* et *De la grammatologie* en 1967, il développe une réflexion sur « la trace ». Sa réflexion s'appuie sur l'analyse textuelle d'écrits de philosophes comme Nietzsche ou Heidegger, ou de penseurs des sciences humaines comme Marx, Freud ou le linguiste Saussure. Ses premiers travaux montrent comment la métaphysique occidentale privilégie le discours et la présence sur l'écrit et la distance. Son abondante bibliographie comprend notamment *La Dissémination* et *Marges de la philosophie* en 1972, *La Carte postale, de Socrate à Freud et au-delà* en 1980, *Otobiographies. L'Enseignement de Nietzsche et la politique du nom propre* en 1984, et « *Circonfession* » en 1991.

La *déconstruction*, terme emprunté à Heidegger, est une stratégie critique qui révèle la structure hiérarchique de notre système binaire (par exemple, masculin féminin) et vise à le déstabiliser en en déplaçant les termes. *Glas* (1978), qui a été comparé au *Finnegan's Wake* de Joyce, illustre les thèses derridiennes en juxtaposant sur deux colonnes un portrait philosophique, psychologique et biographique du philosophe allemand Hegel avec une analyse critique des écrits de l'écrivain français Jean Genet.

Sa critique de la critique s'applique à la parole de l'amitié transmise, entre autres, d'Aristote à Montaigne, en passant par Cicéron, « sourdement soupirée, transmise et traduite, transférée aussi en tant de langues ». La trace de l'apostrophe issue du philosophe grec sur l'auteur des *Essais* : « Ô mes amis, il n'y a nul amy », appelle à « s'enfoncer dans le labyrinthe de sa provenance mais aussi de son avenir ». La provenance renvoie au couple ami ennemi et au « concept canonique et dominant de l'amitié », celui de la fraternité par la figure virile du frère plutôt que par celle de la sœur.

À l'horizon de l'avenir est celui de la vertu : « [...] est-ce une chose du passé ? Oui et non ». Il est toujours possible « qu'ils ne viennent peut-être, un jour, les amis, quel qu'en soit le nombre, et l'unique suffirait aussi, recevoir la phrase dont chacun reste singulièrement le destinataire improbable ». Mais d'abord « il aura fallu faire l'épreuve du crime ». Les « événements de la mort » commencent avec la distinction entre la mort (dite naturelle) et la mise à mort, puis entre le meurtre et l'homicide, puis entre l'homicide et le génocide. La question de l'avenir est de savoir ce que « serait la politique d'un tel au-delà du principe de fraternité », soit l'au-delà de l'amitié, dans le régime de la démocratie. L'avenir de « ce mot qu'Aristote avait, selon Montaigne, très familier » vient encore sur nous, tenant en réserve « une promesse de démocratie encore impensée, encore impossible, toujours à venir : la promesse même ». À travers les lignes énigmatiques qui suivent s'élabore sous nos yeux la déconstruction de ce discours sur l'amitié, dont nous suivons la trace sur trois millénaires.

Pourquoi l'ami serait-il comme un frère ?

> « Dès lors les absents même sont présents [...] et, ce qui est plus difficile à dire, les morts vivent... »

« *Quocirca et absentes adsunt [...] et,*
quod difficilius dictu est, mortui vivunt... »
Cicéron, *Lælius, De amicitia*

Ce essai ressemble à une longue préface. Ce serait plutôt l'avant-propos d'un livre que j'aimerais écrire un jour.

Sous sa forme présente, ouverte par un vocatif (« O mes amis [...] »), il a donc la forme d'une adresse — risquée, sans la moindre assurance, lors de ce qui fut seulement la *première séance* d'un séminaire donné sous ce titre, *Politiques de l'amitié*, en 1988-89 [...]

Au cours de l'année académique 1988-89, chaque séance s'ouvrit sur ces mots de Montaigne, citant un propos rapporté d'Aristote : « O mes amis, il n'y a nul amy. » Pour en essayer ensuite, semaine après semaine, les voix, les tons, les modes, les stratégies, pour relancer ensuite l'interprétation ou en faire tourner, comme sur elle-même, la scénographie. Ce texte-ci rejoue en prenant son temps, il *représente* une seule séance, la première. Cette représentation répète donc moins qu'un premier acte, une sorte d'avant-première scène. Tout autre chose qu'une scène primitive, sans doute, bien qu'à revenir si régulièrement sous les traits du *frère*, enjeu sensible de cette analyse, la figure de l'ami semble spontanément appartenir à une configuration *familiale, fraternaliste* et donc *androcentrée* du politique.

Pourquoi l'ami serait-il *comme* un frère ? Rêvons d'une amitié qui se porte au-delà de cette proximité du double congénère. Au-delà de la parenté, la plus naturelle comme la moins naturelle, quand elle laisse sa signature, dès l'origine, sur le nom comme sur le double miroir d'un tel couple. Demandons-nous ce que serait alors la politique d'un tel « au-delà du principe de fraternité ».

Méritera-t-elle encore le nom de « politique » ?

La même question vaut pour tous les « régimes politiques », sans doute, mais elle est sans doute plus grave pour ce qu'on appelle la démocratie, si du moins l'on y entend encore un nom de régime, ce qui, on le sait, aura toujours été problématique.

Le concept du politique s'annonce rarement sans quelque adhérence de l'Etat à la famille, sans ce que nous appellerons une *schématique* de la filiation : la souche, le genre ou l'espèce, le sexe *(Geschlecht)*, le sang, la naissance, la nature, la nation — autochtone ou non, tellurique ou non. Question abyssale, une fois encore, de la *phúsis*. Question de l'être, question de ce qui paraît à naître, à s'ouvrir, à faire pousser ou croître, à produire en se produisant. La vie, n'est-ce pas ? C'est ainsi qu'on croit la reconnaître.

Si aucune dialectique de l'Etat ne rompt jamais avec ce qu'elle relève et dont elle relève (la *vie* de famille et la société civile), si le politique ne réduit jamais en lui cette adhérence à la génération familiale, si quelque devise républicaine associe *presque* toujours la fraternité à l'égalité et à la liberté, la démocratie, elle, s'est rarement déterminée sans la confrérie ou la confraternité.

Littéralement ou par figure, mais pourquoi cette figure ?

La démocratie s'est rarement représentée elle-même sans la possibilité au moins de ce qui ressemble toujours, si l'on veut bien déplacer un peu l'accent de ce mot, à la possibilité d'une *fraternisation.* La phratriarchie peut *comprendre* les cousins et les sœurs mais, nous le verrons, comprendre peut aussi vouloir dire neutraliser. Comprendre peut commander d'oublier par exemple, avec la « meilleure intention du monde », que la sœur ne fournira jamais un exemple docile pour le concept de fraternité. C'est pourquoi on veut le rendre *docile* et c'est toute l'éducation politique. Que se passe-t-il quand, pour faire cas de la sœur, on fait de la femme une sœur ? et de la sœur un cas du frère ? Telle pourrait être l'une de nos questions les plus insistantes, même si, pour l'avoir un peu trop fait ailleurs, nous évitons de convoquer ici Antigone, ici encore toutes les Antigones de l'histoire, qu'elles soient ou non dociles à l'histoire des frères qu'on nous raconte depuis des millénaires.

Ce qui lie encore aujourd'hui, peut-être aujourd'hui plus que jamais, la démocratisation à la fraternisation ne se réduit donc pas toujours, pas nécessairement, on le sait, au patriarcat dont les frères commencent par rêver la fin. Le patriarcat n'en finit jamais de commencer par ce rêve. Cette fin continue sans fin de hanter son principe.

Au principe, toujours, l'Un se fait violence et se garde de l'autre.

Nous devrions donc aussi penser en principe, même si nous n'en parlions pas, même si nous ne *le* pensions pas, *au* crime politique.

Non pas nécessairement à ces crimes qu'on appelle politiques, ces assassinats à motivation politique qui alimentent l'Histoire de tant de cadavres. Mais, seconde hypothèse, à *ce* crime dans lequel se constitue peut-être, à la différence d'un refoulement près, l'être-politique du politique, le concept du politique dans sa tradition la plus puissante (la « possibilité réelle » de la *mise à mort* physique de l'ennemi, en laquelle, nous nous y arrêterons longuement, Carl Schmitt identifie le politique comme tel et qu'il voudrait désespérément distinguer du crime autant que du meurtre). A moins, troisième hypothèse, qu'il ne faille d'abord penser au crime *contre* la possibilité du politique, contre l'homme comme animal politique, le crime pour arraisonner la politique, la réduire à autre chose et l'empêcher d'être ce qu'elle devait être.

Trois crimes, trois hypothèses, dira-t-on, qui introduisent bien mal à des prolégomènes sur l'amitié. Un avant-propos accumulerait ainsi par provision toutes les figures du *grief*. On peut entendre ce mot en français : le dommage, le tort, le préjudice, l'injustice ou la blessure mais aussi l'accusation, le ressentiment ou la plainte, l'appel au châtiment et à la vengeance. En anglais le même mot signifie surtout la douleur ou le deuil mais *grievance* dit aussi le sujet de la plainte, la doléance, l'injustice, le conflit, un tort qu'il faudrait redresser, une violence à réparer.

« O mes amis, il n'y a nul amy » : une plainte, peut-être, et le grief, la *grievance*, la plainte de qui *se* plaint, lui-même, de lui-même, ou de qui se plaint — de l'autre, à d'autres. Mais auprès de qui déposer ici sa plainte contre l'autre, dès lors qu'on s'adresse aux amis pour leur dire qu'il n'y en a pas ? Qu'ils ne sont pas *présents*, qu'ils ne sont pas là, présents, vivants, fût-ce pour recevoir la plainte ou pour la juger recevable ? Fût-ce pour entendre tout autrement la grammaire même de cette phrase, une sorte de citation orpheline, dans son idiome d'origine ?

A moins qu'ils ne viennent, les amis, en petit nombre.

Combien sont-ils ? Combien serons-nous ?

(— Oui, en petit nombre, insisterait selon son habitude Aristote, les amis doivent être peu nombreux, sans quoi ils ne sauraient être les amis de cet ami.

— En petit nombre mais qu'est-ce qu'un petit nombre ? Où est-ce que cela commence et finit ? A un ? A un plus un ? Plus une ? A chaque un, à chaque une ? Vous voulez dire à tous et à toutes, à n'importe qui ? Et la démocratie, ça compte ?

— Ça compte, ça compte les voix et les sujets, mais ça ne compte pas, ça devrait ne pas compter les singularités quelconques : pas de *numerus clausus* pour les arrivants.

— Peut-être faut-il encore calculer, mais autrement, autrement avec l'un et avec l'autre.)

A moins qu'ils ne viennent peut-être, un jour, les amis, quel qu'en soit le nombre, et l'unique suffirait aussi, recevoir la phrase dont chacun reste singulièrement le destinataire improbable. A eux de la contresigner pour lui donner sa chance, toujours, chaque fois sa première et unique chance. Chaque fois la dernière, donc.

Mais il aura fallu faire l'épreuve du crime. Trois crimes, disions-nous, et qui s'excluent l'un l'autre. Car nous n'aurions peut-être, en cette *grievance*, que le choix *entre ces crimes*, qui semblent pourtant irréductibles l'un à l'autre. Entre ces incriminations ou récriminations, entre ces formes du *grief* où l'accusation se mêle au deuil pour crier une blessure infinie. Comme si rien ne pouvait se passer et se penser qu'entre des crimes *imputables*, entre des culpabilités, des responsabilités, des compassions, des testaments et des spectres : processions et procès sans fin.

Les abîmes infinis de l'imputabilité ouvrent le deuil sous tous les événements de la mort. Ils menacent toujours d'emporter des limites vers leur fond sans fond. Sur les bords du juridique, du politique, du techno-biologique, ils risquent d'engloutir par exemple les distinctions si fondamentales mais si précaires aujourd'hui, plus problématiques et fragiles que jamais. Est-on sûr de pouvoir distinguer entre la mort (dite naturelle) et la mise à mort, *puis* entre le meurtre tout court (tout crime contre la vie, fût-elle purement « animale », comme on dit quand on croit savoir où le vivant commence et finit) et l'homicide, *puis* entre l'homicide et le génocide (d'abord en la personne de chaque individu représentant le genre, puis au-delà de l'individu : à quel *nombre* commence un génocide, le génocide proprement dit ou sa métonymie ? et pourquoi la *question du nombre* devra-t-elle insister au centre de toutes ces réflexions ? Qu'est-ce qu'un *génos* et pourquoi le génocide concernerait-il seulement une espèce — race, ethnie, nation, communauté religieuse — du « genre humain » ?), *puis* entre l'homicide et, ce serait tout autre chose, nous dit-on, le crime contre l'humanité, *puis* entre la guerre, le crime de guerre, qui serait tout autre chose, nous dit-on, et le crime contre l'humanité. Toutes ces distinctions sont indispensables — *en droit* — mais elles sont aussi de plus en plus impraticables, et cela ne peut pas, en fait et en droit, ne pas affecter la notion même de victime ou d'ennemi, autrement dit le *grief*.

Nous *nous* demanderons alors ce qu'est une décision et *qui* décide. Et si une décision est, comme on nous le dit, active, libre, consciente et volontaire, souveraine. Que se passerait-il si nous gardions ce mot et ce concept mais en changions ces dernières déterminations ? Et nous nous demanderons aussi *qui* dit ici le droit. Et *qui* fonde le droit comme droit à la vie. Nous nous demandons *qui* donne ou impose le droit à toutes ces distinctions, à toutes les préventions et à toutes les sanctions qu'elles autorisent. Est-ce un vivant ? Un vivant purement et simplement vivant, présentement vivant ? Un présent vivant ? Lequel ? Dieu ? L'homme ? Quel homme ? Pour qui et à qui ? L'ami ou l'ennemi de *qui* ?

« O mes amis, il n'y a nul amy. » Ouvert par une apostrophe, cet essai pourrait seulement laisser entendre un appel, certes, mais à condition d'attirer l'appellation de l'appel, pour l'appeler à son tour, avant même qu'aucune destination soit assurée dans sa possibilité, vers des phrases familières, des phrases contraintes par deux locutions : *faire appel* et *prendre appel.*

La décision de « faire appel » engagerait une procédure de réexamen. Il y a grief, et grief quant au jugement rendu, quant à ses attendus, quant aux concepts les mieux accrédités du politique et à l'interprétation canonique de l'amitié, quant à la *fraternisation :* en vue de *protester* ou de *contester,* à savoir d'en appeler, devant une autre « instance » testimoniale, du fait au droit et du droit à la justice.

L'élan du « prendre appel », lui, rassemblerait un corps fléchi, d'abord plié sur lui-même dans une réflexion préparatoire : avant le saut, sans horizon, par-delà toute forme de procès.

Jacques Derrida, *Politiques de l'amitié,* Paris, Galilée, 1994.

TAHAR BEN JELLOUN (né en 1944)

Une religion sans Dieu ni jugement dernier

« Le temps est le meilleur bâtisseur de l'amitié. Il est aussi son témoin et sa conscience. Les chemins se séparent puis se croisent. [...] L'amitié bouge avec le temps. Ses cercles évoluent. Ceux qui, à nos vingt ans, étaient dans le premier cercle, se retrouvent, une ou deux décennies plus tard, éloignés, voire oubliés. Et cette transformation s'opère souvent sans trahison ni drame. » C'est à ceux de ses amis qui le sont restés que l'écrivain Tahar Ben Jelloun rend hommage dans son *Éloge de l'amitié*, en ponctuant les portraits de ses amis et l'évocation de ses liens avec eux de propos sur l'amitié qui s'inscrivent à leur tour dans le discours tant de fois centenaire.

Né à Fez au Maroc, Tahar Ben Jelloun a enseigné la philosophie à Tétouan et Casablanca de 1968 à 1971 et s'est installé en France en 1971. Critique littéraire au *Monde* depuis 1973, poète et romancier, il a reçu de nombreux prix littéraires, dont le prix Goncourt 1987 pour *La Nuit sacrée.* Ses autres romans comprennent *Harrouda* (1973), *La Réclusion solitaire* (1976), *La Prière de l'absent* (1981), *L'Écrivain public* (1983), *L'Enfant de sable* (1985), *Jour de silence à Tanger* (1990), *Les Yeux baissés* (1991). Parmi ses recueils de poèmes figurent notamment *Hommes sous linceul de silence* (1970), *Cicatrices du soleil* (1972), *Le Discours du chameau* (1974), *Les amandiers sont morts de leurs blessures* (1976), *La Remontée des cendres* (1991). Tahar Ben Jelloun fait partie de cette génération d'écrivains francophones qui ont fait librement le choix de la langue française.

L'Enfant de sable et *La Nuit sacrée* ont été interprétés comme des métaphores poétiques du combat individuel contre les conformismes et les conventions de toute espèce. Dans cet *Éloge de l'amitié*, Tahar Ben Jelloun mène le même combat pour la transparence et la liberté : « Il m'arrive souvent de m'éloigner de ma famille pour me rapprocher de mes amis. On me le reproche souvent. Mais si je préfère l'ami au cousin, c'est parce que le premier, je l'ai choisi selon mes affinités, mon plaisir », écrit-il, et aussi : « Je considère qu'un ami est celui qui ne ment pas, ne fait pas semblant et parle avec toute la sincérité que l'amitié véritable requiert. C'est ce que j'appelle l'exigence amicale : dire ce qu'on pense, sans bien sûr être blessant. »

L'amitié est une « religion sans Dieu ni jugement dernier ». Pour l'écrivain francophone, d'origine marocaine, l'amitié individuelle ou le groupe d'amis permettent l'ouverture au monde, l'ouverture à l'autre, quelle que soit son appartenance ethnique, religieuse ou sexuelle. Ses amis Adel et Bahgat sont « de vrais faux jumeaux. L'un est musulman, d'origine modeste, l'autre est juif, d'origine bourgeoise ». Mais tous les deux sont laïcs et ennemis des intégristes. Quant aux femmes, « c'est peut-être par réaction au milieu marocain — traditionnel ou soi-disant moderne — que j'aime développer des relations d'amitié avec des femmes ». Dans le contexte planétaire qui a commencé en ce siècle par deux guerres mondiales, et se perpétue dans tant de conflits fratricides, l'amitié interculturelle, telle que la pratiquent Tahar Ben Jelloun et ses amis, reste un espoir.

Ce pourrait être l'état idéal de l'existence

L'amitié est une religion sans Dieu ni jugement dernier. Sans diable non plus. Une religion qui n'est pas étrangère à l'amour. Mais un amour où la guerre et la haine sont proscrites, où le silence est possible. Ce pourrait être l'état idéal de l'existence. Un état apaisant. Un lien nécessaire et rare. Il ne souffre aucune impureté. L'autre, en face, l'être qu'on aime, est non seulement un miroir qui réfléchit, c'est aussi l'autre soi-même rêvé.

L'amitié parfaite devrait être une sorte de solitude heureuse, expurgée de sentiment d'angoisse, de rejet et d'isolement. Ce n'est pas une simple histoire de double où l'image de soi serait passée par un filtre, un examen qui en grossirait les défauts, les manques, et en réduirait les qualités. Le regard de l'ami devrait nous livrer notre propre image avec exigence. L'amitié se tiendrait alors dans cette réciprocité sans faille, guidée par le même principe d'amour : le respect qu'on se doit à soi-même pour que les autres nous le rendent, naturellement.

Malentendus sciemment entretenus, interprétations fallacieuses, appropriation abusive d'un sentiment, erreurs de jugement, divergence de vision, l'amitié souffre de tout cela ; c'est la chose du monde la plus mal comprise. Le mot a été banalisé. On dit par exemple : « Ce sont des amis. » Quand on cherche un peu, on découvre qu'il s'agit simplement de collègues qu'on trouve sympathiques. On a bien tenté d'utiliser des mots différents pour les différentes formes d'amitié : camaraderie, relation, compagnie... mais reconnaissons que, souvent, on parle d'amitié là où il n'y a que relations superficielles, légères, sans conséquences.

Pour parler de l'amitié, je n'irai pas compulser des ouvrages dans les grandes bibliothèques. Il y en a de définitifs — je pense notamment au livre de Cicéron et au chapitre XXVIII des *Essais* de Montaigne. Je ferai simplement un retour sur moi-même, un voyage dans ma mémoire. Je vous conterai mes histoires d'amitié comme des histoires fabuleuses ou banales, surprenantes ou quelconques.

J'ai suivi dans ma vie le conseil de Cicéron qui nous engage à placer l'amitié au-dessus de toutes les choses humaines. « En effet, rien n'est plus naturel et rien ne se concilie aussi bien avec le bonheur comme avec le malheur. » [...]

C'est peut-être par réaction au milieu marocain — traditionnel ou soi-disant moderne — que j'aime développer des relations d'amitié avec des femmes. C'est pour moi un défi essentiel. Respecter une femme, c'est pouvoir envisager l'amitié avec elle ; ce qui n'exclut pas le jeu de la séduction, et même, dans certains cas, le désir et l'amour.

Je découvris très vite qu'Odette vouait à l'amitié le même culte que moi. Elle privilégiait la relation amicale avec les hommes. Sa vie amoureuse n'était pas étalée au grand jour. On devinait vaguement une relation compliquée avec un homme qu'on ne voyait jamais. Elle aimait s'entourer de mystère. On respectait ce choix. Bien sûr, lors de notre rencontre, j'ai tenté de la séduire. Je fus éconduit avec humour et fermeté. Je revins plusieurs fois à la charge mais, à chaque fois, je fus renvoyé à mes cahiers. Ce qui caractérise le mieux Odette, c'est la disponibilité, la présence. Elle est là, fidèle, tout naturellement. Odette a une exceptionnelle disposition au don : elle sait écouter, ne pas se montrer avare de son temps, se vouer aux autres, être présente et vigilante n'importe où, n'importe quand. Sa générosité fait partie de sa façon d'être au monde. Elle donne sans rien attendre en retour. C'est pour cela qu'elle est aimée de tous. Et son amitié n'est pas exclusive : elle sait se partager entre les uns et les autres. Le clan d'Odette est riche et divers. Je ne sais pas si les membres de ce clan sont tous capables d'autant de générosité. Ne nourrissant pas beaucoup d'illusions sur le monde et le genre humain, elle avance avec une pointe d'humour et de désespoir. Il lui arrive d'être submergée par la mélancolie ou une profonde tristesse. Alors elle se terre, s'absente, et ne réapparaît qu'une fois le tunnel traversé. Notre amitié a été longue à mûrir. En vingt-cinq ans, rien de malheureux ne l'a pu mettre en péril. Au contraire, avec le temps, nous nous connaissons mieux et nous aimons parler de tout, sérieusement ou légèrement, nous adorons les calembours, les histoires drôles, fumer des cigares et boire de bons vins.

A Casablanca, même quand elle s'absente, sa maison reste ouverte. Je ne sais si elle aime tous ceux et celles qui profitent de sa générosité. La question ne se pose pas pour elle. Il lui arrive même de rendre service à des personnes qu'elle connaît à peine. On a beau chercher une once d'égoïsme ou d'égocentrisme dans son comportement, on ne la trouve pas. C'est cela qui est remarquable. Elle ne se force pas à être comme elle est.

Dans ma vie, chaque fois que j'ai eu besoin de sa présence, de son écoute ou de son avis, elle était disponible ou elle s'est rendue disponible.

Parfois nous nous sentons gênés car nous ne savons comment lui montrer à quel point nous l'aimons. Nous aimerions lui faire comprendre qu'elle peut compter sur nous.

Cette relation précieuse n'est pas sans étonner mon entourage. Comme je ne peux pas dire, à chaque fois, qu'Odette est pour moi comme une sœur, je dis : « C'est une amie et je tiens beaucoup à elle. » [...]

Je connais de vrais jumeaux qui ne s'entendent pas et ne s'aiment pas beaucoup. Adel et Bahgat sont de vrais faux jumeaux. L'un est musulman, d'origine modeste, l'autre est juif, d'origine bourgeoise. L'un est brun, l'autre blanc de peau. L'un est marié à une Anglaise, l'autre à une Algérienne. L'un joue au tennis, l'autre préfère lire *L'Équipe*. L'un mange des pépites égyptiennes, l'autre pas. L'un aime la bonne cuisine du Sud-Ouest, l'autre essaie de manger « léger ». L'un est séducteur, l'autre aspire à approfondir l'harmonie du couple. L'un raconte des histoires drôles, l'autre rit. L'un ne fait confiance qu'au *Herald Tribune*, l'autre est plus éclectique. Mais tous les deux sont laïcs, aiment bien s'habiller, craignent le froid, fument des cigares et célèbrent l'amitié avec les autres dans la fidélité et la joie. Ils ne nourrissent aucune nostalgie pour les années de militantisme, font volontiers leur autocritique politique, sont obsédés par le besoin de liberté et de démocratie pour les peuples du Sud. Ils sont convaincus qu'il n'y a pas de dialogue possible avec les intégristes, ennemis de la liberté.

Deux êtres différents et semblables : une dualité qui se fait unité, parlant d'une même voix, et sur deux tons.

J'ai connu avec eux, et aussi avec Sami, le plaisir d'avoir formé une bande, un petit club fermé qui donne chaud au cœur, d'une chaleur tempérée et égale, constante et simple. Comme l'écrit Montaigne, c'est « une polissure qui n'a rien d'âpre et de poignant ».

Tahar Ben Jelloun, *Éloge de l'amitié (la soudure fraternelle)*, Paris, Arléa, 1996.

FRANCESCO ALBERONI

Une vertu démocratique et républicaine

« Un despote n'a pas d'ami. Il redoute l'amitié comme un complot toujours possible contre lui. L'amitié est une vertu démocratique et républicaine. » *L'Amitié* de Francesco Alberoni est un traité contemporain. Née dans la démocratie antique, la *philia* revient à la démocratie moderne, après bien des avatars. Mais les contemporains de Machiavel ou les philosophes du XVIIIe siècle qui éprouvèrent la difficile amitié des princes posaient aussi la question de l'amitié chez les despotes. Le « processus d'égalisation » par l'amitié est longuement évoqué par le psychosociologue italien Francesco Alberoni, dans le contexte des grandes structures sociales d'aujourd'hui fondées sur le profit. Mais l'humaniste, l'individualiste ou le poète résiste à la technocratie : « Le langage de l'amour n'est pas celui du prix de revient. »

Les questions que se pose Alberoni sont d'aujourd'hui et de tous les temps. Que devons-nous comprendre par amitié ? Comment naît l'amitié ? L'amitié est-elle une forme d'amour ? Quel est le noyau fondamental de l'amitié ? Une amitié non réciproque est-elle un non-sens ? L'amitié naît-elle de la collectivité ou contre la collectivité ? Pourquoi ne s'ennuie-t-on jamais avec un ami ? Y a-t-il un âge idéal pour se faire des amis ? Y a-t-il ambivalence dans l'amitié ? Y a-t-il fusion ? Quels sont les ennemis de l'amitié ? Francesco Alberoni, professeur de sociologie à Milan, collaborateur du journal *La Repubblica* et auteur du *Choc amoureux*, de *L'Érotisme* et du *Vol nuptial*, répond à ces questions et à d'autres.

Mais la question originelle, la question fondamentale, demeure : « L'amitié existe-t-elle encore dans notre monde d'aujourd'hui ? » Avec sa grande culture et des outils d'analyse adaptés à notre temps, Alberoni interroge ce monde : « L'amitié est un fait et non pas un problème ; c'est un chemin à parcourir et non un but. » Il renouvelle le vieux thème millénaire en en dégageant une sagesse compatible avec la complexité croissante de nos sociétés. « Si la société est devenue meilleure, ce n'est pas parce que les hommes s'aiment davantage, c'est qu'elle s'est dotée d'organisations plus justes. Le monde moderne s'appuie sur la séparation de la morale et des sentiments, tant altruistes qu'égoïstes. Les vertus ont été objectivées en règles de conduite impersonnelles et impartiales. Le résultat ultime en est l'ordinateur qui répond sur-le-champ aux questions de chacun. »

Suite à la débâcle des grands systèmes communautaires, le démocrate peut prêcher sans filet le retour de l'individualisme et, dans la même mouvance, réhabiliter l'amitié. « L'élan collectif tend à écraser l'individu, à l'absorber dans le groupe. [...] Dans la dialectique individu-groupe, l'amitié personnelle établit que le groupe n'est pas tout et que l'individu ne peut être réduit à rien. [...] Les compagnons de groupe et les amis n'appartiennent donc pas à la même catégorie de relations. »

L'amitié est le seul rapport affectif incompatible avec l'ambivalence. La révolution freudienne a rangé l'amitié au rayon des accessoires de la sublimation d'où Alberoni la tire en lui donnant un autre statut. Ni identification, ni fusion, l'amitié, contrairement à l'amour, permet de se différencier de l'ami : « Le désir de notre ami — que nous comprenons parfaitement — reste *son* désir et nous nous mettons au service de *sa* satisfaction. Nous prenons *son* parti. »

Qu'en est-il de l'amitié dans le cadre du travail et au sein d'organisations professionnelles et sociales de plus en plus complexes et compétitives ? Dans le chapitre qui suit, Alberoni pose la question de l'amitié dans un monde moderne dominé par l'intérêt. Son analyse des différents types d'envie, la distinction qu'il réactive entre l'intérêt et la valeur, sa réflexion sur le rôle de l'action dans l'amitié contemporaine, tous ces éclairages nouveaux ou renouvelés montrent que, malgré les centaines de pages qui précèdent, tout n'a pas encore été formulé sur l'amitié, que chaque époque a son mot à dire. À l'aube du XXIe siècle, l'essai de Francesco Alberoni le dit pour la nôtre.

Comment l'amitié peut-elle continuer à exister ?

Comment l'amitié peut-elle continuer à exister dans le monde moderne dominé par les relations d'intérêt ? Est-elle en marge ? La véritable amitié est-elle seulement l'amitié-refuge où nous pouvons être nous-mêmes dans un monde agité ? Non, l'amitié peut très bien s'épanouir sur les lieux de la plus intense activité où se multiplient les relations personnelles. Nous traversons, au fil de notre vie, des périodes au cours desquelles nous sommes plus passionnés et plus actifs ; des périodes au cours desquelles nous cherchons d'autres êtres pour nous accompagner. C'est alors que nous partons en quête de rencontres. Nous sommes heureux à l'idée de découvrir nos semblables. Ces phases sont souvent en rapport avec les époques de grande activité scientifique, économique ou politique, de grande créativité collective où chacun ressent un besoin pressant de parler et de confronter ses idées avec d'autres. Tout le monde alors fait des projets et collabore avec enthousiasme, sans envie ni jalousie. L'intensité de la pulsion vitale est telle que chacun a l'impression de pouvoir surmonter les obstacles sans peine.

Dans ce tourbillon de relations, l'amitié apparaît comme un choix d'élection qui renforce l'individu et le transcende.

Quant à l'efficacité professionnelle, tous les chercheurs s'accordent à penser qu'elle atteint son maximum dans une équipe d'amis. Les cercles scientifiques ont toujours été essentiels pour le progrès de la science. Les génies eux-mêmes sont le produit de conditions sociales particulières. Certaines périodes voient une société produire un grand nombre de personnalités extraordinaires qui sont souvent en rapport entre elles. Elles peuvent être en concurrence ou en contradiction. Elles sont souvent amies néanmoins. [...]

Pour s'épanouir, la créativité a besoin de communautés en mouvement secouées par de grands projets et par des passions violentes, par de profondes inimitiés et de fermes solidarités. Comme les affaires, comme les idéologies, l'amitié est aussi le produit d'une vie sociale plus intense. Comme elles, elle est connectée aux points de convergence des hommes, aux points d'apparition d'une effervescence, d'une plus grande densité sociale et morale. C'est dans ces périodes que se déroulent les rencontres significatives.

[...] L'amitié a besoin, contrairement aux idées communément répandues, de foule et de rencontres, d'effervescence et d'un « centre » pour trouver ses objets. Les *affinités électives* n'ont aucune importance en amour mais elles sont capitales en amitié. Seuls ceux qui vivent dans le même milieu, parlent la même langue, appartiennent au même monde ont une possibilité concrète de se rencontrer.

On a beaucoup souligné l'importance de la compétition dans la vie économique, scientifique et culturelle moderne. L'amitié en a tout autant, nous semble-t-il, au sens où nous l'entendons. L'amitié comme choix dans le champ de la solidarité, comme préférence, comme désir d'atteindre ensemble un but commun, partage avec l'amour l'étonnement et la joie de rencontrer des êtres qui nous correspondent. Face à la vie nous sommes toujours dans l'hésitation. Le monde est plein de rivalités, d'obstacles et d'envie. Le plus souvent, on ne nous écoute pas ou on ne nous comprend pas. Nous-même, nous faisons peu d'efforts pour comprendre autrui. Le désir d'amitié est donc précisément un désir d'être compris, sollicité, apprécié pour nous-même. [...]

Dans les périodes sociales intenses, au cœur des systèmes sociaux, les déceptions peuvent également être fréquentes. La rivalité et l'envie n'en sont pas absentes. Nous reviendrons sur l'envie pour en distinguer deux types. L'envie par identification me conduit à ressembler à quelqu'un qui est mieux que moi. Je veux être à sa place, je l'apprécie et je l'estime, je désire avoir ce qu'il a. C'est à travers lui que je perçois ce qui est important et quel est mon véritable désir. L'objet de mon admiration est un révélateur de mon désir. L'envie est le moyen qui me révèle ce désir. De cette situation peut naître un conflit d'envie, une *mimésis* violente. Mais si l'autre, au lieu de me contrarier, m'aide à réaliser mon désir ? Si l'autre renonce en ma faveur ? Alors, non seulement il me révèle mon désir mais il prend mon parti, il le reconnaît comme incontestablement mien et m'aide à le réaliser. C'est la preuve de son amitié. Supposons que je sois amoureux. Mon amour m'est sensible dans les morsures de la jalousie que j'éprouve pour quelqu'un que j'admire. Je le crains et je le hais. Plutôt que d'en profiter, il s'efface, reconnaît mon amour et m'aide à le conquérir. Il évite le conflit et fait naître l'amitié la plus authentique, parce qu'il m'a révélé ce que je désirais et qu'il m'a aidé à l'obtenir. Cette amitié est le résultat d'un affrontement mortel évité. [...]

Il y a, en revanche, un second type d'envie qui détruit son objet. Une envie qui n'admire pas, qui n'exalte pas mais qui dégrade. Elle est à l'opposé de la première où la supériorité de l'autre provoquait mon admiration. Dans la seconde, je désire sa chute. Je me persuade qu'il est un incapable. J'explique ses actes et ses succès par des motivations mesquines. La première envie élève et embellit ; la seconde abaisse et détruit. Peu importe que celle-ci ne soit qu'un moyen de se défendre de celle-là. Le résultat est une dégradation. L'envieux du premier type est plein d'admiration et d'émerveillement. Il souffre et voudrait être différent, meilleur et plus magnanime. Le second est amer et critique tout. Il est sceptique et cynique. La première envie me révèle des désirs profonds et authentiques. L'autre les dissimule et m'aveugle. De la première peut naître une amitié. Pas de la seconde. [...]

La vie est caractérisée par un conflit profond, inguérissable, entre le personnel et l'impersonnel, entre un avantage anonyme et un avantage donné par une personne de valeur. [...]

En amitié, j'attends que quelque chose me soit donné sans avoir à le conquérir par le mensonge et l'escroquerie. J'attends que cela me soit donné en raison de ma valeur. Une telle attitude n'est possible qu'avec des amis. Avec les autres, nous savons que tout ira bien aussi longtemps que nous leur serons utile, mais dès que nous ne le serons plus, nous serons écarté. Nous n'avons pas été choisi pour nous mais pour notre utilité même. Après, il ne reste place que pour une terrible pitié : « Le pauvre, je le garde faute de pouvoir faire autrement. Je ne sais comment lui dire qu'il est désormais inutile. C'est un pauvre bougre, je fais ça pour l'aider. » Cette commisération est le contraire de l'estime spontanée et lumineuse de l'amitié. [...]

Il suffit parfois de peu de chose pour causer une déception : un retard dans la publication d'un article, un travail confié à un autre, l'absence d'un ami à notre soirée. Le mélange de l'intérêt et du profit, les pouvoirs qui se créent, interdisent cette sérénité olympienne à laquelle aspire l'amitié. C'est ainsi que l'on entend soutenir l'idée que l'amitié est impossible dans le monde professionnel. Elle ne pourrait exister que dans le temps libre, hors de toute relation d'intérêt, de tout rapport de don et d'avoir, hors de toute nécessité et de tout pouvoir. Une telle amitié serait entièrement coupée de la vie et de ses racines. La rencontre n'est pas une fuite hors du monde, c'est une progression vers une compréhension plus profonde qui nécessite une capacité à s'isoler et à se retirer. Le moment le plus caractéristique de l'amitié entre deux personnes participant à une soirée est celui où elles se mettent à l'écart et oublient les autres. Chacun doit ensuite se réinsérer dans la vie sociale. En s'isolant, on provoque une rupture et on transgresse les règles, alors que l'amitié implique aussi le respect des règles. C'est donc une dialectique socio-individuelle jouant sur la transgression et le respect. Chacun des termes implique l'autre. Même la souveraine indifférence de l'amitié a besoin de son organe-obstacle. Le désintéressement a besoin d'intérêts pour les freiner et les dépasser. L'admiration réciproque a besoin des petits désastres quotidiens. Dans la relation professionnelle, la déception et le questionnement sont en même temps des obstacles et des conditions pour l'existence de l'amitié. L'amitié fondée sur l'action n'est pas un état permanent de sécurité béate mais aucun sentiment fort ne peut l'être. Un sentiment tel que l'amitié n'existe que dans la mesure où il sait vaincre l'obstacle et surmonter le doute.

Chaque amitié, il est vrai, y compris l'amitié active, aspire au fond à la sérénité olympienne et à la rencontre sereine et sans obstacle. L'activité constitue donc l'organe-obstacle de l'amitié, celui auquel elle doit se mesurer et contre lequel elle doit se réaliser. Dès lors, ce qui est le désir fondamental de l'amitié — la rencontre — s'obtient presque par hasard. Pourtant, c'est là sa vérité.

Francesco Alberoni, *L'Amitié*, traduit par Nelly Drusi, Paris, Pocket, 1995.

JACQUES BREL (1929-1978)

L'ami vivant et l'ami mort

Non Jeff, t'es pas tout seul [...]
Viens il me reste ma guitare [...]

[...] *Six pieds sous terre Jojo*
tu chantes encore.
Six pieds sous terre
tu n'es pas mort [...]
Six pieds sous terre
Jojo
tu frères encore [...]
Six pieds sous terre
Jojo
je t'aime encore [...]

Jeff et Jojo. L'ami vivant et l'ami mort sont d'autant plus interchangeables que l'ami Jacques à son tour gît six pieds sous terre. Ensemble ils peuvent échanger leurs souvenirs d'une jeunesse encore plus vieille que dans la chanson ; une jeunesse dans le Bruxelles des années 40, aussi méconnaissable pour nous que, pour Brel, le Bruxelles de sa grand-mère, rêvant sur le cinéma muet.

Né dans le Brabant, dans une famille bourgeoise et catholique, l'auteur du *Plat Pays* a dix ans à la déclaration de guerre ; il a passé son adolescence dans un Bruxelles gris et menaçant et reçu l'éducation de « ceux qui ont la chance / D'apprendre dès leur enfance / Tout ce qui ne leur servira pas ». Destiné à reprendre la cartonnerie familiale, il effectua des débuts de chanteur dans des patronages ou des fêtes de charité, et enregistra un premier disque. À l'âge de vingt-trois ans, il comprend que son existence n'est pas en Belgique, parmi les notables, au sein de la famille qu'il vient de créer. Il s'agit de réussir sa vie plutôt que de réussir dans la vie. Il secouera le carcan des préjugés, des conformismes et des routines. Il en fera le thème de ses chansons.

Il « entre en chanson » et part pour Paris en 1953. Il y connaîtra l'envers du music-hall, la vie famélique des artistes débutants, les « journées au camembert », les privations, les déceptions. Mais le succès vient, puis le triomphe. Par la suite, le chanteur deviendra acteur et metteur en scène. Après avoir abandonné la scène et la chanson, il se retire aux îles Marquises où il meurt d'un cancer. Il n'a pas cinquante ans. Il l'avait prédit dans ses chansons : « Mourir ! La belle affaire ! Mais vieillir... »

Le poète-chanteur réussit à mettre en œuvre le conseil de Desnos : « Unir le langage populaire à une atmosphère inexprimable. » De Brel, Alain Bosquet a écrit : il « a la beauté impitoyable et cruelle de ceux qui ne pardonnent pas au monde de s'accepter ». Lui n'accepte rien, ni la perversité des femmes, ni la bêtise et la méchanceté des hommes, ni les dogmes et les certitudes des sectaires, ni le confort et la veulerie des nantis. Reste l'amitié, sur fond de camaraderie virile après victoire sur l'amour et sur les femmes. Comme Georges Brassens, son frère en chanson, mais avec plus de désespoir, l'auteur de *La Fanette* ou de *Ne me quitte pas* réserve sa tendresse pour les autres grands blessés de la vie et de l'amour, qui sont ses plus proches amis.

Jojo

Jojo
Voici donc quelques rires
Quelques vins
Quelques blondes
J'ai plaisir à te dire
Que la nuit sera longue
A devenir demain
Jojo
Moi je t'entends rugir
Quelques chansons marines
Où des Bretons devinent
Que Saint-Cast doit dormir
Au fond du brouillard
Six pieds sous terre Jojo
tu chantes encore
Six pieds sous terre
Tu n'es pas mort
Jojo
Ce soir comme chaque soir
Nous refaisons nos guerres

Tu reprends Saint-Nazaire
Je refais l'Olympia
Au fond du cimetière
Jojo
Nous parlons en silence
D'une jeunesse vieille
Nous savons tous les deux
Que le monde sommeille
Par manque d'imprudence
Six pieds sous terre
Jojo
Tu espères encore
Six pieds sous terre
Tu n'es pas mort
Jojo
Tu me donnes en riant
Des nouvelles d'en bas
Je te dis mort aux cons
Bien plus cons que toi
Mais qui sont mieux portants
Jojo
Tu sais le nom des fleurs
Tu vois que mes mains tremblent
Et je te sais qui pleures
Pour noyer de pudeur
Mes pauvres lieux communs
Six pieds sous terre
Jojo
Tu frères encore
Six pieds sous terre
Tu n'es pas mort
Jojo
Je te quitte au matin
Pour de vagues besognes
Parmi quelques ivrognes
Des amputés du cœur
Qui ont trop ouvert les mains
Jojo
Je ne rentre plus nulle part
Je m'habille de nos rêves
Orphelin jusqu'aux lèvres
Mais heureux de savoir

Que je te viens déjà
Six pieds sous terre
Jojo
Tu n'es pas mort
Six pieds sous terre
Jojo
Je t'aime encore

Barclay, 1977.

GEORGES BRASSENS (1921-1981)

Au rendez-vous des bons copains

Des bateaux j'en ai pris beaucoup
Mais le seul qui ait tenu le coup
[...] *s'appelait les copains d'abord* [...].

L'ami Brassens ne se présente pas au public français. Il est présent en chacun de nous et ses mélodies cheminent encore et chemineront longtemps, à commencer par *Les Copains d'abord.*

Né à Sète, ce fils et petit-fils de maçon devint l'artiste le plus raffiné et le plus populaire de la chanson. Il n'avait que treize ou quatorze ans quand il vit le poète Paul Valéry dans sa ville natale. À l'époque, Georges fréquentait sans conviction le collège, devenu maintenant lycée Paul-Valéry, et passait beaucoup de temps à jouer avec l'eau et le soleil en compagnie des copains sétois. À dix-huit ans, il monte à Paris, le Paris de la guerre et de l'Occupation, celui des gargotières au grand cœur et celui des sinistres « honnêtes gens » au regard oblique. Alors il ne mangeait guère à sa faim, mais dévorait des livres et faisait des chansons. Il lisait les Pères de l'Église et écrivait dans l'anarchiste *Libertaire.*

Réfractaire, il l'est, l'a été et le restera. On le disait irrécupérable ; c'est pourtant lui qui réussit à récupérer un public considérable ; à croire qu'au cœur de chacun de ses auditeurs sommeille un rebelle qui se reconnaît dans le mauvais garçon. La rencontre de Patachou sera déterminante pour sa carrière. En 1954, il gagne le Grand Prix du disque. En 1966, il obtient un triomphe au Théâtre national populaire avec Juliette Gréco. En 1967, il reçoit le Grand Prix de poésie de l'Académie française. Comme il l'avait prophétisé dans *Les 4 z'Arts,* personne, pas même lui, n'a pu croire qu'il était vraiment mort, en 1981 :

Les quat'z'arts avaient fait les choses comme il faut
Le cercueil n'était pas à double fond. Bravo.

Il adorait le sacrilège, la provocation, le mélange de baroque, d'argot et de mots grossiers, le brassage subtil de culture populaire et de culture savante. Il a jeté au panier les conformismes, les convenances, les tabous, les hypocrisies, les fausses valeurs. Ce qu'il a gardé résiste au temps : la poésie, l'amour libre, les petits bonheurs, la tendresse pour les obscurs... et l'amitié. Celle des étrangers qui sourient encore à ses chansons après que les vrais croque-morts l'ont emporté, celle des vieux copains pour lesquels, jamais, son trou dans l'eau ne s'est refermé.

Les copains d'abord

1
Non ce n'était pas le radeau
De la méduse ce bateau
Qu'on se le dis' au fond des ports
  Dis' au fond des ports
Il naviguait en Pèr' Pénard
Sur la grand-mare des canards
Et s'appelait les copains d'abord
  Les copains d'abord.
2
Ses fluctuat nec mergitur
C'était pas d' la littératur'
N'en déplais' au jeteur de sort
  Au jeteur de sort
Son capitaine et ses matelots
N'étaient pas des enfants d' salaud
Mais des amis franco de port
  Des copains d'abord.
3
C'étaient pas des amis de lux'
Des petits Castor et Pollux
Des gens de Sodom' et Gomorrh'
  Sodom et Gomorrh'
C'étaient pas des amis choisis
Par Montaigne et La Boétie
Sur le ventre ils se tapaient fort
  Les copains d'abord.
4
C'étaient pas des anges non plus
L'évangil' ils l'avaient pas lu
Mais ils s'aimaient tout's voil's dehors

Toutes voil's dehors
Jean Pierre Paul et compagnie
C'était leur seule litanie
Leur Credo leur Confiteor
Aux copains d'abord.

5
Au moindre coup de Trafalgar
C'est l'amitié qui prenait l' quart
C'est ell' qui leur montrait le nord
Leur montrait le nord
Et quand ils étaient en détress'
Qu' leurs bras lançaient des SOS
On aurait dit des sémaphores
Les copains d'abord.

6
Au rendez-vous des bons copains
Y avait pas souvent de lapins
Quand l'un d'entre eux manquait à bord
C'est qu'il était mort
Oui mais jamais au grand jamais
Son trou dans l'eau n' se refermait
Cent ans après coquin de sort
Il manquait encor.

7
Des bateaux j'en ai pris beaucoup
Mais le seul qui ait tenu le coup
Qui n'ait jamais viré de bord
Mais viré de bord
Naviguait en Père Pénard
Sur la grand-mare des canards
Et s'app'lait les copains d'abord
Les copains d'abord.

Chansons d'aujourd'hui : Georges Brassens, Paris, Seghers, 1963.

BIBLIOGRAPHIE

Histoire des pratiques amicales

Bouet-Dufeil, Ella, *L'Amitié, cette accusée. Un long procès, une riche histoire*, Paris, Éditions du Centurion, 1968.
Dugas, Ludovic, *L'Amitié antique*, Paris, Félix Alcan, 1894.
Fraisse, Jean-Claude, *Philia : la notion d'amitié dans la philosophie antique. Essai sur un problème perdu et retrouvé*, Paris, Vrin, 1974.
Hutter, Horst, *Politics as Friendship : The Origins of Classical Notions of Politics in the Theory and Practice of Friendship*, Waterloo, Canada, Wilfrid Laurier University Press, 1978.
Kakridis, Hélène, *La Notion de l'amitié et de l'hospitalité chez Homère*, Salonique, 1963.
Pizzolato, Luigi, *L'amicizia nel mondo classico*, Milan, 1972.
Steinberger, J., *Begriff und Wesen der Freundschaft bei Aristoteles und Cicero*, Erlangen, 1955.
Steinmetz, F. A., *Die Freundschaftslehre des Panaitios*, Wiesbaden, 1967.
Vincent-Buffault, Anne, *L'Exercice de l'amitié : pour une histoire des pratiques amicales aux* XVIIIe *et* XIXe *siècles*, Paris, Éditions du Seuil, 1995.
Voelke, André-Jean, *Les Rapports avec autrui dans la philosophie grecque d'Aristote à Panétius*, Paris, Vrin, 1961.

Ouvrages consacrés à l'amitié

Antiquité

Cicéron, *L'Amitié*, Paris, Arléa, 1990.
Lucien de Samosate, *Toxaris ou l'amitié*, in *Œuvres complètes*, Paris, Librairie Hachette, 1882.
Platon, *Dialogues de Platon : Lysis ou de l'amitié*, in *Œuvres complètes*, tome I, Paris, Gallimard, La Pléiade, 1950.

Moyen Âge

Blois, Pierre de, *De amicitia christiana : un traité de l'amour du* XIIe *siècle*, De Boccard, 1932.
(E)Aelred de Rievau(l)x, *Traité de l'amitié spirituelle*, Bruxelles, Éditions de la Cité chrétienne, 1937.

XVIe-XIXe siècles

Caraccioli, Louis Antoine de, *Les Caractères de l'amitié*, Liège, Bassompière, 1760.
Dupuy de La Chapelle, *Réflexions sur l'amitié*, Paris, Langlois, 1729.

Lambert, Mme de (Anne-Thérèse de Courcelles), *Recueil de divers écrits : Traité de l'amitié*, Paris, 1752.
Maussion, Mme de, *Lettres sur l'amitié entre les femmes*, Paris, Goujon, sans date (vers 1840).
Sacy, Louis Silvestre de, *Traité de l'amitié*, Paris, La Compagnie des libraires, 1742.
Taylor, Jeremy, *A Discourse on the Nature and Offices of Friendship*, Cedar Rapids, Torch Press, 1913.
Thiroux d'Arconville, Marie Geneviève Charlotte, *De l'amitié*, Paris, Desaint, 1775.
Wiseman, Auguste, *L'Amitié*, Paris, Bray et Retaux, 1872.

xxe siècle

Alberoni, Francesco, *L'Amitié*, Paris, Pocket, 1995.
Allan, G.A., *A Sociology of Friendship and Kinship*, Londres, George Allen and Unwin, 1979.
Barbier-Jussy, L., *La Vie de l'amitié*, Paris, Victorion, 1913.
Ben Jelloun, Tahar, *Éloge de l'amitié (la soudure fraternelle)*, Paris, Arléa, 1996.
Blanchot, Maurice, *L'Amitié*, Paris, Gallimard, 1975.
Blum, Lawrence, *Friendship, Altruism and Morality*, Londres, Routledge and Kegan, 1980.
Boissevain, Jeremy, *Friends of Friends : Networks, Manipulators and Coalitions*, Oxford, Basil Blackwell, 1974.
Bonnard, Abel, *L'Amitié*, Paris, 1929.
Brain, Robert, *Amis et amants*, Paris, Stock, 1980.
Brenton, Myron, *Friendship*, New York, Stein and Day, 1974.
Carnegie, Dale, *Comment se faire des amis pour réussir dans la vie*, Paris, Hachette, 1939.
Chauvet, E., *L'Amitié*, Caen, Delesque, 1904.
Derrida, Jacques, *Politiques de l'amitié*, Paris, Galilée, 1994.
Eichenbaum, Luise, et Orbach, Susie, *Between Women : Love, Envy, and Competition in Women's Friendships*, New York, Viking Press, 1988.
Faguet, Émile, *De l'amitié*, Paris, Sansot, sans date.
Gouldner, Helen, et Symons Strong, Mary, *Speaking of Friendship : Middle-Class Women and Their Friends*, New York, Greenwood Press, 1987.
Hans, Marie-Françoise, *Le Temps des copines*, Paris, Éditions du Seuil, 1986.
Jankélévich, Sophie, et Ogilvie, Bertrand, *L'Amitié dans son harmonie, dans ses dissonances*, Paris, Éditions Autrement, Série Morales n° 17, 1995.
King, Henry C., *The Laws of Friendship, Human and Divine*, New York, McMillan, 1909.

L'Amitié, textes de Valère Novarina, Paul Celan, La Boétie, Paris, Point Hors Ligne, 1984.
Leyton, Elliott, ed., *The Compact : Selected Dimensions of Friendship*, Toronto, Toronto University Press, 1974.
Lewis, C.S., *The Four Loves*, New York, Harcourt, 1960.
Margolies, Eva, *The Best of Friends, The Worst of Enemies : Women's Hidden Power Over Women*, New York, Doubleday Dial Press, 1985.
Meilander, Gilbert, *Friendship : A Study in Theological Ethics*, Indiana, Notre Dame University Press, 1981.
Michaelis, David, *The Best of Friends : Profiles of Men and Friendships*, New York, William Morrow, 1983.
Miller, Stuart, *Men and Friendships*, Boston, Houghton Mifflin, 1983.
Montier, E., *De l'amitié*, Paris, Société française d'imprimerie, 1910.
Pogrebin, Letty C., *Among Friends : Who We Like, Why We Like Them, and What We Do With Them*, New York, McGraw-Hill, 1987.
Reisman, John, *Anatomy of Friendship*, New York, Irvington, 1979.
Reohr, Janet, *Friendship : An Exploration of Structure and Process*, New York, Garland, 1991.
Rubin, Lillian B., *Just Friends : The Role of Friendship in Our Lives*, New York, Harper and Row, 1985.
Rubin, Zick, *Children's Friendships*, Cambridge, Harvard University Press, 1980.
Serlandes, M., *Le Livre d'amitié. Anthologie de pensées sur l'amitié, recueillies et précédées d'un avant-propos*, Paris, Payot, 1922.
Soupault, Philippe, *L'Amitié*, Paris, Hachette, 1965.
Todd, Janet, *Women's Friendship in Literature*, New York, Colombia University Press, 1980.

COPYRIGHTS

TABLE

AU TEMPS DES CLOÎTRES : MOINES ET BIENHEUREUX

AU TEMPS DES PRINCES : COURTISANS ET INDÉPENDANTS

INDEX

Achevé d'imprimer en octobre 1997
sur presse Cameron
par ***Bussière Camedan Imprimeries***
à Saint-Amand-Montrond (Cher)
pour le compte des éditions Robert Laffont
24, avenue Marceau, 75008 Paris

Dépôt légal : octobre 1997.
N° d'édition : 38267. N° d'impression : 4/964.

Imprimé en France